Survey Methodology
by
Robert M. Groves, Floyd J. Fowler Jr.,
Mick P. Couper, James M. Lepkowski, Eleanor Singer, Roger Tourangeau

調査法ハンドブック

大隅　昇
【監訳】

朝倉書店

監訳者

大隅　昇　統計数理研究所　名誉教授

訳　者

氏家　豊　統計数理研究所　特任研究員

大隅　昇　統計数理研究所　名誉教授

松本　渉　関西大学総合情報学部准教授

村田磨理子　（財）統計情報研究開発センター　主任研究員

鳰　真紀子　フリーランス翻訳者

Survey Methodology
(Wiley Series in Survey Methodology)

by Robert M. Groves, Floyd J. Fowler, Jr., Mick P. Couper, James M. Lepkowski, Eleanor Singer, and Roger Tourangeau

Copyright ©2004 by John Wiley & Sons, Inc.
All Rights Reserved. This translation published under license.

日本語版刊行によせて

　"Survey Methodology" の日本語翻訳版に序文をよせる機会に恵まれたことを大変に光栄に思う．大隅昇氏ほかの研究者は，われわれが執筆した原著 "Survey Methodology" を細心の注意を払って翻訳を進めてくれた．他の言語への翻訳も行われているようだが，私の知る限りでは本書が世界で初めて出版される翻訳本となる．

　多くの翻訳書がそうであるように，この日本語版は原著を忠実に訳したものである．このことは，原著の中で述べられた手順や方法，紹介されている多くの事例は，原著者らの経験や調査方法論の研究成果を十分に反映しており，紛れもなく米国および西欧の研究の特色をそなえる書であることを意味している．このことはまた，本書の内容が，どのように日本の実情にあてはまるかを，読者が自らの判断で受け入れる必要があることを意味している．日本の調査研究をとりかこむ環境には，他の国々における調査研究のあり方と数多くの類似点があるが，一方では顕著な違いもある．このことは，日本のリサーチャーにとって，欧米の研究成果が日本の状況に当てはまることを学ぶ努力目標を設けることであり，また，日本の調査研究に適した最善の研究方法の探究を進めるための，またとない機会とすることを意味する．

　この翻訳書が，日本における調査方法論研究の活性化に役立ってくれることを切望している．日本でもすでに多くのすばらしい研究がなされているのだが，それらが国際的な論文となることは比較的少ないようである．調査方法論の用語や手法を，日本のリサーチャーにとって，より身近なものとして共有化することで，本書が，日本からさらに多くの国際的な研究論文・成果が発信されるよう，後押しができれば幸いである．一方，世界の他の国々にとっては，日本の調査研究者から学ぶこともたくさんある．この翻訳書によって，多くの意見交換や共同研究が育まれることを強く願ってやまない．

この序文を贈る者として，日本における調査方法論について，さらに深く知ること，そして日本の実情と本書で述べたこととの類似や差異についてさらに学ぶことを，より一層期待して筆をおく．

2011年5月

原著者を代表して　ミック P. クーパー（Mick P. Couper）
ミシガン大学 調査研究センター・教授
（Research Professors, SRC, the University of Michigan）

監訳者まえがき

"Survey Methodology", これが原著の書名である. これを訳すと「調査方法論」となる. この書名から, 読者はどのような内容を想像されるだろうか. ある人は社会調査を, またある人は標本調査や標本抽出を, あるいはまた市場調査を, とさまざまであろう. 実際に, 本書はこれらのどの分野にも関連がある. だが, 本書に書かれた内容は, こうした分野にかかわる多くの人にとって, あまりなじみのないことも含まれる. ここに書かれた内容は, 良い意味で予想を裏切るものであり, 日本でいう, いわゆる「調査法」だけではなく, あとに述べるように, より広い範囲にまたがる, またある枠組みにもとづいて書かれている.

ここでまず, 本書の翻訳に至る経緯についてふれておきたい.

原著である "Survey Methodology"（初版）は, 2004 年に出版されている. 監訳者は, ある書評でこの本の存在を知り, 早速目を通したが, 米国の最新の調査事情が丁寧に書かれた書であり, 米国の調査研究は日本とは異なるよう思われること, そして日本にこれに相当する類書はない, というのが読後の印象であった. すこし調べてみると, 欧米ではこれと同じ "Survey Methodology" を含む書籍や学術誌もあり, かなり一般的な呼称であることも知ったが, 日本ではさほど広く使われることはないようにも思われた.

日本と米国の調査方法論研究の発展・推移は, ある時期からかなり異なった経緯をたどったといえる. とくにしばらく前までは, 日本では, 優れた標本抽出枠として住民基本台帳や選挙人名簿などが, ほぼ自由に利用できる環境にあり, 理想に近い確率標本調査が実現できた. そしてかなり長い年月にわたり, これを前提とする面接調査や郵送調査が主要な調査方式として利用されてきた.

しかし本書にも述べられているように, 欧米では一部を除いては, 住民基本台帳のような標本抽出枠を用いた調査を行うことが難しく, このことが結果として, 日本とは異なる調査方法論研究の発展をみることとなった. 米国ではとくに, 標本抽出枠となるべきさまざまな情報の作り方の工夫により, 少しでも"確率的方法"に近づける努力を行ってきた. 本書の第 1 章で取り上げている 6 つの調査事例を読むだけでも, こうした米国の調査事情が日本のそれとは異なることがみえてくる.

ところが, 周知のように日本の調査環境も, さまざまな理由で, とくに個人情報保護法（個人情報の保護に関する法律）の施行などで, 住民基本台帳などの閲覧に制限

が設けられ，結果として，かつてのような理想的な調査を行うことが難しくなっている．米国でも，新たな課題，たとえば電話調査における固定電話保有率のカバレッジの劣化や，各種調査方式の調査不能の増加，回答率の低下といった，日本と共通する現象もみられ，調査研究の理論・応用の両面で新たな展開を迫られている．すでに実用段階にある混合方式（mixed mode）の研究もこうした直面する課題への対処法として研究が進んでいる．

こうしたことで，期せずして，最近は，日米両国の調査環境の様相は次第に距離が近づきつつあるようにみえる．その具体的な現象の1つが，コンピュータ支援の電話調査やインターネット環境下でのウェブ調査の普及などにもみられる．

そのようなことで，われわれが従来詳しく知る機会のなかった米国の調査方法論研究のありようを，本書を通じて伝えることができれば，次第に米国の調査環境に似た様相に近づきつつある日本の調査や実務に，多少なりとも寄与できるのではないか，と考えた．こうした気持を，朝倉書店の編集者にお伝えし，John Wiley & Sons 社と翻訳出版の交渉をしていただき，翻訳作業をはじめることとなった．

原著者らは，自らを「調査方法論研究者（Survey Methodologist）」とよんでいるように，調査研究分野の専門家たちである．とくに，ロバート M. グローヴス氏は，現在，米国国勢調査局（Census Bureau）の局長の職にあり，理論と実践の両面で多くの実績のある著名な研究者である．また，今回の翻訳を進めるにあたり，われわれのさまざまな質問に根気よく対応していただいた，ミック P. クーパー氏もまた，同様の専門家である．他の著者もそれぞれが調査研究の分野で活躍中の，まさしく調査方法論研究者である．これら原著者らは，現在は以下に所属し研究を行っている（敬称略）．

  ロバート M. グローヴス　　ミシガン大学，調査研究センター，教授
  　　　　　　　　　　　　　米国国勢調査局，局長
  　（Robert M. Groves；Research Professor, SRC, the University of Michigan and Director of the US Census Bureau）
  フロイド J. ファウラー Jr.　　マサチューセッツ大学・ボストン校，首席研究員
  　（Floyd J. Fowler Jr.；Senior Research Fellow, Center for Survey Research, the University of Massachusetts-Boston）
  ミック P. クーパー　　ミシガン大学，調査研究センター，教授
  　（Mick P. Couper；Research Professor, SRC, the University of Michigan）
  ジェームズ M. レプカウスキー　　ミシガン大学，調査研究センター，教授
  　（James M. Lepkowski；Research Professor, SRC, the University of Michigan）
  エレノア・シンガー　　ミシガン大学，調査研究センター，名誉教授
  　（Eleanor Singer；Research Professor Emeritus, SRC, the University of Michigan）

監訳者まえがき

ロジャー・トゥランジョー　ミシガン大学，調査研究センター，教授
　　（Roger Tourangeau（Research Professor, SRC, the University of Michigan））

　ここにみるように，原著者らの多くはミシガン大学に在籍の研究者である．本文にもたびたび登場するが，ミシガン大学には調査研究のメッカの1つとしてよく知られた「社会調査研究所（ISR：Institute for Social Research）」がある．そしてこれのユニットの1つが「ミシガン大学調査研究センター（SRC：Survey Research Center）」であり，原著者の多くは，この機関の教授である．

　ここで，日本語版への序文をいただいたクーパー氏について，簡単にふれておきたい．クーパー氏は，現在，上記のミシガン大学調査研究センターの副所長も務めておられる，ウェブ調査やその周辺領域の専門家である．彼の言葉を借りると，「コンピュータ支援のデータ収集過程の諸技法」「インターネット調査の実装化，調査方式の代替法，無回答誤差や測定誤差の管理におけるパラデータの活用法」など，多様な分野で活躍の研究者である．とくに，"パラデータの応用研究に寄与したこと"で米国世論調査学会（AAPOR）から Warren J. Mitofsky Innovators 賞（2008年）を受賞されている．監訳者らは，十数年前から，ウェブ調査ほかの調査方式の研究でクーパー氏との間で研究交流を続けてきた．そうしたご縁もあって，今回の翻訳にあたって，とくに彼に日本語版への序文をお願いすることとした．

　本書は，「調査方法論共同プログラム」（JPSM：Joint Program in Survey Methodology）の一環として，連邦政府統計機関（Federal Statistical Agencies）の資金援助のもとに開講されている共同大学院プログラムで用いられている"テキスト"である．原著者らはそこで教鞭をとっている．連邦政府統計機関とは，たとえば，米国国勢調査局（Census Bureau）や米国労働統計局（Bureau of Labor Statistics）など，連邦政府の各省庁に付属する10の統計関連組織から構成される，通称を FEDSTATS（Federal Statistical System）という横断的な機構である．

　では，本書は単なるテキストなのか，というとそうではない．「総調査誤差パラダイム」という"意図"をもって書かれた"啓蒙書"である．総調査誤差（total survey error）とは，調査実施過程のさまざまな場面で生じる調査誤差，たとえば標本誤差，非標本誤差（カバレッジ誤差，測定誤差，無回答誤差，処理誤差）などを体系的に考察することをいう．つまり「総調査誤差パラダイム」とは，調査の設計，実施，評価・分析，知見の取得についての統一的な考え方をいう．

　本書はこの「総調査誤差パラダイム」にそって，米国の調査方法論研究の最前線の動向と実践を語る"啓蒙書"であり，その研究者や実務家を育成するための書，および教育の水準を知る最善の"テキスト"である．「調査の品質」はこの総調査誤差と表裏の関係にあるが，本書には調査誤差を低減し品質のよい調査データを収集するための知恵袋として，実践的なさまざまな"工夫"がなされている．発刊時から，すで

に6年経過しているが，本書の主張する精神には変わりはない．一言でいえば，調査の計画・実施にあたり「何を行い，何を行ってはならないか（べき・べからず）」が具体的に述べられている．以上のことを含め，本書が刊行されるまでの経緯および内容の詳細は，原著者らの「まえがき」をお読みいただきたい．原著に仕組まれた工夫に加えて，日本語版にも，以下のようないくつかの"工夫"を取り入れてある．

- 原著ではキーワードを欄外に示しているが，本書ではこれを本文内で「太字」とし，英語での表記を併記してある．
- キーワード以外にも，重要と思われた語句や日本語に訳しづらかった語句についても，英語での表記を入れてある．
- 原著内で，「もとの英文があるとよい」と思われた箇所は，原文を併記した．たとえば，質問文の問い方や調査時の挨拶文など．
- 「コラム」として興味ある事例研究などが多数紹介されている．これに「通し番号」を付け，検索しやすくした．目次に一覧を付してある．
- 同じく，原著にはなかったが，数式には章ごとに「式番号」を通して付けて，検索しやすくした．
- 日本国内ではなじみのない事項，あるいは補足が必要な用語などには「訳注」を付けるようにした．
- 原著には豊富な参考文献のリストがあるが，これ以外に，本書を読むうえで役に立つ文献，翻訳にあたって参考にした文献を，「追加参考文献」として加えた．
- 原著本文中で引用されていたさまざまなウェブサイトについて，改めて確認をした．現在ではアクセスできないものや移転されているものもあり，巻末に関連URL一覧としてまとめて整理した．

翻訳作業は，当初はさほど時間もかからずに進められると考えた．しかし，さまざまな壁にぶつかり，結果としてかなり長い時間を要することになった．翻訳作業を進めるうえで考えた翻訳上の約束ごとと，直面した事象をいくつか記してみたい．

まず，カタカナ語の安易な使用はなるべく避けたい，と監訳者として考えた．また国内で用いられている既存の専門用語に合わせたい，という心づもりもあった．しかし，かなりのカタカナ語がすでにひろく普及しており，また日本語があてられている場合は，予想以上に同じ語句にさまざまな訳語が当てられている，ということもわかった．また，日本語としての適訳語がない，あえてカタカナ語をあてることが，著者らの意図を正確に伝えられる語句も出てきた．こうしたことの調整が，思った以上に障害となった．

さらに別の問題にも直面した．原著は6名の執筆者により書かれている．執筆後に，グローヴス氏が内容の調整を行ったと聞くが，基本的には個々の書き手の個性が文章に表れる．実際に章によってそれぞれ文体の違いや用語句，とくに専門用語の利用場面や頻度も異なることも見えてきた．そしてこの微妙な差異をうまく消化し整っ

た日本語として解きほぐし読み替えるには，われわれの英語力には限界があり，よって，なるべく原文に忠実に訳したうえで，のちに全体の文章を整えることとした．

なお，翻訳は以下のように分担した．

　　大隅　昇　　［まえがき，1, 2, 8, 9, 12 章］
　　松本　渉　　［3, 11 章］
　　村田磨理子　［4, 10 章］
　　氏家　豊　　［5, 6, 7 章］

翻訳分担者との意見交換をはかりつつ，最終的には，監訳者，鳰，朝倉書店の編集者ですべてに目を通し調整を行った．訳語などの最終責任は監訳者が負うものである．

カタカナ語は無数にあり，この柔軟さが日本語の特徴であるとされている．われわれの分野でも，標本抽出とサンプリング，標本とサンプル，偏りとバイアス，…，といったように，これを混用してきた．しかし，専門分野では，やはりある程度の共通性や整合性を保つことも必要である．ここでは，この訳書を読んでいただくときの予備知識として，日本語化にあたり，特徴的な訳語をあてた例をいくつか紹介したい．

1つは「researcher」がある．これを直訳すれば「研究者」とくにここでは「調査研究者」をさすだろう．しかし，本書の意図するところに合わせて，より詳しく訳すと「調査研究や調査実務・実践にかかわる研究者や実務家」という含みがある．これを単に「研究者」としては意が尽くせず，ここは思い切って「リサーチャー」とした．

調査員が面接を行うとき，回答者が回答しやすいように，しかし誘導回答とならぬように，指示書に従いつつ慎重に聴き取りを行うことはよく知られたことである．本書はこうした場面で生じるさまざまな事柄について，非常に詳しく述べている．この聴取場面での調査員行動を表す言葉の1つが「probing」である．いわゆる，回答の聴き取りで「念をおすこと，詳しく尋ね調べること」だがこれでは意が尽くせない．これも日本語訳が難しい語句で，これにはそのまま「プロービング」とカタカナ語をあてた．調査員が行う面接で登場するさまざまなプロービングが多くの具体的な例で示される．ぜひ本文をお読みいただきたい．

重要な語句として，「総調査誤差（total survey error）」をあげよう．これにあてる訳語候補として，「全調査誤差」「調査誤差総量」「誤差の総量」「総誤差」…とあれこれ考え，結局この「総調査誤差」をあてた．本書でもっとも大切な語句の1つだが，不思議なことに，調査関連分野で統一的に，これに相当する訳語が見当たらなかったからである．

そのようなことで，カタカナ語も多数用いることとなった．一方，ここで新たな造語とせざるをえない場合もあった．しかし，それぞれの語句はさまざまな検討のうえで，適訳と思われる訳語をあてるよう努めた．

原著の著者らがある意図をもって執筆に臨んだように，われわれも"なるべく原著

者らの意図を忠実に再現したい"という精神で，翻訳作業に取り組んだ．果たしてそれがうまく機能したか，はなはだ心許ないが，原著者らの考える調査方法論の世界を少しでも伝えられる翻訳文となったならば，これにまさる喜びはない．また，われわれの試みが果たして成功したか，ぜひとも読者のご意見，ご感想をいただけることを期待している．

本書の翻訳は，われわれにはやや荷の重い仕事であったが，作業を進めるなかで，次第に原著の"訴えること"の真意が理解できたのではないか，とも考えている．そして原著者らの調査方法論研究者としての心構え，精神に少しは近づけたのかもしれない，という充足感もある．しかし，このことは，欧米の研究を盲目的に受け入れるということではない．大切なことは，これを調査研究の指針とし，批判の精神を持って，これを越えるさらにすぐれた成果の発信源となるよう努めることであろう．

監訳者のあやうい英語による質問攻めにもかかわらず，いつも懇切丁寧に，また平易に，多くの示唆や意見，注意を指摘していただいたクーパー氏に厚く御礼申し上げたい．彼の助力なくしてこの翻訳書は実現できなかったであろう．

また，読みにくく粗雑な翻訳原稿に目を通していただき，多くの貴重なご意見や示唆，ヒントをいただいた，稲葉由之氏（慶應義塾大学），樋口耕一氏（立命館大学），柳原良造氏（（株）マーケティング・サービス，顧問），吉村宰氏（長崎大学），渡會隆氏（（株）東京サーベイ・リサーチ，顧問），コリン・ディグウィード氏には，この場をお借りして，厚く御礼申し上げる．とくに，吉村宰氏には，いくつかの章について具体的なご教示をいただくなど，ご協力をいただいた．重ねて御礼申し上げる．

この企画がはじまってから，遅れに遅れた翻訳作業を，なんとか出版にこぎ着けられたことは，尻を叩き叱咤激励しながら，献身的に助けていただいた朝倉書店編集部あってのことである．とても言葉では言い尽くせないが，ここで厚く御礼申し上げる．

本書が，日本の調査方法論の研究の新たな進展に貢献できるものとひそかに期待している．また，原著者らと同様に「"日本語となった"本書で，調査方法論を学ぶ楽しさ」を味わって欲しい，と希望してやまない．われわれ訳者が，日本語を通して原著者らの精神を少しでも伝えられたなら幸いである．

2011年5月

監訳者　大　隅　　昇

まえがき

Preface

　われわれ筆者は，ある明確な意図をもって本書を書いた．われわれは皆，調査方法論研究者である．"調査法研究（survey research）"という，さまざまなデータ収集および分析にかかわる活動について，その理論と実務に従事してきた．調査が今日のような形で認められるようになったのは，およそ60〜80年前のことである．そして，過去20年以上にわたって，一連の理論と原則が発展してきたことで，調査の設計，実施，評価についての統一的な考え方を提供してきた．この考え方を一般に"総調査誤差（total survey error）"パラダイムとよんでいる．この枠組みは，調査品質に関する最新の研究の指針を与えるとともに，調査専門家がいかに実践的に業務に取り組むかの具体的な姿を示すものである．そのようなことで，この研究領域から生まれた分野は"サーベイ・メソドロジー（調査方法論，survey methodology）"とよぶのがふさわしい．

　しかし，調査のことにふれたテキストと，調査の科学がどのように発展してきたかとの間にみられる食い違いが次第にわかってきた．多くの調査研究テキストでは，ツールとしての応用面に焦点を当てていて，こうしたツールの根底にある理論や科学性が重要だと考えてはこなかった．多くのテキストが学生たちに行うように教えてきたことは，この分野の方法論研究ではもはや支持されなくなったこととか，これまでに一度も支持されていなかったことであった．つまり，調査を「いかに行うか」にこだわるあまり，実はよく理解し尊重すべき，実務の根底をなす科学性を軽視したテキストがたくさんあったということである．

　われわれがとくに有害であると考えたことは，こうしたテキストが読者に誤った考え方を広めかねないということであった．それは，調査とは単なるレシピのような作業，つまり指示に従って順に進めれば高い品質が約束されるのだ，という誤解である．これとは異なり，われわれが考える調査とは，ある特定の目標母集団にたいして，ある特定の現実の目的に合わせた独自の方法で原則を実践するものであった．

　われわれにとって，こうした問題がとくに重要となったのは，「調査方法論共同プログラム」（JPSM：Joint Program in Survey Methodology）の一環として，1学期相当の大学院（および学部シニア）向けコースを開設することになったときであった．JPSMは，連邦政府の統計機関（Federal statistical agencies）の資金援助を受けている共同大学院プログラムであり，われわれ筆者たちはそこで教鞭をとっている．このコースの受講者は，多くの場合，他の分野（たとえば，経済学，統計学，心理学）

の高度な教育を受けてはいるが，調査方法論を正式に学んだことはない．そこでわれわれは，演習と試験を含む14週間の講義コースを計画した．その第1弾を1998年の秋に予定したのだが，この時点ですぐに，講義で使えるテキスト，演習の動機づけに役立つテキストがまったくないという問題に直面することになった．

そこでわれわれはまず，理想的なテキストとはどのようなものかをじっくりと考えることからはじめることにした．それは，過去の方法論研究でわかってきた調査設計の基本原則を述べるテキストである．その基本原則が提供する指針，つまり品質のすぐれた調査を行うときに必要な意思決定に役立つ指針を説明するテキストである．またテキストには，この分野を統一的に理解する手助けとなる演習も含めたかった．このテキストでわれわれが伝えたかったことは，この分野は実験で得た成果やその他の研究成果にもとづいているということであった．しかも実用的な調査設計とは，単なる見解や意見の問題であるだけでなく，むしろ多くの研究成果を集めた結果だということである．

本書の下書きの執筆には数年間かかったが，それは初めの2つの章を書いたところで休眠状態に陥ってしまったせいでもある．この状態から抜け出すことができたのは，ひとえに同僚のナンシー・マシオヴェッツ（Nancy Mathiowetz）による激励のおかげである．われわれの背中を再び押してくれた彼女の行動力に感謝している．

また，受講者たちの批評からも多くの恩恵を得ている．2003年の夏に，ミシガン大学調査研究センター（SRC：Survey Research Center）の「調査研究技法夏期講習（Summer Institute in Survey Research Techniques）」で，マリア・クリサンとスー・エレン・ハンセンの2人が教鞭をとった「調査研究技法入門」（Introduction to Survey Research Techniques）のクラスで，リハーサルの目的で，この本の草稿が使用された．原稿の改善を助けてくれた両講師に対してここで感謝の意を表したい．またクリサンとハンセンだけでなく，このクラスの受講者たち（ナイキ・アディバディ，ジェニファー・バウアーズ，スコット・コンプトン，サンジャイ・クマール，ダミル・ムクワナジ，ハン・マラー，ヴュエルワ・ンカンブレ，ローレル・パーク，アーロン・ラッセル，ダニエル・シュピース，キャサリン・スタック，キミコ・タナカ，ダン・ヴィエット・フォン，クリストファー・ウェブ）が寄せてくれた批判やアイディアから沢山の得るものがあった．

またこの本は，われわれの指導者であった多くの人々から学んだ教訓をしっかり反映した内容となっている．とくにふれておかなければならない人がチャールズ・カネル（Charlies F. Cannel）である．われわれ筆者の全員が（公式あるいは非公式の違いはあっても）彼の友人であり，また生徒であった．調査分野におけるカネルの経歴は，レンシス・リッカート（Rensis Likert）とともに，米国農務省計画調査局（Department of Agriculture, Division of Program Surveys）ではじまった．カネルはその後1946年になって，リッカートらとミシガン大学調査研究センター（SRC）を設立する．カネルは当センターの実査部門の初代部長を務め，また調査方法論について長

年にわたり優れた業績をあげた．SRCを含む上位機構である社会調査研究所（ISR：Institute for Social Research）により，チャーリーと彼の研究業績を記念してチャールズ・カネル基金が創設された．本書の売り上げから得られる利益はすべてこの基金に贈られることになっている．基金からの寄付金は，調査方法論の研究歴を伸ばしつつある若手研究者の支援に充てられており，これに勝る適切な使い方はないだろう．

われわれはこのテキストを，統計学コースをいくつか受けたことのある受講者を対象としたクラスで使うことを想定して用意した．受講者に求められるおもな予備知識は，統計的記法を読みとる力で，そこには総和記号や期待値の記法，和を表す数量の簡単な代数演算などが含まれる．また，いくつかの章では，回帰モデルやロジスティック回帰モデルを使った定量分析にもふれている．したがって，線形モデルをよく知らない受講者は，こうした分析結果を理解するために，なにがしかの助けが必要となるだろう．

本書は全体で12章からなりたっている．章の順番は，われわれがJPSMで行った調査方法論の学期コース「調査方法論の基礎」（Fundamental of Survey Methodology）と同じ順である．本書をテキストとして用いる講師は，各章で引用している論文などを副読本として指定するのもよいだろう．

初めの「調査方法論入門」と「調査における推論と誤差」の2つの章は，本質的には概念的な内容である．第1章で紹介する6つの調査事例は，さまざまな原則と実践を例示するために本書の随所で取り上げている．この本を補う意味で，こうした調査事例のウェブページを教室で見せて，調査の設計上の主要な特性や成果物についてクラス内で議論させることも有効だろう．

第2章では，総調査誤差パラダイムの主要な要素を取り上げている．実は，われわれの経験では，講義クラスの初めの段階で，調査事例を通じて主要な誤差要素の例を紹介することが受講者の理解に役立つことがわかってきた．われわれが考える調査になくてはならない特徴とは，調査が母集団の統計的記述を提供するように設計されている，ということである．確かに統計量を求めるコンピュータ・プログラムはあるのだが，調査法研究者はこうした統計量の基礎となる計算方法を理解することが肝要である．したがってこの本では，何を算出すべきかの概念的な議論に加えて，統計的な記法にも必ずふれるようにしている．

また第2章は，統計的な記法を扱うよい機会になるだろう．こうした記法を一度学んでおけば，本書の残りの部分も受講者にとって取り組みやすいものになるはずである．

第3章「目標母集団，標本抽出枠，カバレッジ誤差」からあとの各章では，総調査誤差の個々の要素と，優れた実践の指針となるような方法論研究のさまざまな成果を扱っている．これらの章では，調査研究における優れた実践例にもとづく研究に，意図的に焦点を当てている．われわれは，受講生がある展望をもって調査方法論の研究をはじめることに常々気づいてはいた．その展望とは，ある具体的な調査設計の特性

に関する受講生のものの見方は，こうした優れた実践例を判断の手がかりとしていることである．第3章から第11章で扱う題材の役割は，こうした優れた実践例を特徴づける調査手法についての科学的研究が存在することを示すこと，つまり，ものの見方とは，研究にもとづいていない限りほとんど価値がないことを示すことである．こうした研究の中には，直感的に理解できるほど自明な研究成果のないものもある．したがって，この分野の学生は，過去の方法論の文献をあらためて検討するとともに，適切な調査設計を見出すために，ときには斬新な研究を行う必要がある．この本には，この分野のこうした考え方を伝えるために役立つと思われる工夫を2つほど仕組んである．1つは，議論の対象となった研究の参考文献を組み入れたことである．もう1つは，コラムを設け，その章で取り上げた領域の古典的な研究の具体例を簡潔に説明したことである．こうしたコラムでは，研究計画，研究の成果，制約事項，その研究の影響力を要約として説明している．こうした研究の全文は，この本を読み解く副読本として活用できるだけでなく，講義クラスにおける討論材料としても使えるだろう．また，各章の終わりには，われわれが薦める追加文献の一覧も掲載してある．

　第4章「標本設計と標本誤差」は，他の章に比べて，統計的な記法を使った内容となっている．なおここで，統計的記法の解釈と理解に補講を必要とする受講者が多いときには，カールトン著の小冊子「標本抽出法入門 (Introduction to Survey Sampling)」(Sage, 1983) を受講者に薦めてきた．なお，このコースのいくつかの回では，カバレッジと標本抽出の章に3週間を充てている．

　第5章から第10章はそれぞれ，通常のコースであれば1週間で履修できる内容となっている．これまでの経験では，カバレッジ誤差と無回答誤差を表す数式の類似点を重視するとよいという結果がでている．われわれはまた，標本集落化効果と調査員変動（つまり調査員が原因の全変動）の2つに対して，どのように級内相関の基本原則を適用するかも重視するようにした．

　第11章「調査研究における倫理の科学的公正性」は，感受性訓練を取り上げるだけでなく，調査対象者を倫理的に扱うための基礎となる概念的枠組みと，調査データの開示分析に関する最近の理論と応用も含めるという理由で取り上げている．ここでもまた，判断力だけでなく倫理的課題にかかわる意思決定に，調査研究がどのように関連するかを述べている．

　第12章「調査方法論に関するよくある質問と回答」は，他とはかなり違う形式で書いてある．われわれのコースでは，慣例として最終試験に先立つ検討会で，自由討論方式の質疑応答コーナーを設けている．このとき，受講生から出てくる質問は，受講生が具体的な授業で学んだことを，さらに広い自らの世界観と統合する試みである，ということにわれわれは気づいた．そのため本章では，こうした包括的な事柄を含む質問に対してわれわれが回答を与えるというFAQ形式（よくある質問とそれへの回答）としてみた．

　セーラ・ディプコとソニア・ジニールの両名の編集者としての適切な判断力のおか

げで，原稿は大幅に改善された．図版と表の作成は，アダム・ケリーがコンピュータ処理を使って手助けしてくれた．Wiley 社のリサ・ヴァンホーンは，編集者の介入が必要なときでも不要なときでも，一貫して調整役としての優れたビジネス・センスを発揮する出版編集主幹であった．これらの方々に感謝したい．

　重要な研究領域についての意見を集めて，整理し，調査方法論の楽しさを知識領域の一分野としてどのように伝えるかを議論しながら進めた本書の執筆は，非常に楽しい作業であった．読者の方々もわれわれと同じように，大いに楽しんでいただければ幸いである．

2004 年 3 月

　　　　　　　　　　　　ロバート・M・グローヴス（ミシガン州，アナーバー）
　　　　　　　　　　　　フロイド・J・ファウラー Jr.（マサチューセッツ州，ボストン）
　　　　　　　　　　　　ミック・P・クーパー（ミシガン州，アナーバー）
　　　　　　　　　　　　ジェームズ・M・レプカウスキー（ミシガン州，アナーバー）
　　　　　　　　　　　　エレノア・シンガー（ミシガン州，アナーバー）
　　　　　　　　　　　　ロジャー・トゥランジョー（メリーランド州，カレッジパーク）

目 次

Contents

日本語版刊行によせて……………………………………………………………………… i
監訳者まえがき……………………………………………………………………………… iii

まえがき……………………………………………………………………………………… ix

第1章　調査方法論入門……………………………………………………………… 1
　1.1　はじめに………………………………………………………………………………… 2
　1.2　調査研究の略史………………………………………………………………………… 4
　　1.2.1　調査の目的　4
　　1.2.2　標準化された質問文作成の発達　6
　　1.2.3　標本抽出法の発達　7
　　1.2.4　データ収集法の発達　8
　1.3　現行の調査のいくつかの例…………………………………………………………… 9
　　1.3.1　全国犯罪被害調査　10
　　1.3.2　薬物使用と健康に関する全国調査　17
　　1.3.3　消費者調査　20
　　1.3.4　全国学力達成度調査　23
　　1.3.5　行動危険因子監視システム　27
　　1.3.6　最新雇用統計プログラム　30
　　1.3.7　6つの調査事例から何を学ぶか？　33
　1.4　調査方法論とは何か？………………………………………………………………… 34
　1.5　調査方法論の課題……………………………………………………………………… 36
　1.6　本書について…………………………………………………………………………… 38
　　　さらに理解を深めるための文献／演習問題／本章のキーワード　39

第2章　調査における推論と誤差…………………………………………………… 42
　2.1　はじめに………………………………………………………………………………… 42
　2.2　設計の観点から見た調査の循環過程………………………………………………… 44

       2.2.1　構成概念　　45
       2.2.2　測　　定　　46
       2.2.3　回　　答　　47
       2.2.4　回答の編集（エディット）　　47
       2.2.5　目標母集団　　48
       2.2.6　枠母集団　　49
       2.2.7　標　　本　　49
       2.2.8　回答者　　49
       2.2.9　事後調整　　50
       2.2.10　設計から実施へ　　51
   2.3　調査の品質の観点から見た調査の循環過程 …………………………… 52
       2.3.1　構成概念と測定されたものとの間の観測による「ずれ」　　54
       2.3.2　測定誤差：理想的な測定値と得られる回答との間の観測上の「ずれ」
           　　56
       2.3.3　処理誤差：推定に用いる変数と回答者から提供される変数との間の
           観測による「ずれ」　　58
       2.3.4　カバレッジ誤差：目標母集団と標本抽出枠との間の観測によらない
           「ずれ」　　59
       2.3.5　標本誤差：標本と標本抽出枠との間の観測によらない「ずれ」　　61
       2.3.6　無回答誤差：標本と回答者との間の観測によらない「ずれ」　　64
       2.3.7　調整による誤差　　65
   2.4　ここまでのまとめ ……………………………………………………… 66
   2.5　いろいろな統計量の誤差の考え方 ……………………………………… 67
   2.6　要　　約 ………………………………………………………………… 68
       さらに理解を深めるための文献／演習問題／本章のキーワード　　69

第3章　目標母集団，標本抽出枠，カバレッジ誤差 …………………… 72

   3.1　はじめに ………………………………………………………………… 72
   3.2　母集団と標本抽出枠 …………………………………………………… 73
   3.3　標本抽出枠のカバレッジ特性 ………………………………………… 75
       3.3.1　アンダーカバレッジ　　76
       3.3.2　不適格な単位　　81
       3.3.3　抽出枠要素内の目標母集団要素の集落化処理　　82
       3.3.4　標本抽出枠における目標母集団の要素の重複　　84
       3.3.5　抽出枠要素と目標母集団要素との間の複雑な写像　　86
   3.4　一般的な目標母集団とその抽出枠問題 ……………………………… 87

3.4.1　世帯と個人　*87*
　　　3.4.2　顧客，従業員，あるいは組織の構成員　*88*
　　　3.4.3　組　織　*89*
　　　3.4.4　事　象　*90*
　　　3.4.5　まれな母集団　*91*
　3.5　カバレッジ誤差 ……………………………………………………… *91*
　3.6　アンダーカバレッジの低減 ………………………………………… *92*
　　　3.6.1　半開区間　*93*
　　　3.6.2　多重サンプリング　*95*
　　　3.6.3　多重抽出枠の設計　*96*
　　　3.6.4　より多くの不適格要素を含んでいながらカバレッジを増大させること　*99*
　3.7　要　　　約 ………………………………………………………… *100*
　　　さらに理解を深めるための文献／演習問題／本章のキーワード　*100*

第4章　標本設計と標本誤差 ……………………………………… *102*

　4.1　はじめに ……………………………………………………………… *102*
　4.2　標本と推定値 ………………………………………………………… *104*
　4.3　単純無作為抽出 ……………………………………………………… *108*
　4.4　集落抽出法 …………………………………………………………… *112*
　　　4.4.1　調査設計効果と集落内の等質性　*115*
　　　4.4.2　選ばれた集落内での副標本抽出　*119*
　4.5　層別と層別抽出 ……………………………………………………… *120*
　　　4.5.1　層への比例割り当て　*122*
　　　4.5.2　層への不均衡な割り当て　*127*
　4.6　系統抽出法 …………………………………………………………… *128*
　4.7　実務における複雑さ ………………………………………………… *131*
　　　4.7.1　確率比例（PPS）を用いた2段集落設計　*132*
　　　4.7.2　多段設計とその他の複雑な設計　*135*
　　　4.7.3　複雑な標本設計をどのように記述するか：NCVSの標本設計を例にして　*136*
　4.8　米国の電話加入世帯における個人の標本抽出 …………………… *138*
　4.9　要　　　約 …………………………………………………………… *141*
　　　さらに理解を深めるための文献／演習問題／本章のキーワード　*142*

第5章 データ収集法 ……………………………………………………… 146

- 5.1 データ収集のさまざまな手法 ……………………………………… 147
  - 5.1.1 調査員の関与の程度　151
  - 5.1.2 回答者との相互行為の度合い　152
  - 5.1.3 プライバシーの度合い　153
  - 5.1.4 情報伝達の手段　154
  - 5.1.5 技術要素の利用　155
  - 5.1.6 以上の特徴がもたらす影響　156
- 5.2 適切な調査方式の選択 ……………………………………………… 157
- 5.3 さまざまなデータ収集法が調査誤差に及ぼす影響 ……………… 159
  - 5.3.1 調査方式の限界効果を測定すること　159
  - 5.3.2 標本抽出枠と調査方式の選択が標本設計にもたらす影響　162
  - 5.3.3 調査方式の選択におけるカバレッジの影響　163
  - 5.3.4 無回答が調査方式の選択に及ぼす影響　165
  - 5.3.5 調査方式の選択が測定品質に及ぼす影響　168
  - 5.3.6 調査経費の影響　175
  - 5.3.7 データ収集法の選択に関する要約　177
- 5.4 複数のデータ収集方式の利用 ……………………………………… 178
- 5.5 要　約 ………………………………………………………………… 181
  - さらに理解を深めるための文献／演習問題／本章のキーワード　182

第6章 標本調査における無回答 ……………………………………… 185

- 6.1 はじめに ……………………………………………………………… 185
- 6.2 3種類のおもな調査不能 …………………………………………… 186
  - 6.2.1 調査依頼の伝達の失敗による調査不能　186
  - 6.2.2 調査拒否による調査不能　190
  - 6.2.3 必要とするデータの提供不能に起因する調査不能　195
- 6.3 無回答は調査統計量の品質にどのように影響するか？ ………… 196
- 6.4 回答率および無回答率の計算 ……………………………………… 199
- 6.5 時間経過にともなう回答率の傾向 ………………………………… 203
- 6.6 項目無回答 …………………………………………………………… 206
- 6.7 調査不能を減らすための調査設計の特徴 ………………………… 208
- 6.8 要　約 ………………………………………………………………… 215
  - さらに理解を深めるための文献／演習問題／本章のキーワード　217

第7章　調査における質問と回答 ………………………………… 220

- 7.1　調査測定における代替法 …………………………… 220
- 7.2　質問への回答における認知過程 …………………… 221
  - 7.2.1　理解の過程　*223*
  - 7.2.2　想起の過程　*224*
  - 7.2.3　推論と判断の過程　*226*
  - 7.2.4　報告の過程　*227*
  - 7.2.5　その他の回答過程モデル　*228*
- 7.3　調査質問への回答時の問題 ………………………… 230
  - 7.3.1　符号化の諸問題　*230*
  - 7.3.2　質問文に対する誤解　*232*
  - 7.3.3　忘却およびその他の記憶にかかわる問題　*236*
  - 7.3.4　行動に関する質問の推測過程　*242*
  - 7.3.5　態度に関する質問の判断過程　*244*
  - 7.3.6　回答の形式を整えること　*246*
  - 7.3.7　動機のある誤報告　*249*
  - 7.3.8　指示に従わない誤り　*251*
- 7.4　適切な質問を作成するための指針 ………………… 252
  - 7.4.1　行動に関する微妙ではない内容の質問　*253*
  - 7.4.2　行動に関する微妙な内容の質問　*257*
  - 7.4.3　態度に関する質問　*260*
  - 7.4.4　自記式質問　*263*
- 7.5　要　約 ……………………………………………………… 265
  - さらに理解を深めるための文献／演習問題／本章のキーワード　*267*

第8章　調査質問文の評価 ……………………………………… 270

- 8.1　はじめに ………………………………………………… 270
- 8.2　専門家による吟味 …………………………………… 272
- 8.3　フォーカス・グループ ……………………………… 273
- 8.4　認知面接法 ……………………………………………… 276
- 8.5　予備調査と行動コーディング ……………………… 278
- 8.6　無作為化実験あるいはスプリット–バロット法 …… 280
- 8.7　質問文の基準を適用すること ……………………… 282
- 8.8　質問文評価ツールの要約 …………………………… 283
- 8.9　測定品質の概念と統計的推定値の関連づけ ……… 286

8.9.1 妥当性　286
8.9.2 回答の偏り　291
8.9.3 信頼性と単純回答変動　294
8.10 要　　約 ……………………………………………………………… 298
さらに理解を深めるための文献／演習問題／本章のキーワード　299

第9章　面接調査法 …………………………………………………… 302

9.1 調査員の役割 …………………………………………………………… 302
9.2 調査員による偏り ……………………………………………………… 303
　9.2.1 社会的に望ましいとはいえない特性の報告にかかわる，調査員による系統的な影響　303
　9.2.2 目にみえる調査員の特徴にかかわる課題への，調査員による系統的な影響　304
　9.2.3 調査員の経験にかかわる調査員による系統的な影響　306
9.3 調査員変動 ……………………………………………………………… 308
　9.3.1 調査員変動の推定のための無作為化の必要性　308
　9.3.2 調査員変動の推定　310
9.4 調査員の偏りを減らすための戦略 …………………………………… 312
　9.4.1 回答者行動の動機づけにおける調査員の役割　313
　9.4.2 調査員行動を変えること　314
9.5 調査員にかかわる変動を減らすための戦略 ………………………… 316
　9.5.1 標準化されていない調査員行動を必要とする質問文を最小限に抑えること　316
　9.5.2 専門的，課題志向的な調査員の行動　318
　9.5.3 質問文を文字どおりに読み上げる調査員　320
　9.5.4 調査員が回答者に調査過程を説明すること　321
　9.5.5 調査員による間接的なプロービング　322
　9.5.6 定めたとおりに正確に回答を記録する調査員　325
　9.5.7 調査員変動を減らす戦略の要約　327
9.6 標準面接法に関する論争 ……………………………………………… 327
9.7 調査員の管理 …………………………………………………………… 331
　9.7.1 調査員の選考　331
　9.7.2 調査員の訓練　332
　9.7.3 調査員の管理と監督　333
　9.7.4 調査員の仕事量　335
　9.7.5 調査員とコンピュータ利用　335

9.8 要　　約 ………………………………………………………………………… 336
　　さらに理解を深めるための文献／演習問題／本章のキーワード　337

第10章　調査データの収集後の処理 …………………………………………… 340

10.1　はじめに ………………………………………………………………………… 340
10.2　コーディング …………………………………………………………………… 342
　　10.2.1　コーディングの実用上の問題　344
　　10.2.2　コーディング作業の理論的問題　346
　　10.2.3　調査現場でのコーディング：中間的な設計　346
　　10.2.4　標準分類体系　349
　　10.2.5　その他の一般的なコーディング体系　354
　　10.2.6　コーディングにおける品質指標　355
　　10.2.7　コーディングに関する要約　356
10.3　数値データのファイルへの入力 ……………………………………………… 357
10.4　エディティング ………………………………………………………………… 358
10.5　重みづけ ………………………………………………………………………… 362
　　10.5.1　第一段比率調整を使う重みづけ　362
　　10.5.2　違いのある抽出確率に対する重みづけ　363
　　10.5.3　調査不能の調整を行うための重みづけ　365
　　10.5.4　事後層化による重みづけ　366
　　10.5.5　すべての重みの統合　367
10.6　項目欠測データの補定 ………………………………………………………… 369
10.7　複雑な標本のための抽出分散の推定 ………………………………………… 374
10.8　調査データの文書化とメタデータ …………………………………………… 378
10.9　要約：調査後の処理 …………………………………………………………… 382
　　さらに理解を深めるための文献／演習問題／本章のキーワード　383

第11章　調査研究における倫理の科学的公正性 ……………………………… 386

11.1　はじめに ………………………………………………………………………… 386
11.2　研究の実施基準 ………………………………………………………………… 386
11.3　顧客対応に関する基準 ………………………………………………………… 389
11.4　一般の人々への対応に関する基準 …………………………………………… 390
11.5　回答者に対処するための基準 ………………………………………………… 391
　　11.5.1　調査回答者に対する法的義務　391
　　11.5.2　回答者に対する倫理的義務　393

11.5.3　インフォームド・コンセント：人格の尊重　396
　　11.5.4　善行：回答者を被害から守ること　398
　　11.5.5　説得における努力　400
　11.6　新たな倫理的問題……………………………………………………402
　11.7　被験者の諸問題に関する研究管理上の実務……………………………402
　11.8　調査におけるインフォームド・コンセント規約に関する研究……………404
　　11.8.1　インフォームド・コンセント規約の内容に対する回答者の反応に関する研究　406
　　11.8.2　調査方法論研究におけるインフォームド・コンセントの複雑な諸問題についての研究　410
　　11.8.3　書面によるインフォームド・コンセントと口頭によるインフォームド・コンセントに関する研究　411
　　11.8.4　調査におけるインフォームド・コンセントに関する研究の要約　412
　11.9　調査員による改竄を発見し修正するための手続き……………………412
　11.10　情報開示制限手続き……………………………………………………414
　　11.10.1　調査資料を特定する可能性を制限するための管理手続き　415
　　11.10.2　データへのアクセスを，機密保持誓約に同意した人のみに制限すること　416
　　11.10.3　公表される可能性がある調査データの内容を制限すること　417
　11.11　要約と結論……………………………………………………………420
　　さらに理解を深めるための文献／演習問題／本章のキーワード　421

第12章　調査方法論に関する，よくある質問と回答……………………423

　12.1　はじめに………………………………………………………………423
　12.2　質問とその回答………………………………………………………424

　訳　　注……………………………………………………………………441
　　関連 URL 一覧　459
　謝　　辞……………………………………………………………………462
　文　　献……………………………………………………………………463
　　追加参考文献　482
　索　　引……………………………………………………………………484
　　キーワード英和対照一覧　501

●コラム一覧

第1章
1. "世論調査"と"調査"に関するシューマンの研究（Schuman, 1997） *5*

第2章
2. 実例：推定母集団と目標母集団 *48*
 用語ノート：試行という概念 *55*
 用語ノート：変動または変動誤差という概念 *57*

第3章
3. 米国センサスにおけるカバレッジに関するロビンソン，アハメド，グプタ，ウッドローの研究（Robinson, Ahmed, das Gupta, and Woodrow, 1993） *80*
4. 世帯名簿に関するトゥランジョー，シャピロ，カーニー，エルンスト，マーティンの研究（Tourangeau, Shapiro, Kearney and Ernst, 1997；Martin, 1999） *98*

第4章
5. 回帰係数の調査設計効果に関するキッシュとフランケルの研究（Kish and Frnkel, 1974） *118*
6. 用いる層の数をいくつとするか，についてのコクランの研究（Cochran, 1961） *119*
7. 層別無作為標本抽出法に関するネイマンの考え方（Neyman, 1934） *125*

第5章
8. ホッヒシュティムによる個人面接，電話調査，郵送質問紙の比較（Hochstim, 1967） *161*
9. トゥランジョーとスミスによる，微妙な内容の質問に対する回答における調査方式の影響に関する研究（Tourangeau and Smith, 1966） *171*
10. デリューとヴァンデルゾーウェンによる面接調査と電話調査のデータの品質に関するメタ分析（de Leeuw and van der Zouwen, 1988） *175*

第6章
11. 調査員の面接時の説明の例 *192*
12. 「これはセールスではありません」現象とは *193*
13. マークルとエーデルマンによる無回答誤差に対する無回答率の影響の研究（Merkle and Edelman, 2002） *202*
14. 標本世帯に接することについての調査員の発言 *210*
15. バーリン，モハジェール，ワクスバーグ，コルスタッド，キルシュ，ロック，ヤマモトによる謝礼とその効果に関する研究（Berlin, Mohadjer, Waksberg, Kolstad, Rock, and Yamamoto, 1992） *213*
16. モートン-ウィリアムズによる調査員による面接行動の合わせ方の研究（Morton-Williams, 1993） *214*

第7章
17. 質問文の不明瞭な言葉に関するファウラーの研究（Fowler, 1992） *231*
18. 回答誤差に関するネッターとワクスバーグの研究（Neter and Waksberg, 1964） *240*

用語解説：過大報告と過小報告　*243*
　19. 回答尺度の影響に関するシュワルツ，ヒプラー，ドイチュ，シュトラックの研究
　　　（Schwartz, Hippler, Deutsch, and Strack, 1985）　*243*

第8章
　20. 代替予備調査の方法に関するプレッサーとブレアの研究（Presser and Blair, 1994）　*277*
　21. プロービングと行動コーディングに関するオクセンベルグ，カネル，カールトンの研究（Oksenberg, Cannell, and Kalton, 1991）　*281*
　22. 単純回答変動推定のための再面接に関するオムチャルタイの研究（O'Muircheraigh, 1991）　*295*

第9章
　23. 米国における，調査員の人種の影響に関するシューマンとコンバースの研究（Schuman and Converse, 1971）　*305*
　24. 調査員変動に関するキッシュの研究（Kish, 1962）　*312*
　25. 標準面接法と会話形式の面接法とに関するコンラッドとショーバーの研究（Conrad and Schober, 2000）　*330*

第10章
　26. 調査現場のコーディングとオフィスにおけるコーディングに関するコリンズとコートニーの研究（Collins and Courtenay, 1985）　*348*
　27. 調査不能に対して調整を行う傾向スコア・モデルによる重みづけに関するエークホルムとラークソネン（Ekholm and Laaksonen, 1991）の研究　*368*

第11章
　28. 梅毒に関するタスキギー研究　*393*
　29. メトロポリタン計画　*395*
　30. インフォームド・コンセントの理解に関するシンガーの研究（Singer, 1978）　*405*
　31. 回答傾向における機密情報の影響に関するシンガー，ヒップラー，シュワルツの研究（Singer, Hippler, and Schawartz, 1992）　*407*

第1章
調査方法論入門

An introduction to survey methodology

読者への覚え書き

　読者はいまここで，社会や経済の世界に関連する情報収集に適した"調査方法論（survey methodology）"という，一連の原理体系にふれようとしている．筆者らは，標本調査を設計し，実施し，分析を行い，また評価を行うことの面白さを述べる試みとして本書を書いている．本書を十分に理解するために各章に設けた仕掛けを用いて，この教材を記憶にとどめて欲しい．本書全体を通じて，読者は，図版，主要な基礎概念の例題，用語ノート，そしてこの分野の古典的な調査研究の主要な話題を示したコラムに気づくであろう．また，各章末には，その章の題材の理解度をテストするための演習問題を用意した．本書を理解する最善の戦略は，まず本書をひととおり通読し，次に各章を読みおえたときにコラムを読み返し，またキーワードを復習することである．

　毎月，第1金曜日の前日木曜日の午前8時半，経済学者と統計学者の一団が，米国ワシントンDC，マサチューセッツ通り北東2番地の建物内にある，防音された無窓の部屋に入ってゆく．ひとたびこれらの関係者が出席すると，部屋の扉は閉められる．
　部屋の中の面々は，米国労働統計局（BLS；Bureau of Labor Statistics）の専門官である．彼らの仕事は，主要経済データの統計的分析を再吟味し承認することである．彼らは集められた数値を詳しく調べ，比較し，その品質を示す指標を検証し，異常・例外がないかを探し，さらにはその数値を説明する報道機関向けのドラフトの作成にその週を費やすのである．この報道機関向け資料は，数値がどう作られたかについて専門的知識がない人たちにとっても，理解しやすいように簡潔な言葉で書かれる．
　翌日金曜日の午前8時になると，外部との接触を遮断された近くの米国労働省（Department of Labor）本館のモニタールームに，報道陣が集まってくる．そして米国労働統計局のスタッフがこの部屋に入ってきて，集まっている報道陣に結果を公表する．報道陣は，そのブリーフィングにもとづいてただちに配信用記事を用意する．きっかり8時半には，その記事を一斉に電子配信し，またときには編集者やプロデューサに電話で伝達する．
　ここで明らかになる統計量は，前月の失業率と前月に発生した雇用数である．公開

に先だって，入念な保護とセキュリティがとられるのは，この数値は社会的に非常に大きなインパクトがあるからである．確かに，この数値が米国経済の健康状態の重要な変化を知らせた月は，世界中の株式市場の何千もの投資家が即座に売買の意思決定を行う．結果公表から45分のうちに，午前8時半に明らかになったこの2つの数値にもとづいて，1兆ドル（約98兆円）もが世界中の市場で動くのである．

この失業率と雇用数は，いずれも統計調査から得たものである．世帯調査で失業率を求め，雇用主調査で雇用数を得る．調査対象とした世帯と雇用主は，調査内容を要約したときに，調査対象の回答が，全母集団に質問したときに得られる回答を反映するように注意深く選ばれる．これらの調査では，注意深く言いまわしを工夫した質問文に対し，何千人もが，自分自身のことを，あるいは勤務会社の属性のことを回答する．世帯調査では，プロの調査員が質問を行い，ラップトップ・コンピュータ上で回答を記入する．雇用主調査は，質問紙による場合と電子的に行う場合とがあるのだが，回答者はいずれも標準化した調査票に書き入れる．また，こうした数値の内部整合性を保証するため，データ収集後にはかなり込み入ったデータ処理を行う．

これら2つの数値は，国民経済の健康状態の重要な要素を扱うことから，かなりの影響力があり，また十分に信頼できるものである．マクロ経済理論と何十年にもわたる経験的成果から，その重要性が証明されている．にもかかわらず，政策決定者がこの数値を信じるときにかぎって，これらの数値の価値が増すのである．本書は，統計調査を通じてこのような数値を提供する過程について知る本であり，また調査設計が調査統計量の品質にどのような影響を及ぼすかについてふれた書である．また，本質的な意味は，調査から得た数値が信頼に値する場合とそうでない場合についての問題を扱うものである．

1.1 はじめに

本章は，1つの知識分野として，また専門的職業として，さらに1つの科学として，調査方法論への入門となっている．本章の初めの数節では，読者が他の節でこの節を思い出せるような説明を行っている．また本章の終わりでは，読者は「調査方法論とは何か」，また「調査方法論研究者は何を行うのか」を理解するようになるだろう．

"**調査**（survey）"とは，ある実在物を構成員とするかなり大きな母集団の特性の計量的記述語を作ること，つまり情報を計量的に記述する語句を作ることを目的として，実在物の（ある標本から）情報を集めるための体系的な方法をいう．ここでいう"体系的（systematic）"とはよく考えられた意味のある言葉であり，調査を，単に情報を集めるだけの他の方法と効果的に区別している．なお語句"（…のある標本），(a sample of…)"とは，調査がある母集団内のすべての人を測定することもあれば，ただ1つの標本を測定しようとしていることもあるので，上の定義の中にこのように表れる．

この計量的記述語のことを，"**統計量**（statistic）"という．"統計量"とは，ある要素集合についての観測値の定量的な要約情報のことである．こうした統計量のあるものを"**記述的統計量**（descriptive statistic）"といって，ある母集団内のいろいろな特性の大きさや分布を記述する（たとえば，人々の平均教育年数，病院内の総人数，大統領を支持する人の割合）．一方，別の統計量として，複数の変数がどう関連するかを測定する"**分析的統計量**（analytic statistic）"がある（たとえば，所得の増加は教育年数の増加とどう関連するかを記述する回帰係数，教育と年間読書量との相関係数）．こうした統計量の目標は，調査とは，ヒトあるいは事象を記述する調査以外の試みとは異なるものだとすることにある．統計量とは，世の中の大小の母集団の基本特性あるいは経験で得た知識を記述しようとすることである．

世界中のほとんどの国では，失業率，疾病に対する予防接種の普及率，中央政府に関する意見，次の選挙への投票意向，購入する製品とサービスに対する満足感などを考察するために調査を用いる．調査は，おおまかな経済動向，物価のインフレ率，新規企業への投資などを追跡する際の基本的なツールである．調査は，社会科学においても，社会活動を理解し，行動理論を検証するために，もっとも一般的に用いられる方法の1つである．かなり現実的な意味で，調査は現代情報化社会のきわめて重要な基盤となっているのである．

このように，多様な活動を調査とよぶのだが，本書では，以下にあげる特徴を備えている調査に焦点を当てることとする．

1) 基本的にヒトに質問を行うことで情報を集めること．
2) 調査員が質問を行って回答を記録する，あるいは調査対象者が質問文を自分で読むか，あるいはその内容を聞いて，自ら回答することで情報を集めること．
3) 母集団の全構成員からではなく，説明すべき母集団の一部だけから，つまりある標本から，情報を集めること．

"…ology"とは，"…に関する研究"あるいは"…論"を意味するギリシャ語表記であるから，"**調査方法論**（survey methodology）"とは，調査法の研究のことである．それは調査における誤差発生源についての研究のことであり，調査によって得られた数値を，可能なかぎり正確なものとする方法のことである．ここで"**誤差**（error）"という用語は，目的とする結果との偏差，あるいは，ずれに関連している．調査の場合，"誤差"とは，研究対象とした母集団に関連する真値からの偏差を表すのに使われる．場合によっては，この意味と単純な誤りを意味することとを区別するために"**統計的誤差**（statistical error）"という語句が使われる．

上記の各段階を実行する方法，つまり，まずどのような質問文を尋ねるのか，どのように回答を集めるか，どのような人たちが質問文に回答するか，が調査結果の品質（あるいは誤差の特性）に影響を及ぼす．本書では，実社会で調査を実施する方法と，調査結果の品質を評価する方法とについて述べる．また，調査統計量の誤差を最小限

に抑える方法について，何がわかっていて，何がわかっていないかを，述べるとしよう．なによりもまず，本書では，実務だけでなく高い品質の調査研究の理論と原則を明らかにする科学的研究についての，この100年余りの成果をできるだけ丁寧に論じるよう心がける．

1.2　調査研究の略史

　米国における調査研究の歴史については，コンバース (Converse, 1987) が重要な報告を提供してくれている[*1]．ここで，そのうちのもっとも興味あるいくつかを詳しく述べてみよう．調査には特筆すべき4つの観点がある．つまり，調査を用いる目的，質問文設計の発達，標本抽出法（サンプリング法）の進歩，データ収集法の発達である．

1.2.1　調査の目的

　おそらく，調査のもっとも初期の形態は，通常は政府が実施する"**センサス（国勢調査，census）**"であろう．センサスとは，多くの場合は，課税あるいは政治的な代表性の必要性から，全人口を計数するための体系的な試みのことである．米国では，下院の議員定数是正のため，現時点の人口居住形態を表すセンサスを10年ごとに実施している．このことは，センサスから得た統計量に大きな政治的な意味を与える．このような理由から，これら統計量をめぐって政治的な論争がしばしば起こる（アンダーソン: Anderson, 1990）．

　かつては，調査を行う重要な理由は，社会問題を理解することにあった．近代調査研究の原点は，「ロンドン市民の生活と労働（Life and Labour of People of London），」(1889-1903) と名づけた画期的な研究を行った，チャールス・ブース（Charles Booth）にあるとする人もいる．コンバースが詳述しているように，ブースはロンドンの貧困層とその人々が困窮していた理由について多量のデータを収集するために自己資金を投入した．彼は，自分で集めたデータにもとづいて少なくとも17巻を執筆した．しかし彼は，われわれが今日用いているような方法を使ってはいない．つまり，はっきりしない標本抽出技法を用い，また標準化されていない質問文を使っていた．実際，調査員による観察と推論は膨大な情報を提供した．しかしブースの研究では，基本的な社会問題を理解するために，こうした体系的な測定から得た定量的な要約情報を用いたのである．

　社会問題の諸研究とは対照的に，ジャーナリズムと市場調査では，"世間の人（the man on the street）"の体系的な意見を得るために調査を用いるようになった．とくに関心のある対象は，来るべき選挙における政治指導者と政治的関心事への人々の反応であった．こうした関心が，近代世論調査の発展をもたらしたのである．

　これに関連したやり方で，市場調査では，既存の開発された商品やサービスへの"実

在する"人々の反応を知る方法を模索してきた．早くも1930年代には，ラジオを通じて伝えられる，どのような番組や広告宣伝がもっとも評判になったのか，についての本格的な研究があった．リサーチャーは，さらに有効な情報を民間企業の意思決定者に提供するために，さらに大きな標本からなる調査を利用することをはじめたのである．

　20世紀初頭をすぎると，世論調査と市場調査が，ときには同じ会社によって行われることもあって，しだいに郵送調査と電話調査を利用する方向へと進展していった．こうした企業では，利用可能なリスト，たとえば電話番号簿，運転免許者リスト，選挙人名簿，雑誌購読者リストなどから標本抽出を行っていた．つまり世論調査や市場調査の調査者は，何よりもまず，一定にそろえた質問文を回答者に直接問うことでデータを集めた．社会問題を研究していた初期の研究者とは異なり，彼らは，調査員による観察や，他人の状況を本人以外の誰かが報告することには関心がなかった．このように一定にそろえた質問文を回答者に尋ねるという特徴は，世論調査や市場調査の調査者と初期の調査研究との違いを示すものである．つまり，世論調査や市場調査の調査者にとっては，人々についての現実や客観的な特徴に関するデータを集めることよりも，人々が何を知り，何を感じ，何を考えているかに関心があったのである．

　態度や意見の測定は，顧客満足を重視する近代経営管理の理念の重要な基盤となっている．顧客満足度調査は，商品あるいはサービスの品質に関する消費者の期待が，具体的な取引において，どれくらいうまく満たされたかという購買者の期待を測定する．このような調査は，企業組織の売上実績を改善するためのユビキタス・ツール（ubiquitous tools）つまり普遍的な管理ツールである．

　政治家や政治戦略家は，重要な論点に関して，選挙戦略や大衆に対する提言につい

コラム1●"世論調査"と"調査"に関するシューマンの意見 (Schuman, 1997)

　世論調査と調査との違いは何であろうか？ "世論調査（poll）"という用語は，民間企業による意見調査を扱う研究に対して使われ，"調査（survey）"とよんでいる研究と同様に多くの標本設計の特徴を備えている．また，行政あるいは科学の分野で実施される研究を説明するために，"世論調査"が用いられることはめったにない．しかし，2つの用語の意味の間に明確な違いはない．シューマンは，2つの用語には異なる語源があると指摘している．すなわち，「'世論調査'とは4文字語'poll'であり，一般に，頭数を計数するときと同じように，'支配者・長'に関連する古いドイツ語に由来すると考えられる．一方，2音節の語'調査（sur-vey）'は，古いフランス語の'survee'に由来し，これはまたラテン語の'super（over）'と'vidēre（to look）'から出てきた語である．よって，前者の意味の調査つまり世論調査とは，より広範囲の大衆に，つまりギャラップ，ハリス，その他の世論調査から得た調査結果で対象とした消費者に訴えた表現である．後者の意味の調査とは，大学などの研究者たちが，自らの研究について科学性あるいは学術的な特色をはっきりさせたいという要求にかなうものである．」(Schuman, 1997, p7)

て適切な意思決定を行うために，世論調査が不可欠であると信じている．確かに，現代の政治家に対する共通した批判として，投票データに頼りすぎて自分の個人的意見を決められず，何かの論点について大衆に指導力を示すよりもむしろ，大衆の意見に歩み寄るほうを選んでいるのである．

1.2.2 標準化された質問文作成の発達

主観的な状態（すなわち，観測できない人の内面的な特性）の測定に関心をもつことは，質問文のワーディング（question wording）やデータ収集方法に注意を向けるという効果をもたらす．事実にもとづく情報を集めるときでも，リサーチャーは，注意深く質問文を作成することを，さほど重要とは考えてはいなかった．年齢，職業，学歴といった客観情報を記したリストを持参させて，調査員を調査に送り出すことが多かった．さらに，調査員は質問文をどのように言い表すかを自分で決めることが多かったのである．経験をつんだリサーチャーは，往々にして，良い回答を得るためにはどんな質問の言いまわしをすればよいかを自分は知っているのだ，という絶大な自信をもって面接法を用いてきた．

一方，市場調査機関や世論調査機関では，社会科学分野の素養のない新たに雇った人たちを使って，無数の面接調査を行ってきた．必然的にリサーチャーは，調査によって得られた情報を非常に注意深く説明する必要が生じた．さらに，態度質問のワーディングの小さな変化が，回答に著しく大きな影響を与えることもあることに，リサーチャーは気づいたのである．

こうして，世論調査の発達の初期段階には，注意深く作成した質問文を調査員に提供し，どの面接でも同じ方法で質問するよう注意が払われるようになった．また，質問を行うためにたくさんの調査員を使うようになったので，調査員がどのように質問を行い，どのように回答を記録したかが調査結果にどれほど影響を及ぼすかということもわかってきた．結局このようなことが，以前とくらべて，より一層体系的に調査員を訓練し管理することをリサーチャーに求める結果となった．

民間のリサーチャーが行ってきたことに研究者が注意を向けはじめたことにより，質問文のワーディングもまた影響を受けた．心理状態の計量化を目指す心理学者である計量心理学者たちは，主観的な状態に何か意味のある数値を与える方法に関心があった．そして知能を測ることが，この方向の初めての試みであった．一方，サーストンのような人もまた，態度，感情，評価に数値を与える方法を研究していた（例：サーストンとシェイヴ：Thurstone and Chave, 1929）．

ほとんどの場合，こうした研究に取り組むことは，たいていは非常に煩わしく，実際に使われたのは，長々と続くかなり冗長的な調査票に答えてくれる大学生ボランティアを確保できるような場合であった．そしてこのような道具は，代表性のある標本を用いるほとんどの面接調査にとっては使い物にならなくなってきた．つまり，こうした質問文は，少数の態度測定を行うにはあまりにも長すぎたのである．そこで，レ

ンシス・リッカート（Rensis Likert）は，自分の博士論文で，尺度化された回答群を用いて，単独の，簡素化した質問でも，長くて冗長な一対比較の質問群と同じことが達成できることを証明したのである（リッカート：Likert, 1932）．そしてリッカートはその研究成果を調査に応用した（そして後になって，彼はミシガン大学の調査研究センター（SRC：Survey Research Center）を1946年に創設した）．

1.2.3 標本抽出法の発達

ブースのような初期の研究者は，ある特定の母集団のすべての要素について，データを収集しようとした．このような全数調査では，母集団の一部だけを測定することから生じる誤差の問題は回避できたが，大きな母集団に対しては明らかに実用的ではなかった．事実，全数調査データ全体を詳しく調べることが困難であることから，ある回収標本を取り出すことで全数調査を要約するという初期の試みに行き着くのである．ここで，標本抽出を行うための初期の試みとは，"典型的な"町を研究すること，あるいは，母集団に似せた標本を作るため，目的にかなった個人を集めることである．たとえば，男子と女子をそれぞれ半分ずつにして面接調査を行うとか，ある程度は母集団に似せるようにかれらを地理的に分布させるとかを行う．

確率論（theory of probability）は18世紀に確立されたが，実用的な標本調査法研究への応用は，大幅に遅れて20世紀になってからであった．初めての試みは，センサスの回収結果から，"N個"につき"1個"を系統的に選ぶことであった．これらは**"確率標本（probability sample）"** である．つまり，どの記録も標本として選ばれる確率はゼロとはならないということである．

標本抽出（サンプリング）の大きな進歩は，農業分野で調査を行った人々からはじまった．作物収穫量を予測するため，統計学者は，いわゆる**"エリア確率的標本抽出（確率的エリア・サンプリング，area probability sampling）"** という手順を考え出した．これはおおよそ次のように考えられる．まず，地域（エリア）あるいは土地区画を抽出する．そして，秋の収穫がどうなるかを予想するために，農民がこれらの地域で春に何を行ったかを調べる（彼らがその地域で何かを植え付けているのかどうか，また植え付けているならばそれが何か）．その同じ技法を，世帯を抽出するために改良した．すなわち，まず市街地の場合は，地理的な街区の標本を抽出し，また農村部の場合は農地区画の標本を抽出し，その街区あるいは農地区画ごとに，そこにある住居の名簿，つまり住居単位[*2]の名簿を作る．そのあとに，名簿にある住居を抽出すれば，標本抽出者は，全世帯（その結果，そこに住んでいる人々全員）に，抽出対象となる機会を与える手段を見つけたことになる．この技法の魅力の1つは，標本の抽出に先立って，母集団内のすべての人々あるいはすべての世帯をリストアップする必要がないということであった．

世界大恐慌と第二次世界大戦は，調査研究にとって大いに刺激となった．かなり初期の近代的な確率標本の1つが，1939年12月にはじまった月例失業者調査（Monthly Survey of Unemployment）のために抽出された．これの先鞭を付けたのは，後にこの分野の重要人物となった弱冠29才の統計学者，モリス・ハンセンである（ハンセン，ハーウィッツ，マドー；Hansen, Hurwitz, and Madow, 1953）．戦時中，連邦政府は，事実にもとづく情報だけでなく，たとえば戦時公債の購入への関心といったような住民の態度や意見を測定するための調査の実施に関心があった．戦時中は，かなりの資源が調査に向けられ，また戦時中に政府に協力するために雇用されたリサーチャーたちは，調査方法の発展にともない，しだいに重要な役割を果たすようになったのである．戦争が終わったあと，調査方法論研究者たちは，母集団にもとづく適切な統計量を提供するためには，調査方法論の3つの側面に注意を払うことが必要であることを理解したのである．ここでいう3つの側面とは，まず，質問文をいかに設計するか，そしてつぎに，調査員の訓練を含め，いかにデータを集めるのか，さらに，標本をいかに抽出するのか，である．

確率標本は，他の標本を評価する基準となるものである．政策立案者向けの重要な情報提供にデータを用いるときには，ほとんどの政府統計関連部局が，日常的にこの確率標本を用いている．確率標本はまた，訴訟で用いられる調査に対しても使われる．同様に広告料を決めるメディア視聴者の規模を測定するためにも用いる．ようするに，莫大な利害関係が，ある標本の価値によって決まるようなときにはいつでも，たいていは確率標本抽出を用いるのである．

1.2.4 データ収集法の発達

初期の調査における情報の集め方は，ある話題について，できるかぎり多くの人と話すという手法に比べると，わずかに整理されただけにすぎなかった．定性的な面接法は口述記録を提供してくれるが，統計量を用いてそれらを要約する仕事は膨大なものとなる．こうして，体系的なデータを廉価にしかも迅速に収集する方法の進歩により，調査がしだいに一般的なツールとなったのである．

郵送用の紙製の調査票は，読み書き能力のある母集団を測定するために，かなり安い価格を提供してくれた．実際，1960年までに郵送調査票によるセンサスの手順に従った公式テストが奏功し，1970年のセンサスは大部分が郵送調査方式で行われる運びとなった[*3]．さらに郵送調査票は，標本となった対象者つまり標本個体を訪問するために調査員を派遣するよりもはるかに廉価であることを証明した．その一方で，郵送による調査では，郵便業務の予測できない変化に左右されやすく，しかも郵便業務が完全に機能したとしても，調査期間が週単位では済まず，月単位で続くようなことになった．

ところで国内全土に電話事業が普及するにつれて，まず市場調査関係者たちが，データ収集ツールとしてこの媒体を使うことに，2つの利点があることに気がついた．郵送調査票による調査よりもはるかに迅速に，また面接調査よりもずっと安くあがるということである．しかしながらここ数十年，この調査方式は，社会の貧困層あるい

は短期滞在者の間にみられる明らかな電話のカバレッジ（coverage）の不足つまり普及率の不足に苦しんできた．しかし 1990 年代までに，ほとんどの市場調査は，面接調査から手を引き，しかも，この面接方式を放棄したあとに，無数の科学的研究が行われたのである．そして，主として連邦政府は，依然として面接による世帯調査に大きく依存してきた．

　人間活動の多くの分野でそうであるように，調査の効率化が大躍進したことは，コンピュータの発明に起因している．10 年ごとに行うセンサス・データを処理するために，米国製の初期のコンピュータの 1 つが利用された．そして，調査を実施するために必要であった膨大な人的資源の削減をコンピュータが可能にすることに，サーベイ・リサーチャーはいち早く気づいたのである．サーベイ・リサーチャーはまず，調査の各段階の分析を行うためにコンピュータを利用し，続いて未加工の原データの誤記をチェックし，また文字による自由記述回答をコーディングし，さらにはデータ収集手順そのものにまで，コンピュータを利用するようになった．いまや，調査設計，データ収集，分析のほとんどすべての段階で，（携帯型機器からネットワーク化されたシステムにいたるまで）コンピュータが用いられている．そしてもっとも急速に成長した用途が，ウェブ調査の開発である．

　こうしたさまざまな開発が進んだので，調査現場もまた，一連の調査実施指針の改善が進んだ．統計量の品質にかかわるさまざまな標本設計の有用性を，実証的研究があきらかにした．調査員の訓練要領（トレーニング・ガイドライン）が，調査員を適切に標準化することに役立った．回答率を算出し，それを報告することにかかわる基準は，調査の比較に役立つ調査現場の指標を提供してきた．

　調査の登場のあとのこの 60 年の間に，調査統計量の品質を改善するデータ収集システムの設計方法について，非常に多くのことを学んできた．しかし，ここで述べた短い歴史解説から見られるように，適切な調査方法論の基本要素は，20 世紀の前半に形が整っていたのである．

1.3　現行の調査のいくつかの例

　調査法の適用範囲を理解し，調査の可能性を理解するための 1 つの方法は，代表例をいくつか示すことである．以下に，6 つの調査の概要を示そう．本書全体を通じて実例として用いるため，いくつかの理由からこれらの例を選んだ．まず第 1 に，これらの調査はいずれも現行の調査である．またこれらの調査は毎年実施される．あきらかにこれは，調査が提供するこの種の情報には継続が必要と調査主体が考えていることを意味する．これはまた，これらの調査が重要であると誰もが考えていることを意味している．またこれらの調査は，とくに標準的な調査というわけではない．つまりここには世論や政治意識，あるいは市場調査などの調査研究は含んではいない．また，広く普及している，1 回限りの調査（one-time survey）も一切含んでいない．また

これらの調査のいずれもが，政府の財源による資金援助を受けている．

一方，これらの調査は，実は多くの点で，互いに異なっている．調査が扱っている調査主題の範囲と，そこで用いたさまざまな調査設計を理解することこそ，こうした調査事例をここでまとめて扱う1つの理由である．これらの事例はまた，調査研究の長所を示す例を提供するために選ばれた．そのため，これらの調査例は，いろいろな方法論上の問題に，われわれがどのように取り組み，いかに解決するかを議論する機会を与えてくれるだろう．

ここで用意した簡潔な要約と図表により，各調査の基本的な特性を説明する．すなわち，ここでは以下にあげる各事項を取り上げる．

1) 調査の目的
2) 調査が説明しようとしている母集団
3) 標本を抽出する情報源
4) ヒトを抽出する方法の設計
5) 調査員の使い方
6) データ収集方式
7) 回答収集時のコンピュータの利用法

読者は，ここに示す調査について，2つの違った方法で考えるべきである．まずはじめに，これらの調査を情報源として検討することである．つまり，これらの調査から何を学び，どのような質問に答え，またどのような方策や解決のための情報を与えてくれるのかを考えることである．ようするに，これらの調査がなぜ実施されたのか，その理由を考えることである．第2は，それぞれの調査の多様な目的を実現するために，さまざまな調査設計上の特性を，その調査にどのように受け入れたかを理解するために，上にあげた設計特性を比較することである．

1.3.1 全国犯罪被害調査

米国では，一体どのくらいの犯罪が起きているのだろうか？ 犯罪の発生頻度は上昇しているのか，あるいは減少傾向にあるのだろうか？ また，犯罪の犠牲になっているのは誰なのか？ 社会全体がこうした疑問への回答を求めている．米国では，組織犯罪に関する国民の関心が大きい時代には，犯罪を計量化することでその解答を模索してきた．1930年代には，国際警察長協会[*4]（IACP：International Association of Chiefs of Police）が，行政記録総数の収集を開始した．これは各地の管轄区内の犯罪に関する警察への報告行為に依存しており，個々の警察署長，交通警察，市警察，州警察署が保存した行政記録に依るものであった．警察署長は，犯罪の状況，犯罪の被害者，加害者，犯罪に関する適切な証拠などの法的書類を取得するための記録システムの設計計画を進めてきた．そして，個々の行政職員が，こうした管理記録を作成する事務処理を進めてきた．しかし多くの犯罪は，一市民が「犯罪を報告する」と判

断したときに初めて，警察の注目を集めるにすぎない．多くの場合，記録を作成するか，あるいは事件として分類するかの判断は，比較的地位の低い警察官に任されてきた．長年にわたって，こうした記録が米国の犯罪に関する基本情報源であった．

しかし年月を重ねるうちに，警察記録から得られる統計の弱点が明らかになってきた．往々にして，「犯罪を低減する」という公約を果たそうとする新任市長の存在は，多くの警察官が，小さな事件は犯罪とはみなさないようになり，したがって行政記録を作成しないという土壌を生んだ．さらに，各管轄区域がそれぞれ異なる定義で犯罪分類を行うことにより，統計資料がすっかり劣化してしまった．その犯罪は決して解決しないであろうと警察が考えたときは，正式な報告書を提出しないよう住民に働きかけたのである．そして，一部の管轄区域内では一般市民と警察の関係が悪化しているという証拠が浮かび上がりつつあった．警察に対する大衆の畏怖が，犯罪事件を報告することを避けるという結果を招いた．警察官自らが，相手の属する集団，これが部分母集団[*5]であるが，その相手によって態度を変えることがあった．つまり，ある集団に対してはある出来事を事件として分類し，他の集団に対しては事件とは分類しないという態度で接したのである．殺人のような重要犯罪は，記録システムの中で明確に記述される一方，さほど重要ではなくて，多くの場合通報されてもいない犯罪を見逃す傾向にあることがしだいにあきらかになってきた．いくつかの管轄区域では，非常に詳しくまた完全な記録が保存され，一方，他の管轄区域では非常に粗悪でいい加減なシステムを保有することとなった．

このようなことで，何十年にもわたり，きわめて単純な質問，つまり「国内には一体どのくらいの犯罪が起きているのか？」との問いかけに対し，多くの人が，この統計の価値をしだいに疑いの目でみるようになってきた．さらに，単純な犯罪の総数でさえ，犯罪やその被害者の特性にかかわるはっきりした情報，つまり犯罪の減少に向けての代替案を検討する際に役立つ情報を政策立案者に提供できていなかった．ジョンソン大統領により設立された「法律強化ならびに処罰」（Law Enforcement and Administration of Justice）に関する大統領委員会（President's Commission）は，その専門調査会レポートの中で，以下のように述べている．「われわれが，加害者と被害者双方についての特徴や両者の関係の本質，犯罪行為を高い確率で生み出している環境，こうしたことについて知っていれば，犯罪防止プログラムをよりいっそう有効なものにできたように思われる」（大統領委員会：President's Commission, 1967；ランドとレニソン：Rand and Rennison, 2002 より引用）．

1960 年代の末になって，犯罪学者は，「犯罪の被害者になったことがあるか否か」を調査を用いて国民に直接聴取できるかを模索しはじめた．これは，犯罪に関して従来とは概念的には異なる見方をせざるをえないものであった．それは，発生した出来事に焦点を当てることではなく，その事件の当事者つまり被害者に焦点を当てるものであったからである．この方針転換は，警察が報告してきた犯罪記録システムとの間に明らかな差違があった．はっきりしていることは，殺人事件の被害者は報告できな

いこと，つまり殺人犯罪が記録できなくなったことである！　低年齢の児童の犯罪被害については（学校における事件については知る立場にはない）両親は十分に報告できないし，また子どもたちは質の良い回答者とはなりえない．企業に対する犯罪は，誰がこうした犯罪を適切に報告できるのかという問題を提起する．たとえば，誰かがある共同住宅を全焼させるような火事を引き起こしたとする．このとき誰が被害者であるのか，その不動産の所有者なのか，共同住宅の借家人か，火事があったときに訪問中の人々か，その共同住宅の従業員か，一体，誰なのか？　これの1つの解釈は，すべてが被害者ということだが，放火の被害を報告することを全員に求めることは，犯罪数の勘定を煩雑にするだろう．被害者が，不快な出来事が起きてしまったと報告することもあるだろう（たとえば，建物に入る権利のない誰かが被害者たちの家に入った）．しかし，被害者は加害者がもくろんでいたことの証拠となる情報を（たとえば，加害者はテレビを盗もうとしていたという情報），警察が行うようには集められない．

　一方，個々の報告者を利用すると，調査で警察に報告された被害と警察には報告されなかった被害とを網羅することができる．このやり方は，警察に報告されなかった犯罪があるときには，犯罪のさらに完全な状況を提供してくれる．実際，ある社会で把握されている被害と，公式に報告された被害状況とを比べる1つの方法として自己報告による被害は，警察報告による犯罪の統計量にとってはすばらしい追加情報となりうるのである．さらにこうした調査は，国全体の被害の測定に適した標準的な手順を利用するという利点がある．

　一方で，被害を測定するために全国調査を用いるという発想は，別の問題に直面する．米国のすべての警察機関に対し，その機関自体が保有する記録システムの統計を報告するよう依頼できたが，米国内の全市民に，彼らの個々の被害報告を求めることは，財政的に不可能であった．しかし"代表性のある（representative）"標本が特定化できるなら，これは被害調査を可能にするであろう．このように，記録データとは違って，この調査は"標本誤差（sampling error）"の影響（つまり，母集団内の一部の人たちを省いたことによる統計上の誤差の影響）を受けやすい．

　しかしここで，人々は自分の被害を正確に報告できるのだろうか，また報告するであろうか？　1960年代後半から1970年代の初期にかけて，調査方法論研究者がこの犯罪報告の問題を研究した．まず警察記録から抽出し，次にこれら記録にある犯罪被害者にさかのぼるという方法論的研究の過程で，研究者たちは，かなりの部分で，記録の中にそのデータに酷似した報告があることに気づいた．しかし，ゴットフレッドソンとヒンデルラング（Gottfredson and Hindelang, 1977）は何よりもまず，1つの問題として，人々が事件の発生時点の日付を誤る傾向があることに気付いた．人々にとって重要であった大半の事件は，それらの事件が実際に起こった時点よりもずっと最近に起きていると報告されていたのである．つまり全般的にみて，こうした報告行動のパターンが，国内の犯罪を追跡するまったく別のシステムの実装に出費することを正当化する理由のように思われた．

1.3 現行の調査のいくつかの例

こうした調査研究方法に対してあらゆる調査設計上の特性を具体的に定めたとき，警察の報告と被害者による報告との間に避けがたい差違があることが明らかになった（ランドとレニソン：Rand and Rennison, 2002）．この調査の決定的な長所は，警察に報告されない，あるいは警察が正式文書として作成していない犯罪を測定できるということであった．しかし，調査は標本誤差の影響を受ける．一方，警察の報告による犯罪記録は，国内居住者でない人たちの被害までを含んでおり，しかもこれらの記録は米国世帯母集団による調査では見落とされている．さらに，警察の報告統計では，殺人と放火を含んでいるが，ありふれた暴行までは含んでいない．警察の報告では，男性へのレイプを除外している，しかし調査では両性の強姦まで含めている．また犯罪によっては，重複被害者となる，つまり彼らは自分たちに起きたこととして同じ事件を複数回報告できる（たとえば，世帯被害，集団窃盗）．すなわち，調査では重複被害者として数え，そして警察の報告では，通常は1つの事件として記録する．警察の報告統計は，連邦政府と何千もの管轄区との自発的な協調関係に依存している．しかし管轄区はその協調関係によりさまざまである．つまり，(従来の方法を用いる)調査では，ホームレスや短期滞在者であるような人たちの脱落や，調査への不参加を，つまり調査に協力はしたくないと決めた人々の影響を受ける．方法論的研究では，調査は，加害者が被害者の知り合いであるような場合の犯罪を過小報告となる傾向にあると示唆している．調査ではまた，明らかにあまり重要でない犯罪を思い出すのが困難であるから，そうした犯罪を過小報告するという証拠もある．結局は，どちらのシステムでも，同じような特徴のある重複事件について問題がある．この調査法では，同種の反復犯罪については，"一組の事件"として1度だけ数える（例：夫が妻を何度も殴る）．一方，警察の一連の報告では，警察に提供された記録と同数の報告になる．結局，調査回答者は往々にして，何度もくり返される被害について，それぞれが違った事件だと区別するのはあきらかに難しかった（例：配偶者によって殴られる）．この「全国犯罪被害調査」(NCVS)（表1.1）は，1972年に設立の米国司法省にその起源がある．現在の米国司法統計局（Bureau of Justice Statistics）は，犯罪，刑事犯罪者，犯罪被害者と，あらゆる行政レベルにおける司法制度業務（operations of justice systems）にかかわる統計情報を収集し，広めるという任務を担っている．この米国司法統計局は，「全国犯罪被害調査」のデータ収集のため，米国国勢調査局（US Census Bureau）[6]との間で契約を交わしている．

「全国犯罪被害調査」では，面接に先立つ6ヵ月以内に体験した犯罪被害を報告することを人々に依頼する．かりに過去12ヵ月にあったことについて報告することを依頼すると，リサーチャーは，面接を通じてさらに多くの出来事がわかるだろう．つまり面接時間をもっと有効利用できそうである．しかし，過去6ヵ月以上前に起きた事件を記憶しているかを人々が問われたとき，報告の正確さには著しい劣化があることが，初期の研究で示されたのである．実は，質問が過去6ヵ月について尋ねたときでさえ，犯罪の過小報告がある．質問の範囲を1ないし2ヵ月に限って，さらにわず

表 1.1　調査例：全国犯罪被害調査

調査主体：米国司法統計局（Bureau of Justice Statistics）
調査実施者：米国国勢調査局（Census Bureau）
調査目的：おもな目的は以下のとおり．
・犯罪および犯罪の因果関係に関する詳細情報を作成すること
・警察に報告されない犯罪数とその種類を推定すること
・選択された犯罪種別について均質な指標を提供すること
・時間軸にそった比較，また地域別の比較を可能とすること
調査開始年：1973年（当初は犯罪調査と呼称；1973-1992年）
目標母集団：米国内の12歳以上の民間人で，特定の施設に属さない者
標本抽出枠：郡別，街区別，住所リスト別，世帯構成員リスト別に列挙された米国内世帯
標本設計：多段層別集落化エリア確率標本，ここで3年にわたり標本（サンプル）を交替するような標本単位を用いる
標本の大きさ：約42,000世帯（76,000人）
調査員の有無：面接員方式
実施調査方式：直接面接と電話による聴取
コンピュータ支援の有無：面接の70%を質問紙方式；面接と電話聴取の両方式；面接の30%をコンピュータ利用
報告単位：世帯の12歳以上の世帯員
時間軸：住所を使った継続的交替パネル調査
調査頻度：月別データ収集
調査の訪問別面接回数：抽出した住居単位につき3年の期間にわたり6ヵ月ごとに面接を行う
観測単位：犯罪事件，一般個人，世帯

か1週間あるいは2週間として問うほうが，報告の正確さがはるかに高い．しかし，報告の期間を短くするほど，報告することがどんどん少なくなって，その結果，かなり多数の面接を行っても，犯罪についてわずかな情報しか提供されない．調査設計者は，報告の正確さと面接の生産性を秤にかけて，つりあいのとれた適正な期間として6ヵ月を選んだのである．

「全国犯罪被害調査」（NCVS）の標本は，12歳以上のすべての人たちに，既知の抽出の機会（抽出確率，chance of selection）を与え，そしてまたその結果，米国内のあらゆる年齢の該当者を代表するような方法を提供することを目標に，逐次段階的に抽出される（これに対する専門語として，第4章で述べる"多段層別集落化エリア確率標本（multistage, stratified clustered area probability sample）"をあてている）．ここで標本は世帯構成員に限られており，ホームレス，施設収容者，グループ・クォータ[*7]の居住者は除外する（これらの部分母集団をすべて対象とする費用がべらぼうに高く，調査にとってより重要な目標を損ねるものであると，調査方法論研究者は判断した）．標本は数百の異なる標本地域（通常は，郡あるいは郡の集まり）にそれぞれ集落化する．この調査の該当年の間は，これらの同じ地域から抽出した世帯標本に対して，こうした標本設計がくり返し適用される．訓練と管理を行う調査員を少人数

1.3 現行の調査のいくつかの例

雇って，彼らが各標本世帯の構成員を訪問し面接を実施することで，経費を節減することができるように，集落化処理を導入する．さらに，費用を節約するために，12歳以上のすべての世帯員に面接を行う．こうして，1 標本世帯につき，1回または複数回の面接調査が発生することになる．

調査経費を節減する別の方法は，同じ住所に居住の世帯を，くり返し測定することである．調査設計により，「全国犯罪被害調査」の標本に該当するように，ある世帯を無作為に指定するような場合，調査員は，初回の面接だけでなく，その世帯が 6ヵ月後に再び訪問を受ける予定であることを，さらにまたその後も何度も訪問を受けるであろうことをあらかじめ依頼しておく．費用節減だけでなく，こうした方法が年ごとの犯罪被害率の変化について高い品質の推計値を提供する．こうした調査設計を，月ごとに別々の人たちに，第1回，第2回，第3回，第4回，第5回，第6回，そして最終回と面接を行うことから，これを**交替パネル調査設計（rotating panel design)**" という．こうして，標本は月ごとに変化し，標本の一部がそれより前の 6ヵ月で選んであった標本と重なる．

各年とも，「全国犯罪被害調査」は 42000 世帯の 76000 人以上から面接データを集める．ここで標本世帯の約 92%が，1 回または複数回の面接を受けた．そして，その標本世帯のうち，条件を満たす人たちの 87%が面接に応じた．面接では，その世帯が調査時点に先立つ 6ヵ月以内に体験した犯罪被害の頻度，特徴，重要性といった質問が含まれている．面接では，強姦，性的暴行，強盗，暴行，窃盗，住居侵入窃盗，車両窃盗などの世帯被害と個人の被害とを網羅している．1 人の調査員がいくつかの世帯を訪問し，そこに住む人たちに，過去 6ヵ月間に体験した犯罪被害について尋ねる．ここで，世帯の中のある 1 人があらゆる窃盗犯罪（窃盗，破壊行為などのような）の情報提供者の役割を果たす．続いて世帯の個々人が，自分自身（彼または彼女）の個人の犯罪被害について報告する（たとえば，暴行，個人所有物の窃盗）．面接はその第1弾としてまず本人に直接実施する．その次の調査として，2 つの異なる集中管理コール・センターから，電話調査員を使えるときはいつでも行なう．このように，「全国犯罪被害調査」の統計は電話調査が 60%，面接調査が 40%の混合方式にもとづいている[*8]．

調査票では，発生した犯罪はすべて報告するために，過去 6ヵ月のことを思い起こして，起こったであろうすべての犯罪行為について報告することを回答者に求める．次の囲みの中に，窃盗に関する質問文を例としてあげておこう．

> これから私が，あなたに対して，この調査が対象とする犯罪の種類がわかるような例をいくつか読み上げます．順番に1つずつ読みますので，もしもそれらの犯罪のどれかが，「20xx年○月○日以前の過去 6ヵ月間」に，あなたに起こっていたとしたら，それを教えてください．
>
> ご自分のもので何か盗まれたものがありますか？　たとえば，次のようなものです．

a) あなたの携帯品の何か；たとえばカバン，財布，ハンドバッグ，ブリーフケース，本
b) 衣類，宝石，あるいは電卓
c) 自転車あるいはスポーツ用具
d) ご自分の家の中のもの：テレビ，ステレオ，大工道具
e) 自動車の車中から：たとえば小荷物，食料雑貨品，カメラ，あるいはカセットテープのようなもの

ここで回答者が"はい，誰かが私の自転車を盗みました"と答えると，調査員はそれを記録し，さらに面接でその事件の詳細について質問を行う．図1.1は，1994～2000年について，「全国犯罪被害調査」（NCVS）から算出可能な統計量の種類を示している．ここには3種類の犯罪（窃盗犯罪，暴力行為，凶悪犯罪）のうち，1件以上の犯罪被害を報告している世帯の割合（％）を示してある．割合は年を追って低下する傾向にあり，1990年代後半以降は犯罪頻度が減少したことを示していることに注目しよう．政策立案者は，犯罪撲滅プログラムの効果を評価する間接的な方法として，こうした数値をしっかり監視する．しかし別の研究では，国の経済が好調なときには，失業の減少につれて犯罪率が下降傾向にあるのだと指摘するだろう．

1998年12月27日のCNNヘッドラインニュースが，「過去25年間で最低の犯罪率，と連邦政府が発表」と報じた．その見出しで「司法省はこの日曜日，米国国民にとって，昨年の犯罪被害が，1973年以来，最低を記録した」と報じている．この報道の後半で「ビル・クリントン大統領が，日曜日に公開されたこの最新の犯罪件数を称賛したとある．彼はそこで，犯罪件数は，『警察官の増員，さらに徹底した銃器所持取締法，優れた犯罪防止というわれわれの戦略が機能していることを重ねて示している』と教書の中で述べた」とある．こうした成果はすべて「全国犯罪被害調査」（NCVS）の結果から得られたものである．このように犯罪率が低下した理由は，現政権が実施

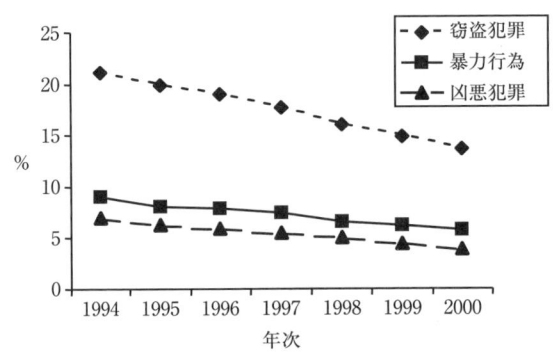

図1.1 全国犯罪被害調査
米国世帯の犯罪の種類別にみた1994～2000年の犯罪率の年次推移比率（％）
（NCVSのサイトより）

している政策のおかげだとする発言をよく聞くが，ふつうは実証的な裏づけのないことが多いのである（かりに入手可能な情報があるとしても，実施政策と犯罪率の変化を結びつけることはかなりむずかしい）．

この「全国犯罪被害調査」データの情報は，犯罪や犯罪防止にかかわる多方面の人たちに提供されてきた．大学，政府，民間，非営利調査機関などのリサーチャーが，レポート，政策提言，学術出版物，連邦議会証人喚問，法廷で用いる文書などを用意するために，この「全国犯罪被害調査」を使う（米国司法統計局：Bureau of Justice Statistics, 1994）．また地域団体や政府関連機関は，地域住民による自主的な警備活動や被害者支援さらに損害賠償事業にこのデータを用いる．司法当局は「全国犯罪被害調査」から得た成果を研修に用いる．このデータは，犯罪防止や犯罪ドキュメンタリーによる公共広告にも登場する．さらに新聞や放送メディアは，多くの犯罪関連記事を報道する際に，「全国犯罪被害調査」の成果を恒常的に引用している．

1.3.2 薬物使用と健康に関する全国調査

米国には，違法薬物を使う人が何％いるのだろうか？　貧困層や低学歴層の薬物使用率は，他の層よりも高いのであろうか？　人は年をとるにつれて薬物使用は変化するのであろうか？　時間とともにこの使用率は変化するのであろうか？　集団によって，異なる薬物を使う傾向にあるのだろうか？　アルコール飲料の消費は，薬物使用と関連するだろうか？　州によって，異なる薬物使用形態をとるのだろうか？　毎年，「薬物使用と健康に関する全国調査」（NSDUH）として，連邦の各州から世帯標本を抽出する．抽出した各家庭を調査員が訪問し，抽出標本としたそれぞれの人の経歴や比較的あたりさわりのない情報について調査員が質問を行う．この薬物使用に関するデータを集めるために，調査員は回答者にラップトップ・コンピュータを用意する．回答者は，質問文の音声を聞くためにヘッドフォンを装着し，自分でラップトップのキーボード上の回答のキーを押す．このようにして毎年，NSDUHは，数種類の異なる薬物使用率の推定値を提供する．違法薬物の需要と供給を減らすことを目標とする米国政府の薬物政策を知らせるために，このデータを用いる．

薬物使用を測定するための第1回全国世帯調査は，1971年に行われた．この調査では，薬物使用の蔓延がもっとも疑わしい年齢層の，個別の推定値を作るのに十分な例数を得るため，12～34歳の人々をオーバーサンプリングするようにした，つまりこの層を過大に抽出した．実施当初は，薬物使用についての面接調査に全国民が積極的に参加してくれるだろうか，という心配があった．実は調査設計者は回答率を心配していたのである．初期の段階では，個人訪問調査員が標本世帯に連絡し，対象者に質問を行った．調査員は，薬物使用に関する微妙な内容の質問になると，このデータは秘密扱いになるということを回答者に説明し，続いて口頭による回答から，回答者が自分で回答用紙に回答を書き込む自記式に切り替えて，その記入した回答用紙を封筒に入れて封印し，調査員がわかるようにそれを投函する．

表 1.2 調査例:薬物使用と健康に関する全国調査

調査主体:薬物濫用・精神衛生管理局(SAMHSA:Substance Abuse and Mental Health Services Administration)
調査実施者:RTI インターナショナル社[*9](RTI International)
調査目的:おもな目的は以下のとおり.
・州レベルおよび国レベルでの非合法薬物,飲酒,たばこ喫煙に関連する使用率,利用者数,その他の指標
・薬物濫用に関する国民の理解度を改善すること
・国の薬物濫用減少の進展状況を測定すること
調査開始年:1971 年(以前は「薬物使用に関する全国世帯調査」とよんでいた)
目標母集団:米国内の 12 歳以上で特定の施設(刑務所や長期療養施設など)には属さない者
標本抽出枠:郡別,街区別,世帯構成員リスト別に列挙された米国内世帯
標本設計:各州内における多段層別集落化エリア確率標本
標本の大きさ:136,349 世帯(居住単位として),68,126 人(2002 年 NSDUH の場合)
調査員の有無:面接方式,質問内容が微妙な一部の質問については自記式調査票を使う
実施調査方式:回答者の自宅における面接法(回答者のみが記入した部分を含む)
コンピュータ支援の有無:コンピュータ支援の個人面接(CAPI),オーディオ・コンピュータ支援の自記式(ACASI)
報告単位:回答者本人の世帯記録による 12 歳以上の人々
時間軸:反復横断型調査
実施頻度:毎年実施
調査期間ごとの面接回数:1 回
観測単位:個人と世帯

初めての調査では,調査設計について現行の多数の機能を設定した.「全国犯罪被害調査」(NCVS)と同様に,「薬物使用と健康に関する全国調査」(NSDUH)では世帯母集団と特定の施設とはみなせないグループ・クォータ,たとえば,保護施設,下宿屋,学生寮などを対象としている.これは,米国内の住居単位[*10]に住む 12 歳以上の民間居住者であるような人々を対象としている.年を追って標本はしだいに増えてきた.また 50 の各州それぞれについて別々に選んだ標本を用意できるように調査設計を変え,今では各年で約 70000 人の測定が可能となった.このことから,各年,大きな州(8 州)の薬物使用と,複数年のデータを結合して得られるその他の州の薬物使用の推定値がそれぞれ個別に提供可能となる.この調査設計はまた,若者と若年成人がオーバーサンプリングとなっているので,各州の標本は 3 つの年齢層(12~17 歳,18~25 歳,26 歳以上)では均等に分布している.ここでは NCVS と違って,標本として抽出された人には 1 回だけ調査を行う.毎年新たな標本を抽出し,その新標本にもとづいてその年の推定値を求める(このことから,この調査を**"反復横断型調査設計〔repeated cross-section design〕"**という).世帯の約 91%が(世帯構成を測定する)スクリーニング面接にあてられ,個人抽出とした 79%については完全な面

接を行った[*11].

　この調査の調査主体は，連邦政府機関である薬物濫用・精神衛生管理庁（SAMHSA：Substance Abuse and Mental Health Services Administration）だが，RTI インターナショナル社が委託契約として実施する．こうした仕組みは，米国内の大規模世帯調査にはよくあることだが他の国では珍しい[*12]．米国では，歴史的経緯から，民間部門（商業部門や非営利部門と学術部門のいずれも）の調査研究機関と連邦や州政府と間で，継続的な協力関係を進めてきたので，行政機関の調査情報の多くは非政府機関のスタッフにより収集，処理，分析されているのである．

　この調査は，広範囲の薬物を対象としている（たとえば，酒類，処方薬物まで含む）．調査設計者は，薬物使用の自己報告をどれくらい正確なものにできるかに特別な関心をもっており，定期的に測定手順を更新する．現状では，調査員は質問文を示し，回答を保存するために，ラップトップ・コンピュータを使っている（この過程を"コンピュータ支援による個人面接（CAPI）"）．また，オーディオ・コンピュータを用いた自答式（ACASI）も使う．これは，ラップトップ・コンピュータに接続したイヤフォンを通して，回答者に質問を聞かせ，画面上に表示された質問を見せ，キーボードを使って自分の回答を入力させる．薬物を使用していると答える人が増加している背景には，調査員だけが調査管理を行う手法と，このコンピュータを用いる手法との違いがあるように思われる（たとえば，「コカインを使っている」と答えた人は 2.3 倍にのぼっている[*13]（ターナーらの研究による．Turner, Lessler and Gfroere, 1992；p.299)．薬物治療と防止に関する指導政策に，この調査が次第に役立つようになってきた．

　毎年，同じ薬物についての自己報告から統計量を作ることにより，「薬物使用と健康に関する全国調査」は薬物使用の時間経過にともなう純変動を国に提供できる．この調査についての多数の方法論研究の議論の関心は，薬物使用が過小報告となっているという事実に向けられていた．同じ方法を用いて，時間経過に合わせて統計量を比較することで，どんな過小報告の問題でも，それは時間が経つと比較的一貫性が保たれるから，経年変化は，やがてその差違を測る正確な計測器となるという期待がある．たとえば，マリファナ，精神治療薬，幻覚剤の使用については，1999 年から 2002 年にかけて若干の増加があることを図 1.2 が示している．こうした増加は，薬物の供給を減らし薬物濫用に対処しようとする政策プログラムの再評価の根拠となっている．

　2000 年 2 月 4 日の CNN ニュースのヘッドラインは，「クリントン大統領，未成年者喫煙の責任をタバコ産業に課すことを提案」であった．それは「十代の喫煙行為に対し，たばこ企業には説明責任がある」という内容である．この話題のはじめに，「未成年者の喫煙を厳しく取り締まるため，ビル・クリントン大統領は 18 歳以下の喫煙者 1 人につき 3000 ドルをタバコ産業に支払わせたいとし，またタバコ 1 箱あたり 25 セントの増税を提案している」とある．さらに，ここでは以下のように結んでいる．「保健社会福祉省（Department of Health and Human Services）が実施した近時点の「薬物使用と健康に関する全国調査」によると，現在は，410 万人もの十代の喫煙者

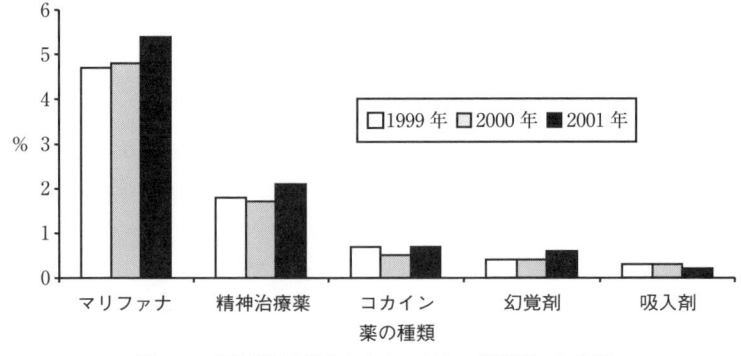

図 1.2 薬物使用を報告した人の割合，薬種別，年度別
（薬物使用と健康に関する全国調査）

がいる」．このように，政策立案者は現状の反薬物政策が成功か失敗かの証拠として，「薬物使用と健康に関する全国調査」の結果を注視している．このデータが政策の失敗を示唆するような場合，積極的な行政では新たな政策プログラムを提案する傾向にある．

1.3.3 消費者調査

国民は，自分の将来的な経済状態について，楽観的なのかあるいは悲観的であるのか？ 国民は近い将来に大型消費財（たとえば，自動車，冷蔵庫）の購入予定があるのだろうか？ 自分の数年前の状態にくらべ，いまは暮らしがよくなると考えているのか？ 富裕層の人は，貧困層の人よりも楽観的なのか？ その楽観の程度は時間とともに変化するのか？

1946 年，経済学者のジョージ・カトーナ（George Katona）[*14] は，人々の個々人の経済的展望と国家の経済展望についての見解をそれぞれ聞くことにより，国民経済の先行きについての有用な情報が得られることに気がついた．これは，国民の将来に対する態度は，消費者購買と貯蓄に関する行動に影響するという基本的な成果に由来している．さらに，消費者購買と貯蓄に関する個々人の意思決定は，経済の健全性の重要な要素でもある．このとき，つまり 1946 年から，ミシガン大学の調査研究センター（SRC）で，消費者動向の継続的調査を実施してきた．この調査は，（この統計が米国の主要経済指標の一部として役立っているという事実にもかかわらず）連邦政府の財政補助を受けていない．しかし営利事業の共同事業体や国の金融政策を策定する機関である連邦準備制度理事会の財政助成がある．

この「消費者調査」（SOC）は，毎月，電話を保有する標本に電話をかけ，その中から世帯の電話番号を見つけ，次にその世帯の中の構成員から成人を 1 人選ぶ．目標は全世帯人口であるが，経費削減のために，電話のある世帯内の人たちだけが有資格

者となる（電話のない人たちはかなり貧しいか，または大都市から遠く離れた地域に居住しているか，短期滞在者であることが多い，第3章を参照）．標本は，利用可能な市外局番と市内局番の電話番号を抽出する"ランダム・ディジット・ダイアリング（random digit dialing）方式"（RDD方式）で選ばれる（ここで得られたすべての標本の番号が世帯番号とは限らない．つまり番号によっては使われていなかったり，商業用やファクシミリ番号であるとか，モデム番号であるなどがある）．こうして毎月500の聴取を実施する．現在は，世帯から選ばれた成人の約60％について，聴取を適用している．ある標本世帯に電話をかけ，調査員が聴取を行い，この時に6ヵ月後に再び追跡聴取を行うことを告げる．このように，「消費者調査」では，「全国犯罪被害調査」（NCVS）と同じように交替パネル設計を用いる．データを集めたあと，電話のない世帯や無回答による除外を埋め合わせるために，推定値に統計的な調整を行う．こうして毎月，第1期聴取と第2期聴取から得た回答をいっしょにして，消費者信頼感（consumer confidence）の統計量を算出する．

　調査は，個人財産，景気動向，購買条件についての約50問からなる．集中管理方式の電話調査施設で働く調査員は，コンピュータ支援の電話面接システム（CATI）を使う．このシステムでは，質問文を画面上に表示し，回答を受けとり，さらに次につづく妥当な質問を調査員に指示するといったようにデスクトップ・コンピュータを用いている．

　毎月，将来の国民経済の成長の予兆を探る消費者信頼感指数（Consumer Sentiment Index）[15]が公表される．また，この指標を他の指標群に関連づけて主要経済指標指数を作る．これらの指標群は，経済予測家がマクロ経済政策や投資戦略に助言を与えるときに用いる．ある調査の単純な質問文が，米国経済のように何か複雑で重要な変化を予測できるということは，多くの人々にとっては，興味深くまた信じられないほどすばらしいものなのである．たとえば，図1.3は，2組の統計量を示している．1つは，"今後12ヵ月間の失業者数についてはどう思われますか？"つまり，今よりも失業が増えているのか，あるいは同じか，または減るのだろうか，どう思うか？"という質問文への回答である．図は，失業率（図の右側の軸目盛）の実際の年間変動に対し，この質問文への回答による指標（左側の軸目盛）を比較している．また，実線は消費者期待指数（Index of the Consumer Expectations）に対応し，失業率の実際の割合の変化が点線である．消費者期待感（consumer expectation）は，数ヵ月前から失業率の変化を一貫して先取りする傾向にある．このことは，他の経済情報では把握できない失業率の将来変化の前ぶれとなる情報を，この消費者期待感が含むことを示している（カーティン：Curtin, 2003）．

　金融投資会社や株式市場は，この消費者信頼感統計をたえず見守っている．彼らは，こうした統計が，やや遅れて現れる消費者の行動から，信頼できる予測の判断材料になると信じているようである．2002年6月5日付のニューヨーク・タイムズ紙は，米国株式市場の景気判断を表す「消費者信頼感の低下がダウ株価指数をさらに低調に

表1.3　調査例：消費者調査

調査名：消費者調査（Survey of Consumers）
調査主体：ミシガン大学（Unibersity of Michigan）
調査実施者：ミシガン大学調査研究センター（Survey Research Center）
調査目的：おもな目的は以下のとおり．
- 消費者態度と消費者期待感の変化を測定すること
- それらの変化が生じる理由を知ること
- こうした変化が，貯金をするのか，借金をするのか，あるいは自由裁量で変更するのかについて，消費者が下す決断にどう関係しているのかを評価する[*16].

調査開始年：1946 年
目標母集団：（ハワイとアラスカを除く）米国内の特定の施設に属さない成人
標本抽出枠：市外局番と電話所有世帯
標本設計：リストによる RDD 方式の標本，無作為に選んだ成人
標本の大きさ：成人 500 名
調査員の有無：調査員による面接方式
実施調査方式：電話による調査員面接法
コンピュータ支援の有無：コンピュータ支援の電話面接方式（CATI）
報告単位：無作為に選んだ成人
時間軸：2 期交替パネル
調査頻度：毎月実施
調査期間ごとの面接回数：2 回，ここで第 1 期の回答者に初期面接を行った 6ヵ月後に第 2 期として再面接を行う
観測単位：個人

図1.3　消費者の失業予想と米国失業率の実際の推移，1969-2003 年
（カーティン：Curtin, 2003）

する」とした見出し記事を載せたが，この記事が売りの増大による株価の短期間の下落をもたらす結果となった．市場情報の影響の複雑さを示す理由として，同記事は，考えられる別の下落要因としてパキスタンの自動車爆弾テロをあげている．このように，金融分野の意思決定者の行動に影響を与える無数の情報源がある．こうした情報源の1つが，この現行の消費者信頼感という測度であることは明らかである．

1.3.4 全国学力達成度調査[*17]

　小学生の基礎的な計算能力と読み書き能力の習熟度はどの程度か？　どの学校が，他の学校よりも学習が進んでいるのか？　低所得層や人種・民族的な集団の出身の子どもたちの成績は優れているのか，それとも劣っているのか？　子どもたちの数学や言語能力の学力達成度が異なる国内地域あるいは州があるのか？　米国と他の国とをどのように比較するのか？　学力達成度は長い目でみると変化しているのか？

　何十年にもわたり，それぞれの学区の学生に対して，ときどき行ってきた試験がある．州の教育委員会は州の予算を試験にあてることが多く，州全体で同じ試験が実施される．事実，過去数十年にわたり，保護者たちの支持を得た政治家たちは，公立学校による説明責任を強く要求してきた．その結果として，試験実施を広く普及させることになった．

　しかし残念なことに，こうした試験実施の普及にもかかわらず，評価方式の一貫性はほとんどなかった．各州あるいは各学区では，どんな試験を用いるかは独自に判断している．そのため，地域間での評価の比較可能性は低いものとなっている．さらに，ほとんどの学校が，標準化された評価方式を使っていない．財政規模が小さい学区では，この評価を省略することもよくある．そのため，国内各地の学校で用いていた管理手順からは系統的に導きだせない，というのが冒頭の質問への回答である（これは，「全国犯罪被害調査」（NCVS）と警察が保有する犯罪報告を使った状況と似ていることに注意しよう）．

　教育成果の評価方法の均質化に拍車がかかったのは，1960年代の教育においてますます高まってきた連邦政府の役割と時期が重なっている（ヴィノフスキー：Vinovskis, 1998）．しかし，均質な統計量をもたらす統計調査を開発することは，政治的に議論の分かれることであった．以上は，調査統計量そのものが政治的課題となるほど重要であるというすぐれた事例である．

　まず第1に，州によっては「評価得点を他の州と比較したくない」ということがあった．そのため，各州の個別の推定値を提供する調査よりは，国全体の推定値に限定した全国調査に対する支持のほうが多かった．次に，学校，保護者，生徒が特別な努力をすることで非常によい評価成績を修める可能性があるので，調査の統計的目的が損なわれ，全国規模での成績を反映しないのではないかという憂慮があり，この評価（assessment）を個々の生徒の評定を提供する手段とすることへの反対があった．評価に費やす資金を教育の改善自体に費やすほうがよいのではないかと主張する政治的

表 1.4 調査例：全国学力達成度調査

調査主体：教育統計センター（National Center for Education Statistics），米国教育省（US Department of Education）
調査実施者：ウェスタット社（Westat）
調査目的：おもな目的は以下のとおり．
・いろいろな教科で，4年生，8年生，12年生の学力達成度の評価を行うこと
・現在の教育業務ならびに評価業務が反映されていること
・時間軸にそった変化を測定すること
調査開始年：1969年
目標母集団：郡単位の NAEP では，4, 8, 12年生の児童や生徒
　　　　　　州単位の NAEP では，4, 8年生の児童や生徒
標本抽出枠：州あるいは米国内の州のグループを通じて，米国内の小学校ならびに中学校の児童や生徒，学校ならびに学校内の児童や生徒をリストとする
標本設計：1次抽出単位（PSU）として各州内における層別集落化エリア確率標本：抽出した PSU 内の学校と学級のサンプル
標本の大きさ：2,000校と100,000人の児童や生徒（全国単位の NAEP の場合）
　　　　　　　100校と対象学年あたり2,500人の児童や生徒（州単位の NAEP，州あたりの標本の大きさ）
調査員の有無：調査員なし；児童や生徒，教師，校長が記入する自記式による背景情報を知る調査票；学生が記入する認知的評価；調査を調査管理者が監督する
実施調査方式：質問紙による自記式調査票と認知評価方式
コンピュータ支援の有無：なし
報告単位：児童や生徒，教師，校長
時間軸：反復横断型調査
実施頻度：毎年実施
調査期間ごとの面接回数：1回
観測単位：児童や生徒，クラス（学級）

反論もあった．学校に対し地元が主導権をもつべきだと強く信じており，教育の全国評価とは，連邦政府が教育を支配しようする脅威であるとみなす人もいたのである．

こうした問題があったにもかかわらず，全国評価要覧を作成するため，米国教育省は「全国学力達成度調査」（NAEP）を1969年に立ち上げ，また，（各州の正確な推定を可能にするため）州単位の標本を1990年から追加した．「全国学力達成度調査」（NAEP）は実際には，3つの独立した評価からなる調査の集合体である．すなわち，"主要全国評価"（これは各年の全国的な特徴を提供する），"主要州単位評価"（州単位の推定を提供する），そして"傾向"評価（これは経年変化を評価するために用いる）の3つの調査である．これらの評価はいずれも4つの構成要素からなる．つまり，小中学生調査，学校特性・政策調査（School Characteristic and Policies Survey），教員調査，障害のある学生（SD：students with disabilities）もしくは，英語能力に問題のある学生（LEP：limited english proficiency）[*18]の調査（以上は主要 NAEP に対応する），あるいは退学学生調査（Excluded Student Survey）（これは傾向 NAEP に

対応）である．1985年には，ETS（Educational Testing Service）[19]およびResponse Analysis Corporation[20]に対する補助金にもとづいて，若年成人読み書き能力調査（Young Adult Literacy Survey）が，「全国学力達成度調査」の一部として全国で実施された．この調査では，21～25歳までの成人の読み書き能力についての評価を行った．さらに「全国学力達成度調査」では，「中等教育学校における履修および成績実態調査」も行う．しかし本書では，主要全国NAEPに話題を絞る．

連邦政府統計機関（Federal Government Statistics）の1つである教育統計センター（National Center for Education Statistics）[21]は，「全国学力達成度調査」を資金的に援助しているが，データは「薬物使用と健康に関する全国調査」（NSDUH）と同様に契約会社を介して集められる．ETSは，大学進学適性検査（SAT：Scholastic Aptitude Test）や他の標準テストを実施する非営利団体だが，ここが評価方式を開発する．また調査会社のウェスタット社が，調査設計と標本抽出を行い，標本となった学校の評価を行う．試験の実施と教育評価を行う別の企業，NCSピアーソン社が，その集めた評価を得点化する．

全国NAEPでは，50州とワシントンDC地区の学校に入学の4，8，12年生の学生を選ぶ．標本設計は，「全国犯罪被害調査」（NCVS）や「薬物使用と健康に関する全国調査」とまったく同じようにして，1次抽出単位（郡あるいは郡の集団）に集落化する（これは，学校管理者の協力を得るためと評価管理のための経費節約努力である）．地域の標本抽出の段階を終えたあと，学校を選ぶ．抽出された各学校では，学生を該当学年から直接選ぶので，対象者はその学校内の異なる学級にまんべんなく割り振られている．「全国学力達成度調査」は，長期にわたり異なる科目の測定を行う．さらにこの標本設計では，選出した各学校において，異なる評価をそれぞれ異なる学生に割り当てる．同じ科目を測定するのだが，試験の内容は学生ごとに無作為に変えている．

いずれの評価も，適切に仕様を定め吟味した概念上の枠組みを中心に構築される．こうした枠組みが，ある生徒の理解力の向上にはさまざまな段階があるということの根底にある知識の意味を明らかにするのである．教師，カリキュラム専門家，保護者，学校管理者，一般人が参加する複雑で長期にわたる合意形成過程が，この枠組みを作り出した．さらにまた，この分野の専門家がこの枠組みの構成要素を代表するように個々の質問文を作成しまた予備調査を行う．いままでに紹介した調査とは異なり，この枠組みの範囲内でさまざまな構成要素を測る多数の質問文がある．たとえば，数学の枠組みでは，この枠組みの範囲内でさまざまな種類の習得事項がある（たとえば4年生では，足し算，引き算，かけ算，割り算とある）．

「全国学力達成度調査」（NAEP）は，国内の学校の学力達成度の重要な指標として利用される．教育主導権を求める財政支援者は，財源の水準と目標を正当化するためにこの情報を利用する．この調査では，学生集団（たとえば，4年生）とこれらの集団のサブグループ（たとえば，女子学生，ヒスパニック系学生）とに対応する主要科

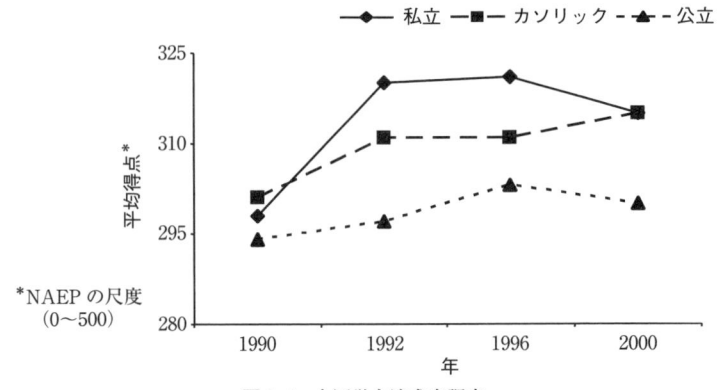

図1.4 全国学力達成度調査
年次別，学校種別に示した12年生の数学評価の平均尺度化得点（1990，1992，1996，2000の各年次）
(US Department of Education, Institute of Education Sciences, National Center for Education Statistics, National Assessment of Educational Progress (NAEP), 1990, 1992, 1996, and 2000 Mathematics Assessments.)

目の学力，教育経験，学校環境に関する結果を提供する．これらの結果は，政治領域や政策領域内で大きく注視されている統計量である．図1.4は，学校種別による高校最上級生（12年生）の数学評価の平均得点である（500点満点となるように尺度化）．この図には，かなり共通した知見がある．つまり，私立学校の学生が高い得点をとる傾向にあること，カソリック系学校が中程度であること，公立学校がもっとも低い平均得点となることである．こうした知見の大部分は，どのような学生がこれらの学校に通学しているかに関連する．学生の得点における増加傾向に統一性が欠けること，たとえば2000年の得点は，カソリック系学校の学生以外は下降しているようにみえる．しかし，いずれも1990年に対応する得点よりも高かった．得点の下降が起こると，下降をまねいた他の原因や教育政策を変えることの望ましさについて，なんらかの公開討論や政策論争となるのが通例である．

2003年6月20日のCNNの報道は，「幼い子どもたちは，高校生よりも賢いか？」ではじまった．この報道は，以下のようなものである．

　　4年生は，読解力にかなり優れており，一方，12年生（高校3年生）の読解力は下降傾向にある．政府は木曜日の調査報告で，以下のように述べた．…結局は，4年生と8年生の1/3以下が，難しい題材を読みかつ解けたことを示している．理解力があることを示す習熟度がこの試験の主眼点である．12年生については，36％が到達している．4年前には，4学年の29％が習熟していた．これが2002年には31％にまで増加した．これは基礎教育改善をすすめる国の推進運動の渦

中にあるかなり若年の学生たちである．この高校最上級生については，高いレベルに達した生徒の割合は40％から急落した…．「なぜ高校生の読解力評価で大変劣るという結果となったかの理由についての科学的な解答はないが，こうした手ごわい難題への解決策をさらに探しているところである」と，教育長官のロッド・ペイジ（Rod Paige）が述べている．「同時に，われわれは青少年に読書を教えるために何を行えばよいのかをわかっており，また子どもたちは誰でも学べるのだということも知っている」とも述べた．

以上の結果は入り組んでおり，次のようなことを解きほぐすには，さらに分析が必要である．つまり，2002年の12年生と1998年の12年生とのグループの間には，小学校で得た彼らの経験にもとづいた差があるのか，あるいはまた，こうした結果を生んだ同時代の教育政策にあるのかどうかを知るには，さらに分析が必要ということである．これらの原因に関する確かなデータがないことが，代わりとなる解決策について，政策策定者のさまざまな憶測を生む．評価水準の原因を解きほぐすことが複雑であるにもかかわらず，こうした現象を理解するには，「全国学力達成度調査」（NAEP）が提供する均質な測定を必要とするのである．

1.3.5 行動危険因子監視システム

運動をする人，喫煙をする人，シートベルトを着用する人は，いったいどのくらいいるのだろうか？　米国内の各州では，これらの現象に違いがあるのだろうか？　このような健康にかかわる行動は，各州によってどのように違っているのか？　人々は加齢にともない，健康によい行動をさらにとるのかあるいは減らすのか？　各州の公衆健康教育プログラムに関連する健康行動には長期的にみて変化があるのか？

1965年以降，保健統計センター[22]（NCHS：National Center for Health Statistics）は，さまざまな健康にかかわる行動と健康状態に関する米国年次調査推計を提供してきた（たとえば，自己報告による健康状態，医者にかかるつまり通院の頻度，自己報告による運動，その他のリスクにかかわる行動）．こうした調査推定値は，生物医学研究と連動していて，個々人の行動が早期罹患や死亡に影響することをはっきりと示していた．たくさんの公衆衛生政策と監督管理は州の段階にとどまっており，しかも，州単位で比較できる，まとまった統計量がなかった．各州の保健局は，行動に結びつく健康リスクを減らすための資源配分を決める際の指導的役割を担っている．

1980年代の初期から，米国疾病管理・予防センター（Center for Disease Control and Prevention）[23]が調整を行ってきた「行動危険因子監視システム」（BRFSS）は，州単位の主要な健康要因に関する調査推定値を提供している．今まで述べてきた調査とは異なり，「行動危険因子監視システム」では，米国疾病管理・予防センターの援助による個々の州の協力関係が不可欠となっている．州は質問文を決め調査を実施する．米国疾病管理・予防センターは，主要な質問群を確定し，調査データ収集の基準

を作成し，さらにデータ収集後の処理を実施し，さらに全国の統合データセットを配布する．柱となる質問文は，現在の健康に関連する認識，健康状態，行動（たとえば，健康状態，健康保険，糖尿病，喫煙の有無，選択したがん検診の方法，HIV/AIDS リスク），それに人口統計学的特性に関する質問である．

「消費者調査」（SOC）と同様に，「行動危険因子監視システム」も電話世帯母集団の RDD 方式による標本を用いる．「消費者調査」と違う点は，各州が個々の標本を抽出し，コンピュータ支援の電話面接方式（CATI）によりデータ収集の準備を行うことである．大半の州では，民間あるいは大学の調査機関と契約したうえでこれらの機関を利用する．ただ，州によっては，データを自ら集めることもある．標本の大きさは，州によってまちまちである．各標本世帯の成人（ただし 18 歳以上）を選び面接で調査する．

この調査では，それぞれの州について，喫煙率や他のリスクをともなう，健康にかかわる行動の割合について，年ごとの推定値を公表する．この推定値は，全住民の健康状態の社会指標として使われ，また，健康にかかわる行動に影響する政府の健康政策指針となる．たとえば，図 1.5 の 3 つの地図は，1990 年代の米国における肥満の劇的な増加を示している．調査結果を示すため，統計量は，各州をそれぞれ別々に，異なる網かけを用いて表してある．1994 年には，成人人口の肥満が 20% を越える州は 1 つもなかった．つまり，肥満度指数（BMI）[24] が 30 以上の州はなかった．しかし 2001 年までには，半数以上の州で肥満の広がりがある．州単位でこうした傾向を追跡することで，州の公衆衛生担当官は，自分たちの州と他の州とを比べ，自分の州の長期的にみた変化を比較することができる．一方，各州の健康の基本目標を立てて追跡し，さらには健康プログラムの立案や広域的な疾病予防活動を実施するために，国はこの「行動危険因子監視システム」（BRFSS）のデータを使う．

「行動危険因子監視システム」データは，ただちに全国的な論争をよぶ．かつては住民の肥満症問題の別の指標があったのだが，いまはこの改善された「行動危険因子監視システム」がこの問題の地域予想を示している．2003 年の 3 月 6 日，ワシントンポスト紙は，詳しいデータを付けて次のような記事を掲載した．

「スポットライトをあびて，サン・アントニオ市民は得意げに腹を突き出して…；テキサス州都，全米随一の肥満都市の栄誉に輝く．テキサス州のこの市は米国の肥満首都となる」．これにつき早速，行政当局が行動を起こした．2003 年 5 月 14 日付けの同紙では，「肥満症の健康対策費用が喫煙症のそれに近づく．米国保健・福祉省長官，ファースト・フード企業に強く要求」という見出しの記事を掲載した．つづいて 2003 年 7 月 2 日には，ワシントンポスト紙が，「スリム化するオレオ・クッキー[25]：クラフト社は，より健康的な食品の提供を計画中」という記事を掲載し，分量を減らし，成分を変え，米国の学生食堂に設置された自販機による市場戦略を変える予定であると述べている．

重要な課題を測定し，政策決定者に注目されるような信頼性を得たときにこそ，「行

1.3 現行の調査のいくつかの例

図 1.5（a） 肥満成人の州別割合，1994 年（BMI≧30），
（行動危険因子監視システム（BRFSS），米国疾病管理・予防センター（CDC））

図 1.5（b） 肥満成人の州別割合，1998 年，BRFSS（BMI≧30），
（モクダッド他：Mokdad et al., 1999；282：16）

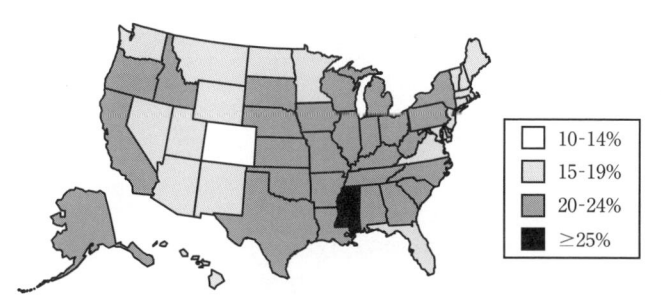

図 1.5（c） 肥満成人の州別割合，2001 年：，BRFSS（BMI≧30），
（モクダッド他：Mokdad et al., 2003；289：1）

動危険因子監視システム」のこうした調査データが効果を生むのである．

表1.5 調査例：行動危険因子監視システム

調査主体：米国疾病管理・予防センター（Center for Disease Control and Prevention）
調査実施者：州ごとに異なる．1999年の「行動危険因子監視システム」（BRFSS）調査では，21の州または州自体のデータから収集した管轄健康部門，これに対して31の州は外部委託業者を利用
調査目的：「行動危険因子監視システム」（BRFSS）のおもな目的は以下のとおり．
　1）成人集団における慢性疾患，負傷，予防可能な感染症と関係する予防衛生習慣および危険行動について，共通の形式で州特有のデータを収集する
　2）州間の比較を可能とし，また国単位の結果を引き出すこと
　3）長期的な傾向を確認すること
　4）各州が，地域の関心事項に関する問題に取り組むことを認める
　5）時事的な問題要素を加えることにより，緊急でしかも新たに生じた健康にかかわる問題を容易に扱えるようにする
調査開始年：1984年
目標母集団：米国の成人世帯集団
標本抽出枠：利用可能な市街局番と交換局のリスト，次に世帯構成員リストから選ぶ国内の電話所有世帯
標本設計：州により異なる．1999年「行動危険因子監視システム」（BRFSS）調査では，3つの州（アラスカ，カリフォルニア，ハワイ）を除くほかはすべて，確率的調査設計を適用
標本の大きさ：各州の標本の大きさは平均して3,075（1999年BRFSS）
調査員の有無：調査員による聴取
実施調査方式：電話聴取方式
コンピュータ支援の有無：50地域ではコンピュータ支援の電話面接（CATI）；2地域では質問紙を用いた聴取（PAPI：paper-and-pencil interviews）[*26]
報告単位：無作為に選出した成人
時間軸：反復横断型調査
実施頻度：毎年実施の年次調査
調査期間ごとの面接頻度：1回
観測単位：一般人

1.3.6 最新雇用統計プログラム

先月の米国経済では，どれくらいの雇用が生まれただろうか？　他より早く雇用数の調整を行っている産業があるのか？　どの産業が成長し，またどの産業が退潮傾向にあるのか？　大口雇用主が雇用変化の大部分を担っているのか，あるいは，労働市場のダイナミックな現象が，新たに生まれた小規模企業の背後にあるのか？　雇用の増加や減少には地域差があるのだろうか？

本章のはじめで，米国労働統計局（BLS：Bureau of Labor Statistics）が行う「最新雇用統計プログラム」（CESプログラム）に焦点を当てた．この「最新雇用統計」（CES）は，雇用状況の月別推定値を提供する，2つの並行調査のうちの1つにあたる．また「最新雇用統計」（CES）は，6つの異なる部分，つまり，総雇用数，女性雇用数，

生産労働者数，生産労働者の総給与，生産労働者の総労働時間，生産労働者の総残業時間数の6つの指標を求める雇用主[*27]に対する調査である．また最新人口動態調査（CPS：Current Population Survey）は世帯調査であって，この調査では，雇用されているかあるいは求職中であるかを世帯居住者に対して尋ねる．この調査は月別比率統計である失業率を提供する．

「最新雇用統計」の標本は非常に大きく，月当たり160000名の雇用主をこえる．この標本は，州失業保険局（State Unemployment Insurance Agency）に自分の所属企業を登録してある現役の雇用主リストの中から抽出される．この標本設計は，規模の大きい企業の雇用主にとっては非常に高い抽出確率となり（つまり，必ず標本に含まれるいくつかの企業がある），また規模の小さい企業の雇用主は小さい抽出確率となる．いったんある企業が標本に含まれると，その企業は数ヵ月から数年にわたって測定される．また，かなり小規模な企業は標本から外され，他の小規模の雇用主と"おきかえられる"．すなわち，規模の大きな企業の雇用主は長期間にわたり標本内にとどまる傾向にある．この「最新雇用統計」は，米国労働統計局と州職業安定局（State Employment Security Agencies）の協力関係により実施される．

「最新雇用統計」では，多数の異なるデータ収集方法を同時に用いるという点で，今まで述べた他の調査とは異なる．実際，雇用主によっては，毎月上にあげた6つの質問事項の回答を集める方法を選ぶとき，かなりの自由度がある．たとえば記入済みの質問用紙は，郵送またはファクシミリで米国労働統計局に送り返される．また，雇用主が音声記録で回答するとき，自分の回答選択肢の数字を入力するのに電話のキーパッドを使うタッチトーン・データ入力[*28]を用いることができる．回答者はまた，特殊な安全確保を行ったWebページ上でデータを入力することもできる．さらにデータ処理のために，電子記録を米国労働統計局に直接送ることもできる．口頭で電話調査員に回答しデータを送ることもできる．こうしたさまざまな方法は，開発のためにそれなりの費用を必要とするのだが，一方ではさまざまな雇用主には適しているようである．すなわち，標本となった雇用主にとって都合のよい方法を使えるようにすることで，調査への全体の協力率を上げることができる．

ここで「最新雇用統計」が，米国経済をどのように追跡しているかを示す例をあげる．図1.6は，1941～2001年の，農業以外の雇用主から得た総雇用数を示している．何十年にもわたるこうした傾向を眺めると，雇用数の成長がないのか，あるいはゆるやかな時期と急速に成長する時期があるのかを容易に観察できる．たとえば，1980年代初期と1990年代初期の不況は，雇用数の急速な伸びの後に続いて起きていたことがわかる．2000年初期の不況の間は，雇用数の成長が横ばい状態にあったこともすぐにわかる．

経済政策の変化を検討する連邦準備金制度，ホワイト・ハウス，連邦議会が利用するため，このような統計量が重要である．不況の時期には，国の雇用機会を生み出すためには経済を刺激する必要があるという政治家の発言が多いことはよくある．これ

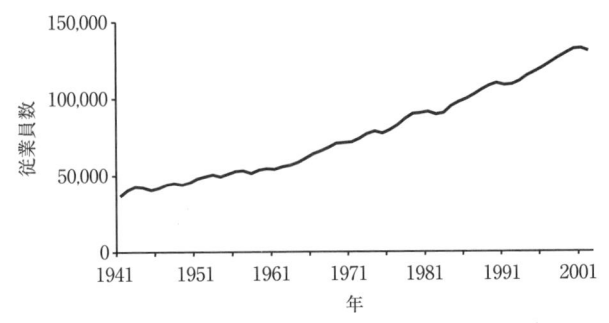

図1.6 農業以外の雇用主から得た総雇用数（千人単位）
1941-2001年の年間推定値の推移
（最新雇用統計，www.data.bls.gov）

表1.6 調査例：最新雇用統計

調査主体：米国労働統計局（Bureau of Labor Statistics），米国労働省（Department of Labor）
調査実施者：米国労働統計局，州職業安定局（State Employment Security）
調査目的：「最新雇用統計」（CES）のおもな目的は，総雇用数，女性雇用数，生産労働者数，生産労働者の総給与，生産労働者の総労働時間，生産労働者の総残業時間数の推定値を提供することである．
調査開始年：1939年
目標母集団：米国内の雇用主
標本抽出枠：州職業安定局に失業保険税記録を申請登録してある雇用主
標本設計：通常はクォータ標本；2002年に全面的に確率標本が導入された．
標本の大きさ：400,000の事業所の報告を含む約160,000企業
調査員の有無：大部分が自記式；約25％が電話による聴取方式
実施調査方式：多くの標本単位（約30％）が，前もって記録してある質問文を回答者に読み上げ，続いてタッチトーン式電話のボタンを押して回答を入力する，電話キーパッドによる聴取で回答を行うタッチトーン式のデータ入力方式（TDE）を使用．残りは，郵送，ファクシミリ，ウェブ入力を用いる調査方式；電子データ交換[*29]，コンピュータ支援の電話面接方式（CATI）．
コンピュータ支援の有無：タッチトーン式入力方式（TDE），電子データ交換，ウェブ入力，コンピュータ支援の電話面接方式（CATI）
報告単位：個々の事業所；通常は各事業所で個別に接触
時間軸：雇用主の縦断的パネル調査
実施頻度：毎月実施
調査期間ごとの面接回数：1回
観測単位：事業所，企業，雇用主

が正しいのか，あるいは正しくはないのか，いずれにしてもこうした統計量の示す数値のために，政権が浮き沈みすることもある．

1.3.7 6つの調査事例から何を学ぶか？

6つの調査事例は，いずれも国が行う大規模な調査であり，また継続調査である．このうちの5つの調査は長い歴史がある．たとえば，「最新雇用統計プログラム」(CESプログラム) は 1939 年までさかのぼる．「消費者調査」(SOC) は 1946 年にその起源がある，また「全国学力達成度調査」(NAEP) は 1969 年にはじまった．そして「全国犯罪被害調査」(NCVS) と「薬物使用と健康に関する全国調査」(NSDUH) は 1970 年代初期に開始された．これらのいずれも，社会状況や経済の指標として，政府機関や社会科学者が利用する．

これらの調査の設計仕様は，その目的に合うように調整してある．これらの調査の目標母集団はそれぞれ異なる．たとえば，「全国犯罪被害調査」では 12 歳以上の成人と子どもが対象である．一方，「最新雇用統計調査」(CES) では，雇用主が対象母集団である．「全国犯罪被害調査」,「薬物使用と健康に関する全国調査」,「全国学力達成度調査」の各調査は，2段階で世帯から標本を抽出する．つまりはじめの標本抽出は，地理上の地域つまりエリアから，それに続く次の標本抽出はそれらの区域内の世帯リストから抽出する．「消費者調査」と「行動危険因子監視システム」(BRFSS) では，市外局番と電話交換局内にあるすべての利用可能な番号から取得した電話番号を標本として抽出する．次にこれらの番号を選別して，世帯で用いている番号を見つける．

事例とした調査では，それぞれ異なるデータ収集方法を用いている．「全国学力達成度調査」では調査員は使わない．つまり，回答者が自記式用紙と評価項目に記入する．「全国犯罪被害調査」,「行動危険因子監視システム」,「消費者調査」では，回答は調査員に依頼して集める．「薬物使用と健康に関する全国調査」は，2つの技法を使う．つまり，いくつかの質問は自記式で，他の質問は調査員が尋ねる．また調査は絶えず変化しており，その1つの方向がコンピュータ支援の活用である．「全国学力達成度調査」(NAEP) は，用紙を電子的処理できるような質問紙方式を使う．「最新雇用統計プログラム」(CESプログラム) は，さまざまなコンピュータ支援方式を使う．たとえば，タッチトーン・データ入力，ファクシミリのような電子データ交換，そしてコンピュータ支援の電話面接調査である．

これら調査のいずれもが，実際には継続的に行われている．これは，いずれの調査も，研究対象とする現象内の変化を測定するように設計されているからである．いずれの調査設計も，母集団の平均値と総数が時間とともにどのように変化してきたかを測っており，国単位の変化の推定値を提供する．また，「最新雇用統計」(CES),「消費者調査」,「全国犯罪被害調査」のように，同じ人から複数回データを集めることで，母集団の変化を包括的に知ると同時に，個々人の変化あるいは個々の雇用主の変化を測定できる．

調査の品質と費用は，こうした設計仕様の種類によって決まることが多い．そして新たに行う調査について問うべきはじめの質問は以下のようなことである．

1) 目標母集団は何か？（誰を対象に調査研究を行うのか）
2) 標本抽出枠は何か？（調査に含まれる機会がある人をどのように同定するか）
3) 標本設計は何か？（回答者をどのように選ぶのか）
4) データ収集方式は何か？（どのようにデータを集めるか）
5) 継続的調査なのか，あるいは一度だけの調査つまり単発調査であるのか？

各調査事例の目的と調査設計の概要を知るには，1.3.1～1.3.6 項に添えた表（表 1.1～1.6）を再読するとよい．また本書の中で，とくに方法論的な課題を説明するときに，これらの調査を引用する．

1.4 調査方法論とは何か

調査方法論とは，調査推定値（survey estimates）の費用と品質に関連することであり，設計，収集，処理，分析にかかわる原則を明らかにするよう努めることである．このことは，その調査現場が，費用制約の中で品質を改善することなのか，あるいは品質をある水準に維持しながら費用の低減を図ることなのか，このいずれかに関心を向けることを示している．ここで"品質（quality）"とは，総調査誤差のパラダイムと名づけた枠組の中で説明することである（これについては第 2 章でさらに議論する）．つまり調査方法論とは，科学的な分野と専門的職業との両者にまたがることなのである．

調査という科学的な見方の範囲内で，高い品質の調査結果を達成するには，いくつもの伝統的な学術分野の原理を応用することが必要となる．数学，とくに確率の原理あるいは偶然事象の原理は，さまざまな最終結果の相対頻度を知る鍵となる．統計学の細分化された分野のいずれもが，標本抽出の原理と標本の結果から母集団の結果を推論することに向けられてきた．このようなことから，標本抽出と分析にかかわる諸要素は，歴史的には数理科学を基礎としている．

しかし多くの場合に，調査員としても，また回答者としても，「ヒト」がかかわりをもつことになるので，社会科学分野から登場したさまざまな原理が調査にも応用される．データ収集手順がどのように調査推定値に影響を与えるのかという研究をわれわれが考えるとき，心理学者が知識の主要な発信源となってくる．さらに，回答者として選ばれて調査面接を受けるとき，回答者の回答行為に調査員の行動がどのように影響するかを理解するための枠組みを，社会心理学が提供する．その影響が質問文の設計を理解することにあるとしたら，記憶がどのように形成され，それをどう組み立てて，どのような仕掛けが調査質問への回答に結びつく記憶想起に役立つのか．これらのことにかかわる原理を，認知心理学が提供する．社会学や人類学は，社会階層や文化多様性の原理を提供する．それにより調査にもとづく測定に適した要求あるいは特定の質問に対する部分母集団の反応の本質を伝えてくれる．データベース設計，フ

1.4 調査方法論とは何か

ァイル処理，データ・セキュリティ，人とコンピュータの相互行為といったことの原理を，計算機科学が提供してくれる．

このように，調査方法論は本質的に分野横断的であるという特質があることから，近年になってから統合的な分野として発展してきた．調査方法論の科学的側面は，おもに伝統的な学術領域の外側で研究が進められた．たとえば，おもに調査に適用されてきた確率標本抽出理論（確率サンプリング理論）の重要な発展は，1930年代から1940年代における大規模な政府調査機関に負うところが大きい．標本抽出の初期の重要なテキストは，米国国勢調査局のような応用調査環境の中にしっかりと軸足を置く科学者たちにより書かれた（たとえば，ハンセン，ハーウィッツ，マドー「標本調査法と理論」，1953年；Hansen, Hurwitz, and Madow（1953）: *Sample Surveys Methods and Theory*, Vol. I and II, Wiley. デミング「標本抽出理論」，1950年；Deming（1950）: *Some Theory of Sampling*, Wiley.）．調査データ収集に関する初期の科学的貢献は，その大半が，第二次世界大戦中，軍や市民についての調査を実施する政府機関のスタッフから誕生したものである．同様に，実務的な調査課題に取り組んでいた学術調査機関の科学者たちは，面接法についての初期の重要なテキストを執筆した（カーンとカネル著「社会調査における面接法」，1954年 Kahn and Cannel（1954）: *Interviewing in Social Research*, Wiley.）．

調査研究の文献や調査方法論が，広く行きわたっていることはまぎれもない事実である．まず統計学専門誌に調査方法の論文が集まっていることがある．たとえば，*Journal of American Statistical Association*,（*Applications section*）（米国統計学会誌，応用部門），*Journal of Official Statistics*, *Survey Methodology* などがそれである．しかし学際的な専門誌である *Public Opinion Quarterly* は，調査方法の論文のもう1つの主要な投稿・掲載場所となっている．さらに健康保健，犯罪学，教育，市場調査のようなさまざまな学術分野と応用分野の機関誌には調査法に関する多数の論文がある．

この分野にはまた，科学者と専門家の両者が集まる場の役割を果たす活発な専門の学協会がある．まず，調査方法論が中心的な課題となる4つの専門的な学協会がある．米国統計学会（ASA：American Statistical Association）の調査研究法部会（Survey Research Methods Section）には多数の会員がいる．米国世論調査学会（AAPOR：American Association for Public Opinion Research）とそれの国際版である世界世論調査協会（WAPOR：World Association for Public Opinion Research）には，民間団体，大学，政府調査機関のサーベイ・リサーチャーがいる．国際調査統計家協会（International for Survey Statisticians）は国際統計協会（ISI: International of Statistical Institute）の一構成部門である．民間の調査機関は，米国サーベイ・リサーチ機関協議会（CASRO：Council of American Survey Research Organizations）のような同業者団体を設立した．ここでは，所属会員に役立つ活動を推進している．米国統計学会（ASA）の調査研究法部会を含めて，こうした機関のほとんどが学際的であり，数学，社会科学，あるいはさまざまな応用科学の正規の教育課程の豊富な経歴のある

多彩な会員がいる.

　調査方法論はまた，1つの専門的職業である．つまり，調査データの設計・収集・処理に専念する職能集団である．世界のいたるところに，学界・政府・民間企業にみられる調査手法の専門家たちがいる．米国では，学術領域にはサーベイ・リサーチャーがいて，社会学，政治学，公衆衛生，コミュニケーション研究，心理学，犯罪学，経済学，輸送・流通研究，老年学，そのほか無数の分野において，それらの専門領域に関する課題を調べるために調査手法を利用している．米国の大学キャンパスには，学部とスタッフのために，調査対応能力のある常駐スタッフをおく100をこえる調査研究センターがある．連邦政府もまた，調査を収集し委託するときに，こうした学問の府以上に大きな役割を果たしている．米国国勢調査局（Census Bureau），農務省（Department of Agriculture），米国労働統計局（Bureau of Labor Statistics）はいずれも，独自に調査データを集め，また60をこえる部局が無数の調査を外部に発注する．さらに，米国では，世論調査，政治意識調査，市場調査を含む民間企業の調査活動は，連邦政府機関との協働よりもさらに何層倍も規模が大きい．

　調査方法論の分野は，1つの学問研究分野の中だけで発展したわけではないので，歴史的にはこの分野の教育はかなり場当たり的になっていた．調査研究の認定制度を実施することの望ましさについては，時折議論がもたれていたとはいえ，実際にはこの分野の専門家としては認められてはいなかった[*30]．しかし調査や市場調査の技法についての正式な訓練がここ数年で現れてきた．調査手法の研修は，すべての社会科学の大学学部あるいは大学院，それにいろいろな専門学校で見られることである．調査方法論を専攻する人たちは，必ず調査実施機関で行う実習が訓練過程の一環となっている．また現実の難題を解決する際に，調査を設計し実施することから生まれる実務体験は，教室内での形式的な通常の訓練の補完材料となる．本書の目的を考える1つの道筋は，調査研究プロジェクトが提起する問題を理解し処理するために必要な知的基盤を与えることを心がけたということである．

1.5　調査方法論の課題

　調査だけが，大規模母集団の情報を集めるただ1つの方法ではない．つまり「いつも正しい」方法はない．政府や企業の管理記録システムが，ときには適切な決断を下すために必要な，すべてのデータを提供してくれることもある．訓練を受けた民族誌学者や社会学者が参加する定性的調査研究では，調査対象のものの見方を深く理解する思いがけない機会に恵まれることもありうる．人間行動の観察は，公共の場で起こる事象の発生頻度という定量的情報をもたらしてくれる．管理された環境下で行われる無作為化実験は，さまざまな刺激が行動の原因となるか否かについての重要な質問に答えを与えてくれる．

　とはいえ，管理記録システムにおいては，リサーチャーは測定中はほとんど制御で

きないし，またその結果は，質の悪いデータにより汚れていることがある．エスノグラフィックな調査研究では，小規模の情報提供者集団を用いることが多く，大規模な母集団を説明する調査能力に限界がある．しかも，「ヒト」の観察は人間の全行動のほんの一部分に限られる．無作為化実験は，現実の世界における適用可能性という難問に向き合うことになるのである．

これとは反対に，多くの場合，調査では，多数の人々について標準化や反復が可能であるような測定に限定していることある．調査は，現実の世界という制御できない設定下で行われ，またこうした設定条件に影響される．調査は，大きな母集団の縮図となっている人々の集団を測定するための技量にもとづき推論力を得るのだが，こうした想定にもとづいて完全な調査が行われることはまずないのである．調査方法論研究者の仕事のある部分は，こうした仕事を改善するために，何千もの個々の特徴についてさまざまな判断を行うことである．もっとも重要な判断として以下のような事項がある．

1) 対象となりうる標本構成員を，いかに見つけまた選ぶのか？
2) 抽出した標本に接触するにはどのような方法をとり，また接触が難しい，あるいは回答をためらう標本からデータを集めるために，どの程度の労力をはらえばよいのか？
3) 質問に用いる質問文を評価し試すために，どの程度の労力をはらう必要があるのか？
4) 回答者に質問文を提示し回答を集めるのに，どのような調査方式（調査モード）を用いるのか？
5) （調査員が必要であるときに）調査員を訓練し管理するには，どの程度の労力を要するか？
6) 正確で，しかも内部整合性に適したデータ・ファイルの点検・照合を行うために，どの程度の労力を要するか？
7) 確認できる誤差を修正するための調査推定値の調整を行うには，どのような研究方法が利用できるのか？

これらの判断のどれもが，調査から明らかになる推定値の品質に影響を及ぼす可能性がある．必ずということではないが，こうした判断をどのように行うかについては，費用と密接な関係がある．より多くの労力が必要だと判断すること，あるいは調査における誤差を最小限に抑えるような，さらによい可能性があると判断すること，こうした判断はさらに多くの費用負担となることが多いのである．

このようなデータの品質に依拠する，さまざまな判断にかかわる影響を理解するための知的基盤を提供する方法論研究の文献がある．本書のもっとも重要な目標の第1は，こうした判断が，データの品質と信頼性にいかに影響を及ぼすか，現時点で何がわかっていて，場合によっては何がわかっていないかを資料として示すことである．

本書の第2の目標は，**総調査誤差**（total survey error）の概念と，それを用いる方法を理解することである．本質的には，どのような調査でも，理想とする手順との間で，ある種の譲歩を余儀なくされる．こうした折衷案のいくつかは，調査費用に左右される．リサーチャーは，上にあげた調査の各構成要素にどれくらいの資金を投入するかを決めねばならない．額が限られているときには，往々にしてリサーチャーはその調査の1つの側面にさらに費用を投入するのか，あるいは別の側面で費用を減らすのか，その利点を秤にかける必要がある．たとえば，リサーチャーは，調査標本の大きさを増やして，これによる費用の増加分については，回答率の向上に費やす労力にかける費用を減らすことで埋め合わせる（つまり，あくまでも減らすのは労力ではなく費用である）．

調査方法論研究者にとって難しい課題の1つは，利用できる情報資源をもっとも有効に活用する方法を見出すことである．つまりこれは，最終結果であるデータの価値を最大限に高めるためには，上にあげた調査の各構成要素に対して，どのようにバランスよく資源を投入すべきかを決めることだといえる．調査の各側面が最終結果を左右しかねない可能性を秘めているということを認識したうえで，調査方法論研究者は総調査誤差アプローチをとるのである．そこでは，調査の要素の1つに，あるいはいくつかに焦点を合わせるのではなく，すべての要素を総体として考察する．調査とは，その調査設計と実施のもっとも不都合な側面を見ているにすぎない．つまり，総調査誤差アプローチとは，幅広い観点をもつことを意味し，調査の特性が不完全に設計され，実施されることで，調査が目的を達成する能力を損なうことがないよう保証することを意味している．

同様に，調査設計問題には不完全な解しかないこともある．ある特定の問題を解決するために使えるアプローチには，いずれも正の側面と負の側面がある．調査方法論研究者は，不完全ながらも選択肢のどれが最善であるかを決めねばならない．ここで再び，いくつかの選択肢が取得データの品質に影響する，さまざまな方法を考えることが総調査誤差アプローチであり，そして，あらゆることを考慮して，もっとも役に立つデータを提供する選択肢を1つ選ぶことである．

調査方法論とは，こうしたトレードオフ的な決定を適切に行うために必要な知識を得ることであり，その決断が引き起こすであろう結果をできる限り理解することである．熟練した調査方法論研究者がこれらの決断を行うときには，総調査誤差の観点をもつことこそが，利害にかかわる判断がもたらすあらゆる結果と，それらの判断が最終結果にどのように影響するか，とを熟慮することなのである．

1.6 本書について

本書では，調査の細かい内容がいかに調査結果の品質に影響するかを述べている．第2章は，調査における"誤差"が何を意味するかについての議論である．これは場

合によっては,ややわかりにくい話題である.なぜなら,調査推定値に影響する誤差は1種類にとどまらないからである.また学問分野によっては,同じ概念あるいは類似した概念を説明するために,違った用語を使うこともある.第2章に続くすべての章の焦点は,調査における誤差をいかに小さくするかについて述べることである.誤差が何を意味するかを理解することは,このあとの各章を理解するために必須な第1歩である.

引き続く各章では,調査設計と実査についてそれぞれ異なる側面を取り上げる.各章では,リサーチャーが直面する決断を明確に提示している.つまり,こうした決断が,もしかすると重要であるかもしれない理由や,適用可能な選択肢が引き起こす結果について,われわれの科学が何を語ってくれるのかといった事項に説明を与えるものである.どのような選択が最善であるかは,調査目標や調査設計の他の特性に左右されることが多い.例は少ないが,わかりやすい優良事例がある.つまり,信頼できるデータの生成には不可欠と思われる調査を実施するためのあるアプローチがある.各章では,こうした選択をいかに行うべきかの方法についての理解力を読者に伝えるよう努める.本書全体を通じて,知識や原理の一般的な議論とあわせて,実践的な具体例も盛り込んだので(つまりすでに述べた6つの事例をくりかえし引用しながら),このような一般論を,実際の判断にどのように応用するかを読者は理解できる.

最後の2つの章は,他の章にまたがる内容となっている.第11章は,調査法研究の倫理行為に関連することである.最後の章は,調査方法論研究者が共通して疑問に思う質問群への回答を用意した.読者が本書を読了したあと,調査方法論研究者となるためには,本を読み,いっそうの学習課題をこなし,実務経験を積むことを通じて確立すべきしっかりとした基盤を手にして欲しいと望むものである.

■さらに理解を深めるための文献

National Crime Victimization Survey

 Taylor, Bruce M. and Michael R. Rand, "*The National Crime Victimization Survey Redesign : New Understandings of Victimization Dynamics and Measurement,*" Paper prepared for presentation at the 1995 American Statistical Association Annual Meeting, August 13-17, 1995 in Orlando, Florida.

 Pastore, Ann L. and Kathleen Maguire (eds.) (2003), *Sourcebook of Criminal Justice Statistics* [Online]. Available.

National Survey of Drug Use and Health

 Turner, C. F., Lessler, J. T., and Gfroerer, J. C. (1992) *Survey Measurement of Drug Use*, Washington, DC : National Institute on Drug Abuse

 Gfroerer, J., Eyerman, J., and Chromy, J. (eds.) (2002), *Redesigning an Ongoing National Household Survey : Methodological Issues*, DHHS Publication No. SMA 03-3768.

 Rockville, MD : Substance Abuse and Mental Health Services Administration, Office of Applied Statistics.

Surveys of Consumers

 Curtin, Richard T. (2003), *Surveys of Consumers : Sample Design*,

Curtin, Richard T. (2003), Surveys of Consumers : *Survey Description*,
National Assessment of Educational Progress
Vinovskis, Maris A. (1998), *Overseeing the Nation's Report Card : The Creation and Evolution of National Assessment Governing Board*, Washington, DC : US Department of Education.
US Department of Education. National Center for Education Statistics. *NCES Handbook of Survey Methods*, NCES 2003-603, by Lori Thurgood, Elizabeth Walter, George Carter, Susan Henn, Gary Huang, Daniel Nooter, Wray Smith, R. William Cash, and Sameena Salvucci. Project Officers, Marilyn Seastrom, Tai Phan, and Michael Cohen. Washington, DC : 2003.

Behavioral Risk Factor Surveillance System
Centers for Disease Control (2003), *BRFSS User's Guide*,
Centers for Disease Control (2003), *BRFSS Questionnaires*,

Current Employment Statistics
US Bureau of Labor Statistics (2003), *BLS Handbook of Methods*,
US Bureau of Labor Statistics, *Monthly Labor Review*,
＊関連 URL サイトは巻末にまとめて掲載した．

■演習問題

1)「全国犯罪被害調査」(NCVS) のウェブ・ページ（米国司法統計局）を探す．そして NCVS の調査票を見つけ，どのような被害が世帯回答者から集められ，どのような犯罪が各回答者から収集されているかを確かめよ．

2)「行動危険因子監視システム」(BRFSS) 調査のウェブに入って，ウェブ上で調査員に提供されている教育訓練プログラムを修得せよ．

3) まず，「薬物使用と健康に関する全国調査」(NSDUH) の最新の年次報告を読む．次に，近年になって使用が増加した薬物は何かを答えよ．

4)「最新雇用統計プログラム」(CES プログラム) のウェブ・ページからテクニカル・ノートに入る．回答者が米国労働統計局 (BLS) にデータを送り返す種々の方法について，回答者の実際の分布はどうなっているか？

5) 消費者調査 (SOC) のウェブサイトから，消費感信頼感指数に関する最新の報道記事を読み，つづいて，通信社のウェブサイトへ移って，"消費者信頼感 (consumer confidence)" を検索せよ．そして，この統計について報道ではどのように扱っているかを，調査から得た報告と比較せよ．何が同じで，何が異なるのか．

6)「全国学力達成度調査」(NAEP) のウェブサイトに入ってみよう．ここで，最新の評価報告を確認する．また，過去と報告の比較して読む．ここで観測された変化についての説明が意図することを読みとろう．報告書の作成者は，その調査データそのものから，こうした変化の事由を述べているのか，あるいは調査では測定されなかった，何か他の考えられる外因をあげて説明しているのか？

■**本章のキーワード**

エリア確率標本（area probability sample）
オーディオ・コンピュータを用いた自記式（ACASI）
確率標本（probability sample）
記述的統計量（descriptive statistic）
交替パネル調査設計（rotating panel design）
誤差（error）
センサス（国勢調査）（census）
調査方法論（survey methodology）
調査（survey）
統計量（statistic）
標本誤差（sampling error）
分析的統計量（analytic statistic）
反復横断型調査設計（repeated cross-section design）
ランダム・ディジット・ダイアリング，RDD方式（random-digit dialing）

第2章
調査における推論と誤差

Inference and error in surveys

2.1 はじめに

調査方法論とは,「調査で得られた統計量に,なぜ誤差が発生するか」を理解しようと試みることである.誤差を測定し最小限に抑える方法の詳細については,第3章から第11章で説明する.これらの章を十分に把握し調査方法論の理解を深めるためにも,読者はまず本章で"誤差 (error)"が意味することが何か,をしっかりと理解する必要がある.

まず初めに,調査により母集団の統計的記述が,どのように得られるかを考えてみよう.調査がどのように機能するかを,きわめて単純化して図示したものが図2.1である.図の左下のボックスが,調査における素材,つまり個々の回答者による質問文への回答である.これらの回答は,関心の対象,つまり個々の回答者の特性(左上のボックス)を,適切に説明する言葉になっているという点で価値がある.しかし,調査は個々の回答者の特性そのものに関心があるわけではない.ヒトの集団の特性を要約する,個々の回答を融合した"統計量 (statistic)"に関心があるのである.標本調査では個々の回答を統計的な計算手順にそって組み合わせて(図2.1の中段雲形の部分),標本内のすべての人々を記述する統計量を構成する.この時点で,調査は到達すべき目標まで—その標本を抽出したそれより大きな母集団の特性を記述すること—,あと一歩のところにある.

図2.1の垂直方向の矢印は,"**推論段階 (inferential steps)**"にあたる.すなわち,この段階では,より抽象的でより大きな実在物を説明するために,不完全な取得情報を利用する.調査における"**推論 (inference)**"とは,観測できた現象にもとづいて観測できない現象を述べることを可能にする,形式論的論法のことである.たとえば,意見といったような観測できない心的状態の推論は,こうした意見に関連する特定の質問に対する回答にもとづいて行われる.また,測定されない母集団要素の推論,つまり母集団に含まれる要素についての推論は,その同じ母集団から得た他の要素からなる標本の観測にもとづいてなされる.これを調査方法論の専門用語でいうと,ある1人の回答者から得たある質問への回答を用いて,調査に対するその人の関心という

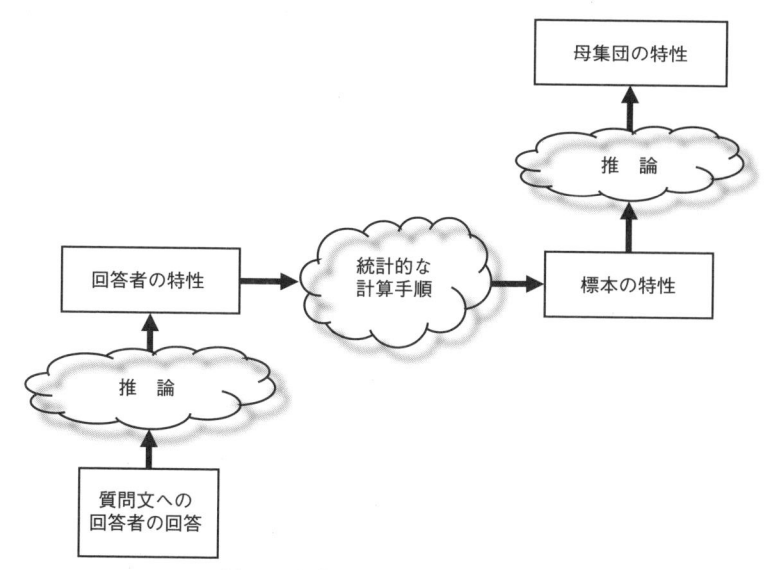

図2.1 調査における推論の2つの種類

特性に関する推論を行う，ということである．そして，複数の回答者にもとづき算出した統計量を用いて，さらに大きな母集団の特性についての推論結果を導く．

以上の2つの推論段階が，以下にあげる2つの必要な特性の中核をなしている．

1) 得られた回答は，回答者の特性を正確に記述する必要がある．
2) 調査に参加する一部の人々は，さらに大きな母集団の人々と類似の特性を保有する必要がある．

以上の条件のどちらも満たされない場合に，調査統計量は"**誤差（error）**"の影響を受ける．ここで"誤差"とはいわゆる"間違い，誤り（mistake）"を意味するものではない．その代わり，調査過程が求めるものと実際に得られるものとの"ずれ（deviation）"[*1]のことをいう．"**測定誤差（measurement errors）**"あるいは"**観測誤差（errors of observation）**"とは，調査質問に対して得られた回答からの偏差と測定されている基本的な特性とに関連することである．また"**非観測誤差（errors of nonobservation）**"とは，ある標本にもとづいて推定した統計量と母集団全体にもとづく統計量とのずれに関連することである．

これを実際の例で考えてみよう．「最新雇用統計プログラム」（CES）で関心があるのは，ある特定の月の米国における総雇用数である．この調査では，個々の標本となった各雇用主に対し，その月の12日の週に雇用者が何人であったかを報告するよう求めている（この調査ではその月の他の週における雇用を調べていないから誤差が生

じる)．そのとき，雇用主による記録が不完全である，あるいは古いということがある（回答に用いた記録の不備から誤差が生じうる）．これらは，得られた回答から，測定したい特性を推論する際の問題である（図 2.1 の一番左端の縦の矢印）．

　雇用主の標本は，調査当該月の数ヵ月前における州の失業手当給付名簿単位のリストにもとづいて選ばれている．よって，新たに生まれた雇用主は除外されている（つまり，古い雇用主リストを用いることで誤差が生じる）．標本に選ばれたこの特定の雇用主集団は，すべての雇用主の特性を適切に反映していないかもしれない（つまり，雇用主の一部だけ抽出することによる誤差が生じる）．さらに，選んだすべての雇用主が回答するわけではない（つまり，選んだ雇用主に無回答者がいることにより誤差が生じうる）．以上は，回答者にもとづく統計量から，母集団全体についての統計量を推論する際の問題である．

　このように，いやになるほどたくさんの誤差の存在を突きつけられた直後の感想として，大きな母集団を説明するためには，調査は有用なツールとはなりそうにもない，と思うかもしれない．しかしここで諦めてはいけない．こうした誤差発生源の可能性はあちこちにあるのだが，慎重かつ注意深く設計し，実施し，分析した調査は，この社会を説明するためにこれ以上ない有用なツールとなりうることがわかってきた．このように，何が調査統計量を有益なものとするのか，あるいはそうとはならないかについての研究が，調査方法論なのである．

　調査方法論では，上の「最新雇用統計プログラム」（CES）の例で示したようなさまざまな誤差を，いくつかの種類に分けてきた．各誤差について個別の研究文献が存在する理由は，それぞれの誤差がさまざまな影響に左右され，調査統計量に性質を異にする影響を及ぼすと考えられるからである．

　誤差の種類を 1 つずつ順に吟味すること，つまり，"品質" の観点から調査を研究することは，調査について学ぶ 1 つの方法である．これは調査方法論に特有の考え方でもある．もう 1 つの学習方法は，調査を構成するために必要な，すべての調査設計上の意思決定について学ぶという方法である．つまり，研究対象とする適切な母集団の設定，その母集団をリストにする方法，標本抽出計画の選択，データ収集方式の選択などについて学ぶという方法である．以上は調査研究のテキストに共通したアプローチである（たとえば，バビー：Babbie, 1990, ファウラー：Fowler, 2001)．

2.2　設計の観点から見た調査の循環過程

　このあとに続く 2.2 節と 2.3 節では，調査に関する 2 つの主要な観点について，つまり「設計の観点」と「品質の観点」について述べてみよう．本節で議論する設計の観点からいうと，調査設計は抽象的な考え方から具体的な行動へと進む．品質の観点からいうと，調査統計量に影響を与えるおもな誤差発生源によって，調査設計を見分ける．ここではまず，設計の観点を扱うことにしよう．

2.2 設計の観点から見た調査の循環過程

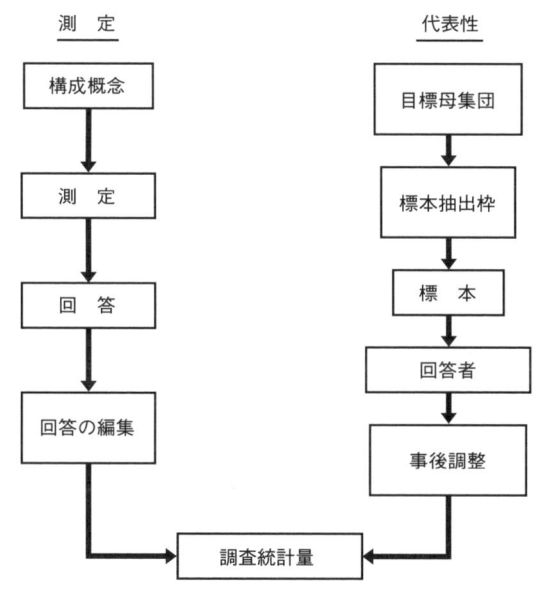

```
    測　定              代表性

  ┌─────────┐        ┌─────────┐
  │ 構成概念 │        │目標母集団│
  └────┬────┘        └────┬────┘
       ↓                  ↓
  ┌─────────┐        ┌─────────┐
  │ 測　定  │        │標本抽出枠│
  └────┬────┘        └────┬────┘
       ↓                  ↓
  ┌─────────┐        ┌─────────┐
  │ 回　答  │        │ 標　本  │
  └────┬────┘        └────┬────┘
       ↓                  ↓
  ┌─────────┐        ┌─────────┐
  │回答の編集│        │ 回答者  │
  └────┬────┘        └────┬────┘
       │            ┌─────────┐
       │            │事後調整 │
       │            └────┬────┘
       │                 │
       └───→┌─────────┐←─┘
            │調査統計量│
            └─────────┘
```

図 2.2　設計の観点からみた調査の循環過程

調査は，設計から実施へと進む．適切な設計でなければ，良い調査統計量が得られることはまずもってない．設計から実施へと焦点が移るにつれて，作業の性質は抽象から具体へと変わる．さらにまた，調査結果は，具体から抽象へと立ち戻る推論に左右される．図 2.2 は，調査には，構成概念の測定と母集団属性の記述という 2 つの並行する側面があることを示している．またこの図は，図 2.1 に示した推論の 2 つの側面をさらに詳しく記述したものである．測定の側面とは，標本内の "**観測単位**（observational units）" [*2] についてどのようなデータを集めるべきか，すなわち何についての調査であるかにかかわることである．代表性の側面とは，その調査がどのような母集団を説明するのか，つまり誰についての調査であるかにかかわることである．いずれの側面も，熟考と計画と慎重な実施が欠かせない．

図 2.2 には調査法の重要な要素が含まれているので，これについては少し詳しく議論する必要がある．図中のそれぞれのボックスについて定義を行い，また例をあげながら説明する．

2.2.1　構成概念

"**構成概念**（constructs）" とは，リサーチャーが求めている情報からなる要素のことである．たとえば，「最新雇用統計プログラム」（CES）の調査では，前月中に全米において新たに生まれた雇用数はいくらかを測ろうとし，「全国学力達成度調査」（NAEP）では児童や生徒の数学の能力を測り，「全国犯罪被害調査」（NCVS）では

前年中に, 被害者のあった犯罪が何件起こったのかを測っている. この最後の例文, つまり「被害者をともなう犯罪が前年中には何件起こったのか」は, 多くの人にとって理解できる. つまりこの言葉が単純であるからである. しかし, この言いまわしは正確ではなく, どちらかというと抽象的である. この言葉が何を意味するのかを正確には記述していない. また, 構成概念を測定するために何を行うかも, 正確には述べていない. ある意味では, 構成概念とは構想である. よってほとんどの場合, 言葉によって示される.

たとえば, あいまいなことの1つに犯罪被害者の同定がある. ある世帯に対し破壊行為があったとき (たとえば, 郵便受けが壊された), 被害者は誰なのか？ (こうした場合,「全国犯罪被害調査」(NCVS) では, ある世帯に対する犯罪と個人に対する犯罪とを区別している). あるいは公共の場所がスプレー塗料で落書きされたとき, 被害者となるのは誰なのか？ 「犯罪被害」には, 起訴できるとみなされた犯罪のみを含めるべきか？ 不愉快な出来事はどの時点で犯罪の段階になったとするのか？ これらすべての疑問は, 上に述べた「被害者をともなう犯罪が何件あるか」という短い言語による記述を, 測定操作に移し替えようとするときに生じる. 構成概念によっては, 測定に適したものとそうでないものがある.

構成概念によっては, さらに抽象度の高い構成概念もある.「消費者調査」(SOC) では, 個人の財政状態についての短期的な楽観的な見通し (short-term optimism) を測定している. これは他人が直接は観測できない, 個人の内的な態度である. これは個人の内部の問題であり, 人によっても個人にとっても変動が大きいであろう (たとえば, 自分の現在の財政状態を気にしている人はうまく整理して回答できるかもしれないが, 財政状態に無頓着な人であれば質問されるたびに回答を組み立てるしかない). これに対し,「薬物使用と健康に関する全国調査」(NSDUH) では, 前月のビール消費量を測定する. これは観測しやすい行動に非常に近い構成概念である. ここでは測定が可能な方法は限られている. おもな問題は, ビールとして数える飲み物の種類 (たとえば, ノンアルコールビールを数えるかどうか), 数える単位は何か (つまり, 12オンス缶 (約340グラム相当) か瓶かがはっきりしているか) である. このように, 消費者の「楽観的な見通し」という構成概念は,「ビールの消費」という構成概念よりもずっと抽象的であることがわかるだろう.

2.2.2 測　定

測定は, 構成概念よりも具体的である. 調査における "**測定 (measurement)**" とは, 構成概念に関する情報を集める方法のことをいう. 調査における測定はきわめて多様である. たとえば, 有毒物汚染調査における標本世帯の庭の土壌標本, 健康調査における血圧測定, 住宅の構造についての調査員による観察, 交通調査における交通量の電子的測定などがある. しかし, 調査測定では, 回答者に言葉で質問することもよくある (たとえば,「最近6ヵ月間に, あなた自身に起こったことで, 犯罪だと思

うことを警察に電話で報告しましたか？」）．測定における重要な課題は，測定しようとしている構成概念を，正確に反映する回答をもたらす質問を作成することである．こうした質問は，口頭で（電話方式もしくは面接方式の場合），あるいは視覚的に（質問紙調査やコンピュータによる自記式調査の場合）提示される．しかし，調査測定が，ときには調査員が行った観察であったり（たとえば，標本となった住居構造の種類を観察するとか，隣人のある属性を観察することを調査員に依頼すること），電子的あるいは物理的測定値であったりする（たとえば，標本となった小売店の品物の値段を電子的に記録すること，健康関連調査で血液や毛髪の標本を取得すること，有害物質汚染調査で土壌の標本をとること，ペンキの標本をとること）．また，回答者が視覚的用具を見たあとに質問を行うこともある（たとえば，ラップトップ型コンピュータで広告の配信動画を見せたり，雑誌の表紙を見せたりする）．

2.2.3 回　答

調査で得られるデータは，調査による測定を介して提供された情報によってもたらされる．"回答（response）"の性質はその測定の性質で決まることが多い．測定装置として質問文を用いた場合，回答者は回答するためにさまざまな手段を用いることができる．回答者は自分の記憶をたどり回答するための判断を行うことができる（たとえば，「では，今後のことについてうかがいます．あなたは，これからの１年間で，あなた（およびあなたの同居家族）は現在より経済的にゆとりがあると思いますか？あるいはゆとりがなくなると思いますか？　それともいままでとかわらないと思いますか？」という「消費者調査」（SOC）の質問に答えるような場合）．回答者は，回答を用意するために記録を利用することもできる（たとえば「消費者調査」で，調査月の12日を含む週で，非管理職の従業員が何名いたかを回答するために従業員記録を参照するような場合）．回答者は，回答を別の人に手伝ってもらうこともある（たとえば，最近いつ医者にかかったかを思い出すために配偶者に尋ねるような場合）．

回答は質問文の一部として示され，回答者は提供された選択肢を選ぶという作業を課されることもあれば，質問文だけが表示されていて，回答者が自分自身の言葉で回答しなければならない場合もある．場合によっては，回答者は測定の意図にそった回答ができないこともある．こうしたことが，その測定に関する統計量の算出を複雑にする．

2.2.4 回答の編集（エディット）

データ収集方式によっては，次の段階に移る前に最初に手にした測定結果を，検証することがある．コンピュータを用いた測定では，量的な回答に対しては範囲チェックを行ない，範囲外の回答についてはそのことを示すフラグを付ける．たとえば，誕生年を西暦で尋ねるとする．このとき回答が「1890」より小さな数であれば，確認のための追加質問を行ったほうがよいかもしれない．２つの異なる測定値間の論理関係

> **コラム 2 ● 実例：推定母集団と目標母集団**
>
> 　容易に測定できない母集団を記述するために，調査統計量が作られることがよくある．たとえば，「消費者調査」（SOC）では，ある特定の月における米国の成人の消費者心理を推測しようとしている．毎分のように，家族や賃貸共有により世帯が生まれ，また死別や離婚，住居移動でばらばらになり，消滅したり，あるいは一緒になる．ある月における世帯の母集団は，月の初めと終わりで異なる．ときには，その月の間はどの時点においても適格者つまり該当者となりうる人々の集合に対して，"推定母集団"[*3]という言葉が用いられることがある．このときの「目標母集団」とは，抽出枠を月初めに設定し，1ヵ月にわたって標本世帯に接触することを条件に対象とできる母集団を説明するものである．

の整合性チェックもある．たとえば，ある女性の回答者が，自分の年齢が「14歳」であって，しかも「5人の子持ちである」と回答した場合には，そのあきらかな矛盾をはっきりさせ，データの間違いを訂正する追加質問を行うことがある．調査員方式の質問紙調査票による場合，調査員は，回収完了票を再確認し，判読しにくい回答がないかを調べ，また面接時に読み飛ばした質問には線を引いて消すように指示されることが多い．

　すべての回答者から回答が得られたあと，さらにデータの編集を行うことがある．これにより回答データの分布全体を調べ，異常な回答パターンのデータを探すことができる．ある特定の完了票を詳細に検証する前段階として，この**"外れ値の検出**（outlier detection）"が行われることが多い．

　再吟味を行うために，根底にある構成概念の測定で得られる元の回答を，よりよいものとしようと努めることが，回答の編集である．こうした編集済みの回答が，個々の回答者の構成概念の値に関する推論を行うデータとなる．

2.2.5　目標母集団

　では次に，調査の代表性という特性に関する抽象から具体への流れを，図2.2の右側の流れにそって説明する．図2.2の右側の最初のボックスは**"目標母集団**（target population）"である．これが調べたい単位（units）の集合である．図2.2に示したように，これが母集団のもっとも抽象的な定義である．米国における大半の全国世帯調査にとって，目標母集団は"全国の成人人口"といえるかもしれない．だがこの説明には，集団に関する時間的な制約が欠けている（たとえば，「2004年時点の実人口」という集団）．または，伝統的な世帯という形態とは異なる生活をしている人々を含むかどうかについての言及がない．さらに，最近成人した人々を含むかどうかがあきらかでない．そして，米国においてどのような滞在資格をもつ人が対象となるのかに言及できていない，などの問題がある．このようにあいまいな対象の特定の仕方でも，そのあとの議論に支障のない場合もあるが，支障を生じることもある．目標母集団と

は，大きさが有限のヒトの集団であり，研究の対象になるものである．「全国犯罪被害調査」では，現在兵役に就いていない，しかしなんらかの特定施設以外の場所に（つまり，住居単位であって，病院，監獄，寮ではない施設に）居住する12歳以上の人々を対象としている．そして，母集団の時間的な制約は，対象者の居住地が選ばれた月によって決まる．

2.2.6 枠母集団

枠母集団（frame population）とは，調査標本として選ばれる可能性のある構成員の集合のことをいう．単純な場合，"**標本抽出枠**（sampling frame, **サンプリング・フレーム**）"とは，目標母集団内のすべての単位（たとえば，国民や雇用主）のリストつまり一覧である．しかし，標本抽出枠が母集団構成員と完全には結びついていない単位の集合であることがある．たとえば，「消費者調査」では全国成人世帯員を目標母集団としている．これは，標本抽出枠として電話番号簿を用いており，各人とその人が所属する世帯の電話番号とを対応させている（世帯電話をもっていない人もあれば，1世帯で複数の電話番号を保有する場合もあり，複雑である）．「薬物使用と健康に関する全国調査」（NSDUH）では，米国の郡地図を標本抽出枠として用いる．これは，各住居単位をただ1つの郡に対応させる．そのあと，成人および12歳以上の子どもという目標母集団内の各人を，彼らが居住するその住居単位と対応づけることを意味する（ここでも，住所不定者や複数の住居をもつ人があり，複雑である）．

2.2.7 標　本

標本（sample）は，標本抽出枠（sampling frame）から選ぶ．この標本が測定値を求める集団となる．多くの場合，標本は標本抽出枠の（したがって目標母集団の）ごく小さな部分にすぎない．

2.2.8 回答者

ほとんどの調査では，選んだ対象者を測定しようとしても，完全に達成できるわけではない．首尾よく測定できた個体を，一般に"**回答者**"（respondents）とよぶ（"**無回答者**"（nonrespondents）あるいは"**調査不能**（unit nonresponse）"はこれと相補関係にある）．いくつかの個体を，"回答者"とすべきか"無回答者"とすべきかを決める際に，通常はある困難が生じる．それは，こちらが必要としている情報の一部しか提供しない回答者がいるからである．データ・ファイルを作るときには，どのような場合に不完全情報のあるデータ記録を含めるのか，どういう場合にある回答者全体を分析ファイルから除外するか，を決める必要が生じる．"**項目欠測データ**（item missing data）"とは，ある対象者について測定は成功したが（つまりうまく回収はできたが），個々のデータ項目に情報の欠落があることを表す用語である．図2.3は，調査データと抽出枠データの種類，調査不能と項目無回答の関係を図で示したもので

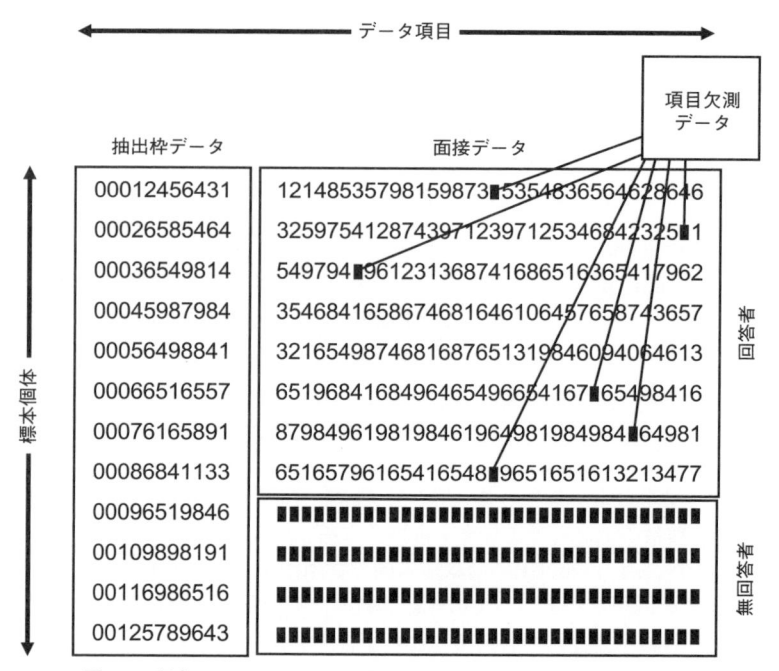

図2.3 調査データ・ファイルにおける調査不能および項目無回答の例

ある．図はあるデータ・ファイルを示している．すなわち，各行が標本の各個体に対応している．左側のコラムは標本抽出枠から得たすべての標本個体のデータである[*4]．質問への回答を含む長いレコードが回答者に対応している．（データ・ファイルの最後のほうに位置する）無回答者は，標本抽出枠から得たデータだけを含んでいる．ところどころにある■印は，個々の欠測データを表し，回答者レコードとしては項目欠測データとなる．「最新雇用調査プログラム」（CES）から得られる項目欠測値の1つの例として，調査票返送が必要な期限までに給与記録の処理が完了していない雇用主という標本の給与支払総額がある．

2.2.9 事後調整

すべての回答者がデータを提供してくれて，またそのデータに適したデータ記録を整理したあとに，調査から得た推定値の品質を改善するために，別の処置を行うことはよくある．無回答の問題やカバレッジの問題で（つまり，標本抽出枠と目標母集団との不一致），回答者にもとづく統計量が，推定しようとしている母集団全体の統計量からずれる可能性がある．この段階では，異なる部分集団間で調査不能のパターンを検証することにより（たとえば，都市部の回答率は農村部より低い），標本抽出枠に比べていくつかの部分集団の代表性が不十分であることがみえてくる．同様に，標

2.2 設計の観点から見た調査の循環過程

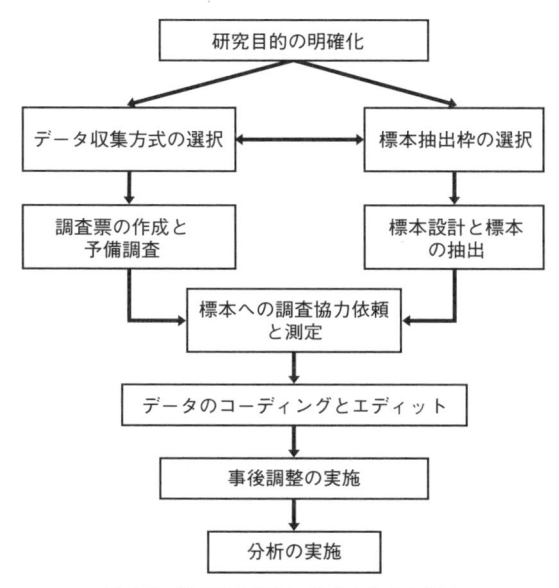

```
          研究目的の明確化
         ↙            ↘
  データ収集方式の選択 ⟷ 標本抽出枠の選択
         ↓                  ↓
    調査票の作成と        標本設計と標本
     予備調査              の抽出
         ↘            ↙
       標本への調査協力依頼
           と測定
             ↓
     データのコーディングとエディット
             ↓
        事後調整の実施
             ↓
          分析の実施
```

図 2.4 調査実施過程の観点からみた調査

本抽出枠に含まれない単位の種類(たとえば,「消費者調査」における新規世帯,「最新雇用統計プログラム」における新規雇用主)に関する情報により,ある種の目標母集団要素の代表性が不足することがみえてくる.この代表性の不足を,計算による"**重みづけ**"(weighting)[*5]を行うことで,調査推定値を改善できることがある.もう1つの方法として,欠測となったデータを"**補定**(imputation)"[*6]という処理で,推定した回答を使っておきかえることもある.さまざまな重みづけや補定の手順があるが,これらをまとめて"**事後調整**(postsurvey adjustments)"という.

2.2.10 設計から実施へ

前述の調査設計の諸段階は,通常はまさに予想どおりに進む.調査の個々の段階を,その起こる順に時系列的に並べるというのはごく普通のことであり,これは"調査をいかに行うか"について大半のテキストがとる記述順序でもある.

図 2.4 に,調査の目的が,2つの意思決定を行うことに,どのように役立つかを示してある.すなわち,その1つは標本に関することであり,もう1つは測定過程に関することである.どの**データ収集方式**(mode of data collection)を用いるかを決めることは,測定用具をどのように構築するかの重要な決定要因となる(たとえば,図 2.4 の中では"調査票").調査票は,調査データの収集で使用する前に予備調査を必要とする.図中の右側にある活動では,ある標本設計のもとで,ある標本抽出枠を選択することが,その調査に適した具体的な標本を提供する.測定用具と標本は,デー

タ収集段階で一体となり，そこでは標本の完全な測定値を取得することに注意が払われる（つまり，無回答を回避することに注意を払う）．データ収集のあと，データの編集とコーディングを行う（つまり，分析に適した形式におきかえる）．データ・ファイルには，主としてカバレッジ誤差や無回答誤差に対する事後調整が行われることがよくある．こうした調整により，最終的な推定あるいは分析段階で用いるデータが決まり，目標母集団に立ちかえって推論する際の統計的な根拠となる．このように本書では，適切な調査推定を行うには，調査過程のさまざまな段階で，同時的にまた一元的な注意を払う必要があるという考え方に立っている．

2.3 調査の品質の観点から見た調査の循環過程

図 2.2 を使って，調査における主要な用語を説明した．この同じ図が，調査方法論

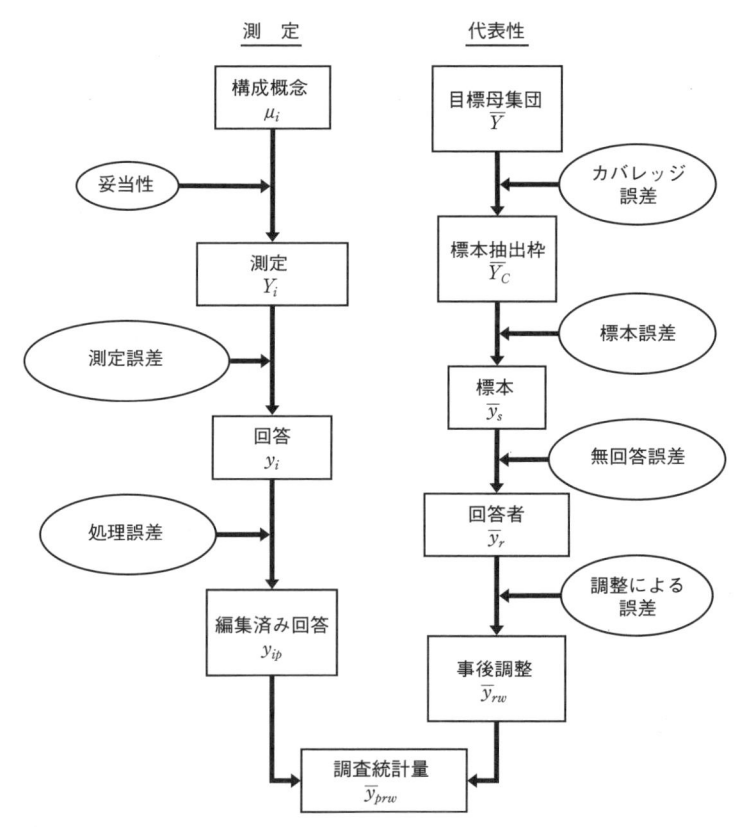

図 2.5 品質の観点から見た調査の循環過程

研究者が調査の品質をどのように考えているか，を説明するためにも役に立つ．調査方法論について共通する品質の概念を，図2.2に楕円の形で付け加えたのが図2.5である．調査過程の連続する手順の間に各楕円がおかれているのは，隣り合う手順間の不一致をこの品質の概念が反映することを示すためである．ほとんどすべての楕円には"誤差（error）"という語が入っているが，これがもっとも普通に用いられる用語である．調査過程の連続する2つの手順間のずれを最小限に抑える設計や推定を選ぶことで，調査統計量の誤差を最小化することが調査設計者の仕事である．こうした枠組みを，"**総調査誤差**（total survey error）"[*7]の枠組み，もしくは"総調査誤差のパラダイム"とよぶことがある．

図2.5には，次のような注意すべき2つの重要な事柄がある．

1) 品質にかかわる各構成要素（図2.5内の各楕円）は，言葉による説明と統計的な定式化とがあること．
2) 品質にかかわる各構成要素は，調査全体の特性ではなく，個々の調査統計量の特性である（すなわち，ある1つの調査から得られる各統計量は，それぞれ品質が異なること）．

以下の項で，品質のさまざまな構成要素の概念と，それらを記述する基本的な統計的記法との両者について読者に説明する．ここで，品質とは調査の特性だけではなく個々の統計量の特性でもあるので，一般に用いられる多種多様な統計量に適した統計量をここで示すこともできる（たとえば，標本平均，2変数間の回帰係数，母集団総計の推定値）．しかし，できる限り議論を単純化するために，たとえば，単純な統計量である標本平均の誤差成分を，ある根底となる構成概念の母集団の平均値を示す指標として説明する．本書では，標本平均の品質の性質を，母集団平均値との関連に応じて議論する．

通常の表記法にならって，誤差の概念を簡潔な形で説明するために記号を用いることにする．ギリシャ文字の μ は，測定の目標である観測できない構成概念を表す．大文字の Y は，μ を反映しようとする測定を示すために用いる（ただし測定上の問題は避けられない）．測定が実際に行われると，回答 y が得られる（小文字の y）．

統計的記法によると，次のようになる．

μ_i＝母集団における i 番目の個体のとる構成概念の値（たとえば，報告で得られた医者にかかった回数），$i=1, 2, \cdots, N$

Y_i＝標本における i 番目の標本個体のとる測定値（たとえば，医者にかかった回数），$i=1, 2, \cdots, N$

y_i＝測定を適用したときの回答の値（たとえば，調査質問に対する実際の回答），$i=1, 2, \cdots, N$

y_{ip}＝編集後やその他の処理後の回答の値

つまり，ここで測定しようとしている根底にある目標とする特性は μ_i なのだが，

実際は不完全な指標である y_i を代わりに用いるしかない．ここで測定が不完全であるために，この指標は目標とする構成概念や特性の値からずれてしまう．また実際に測定を行うときに，実施運用上の問題が起こる．回答 Y_i を取得する代わりに測定結果としての y_i を代用する．編集段階で，測定におけるこの欠点の修復を試み，その結果編集済み回答 y_{ip} が得られる（ここで，添え字 p は"データ収集後"を意味する）．

2.3.1 構成概念と測定されたものとの間の観測による「ずれ」

図 2.5 内の楕円のうち，構成概念とそれに関連する測定値との間にみられる不一致を表す場合だけは，"誤差"という語を含んでいない．この問題に関しては，心理学における測定理論（いわゆる"計量心理学"）が，もっとも有用な概念を提案している．"**構成概念妥当性**（construct validity）"とは，それを測ろうとしている測度が，根底にある構成概念にどの程度関連しているのか，ということである（また，妥当性が満たされない程度を説明する言葉として"非妥当性"を用いることがある）．たとえば，「全国学力達成度調査」(NAEP) では，4 年生の数学能力という構成概念を測定しようとするとき，その測度は数学の問題群である．数学の各問題は数学能力のある成分をテストしているとみなされる．妥当性という考え方そのものは概念的である．つまり，かりに各生徒の真の数学能力がわかったとして，その妥当性はこれら問題群が測定する構成概念にどのように関係しているのだろうか？ このように，妥当性とは，その測度が根底にある構成概念をどの程度反映するかを示すものである．

統計的な表現によると，妥当性という考え方は個々の回答者レベルで存在する．構成概念は（たとえそれが簡単には観測できない，あるいはまったく観測不能としても），母集団内の i 番目の個体と関連するある値をとる．通常の書き方に従い，これを μ_i で表すが，これは i 番目の個体の構成概念の"**真値**（true value）"を意味する．ある特定の Y の測定が行われると（たとえば，数学能力の測定を前提にした数学の問題の測定を行うと），計量心理学的な測定理論では，その結果を μ_i ではなく，

$$Y_i = \mu_i + \varepsilon_i \tag{2.1}$$

と単純に記述する．

つまり，測定値は真値 μ_i にある誤差 ε_i を加えたものである．ここで，ε_i は真値からの偏差で，これをギリシャ文字イプシロンで表す．この偏差が妥当性の考え方の基本である．たとえば，「全国学力達成度調査」(NAEP) では，数学能力を，平均が 50 として，0～100 の間にある尺度として概念化している．(2.1) の式で表したモデルで説明すると，数学能力に特有の測定にもとづき，たとえば真の数学能力が 57 である生徒 i がいたとすると，その生徒の成績は真値とは異なった成績，たとえば 52 であるかもしれない．このとき，生徒 i の数学能力の測定の誤差は，$\varepsilon_i = Y_i - \mu_i = (52-57) = -5$ となる．それは，測定値 $Y_i = 52$ が，真値 μ_i と誤差 ε_i の和 $\mu_i + \varepsilon_i = (57+(-5))$ となるからである．

妥当性の考え方を理解するためには，測定に関するさらにもう 1 つの特徴が必要で

2.3 調査の品質の観点から見た調査の循環過程

> **用語ノート●試行という概念**
> 　ある調査質問に対するある特定の回答は，"測定過程の一試行"にすぎない，と誰かが言った場合，それは何を意味するのであろうか？　同じ回答者に対し同一の質問を複数回聴取して，有益な何かを学びとるにはどうしたらよいのであろうか？　"試行（trial）"とは1つの概念であり回答過程のモデルである，というのがその答えである．このモデルでは，ある人から得たある特定の質問に対する回答は，本質的に変動をともなうものであると仮定している．かりに，初めての試行測定におけるすべての記憶を消し去り，質問をくり返せるのであれば，これとはいくらか違った回答が得られるだろう．

ある．すなわち，i 番目の個体に対して1回だけ行う測定は，かりに無限に行えるとした測定の1つであるとみなすのだ，ということを理解する必要がある．たとえば，過去6ヵ月の間に何回の犯罪被害に遭ったかという調査質問に対する回答は，ある特定の回答者に対してその質問を行ったときの1つの出来事にすぎない．計量心理的な測定理論の言葉でいえば，各調査は無限にある試行のうちの1試行であるということである．

したがって，試行という考え方を用いると，回答過程は次のようになる．

$$Y_{it} = \mu_i + \varepsilon_{it} \tag{2.2}$$

さてここで，2つの添字を用意する必要がある．1つは母集団の要素（i）を表し，もう1つは測定の試行（t）を表す．いずれの測定（t）も，概念的には無限に可能な測定の中の1つである．ある調査で得られた回答（t 番目の試行における Y_{it}）は，その試行に固有の誤差（ε_{it}）だけ真値から偏る．すわなち，各調査は測定過程の1つの試行 t であり，i 番目の個体に対する真値からの偏差は，試行ごとに変化するということである（ε_{it} の添え字 t はこの理由による）．たとえば，数学能力という構成概念の例でいうと，ある特定の測度を用いると生徒 i の成績は上と同様に52となるかもしれないが，くり返し実施すれば，その成績は59や49や57となるかもしれない．この場合，誤差はそれぞれ +2，-8，0 となる．しかし実際には試験を何回も実施しない．その代わり，概念的に独立した試行を通じて，同一人物から得られたさまざまな結果を1回のテストにより得られていたかもしれない，と想定するのである．

さてここで，真値からの回答の偏差というこの簡単な例に対して，**妥当性**（validity）を定義する．妥当性とは，考えられるすべての試行と個体について測定が行われた場合の真値 μ_i と測定値 Y_i との相関である[8]．

$$E_{it}[(Y_{it}-\overline{Y})(\mu_{it}-\overline{\mu})] / [\sqrt{E_{it}(Y_{it}-\overline{Y})^2}\sqrt{E_{it}(\mu_{it}-\overline{\mu})^2}] \tag{2.3}$$

ここで，μ はすべての個体（i）と試行（t）に関する μ_{it} の平均値であり，$\overline{Y}$ は Y_{it} の平均値である．(2.3) 式の先頭にある E は，すべての個体およびすべての試行の期待値もしくは平均値を表す記号である．Y_i と μ_i とは共変量の関係にあり，つまりそれら

の値が連動して上下すれば，このときの測定は構成概念の妥当性が高いことになる．基礎となる構成概念の妥当な測度とは，その構成概念と完全に相関のある測度のことである．

さらに込み入った妥当性の考え方については後で説明を行うが，ここでは以下のことにふれておく．すなわち，2つの変数には完全に相関があるが，それらの1変数としての統計量が異なる値となる場合があることに注意する．つまり，2つの変数は完全に相関があるが，それぞれの平均値が異なるということもありうる．たとえば，すべての回答者が自分の体重を5ポンド（約2kg）少なく報告すれば，真の体重と報告された体重とは完全に相関があるが，報告された体重の平均値は真の体重の平均値よりも5ポンド少なくなる．これが，計量心理的な測定理論と調査における統計的誤差の特性との相違点である．

2.3.2　測定誤差：理想的な測定値と得られる回答との間の観測上の「ずれ」

図2.5において，次に重要な品質の構成要素は，測定誤差である．ここで"**測定誤差（measurement error）**"とは，ある標本単位に適用されたとした測定の真値と，その測定がもたらした値との「ずれ」を意味する．たとえば，「薬物使用と健康に関する全国調査」（NSDUH）にある「あなたは今までにコカインを1度でも用いたことがありますか」という質問文を考えてみよう．回答者が，望ましくないとわかっている行動は，過小報告する傾向にあることが一般に知られている（5.3.5項および7.3.7項参照）．それゆえ，たとえば，ある回答者にとってこの質問に対する回答の真値が「はい」であったとしても，自分が薬物を使用していることを誰かに知られるのを嫌がって，「いいえ」と回答することがあるということである．

質問の実施にあたって，こうした回答行動が，よく起こりしかも系統的に起こる限りは，回答者の回答の平均値と標本の真の平均値との間には不一致が生じる．上に述べた例では，1度でもコカインを使用したことがあると回答した人の割合は，実際より過小推定となる．ここで，個体iについて，質問への回答と測定による真値Y_iとを区別する新たな項を用意する必要がある．つまり質問への回答をy_iとすると，真値からの系統的な偏差は$(y_i - Y_i)$と表せる．「最新雇用統計プログラム」（CES）の例に戻ると，ある雇用主に対応する非管理職の従業員を数えると12名であるのに，質問への実際の報告は15名である，とするような場合である．調査測定理論の用語でいえば，回答の偏差は$y_i \neq Y_i$である限りは生じる．この例では$y_i - Y_i = 15 - 12 = 3$となる．

測定についてのわれわれの考え方によると，測定実施という個々の行為は，概念的には無限にある測定のうちの1回にすぎない，ということをもう一度確認しておこう．そしてここでもまた，実際の1回の測定を示すために「1つの試行」という考え方を用いる．前述の回答の偏差が系統的なものであるとすると，つまり，試行を重ねて得た回答の偏差に一貫した方向性がみられるとすると，それが"**回答の偏り（response**

> **用語ノート●変動または変動誤差という概念**
>
> 　変動をともなう誤差の概念が生じるときはいつでも，その調査過程の反復実験（あるいは何回かの試行）が想定されていなければならない．反復実験によって統計量の推定値が変化するとき，これらの統計量は変動誤差（variable error）の影響をうけやすい．回答段階の変動は，個々の回答に影響を及ぼしうる．抽出枠作成時の変動，調査依頼への協力の可能性，あるいは標本の特性が，調査統計量に影響しうる．
>
> 　通常，変動は直接は観測されない．その理由は，現実には反復実験が行われることはないからである．

bias)" である．ここで "偏り（bias）" とは，（すべての概念的な試行を通して得る）期待値と推定した真値との間の差のことである．つまり，偏りとは回答過程における系統的な歪みである．ここで取り上げている調査例から回答の偏りの例を2つ紹介する．「薬物使用と健康に関する全国調査」（NSDUH）における，タバコや違法薬物を含むいろいろな薬物使用の割合の個々の推定値をみると，回答はいくらか偏っている．つまり平均すると，人々はいろいろな薬物の使用を過小報告しているのである．このことは，これらの薬物を使用することが自分がどのように見られているかに影響するのではないか心配する人たちがいる，ということで部分的には説明がつく．また，調査報告から推計される犯罪被害者の割合は，実際よりやや小さくなることがわかっている．これは，個別の犯罪被害のいくつかは，とくにそれが被害者にとって後々まで影響が長引かない犯罪である場合には，かなり短期間で忘れ去られてしまうからであると説明できる．その原因がなんであれ，薬物使用や犯罪被害の調査推定値は，実際の割合よりも過小推定となることが研究により示されている．調査質問への回答は，実際の割合よりも系統的に低くなっている．つまり，偏っているのである．統計的な記法によると，次のようになる．すべての試行における回答の平均値あるいは期待値を $E_t(y_{it})$ とする．ここで前と同様に，t は特定の試行（あるいは測定の適用）を表す．そして回答の偏りは，

$$E_t(y_{it}) \neq Y_i \tag{2.4}$$

であるときに生じる．

　偏った報告をもたらす系統的な過小報告，あるいは過大報告だけでなく，人の回答行動の不安定性もこれとは別の種類の回答誤差を生む．「消費者調査」（SOC）の調査質問文である「現在の景気は1年前に比べて良くなりましたか，それとも悪くなりましたか？」を例に考えてみよう．そのような質問文に回答者がどう取り組むかというと，個々の質問の言葉とそれに先行する複数の質問の文脈だけでなく，その測定環境におけるあらゆる刺激を利用するというのが一般的な考え方である．しかしそのような刺激（たとえば，前に出てきた質問文が与える記憶の何か）を集めることは，独立した試行においては偶然の過程であり，しかも予測不能である．これの結果として，

測定の概念的な試行によって回答の変動が生じる．これを，多くの場合"回答の偏差における変動"という．この種の回答誤差に対してはさらに適切な用語がある．この例の場合を**"信頼性（reliability）が低い"**もしくは"信頼できない（unreliable）回答"という（調査にかかわる統計学者は，この誤差を**"回答変動（response variance）"**とよび，"回答の偏り"と区別する）．回答変動と回答の偏りの違いは，回答の偏りは系統的であって，質問の構成概念の過大推定あるいは過小推定をもたらす．一方，回答変動によって試行間で推定値が不安定になる．

2.3.3　処理誤差：推定に用いる変数と回答者から提供される変数との間の観測による「ずれ」

　データを集めた後に，また推計に先だって，どのような誤差が起こりうるのか．たとえば，ある分布であきらかに外れ値であっても，正しい報告値であるかもしれない．「全国犯罪被害調査」（NCVS）の回答者に，「一日に何度も暴行を受けた」と報告する者がいるかもしれない．これは信じがたい報告であって，なんらかのエディティング規則によって欠測データとして値の調整を行うこともある．しかしここで，この回答者が「あるバーの警備員である」という情報が加わると，先ほどの報告はもっともらしいものとなる．これをエディティング段階で変更すべきか否かは，その質問が構成概念の何を測定しているのかに左右される．こうした判断が，**処理誤差**（processing error）に影響を及ぼす．

　回答者が回答を言葉で表すような質問文の場合に，別の処理誤差が生じる．たとえば，「消費者調査」（SOC）において，「最近数ヵ月間で，景気について何か変化があったと聞いていますか．それが好ましいことであっても，あるいは好ましくないことでもお答え下さい」という質問に対し，回答者が「はい」と回答したとする．そのあと調査員が「では，どのようなことを聞いてますか」と尋ねる．そして，その質問への回答を，回答者が話したとおりに記入欄に書き入れる．このときに，回答者がたとえば「私の工場でレイオフが計画されているとの噂がある．自分が職を失うことになるのではないかと心配している」と話すかもしれない．このような回答は，さまざまな回答者の変化に富んだ多様な状況をとらえてはいるが，しかしこれ自体は，調査のおもな結果である，量的な要約情報にはならない．それゆえ，**"コーディング（coding）"**[*9]という手順により，こうした自由記述による回答を数値化した区分に分類する．たとえば，上の回答文のとき"自分自身の職場・会社でのレイオフ（一時帰休）の可能性"という標識を付けたある分類区分の1要素としてコード化する．このような測定について標本から得られる1変数の要約情報は，その区分ごとに分類した割合となる（たとえば，"回答のあった標本の8％が，"自分自身の職場・会社での解雇の可能性"があると回答した"といったようになる）．

　この段階ではどのような誤差が起こりうるのか？　こうした自由記述による回答ではコーディングする人が異なると，どのように分類をするかについての判定が違った

ものとなる可能性がある．このことが結果の変動を生み出すが，これはコーディング・システムの1つの機能にすぎない（たとえば，コーディング変動）．訓練不足により，コーディングを行う人（coder，コーダー）全員が，言葉による記述を一貫して誤って解釈してしまうことになりかねない．以上のようなことが，コーディングによる偏りをもたらすのである．

統計的な記法を用いると，収入のような変数を考察するようなとき，なんらかのエディティング段階を前提に，提供された回答と編集済みの回答との差として，処理の影響を表すことができる．つまり，y_i＝調査質問への編集前の回答，y_{ip}＝編集済みの回答，とする．このとき，処理による偏差あるいは編集による偏差は，単純に $(y_{ip}-y_i)$ と書ける．

2.3.4 カバレッジ誤差：目標母集団と標本抽出枠との間の観測によらない「ずれ」

図2.2の左側の処理（つまり，測定の側）から右側の処理（これは，代表性の側）に目を転じると，話題の焦点は，個々の回答にあるのではなく統計量ということになる．図2.5内の各ボックス内の記号が，標本平均を表していることに注意しよう．すなわち，これらは母集団の個々の要素のとる値を要約する単純な統計量である．考えられる調査統計量は他にもいろいろあるのだが，ここでは説明用の実例として平均値を用いる．

目標母集団（調べたい**有限母集団**〔finite population〕）に完全に適合する，使いやすい標本抽出枠を用意できないことがある．たとえば米国には，個人の標本抽出枠と

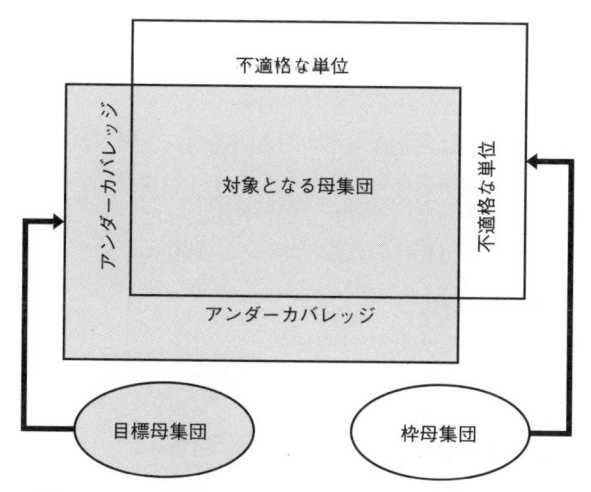

図 2.6　ある抽出枠によって起こる目標母集団のカバレッジ

して利用可能な更新住民名簿は存在しない．これに対して，スウェーデンでは住民登録簿があり，これはほとんどすべての住民の氏名と住所の更新名簿となっている．全米住民を目標母集団とする標本調査では，電話帳が標本抽出枠として用いられることが多い．このとき起こりうる誤差は，全米住民のうち電話で連絡のとれる住民の割合と，その人たちが'問題としている統計量について'，電話で連絡のとれない住民とどのように異なるかと関係している．収入が低い人や人里離れた田舎に住む人は，家に電話を設置している可能性も低い．もし失業手当受給率に関心がある調査だとしたら，電話調査はその割合を過小推定することになる．つまりこの場合の統計量には，カバレッジの偏りがあるということになる．

図 2.6 は，標本抽出枠にかかわるカバレッジの 2 つの問題を示す図である．この図では，目標母集団は標本抽出枠とは異なる．図の左下の部分は，標本抽出枠から漏れた目標母集団の要素を表している（たとえば，全世帯母集団を網羅するために，電話名簿を標本抽出枠として用いたときに電話を保有していない世帯）．この部分を，目標母集団に対する標本抽出枠の "**アンダーカバレッジ**（undercoverage）"[*10]という．図の右上の部分は，目標母集団の構成員ではないが，標本抽出枠に含まれる構成員であるような要素の集合である（たとえば，世帯母集団を網羅しようとしたが，そうできないで電話番号の抽出枠に含まれてしまった事業所の電話番号）．これらは "**不適格な単位**（ineligible units）"であり，場合によっては "**オーバーカバレッジ**（overcoverage）"ともよび，またこれを "**異質の要素**（foreign elements）" の存在ということもある．

標本平均に合わせた統計的な言葉でいうと，"**カバレッジの偏り**（coverage bias）" は 2 つの項の関数として記述できる．この 2 つとは，1 つは標本抽出枠に含まれない（対象とはならない）目標母集団の割合であり，もう 1 つは，これに含まれる（対象となった）母集団と含まれない対象外となった母集団との差分である．まず，カバレッジ誤差とは，ある特定の統計量にもとづく標本抽出枠と目標母集団の 1 つの特性であるということに注意しよう．この誤差は，標本を抽出する '前に' 存在する．したがって，'標本' 調査を行うことが理由で生じる問題ではない．同じ標本抽出枠を使って目標母集団に関する全数調査を行ったとしても，このカバレッジ誤差は存在する．したがって，標本抽出段階の前にカバレッジ誤差を記号で表すことがもっともわかりやすい．ここでは，標本抽出枠における平均値への影響について説明しよう．

$\overline{Y}$＝全目標母集団の平均値
$\overline{Y}_C$＝標本抽出枠における母集団の平均値
$\overline{Y}_U$＝標本抽出枠に含まれない目標母集団の平均値
N＝目標母集団の構成員の総数つまり大きさ
C＝標本抽出枠の適格な構成員の総数（つまり，目標母集団のうち，"含まれる（対象となる）" 要素の数）

U = 標本抽出枠に含まれない適格な構成員の総数(目標母集団のうち,"含まれない(対象外)"の要素の数)

とする.このとき,カバレッジの偏りは,以下のように表される.

$$\overline{Y_C} - \overline{Y} = \frac{U}{N}(\overline{Y_C} - \overline{Y_U}) \qquad (2.5)$$

つまり,アンダーカバレッジに起因する平均値の誤差は,カバレッジ率(U/N)と,目標母集団内の標本抽出枠内にある対象となる個体の平均($\overline{Y_C}$)と抽出枠外にある対象外となる個体の平均($\overline{Y_U}$)との差($\overline{Y_C} - \overline{Y_U}$)との積である.(2.5)式の左辺は,単に以下のことを示している.すなわち,この平均値に対する**カバレッジ誤差**(coverage error)が,対象となる母集団の平均値($\overline{Y_C}$)と,全目標母集団の平均値($\overline{Y}$)との差となるということである.(2.5)式の右辺は,式を少しだけ代数的に整理した結果である.これは,カバレッジの偏りとは,標本抽出枠から欠落した母集団の割合と,標本抽出枠内に含まれる部分とそこから漏れた部分との差の割合の関数であることを示している.たとえば,全米世帯母集団に関する多くの統計量については,電話抽出枠がその母集団をうまく説明している.そのおもな理由は,電話のない世帯の割合が全母集団の約5%と非常に小さいからである.たとえば,平均教育年数を測定するために,電話調査である「全国消費者調査」(SOC)を用いて,電話保有世帯の平均教育年数が14.3年であったしよう.一方,電話調査であるために調査から漏れた電話非保有世帯の平均教育年数が11.2年であったとする.ここで電話非保有世帯の平均教育年数は非常に低いのだが,標本抽出枠の対象となった個体にもとづく平均値の偏りは,

$$\overline{Y_C} - \overline{Y} = 0.05(14.3 - 11.2) = 0.16(年) \qquad (2.6)$$

にすぎない.いいかえると,平均教育年数が14.1年[11]である目標母集団に対して,標本抽出枠からは14.3年という平均教育年数が得られることが期待されるということである.

標本抽出枠におけるカバレッジ誤差により,標本調査の平均値は$\overline{Y}$ではなく$\overline{Y_C}$を推定していることになる.したがって,標本抽出枠のカバレッジ誤差の特性が,結果として標本にもとづく統計量のカバレッジ誤差の特性を生むことになる.

2.3.5　標本誤差:標本と標本抽出枠との間の観測によらない「ずれ」

標本調査統計量に,意図的に導入される誤差が1つある.費用面からみて,あるいは実施管理面からみて実行不可能であるため,標本抽出枠のすべての人を測定するとは限らない.その代わりに標本を抽出し,標本だけが測定対象となる.よって,標本以外の人は無視される.ほとんどすべての場合に,この意図的に"非観測"としたことによって,取得した標本統計量と標本抽出枠全体から得たその同じ統計量との間にずれが生じる.

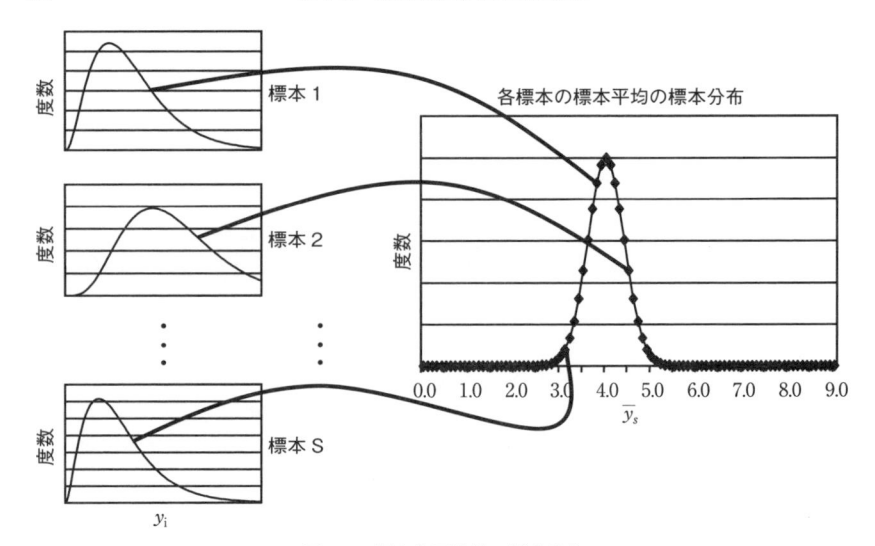

図 2.7 標本と平均値の標本分布

　たとえば,「全国犯罪被害調査」(NCVS) では,まず全米 3067 のすべての郡を,人口規模,地域,犯罪事件の相関などで区分し,集団あるいは層を構成する.各層の中で,どの郡にもある抽出確率を与えて,標本とする郡あるいは郡の集合として,合計 237 を選ぶ.この調査の標本となった人々はすべて,これらの地理的地域から得られる.毎月,標本として,その選んだ地域内で約 8300 世帯を選び,その世帯に所属する構成員に対して面接を試みる.

　他のすべての調査誤差と同じように,**標本誤差**には**"標本抽出の偏り"**と**"抽出分散"**[12]の 2 つの種類がある.標本抽出の偏りとは,抽出確率がゼロとなるような(あるいは抽出の確率が他より小さい)構成員が,標本抽出枠内に存在する場合に生じる.このような設計では,考えられるすべての抽出標本の集合から,そのような抽出確率がゼロであるような構成員は系統的に排除される.こうした抽出確率がゼロの構成員が調査統計量に関して特有の値をとる限りは,その統計量はそれに対応する枠母集団の統計量から離れたものとなるであろう.かりに標本設計が与えられたとすると,さまざまな多数の抽出枠要素の集合が偶然に抽出できることから,抽出分散(標本抽出に伴う変動)が生じる(たとえば,「犯罪被害者調査」(NCVS) ではさまざまな郡や世帯が選ばれることがある).結局,調査統計量について,選ばれた抽出枠要素の各集合ごとに,さまざまな値をとることになるだろう.

　測定の試行という概念とまったく同じように (2.3.1 項を参照),抽出分散は概念的に,標本抽出を反復するという考え方にもとづいている.図 2.7 にその基本的な考え方を示した.考えられる標本は何通りもあって,それら標本の要素の集合もそれぞれ異なることを,左側にある説明図が表している.図では相異なる S 個の標本が実

際に"**実現した状態**（realizations）"を表している．つまり，各標本は相異なる抽出枠の要素からなる集合であり，それぞれの度数分布も異なる（x軸は変数のとる値，y軸はその値に対する標本要素数）．さてここで，関心のある調査統計量として，標本平均の例を用いることにしよう．S個の各標本からはそれぞれ異なる標本平均が得られる．図の右側に，この平均値の抽出分散の様子を説明する1つの方法を示してある．これが平均値の標本分布（sampling distribution），すなわち標本平均の個々の値の度数として描画したものである（ここで，x軸は標本平均のとる値，y軸は相異なるS個の標本平均がその値をとる標本の数〔度数〕）．通常，この分布の散布度を抽出分散の測度として用いる．S個の標本平均すべての平均値が，標本抽出枠の平均値と一致するとき，平均値についての標本抽出の偏りはない．また，図の右側の分布の散布度が小さいときは，抽出分散は小さい（関心のある変数について，その変数のとりうる値が定数であるような母集団のみ，つまり変動をともなわない母集団の場合だけ抽出分散はゼロとなる）．

標本抽出による誤差の程度は，次にあげる調査設計に関する4つの基本原則に応じて決まる．

1) 標本抽出枠のすべての要素に，既知のゼロではない標本抽出確率が与えられているかどうか（これを"**確率標本抽出**（probability sampling）"という）
2) 標本内の主要な部分母集団の代表性を管理できるように標本は設計されているか（これを"**層別**（stratification）"という）
3) 個々の要素は直接かつ互いに独立に抽出されたか，あるいは集団として抽出されたか（これをそれぞれ，"**要素**"標本（element sample）または"**集落**"標本（cluster sample）という）
4) 選ぶ標本要素数をいくつとするか（つまり抽出する標本の大きさの決め方）

したがって，以上の用語を用いると，「犯罪被害者調査」（NCVS）は毎月約8300世帯の層別集落化確率標本を用いている，となる．

標本抽出の偏りに影響するおもな要因は，相異なる標本抽出枠内の要素にどのように抽出確率が割り当てられたかということにある．標本抽出枠内のすべての要素に等しい抽出確率を与えることで，つまり等確率抽出とすることで，この標本抽出の偏りは簡単に取り除くことができる．また，抽出分散は，標本の大きさを大きくとること，層別した標本を用いること，集落化しない標本とすることで低減することができる．

以上を統計的に表現すると，以下のようになる[*13]．

$\bar{y}_s$＝抽出した具体的な標本sの平均値；　　$s = 1, 2, \cdots, S$
$\overline{Y}_C$＝標本抽出枠内にある要素全体の平均値
n_s＝標本s内の要素の総数

つまり，（単純な標本設計の場合）これらの平均値は，以下のようになる．

$$\bar{y}_s = \frac{\sum_{i=1}^{n_s} y_{si}}{n_s} \quad \text{かつ} \quad \overline{Y}_C = \frac{\sum_{i=1}^{C} Y_i}{C} \qquad (2.6)$$

"**抽出分散**（sampling variance）"とは，すべての標本の実現状態について，$\bar{y}_s$ がどれだけ変動するかを測っている．この変動の一般的な測定手段は，標本抽出枠の平均値（$\overline{Y}_C$）からの標本平均（$\bar{y}_s$）の偏差の二乗であり，よって平均値の"抽出分散"は，以下のようになる．

$$\frac{\sum_{s=1}^{S}(\bar{y}_s - \overline{Y}_C)^2}{S} \qquad (2.7)$$

抽出分散が大きいと，標本平均はきわめて不安定になる．そのような場合には，標本誤差はかなり大きくなる．つまり標本抽出分散が大きくなるような設計による調査では，調査から得られる平均値が，標本を抽出した母集団の真の平均値から比較的大きくずれる可能性が高まるということである．

2.3.6 無回答誤差：標本と回答者との間の観測によらない「ずれ」

ヒトという回答者にかかわる調査では，いくら努力しても，標本内のすべての個体を首尾よく測定できるとは限らない．一方，無生物（たとえば，個人の医療記録や住居単位）の標本抽出を必要とする調査では，回答率が100％ということもある．しかしヒトを対象とした標本調査では，そのようなことはまずありえない．たとえば，「消費者調査」（SOC）では毎月，標本のおよそ30～35％が接触を避けたり，あるいは面接を拒否する．「全国学力達成度調査」（NAEP）では，17％の学校が調査への参加を拒否し，調査参加校の中で約11％の生徒が，欠席や保護者の参加拒否などの理由で測定できない．

無回答誤差（nonresponse error）は，回答者データだけを使って算出した統計量が，全標本データにより算出した統計量と異なる場合に生じる．たとえば，「全国学力達成度調査」（NAEP）の当日欠席していた生徒の，測定される予定であった数学の知識あるいは言語の知識が劣る場合，この調査結果は無回答の偏りの影響を受ける．つまり，標本抽出枠全体の学力を系統的に過大推定することになる．無回答率が非常に高ければ，過大推定の大きさは深刻なものとなる．

現役のサーベイ・リサーチャーにとって，懸念のほとんどは無回答の偏りのことであるが，これを統計的に表すと2.3.1項で示したカバレッジの偏りと似たものとなる．すなわち，以下のように表される．

$\bar{y}_s$ = 抽出した具体的な全標本の平均値
$\bar{y}_r$ = 標本 s 内の回答者の平均値
$\bar{y}_m$ = 標本 s 内の無回答者の平均値
n_s = 標本 s 内の標本構成員の総数

r_s＝標本 s の回答者の総数

m_s＝標本 s の無回答者の総数

このとき，無回答の偏りは，すべての標本についての平均値として，次のように表される．

$$\bar{y}_r - \bar{y}_s = \frac{m_s}{n_s}(\bar{y}_r - \bar{y}_m) \qquad (2.8)$$

つまり，標本平均の**無回答の偏り**（nonresponse bias）は，無回答率（m_s/n_s）（つまり，適格な標本要素のうち，データを収集できなかった人の割合）と，回答者の平均値（$\bar{y}_r$）と無回答者の平均値（$\bar{y}_m$）の差（$\bar{y}_r - \bar{y}_m$）との積となっている．このことは，回答率だけが品質の指標となるわけではないことを示している．つまり，回答率が高い調査に，大きな無回答の偏りが存在することもありうる（たとえば，無回答者が，調査変数に関して非常に際立った特徴がある場合）．したがって，回答率については，高い回答率は無回答の偏りの‘リスクを低減する’と考えるのが最善の方策である．

2.3.7 調整による誤差

図2.5に示した非観測誤差の側（図の右側の流れ）の最後の段階は，事後調整である．これは，カバレッジ誤差，標本誤差，無回答誤差があることを承知のうえで，標本による推定値をさらによいものとするための作業である（ある意味で，この調整は2.3.3項で述べた個々の回答の編集段階と同じ役割を果たす）．

調整では，目標母集団もしくは枠母集団に関する情報，あるいは標本の回答率に関する情報を利用する．調整では，最終的なデータセットの中で代表性が足りない標本個体に対してより大きな重みを付けるということを行う．たとえば，無回答に対する調整がある．いま，米国における個人に対する犯罪の比率に関心があるとしよう．そして「全国犯罪被害調査」（NCVS）における都市部の回答率が85％であり（つまり関心のある，ある特定の犯罪に関するデータを，適格な標本個体の85％が提供してくれる），それ以外の地域の回答率が96％であったとする．このとき，都市部の人々については，回答データセットの代表性が不足している．このときの1つの加重調整方式は，都市部の回答者に対して重み $w_i=1/0.85$ を，その他の地域の回答者に対しては，重み $w_i=1/0.96$ を与えることで，この代表性の不足を補う．このときの調整後の標本平均は以下のように算出される．

$$\bar{y}_{rw} = \frac{\sum_{j=1}^{r} w_i y_{si}}{\sum_{j=1}^{r} w_i} \qquad (2.9)$$

これは，この平均値の算出時に，（回答率の低かった）都市部の回答者に対して，より大きい重みを与えるという効果がある．また，目標母集団の平均値に対して，この調整済みの平均値にかかわる誤差は，次のように表される．

$$(\bar{y}_{rw} - \overline{Y}) \qquad (2.10)$$

これは，標本や調査の適用場面が異なれば変動をともなうものである．すなわち，一般に調整は（標本全体に，また実査全体にわたり）推定値の偏りや変動に影響を与える．また，事後調整はカバレッジ誤差，標本誤差，無回答誤差を減らすために導入されるものであるが，場合によってはこれらの誤差を増幅させることもある．このことについては 10 章で学ぶ．

2.4 ここまでのまとめ

本章は調査に関する 3 つの観点を示すことからはじめた．初めに示したことは，抽象から具体へと進む調査設計の観点についてであった（図 2.2）．続いて調査企画の段階について述べた（図 2.4）．そして最後に，調査の各段階で調査現場に関連のある品質特性と，さまざまな数量を用いた記法について示した（図 2.5）．品質の構成要素とは，調査推定値の 2 つの性質に着目することである．すなわち，観測にともなう観測誤差（errors of observation）と，観測には関係しない非観測誤差（errors of nonobsevation）に着目することである．観測誤差とは，構成概念，測度，回答，編集済みの回答それぞれの「ずれ」にかかわることである．非観測誤差とは，目標母集団，標本抽出枠，標本，標本から得た回答者にもとづく統計量間の「ずれ」である．

こうした誤差のあるものについては，系統的な発生源，つまり反復あるいは試行間で一貫してみられる影響を生むもの（たとえば無回答）について説明した．そしてそれらを"偏り"と名づけた．またこれ以外の誤差として，変動をともなうまたは無作為に起こる誤差発生源を説明し（たとえば，妥当性），これを"分散"と名づけた．実際に本書のうしろの章でみるように，すべての誤差発生源は系統的であり変動をともなうのであって，偏りと分散とを含んでいる．

ここで読者は，調査の提供する量的結果は，量的な測度で記述できる品質特性があることを学んだ．ここであらためて図 2.5 を見よう．調査が進むにつれて単純な標本平均の記法がどのように変わるかがわかる．この記法を本書の他の章でも用いる．ここで，大文字は母集団の要素に関する特性を表す．また特定の目標母集団の構成員の標本抽出が問題なく行われるときには，測定についての議論の際に大文字を用いる．ある標本を通して目標母集団の推論を議論する際には，大文字が母集団要素を表し，小文字で標本にかかわる数量を表す．変数の添え字は，母集団の部分集合への所属を表す（たとえば，i は i 番目の個体，p は事後処理後のデータを示す）．

2.5 いろいろな統計量の誤差の考え方

さてここまでは，誤差の原理を説明するために，調査における1つの統計量，それは標本平均であったが，これだけに焦点を当ててきた．しかし調査から得られる統計量は他にもたくさんある（たとえば，相関係数や偏回帰係数）．

いろいろな統計量ということに関連して，次にあげる調査の2つの利用法にふれておくことは価値がある．

1) 記述的利用法：つまり，ある特性が母集団においてどれほど一般的か，ある集団が母集団内でどの程度の大きさか，ある量的な測度の平均値はどうなっているか．
2) 分析的利用法：つまり，ある現象が生じた原因は何か，2つの特性が互いにどのように関連し合っているのか．

多くの調査は，ある母集団の特性，考え方，経験，あるいは意見の分布に関する情報を集めるために行われる．ここで多くの場合，結果を平均値や割合として報告する．たとえば，「全国犯罪被害調査」（NCVS）では「昨年，自動車を盗まれた人は5%であった」というように報告が行われる．

これに対し，「女性は男性に比べ医者にかかる傾向にある」「共和党支持者は民主党支持者よりも投票に行く傾向がある」「若年成人は65歳以上の成人に比べて犯罪被害者となりやすい」というような主張はすべて関連性に関する記述である．目的に応じて，関連性の程度を記述することが重要である．そのためリサーチャーは，たとえば，「ある人の家計所得と投票することとの相関は0.23である」というような言い方をする．あるいは，「収入の増加は教育投資と関連がある」という主張は，収入に関するいわゆる"モデル（model）"であり，以下の式で表すこともある．

$$\ln(y_i) = \beta_0 + \beta_1 x_i + \beta_2 x_i^2 \tag{2.11}$$

ここで y_i は，ある個人 i の収入，x_i はその i 番目の個人の教育年数に応じた教育到達度という値を表している．

このモデル設定のもとに，検定したい仮説は「教育投資の収入に対する効果は，早期の投資ほど大きく，年を重ねるにつれて効果が薄れる」である．偏回帰係数 β_1 が正の値で β_2 が負の値であるならば，仮説はある程度支持されたといえるだろう．これは因果分析に調査データを用いる例である．この場合は，この教育到達度 (x_i) が収入達成度 (y_i) の原因となっているかどうかに関係する．

相関係数や偏回帰係数のような統計量も，すでに述べたような調査誤差の影響を受けるのだろうか？　答えは「そのとおり」である．こうした統計量の推定に調査データを用いると，単純な標本平均の場合と同じように，カバレッジ誤差，標本誤差，無

回答誤差，測定誤差の影響を受ける．ただしこれらの誤差の数学的表現は異なる．関連性を測るほとんどの調査統計量にとって，統計的な誤差は，2つの変数間のクロス積という性質がある（たとえば，分散・共分散の性質）．

因果仮説に関する統計量の誤差を理解するためには，分析的な統計学や計量経済学の文献が役に立つ．こうした分野で使っている誤差という用語は，調査統計における使い方とやや異なるが，多くの概念は似ている．

したがって，どのような種類の分析を計画しているのか，またどのような問題に答えを出したいのか，こうしたことは，すでに述べたさまざまな誤差にどのように関心をもつか，にかかわることである．分布の記述を目標とする場合には，多くの場合，質問に回答する回答者の標本あるいは得られた回答のどちらかにおける偏りが一番の関心事である．調査の主目的が，ある種の犯罪の被害者となった人の割合を推定することであり，しかもその犯罪についての報告が系統的に過小に行われていた場合，報告における偏りは，調査がその本来の目標を達成できるかどうかに直接影響する．これに対し，「高齢者と若者のいずれが犯罪被害者となりやすいか」ということにもおもな関心がある場合，軽犯罪の過小報告が一貫してあったとしても調査の目的達成には影響しない．もしその偏りがすべての年齢区分で一貫していれば，かりにすべての犯罪被害の推定値が系統的に低くなりすぎたとしても，リサーチャーは，年齢と犯罪被害との関連性について妥当な結論を手にすることができる．

2.6 要　　　約

標本調査は2つの種類の推論に依存している．すなわち，1つは質問文からはじまり構成概念に至る推論であり，もう1つは標本統計量から母集団の統計量へと進む推論である．この推論には，協調的に機能する2つの段階がある．すなわち，1つは構成概念を反映するように作られた質問文への回答を得る段階であり，もう1つは，目標母集団の縮図である標本単位を作成し測定する段階である．

どんなに努力しても，どの段階も不完全にならざるをえないので，調査統計量には統計的な誤差が生じる．測定と構成概念との間の「ずれ」から生じる誤差は，妥当性の問題である．測定の適用場面で生じる誤差を"測定誤差"といい，統計分析用のデータを準備する際に，エディティングによる誤差および処理誤差が生じる．また，目標母集団を数え上げて一覧とする際に標本抽出枠を用いることでカバレッジ誤差が，生じる．標本誤差は，枠母集団の一部のみを測定する調査であることから生じる．すべての標本個体について，すべての測度を測定できなかったときには無回答誤差が生じる．"調整"による誤差は，目標母集団全体を説明するための統計的推定量を構成する際に生じる．こうした誤差発生源すべてが，同じ調査から得たいろいろな統計量にさまざまな影響を与える．

本章では，調査方法論の分野の基本的な構築材料を読者に紹介した．これ以降では，

本章で扱った概念をさらに詳しく説明し，さらに新たな概念を加える．筆者たちは，大規模母集団の特性に関する「ヒト」の測定と推定のための新しい原理を明らかにする広汎にわたり活気に満ちた独創的な書とするつもりである．ここで開発される理論が，調査を設計し調査を実施するという日々の作業に影響を及ぼす実践に，どのようにつながるかについての洞察力を得るだろう．そうした実践とは一般に，調査統計量の品質改善（あるいは調査経費の低減）を目指すものである．このような実践により，調査で得られる推定値がどの程度良いものかに関する，新たな測定法が得られることが多い．

■さらに理解を深めるための文献

Groves, R. M. (1989), *Survey Errors and Survey Costs*, New York: Wiley.
Lessler, J. and Kalsbeek, W. (1992), *Nonsampling Error in Surveys*, New York: Wiley.

■演習問題
1) 最近の新聞記事に「携帯用デジタル端末（例：パーム・パイロット，PDA）の売上げが直前の四半期では10％近く上昇したのに対し，ラップトップ・パソコンおよびデスクトップ・パソコンの売上げは低迷が続いた」との報道があった．この報道はオンライン調査の結果によるものであり，126000人以上の回答者のうちの9.8％が，「携帯用デジタル端末を今年の1月1日から4月30日の間に購入した」と回答した．

　この調査への参加を勧誘する電子メールは，米国の五大インターネット・サービス・プロバイダー（ISP）の電子メールアドレスの抽出枠を使って配信した．データの収集は2002年5月1日から6週間にわたって行われた．この調査で得られた全体の回答率は53％であった．

　この調査の立案者は，米国の成人（18歳以上）の期待購買数についてなんらかの推論を行いたいものと仮定しよう．

a) ここで目標母集団は何か？
b) 本章および文献を読んで得た知識から，この調査設計が，以下に示した誤差発生源にどのように影響するかを簡単に説明せよ（それぞれについて2〜4文とする）．
・カバレッジ誤差
・無回答誤差
・測定誤差
c) この調査の継続期間や方式を変更せずに（つまり，コンピュータ支援の自記式として），上のb)で要約した誤差を減らすためにはどうすればよいか？　それぞれの誤差発生源について，この誤差成分を減らし，本章を読んで得た知識と講義資料から，自分の回答に適切な説明をつけよ（それぞれを1, 2文程度）．
d) 将来，この調査の費用削減のために，二大ISPの電子メールアドレス抽出枠だけを用いて，標本数を半分に減らすことをリサーチャーは検討しているという．こうした変更は標本誤差とカバレッジ誤差に（もしあるとすれば）どのように影響するであろうか？（それぞれを1〜3文程度）

2) 調査統計量のカバレッジ誤差と標本誤差の違いを説明せよ．

3) カバレッジ誤差，無回答誤差，測定誤差のことをすでに本章で読んだと想定して，1つの誤差を低減させることが，他の誤差の増大という結果となるような調査例を工夫して作ってみよ．例が作れたあと，実際に1つの誤差を減少させることが，他の誤差の増加につながるかどうかを検証する方法論的な研究計画を立案せよ．

4) 本章では，観測誤差と非観測誤差を説明した．
   a) データを収集した標本から目標母集団まで，推論に影響する3つの誤差発生源をあげよ．
   b) 回答者の回答から，基礎となる構成概念を推論する際に影響を及ぼす3つの誤差発生源をあげよ．
   c) 取り上げたそれぞれの誤差発生源について，それが推定値の分散，推定値の偏り，またはその両者に影響しうるかどうかを述べよ．

5) 以下にあげる調査設計上の判断に際して，自分が読んだ内容に説明されていた誤差発生源のうちの，どれが影響を受けるかを特定せよ．それぞれの設計上の判断は，少なくとも2つの異なる誤差発生源に影響する．以下の各事項につき，簡潔に回答を記せ（それぞれを2～4文で）．
   a) 米国における身体障害者数を調査する標本抽出枠には，施設に収容されている人（例：病院，刑務所，軍隊といったグループ・クォータ居住者）を含めるべきか，含めるべきでないかの決定．
   b) 高齢の生活保護受益者について住宅事情に関する調査を行うとき，自記式郵送質問紙を使うという決定．
   c) 家庭用品製造業者の顧客満足度調査に消極的な回答者に対して，何度も電話をかけて説得するという決定．
   d) 事務職員を使って保健維持機構（HMO）の患者の標本に面接を行うことで面接費用を削減し，これにより標本の大きさを増やすという決定．なおここでの調査課題は患者の処方薬の使い方についてである．
   e) 所得動態調査で，資産と収入についての質問数を増やすことで，面接時間がのびるという決定．

■本章のキーワード

アンダーカバレッジ（undercoverage）
オーバーカバレッジ（overcoverage）
重みづけ（weighting）
回答（response）
回答の偏り（response bias）
回答者（respondents）
回答変動（response variance）
確率標本抽出（probability sampling）
偏り（bias）
カバレッジの偏り（coverage bias）
カバレッジ誤差（coverage error）
観測誤差（errors of observation）
観測単位（observation unit）
構成概念（construct）
構成概念妥当性（construct validity）
項目欠測データ（item missing data）
誤差（error）
コーディング（coding）
事後調整（postsurvey adjustment）
実現した状態（realization）
集落標本（cluster sample）
処理誤差（processing error）
真値（true value）
信頼性（reliability）

推論（inference）
層別（stratification）
総調査誤差（total survey error）
測定，測定法（measurement）
測定誤差（measurement error）
妥当性（validity）
抽出分散（sampling variance）
調査不能（unit nonresponse）
データ収集方式（mode of data collection）
統計量（statistic）
外れ値の検出（outlier detection）
非観測誤差（errors of nonobservation）
標本誤差（sampling error）
標本抽出の偏り（sampling bias）
標本抽出枠，サンプリング・フレーム（sampling frame）
不適格な単位（ineligible units）
補定（imputation）
無回答の偏り（nonresponse bias）
無回答誤差（nonresponse error）
無回答者（nonrespondents）
目標母集団（target population）
有限母集団（finite population）
要素標本（element sample）

第3章 目標母集団,標本抽出枠,カバレッジ誤差

Target populations, sampling frames, and coverage error

3.1 はじめに

　標本調査とは,よく定義された(well-defined)母集団に関する説明や推論を行うことである.本章では,こうした明確な母集団を定義し,特定する際の概念上および実用上の課題を紹介する.母集団における基本単位を**"要素(elements)"**といい,その要素すべてを合わせたものが,母集団全体となる.ほとんどの世帯母集団の場合,世帯で生活する人々が要素に相当する.たとえば,「全国学力達成度調査」(NAEP)や他の学校調査の標本においては,要素は学校という母集団に属する生徒であることが多い.また「最新雇用統計プログラム」(CES)のような景気動向調査では,要素は企業組織であることが多い.同一の調査においても,要素は多種多様な種類の単位でありうる.たとえば,ある世帯調査では,個々人について推論する以外に,人々が住んでいる住居単位,あるいは生活している街区,通っている教会が推論の対象となりうる.ようするに,測定が行われる単位にそれを含む諸母集団が結びついている場合,異なる母集団を説明する統計量を,ある1つの調査で収集することができるのである.

　調査は,明確に特定された母集団に関心があるという点で,誰もが使っている研究ツールの中では独特な存在である.たとえば,無作為化した生物医学実験を実施するとき,リサーチャーが,調査研究中の母集団が何であるかということに注意を払うよりも,実験による刺激や測定条件に対して,よりいっそうの注意を払うことはよくあることである.こうした研究における暗黙の仮定とは,研究の主要な目的は,その刺激が仮説とした効果を生み出す条件を特定することである.さまざまな種類の対象について,刺激が生じていることは二義的なことである.調査は,一定の有限母集団を説明する道具として発達したので,サーベイ・リサーチャーにとって,調査研究中の母集団の定義に関しては,具体的でありまたはっきりしている.

3.2 母集団と標本抽出枠

"**目標母集団** (target population)" とは，調査実施者が，標本統計量を用いて推論したいと考えている要素の集団のことをいう．また目標母集団は，大きさが有限である（少なくとも理論的には数えられるということ）．目標母集団には，若干の時間的制約がある（つまり，特定の時間枠の中に存在するということ）．また目標母集団は観測可能である（つまり，入手可能である）．目標母集団のこうした特徴は，調査統計量の意味をはっきりと理解し，かつ調査のくり返しを可能にするうえで望ましいものである．

目標母集団の定義は，母集団の要素である単位の種類とその集団の時間的範囲を特定しなければならない．たとえば，多くの米国の世帯調査の目標母集団は，18 歳以上の男女，つまり，米国内の住居単位に居住する「成人」である[*1]．ここで "**世帯** (household)" とは，住居単位に居住するすべての人々を含んだもののことであり，"**住居単位** (housing unit)" とは，個別の住居としての（空き部屋であれば居住者向けの），家屋，共同住宅，トレーラ住宅，間貸し部屋である．なお，個別の住居とは，居住者が，建物内の他の居住者とは別々に生活や食事をする場所で，建物の外から直接出入りする住居，または共有の廊下を通って出入りする住居である．その居住者は，単一家族，単身者，生活をともにする複数家族，あるいは血縁関係の有無にかかわらず生活環境を共有している人々である．また，米国内の人々すべてが成人であるわけではなく，全成人が住居単位で生活しているというわけでもない（刑務所や長期療養施設，軍の兵舎で暮らす者もいる）．

米国の全国世帯調査は，どれもがこうした目標母集団を選んでいるわけではない．調査によっては，目標母集団を（アラスカ州とハワイ州を除く）米国本土の 48 州およびワシントン DC の住民に制限することもあれば，軍事基地に生活する軍人を目標母集団の構成員に加えることもある．さらに，目標母集団を民間人や英語を話す人に限定した調査もある．

人口は時間の経過とともに変化するので，調査時点も目標母集団の範囲を限定する．多くの世帯調査は，数日，数週間，あるいは数ヵ月もの期間にわたって実施され，しかも全米の世帯で人が出入りすることで人口は日々変化するために，多くの世帯調査の目標母集団は，調査期間中の世帯母集団内の個人の集合となる．実際には，多くの調査では，世帯構成員は初めの接触時点で "固定" される．

調査データ収集の作業上，目標母集団を一層制限する事項は少なくない．たとえば，国によっては，社会的動揺によりデータを収集することができない地区や地域があるかもしれない．こうした地区あるいは地域は小さい場合もあるが，標本抽出をはじめる前に母集団から抜け落ちている．こうした制約のある母集団を，"**調査母集団** (survey population)" とよぶこともあるが，これは当初に意図した目標母集団では

なく，現実に調査データを収集する実際の母集団のことある．たとえば，「最新雇用統計プログラム」(CES) の目標母集団は，特定の月における従業員のいるすべての事業組織から成り立っている．しかし，その調査母集団は，（抽出枠を取得するのに十分な期間である）数ヵ月事業を行った実績のある雇用主から構成されている．調査機関は，技術文書に記載の制約事項に気づくかもしれないが，入手可能な公共利用データの利用者は，目標母集団（たとえば，国内居住者）と調査母集団（社会的に動揺している地区・地域を除外した国内居住者）との明確な区別はできないだろう．

目標母集団の要素を特定する目的で，ひとまとまりの調査対象素材，つまり"**標本抽出枠**（sampling frame）"[*2] が用いられている．標本抽出枠とは，目標母集団の全要素を特定することを目的とするリスト（名簿）[*3]，あるいは手続きのことである．この抽出枠は，要素が見つけられる地域の地図であったり，目的とする事象が発生する期間であったり，あるいはまた書類整理棚の記録であることもある．もっとも単純な場合，標本抽出枠は母集団要素の単純なリストで構成される．こうしたリストが容易に入手できる母集団もある．たとえば，ある職能団体の会員，ある特定の市や郡に所在する事業所，あるいは病院，学校，その他施設といった母集団である．また多くの国では個人の標本抽出枠としての機能も果たす住所や個人の登録名簿がある．

しかし，個々の要素のリストが容易に入手できない母集団がたくさんある．たとえば，米国では，ある地区や州の学校に在籍する全学生のリスト，刑務所内の囚人リスト，あるいは特定の郡に居住する成人のリストでさえもが，1ヵ所で入手することはほとんどできない．要素からなる単一機関あるいは集落では，構成員のリストが複数あるかもしれないが，そうしたリストが複数の機関にまたがって収集されることや，あるいは1つのマスター・リストに統合されることはほとんどない．別の例として，調査データの収集期間中にリストを作成する必要があるかもしれない．たとえば，世帯調査のために，住居単位のリストが利用できないことが多い．エリア・サンプリング（地域抽出法）では，街区のようにはっきりしている地理上の区画が1段以上の抽出で選ばれ，すべての住居単位を名簿にするために抽出した街区にスタッフを派遣する．したがって，住居リストを作成する費用は，1つの大きな地域の標本ではなく，複数の地理的区画の1標本にかかるぶん，限定される．

利用可能な標本抽出枠が，部分的にせよ全体的にせよ目標母集団に合っていない場合，サーベイ・リサーチャーには次の2つの選択肢がある．

1) 抽出枠によりよく適合するように目標母集団を再定義すること．
2) 元の目標母集団を説明する統計量に，カバレッジ誤差がありうることを容認すること．

目標母集団の再定義の一般的な例は，電話世帯調査において見られる．電話世帯調査では，標本は電話番号からなる抽出枠にもとづいている．目的とする目標母集団は，米国世帯に暮らすすべての成人であったとしても，電話抽出枠を用いるという魅力か

ら，リサーチャーが納得のうえで目標母集団を電話世帯に暮らす成人に変えようとするかもしれない．その一方，リサーチャーは，米国世帯をそっくり目標母集団とし，米国世帯の約6%が電話を保有しないため抜け落ちているということを文書で記録することもできる[*4]．なにか新しい目標母集団を用いると，その母集団は，調査統計量の利用者にとって関心のあるものではないのだ，という批判にさらされやすい．全世帯の目標母集団を維持することは，調査がその統計量にカバレッジ誤差が存在するという批判をこうむる．明らかに，こうした批判のほとんどは，調査上の同じ弱点を異なる表現で述べているにすぎない．つまり，電話調査は全成人世帯母集団を調査するには依然として不完全なツールであるということである．

上述の選択肢についてのさらに劇的な例が，全米の学校に在籍する生徒の調査である「全国学力達成度調査」(NAEP)に見られる．この調査では，目標母集団は米国の全学童であるのに，標本抽出枠は公立学校の子どもたちのみで構成されていると想定しよう．私立学校の子どもたちは，概して裕福な家庭の出身であるので，その子どもたちの数学や言語能力の点数評価は，しばしば公立学校の子どもたちを上回っている．標本抽出枠にあてはまるように目標母集団を再定義（し，公立学校の生徒たちだけを説明する調査を報告）するという第1の選択肢は，その調査が完全な生徒母集団を測定できていないという批判にさらされるだろう．すなわち，この調査は，米国の政策決定者が関心をもっている母集団に，完全には関連していないという批判である．目標母集団として全米の生徒を用いる（全生徒を説明するような調査であることを報告する）ことは，私立学校の生徒についてカバレッジ誤差がありうるという註釈をつけるもののカバレッジ誤差を生じさせる．ようするに，前述の第1の選択肢が，調査の異なる利用者との関連性の問題に焦点をあてているのに対し，第2の選択肢は，調査実施上の統計的な弱点に焦点をあてているのである．

3.3 標本抽出枠のカバレッジ特性

目標母集団と調査母集団とは区別できるが，サーベイ・リサーチャーにとって主要な統計的関心事は，標本抽出枠（標本を選ぶのに必要な，入手可能な素材）が実際に目標母集団をどれくらい網羅しているかにある．第2章の図2.6にあるように，目標母集団に対する標本抽出枠の一致の程度によって，起こりうる3つの結果，つまり，"**カバレッジ**（coverage）"，"**アンダーカバレッジ**（undercoverage）"，"**不適格な単位**（ineligible units）"が生じる．

ある目標母集団の要素が標本抽出枠の中に含まれるとき，その要素は，標本抽出枠によって"カバーされた（網羅された）"という．標本抽出枠の中に存在しない，あるいは存在しえない目標母集団内の要素があることもある．これを"アンダーカバレッジ（調査漏れ）"とよび，調査のために抽出されうる，いかなる標本の中にも含まれないような母集団内の適格な構成員のことである．第3の"不適格な単位"とは，

目標母集団内にはない単位が標本抽出枠に存在する場合に生じるものである（たとえば，電話保有世帯という目標母集団を調査しているときに，電話番号の標本抽出枠に企業の電話番号が含まれているような場合）．

目標母集団の要素に対して，標本抽出枠の要素が一対一の写像となる場合，その標本抽出枠は完全なものとなる．しかし現実には，完全な抽出枠は存在しない．望ましい一対一の写像を乱す問題が必ず存在する．

通常は，抽出枠を検証し，4つの問題[*5]のそれぞれが生じる程度を測定する．これらのうちの2つ，つまりアンダーカバレッジと不適格な単位あるいは異質な単位については，すでに上で簡単に議論してきた．他の2つの問題は，ある単位が抽出枠の中に含まれる場合である．その際，その単位は，目標母集団内のある要素への写像として位置づけられるが，その写像は一意には定まらず，一対一対応とはならない．"**重複**（duplication）"とは，複数の標本抽出枠における要素が，ある目標母集団内のひとつの要素に対する写像となる場合に用いる用語である．抽出枠を用いる標本調査においては，重複となった要素は，過大な代表性を生じることがある．"**集落化処理**（clustering）"とは，目標母集団の複数の要素を，標本抽出枠の同じ一つの要素に関連づける場合に用いる用語である．抽出枠を用いる標本調査では，標本の大きさ（つまり要素の数）は，選ばれた集落によって小さくなったり大きくなったりする可能性がある．抽出枠の複数の単位を，目標母集団の複数の要素に写像する場合，すなわち多対多の写像の場合もある．本節では，この複雑な問題を，重複と集落化処理の組み合わせの一般化として手短に考察する．

3.3.1 アンダーカバレッジ

アンダーカバレッジとは，標本抽出枠の弱点であり，最大の障害であるカバレッジ誤差を誘発するものである．抽出枠を用いるどのような調査でも，目標母集団の一部を含められなかったことから，アンダーカバレッジが調査統計量の脱落による誤差を生むおそれがある．たとえば，目標母集団を全世帯の構成員と定める電話世帯調査では，電話調査の抽出枠が電話を保有しない世帯の構成員を含んでいないためにアンダーカバレッジが生じる．これは，「行動危険因子監視システム」（BRFSS）や「消費者調査」（SOC）についてあてはまる．世界の多くの国々では，電話加入には継続的に費用が必要となるため，貧しい人々が過剰に抜け落ちている．携帯電話が固定電話に替わりつつある国々では，若い世代の人々は新しい技術をいち早く取り入れるので，固定電話番号に限定された抽出枠では，やはり若い世代が網羅されない傾向がある．（全数調査やなんらかの調査のいずれにもとづいたとしても）3.5節で論じるように，ノンカバレッジが調査統計量に与える影響は，抽出枠内の人々が抽出枠外の人々と，どのように異なっているかによって決まるのである．

カバレッジ問題の原因は，標本抽出枠の構築に用いる作業に依存している．これらの作業は，調査設計の管理下にあるかもしれないし，あるいは（抽出枠を外部情報源

から取得する場合などは），調査の外側で行われるものかもしれない．たとえば，いくつかの世帯調査では，その調査標本は，はじめにまず，郡や街区，国勢調査区，その他の地理的単位といった地域リストにもとづいており，次に，選択した街区内や国勢調査区内の住居単位のリストにもとづき，最後は，世帯内の個人のリストにもとづいている．こうした標本を，"**エリア抽出枠標本**（area frame sample）"または"**エリア確率標本**（area probability sample）"という．カバレッジの問題は，この3つの段階すべてで生じうる．

エリア確率設計では，選び出された各エリアでさらに1つの抽出枠を作成しなければならない．つまりこの場合，調査スタッフが住居単位を特定するために，通常は住所を用いて住居単位の標本抽出枠を作成している．1つの街区や街区の集団である標本エリアにスタッフが派遣され，標本エリア内のすべての住居単位をリストにするよう指示を受けている．この作業は，見かけ以上にむずかしい．通りや道路，鉄道線路，河川や水域といった境界はどちらかといえばはっきりしていて容易に識別できる．ある特定の住居単位が，その地域の中にあるのか外にあるのか，それをリストに載せるべきか否かは，比較的容易に決定できる．しかし，山頂や尾根といった，自然物の特徴から見出される線をもとに作り出した"想像上の線"に基づく境界線は，さまざまな解釈が可能であり，調査の現場で特定するのはなお困難である．特定の住居単位がその地域にあるか否かもまた解釈上の問題となる．他の住居単位から遠く離れた住居単位が，境界の解釈の誤りによりリストから脱落するかもしれない．これらは，網羅されてない母集団の一部となるだろう．

どんな場合にも，住居単位の識別は単純な作業とはならない．住居単位とは，建造物内の他の単位とは別の専用入口があって，食事を準備し提供できる居住施設を意味する物理的構造のこと，と通常は定義されている．それゆえ単一家族あるいは一戸建ての住居単位は容易に特定できるかもしれない．しかし，単一家族や一戸建てではなく，それに付属する形で存在する住居単位は，壁あるいは他の柵がある場合は簡単に確認できないかもしれない．ゲーティッド・コミュニティ[*6]やオートロック式の建物は，いずれも現地調査の妨げとなる．また，農村地域あるいは人口密度の高い都会では，住居単位を見逃す可能性もある．なぜなら，それらの住居単位は公共の場からは見えないからである[*7]．路地や細い道にそって位置しており，公道から入口がはっきりと見えない住居単位は，リストの作成時に簡単に見落とされやすい．見落とした個々の住居単位が，目標母集団のアンダーカバレッジの原因となりうる．

複合構造の住居単位（複合住宅）も，特定するのが難しい．外観からでは，ある特定の建造物内にある複数の住居単位の存在が明らかにならないことがある．複数の郵便箱や公共料金メーター（水道，ガス，電気），複数の玄関があることが，複数の住居単位の存在を見つける手がかりとして用いられる．隠れた入り口，とくに公道からは見ることができない入り口は見すごされる可能性がある．

ある単位が，実際に住居単位であるか否かを決めるために，特別な手順が必要とな

る住居形態もある．たとえば，みんなで暮らすような共同で利用する住居形態は，文化圏によっては珍しいことではない．ある建物には，1つの入口，1つの大きな共同調理場，血縁関係や養子縁組，婚姻関係にある家族用に設けられた個別の寝室がある．その単位を1つの世帯とみなしうるかどうか，また戸建ての建造物あるいは各寝室をリストに載せるかどうかを含めて，こうしたグループ・クォータ[*8]に適した手順を確立しなければならない．

また，公共施設を特定したり，一覧にする手順も規定する必要がある．刑務所や病院のように，簡単に特定できる公共施設もある．しかし，かりに公共施設そのものが除外されていたとしても，その敷地内の管理人の住居単位は，特定されなければならない．公共施設によっては，簡単には特定できないかもしれない．たとえば，刑務所では，拘留中の囚人が，他の囚人と一緒に生活する一時的な住居であるかもしれない．そのような単位を住居単位あるいはグループ・クォータとしてリストに載せるのか，あるいは，施設の事情で除外されるのか．いずれにせよ，なんらかの手順を確立せねばならない．同様に，病院や他の医療機関では，身体障害者や長期的な介護が必要な人々の世話をするための一戸建て住居単位を使用しているかもしれない．スタッフがこれらを住居単位に含めるかどうかためらって，その住居単位をリストに載せない限りは，調査統計量のカバレッジ誤差が生じるのである．

世帯調査におけるアンダーカバレッジに関するもう1つの共通した懸念要素は，世帯の標本抽出枠は一般に（住所や電話番号によって）その住居単位を特定するが，その世帯内の人々の識別子とはならない，という事実から生じる（住民登録簿のある国々では[*9]，その登録簿を標本抽出枠として用いることで，世帯抽出枠の作成段階を省略する）．しかし，国勢調査や住所を抽出枠に用いる調査では，個人からなる目標母集団を使って，各世帯内の人々の小さな標本抽出枠を作成せねばならない．調査員が，その世帯に住んでいる人々をリストに記載するわけだが，もし，そのリスト作成が，その世帯に生活する人々を正確に反映していなければ，カバレッジの問題が生じるのである．

世帯調査における個人の抽出枠は，通常は世帯の"居住者"を一覧にしてある．調査員が，情報提供者の報告にもとづいて，個人を世帯リストに含めるか否かを決められるように居住規則（residency rule）を確立する必要がある．実際には2つの基本的な居住規則が用いられている．国勢調査や複数の調査の実務で用いられる**事実上の居住規則**（*de facto* residence rule）とは，「前日の晩にその住居単位に泊まった人々」を居住リストに含めるというのは規則である．この規則は通常，短期間のデータ収集活動において，頻繁に居住地を変える人，短期間に複数の住居単位に出現する人，標本内で過大に代表性をもつ人のオーバーカバレッジを回避するためのものである．その定義は比較的はっきりしているので，この規則は簡単に適用できる．ふだんは夜に自宅で就寝する人であっても，前日の晩に旅行をしていたとか，なんらかの施設（たとえば，ホテル）に滞在したような場合には，アンダーカバレッジが生じるかもしれ

ない.

　調査における，これよりも一般的な居住規則は，人が普段その住居単位で生活している"**通常の居住地**（usual residence）"にもとづいた，法に基づく（*de jure* rule）つまり**法律上の居住規則**（*de jure* residence rule，常住居住地の規則）である．この規制を多くの人々に対して適用されるので素直でわかりやすいが，規則の適用が困難な状況も多々ある．たとえば営業マンやトラックの運転手，飛行機のパイロットのように，職業上移動が必要な人々は，ふだんの居住地がはっきりしないこともある．こうした職業の人々が移動中ではないときに，情報提供者がその住居単位を「通常の居住地としている」といえば，常住居住地の規則によると，(前年か前月といったような) ある期間の大部分をすごした居住地を用いることになる．また，(住居単位に移ってきたばかりの人々が) 自分の居住地としてその住居単位を使用するつもりがあれば，常住居住地の規則によると，これらの人々は通常の居住者に含まれる．

　米国のほとんどの世帯における全数調査や世帯調査では，こうした手順が用いられカバレッジ特性が十分立証されている．若年男性（18-29歳），とくに少数民族集団の若年男性は，家庭との結びつきが弱いようである．週のうちの何日間かは両親とすごし，残りを友人とすごす者もいるだろう．同様に，かなり貧しい世帯の幼い子どもたちで，とくに両親がそろっていない子どもたちは，母親とすごすことも，祖父母と暮らすときもあれば，父親や親戚と生活することもある．そのような住居単位では，調査員が「ここには誰が住んでいますか」と尋ねた場合，該当する人たちが過度に除外され（ロビンソン，アーメッド，ダス・グプタ，ウッドロー：Robinson, Ahmed, das Gupta, and Woodrow, 1993；コラム3参照），アンダーカバレッジの発生源となっているようである．

　ときには，ある住居単位内の居住者集団が，司法当局によって認可されていないこともある．たとえば，あるアパートの賃貸契約では，最大で5人までの1家族だけが，その住居単位で貸借可能と明記されていることがある．しかし，貧しい人々は，この契約に違反して複数の家族で賃借料を分担するかもしれない．そのような人々は，その増えた家族を住居単位の居住者として報告したがらないことだろう．社会福祉規定により，有資格者が夫婦に限定される場合，未婚の女性は，その住居単位に同居する男性居住者の報告を怠ることもあるだろう．これは，系統的にある種の人々を除外することにつながる（デ・ラ・プエンテ：de la Puente, 1993）．

　文化圏によっては，常住居住地の規則による通常の居住者であるという要件を満たしていても，世帯の一部であるとは認められない特定の人々がいる．たとえば，幼児は居住者とは認められず，リストから除外されることがありうる．実際，従来の定義による"世帯"と母集団間で適合するかどうかは，調査方法論の研究に議論の尽きない分野である．いままで，使いやすい標本抽出単位として世帯を用いることが主流であったために，大半の調査研究では個人レベルの調査でも世帯を用いている．しかし，人と住居単位との関連があいまいな場合は，実施にあたって精査が必要である．

　事業所調査では，事業所の創設・合併・消滅が，アンダーカバレッジの重要な要因

である．とくに非常に大きな企業や非常に小さな企業では，実際には事業所の定義を適用するのがむずかしい．フランチャイズ制をとっている事業所のように多くの地域に所在する企業は，地理的な位置により複数の事業所に分割する必要があるかもしれない．複数の事務所や工場，倉庫，船積み場をもつ企業も，リストに別々に載せねばならないだろう．ある企業にとって，調査によって定義された事業所と事業単位の違いを判断するのは困難かもしれない．

事業所は非常に短い期間しか存続しないこともあるし，規模が小さすぎて入手可能な標本抽出枠には含まれないこともある．たとえば，最新雇用統計プログラム（CES）では，数ヵ月の間は新設の事業所の雇用主は漏れている．事業所の抽出枠は，ある程度は行政管理上の登録簿にもとづいているのかもしれないが，こうした行政管理登録簿は，とくに新たに創設された事業所の場合，情報が古いあるいは不完全ということがありうる．企業合併や企業分割を行うと，行政記録の保存が複雑になるので，アンダーカバレッジに加えてオーバーカバレッジも生じる可能性がある．事業所の抽出枠を常に最新のものにしておくことは，大掛かりでしかも継続的な作業である．

アンダーカバレッジは，特定し解決することがむずかしい問題である．もし，母集団要素がその抽出枠内には現れない場合は，新たに抽出枠を追加してそれらの要素を

コラム 3 ● 米国センサスにおけるカバレッジに関するロビンソン，アハメド，グプタ，ウッドローの研究 (Robinson, Ahmed, das Gupta, and Woodrow, 1993)

1993年，ロビンソンらは，人口統計学的分析により1990年度センサスにおけるカバレッジの完全性の評価を行った．

研究計画　人口統計学的分析では，人口の変化（出生，死亡，転入，転出）に関する行政データを用いている．これはセンサスとは独立に，年齢，人種，性別により人々を数えるもので，郵送調査票や戸別調査員の訪問によって，人々を表の形にするものである．ロビンソンらは，独自に行ったこれらの人口推計をセンサス人口総計と比較し，センサスにおける純過小計数率と純過小計数値を算出した．

研究の結果　1990年センサスにおいて推定した純過小計数値は468万人，純過小計数率は1.85％であった．男性の推定値（2.79％）は，女性の推定値（0.94％）を上回っており，黒人の過小計数率（5.68％）は，非黒人（1.29％）よりも高かった．年齢が0-9歳の黒人の男女と26-64歳の黒人男性では，純過小計数率が平均より高かった．

研究の限界　この過小計数推計値は，人口統計学的分析には誤差がないことを前提としている．純過小計数値の測定値は，異なる要素を詳細に反映することができず，センサスから人々が脱落すること（undercount，過小に計数すること）や，センサスで人々が重複すること（overcount，過大に計数すること）を反映することはできない．さらに，人口統計学的な分類区分の定義の差異が，比較を複雑にしている．

研究の影響　この研究は，エスノグラフィー的な研究を実証的に支持したものであり，一時滞在の世帯構成員，大世帯の中の血縁関係のない人々，両親が離婚した幼い子どもたちを，世帯構成員のリスト作成時に過小に報告するとしている．

特定することを試みる（3.6.3項の多重抽出枠調査を参照）．電話世帯調査では，電話加入の有無にかかわらず，原則として全世帯を網羅するエリア標本抽出枠を用いることで，非電話世帯が網羅されることもある．回答者が他の母集団要素について報告する（つまり代理回答する）ことによって抽出枠のカバレッジを広げるという技法もあるが（3.6.2項の多重化技法を参照），代理の人が他の世帯や人について報告を行うことは，被験者のプライバシーに関する懸念から，しだいに制限を受けるようになってきている．

3.3.2 不適格な単位

標本抽出枠が，目標母集団の一部でない要素を含んでいることがときにはある．たとえば，電話番号の抽出枠では，番号の多くが使われていないか住宅用の電話番号ではないことから，世帯を目標母集団とする場合の抽出枠として用いることが困難である．エリア確率的調査では，地図資料が，対象とする地理的地域外の単位を含んでいることがある．調査スタッフが住居単位をリストとするために標本地域を訪問するとき，住居単位のように見えるが実は人の住んでいない建物や，商業用の建物を含めてしまうことがある．

調査員が，ある住居単位内の世帯構成員の抽出枠を作成するとき，情報提供者がいだいている"世帯"の意味と合致しない居住の定義を用いることがよくある．自宅から離れて生活している学生の親は，彼らを世帯構成員とみなしていることが多いが，多くの調査手順では，学生は大学に所属するものとみなすだろう．情報提供者は，自分の住居単位内に間借りしてはいるが，自分とは血縁のない人々を除外する傾向があるかもしれない．いくつかの研究から，離婚した父親と母親が養育権を共有している子どもたちは，世帯リストから過度に除外されることもわかっている．

アンダーカバレッジは難しい問題である．しかし，抽出枠内の"不適格な"単位（ineligible units, ineligible elements）あるいは"異質の"単位（foreign units, foreign elements）は，問題が広範に及ばなければ，それほど処理が難しくはならずにすむ．抽出をはじめる前に異質の単位が抽出枠に確認されれば，わずかな費用で取り除くことが可能である．しかし多くの場合，データ収集がはじまるまで，異質の単位あるいは不適格な単位が確認されることはない．かりにこうした単位の数が少なければ，標本抽出後のスクリーニングの段階で確認して，標本からはずすことができるが，標本の大きさが減少する．異質の単位の広がり方が，事前におおよそでもわかっていれば，選別して除かれる分を見越して，追加の単位を選ぶことができる．たとえば，全国電話番号簿の居住者編に登録の約15％は，もはや使われていない電話番号であることがわかっている．つまり，100の電話世帯となる標本を実現するには，そのうちの18個が未使用の電話番号であるだろうと見越して，電話番号簿から$100/(1-0.15)$ $=118$個の電話番号を選ぶということである．

異質の単位の割合が非常に大きいとき，標本抽出枠を使うことは費用効率がよくな

いかもしれない．たとえば，米国の電話世帯調査では，1つの抽出枠が既知の「市外局番 – 市内局番」のすべての組み合わせを含んでいる（米国で用いている10桁の電話番号の初めの6桁）．この抽出枠による調査を"**ランダム・ディジット・ダイアリング（random digit dialing, RDD）調査**"という．抽出枠内の考えられる10桁の電話番号すべてのうちの85％以上は，使われていない番号である（つまり異質の単位）．この多数の異質の単位を含んだ電話番号を選別するには多大な時間を要する．そこで，電話世帯を選ぶのに適した，さらに費用効率がよい別の標本抽出枠と標本抽出技法が開発されている（これの一部を第4章で説明する）．

3.3.3 抽出枠要素内の目標母集団要素の集落化処理

前に述べたように，母集団への抽出枠の**多重写像**（multiple mapping）（集落化処理）や母集団の抽出枠への多重写像（重複，duplication）は，標本を選ぶ際の問題である．電話番号簿（標本抽出枠）を用いた電話保有世帯（目標母集団）に住む成人からなる標本が，こうした問題をそれぞれ説明している．

電話番号簿は，姓名，住所の順に電話世帯をリストにしてある．この抽出枠から成人を抽出するときに，すぐに明らかになる問題は，存在する適格者の集落化処理を行うことである．"**集落化処理**（clustering）"とは，目標母集団内の複数の要素が，同じ抽出枠の要素によって代表されることを意味する．つまり，電話番号簿に掲載の電話番号には，記載の住所に住んでいる成人が1人のこともあれば，2人以上いることもあるということである．

図3.1は，この集落化処理を図示したものである．図の左側の欄には，目標母集団の7つの異なる要素を示しており，これは各電話世帯に住む人々に相当する．スミス家の4名（ロナルド，アリシア，トーマス，ジョイス）は，同一世帯に暮らしていて，その標本抽出枠の要素である電話番号は 734-555-1000 である．ここではスミス家の全員が，抽出枠の1つの要素だけに結びついているが，これは同時に目標母集団の4つの要素を形成している．スミス家全員で目標母集団の4つの要素とすることができるにもかかわらず，彼らはただ1つの抽出枠要素と結びついている．

目標母集団の要素の集落化処理に対応する1つの方法は，選んだ電話世帯内にあるすべての適格な単位（あるいは，ある集落内のすべての適格な単位）を単純に選ぶことである．こうした設計によると，集落内の全要素に対してその集落の抽出確率を適用する．

集落化処理は，しばしば集落の副標本抽出につながる重要な問題を提起することがある．第1の問題としては，場合によって，その集落内のすべての要素からうまく情報を収集することが難しいことがある．電話調査で，1つの世帯について電話面接を何度も試みると，無回答が増加することがある．第2の問題は，電話面接を一度の調査の際に複数件実施しなければならないとき，はじめに面接を行った回答者が，その後に面接を行う回答者と調査のことを話し合ってしまうと，回答者の回答に影響しか

```
┌─────────────────────────────────────────────────────┐
│   目標母集団要素                    抽出枠母集団要素      │
│   ロナルド・スミス ─────┐                              │
│   アリシア・スミス ──────┼──→ 734-555-1000            │
│   トーマス・スミス ──────┤                             │
│   ジョイス・スミス ──────┘                             │
│   ハロルド・ジョーンズ ─────────→ 734-555-1004         │
│   トーマス・ベイツ ─────┐                              │
│   ジェーン・ベイツ ──────┴──────→ 734-555-1012         │
└─────────────────────────────────────────────────────┘
```

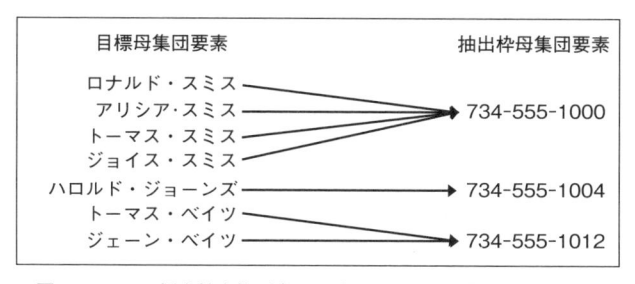

図 3.1 1 つの標本抽出枠要素に関連づけた目標母集団要素の集落

ねない，ということがある．世論調査では，回答者がはじめて質問を聞いた場合と，すでに面接を終了した別の人から質問を聞いていた場合とでは，質問に対する回答が異なるかもしれない．かりに回答者どうしで会話をしていたら，事実関係を問う質問への回答さえも変わってしまう．第3の問題として，（同じ電話番号の成人からなる集落の場合のように）集落の大きさが異なる場合は，標本の大きさを管理することが難しくなるかもしれない．要素からなる標本の大きさは，集落の大きさの合計であり，集落の大きさが事前にわかっている場合を除いては，要素からなる標本の大きさは調査業務の直接的な管理下にはない．

　こうした問題を避けるため，あるいは減らすために，要素の標本は，抽出した個々の抽出枠の単位（つまり，目標母集団の構成員の集落）から選ばれる．成人を対象にした電話世帯調査の場合には，1 人の成人が各標本世帯から無作為に選ばれる．1 つの面接を手にするためのあらゆる努力を 1 名の適格者に集中させ，その世帯内の悪影響を取り除くと，人の単位で数えた標本の大きさは，抽出された世帯数に等しくなる．

　1 人の適格な要素を選ぶ電話調査やその他の世帯調査の場合には，適格者の世帯内抽出枠を作成し，適格者のうちの 1 人を選び，同時に面接依頼をデータ収集時に行う．ここでの調査員のおもな責務は，データを収集することであり，しかも調査員は，適切な標本抽出を行うための統計的な訓練を受けていることはほとんどないので，1 つの要素のデータ収集を，速やかに，客観的に，しかも無作為化からほとんど逸脱せずに，あるいはまったく逸脱することなく選べるよう単純な手順が設計されている．広く用いられている手順の 1 つ（キッシュ：Kish, 1949）は，新たに作成した世帯内の適格な要素の抽出枠について，ある特定の要素を前もって指定することである．抽出時の客観性を維持するために，明確でしかも容易に確認ができる順序で（たとえば，まず性別で，続いて性別内の年齢別に），要素をリストにする．データ収集をコンピュータ支援の方法で行う場合は，リスト作成時にコンピュータで無作為に選び出すことが可能で，指定した要素を事前に選んでおく必要性がなくなる．

　これらの手順により生じる 1 つの難題は，世帯に初めて接触するという早い段階で，調査員が適格者のリストを要求せねばならないことである．こうした要求が，調査員

の意図に対する疑念を生むかもしれない．とくに電話調査では，これが無回答につながる可能性がある．そこで，直近誕生日法（"last birthday" method）のような代替抽出手順が用意されている．ここでは，情報提供者に対し，当該世帯の中で，もっとも近い時点に誕生日を迎えた適格者を特定するように依頼する．データ収集の時間が限られていることを考えて，世帯の1人（誕生日が1番最近だった人）を除いた残りの全員が抽出される機会をゼロにする．一方，調査データの収集が長期にわたって続くときには，抽出確率は，個々の人について等しくなる．時間の限られた調査では，この手順は確率標本を与えるものではないのだが，かりに正確な回答が得られたときには，見た目にはあきらかな偏りはない．実際には，適格者の選択は，回答者が用いた主観的な基準に影響されることもある．多数の研究が，電話に出た人物が，「1番最近誕生日を迎えたのは自分である」と答える傾向があることを示している（このことは回答誤差の存在を示唆している）．米国では，女性のほうが「もっとも近時点の誕生日を迎えたのは自分である」と認める傾向がある．したがって，実際にはこの手順は偏っているのである．

標本を選んだ後には，この集落抽出という形態について取り組む必要のある問題がもう1つある．つまり，不等抽出確率の問題である．抽出枠のすべての要素に対して等確率が与えられているが，各抽出枠要素から1つの適格な要素が選ばれるのであれば，大きな集落の要素は，小さな集落の要素よりも全体としての抽出確率は低くなる．たとえば，適格者が2人いる電話世帯で1人の適格者を選ぶとき，その世帯が抽出されたとして，選ばれる確率は2分の1である．一方，適格者が4人いる世帯では，一人の適格者が選ばれる確率は4分の1である．

この種の標本抽出から得られる結果は，少なくとも目標母集団と比べて，この標本では適格者が比較的少ない世帯から得た人びとが多すぎることになる．いいかえれば，この標本では適格者が少ない世帯から得た人びとが多すぎる，つまり過大な代表性をもつことになる．もし，その調査手段（survey instrument）で収集したいくつかの変数について，集落の大きさとその変数との間に関連性があるとき，その標本から得られる結果は，目標母集団の結果に対応した不偏推定値にはならない．たとえば，小さな世帯で暮らす人より，大きな世帯で暮らす人ほど，犯罪の犠牲者になることが多いという傾向がある．

こうした潜在的な偏りの発生源を取り除くために，調査データの分析段階で，なんらかの調整（compensation）を行う必要がある．集落内の適格者数に相当する抽出加重を調査結果の推定に用いることがありうる．この重みづけと加重調整済み推定値については，第10章で詳細に述べる．

3.3.4 標本抽出枠における目標母集団の要素の重複

抽出枠と目標母集団との間の，別の種類の多重写像を**重複**（duplication）という．"重複"とは，目標母集団の単一の要素を抽出枠の複数の要素と関連づけることを意

3.3 標本抽出枠のカバレッジ特性

```
目標母集団要素                    枠母集団要素
                            ┌─→ 314-555-9123
   トム・クラーク ───────────┤
   パット・ウォールマン ─────┴─→ 314-555-9124
   ヘンリー・トーマス ───────┐
   ジョエル・ブリンカー ─────┴─→ 314-555-9156
   ザック・ホロウィッツ ───────→ 314-555-9173
   ジル・ホロウィッツ ─────────→ 314-555-9222
   アメリア・ミラー ───────────→ 314-555-9274
```

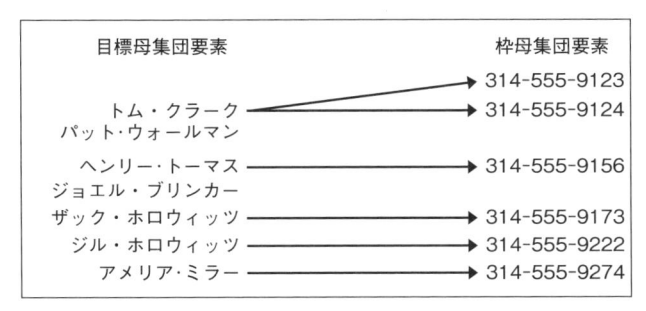

図 3.2 2 つ以上の標本抽出枠要素による目標母集団要素の重複の例

味する．電話調査の例では，1 つの電話世帯が電話番号簿に 2 件以上掲載されているときに生じる．図 3.2 によると，目標母集団の一員であるトム・クラークは，自分に関連する抽出枠要素が 2 つある．つまり，電話番号 314-555-9123 と 314-555-9124 である．ある世帯が電話番号を 2 つ以上所有しているか，あるいは世帯内の個人が電話番号簿への追加掲載を要請し料金を支払うことで，世帯の目標母集団の多重リスト化が生じる．たとえば，大学などが所在する町では，親族関係にない学生たちが一緒に家を借り，その世帯で 1 つの電話番号を取得していることがよくある．電話番号簿への番号の掲載は，電話加入にあわせてなされるが，ここに掲載される居住者は 1 人である．他の居住者は，同じ電話番号に対し別の名前で電話番号簿に掲載することができる．こうしたことが，1 つの世帯に対して複数の抽出枠のリスト化をもたらす．

この種の抽出枠で生じる問題は，集落化処理のときに直面した問題に似ている．複数の抽出枠単位をもつ目標母集団の要素は，抽出確率がやや高くなり，母集団での代表性と比べて，標本内での代表性が過大になるだろう．もし重複と当該関心のある変数との間に相関があれば，調査結果の推定値に偏りが生じるだろう．こうした調査の推定において，重複が存在することと，重複と調査変数との間に相関のあることのいずれもが，たいていはわかっていないことが問題なのである．

重複から起こる偏りの可能性については，いくつかの方法で対応できる．標本抽出枠は，標本抽出の前に重複を除去することができる．たとえば，電子版の電話番号簿からでは，電話番号により並び替えができるので，同じ番号の重複登録を削除することができる．しかし抽出枠が容易に操作できない場合には，重複削除は費用効率が良いとはいえないかもしれない．

重複した抽出枠単位は，抽出時やデータ収集中にも検出されるかもしれない．この問題を解消するには，標本抽出に適した抽出枠単位を 1 つだけ指定するという単純な規則だけで十分だろう．これ以外の重複登録は異質の単位として扱われ，これらは抽出の際に無視される．たとえば，電話番号簿の最初にある登録番号だけを適格とするという抽出技法がある．電話世帯への接触時に，電話番号簿にその世帯の登録番号が

複数あるかどうかを,情報提供者にたずねることができる.複数の番号が登録されている場合は,最初に表示されている,苗字をともなった登録番号を指定する.その他の登録番号を抽出した場合には,その選んだ番号は定義上異質の単位であるから,面接は終了となる.

集落化処理の場合のもう1つの解決策として,重みづけ(加重処理)がある.ある所与の母集団要素について,重複登録番号が確定しているならば,補正加重は,抽出した目標母集団の要素に関連する抽出枠の要素数の逆数に等しい.たとえば,ある電話世帯が2回線保有していて,電話番号簿に合計3件が登録されていれば(これは情報提供者の報告によりデータ収集中に確認する),その世帯は,電話番号簿の抽出枠を用いた標本としては3分の1の重みが,またRDD方式の抽出枠を用いた標本では2分の1の加重が与えられる.

3.3.5 抽出枠要素と目標母集団要素との間の複雑な写像

複数の母集団要素に多重写像となる抽出枠単位を設定することもまた可能である.たとえば,成人を対象とした電話世帯調査では,電話番号簿に重複登録をしている成人が,複数いる世帯に当たることがあるかもしれない.この多対多の写像問題は,集落化処理と重複との組み合わせである.たとえば,図3.3では,シュミット家の3人(レオナルド,アリス,ヴァージニア)が,2つの電話番号の抽出枠要素(403-555-5912と403-555-5919)を所有している.2つの電話番号は,2つの標本抽出枠の要素に写像される3人の目標母集団要素を代表することになりうる.この問題に対する一般的な解決策は,調査結果に重みづけをして,2つの問題を同時に扱うというものである.個人レベルの統計量についての補正加重は,成人(あるいは適格者)の数を世帯の抽出枠登録数で除したものである.この例では,選出したシュミット家の世帯構成員に対する重みは2分の3となる.これとは別の種類の調査で,より複雑な多対多の写像の場合には,さらに複雑な重みづけが必要となる.

目標母集団要素	枠母集団要素
レオナルド・シュミット	403-555-5921
アリス・シュミット	403-555-5919
ヴァージニア・シュミット	403-555-5916
ポール・レーマン	
ジャスティン・レーマン	403-555-5917
テレサ・プラクト	403-555-5922
ジャネット・ファーガソン	403-555-5927

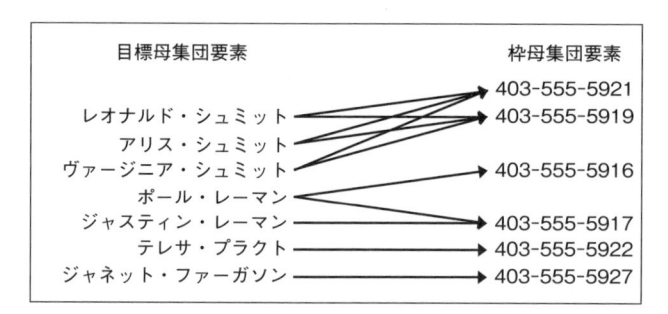

図3.3 標本抽出枠要素に対する目標母集団要素の集落化処理と重複の例

3.4 一般的な目標母集団とその抽出枠問題

上で述べてきた，さまざまな抽出枠の問題についての説明を前提として，一般的な目標母集団と抽出枠の問題について述べる用意ができた．調査は通常，ある地理的地域の世帯母集団，あるいは従業員，顧客，あるいは組織の構成員や，組織と集団を対象とするものである．また，外科手術や車での移動といった事象（event）を選ぶような設計を行う調査もある．

3.4.1 世帯と個人

米国における，世帯の一般的な標本抽出枠は，エリア抽出枠（国勢調査区や郡のようなエリア単位のリスト），電話番号，電話番号簿，郵送先名簿である．エリア抽出枠は，地理的単位にもとづいているので，（事実上あるいは法律上の）居住地を関連づける規則により，個人とエリアを結ぶ関係を必要とする．そのような抽出枠は，個人を標本抽出するために用いられたときに，多段階とすることが必要になる．第1段階は，エリア単位の部分集合を選び，次の段階で住所リストが作られる．適切な地図あるいは航空写真が入手できれば，その抽出枠は理論的には居住地の完全なカバレッジを提供する．抽出したエリア単位内において居住地をリストにするときに，いくつかの単位を見落とした場合，その抽出枠はアンダーカバレッジの問題が生じる．1人に複数の居住地がある場合には，その抽出枠には重複の影響が出る．以上は，「全国犯罪被害調査」（NCVS）や「薬物使用と健康に関する全国調査」（NSDUH）における抽出枠の問題である．

もう1つの世帯母集団の抽出枠は，住居単位における固定電話の電話番号に関係する．これは，世帯のおよそ6％[*10]を網羅できていない．少数の世帯では，2つ以上の回線番号を保有しており，「過度に」カバーされている，つまり多めに数えている．電話番号抽出枠を個人レベルの標本として用いるとき，選別して取り除かなければならない非住居用の電話番号が枠内にある．これらは，「行動危険因子監視システム」（BRFSS）や「消費者調査」（SOC）における標本抽出枠で生じる問題であるが，いずれも電話番号の抽出枠を用いるRDD調査である．

米国における住宅用電話番号簿の抽出枠は，電話番号の抽出枠よりも小さい．民間企業は，電子的および紙媒体の電話番号簿から抽出枠を得ている．こうした企業は，その抽出枠から得た標本を大量の郵便物を配信する業者やサーベイ・リサーチャーに販売している．ここでは使われていない電話番号や非居住者の電話番号はほとんどないので，世帯調査に用いるにはより効率的である．しかし，とりわけ都市部の住民と短期滞在者についての番号が偏っている，住宅用電話番号の大部分が電話番号簿には掲載されていない．また，同じ番号が2つの異なる名前として掲載されること，これは通常は同一世帯の異なる構成員の名前として掲載されることがあるため，重複の問

題がある．

　ウェブ調査に対する関心が高まるにつれて，世帯母集団に適した電子メール・アドレスの抽出枠の作成への可能性に大いに注目が集まっている．しかしながら，電子メールの抽出枠は，世帯母集団の大部分を網羅できてない（5.3.3項を参照）．1人の人間が，多数の異なる電子メール・アドレスを保有できることから，重複の問題があり，また複数の人間が電子メールを共有できるので集落化処理の問題もある（例：smith-family@aol.com）．

　多くの国では，携帯電話が急速に固定電話サービスに替わりつつある．たとえばフィンランドでは，早くも1990年代の半ばには，携帯電話の加入者が急増する一方，固定電話の加入者が減少しはじめていた（クウセラ：Kuusela, 1996）．携帯電話の番号は既存の抽出枠には含まれていなかったので，こうした変化は固定電話のカバレッジの損失を意味する．このカバレッジの損失は，若者や両親から独立した世帯をもったばかりの人々の間でもっとも大きかった．

　さらに，携帯電話は，（固定電話を使うように）世帯全体ではなく，多くの場合1人の人に結びついている点で，固定電話とは異なっている．いずれ電話調査では携帯電話の番号を抽出するようになるだろう．そして，こうした変化により，世帯を抽出枠単位や標本抽出単位とすることからの脱皮が必要となるだろう．しかし現時点では，固定電話番号と携帯電話番号で生じる集落化処理と重複とが入り交じった多くの抽出枠の問題がある．つまりこの分野で行うべき方法論研究はたくさんある．

3.4.2　顧客，従業員，あるいは組織の構成員

　顧客，雇用主または組織の構成員を研究するほとんどの調査では，名簿抽出枠を用いる．この名簿抽出枠は，個人記録の電子ファイルであることもあれば，目に見える記録の集合でもありうる．このような記録システムでは，予測可能なカバレッジの問題がある．アンダーカバレッジの問題が，期限切れのファイルから生じる．情報更新に先だって，そのファイルがいくつもの管理段階を経由する必要があるようなとき，新規に追加された従業員や顧客が見落とされる傾向がある．

　同様に，名簿には不適格要素が含まれている可能性がある．組織を辞めた人が名簿からすぐに除外されない場合は，とくにそうである．たとえば，顧客ファイルの中には，最後の取引がかなり昔に行われたために，顧客であることを自覚していない人もいるかもしれない．さらに，ある人を組織の構成員であるとみなすべきか否かについて曖昧なこともあるだろう．企業の従業員調査では，"派遣"社員をどのように扱うべきなのか？　派遣社員は，その企業で毎日働いているかも知れないが，実はその企業にサービスを提供する契約を交わしている別の会社の従業員なのである．

　従業員あるいは構成員の抽出枠内で，要素の重複が起こりうるが，世帯抽出枠の場合に比べればまれである．顧客の抽出枠においては，顧客と組織との間の取引段階の記録であれば重複が内在している．顧客である個々人がその組織と取引した数だけの

記録を所有している．したがって，サーベイ・リサーチャーは，目標母集団が人々（すなわち，顧客）の1人なのか，取引なのか，あるいはその両方なのかについて，注意深く考える必要がある．

サーベイ・リサーチャーは，代替抽出枠の評価の一環として，リストがどのような方法で，なぜ作成されたのかを知ろうとすることがある．たとえば，ある病院の従業員の給与支払名簿は，ボランティアや契約スタッフを網羅していないかもしれないが，IDカードを発行するセキュリティー・システムの記録では網羅しているかもしれない．抽出枠がどのようにして，なぜ更新され，修正されるのかを知ることが重要である．たとえば，月締めで支払いをうける従業員の給与支払記録は，日給や週給で支払われる従業員の記録に比べると，頻繁に更新されていないかもしれない．一時的な休職者に対する手続きを更新すれば，その抽出枠のカバレッジ問題は複雑になる．従業員が長期にわたり医療休暇中であるときには，その人の記録は抽出枠内にまだあるのだろうか？　そのような人々を目標母集団に含めるべきなのか？　これらの問題のどれもが，実施される各調査の目的に合わせた特別な検証を必要としている．

3.4.3　組　織

組織の母集団は多様である．これには，教会，企業，農場，病院，診療所，刑務所，学校，慈善団体，政府諸機構，市民団体が含まれる．これらの母集団の標本抽出枠は，組織単位のリスト（名簿）であることが多い．あらゆる種類の組織の母集団のうち，調査の目標母集団としてもっとも利用頻度が高いのは，おそらくは企業である．

企業の母集団には，独自の抽出枠の問題がある．まず第1の問題として，企業の母集団のきわめて顕著な特徴として，規模にかなり大きなばらつきがあることである．ソフトウェアの販売者が目標母集団に選ばれた場合，マイクロソフト社（年商で200億ドル〔約1.8兆円〕）も，年商が5000ドル（約50万円）の街角の小売店も，その抽出枠に含まれる．多くの企業調査では，規模が当該関心のある変数に関連するような状況で変数を測定する（例：業界内の全雇用数の推定値）．したがって，企業抽出枠のカバレッジ問題では，規模が最小の企業を含めることよりも，最大の企業を含めることを重視することが多い．

第2に，企業の母集団は，きわめてダイナミックである．小規模の企業がどんどん誕生し，また消滅する．比較的大きな企業は，他の企業を買収して，2つの単位を1つに合併する（例：ヒューレット・パッカード社はコンパック社を買収して，単一の企業になっている）．また，1つの企業が，複数の企業に分割される（例：フォード・モーター社は，部品部門を分離し，ヴィステオン社という独立企業を設立した）．このことは，新規企業について確実なカバレッジを保持し，かつ過去の企業をリストから取り除くためには，枠母集団を継続的に更新する必要があることを意味している．

第3に，企業の母集団は，法律的に定義された実体と物理的な実際の所在地とを区別している．これは多店制で複数の所在地をもつ会社には一般的なことである（たと

えば，マクドナルド社は，世界に 30000 店以上の店舗を展開しているが，本社は一ヵ所だけである）．したがって，企業の調査では，法律的に定義された実体としての"企業体（enterprises）"，あるいは物理的な所在地としての"事業所（establishments）"の，いずれかが研究対象となりうる．また，法律的に定義された企業が，物理的な所在地をもたないこともある（たとえば，各従業員が独立して働くコンサルティング業）．同一人物が所有している場所に多数の企業が存在する所在地もある．

　企業の母集団とは別に，他の組織の母集団にも，多少の程度の差はあるものの同様の特徴が見うけられる．こうした諸特性は，組織の規模のばらつき，人口の流動性，さらに要素の法律的かつ物理的定義，これらの諸問題をサーベイ・リサーチャーが慎重に熟慮することを求めている．

3.4.4 事　象

　調査では，ときには事件・出来事といった事象（event）を母集団の対象とする．調査で標本として抽出される事象には，サービスや製品の購入，結婚，妊娠，出産，失業期間，うつ病の発症，ある道路の区画を通過する自動車，（全国犯罪被害調査（NCVS）で測定されるような）犯罪被害の発生など，さまざまな種類がある．

　事象の調査は，個人の抽出枠からはじまることが多い．各個人は，その事象を経験しているかいないかのどちらかである．重複して事象を経験して（たとえば，何度も買い物をして），実際は事象という"要素"の集落であることもある．これは，「全国犯罪被害調査」（NCVS）が犯罪被害を事象として研究するときの手法である．ここではまず初めに，犯罪被害の事象の集落となる可能性のある個々人の抽出枠を組み立てる．「全国犯罪被害調査」（NCVS）では，過去 6 ヵ月間に発生した個々の事象（つまり事件）を測定し，さらに犯罪被害特性についての統計量を作成している．

　これとは別の，事象の標本抽出に適した論理的な枠母集団として，時間単位の抽出枠がある．たとえば，動物園への 1 年間の来園者を標本抽出したいとする．この調査の目的は，来園目的や滞在時間，もっとも楽しかったあるいはつまらなかった箇所はどこかについて聴取することかもしれない．来園者の抽出枠を作成する 1 つの方法は，まず概念的に各来園に 1 つの時点を割り当てることである．たとえば，動物園から退出する時間を定めるという方法がある．こうした抽出枠を用いると，いずれの来園も，ただ 1 つの時点として割り当てられる．この調査研究のために標本を必要とするならば，調査では時点の部分集合を選び（たとえば，5 分刻み），5 分単位の標本ブロックとして，この時間帯区分で退園する人々に対して来園についての質問を行う．

　（時間経過にそって，母集団構成員が何をしているかを確認しようとするような）生活時間調査（time-use surveys）では，無作為に選ばれる時点において音を出す電子ポケットベルを用いる．この手順によると，音が出ると，回答者がその時点で行っていることを報告するようになっている（たとえば，会社で仕事をしている，テレビを見ている，買い物をしている）（チクセントミハイら：Csikszentmihalyi and Csikszentmihalyi,

1988；ラーソンとリチャード：Larson and Richard, 1994)．

　事象を研究する調査では，複数の母集団が同時にかかわることがある．こうした調査では，事象の母集団にかかわる統計量に関心があるのだが，同時に事象を経験している人々についての統計量にも関心がある．こうした二重の目的に関係するときには，さまざまな集落化処理や重複の問題が表面化する．自動車購入の研究では，ある家族が購入したという事象要素について，その事象をどの人が経験したことになるのだろうか？　つまり，法的な所有者なのか，家族全員か，あるいは，その車を運転することになる人だろうか？　「全国犯罪被害調査」(NCVS) では，（世帯単位にもとづき）犯罪を経験した世帯の割合や，（事件という事象の母集団にもとづき）居住者が在宅時に不法侵入にあった世帯の割合，といった統計量を作成する．目標母集団と枠母集団の選択時に，さまざまな統計量に適した，もっとも有益な母集団について注意深く考えることは重要なことである．

3.4.5　まれな母集団

　"まれな母集団 (rare populations)" とは，リサーチャーにとって関心のある，規模の小さな目標集団を説明するために用いる用語である．ある母集団がまれな状態であるとは，その絶対的な大きさのことではなく，その母集団を網羅する利用可能な抽出枠と比べた大きさのことをいうこともある．たとえば，米国の生活保護受給者という母集団を考えてみよう．もし2億8千万の人口のうち，生活保護を受けている人が750万人いるとすると，その母集団全体は，総人口の3％未満となるから，基本的にはまれな例となる．目標母集団として選ばれた場合，このまれな母集団では，適切な標本抽出枠を特定するにあたって大きな問題が生じる．

　まれな母集団に適した標本抽出枠を構築するためには，2つの基本的な研究方法がある．1つは，まれな母集団要素のリストそのものを作成することである．たとえば，生活保護事務所の記録から，生活保護受給者のリストを直接手に入れるよう努めることである（これらは極秘扱いにされている可能性があるのだが）．ときには，単一のリストではカバレッジが良くないために，複数のリストを組み合わせることもある(3.6.3項の多重抽出枠設計の考察を参照)．第2の方法は，これはかなり一般的な方法でもあるのだが，要素の部分集合として，まれな母集団を含む1つの抽出枠を選別することもできる．たとえば，生活保護支給金を受けている家族の所在を突き止めるために，世帯母集団を選別することができる．まれな母集団のすべての要素が，それよりも大きな枠母集団の構成員となっていると，（まれな母集団を探すために選別を行う費用負担が生じるが）まれな母集団を完全に網羅することが可能である．

3.5　カバレッジ誤差

　3.3節で論じた標本抽出枠の問題に適した多くの対処法があるものの，それらの対

処法が必ずしもカバレッジ誤差を削減するとは限らない．アンダーカバレッジは難しい問題であり，調査におけるカバレッジ誤差の重大な発生源であるかもしれない．しかし，カバレッジ誤差は，調査から得た標本統計量と推定値の1つの特性であることに注目することも重要である．ある調査から得られる1つの統計量が，大きなカバレッジ誤差の影響を受けやすい一方で，同じ標本調査から得られる別の統計量が，その同じカバレッジ問題の影響を受けないこともある．調査方法論の専門用語では，アンダーカバレッジ，重複，集落化処理，その他の諸問題は標本抽出枠に関する課題である．カバレッジ誤差とは，調査統計量に関するこうした問題の影響のことである．

標本平均のような単純な統計量のカバレッジ誤差の性質については，2.3.4項で紹介した．平均値を推定するとき，カバレッジの偏りは，

$$\overline{Y}_C - \overline{Y} = \frac{U}{N}(\overline{Y}_C - \overline{Y}_U), \tag{3.1}$$

の式で与えられることを思い出してほしい．ここで，$\overline{Y}$ は全目標母集団の平均値を意味する．この時，$\overline{Y}_C$ は（カバーされた）その抽出枠内にある適格な単位の全母集団に対する平均値であり，$\overline{Y}_U$ は（カバーされない）抽出枠外の適格な単位の平均値である．さらに U は抽出枠に入らない目標母集団の要素の総数であり，また N は完全目標母集団の総数である．したがって，抽出枠外に残された $N-C$ 個の単位を網羅できなかったために生じた誤差は，「含まれなかった」割合と，含まれる場合の抽出枠に対する平均値と含まれなかった場合の抽出枠に対する平均値との差との関数になる．

（標本の大きさにかかわりなく）調査は，抽出枠内に含まれた単位の平均値 $\overline{Y}_C$ だけを推定することができる．含まれない U 個の単位からなる母集団が大きい，あるいは含まれた単位と含まれなかった単位との間にかなりの差があるという点で，偏りの大きさまたはカバレッジ誤差の大きさが決まる．含まれない単位の割合は，適格者の部分集団により異なるだろう．すなわち，アンダーカバレッジは，ある特定の部分集団に対してよりも，全標本に対してより大きくなりうるということである．さらに，カバレッジ誤差は，含まれた場合と含まれない場合との推定値の差に左右されるので，たとえその推定値の差が同じ適格な単位の部分集合にもとづくとしても，カバレッジ誤差は統計量によって異なりうる．

3.6 アンダーカバレッジの低減

重複，集落化処理，多対多写像，アンダーカバレッジ，異質の単位といった抽出枠の一般的な問題への対処法は，3.3節で検証した．しかし，アンダーカバレッジとそれが原因で起こるカバレッジ誤差に対する明確な対処法は，3.3節では詳しくは扱わなかった．カバレッジ誤差を低減するように設計された抽出枠の補充することにともなう，一般的なカバレッジ改善手順がある．

3.6.1 半開区間

少し古くなった抽出枠，あるいはある種の単位をとり除けば十分適切なカバレッジを提供できるような抽出枠は，データ収集中またはその直前のリスト更新作業時に追加することで，最新のリストになりうる．かりにそのリストに論理的な順序があれば，リストに記載の2つの単位間の欠測となった単位を見つけることで抽出枠を修復できるかもしれない．

たとえば，世帯調査で用いる住所や住居単位のリストを考えてみよう（図3.4）．こうしたリストはすぐに古くなるし，住居単位を見落とす可能性がある．また，さらに詳しく調べてみると，リストに加えられるはずの住居単位を見落としてしまったかもしれない．住所録は，通常は特有の地理的順序で並んでいるので，リスト全体を更新するというよりは，選ばれた抽出枠要素に対してだけ，その抽出枠に単位を加えることができる．つまり抽出枠は，抽出後とデータ収集時に更新できる．

このようなツールの1つを，"**半開区間**（half-open interval）"という．図3.4に示した住所リストを使い1つの街区を例にして考えよう．図3.5に示した略図では，その街区の住所の地理的な分布が利用できる．この抽出枠から，「エルム通り107番地」という住所が1つ選ばれたと仮定する．このときエリア抽出枠という観点から考えると，エルム通り107番地という住所は，物理的な構造物としてではなく，"境界線"で仕切られた地理的区画，つまりエルム通り107番地から次のリストにあるエルム通り111番地を含まないぎりぎりの所までとみなされる．このように，リストの順序は，リストに現れる各住所を，数学者が集合論に由来する半開区間と考えているものとして定義する．つまりその区間は，エルム通り107番地からはじまり（この区間の閉口端），エルム通り111番地を含まないぎりぎりのところで終わる（よってこの111番地が次の半開区間の開口端となる）．

調査員は選ばれた住所に到着すると，エルム通り107番地に相当する"半開区間"を調べ，その区間内で新たに建設された住居単位や見落とした住居単位を調べる．新しい住居単位や見落としていた住居単位を発見すると，調査員はそれをリストに加え，標本単位として選び，その区間内にあるすべての住所で面接の実施を試みる．したが

番号	住所	抽出の有無
1	エルム通り101番地	
2	エルム通り103番地アパート1	
3	エルム通り103番地アパート2	
4	エルム通り107番地	選び出す
5	エルム通り111番地	
6	オーク通り302番地	
7	オーク通り306番地	
...	...	...

図3.4 エリア世帯調査街区の住所リスト

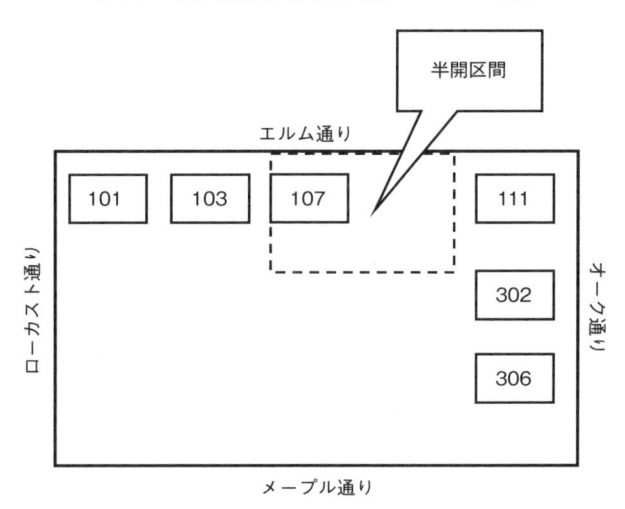

[図: エリア世帯調査街区の略図。エルム通り沿いに101, 103, 107, 111番地、オーク通り沿いに302, 306番地。点線で囲まれた107番地付近が「半開区間」と示されている。ローカスト通り、メープル通りが他の境界。]

図3.5 エリア世帯調査街区の略図

って，その半開区間内の全住所は同じ抽出確率（選ばれた住所の確率）をもつことになり，また見落としたか新たに建設された住居単位が，データ収集中にその抽出枠に自動的に加えられる．

半開区間で見つかる新しい住所の数が多すぎる場合もあり，この新たに増えた作業負担に調査員が耐えられないことがある．たとえば，かりに12の居室がある新しいアパートが，エルム通り107番地から111番地の間に建設されたとすると，調査員は，当初予定していた1世帯への面接でなく13件もの面接を実施することになる．このような場合には，集落化処理が標本の大きさと調査員の作業負担に，影響することを軽減するために，追加住所の副標本抽出がなされることもある．副標本抽出（sub-sampling）では，標本抽出枠における集落化処理として，重みづけによる補正を必要とする不等抽出確率を導入している（第10章の重みづけと加重調整済み推定値の議論を参照）．調査作業を継続するときに，そのような追加単位を別の"想定外の"層にとりのけておき，その層から見落とされた住居単位あるいは新たに建設された住居単位の標本を，その抽出枠から選ばれる追加標本すべてについて異なる確率で抽出することも可能である（キッシュとヘス：Kish and Hess, 1959）．

抽出枠として提供されるリストの中には，これとは別の論理的に順序づけされたリストがあり，それについてのカバレッジを調べるために，似たような種類の連結規則を作ることがある．たとえば，住所と住所内の年齢別に並べられた公立学校に通う子どもたちのリストは，選ばれた子どもの世帯を訪問し，見落とされていた子どもや最近生まれたばかりの子どもたちを，その世帯で見つけた場合に更新される，ということがある．

3.6.2 多重サンプリング

半開区間の概念は，抽出過程の間を通じて収集した情報により，既存の抽出枠を補うものである．抽出枠を補う方法の中には，ネットワーク・サンプリング（network sampling）によりある1つの母集団に要素を追加するものがある．これは，一般に"**多重サンプリング**（multiplicity sampling，多重標本抽出）"とよばれている．まず単位からなるある標本が選ばれ，次に，明確に定義された単位のネットワークの全構成員をその抽出した単位に対し関係づけられる．

たとえば，成人からなるある標本を世帯調査により選び，そこに居住している成人の兄弟の全員に質問を行うこともあるだろう．この場合，居住する成人の兄弟のリストが，情報が収集される単位のネットワークを決める．もちろん，そのネットワークの構成員は，それぞれが標本の成人としてその標本内に選ばれる可能性があるので，抽出枠内が重複することになり，複数回選ばれる可能性がある．そこでここでのネットワークの大きさは，選ばれる"重複の機会"の数で決める．ある成人の標本対象者が，「居住している2人の成人兄弟がいる」と報告すれば，ネットワークの大きさは3となり，そのネットワークから全体の推定にいたるまでの，データの相対的な寄与度を減らすために3分の1という重みを適用する．こうした"多重"サンプリングと重みづけの方法（サーケン：Sirken, 1970）は，ある病気のような，まれな条件を選別する場合に，標本の大きさを増やすためにネットワークについてのデータを収集するために用いられてきた．この方法は，そのネットワークの中にいる各個人のプライバシーに対する懸念をしっかりと比較検討せねばならない．さらに，兄弟を報告しそこなったとか，兄弟でない人を含めてしまった，あるいはネットワークの構成員の特徴を間違って報告してしまったといったような回答誤差（第7章参照）は，ある特徴の報告段階における誤りと同様に，そのネットワークの定義やカバレッジにおける誤りの原因となることがある．

"雪だるま式標本抽出（snowball sampling，スノーボール・サンプリング）"は，一般に非確率的方法であるが，抽出枠の補充に密接に関連した方法を説明するものである．調査データの収集中に，まれな条件に該当する人が，たとえば盲目の人が見つかったと想定しよう．すると，そのような条件の人は，同じ条件をもつ他の人も知っているだろう．その標本対象者は，同じ条件の別の人を指名するよう求められ，その人たちもその標本に加えられる．このように，スノーボール・サンプリングとは，標本対象者の報告したネットワーク情報（つまり人脈情報）を用いることで，標本となる人々を積み上げることである．報告時の誤り，いずれのネットワークにもつながりをもたない孤立した個人，はっきりと定義されていないネットワークは，スノーボール・サンプリングを実際に適用することが難しい．また，スノーボール・サンプリングは，一般には確率標本とはならない．

多重サンプリングは，抽出枠の問題の解決にとって理論的な魅力があるのだが，実用上の設計を提供する方法については大いに研究の余地がある．これには，ネットワ

ークに関する報告内の測定誤差,ネットワークの不完全な測定から生ずる無回答誤差,多重推定量の分散の膨張といった問題が含まれる.

3.6.3 多重抽出枠の設計

多重抽出枠を利用することで,カバレッジ誤差が低減できる方法は複数ある.目標母集団をほぼ完全に網羅する本来の主要な抽出枠は,本来の抽出枠には欠けているか,十分には含まれていない母集団要素についての,より優れたあるいは独自のカバレッジを与える抽出枠で補充されることがある.たとえば,古くなった住居単位のリスト群は,標本の住所が示す地域の区画制について責任のある行政機構の開発計画局で入手した新築の住居単位の抽出枠によって補充できる.もう1つの例は,住所録にはあるかもしれないが十分には網羅できない,トレーラハウスのような移動住宅に関係している.移動住宅に居住する人々をよりうまく含めるために,移動住宅の駐車場という補助的な抽出枠を本来の住所録に加えることができる.

ときには,補助的な抽出枠が母集団とはまったく別の部分を網羅することもある.しかし多くの場合,補助的な抽出枠は本来の抽出枠と重複する.そのような場合には,**多重標本抽出枠**(multiple frame sampling)と推定手順が,不等選出確率を修正するために用いられ,また場合によっては,調査推定値に適した改善された精度を与えるためにも用いられる.

たとえば,世帯調査を行う場合に,全米の電話世帯に行き渡るようにRDD方式を用いたとする.原則として,RDD方式では,全国の全電話世帯を網羅できるが,電話をもたない約6%[*11]の世帯は含まれない.図3.6では,住居単位のエリア抽出枠のうち,電話抽出枠は網かけの部分である.アンダーカバレッジの対処法は,世帯の補助的なエリア抽出枠である.このような二重抽出枠設計においては,世帯標本はエリア抽出枠から抽出されるが,世帯訪問が必要となるので,電話による接触よりもかなり費用がかかる.この2つの抽出枠をともに用いると,世帯を完全に網羅できる.「全国犯罪被害調査」(NCVS)の場合,レプカウスキーとグローヴス(Lepkowski and Groves, 1986)は,RDD方式とエリア抽出枠について,費用と誤差の差違を研究した.彼らは,標本対象者の大部分が電話抽出枠から抽出される場合,一定の予算でほとんどの統計量の平均平方誤差が少なくなることを確かめた(カバレッジ誤差,無回答誤差,測定誤差の差を考慮したシミュレーションによる).

これらの2つの抽出枠は重複しており,それぞれが電話世帯を含んでいる.つまりこの二重抽出枠調査から得られるデータセットは,上の2つの抽出枠から得たデータを組み合わせたものである.あきらかに,電話世帯は両方の抽出枠から選べるから,このような設計では過度の代表性をもつことになる.

重複と過度の代表性の問題に対する解決方法がいくつかある.第1の解決策は,エリア世帯抽出枠をふるいにかける(screen)ことである.戸別訪問で,面接を実施する前に,その世帯が電話による連絡が可能な固定電話を保有しているかどうかを調査

3.6 アンダーカバレッジの低減

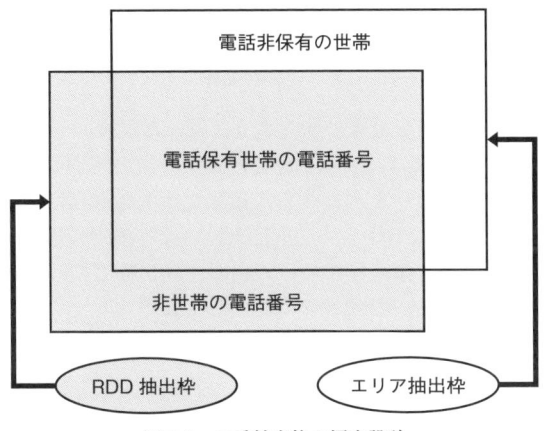

```
┌─────────────────────────────────┐
│        電話非保有の世帯            │
│  ┌───────────────────────────┐  │
│  │   電話保有世帯の電話番号      │  │
│  │                           │  │
│  └───────────────────────────┘  │
│        非世帯の電話番号            │
└─────────────────────────────────┘
      ( RDD 抽出枠 )    ( エリア抽出枠 )
```

図 3.6 二重抽出枠の標本設計

員が確認する．電話を保有していれば，その単位は抽出せず，面接も行わない．この手順であれば重複は除外できて，この二重標本抽出枠設計は世帯について完全に網羅することになる（カバレッジを有する）．

第2の解決策は，両方の抽出枠内の全標本世帯に面接を試みるものの，各世帯の抽出の機会を決めることである．標本の非重複部分の世帯，すなわち電話非保有世帯は，エリア抽出枠のみから抽出できるので，抽出の機会は1回である．電話世帯は抽出の機会が2回あり，1度目は電話抽出枠から，2度目はエリア世帯抽出枠からである．そのため抽出の確率は，$p_{RDD}+p_{area}-p_{RDD}\times p_{area}$ である．ここで，p_{RDD} は RDD 法による抽出確率を表し，p_{area} はエリア標本世帯の抽出確率である．補正加重（compensatory weight）は，どの抽出枠を用いたかにかかわらず，抽出確率の逆数として計算される．つまり，電話非保有世帯については加重 $1/p_{area}$ を，電話保有世帯では加重 $1/(p_{RDD}+p_{area}-p_{RDD}\times p_{area})$ を用いる．

第3の解決策は，ハートレイ (Hartley, 1962) などにより提案された方法である．こうした研究では，より有効な推定量を得るため，抽出枠の重複を推定時に用いることを提案している．これらの研究では，二重抽出枠（この研究の場合は，多重抽出枠）の設計を，一連の非重複の領域集合として検証することを提案しており，個々の領域から得た結果を組み合わせることで目標母集団の推定値を得る．たとえば，図3.6の図解例では，3つの領域，つまり電話非保有世帯（non-tel），RDD 抽出枠のうちの電話保有世帯（RDD 電話世帯：RDD-tel），エリア抽出枠のうちの電話保有世帯（エリア標本電話世帯：area-tel）がある．RDD 電話世帯とエリア標本電話世帯は，ある推定値（たとえば，平均値）の精度を数学的に最大にするように選んだ混合パラメータと組み合わされる．電話保有世帯と電話非保有世帯の領域は，目標母集団における電話保有世帯の割合，たとえば W_{Tel} を重みとして組み合わせる．この特殊な例の場

合の二重抽出枠の推定量は，

$$\bar{y} = (1-W_{tel})p_{non-tel} + W_{tel}[\theta p_{RDD-tel} + (1-\theta)p_{area-tel}] \qquad (3.2)$$

となる．ここで，θ は，精度を最大にするように選んだ混合パラメータである．

図3.6の二重抽出枠の図解は，多重抽出枠の推定方法の特別な場合である．この方法は，3つ以上の抽出枠を使うようなさらに複雑な状況にも適用できるが，その場合は，重複がさらに多くの領域を作る．二重抽出枠の標本抽出の場合でも，少なくとも4つの領域がある．つまり，抽出枠1のみの場合，抽出枠2のみの場合，抽出枠1が抽出枠2に重複している場合，抽出枠2が抽出枠1に重複している場合である（後者

コラム4 ● 世帯名簿に関するトゥランジョー，シャピロ，カーニー，エルンストとマーティンの研究(Tourangeau, Shapiro, Kearney and Ernst, 1997 ; Martin, 1999)

世帯構成員の名簿で，なぜ除外される人々が出てくるのか，これに関する2つの研究が，調査実務に情報を提供してくれる．

研究計画 トゥランジョーらの研究は，3つの異なる名簿登録手順について，無作為化した実験計画を用意した．その3つとは，住居単位に居住するすべての住民の名前を尋ねること，前日の晩にその住居単位ですごした全員の名前を尋ねること，前日の晩すごした全員のイニシャルあるいはニックネームを尋ねること，の3つである．名簿に記載された全員が，その住居単位に居住しているという定義を満たすかどうかを，追跡質問で聴取する．トゥランジョーらの研究では，3つの市街地内にある49街区における644単位に対して面接を実施した．マーティンの研究では，999単位のエリア確率標本を用いた．名簿登録質問は，2ヵ月間にわたりその世帯に属する人々全員に対して聴取したものである．居住についてさらに詳しい質問を行うために，副標本に再面接を行った．どちらの研究でも，名簿登録後の追跡質問では，その住居単位に居住しているという定義を，リストに記載された全員が満たしていたかどうかを聴取した．

研究の成果 トゥランジョーらの研究では，普段の居住地を特定するため精査したところ，イニシャルを聴取する手法だけが標準的な手順よりも多く聴取することができた．トゥランジョーらは，居住者の身元を隠すことが，アンダーカバレッジの一因となっていると結論づけている．マーティンの研究では，血縁関係のない人々，1週間以上家にいなかった人々，その住居単位の家計費の調達に貢献していない人々については一貫性のない報告となることを見つけた．マーティンはこれを，情報提供者の考える世帯の定義が，調査上で定義している世帯と合致していないために，過小報告を生んでいると結論づけた．

研究の限界 いずれの研究にも真の世帯構成を知る方法は存在しなかった．なお，両研究とも，より多くの人数を計数する追跡質問ほど正確な報告であると想定していたことである．

研究の影響 これらの研究は，世帯名簿の誤差の大きさを実証することに役立った．また，世帯の定義についての解釈と特異な世帯構成であることの報告をためらうこととの両者が，世帯リストのアンダーカバレッジを生み出していることを示した．

の2つは，2つの抽出枠の共通部分であるが，この両者を実際に標本抽出する抽出枠は，調査統計量に影響することもあるので，両者は分離したままにしてある）．この種の設計は，農業調査でみられる．ある特定の種類の家畜，たとえばここで，乳牛を保有している農家の所有状態で標本を抽出することを想定しよう．また，農務省が提供する酪農業者のリストがあるが，それが古くなっており，すでに乳牛を保有していない酪農場がリストに記載されているとか，乳牛を保有している小規模な酪農場は記載されていないことがわかっているとしよう．第2のエリア抽出枠は，すべての農場から1つの標本を抽出するために用いられる．ここでは4つの領域がある．つまり，リスト抽出枠だけの場合，エリア抽出枠だけの場合，エリア抽出枠上のリスト抽出枠，リスト抽出枠上のエリア抽出枠の場合である．さらにまた重複問題を扱うために，ここでもスクリーニング（ふるいおとし，screening），重みづけあるいは多重抽出枠の推定を用いることもできる．

最後に，最近関心が高まっているウェブ調査設計に関連する例をみよう．電子メール・アドレスのリストが，ある企業で入手できるとしよう．これを自記式調査に用いるのは安価であるが，不適格な要素（もはや使われていない住所や不適格者）を含み，適格な母集団の完全なカバレッジとはなっていないことがある．第2の補助的なRDD抽出枠はこれよりも高価であるが，全電話保有世帯の適格者を完全に網羅するために利用できる．標本は各抽出枠から取り出され，両方の抽出枠において標本となる適格者に面接を行い，これらの重複する抽出枠から得た結果を組み合わせるために二重抽出枠の推定手順を用いる．抽出枠と調査方式とのこうした混用で実施される数多くの方法論研究がある（この問題の詳細については5.4節を参照）．

3.6.4 より多くの不適格要素を含んでいながらカバレッジを増大させること

個人レベルの統計量を提供する調査の一部として，（まず3.3.3項で述べた）標本世帯内の人々のカバレッジについて，何よりもはっきりと生じるのは，最終的なカバレッジの修復である．測定のために住居単位を特定するときに，調査員はその世帯に住む全員のリストの作成を試みる．その世帯に常住していない人や，その世帯の情報提供者が本来もっている"世帯"の定義に合致しない人を過小に報告するという，一貫した傾向が見受けられる．

トゥランジョー，シャピロ，カーニー，エルンスト (Tourangeau, Shapiro, Kearney and Ernst, 1997) とマーティン (Martin, 1999) のいずれの研究でも，その住居単位に誰が住んでいるのかという質問を，さらに範囲の広い内容に変えたときに何が起こるかを調査した．ある世帯内の人々からなる抽出枠を得る典型的な質問は，「誰がここに住んでいますか？」である．追加質問としては，前の晩にそこで寝食をともにしたのは誰か，その住居単位内の部屋は誰のものか，誰がその住居単位の鍵をもっているのか，誰がその住居単位で郵便物を受け取っているのか，普段はその家にいるが一時的にいなかったのは誰かなども含んでいた（コラム4を参照）．こうした質問は，その世帯に所属し

ているとして名前をあげられた，さまざまな人々の人数を増やすように見えた．

調査過程の次の段階は，名前をあげられた各人が，調査手順に従った世帯構成員の定義に実際に合っているかどうかを決める質問を聴取することである．そのような質問の後で，他の場所に世帯があると報告した人を除外する．

本質的に，こうした修復策は，まず抽出枠の"網を拡げ"，次に間違って網の中に入った住居単位を取り除くという方法である．この方策をとることの負担は，世帯内の適格者の抽出枠を組み立てるために，より多くの時間と質問を要することである．何度もこうした質問を行うことは，調査員の重要な行動の1つではあるが，このときに世帯の情報提供者の持続的な協力がもっとも希薄となるのである．したがって，本書執筆の時点では，新しい研究方法を取り上げることは控えた．

3.7 要　　約

目標母集団，標本抽出枠，カバレッジは，調査設計における重要な課題である．なぜならば，調査データから直接なされる推論の本質に影響するからである．抽出枠と目標母集団を比較する際に生じる問題には解決策はあるが，その多くは，調査研究の標準的なアプローチである．こうした解決策でも，生じるカバレッジ誤差の完璧な修正となるとは限らない．

カバレッジ誤差は，調査における標本抽出段階とは独立に存在する．標本抽出は，抽出枠の資料情報を使ってはじめる．標本は，それが取り出された抽出枠よりも良いということはありえない．次章では，調査に必要な標本をどのように抽出するのか，その方法を検討する．本章で検討したカバレッジ誤差の種類と抽出枠の問題は，母集団パラメータつまり母数の正確な推定値を与える標本を抽出する方法の課題とは切り離して考えることを前提とした議論である．

■さらに理解を深めるための文献

Kish, L. (1965), *Survey Sampling*, Chapter 11, Section 13.3, New York：Wiley.
Lessler, J. and Kalsbeek, W. (1992), *Nonsampling Error in Surveys*, Chapters 3-5, New York：Wiley.

■演習問題

1) 米国の世帯の成人からなる目標母集団を説明するために行う電話調査から得られる統計量について，カバレッジ誤差がなくなる2つの条件をあげよ（それらが，現実的かどうかにかかわらず）．

2) 6つの事例調査（第1章参照）の1つを用いて，目標母集団の定義あるいは標本抽出枠の定義をどのように，変更すると，結果として得られる調査統計量のカバレッジ誤差を除去できるか，という例を1つあげよ（念頭においている調査統計量，目標母集団，標本抽出枠に言及すること）．

3) エリア確率的面接調査を，同等の統計量を推定するようなウェブ調査に変更する場合，懸念される事柄を3つあげよ．

4) 360平方マイル（約9320万m^2）におよぶ3つの郡からなる地域において，農場経営者という目標母集団に関心があるとする．農場のリストをもっていないが，その代わりに，360平方マイルの区分に相当する地図上に定められた格子を用いて計画を立てる．その格子から平方マイル区分（約$1.6km^2$区分）の標本を抽出することで，農場経営者の標本を抽出するつもりである．360平方マイルの格子の抽出枠を，3つの郡の地域における農場経営の目標母集団に対する標本抽出枠として用いる場合の3つの問題を指摘せよ．

5) 最新のセンサスから5年後に，電話番号の抽出枠を用いる世帯調査の準備に着手するとしよう．抽出した電話番号が世帯番号であるとして，調査員は，世帯構成員の健康のことをもっともよく知っている人と通話したいと依頼する．調査終了後に，自分の「もっともよく知っている」健康情報提供者たちの人口統計学的な分布（すなわち，年齢，性別，人種，性別などの属性）を，最新のセンサスにおける成人のそれと比較して，自分の調査を評価することを誰かが提案する．このような提案の妥当性についてコメントせよ．

■本章のキーワード

アンダーカバレッジ（調査漏れ）（undercoverage）
異質の単位，異質の要素（foreign unit, foreign element）
エリア確率標本（area probability sample）
エリア抽出枠標本（area frame sample）
カバレッジ（coverage）
事実上の居住地の規則（de facto residence rule）
集落化処理（clustering）
住居単位（housing unit）
重複（duplication）
世帯（household）
多重写像（multiple mappings）
多重サンプリング（multiplicity frame sampling）
多重標本抽出枠（multiple frame sampling）
調査母集団（survey population）
通常の居住地（usual residence）
半開区間（half-open interval）
標本抽出枠（サンプリング・フレーム）（sampling frame）
不適格な単位（ineligible unit）
法律上の居住規則（de jure resident rule）
まれな母集団（rare population）
目標母集団（target population）
要素（elements）
ランダム・ディジット・ダイアリング（random digit dialing：RDD）

第4章 標本設計と標本誤差

Sample design and sampling error

4.1 はじめに

　標本抽出枠から調査に含める要素を選ぶことは，調査過程の不可欠な役割である．調査では，十分に吟味した調査票，よく訓練されやる気のある調査員，優れた現場の監督や管理，収集情報の種類に合ったデータ収集方式，よく練られた編集計画が必要である．しかし，標本が要素の無計画な選び方とか，あるいは主観的な選び方で決められるような場合，調査の目標であった母集団の推論を行うことがほとんど期待できない場合がある．

　1998年の秋に，ナショナルジオグラフィック協会（NGS：US National Geographic Society）が「2000年調査」をはじめた．母集団の対象者の映画鑑賞，美術館見学，読書の回数など多くの項目を測定するようにウェブ調査が設計された．全米地理学協会のウェブサイトとナショナルジオグラフィックの雑誌を介した勧誘により，調査に記入回答するよう人々に呼びかけた．調査のホームページには8万人をこえる閲覧者があり，5万人以上が調査票に記入回答した (ホワイト, アモローゾ, ハワード：Witte, Amoroso, and Howard, 2000)．

　それより少し前の1997年の「芸術への一般参加に関する調査」（SPPA：Survey of Public Participation in the Arts）は，全米芸術基金がスポンサーであった (National Endowment for the Arts, 1998)．SPPA調査は無作為に作成した電話番号にもとづいて選ばれた，電話加入世帯を標本とする電話調査である．回答率は約55%で，12000人以上の成人からなる電話面接データがある．NGS調査と同様の多くの行動を測定した．

　しかし，より厳密な標本抽出方法にもとづくこのSPPA調査の結果は，自己参加型のウェブ調査であるNGS調査の結果と，劇的に異なっていた．たとえば，NGS調査の回答者の約60%は，過去12ヵ月間に「ライブで演劇を見た」と答えたが，SPPA調査ではミュージカルが約25%，ミュージカル以外の演劇が16%であった．同様に，「美術館やギャラリーを訪れた」と答えた回答者は，NGS調査の回答者の約77%に対し，SPPA調査の回答者では35%だけであった．

　このように，どのように調査標本が得られるかということで相違が生じる．NGS

調査の自己参加型という性質と，ナショナルジオグラフィックのウェブサイト上に掲載されたこととが重なって，おそらくは文化的な催しに，より関心が高く積極的な回答者が多くなったのだろう（クーパー：Couper, 2000）．

NGS 調査と，いままでに例としてきた調査の1つ，たとえば，「消費者調査」(SOC) とを対比させてみよう．消費者調査では調査に参加する世帯を，アラスカとハワイを除く全米のすべての電話加入世帯の中から無作為に抽出する．**"無作為"抽出**（random selection）または"偶然"抽出は，それが既知であろうが未知であろうが，抽出の過程から，あらゆる人的影響が取り除かれることを意味する．選ばれる要素を特定するために乱数が利用されるが，それは1桁，2桁，3桁などの連番ではない数字で示されるものである．また，選ぶときには標本分布が目標母集団のように空間次元に広がるように，地理的にその標本分布を調整する．無作為抽出の仕組みと地理的な調整は，米国の全母集団と比較して，収入が高かったり，少数民族系市民あるいは人種集団の構成員が少なかったり，あるいは女性が多すぎる，またはその他多くのゆがみがあるような標本の抽出を避けるように設計されている．

原則として，慎重に設計された調査で用いられるような標本抽出は，もっとも単純な形として，次の3つの基本的な特徴がある．

1) 母集団内の要素のリスト，またはリストの組み合わせ（これは第3章で述べた標本抽出枠のこと）
2) そのリストからの要素の偶然または無作為による抽出
3) 母集団の主要な部分集団（subgroup）が標本を代表することを保証する仕組み

ここで，無作為抽出だけでは所定の標本の代表性を保証してはいないこと，に注意することが重要である．たとえば，米国本土48州における全電話加入世帯リストには，電話加入世帯の無作為標本が多数あり，たまたま都市部の世帯だけから構成されることもある．これらは無作為に選ばれるが，国全体を代表してはいない．したがって，無作為化された抽出母集団の部分集団の，すべてにわたり代表性を保証する技法の両方が，適切に設計された標本に適用されることが必要となる．

乱数表のような偶然が支配する方法が標本抽出枠の全要素に適用されたとき，その標本を"**確率標本**（probability sample）"という．確率標本は抽出枠内の各要素に既知のゼロでない選ばれる機会を与える．これらの確率は等しい必要はない．たとえば，調査設計者にとって，「70歳以上の個人」といったような母集団内の小さな集団について，その集団に対する個別の推定値を作成できる，十分な数を標本とするために，過大な代表性となるようにする必要があるかもしれない．過大な代表性となるということは，基本的には関心対象であるその小さな集団の構成員が，他のどの人たちよりも高い抽出確率となることを意味している．つまり，確率的抽出が用いられるが，その確率は標本のすべての構成員について等しくはないということである．

2.3節では，一定の誤差つまり偏りと，変動をともなう誤差つまり分散とを区別し

た．このいずれの誤差も標本抽出によって生じうる．標本抽出による偏りと標本抽出分散のいずれも，基本は標本抽出枠のすべての要素が測定されるとは限らないという事実にもとづいている．もし標本設計が原因で，いくつかの要素を観測することに系統的な不具合があれば，そのことが結果として調査統計量に"**標本抽出による偏り**（sampling bias）"を引き起こす．たとえば，標本抽出枠内の数人の選出の機会がゼロであり調査変数[*1]に関して異なる特性をもつとすると，その調査設計で選ばれたすべての標本の推定値は，高すぎるか低すぎるかのどちらかになるだろう．かりに抽出枠のすべての要素が同じ抽出の機会をもつときでも，同じ標本設計が多数のさまざまな標本を提供することができる．このことで推定値は変動するだろう．つまり，この変動が標本統計量の"**抽出分散**（sampling variance）"の根源である．われわれは，ときには"**精度**（precision）"という言葉を，分散の度合いを表す意味として使うことがある．つまり，調査統計量の抽出分散が小さければ，それは高い精度をもつという．

4.2 標本と推定値

調査用の標本のすべてが，偶然による方法を使って選ばれるわけではない．多くの調査では場当たり的あるいは意図的に選んだ標本を使う．たとえば，モール・インターセプト調査（mall intercept survey）では，ショッピング・モールに入ってきた人に近づいて，1人につき1回面接し，必要とする面接数になるまで抽出作業を続ける．こうした場当たり的あるいは便宜的抽出方法（convinience selection methods）には，共通の弱点がある．それは，より大きな枠母集団の特性を説明するために，こうした方法を用いる場合の的確な理論的基盤がないことである．確率抽出は，統計的推論の結果，つまり，ただ1組の標本から得たデータを用いて，既知の信頼度により母集団

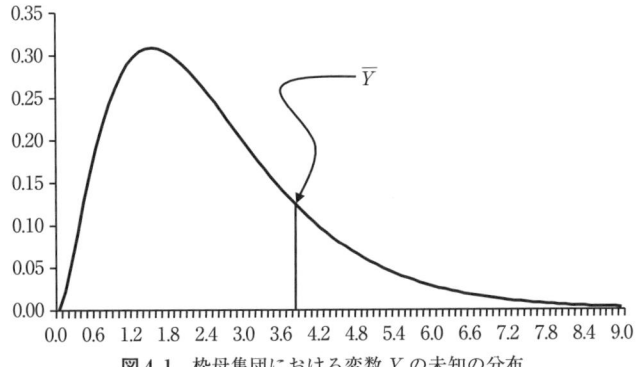

図4.1 枠母集団における変数 Y の未知の分布
この母集団要素の分布の分散つまり母分散を S^2 で表す．

に関する説明力を与える.

標本抽出を理解するには,調査を行うときに観測されない現象に関する,いくつかの重要な概念を理解することが欠かせない.図4.1はある枠母集団における変数Yの値の分布を示している.「消費者調査」(SOC)の例を使うと,この枠母集団は,電話サービスに加入している世帯内のすべての成人から構成されている.われわれはこの分布全体を観測するわけではない.またこれを完全に知ることもない.この枠母集団を知るためにわれわれは調査を実施するのである.この分布には平均値があり,それを大文字の$\overline{Y}$で表すことにする.この平均値$\overline{Y}$は未知であり,それを推定することが調査の目的である.Yの個々の値Y_iのちらばりをS^2で表しこれを母集団要素の分散つまり母分散とよぶ.

本章では,大文字の記号は常に枠母集団の特性を示すが,これは未知であることをおぼえておこう.

図4.2は,標本調査で行う推定過程または推論過程を説明した2章の図を再び示したものである.確率抽出法を用いるとき,選ばれる可能性のある標本は1組ではなく多数ある.図4.2の左側に,"**実現値**(realization)"の1つ1つが描かれている.1つの"**標本実現値**(sample realization)"は,ある具体的な標本設計を使って選ばれ

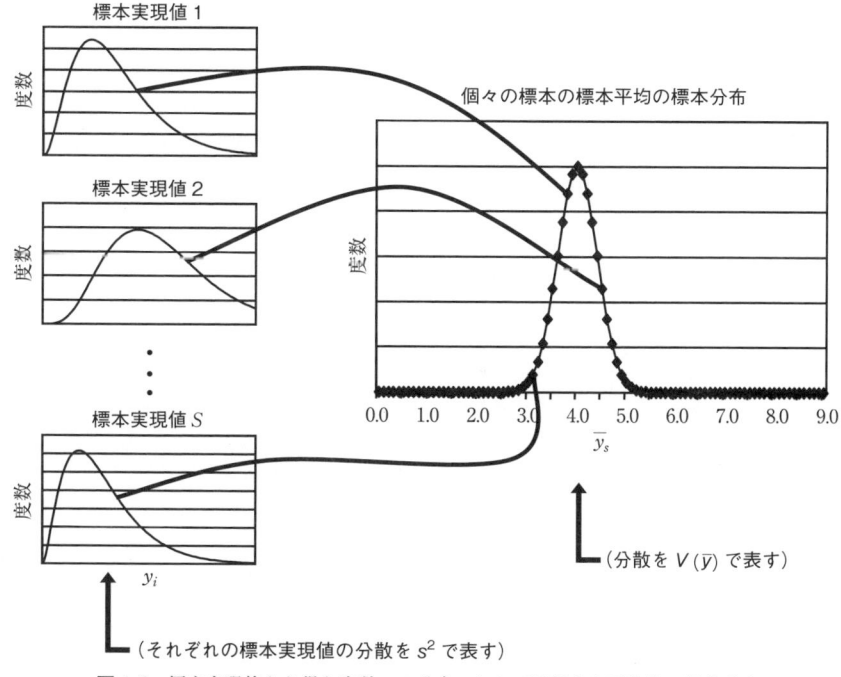

図4.2 標本実現値から得た変数yの分布.ここでは標本と平均値の標本分布

た抽出枠の要素の集合の1つである．各標本設計は，何組もの標本実現値となりうるものをもたらす．実現値となりうるものの数は，標本内の要素数，抽出枠内の要素数，標本設計に応じて決まる（調査研究では，これらの実現値のうちの1組だけにもとづいた1つの調査を行うことに留意せねばならない）．この考え方を理解するためには，ある利用可能な1組の標本実現値と，これとは別の標本実現値となりうるものの標本結果の変動を考える必要がある．

図4.2を用いて，標本抽出理論の他の重要な用語を説明する．ある意味では，起こったかもしれない多数の実現値のうちの，確率的標本設計の1組の実現値として各調査を考えるべきである．通常は，小文字の記号を使って標本実現値の特性を表す．したがって，各標本実現値には，その標本実現値における y の値の分布の平均値と分散がある．この標本平均を $\bar{y}$ で表すが，これは標本の要素のすべての相異なる y の値を要約したものであり，また標本実現値内の y_i の分布の分散を s^2 で表わす．ここでは1組の標本実現値から得た $\bar{y}$ の値を，枠母集団の平均値 $\bar{Y}$ の推定用として用いる場合の標本設計を説明する．また，標本実現値の s^2（**標本分散**, sample element variance）の値が，枠母集団の分散つまり母分散 S^2 の推定値として使われるような標本設計について述べる．

結局は，標本平均の標本分布の分散（図4.3の $V(\bar{y})$ を参照）を，1組の標本実現値にもとづく計算を使って推定する．標本平均の標本分布の分散を示す別の用語が"**平均値の抽出分散**（sampling variance of the mean）"であり，その正の平方根が"**平均値の標準誤差**（standard error of the mean）"である．ここでの記法が読者にとってなじみのないものであれば，それをおぼえるために時間をあてることは無駄ではない．このとき図4.3が助けとなるかもしれない．この記法を確実におぼえれば，それに付随する事柄を理解する助けになるだろう．

状　態	変数 Y の分布の種類		
	標本実現値内の分布	枠母集団内の分布	平均値の標本分布（標本平均の分布）
状　態	1組の標本実現値に対しては既知	未知	未知
要素の数	$i=1, 2, \cdots, n$	$i=1, 2, \cdots, N$	$S=1, 2, \cdots, S$
要素のとる値	y_i	Y_i	$\bar{y}_s$
平均値	$\bar{y}$	$\bar{Y}$	$E(\bar{y}_s)$
分布の分散	s^2	S^2	$V(\bar{y})$
分布の標準偏差	s	S	$se(\bar{y})$

図4.3 標本実現値，枠母集団，標本平均の標本分布に必要なおもな記法

分析者が所与の標本調査（つまり1組の実現値）から得た標本平均を使って枠母集団の平均値を推定したいとき，所与の推定値の信頼限界を作るために標準誤差を用いる．"**信頼限界**（confidence limits）"は，相異なるすべての標本実現値から得た平均値が，枠母集団全体の平均値からある一定の範囲内にあるという信頼水準を表している（なおここでは，カバレッジ誤差，無回答誤差，その他の調査誤差すべてを無視している）．たとえば，「消費者調査」（SOC）における成人の標本の平均年齢を $\bar{y}=42$ 歳と推定したと仮定する．また，この推定値の標準誤差を 2.0 と推定していたとする．標準誤差やその何倍かの分だけ平均値に足し引きすることで，母集団の真の平均値に対する信頼限界を作ることができる．たとえば，平均年齢の約 68％信頼区間は，推定値の両側に標準誤差の幅を付けて，$(42-2.0, 40+2.0)=(40, 44)$ である．これらの信頼限界の解釈は，同じ母集団から同じ標本抽出方法を用いて抽出した標本の約 68％が，上と同様の方法で計算した区間に真の母平均を含むだろうということである．一般に用いる 95％信頼限界は，（正規分布にもとづき）標準誤差を 1.96 倍し，$(42-1.96\times2.0, 42+1.96\times2.0)=(38, 46)$ とする．この場合も，まったく同じ方法でこの母集団から抜き出された標本の 95％が，この区間に母集団の真の平均年齢を含むだろうということである．

> ▶**注意**　ここで論じているさまざまの"分散"を混同してはいけない．それぞれの枠母集団はそれ自体が Y の値の分布をもち，母集団要素の分散つまり母分散 S^2 は，任意の所与の標本実現値から得た標本要素の分散つまり標本分散 s^2 によって推定される．これらは，$v(\bar{y})$ を用いて標本実現値データを使って推定される，$V(\bar{y})$ と記した標本平均の抽出分散とはそれぞれ異なる．ここで大文字は枠母集団から得た数量を示す．また小文字は一般に標本から得た数量を示す．

標本統計量の標準誤差は，同じ標本設計から得た標本実現値のすべてについての統計量の散布度あるいは変動の尺度である．標準誤差の記号は $se(\bar{y})$ である．これは標本抽出分散 $v(\bar{y})$ の正の平方根，つまり，$se(\bar{y})=\sqrt{v(\bar{y})}$ である．標準誤差と抽出分散は，標本設計あるいは標本の抽出に用いた方法がもつ，さまざまな特性に依存している．一般には，ある標本抽出技法を使って選ばれた標本が大きければ大きいほど，平均値の分散は小さくなる．要素の集落を使って選んだ標本は，より大きな標準誤差となる．母集団をいくつかの集団に分割し，その集団から独立に選んだ標本はより小さな標準誤差となるようにできる．より大きな標準誤差は，より幅の広い信頼限界となることを意味し，逆もまた同様である．

調査のための標本抽出では，標本抽出変動の検討時にさらに別の尺度が現れる．つまり抽出率 $f=n/N$ であるが，これは枠母集団内の N 個の要素すべての中から得た（大きさ n の）標本内に選ばれた要素の比にすぎない．標本データを使って母集団の推論や説明をしたいとき，この抽出率の逆数 $F=(1/f)=(N/n)$ とは，標本抽出操作を逆にして，n 個の標本要素を N 個の母集団要素の側へ投影することである．

ここまでの議論をまとめると，枠母集団の何かを説明する変数の，未知の分布の特

性を発見するために調査を行うということである．確率標本は既知のゼロでない抽出の機会（抽出確率）を抽出枠の各要素に割り当てる．これらの利点は，既知の信頼水準の範囲内で枠母集団の特性を推定するために，1組の標本実現値を使うことができるということである．もし枠母集団の関心のある統計量が標本平均であるなら，標本実現値について算出した平均値を使い，平均値の標準誤差を推定し，平均値の信頼限界を作ることができる．

2.3.5項で注意したように，標本抽出による誤差の程度は，次にあげる4つの設計上の基本原則に依存するものである．

1) 選ぶ標本の大きさはいくつか？
2) 相異なる枠母集団の要素が，標本として選ばれる機会（抽出確率）はどの程度か？
3) 個々の要素は，直接かつ独立に抽出されるのか，あるいは集団として抜き出されるのか（つまり，"要素"標本とよぶのか，あるいは"集落"標本というのか）
4) 標本は，その標本内の主要な部分母集団（これを"層別"という）の代表性を管理するように設計されているかどうか？

本章は以上の特徴を中心に構成されている．確率抽出の基本を詳しく示すために，もっとも単純な標本設計からはじめる．

4.3 単純無作為抽出

"単純無作為抽出（SRS：simple random sampling）"は，他の標本設計を用いる統計量の抽出分散と比較する基本的な設計として用いられる．単純無作為標本は抽出枠の各要素，要素のすべての対，要素のすべての3つ組み，…といった要素の組合せに等しい抽出確率を割り当てる．単純無作為標本を考える1つのやり方は，まず，枠母集団内の相異なる要素からなる，大きさnのすべての可能な標本を特定し，つぎに，そのうちの1つを無作為に選ぶという方法である．枠母集団の個々の要素すべてに等確率を割り当てる標本設計を，"**等確率抽出法**（epsem：equal probability selection method）"という．

実際には，大きさnの標本となりうるものすべてを書き出すことはしない．それは，大きな母集団では時間ばかりがかかりすぎるからである．たとえば「消費者調査」（SOC）のためには，米国の1億8千万人以上の成人の母集団から抽出される，300人の相異なる成人からなる標本となりうるものの数は膨大である．1組の単純無作為標本を選ぶために，リストにある要素に乱数を直接適用することができる．単純無作為抽出では1からNまでの番号を付与したリスト抽出枠を使う．1からNの乱数は乱数表から選ばれ，それに対応する母集団要素がリストから選ばれる．もし，たまたま同じ母集団要素がくり返し選ばれた場合は，それを標本として何度も選ぶことはしない．かわりに，その母集団から相異なる要素がn個になるまで抽出を続ける（こ

4.3 単純無作為抽出

れを"**非復元**"**抽出**（sampling without replacement）という）.

単純無作為標本から変数 y の平均を

$$\bar{y} = \left(\frac{1}{n}\right) \sum_{i=1}^{n} y_i \qquad (4.1)$$

と計算する．これは単にすべての標本の値 y_i を足し，それを標本の要素数で割ったものである．この平均値の抽出分散は，1組の標本実現値から，

$$v(\bar{y}) = \frac{(1-f)}{n} s^2 \qquad (4.2)$$

として直接推定される．これは，標本実現値内の y_i の値の要素分散を標本の大きさで割って，$(1-f)$ を乗じたものである．この $(1-f)$ の項を"**有限母集団修正**（finite population correction）"（fpc）とよぶ．有限母集団修正項は，抽出枠の要素のうち標本には入っていない割合 $(1-f)$ に等しい．ここで，f は抽出率である．これは，非復元で選ばれたすべての標本の係数として，統計量の抽出分散を低減させるように作用する．かりに，標本が母集団内に占める割合が大きくなるような場合には，f は 1 に近づき，fpc は抽出分散を減少させるように働く．枠母集団は標本に比べて大きいことが多いので，fpc は無視できる．

▶ **COMMENT**　割合の場合の抽出分散の推定値 $v(p) = \frac{(1-f)}{n-1} p(1-p)$ は，割合の抽出分散のよく知られた近似式 pq/n になる．ここで，$q = (1-p)$ であり，この場合には有限母集団修正は無視されている．

抽出率 f が小さいとき，fpc は 1 に近づくので

$$v(\bar{y}) \doteq \frac{s^2}{n} \qquad (4.3)$$

となるが，これは，単に y_i の要素分散を標本の大きさで割った値である．よって抽出分散，平均値の標準誤差，信頼区間の幅は，2つの要因だけに依存している．すなわち，y_i の値がすべての標本要素にわたって，どのように変動するかということと，標本がどの程度の大きさか，ということである．もし，y_i がかなり変動するならば（つまり，S^2 が大きいならば），平均値の抽出分散は大きくなり，信頼限界の幅は広がるだろう．また，n が大きくなれば，抽出分散は減少し，推定値の品質が改善する．

結局，$v(\bar{y})$ は，標本にもとづいて標本平均の抽出分散を推定した値にすぎないことに注意することは有用である．ここで，推定した真の母集団値つまり母数 $V(\bar{y})$ があり，単純無作為抽出の場合は，$v(\bar{y})$ は $V(\bar{y})$ の不偏推定値となる．実際の母平均 $\overline{Y}$ の信頼限界は，たとえば，95％信頼限界は，平均値に標準誤差の約 2 倍を足し引きし，$\bar{y} \pm 1.96(se(\bar{y}))$ と計算される．

割合に密接に関係した結果が，よく知られた公式をもたらす．消費者調査（SOC）で関心のある特性 y_i が，ある成人が「現在の景気が1年前よりも良い」と考えるか

どうかであると仮定しよう．このとき，y_i は2つの値をとる2値変数である．つまり，「景気が良くなっている」と考えるときは1で，さもなければ0をとる．これらの値の平均 $\bar{y}$ が"割合"であり，しばしば記号 p を用いるが，この割合の値は必ず0.0〜1.0の間にある．

この種の変数に対して，単純無作為標本の場合の平均値（つまりここでは割合）の抽出分散は次の簡単な式

$$v(p) = \frac{(1-f)}{n-1} p(1-p) \qquad (4.4)$$

になる．

ここで，割合 p の抽出分散は fpc と標本の大きさだけに依存するが，p 自体の値にも左右される．このことは $v(p)$ の推定には非常に好都合である．なぜなら，個々の y_i の値すべてを必要とせず，割合そのものだけを必要とするからである．

調査の目的を達成するためには，どのくらいの大きさの標本をとるべきなのか？標本の大きさはいくつかの異なる方法で決められる．1つの方法はその標本から得られる信頼限界が，ある値をこえないような標本の大きさを見つけることである．たとえば，消費者調査では，調査委託者は，「景気が良くなっている」と考える人の割合についての95%信頼限界が0.28〜0.32，つまり4ポイントの幅（0.3±0.02）に入るのに十分な大きさの標本を希望していると仮定しよう．これはどのくらいの標準誤差を意味するのだろうか．

期待される割合（割合の期待値）を0.30とすると，これらの限界値は信頼区間の"半分の幅"（つまり0.02），あるいは $1.96 \times (se(\bar{y}))$ であって，これは0.01に等しくなければならないか，または標準誤差が0.01ということである．平均値の標準誤差は $(1-f)s^2/n$ であるから，これを n について解く必要がある．しかし，標本の大きさ n の値を得るためには，s^2 の推定値が必要になる*2．

同じ母集団について以前に行った調査や，少し異なる母集団の同じ特性を測定した別の調査，あるいは s^2 を計算するための小規模な予備調査から得たデータによる計算から s^2 の近似値が得られるかもしれない．これらいずれかの近似値のかわりとして使える S^2 の正確な値を得ることは決してできない．そして手頃な費用でどうにか手に入れられる最良の値（つまり，いずれかの近似値の1つ）を使えるように，1つの選択を行わなければならない．

▶ COMMENT 大多数の米国の調査では，単純無作為標本を使わない．調査ではなんらかの層別（4.5節），またはなんらかの集落化（4.4節），あるいはその両方を行う．

しかしながら割合の場合，この問題はかなり簡単である．近似的には $s^2 = p(1-p)$ が分散であるので，ある程度の誤差があっても，p の値を前もって推測できるならば，標本の大きさの計算に使うために s^2 を推定することができる．たとえば，「行動危険因子監視システム」（BRFSS）では，低所得層の肥満の割合を $p = 0.3$ と見積もったと

する．すると，$s^2 = p(1-p) = 0.3(1-0.3) = 0.21$ となる．つまり，要素の分散は 0.21 となるだろう．かりに p に対する 95％信頼区間を (0.28, 0.32) としたいなら（つまり，p の標準誤差 $se(\bar{y})$ が 0.01 ならば），以下のようになる．

$$\left(n = \frac{(1-f)s^2}{se(\bar{y})^2} \text{ を用い } fpc \text{ は無視して}\right) n = \frac{s^2}{(0.01)^2} = \frac{0.21}{(0.01)^2} = 2100. \quad (4.5)$$

いくつかの事例では，母集団の大きさ N がかなり小さく，適切な標本の大きさに対しては，fpc が 1 に近くはならないのではないか，との疑念がある．このような場合，fpc を考慮するために必要な標本の大きさを調整するのが通例である．たとえば，中規模の町において，$N = 10000$（人）の成人の母集団の肥満度を推定する BRFSS を想定しているとする．fpc の調整前に必要な標本の大きさ 2100 に対して，どのような fpc の効果があるのだろうか．必要な標本の大きさを減らすように，小さな母集団の利点を期待できるだろう．この単純無作為標本の大きさは

$$n = \frac{n'}{1 + \left(\frac{n'}{N}\right)} \quad (4.6)$$

と調整される．つまり，いまの場合は，

$$n = \frac{2100}{1 + \left(\frac{2100}{10000}\right)} = 1736 \text{（人）} \quad (4.7)$$

となる．

ここでは枠母集団がかなり小さいので，標準誤差 0.01 を達成するためには，成人が 2100 人ではなく 1736 人必要となる．

標本の大きさを計算する適切な方法は，母集団に対するある割合に基づくとする，よくある誤解がある．かりに 2 つの母集団からその大きさとは無関係に同じ割合で選ぶとすると，結果として標本は同じ精度となることが想定される．しかし上記の計算が示すように，これはまったく正しくない．母集団の大きさがかなり大きいのであれば，ある所与の標準誤差に合った必要な標本の大きさは，それより大きい別の母集団を調べる場合と変わらない．たとえば，中華人民共和国は米国の 5 倍の人口であるにもかかわらず，中国で必要される標本の大きさと同じ標本の大きさが米国でも必要とされる．

上記の例は，主要な統計量について，あらかじめ決められた標準誤差を満たすように標本の大きさを選んでいる．しかし通常これは起こらない．かわりに，調査実施者は調査を実施するため，ある一定の金額を計上するかもしれない．すると問題は「その金額でどのくらいの大きさの標本が利用できるのか？」ということになる．これが知りたい問題であるとき，所与の統計量に対してどの程度の S^2 を仮定して，どのくらいの標準誤差となりうるかを，研究者は推定しようとする．

調査では，回答者に多数の質問を尋ねることがよくあり，調査ごとに多くの統計量を計算する場合があることに留意することも重要である．ある所与の標本の大きさに

対して，相異なる統計量の精度の水準は変動するだろう．選ばれたただ 1 つの標本の大きさは，調査実施者がどのくらいの金額を調査に使う用意があるのか，調査実施者にとってどの統計量が一番重要であるのか，さまざまな予算配分により統計量にとってどの程度の精度が得られるかといった問題の中での折衷案であることが多い．

4.4 集落抽出法

単純無作為標本の費用は途方もなく高くなることがある．"**集落標本**（cluster sample）"では抽出枠要素をそのまま選ぶのではなく，抽出枠要素の集団をまとめて選ぶ．

たとえば，かりに母集団の各個人を一覧にした米国の人口登録簿が存在したとしても，調査員を全国に派遣する費用がかかるために，面接調査では，それまでしてもなお単純無作為標本を使うことはないだろう．こうした状況は，「全国犯罪被害調査」（NCVS）が目標とする成人の母集団や，「全国学力達成度調査」（NAEP）における 4 年生，8 年生，12 年生の母集団のように，母集団が地理的に広範囲に拡がっているときに起こる．同様に，母集団の要素をそのまま一覧にした抽出枠がない場合，要素の抽出枠を整備する費用はとても高くなるだろう．広範囲に拡がる母集団は，しばしば単独のリストでなく，（全国の各小学校の 4 年生のリストのように）複数のリストに載っている，あるいは（「全国犯罪被害調査」（NCVS）における 12 歳以上の個人のように），要素のリストがまったくないこともある．

手ごろな費用で抽出枠を構築する 1 つの方法は，まず要素の集落を抽出し，次に，選ばれた集落だけについて要素のリストを収集することである．そして，ある標本集落を選び，その要素の対象者を調査員が訪れたとき，各集落内の 2 つ以上の要素を面接するかあるいはデータ収集を行うと，費用も節約できることがわかる．説明を簡単にするために，ここではまず，広範囲に拡がる母集団があり，集落のリストを得られる場合を考えよう．さらに，それぞれの集落がまったく同じ大きさであると仮定する．これは，現実にはありえないかもしれないが，平均値あるいは割合の標準誤差について，あまり複雑でない結果からはじめるためには都合のよい仮定である．

図 4.4 は単純な集落化抽出枠を示している．図の左側に描かれた 6 つの街区からなる小さな村を想像しよう．各街区には 10 軒の住宅があり，✚字印か◎印で表されている．この村には全部で 60 の世帯がある．村の半分は富裕層の世帯で（図中の✚字印で示されている），半分は貧困層の世帯で（図中に◎印で示されている）構成される．貧困層の人々は似たような人々の隣に住む傾向があり，富裕層の人々も同じような人々の隣に住む傾向があることに注意しよう．これは，世間一般に見られる所得に応じた居住住み分けの典型的なパターンである．

街区の集落化設計を使って，この村から大きさが 20 世帯の標本を計画し，各標本実現値用に 2 つの街区を抽出するとしよう．単に 1～6 の乱数を 2 つだけ抜き出したとして，標本実現値となりうるすべての組が，図の右側に並べられている．貧困層の

4.4 集落抽出法

	2街区の標本
	(実現値の中の◎印の世帯の割合)
街区番号	◎の割合
1, 2	$19/20 = 0.95^*$
2, 3	$17/20 = 0.85^*$
1, 3	$16/20 = 0.80^*$
2, 4	$13/20 = 0.65$
1, 4	$12/20 = 0.60$
2, 6	$11/20 = 0.55$
1, 6	$10/20 = 0.50$
2, 5	$10/20 = 0.50$
3, 4	$10/20 = 0.50$
1, 5	$9/20 = 0.45$
3, 6	$8/20 = 0.40$
3, 5	$7/20 = 0.35$
4, 6	$4/20 = 0.20^*$
4, 5	$3/20 = 0.15^*$
5, 6	$1/20 = 0.05^*$

図 4.4 6街区に集落化された "✚" の30世帯と "◎" の30世帯からなる母集団の俯瞰図．このうちの2街区が選ばれる

世帯（◎印）の割合は0.50であることを思い出そう．15組の標本実現値による割合の平均つまり平均比率は0.50であり，つまり，この標本設計は貧困層の世帯の割合の不偏推定値を与える．しかし，右側にある推定した貧困層の世帯の割合の15組の異なる標本実現値の間の大きな変動を見てほしい！ この15組の異なる標本のうち，6組は0.80以上か0.20以下の推定値となっている．真の割合は0.50であるから，これらは極端に悪い推定値である．推定した平均値（この場合は割合）の標本抽出分散は非常に大きい．これは，調査統計量自体が集落間で大きく変動する場合の集落化処理の有害な影響を表している．

集落化標本の統計量はどのように計算するのか．「全国学力達成度調査」(NAEP) を説明に使おう．たとえば，「全国学力達成度調査」では，米国の4年生学級 $A=40000$ のすべてのリストが得られ，各学級には正確に $B=25$（人）の生徒がいると仮定する．われわれは $A \times B = N = 40000 \times 25 = 1000000$ 人の生徒のリストはもっていないが，教室に赴けば，その学級に在籍する25人の生徒のリストを容易に得ることができる．

標本抽出の手順は単純である．すなわち，単純無作為抽出で a 個の学級からなるある標本を選び，それぞれの学級を訪問し，標本とした各学級内のすべての生徒からデータを収集する．もし，$a=8$ 個の学級を選ぶとすると，標本の大きさは $n=8 \times 25 = 200$ 人の生徒である．これは要素からなる単純無作為抽出と同じ種類の標本抽出で

はないことを明確にしなければならない．この種の設計では，選ぶことのできない大きさ200人の生徒の単純無作為標本が無数にある．たとえば，いくつかの単純無作為標本の実現値は，200学級のそれぞれの中の，ちょうどきっかり1人の生徒からなる．これでは8個の学級から200人の生徒の集落標本とすることは不可能である．

統計的な計算は集落標本では少し複雑である．なぜなら，調査データセットを，学級でくくられた生徒記録から構成されるものとみなす必要があるからである．したがって，生徒と学級を示すために，ある記法を必要とする．ここでは標本の200人の生徒のそれぞれから，試験の点数 $y_{\alpha\beta}$ を得て（これは，α 番目の学級の β 番目の生徒の点数），平均点

$$\bar{y} = \frac{\sum_{\alpha=1}^{a}\sum_{\beta=1}^{B} y_{\alpha\beta}}{a \times B} \quad (4.8)$$

を計算すると仮定しよう．つまり，この標本内に $\alpha=1, 2, \cdots, a$（個）の学級があり，標本とした学級のそれぞれに，$\beta=1, 2, \cdots, B$（人）の生徒がいる．この平均値は，最初に学級内の全員の点数を足し上げて，次に学級の和を足し上げ，最後に標本の大きさで割るという違いはあるが，前とまったく同じように計算される．

この平均値の抽出分散は，単純無作為抽出の場合の抽出分散とは異なる．選ぶときの無作為化は学級にのみ適用される．これらが標本抽出単位であり，どの学級が選ばれるかによって $\bar{y}$ の値は変動するだろう．ある意味では，単純無作為抽出とすべて同じなのだが，集落を標本における要素のように扱う．この場合は，

$$v(\bar{y}) = \left(\frac{1-f}{a}\right) s_a^2 \quad (4.9)$$

となる．ここで，s_a^2 は a 個の学級間の平均点の変動である．つまり，

$$s_a^2 = \left(\frac{1}{a-1}\right) \sum_{\alpha=1}^{a} (\bar{y}_\alpha - \bar{y})^2 \quad (4.10)$$

である．ここで，$\bar{y}_\alpha$ は α 番目の学級内での平均点である．集落抽出の場合には，要素の分散 s^2 のかわりに"集落間分散"（s_a^2）を使う．

8学級からなる1組の標本が，4年生の試験で次の平均点であったと仮定する．すなわち，$\bar{y}_\alpha$ がそれぞれ370点，370点，375点，375点，380点，380点，390点，390点とする．この平均点 $\bar{y}$ は378.75点である．このとき，

$$s_a^2 = \left(\frac{1}{a-1}\right) \sum_{\alpha=1}^{a} (\bar{y}_\alpha - \bar{y})^2 = 62.5, \quad \text{また，} \quad v(\bar{y}) = \left(\frac{1-f}{a}\right) s_a^2 = 7.81 \quad (4.11)$$

となる．

集落化処理は，同じ大きさのある単純無作為標本にもとづいて予想していたよりも，平均値の標準誤差を増加させる傾向があると，先に指摘した．大きさ $n=200$ の単純無作為標本をこの母集団から選び，同じ平均値（つまり378.75点）が得られたと仮定する．さらに，200人の生徒の点数は，要素の分散が $s^2=500$ となると仮定する．そのときは，7.81ではなく，

$$v_{srs}(\overline{y}) = \left(\frac{1-f}{n}\right)s^2 = 2.50 \tag{4.12}$$

となる．つまり集落標本平均の抽出分散のほうがより大きいことがすぐにわかる．実際に，次の比

$$d^2 = \frac{v(\overline{y})}{v_{srs}(\overline{y})} = \frac{7.81}{2.50} = 3.13 \tag{4.13}$$

のように，より大きい．生徒を直接選ばずに生徒の学級を選ぶことによって，平均の抽出分散は，なんと3倍以上となるのである！このことは，集落化処理の影響のために，標準誤差と信頼限界が77%の増加をすること，を意味する（なぜならば，$\sqrt{3.13} = 1.77$ 倍となるから）*[3]．

この統計量 d^2 を**調査設計効果**（design effect）とよぶ．標本の大きさの決定時や，要素の代わりに集落を抽出したことの影響を要約するときに，調査標本抽出で広く使われるツールである．これは，標本設計のもとに計算される統計量の抽出分散を（この場合は $v(\overline{y})$)，まったく同じ大きさの単純無作為抽出から得られるであろう抽出分散 （$v_{srs}(\overline{y})$）で割った比として定義される．1つの調査の各統計量にはそれぞれ独自の調査設計効果がある．同じ調査におけるさまざまな統計量は異なる大きさの調査設計効果となるだろう．

平均値の抽出分散が大きく増加することを示すこの結果が，一般に正しいとして，なぜ要素の代わりに集落を選ぶのだろうか？その理由は，要素による設計あるいは集落化のない設計の費用が高すぎて払えないことにある．単純無作為標本を抜き出すため，全生徒からなる抽出枠を得るには，個人リストを収集するため40000学級のすべてを訪問せねばならないだろう．さらに標本の200人は多くの学級にわたるので，8学級だけの標本にくらべて，調査依頼の努力を多く必要とする．この費用と精度との兼ね合い（トレードオフ）において，調査費用を予算内におさめるために，学級の標本から得た平均値の標準誤差がより大きくなることも，ときには許されることもある．

▶ COMMENT 典型的なパッケージ・ソフトを用いた集落化調査データの分析では，小さ目の推定標準誤差となるだろう．適切な推定値を得る方法を学習するためには10章を参照してほしい．

4.4.1 調査設計効果と集落内の等質性

一般に集落標本は，要素の標本（element sample）に比べて抽出分散を増加させることとなった．それは学級間でテストの平均点が変動することの結果である．学級間でみたテストの点数に差があることにより，学級内の点数の類似性あるいは等質性の傾向があることも意味する．集落の平均値間の変動があるほど，集落内では相対的にみて，要素がより一層均質になる．

集落化の影響について考慮するもう1つの方法は，「同じ集落から得たもう1つの要素を標本に加えることで，母集団に関してどのような新しい情報を得るのか？」を

表4.1 5ヵ国の女性の出産経験に関するエリア確率標本調査の変数の種類別平均 roh 値
(キッシュ，グローヴス，クロトキ；Kish, Groves, and Krotoki, 1976)

変数の種類	国（調査年）				
	ペルー (1969)	米国 (1970)	韓国 (1973)	マレーシア (1969)	台湾 (1973)
社会経済的変数	0.126	—	0.081	0.045	0.016
人口統計学的変数	0.024	0.105	0.025	0.010	0.025
態度に関する変数	0.094	0.051	0.026	0.017	0.145
出産経験に関する変数	0.034	0.019	0.009	0.025	0.014

問うことである．たとえば，極端な場合として，ある学級の生徒全員が同じ点数であれば，1学級の1人の生徒の点数をいったん知れば，その教室の他の24人の測定は不要である．各学級の1人の子どもから点数を得るだけならば，多くの経費を節約できるだろう．

この集落化の影響を測定する1つの方法は，集落内の要素間の級内相関を集落ごとに平均して使うことである．この相関はある集落内の変数の値が，その集落外の値と比べて互いに関連する傾向を，測定している．**集落内等質性**（intracluster homogeneity）は"等質性の比率（rate of homogeneity）"として **roh** で表し，たいていの場合は正の値である（ゼロより大きい）．さらに，抽出分散の変化を要約する調査設計効果と，この roh を結びつけることができる．つまり，ある大きさ n の単純無作為標本の代わりに，大きさ n の集落標本で得た抽出分散となるので，$d^2=1+(b-1)roh$ という結果となる．つまり，学校の例で見た抽出分散の増加は，実際は，学級内の生徒間のテストの点数の等質性の程度と，学級から選ばれる標本の大きさ b により決まる．この例では，$b=B=25$，つまり，標本集落内のすべての子どもが選ばれる．ときには，各学級の生徒の一部だけを標本に抜き出すこともある（副標本，subsample とよぶ）．次の節では，副標本を抽出することを考える．

さしあたり，d^2 は roh の増加にともない大きくなることに注意しよう．roh は変数の種類によって変化する．集落内で高い等質性の比率をとる変数は，その平均値に対して，より大きな調査設計効果となるだろう．たとえば，表4.1は，米国における郡と同じような集落を使っている，諸外国におけるエリア確率標本から得たいくつかの roh の値を示している．一般に，この表は社会経済的変数では高い roh 値を示し，女性の態度に関する変数と出産経験の変数では，低い値となることを示している．社会経済的変数の高い roh 値の結果は，多くの国にとって共通した富裕層と貧困層の世帯の居住住み分けの結果として起こる．このことは，社会経済的変数に関する平均値の調査設計効果が，態度の変数や出産経験の変数に関する影響よりもおおむね高いことを意味する．

副標本が大きいほど，調査設計効果が大きくなる．副標本の大きさ b は，抽出分散への等質性の寄与を高める．上の例では，比較的大きな d^2 の値となっている．な

ぜなら，標本の各学級内の生徒全員をとるように選んだからである．もし，ある学級で，$b=10$ 人の生徒だけを選んだとすると，d^2 の値は下がるだろう．もちろん，標本全体の大きさを維持するために，集落数を 8 から 20 に増やさなければならないだろうし，それによってデータ収集費用が増加する．集落あたりの標本対象数 b の調査設計効果の依存性は，標本の部分集合（subclass）に対して算出した平均値が，標本全体について算出した平均値よりも低い調査設計効果となる傾向があることも意味している．

標本にとって最悪の場合は $roh=1$ かつ $b=B=25$ を選んだ場合で，d^2 が最大値となるだろう．あるいは，$roh=0$ であれば，d^2 は 1 に等しくなる．つまり，roh が正の値である限り，直接には集落化されていない生徒の標本以上はよくすることはできない．

しかし，所与の変数と集落の定義について，等質性を理解するために，roh の推定値をどのように得るのだろうか？ roh の近似値を得るための 1 つの単純な方法は，d^2 から直接導くことである．学級の標本の例について，すでに $d^2=3.13=1+roh$ (25 student-1) となることがわかっている．したがって，

$$roh = \frac{(d^2-1)}{(b-1)} \tag{4.14}$$

から roh を推定できる．この例の場合は，

$$roh = \frac{(3.13-1)}{(25-1)} = 0.0885 \tag{4.15}$$

である．つまり，わずかな等質性が存在し（roh の値が 1 より 0 に近い），これが副標本の大きさ b によって強められているのである．

調査の標本抽出推定システムでは，roh はおきまりの手順にそって推定されることが多い．この処理過程は常に同じである．まず，標本の要素を選ぶために実際に用いた標本設計に対する $v(\bar{y})$ を計算する．次に，集落標本のデータを使って集落標本の要素をあたかも単純無作為抽出（SRS）で選んだかのように扱い，

$$v_{srs}(\bar{y}) = \left(\frac{1-f}{n}\right) s^2 \tag{4.16}$$

を計算する．そして最後に，d^2 を求めて，

$$roh = \frac{(d^2-1)}{(b-1)} \tag{4.17}$$

を計算する．

実際には，どのように roh の推定値を使うことができるのか？ たとえば，仮想的に同じ母集団から，同一あるいは類似する主題について以前の調査から得た roh の値を計算したとしよう．次に，新しい調査設計のもとで抽出分散を推定するために，まずはじめに，新たな調査設計効果を $d^2_{new}=1+(b_{new}-1)roh_{old}$ と計算する．ここで，b_{new} は集落ごとの標本要素の新たな数であり，roh_{old} は以前の調査からの roh の値である．次に，この新たに作った調査設計効果を使い，その新たな標本の平均値に対す

> **コラム 5 ●回帰係数の調査設計効果に関するキッシュとフランケルの研究**
> (Kish and Frankel, 1974)
>
> キッシュとフランケル（1974）は，標本平均に関する多くの標本設計の影響が，相関係数，重相関係数，回帰係数のような分析的統計量に対しても似たような傾向にあることを見つけた．
> **研究計画**　シミュレーション研究で，最新人口動態調査（CPS）における，3240 の1次抽出単位に含まれる 45737 世帯のデータセットから，200 ないし 300 の反復集落化副標本（repeated clustered subsamples）を抽出した．CPS は多段エリア確率標本であり，副標本は基本設計と同じ多段を使用した．副標本設計は 6 層，12 層，30 層と変えて，平均してそれぞれ 170, 340, 847 の世帯数となるようにした．それぞれ 8 つの係数を含む 2 つの重回帰式，相関係数，重相関係数を推定した．これらの統計量の標本分布を，200～300 の標本から得た平均値と分散を調べることにより推定した．
> **研究成果**　相関と回帰係数の調査設計効果は 1.0 より大きくなるが，標本平均の平均的な調査設計効果より小さくなる傾向があった．重相関係数は他の統計量より大きな調査設計効果となった．
> **研究の限界**　この研究では，かなり大きな標本調査から同等の設計の反復副標本（repeated subsamples）を抜き出すことによって，複雑な統計量の標本分布を模擬実験した．研究それ自体は，もとの調査の設計が経験的な結果にどのように影響したか検討することができない．
> **研究の影響**　この研究は，分析的統計量について調査設計効果の広範囲にわたる注意を示してくれた．複雑な調査データの実際の分析では，従来は大部分が無視されていた．

る単純無作為標本の分散の推定値，つまり，以前の調査から推定した s^2 と新たな設計から決まる n を用いた

$$v_{srs}(\bar{y}) = \left(\frac{1-f}{n}\right)s^2 \tag{4.18}$$

を乗ずる．

　d^2 を調べるための別法がある．それは集落の標本抽出でこうむる精度の損失の程度である．標本の大きさの点から，この損失について考えると仮定しよう．説明の例では，標本中の生徒の数は 200 である．しかし，$d^2=3.13$ となった抽出分散の大幅な増加で，実際には大きさ 200 の単純無作為標本と同等なものは得られない．代わりに，実は，単純無作為標本としてはずっと小さい標本で，これで同じ $v(\bar{y})=7.81$ を達成できる．この場合，有効な標本の大きさは $n_{eff}=200/3.13=64$ である．ある統計量に適した**"有効な標本の大きさ（有効サンプル・サイズ，effective sample size）"** とは，現実の調査設計によって達成されるものと同じ抽出分散を与える単純無作為標本の大きさのことである．

4.4.2 選ばれた集落内での副標本抽出

上述のとおり，選択された集落内の標本の大きさ（たとえば，学級ごとに抽出される生徒の数）を小さくすることで，試験の平均点の抽出分散について集落化の影響を減らすことができることに言及した．これは，結果の精度に集落化が及ぼす悪影響を抑制するように，ある妥協をしようとすることである．ここで例とした調査設計では，200人の生徒を抽出するために各25人の生徒で構成される標本となる学級を8選んだ．われわれは抽出された学級から，25人の生徒のうち10人を無作為に選ぶとする．その副標本抽出を用いると，200人の生徒からなる標本は，20学級以上に広げる必要があるだろう．つまり1つの学級から選ぶ生徒数 b は，25から10に変わり，一方，選ぶ学級数 a は8から20に変わる．

コラム 6 ●用いる層の数をいくつとするか，についてのコクランの研究
(Cochran, 1961)

コクラン（1961）は，いくつの相異なる分類基準（つまり層）を層別変数に用いるべきかという問題に取り組んだ．たとえば，2層が1層より良いとしたら，7層は6層より良いといえるのか．

研究計画 コクランは，大きさの等しい層を仮定して，調査変数 y および層別変数 x に関するさまざまな条件を分析した．彼は y と x との間のさまざまなレベルの相関係数を仮定して，平均値の抽出分散に関する層別効果を検討した．コクランはまた，いくつかの実例も示した．

研究の成果 ほとんどの層別の利点は，層別変数の6個以下の分類基準（層）で得られる．下の表は，同一の変数について層の追加によって低減した抽出分散を示しているが，層の追加ごとに利率（rate of return）が減少している．層別変数（x）と調査変数（y）との間の相関を大きくするのに合わせて，より多くの層を作ることが効果的である．この実際のデータは模擬実験の結果を追ってみたものである．

層別平均の調査設計効果

層の数	模擬実験による x と y との間の相関		実際のデータ	
	0.99	0.85	大学入学者数	都市の規模
2	0.265	0.458	0.197	0.295
3	0.129	0.358	0.108	0.178
4	0.081	0.323	0.075	0.142
6	0.047	0.298	0.050	0.104
無限大	0.020	0.277		

研究の限界 この研究では，変数 x–y の関係を記述するために線形モデルを用いた．これとは別の結果では，さらに複雑な関係を使っている．

研究の影響 この研究は，各層別変数について比較的少数の層について実践法の指針となった．

この副標本抽出の利得はなにか？　標本平均に対する調査設計効果は下がり，標本平均の精度は上がる．調査設計効果は，この場合，（標本の教室ごとに25人の生徒とした場合の3.13に代わって）$d^2 = 1 + (10-1)(0.0885) = 1.80$ であり，有効な標本の大きさは（64から）$n_{eff} = 200/1.80 = 111$ に増える．そして標本中の生徒の総数は変わらないのに，標本平均はより正確になる．

標本要素の総数を固定したまま，集落標本をさらに多数の集落に広げることで，通常は総費用が増える．この例では，生徒に試験を行うために標本となる，各学校の協力を得るための交渉が広範囲に拡がるだろう．しかしこれと対照的に，標本となる学校の中で，もう1人の生徒に試験を行う費用はとるに足らない．調査費用は増えたのだが，学級の集落標本から得る平均値の抽出分散は減らしたことになる．

要約すると，標本抽出の単位を，たとえば単純無作為抽出の場合の要素から，要素の集落へと変更することで費用は低減したが，この費用削減は，平均値についてより大きな標本抽出分散，あるいは同程度の抽出分散を得るためにさらに大きな標本を必要とするという代償を強いられる．抽出分散の増加は調査設計効果で測定する．ある集落標本平均の抽出分散は，等質性の比率と各集落内で選ばれる要素数がいくつであるかということから導かれる．

集落標本抽出と逆の影響をもたらす別の標本抽出技法がある．次に，そのうちの1つである層別について考える．

4.5　層別と層別抽出

確率的標本設計は，標本における母集団の部分集団の代表性を保証する機能があれば，さらに良くなる．**層別**（stratification）はそのような機能の1つである．この技法は，一見したところでは簡単に使える．母集団要素からなる抽出枠において，リスト内の各要素に関して，要素を別々の集団つまり"層（strata）"に分けるために利用できる情報があると仮定する．層とは標本抽出枠上の互いに排反的な要素の集団のことである．個々の抽出枠要素はただ1つの"層（stratum）"に分類される．層別抽出では，各層から独立して選ばれる．（その抽出枠が要素をリストにしてあるとき，各層では単純無作為抽出となるように）同じ抽出手順を使うとか，あるいは異なる抽出手順を使って（ある層では要素の単純無作為抽出とし，また別の層では集落抽出となるようにして），別々の標本がそのような各集団から抜き出される．

図4.5と図4.6は，層別がどのように機能するかを示している．図4.5は20人の母集団をアルファベット順に一覧としてある．また，この抽出枠は，1つの専門家の組織の会員リストであるとしよう．抽出枠要素の氏名のほかに，リストにはあるグループ化変数がある．つまり，この会員組織での経験度を，「低い，中程度，高い，もっとも高い」，と4段階で示している．たとえばここで，"Bradburn, N"は"高い"経験度をもつ集団に属しており，"Cochran, W"は"もっとも高い"という段階の集団

内に属している．この4段階の経験からなる各集団は，それぞれ5人の抽出枠要素を含む．この組織に対する態度を測定する調査を実施する予定であるが，意見はこの4つの異なる経験度の集団間で変動するかもしれない．かりに，経験度に関する抽出枠情報を無視するなら，単純無作為抽出で抜き出すかもしれない．説明を簡単にするために，$n=4$ の単純無作為標本を考えよう．図4.5は，乱数9，13，14，18にもとづ

記録	氏名	層	
1	Bradburn, N.	高い	
2	Cochran, W.	もっとも高い	
3	Deming, W.	高い	
4	Fuller, W.	中程度	大きさが4の単純無作為抽出（SRS）
5	Habermann, H.	中程度	
6	Hansen, M.	低い	
7	Hunt, J.	もっとも高い	
8	Hyde, H.	高い	
9	Kalton, G.	中程度	→ Kalton, G.
10	Kish, L.	低い	
11	Madow, W.	もっとも高い	
12	Mandela, N.	もっとも高い	
13	Norwood, J.	中程度	→ Norwood, J.
14	Rubin, D.	低い	→ Rubin, D.
15	Sheatsley, P.	低い	
16	Steinberg, J.	低い	
17	Sudman, S.	高い	
18	Wallman, K.	高い	→ Wallman, K.
19	Wolfe, T.	もっとも高い	
20	Woolsley, T.	中程度	

図4.5 20人をアルファベット順に並べた枠母集団と大きさが $n=4$ の単純無作為標本の実現値

記録	氏名	層	
2	Cochran, W.	もっとも高い	全体の標本の大きさが4
7	Hunt, J.	もっとも高い	の層別無作為標本
11	Madow, W.	もっとも高い	
12	Mandela, N.	もっとも高い	
19	Wolfe, T.	もっとも高い	→ Wolfe, T.
1	Bradburn, N.	高い	→ Bradburn, N.
3	Deming, W.	高い	
8	Hyde, H.	高い	
17	Sudman, S.	高い	
18	Wallman, K.	高い	
4	Fuller, W.	中程度	→ Fuller, W.
5	Habermann, H.	中程度	
9	Kalton, G.	中程度	
13	Norwood, J.	中程度	
20	Woolsley, T.	中程度	
6	Hansen, M.	低い	
10	Kish, L.	低い	
14	Rubin, D.	低い	→ Rubin, D.
15	Sheatsley, P.	低い	
16	Steinberg, J.	低い	

図4.6 20人を集団別に並べた枠母集団と各層から大きさ $n=1$ の層別要素標本

いて得た実現値の1組を示しており，その標本実現値の経験分布は"低い"段階の集団に1人と"中程度"の段階の集団に2人，"高い"段階の集団に1人からなることに注意しよう．この実現値では，少なくとも枠母集団の20%を占める「もっとも高い」段階の集団のどの要素も拾い出せていない．この調査設計の別の実現値を作ると，"もっとも高い"段階の4人の会員，あるいは"低い"段階の4人の会員となるかもしれない．このように単純無作為抽出を使うと，各標本実現値における経験度の集団の会員の代表性はほとんど管理調整ができない．

図4.6は，層別化した要素の標本のために用意した，前と同じ枠母集団を示している．はじめに，標本抽出枠を集団別に（つまり層ごとに）並べる（図では，"もっとも高い"段階の経験度の会員が最初に並び，その次に，"高い"段階の経験度の会員となっていることに注意する）．次に，各集団の中で1つの単純無作為抽出標本を選ぶ．標本の大きさの総計を保つために（つまり4として），各集団から大きさ1の単純無作為標本を抜き出すと，前と同じ抽出率1/5で同じ標本の大きさ4が得られる．図4.6はこの標本調査設計の1つの実現値を示している．ここで各集団（層）は1つの標本要素により代表されていることに注意しよう．実際，層別設計のすべての実現値は，ただ1つの標本要素が代表する4つの集団（つまりここでは層）それぞれを含むだろう．経験度が「低い」段階のみ，あるいは"もっとも高い"段階のみの実現値が生じることが避けられる．主要な調査変数が集団間で変動するかぎり，以上のことで生じる標本誤差は，標本平均全般にわたり，より小さくなる．

平均や割合のような母集団の値（population values）を推定するためには，層別で得た結果を結合せねばならない．つまり，母集団の平均や割合の推定値を各層で計算し，母集団の1つの推定値とするために，すべての層にわたって結合する．結合の方法は，標本をどのように層に分けたかによって決まる．

4.5.1 層への比例割り当て

比例割り当ては各層において同じ抽出確率，つまり等確率抽出法（epsem）で標本を選ぶことと同等である．すなわち，かりに層 h の標本抽出率を $f_h = n_h/N_h$ で表すと，比例割り当ては，直前の段落で述べたように，同じ抽出率で各層から独立に標本を選ぶことに同等である．いいかえると，すべての層について，$f_h = f$ とすることである．たとえば，標本内の所定の層から得た要素の割合 n_h/n を，母集団における要素の割合 N_h/N と同じとなるように，層 h に対する大きさ n_h の標本を選ぶことができる（ここで，N_h は層 h における母集団要素の数とする）．またここで，$W_h = N_h/N$ は各層のこの母集団の割合を示すとする．

母集団全体に対する推定値を得るために，得られた結果をすべての層にわたって結合する必要がある．1つの方法は，層の結果を母集団の割合 W_h により重みづけすることである．ここで母集団の平均値を推定することに関心があり，各層の平均値 $\bar{y}_h$ を計算したと仮定しよう．母集団の平均値の層別推定値を $\bar{y}_{st}$ で表し，添え字 st で"層

別"を示す.このとき平均値は次式で求められる.

$$\bar{y}_{st} = \sum_{h=1}^{H} W_h \bar{y}_h = 各層の平均値の加重和 \qquad (4.19)$$

この式で,各層の平均値は,全体の平均値に対してその層の大きさに比例して寄与している.

$\bar{y}_{st}$ の抽出分散もまた,すべての層にわたる値の結合であるが,さらに複雑になる.各層内の要素について,層 h 内の大きさ n_h の単純無作為標本を選ぶような層別抽出を考えよう.すると,第 h 層の平均 $\bar{y}_h$ の抽出分散は,大きさ n_h の単純無作為標本に対して計算される以下の抽出分散,

$$v(\bar{y}_h) = \left(\frac{1-f_h}{n_h}\right) s_h^2 \qquad (4.20)$$

として与えられる.層内の要素の分散 s_h^2 は,各層で別々に推定され,平均 $\bar{y}_h$ の周りの層内分散である.つまり,

$$s_h^2 = \left(\frac{1}{n_h-1}\right) \sum_{i=1}^{n_h} (y_{hi} - \bar{y}_h)^2 \qquad (4.21)$$

である.

したがって,層別無作為抽出では,単純無作為抽出のように要素の分散は1つではなく,各層に対して1つずつ計算する必要がある.

$\bar{y}_{st}$ については,これらの単純無作為抽出の抽出分散の推定値を,

$$v(\bar{y}_{st}) = \sum_{h=1}^{H} W_h^2 \left(\frac{1-f_h}{n_h}\right) s_h^2 \qquad (4.22)$$

として結合する.ここでは,各層の単純無作為抽出の分散を母集団の割合 W_h の2乗により"重みづけ"を行う.

層別標本平均の精度は,同じ大きさの単純無作為抽出のそれと比べられるのだろうか? 集落抽出で行ったように,層別標本(この場合は,層ごとの単純無作為抽出による層別無作為標本)の標本抽出による分散を,同じ大きさの単純無作為標本の抽出分散に対して計算することになる.したがって,層別無作為標本抽出の調査設計効果は,

$$d^2 = \frac{v(\bar{y}_{st})}{v_{srs}(\bar{y})} = \frac{\sum_{h=1}^{H} W_h^2 \left(\frac{1-f_h}{n_h}\right) s_h^2}{\left(\frac{1-f}{n}\right) s^2} \qquad (4.23)$$

表 4.2 3つの都市層に分けられた学校から得た,比例割り当て層別無作為標本の結果

層	N_h 枠の学校数	W_h 母集団の割合	n_h 層の標本の大きさ	f_h 層の抽出率	$\bar{y}_h$ 標本の層平均	s_h^2 標本の層要素の分散
中心都市部の学校	3200	0.4	192	0.06	6	5
他の都市部の学校	4000	0.5	240	0.06	5	4
地方の学校	800	0.1	48	0.06	8	7
計	8000	1.0	480	0.06		

で与えられる.

　この調査設計効果は，値が1より小さい場合，1と等しい場合，あるいは1より大きい場合まである．調査設計効果の値は各層から抜き出された標本がどのくらいの大きさか，層への標本割り当てとして何がわかっているかに大きく依存している.

　もちろん，割合の推定手順は平均値の場合と同様であり，実際に同じ式を使うことができる．しかし，割合の推定では，割合に特有の表現を用いて，

$$p_{st} = \sum_{h=1}^{H} W_h p_h \tag{4.24}$$

$$v(p_{st}) = \sum_{h=1}^{H} W_h^2 \left(\frac{1-f_h}{n_h-1} \right) p_h (1-p_h) \tag{4.25}$$

の2式で表すことが多い．

　学校を標本とする「全国学力達成度調査」（NAEP）の「学校の特徴と方針についての調査」[*4] から得た例を考える．少し簡単にするために，都市の所在位置によって分けられた抽出枠を想定しよう．その抽出枠内には $N=8000$ の学校があり，$n=480$ の層別標本が選ばれるとする．表4.2に3つの層に分けられた枠母集団を示してある．さらに，層に比例して抽出率0.06を各層に適用して標本を割り当てるものと仮定する．いったん標本が選ばれると，調査では，その480校の校長にどのくらいの数の大学進学準備ではない学級，つまり"職業教育"学級が秋学期に開講されるかを尋ねる．そして各層の「職業教育」学級数の平均値を計算し，要素の分散 s_h^2 を同じように計算する．この層別抽出の結果については表4.2を参照してほしい.

　すべての層で抽出率は等しいが，層の標本の大きさは異なる．平均値と要素の分散も，予想どおり層によって異なる．地方の学校では「職業教育」学級数の平均値が高い．「職業教育」学級数の平均値が大きくなるにつれて要素の分散が増加する.

　かりに，標本とした480の学級にわたり，重みづけしない平均値を単純に計算すると，偏りのある平均値となるだろう．なぜならば，地方の学校に対して過大な重みを与えるからである．この場合，重みづけしない平均値は単純に，

$$\bar{y} = (6+5+8)/3 = 6.3 \tag{4.26}$$

から求められる．

　枠母集団に比例させ各層に重みづけした平均値を使う必要がある．つまり，この場合の $\bar{y}_{st}$ は，

$$\bar{y}_{st} = (0.4 \times 6) + (0.5 \times 5) + (0.1 \times 8) = 5.7 \tag{4.27}$$

である．このようにより小さい平均値となるのは，重みづけしない平均値では，地方の学校に大きすぎる割合を与えていたためである.

　このような加重推定の問題の1つに，標準的な統計ソフトウェアでは，層の平均値の加重平均を自動的に計算できないことがある．そのかわりに，個々の対象（つまり

> **コラム7●層別無作為標本抽出法に関するネイマンの考え方**(Neyman, 1934)
>
> ネイマン(1934)は,「有意抽出」対「無作為抽出」に関する大論争があったときに,標本の抽出方法に関する基本的な問題に取り組んだ.
>
> **研究計画** ネイマンは,貧困や出生率など,主として社会問題について,他のリサーチャーたちの研究を提示してみせた.標本抽出枠を互いに異なる個別の集団に分け,次にいくつかの単位を選ぶことが,母集団を「代表する」ために重要であると主張するリサーチャーもあれば,無作為化により各人に等しい選出の機会を与える無作為抽出が重要であると主張する者もあった.
>
> **研究の成果** ネイマンは,この2つの調査設計がそれぞれ長所をもっており,組み合わせることができると述べた.実例とある数学的推論によって,母集団を,関心のある主要な統計量に関してさまざまな値をとるような,彼がいうところの「層」に分けることが,無作為抽出に先立って行うことができることを示した.また各層から無作為抽出法を用いて抽出することによって,信頼限界を導くことができた.さらに,おもな変数について,大きな内部変動のある層にはより高い抽出率を適用することで,層別標本から得た統計量の信頼限界を,任意の所与の標本の大きさに対し最小に抑えられることを示した.
>
> **研究の限界** 同一の調査から得たさまざまな統計量に対して,最適割り当ては変化するだろう.このネイマン割り当てを実施することは,層内母分散についての知識を必要とした.またここでの研究成果は,調査における無回答誤差,カバレッジ誤差,測定誤差を無視している.
>
> **研究の影響** この論文が根本的な突破口となり,全世界において層別確率標本抽出の使用を促進した.

要素)それぞれに対して重みがあるような加重平均を計算する.この層の平均値の加重和を,標準的なソフトウェアで用いる個々の要素の加重和におきかえることは可能である.とくに,層別平均推定量を次式のように別の視点から考えてみよう.

$$\bar{y}_{st} = \sum_{h=1}^{H} W_h \bar{y}_h = \sum_{h=1}^{H} \left(\frac{N_h}{N}\right) \bar{y}_h \tag{4.28}$$

この計算式は,それが個々のデータ記録の値にどのように作用するかは示してはいない.しかし若干の代数計算により,この式が

$$\bar{y}_{st} = \sum_{h=1}^{H} \sum_{i=1}^{n_h} w_{hi} y_{hi} / \sum_{h=1}^{H} \sum_{i=1}^{n_h} w_{hi} \tag{4.29}$$

に等しいことが説明できる.ここで,w_{hi} は,このデータセットの加重変数であり,第 h 層内のすべての要素 i に対して $w_{hi} = (N_h/n_h)$ に等しい.要約すると,加重平均とは重みの和に対する加重化した総和の比である.これは加重平均を計算するときにSPSS,STATA,SASで用いている計算式である.各要素の重みの値は単にその抽出確率の逆数であることに注意しよう.

$\bar{y}_{st}$ の抽出分散は,すべての層にわたる分散の加重和として非常に簡単に表される.各層で単純無作為抽出を用いたとすると,次式となる.

$$v(\bar{y}_{st}) = \sum_{h=1}^{H} W_h^2 (\text{第}h\text{層の平均値の分散})$$

$$= W_1^2 \left(\frac{1-f_1}{n_1}\right) s_1^2 + W_2^2 \left(\frac{1-f_2}{n_2}\right) s_2^2 + W_3^2 \left(\frac{1-f_3}{n_3}\right) s_3^2$$

$$= (0.4)^2 \left(\frac{1-0.06}{192}\right)(5) + (0.5)^2 \left(\frac{1-0.06}{240}\right)(4) + (0.1)^2 \left(\frac{1-0.06}{48}\right)(7)$$

$$= 0.00920 \tag{4.30}$$

つまり,分散の推定は層ごとの計算であり,層の結果を結合することによって示される.以上のことは,調査変数に関して内部変動が少ないような集団を探すことが,層別の利点の手がかりとなることをはっきりと示している.

上の例で推定した平均5.7学級に対する95%信頼区間は,この推定した平均値と標準誤差を使う.まず,この平均値の標準誤差を次の式から求める.

$$se(\bar{y}) = \sqrt{v(\bar{y})} = \sqrt{0.00920} = 0.096 \tag{4.31}$$

続いて,平均値の周りの95%信頼区間を次式から作る.

$$\bar{y} \pm z_{1-\alpha} \times se(\bar{y}) = 5.7 \pm (1.96)(0.096) \quad \text{または} \quad (5.5, 5.9) \tag{4.32}$$

この標本に対する平均値の調査設計効果を調べることも役に立つ.層別無作為標本に対して推定した抽出分散は,すでに計算されている.調査設計効果は,同じ大きさの標本の単純無作為の抽出分散を推定することを必要とする.表4.1に示した標本について,別に行った計算が,480校の標本に対する分散が,$s^2 = 5.51$ であることを示している.480校の標本の単純無作為抽出を用いると,平均値の抽出分散は次式となる.

$$v_{srs}(\bar{y}) = \left(\frac{1-f}{n}\right) s^2 = \left(\frac{1-0.06}{480}\right)(5.51) = 0.0108 \tag{4.33}$$

したがって,調査設計効果は,次式で推定される.

$$d^2 = \frac{v(\bar{y}_{st})}{v_{srs}(\bar{y})} = \frac{0.00920}{0.0108} = 0.85 \tag{4.34}$$

つまり,比例割当て層別無作為標本は,同じ大きさの単純無作為標本で得られるであろう抽出分散の値の,約85%に相当する標本抽出分散となる.これは標準誤差(と信頼区間の幅)が約 $100 \times \sqrt{(1-0.85)} = 8\%$ 減少することを意味している.

層別自体が有効であれば,比例割り当てによるこの種の利得は,ほとんどの場合保証される.次のような場面では,ほとんどの場合,層別することは精度の点で利得がある.①標本抽出枠が実質的に意味のある集団に分かれている,つまり,調査変数に関して互いに異なる集団のとき,そして②比例割り当てを用いるとき.このとき層別とは,調査で測定される変数と相関があるような抽出枠の変数をまず探す過程である.調査変数に関する相関の程度がほどほどである変数であっても,よい層別になりうる.

層別に用いる抽出枠の情報なしでは,何ができるのだろうか? ありがたいことに,この"情報なし"の場合は,現実には非常にまれである.ほとんどの場合に,調査変

数に関して母集団要素を相異なるような集団（つまり層）に分類するために利用できる各標本対象者（個体）のなんらかの情報がある．たとえば，名前のリストを使うとき，名前だけにもとづいて性別と人種の大まかな層を作ることができる．層別の精度を増すために，対象者を完璧に層に分類することは必要ではない．

4.5.2 層への不均衡な割り当て

比例割り当てに加えて，同じ大きさの単純無作為標本よりも，抽出分散が小さくなる割り当てがある．任意の割り当てに対して得られる，標本平均の抽出分散が最小になる割り当てが，1つある．この割り当てはその考案者，ジャージー・ネイマン（Jerzy Neyman）の名をとって命名されている．この**ネイマン割り当て**（Neyman allocation）は，比例割り当てや等しい大きさの割り当てよりも少し複雑だが，手短に考察することで，重要な設計原理が見えるようにになるだろう．

層別標本の場合のネイマン割り当てとは，利用可能な多数の不均衡な割り当ての1つである．それは他のどのような要素標本よりも，抽出分散が最小となる割り当てである．ネイマン割り当ては各層の W_h だけでなく，次式の各層の標準偏差

$$S_h = \sqrt{S_h^2} \tag{4.35}$$

または，それに比例するなんらかの値を知っていることが必要である．

各層について積 $W_h S_h$ を求め，それらの積をすべての層について $\sum_{h=1}^{H} W_h S_h$ と足し上げる．このとき，ネイマン割り当ての標本の大きさは以下のようになる．

$$n_h = n \frac{W_h S_h}{\sum_{h=1}^{H} W_h S_h} \tag{4.36}$$

つまり，標本の大きさは W_h ではなく，$W_h S_h$ に比例させてある．したがって，その層が大きければ，ちょうど比例割り当てと同じように，その層に対して多数の標本を割り当てる．しかし，その層が要素間でより大きい変動をもつならば，

$$S_h = \sqrt{S_h^2} \tag{4.37}$$

がより大きくなるので，その層にもさらに多くの標本を割り当てる．いいかえれば，層内の要素分散が大きいほど，より小さい要素分散をもつ他の層と比べて，その層から選ぶ標本の大きさが増える．このことは直感に強く訴えるものがある．もし母集団のいくつかの部分に大きな変動があるなら，より安定した標本調査統計量を実現するためにそのような部分からより大きな標本をとる必要がある．

ネイマン割り当ては，精度の点で，単純無作為抽出やときには比例割り当てよりも利得がかなり大きくなりうる．しかし，この方法にはいくつかの弱点がある．第1の弱点は，割合に対しては必ずしもうまく機能しないことである．割合に使うときには，層間で割合に非常に大きな違いが必要とされ，その必要とされる大きな違いを満たす変数を見つけることは困難だろう．第2の弱点は，ネイマン割り当ては1度に1つの変数に対してだけ適切に作用することである．もし調査で，その1つの変数について

だけでなくさらに多数の変数についてデータを収集するならば，他の変数に対するネイマン割り当ては，初めのその1つの変数に対する割り当てとは異なるだろう．そして，最初の変数に対するネイマン割り当ては，他の変数にはうまく機能しない可能性がある．したがって，他の変数に対する調査設計効果の値は，実際には1以上となる．

層内分散 (s_h^2) に関する適切な情報がなくては，層への不均衡な割り当ては危険であり，標準誤差全体の増加となりうる．たとえば，1つの単純な割り当ては，各層がたとえ異なる大きさだとしても，各層に等しい標本対象数を割り当てることである．かりにそのような調査設計を表4.2の例で用いたとすると，比例標本抽出を用いたときと同じように合計を480校になるようにして，各層には標本として160校が均等に割り当てられる．しかし，このような調査設計では，層別平均の抽出分散が，単純無作為標本の0.0108（または，比例割り当て層別設計の0.0092）の代わりに0.0111となるだろう．

標本調査設計の不均衡な割り当てに関しては，多くの研究の余地が残されている．ネイマン割り当ては，単一の目的の調査を念頭に扱っており，これは母平均の推定にあたる．しかし，多くの調査では，多数の，つまり数百や数千の統計量の推定を同時に行う．ただ1つの統計量について調査設計を最適化することは，一般には望ましいことではなく，したがって実務にかかわるサーベイ・リサーチャーは，ネイマン割り当てただ1つに頼ることができない．多目的の標本に合った標本調査設計を改善する方法については，いくつかの重要な研究がなされてきたが（キッシュ：Kish, 1988），実用的なツールはいまだに開発されていない．さらに，ネイマン割り当てでは，調査設計時にすべての層にわたって変動するカバレッジ誤差，無回答誤差，測定誤差を無視している．

こうした厄介な問題があるにもかかわらず，標本の層別と念入りな割り当ては，標本調査設計と抽出の重要なツールである．層別抽出は，抽出可能なすべての標本に対して母集団を代表するような，ある標本を得るという目標を実現することができる．この目標は単なる無作為抽出によっては得られない．実用的な標本抽出は，例外なくある種の層別を用いており，層別を使わなかった場合に得られるよりも小さい抽出分散となる．

4.6 系統抽出法

系統抽出法（systematic selection）は，層別抽出を実行するためのより簡単な方法である．系統抽出法の基本的な考え方は，母集団内でk番目ごとの要素を取り出して標本を選ぶことである．母集団と標本の大きさを決め，抽出間隔kを母集団と標本の大きさの比として算出する．次に，1～kまでの乱数を選び，その番号の要素を取り出し，そのあとはk番目ごとの要素を選ぶ．

図4.7には図4.6と同じ例を示してあるが，これで層別された要素の標本を説明す

る．これはある専門家の組織の 20 人の会員からなる枠母集団を表しており，この組織での経験度にもとづき（"もっとも高い"から"低い"までの）4 層に並べ替えてある．層別された要素の標本抽出では，各層に抽出率 1/5 を与えて，4 層のそれぞれから大きさ 1 の標本を抜き出した．この同じ並べ替え順による系統抽出法は，層別標本抽出と同じように多くの利点をもたらす．抽出率 1/5 は，そのまま系統抽出間隔 $k=1/f=5$ に変換する．系統抽出法を実行するために，まず"無作為に出発点"を選ぶが（この場合は，1～5 の間となる），これは図 4.7 では $RS=2$ である．つまり最初に選ばれる要素はリストの上から 2 番目であり，その次に選ばれる要素はリストの $(2+5)=7$ 番目，3 つ目はリストの $(7+5)=12$ 番目，4 つ目はリストの $(12+5)=17$ 番目である（このように続けたとすると，次の数字は標本抽出枠の要素の総数 20 をこえて 22 となる）．この処理過程が，リストの並び順の中で，5 つの要素からなる連続した集団のそれぞれから得た要素の代表性をどのようにして確実に実現するかを，図が示している．この例では，5 つの要素のまとまりが，もとの層別された要素の標本における層の 1 つにあたるので，系統抽出法は，層別調査設計と同じ代表性を実現している．

このように，系統抽出法は単純無作為抽出や層別無作為抽出よりも，はるかに簡単に適用できる．ただ，この抽出過程には 2, 3 の欠点がある．一例をあげると，間隔 k は必ずしも整数とは限らない．もし k に小数部があるような場合，どのように行うべきだろうか．系統抽出法では"**端数の間隔**（fractional interval）"を扱う多くの方

記録	氏名	層	RS=2 の系統選出
1	Cochran, W.	もっとも高い	
2	Hunt, J.	もっとも高い	→ Hunt, J.
3	Madow, W.	もっとも高い	
4	Mandela, N.	もっとも高い	
5	Wolfe, T.	もっとも高い	
6	Bradburn, N.	高い	
7	Deming, W.	高い	→ Deming, W.
8	Hyde, H.	高い	
9	Sudman, S.	高い	
10	Wallman, K.	高い	
11	Fuller, W.	中程度	
12	Habermann, H.	中程度	→ Habermann, H.
13	Kalton, G.	中程度	
14	Norwood, J.	中程度	
15	Woolsley, T.	中程度	
16	Hansen, M.	低い	
17	Kish, L.	低い	→ Kish, L.
18	Rubin, D.	低い	
19	Sheatsley, P.	低い	
20	Steinberg, J.	低い	

図 4.7　集団別（層ごと）に並べられた 20 人の枠母集団と抽出間隔=5，無作為な出発点=2 としたときの系統選出

法がある．1つは，間隔をもっとも近い整数に丸めることである．たとえば，1000の標本を12500の母集団から選ぶため，間隔12.5が必要であると仮定する．この場合は間隔を13に切り上げることができるだろう．しかしここで，1つの問題が生じる．こうしたときの標本の大きさはすでに1000ではない．1〜13までの間で無作為な出発点とした後，標本は961か962となるだろう．もし間隔を12と切り捨てると，標本の大きさは，1041か1042になる．間隔を丸めることで整数が得られるが，その代償は必要とする標本の大きさとのずれである．

第2の方法は，リストを循環的に扱うことである．まず間隔を計算して，切り上げるか切り捨てる（どちらを行うかは実は重要ではない）．説明のために間隔12を選んだと仮定する．リスト上の任意の場所を出発点として選択する．たとえば，1〜12500までの乱数から1つを選ぶ．その出発点が12475であると仮定する．そこからはじめて，12番目ごとの要素を数えると，12475, 12487, 12499が最初に選ばれる3つの要素となる．リストの最後に到達したら，リストの最後から最初に戻って数え続けると，12500, 1, 2, …, 11となる．つまり次の抽出はリストの最初から11番目の要素となる．必要となる1000の要素を選びおえるまで順に数えて選ぶ．

端数の間隔をそのまま用いる，第3の方法も利用可能である．その方法では間隔に小数を含むが，小数の抽出数を算出した後で丸める．これは抽出者の手元に電卓がある場合に，容易な種類の選び方であることがわかる．まず小数を含む乱数を選ぶことからはじめる．間隔が12.5である場合は，3桁の乱数を001〜125から選び，次に，最後の桁の前に小数点を挿入することで0.1〜12.5までの乱数を選ぶ．挿入された小数点をもつこの乱数が選出の最初の数である．次に，12.5ごとに要素を数えることを続ける．つまり，出発点に12.5を加え，そしてその数にまた12.5を加え，その次にも12.5を加え，これをリストの最後に到達するまで続ける．その後にまた前に戻って，これらの数のそれぞれの小数部を除く．これで標本は正確に必要とする大きさになるだろう．

たとえば，無作為に選んだ出発点が3.4であったとする．次に，抽出番号が順に，3.4, 15.9(=3.4+12.5), 以下，28.4, 40.9, 53.4などとなる．抽出番号の小数部を落とすことによる"丸め"で，標本は，3番目，15番目，28番目，40番目，53番目などの要素となる．ここで抽出間の"間隔"が一定ではないことに注意しよう．最初が大きさ12で，次が13, その次は12などとなる．実際の抽出間の間隔は変動するが，平均して12.5となる．

順序づけを行ったリストからの系統抽出法を，"暗黙の層別抽出（implicity stratified sampling）"とよぶことがある．なぜなら，これは近似的に比例割り当ての層別標本と同等であるからである．したがって，順序づけを行ったリストからの系統抽出標本では，順序づけを行うために用いた変数と相関があるすべての調査変数について，単純無作為抽出と比べて精度が高まるだろう．

いくつかの種類の要素についての重要な並べ替えの種類として，地理上の区分があ

る．多くの種類の単位では，地理的な位置はその単位の特性と相関がある．たとえば，企業数が 12500 ある州で，会社当たりの従業員数の平均を推定するために，ある調査を実施し，会社はその所在地によって，州の南東の角から北西に向かってある方法で地理的に並べ替えたと仮定する．大都市圏の中やその近くにある会社は，地方圏の会社より多数の従業員がいるだろう．ときには，会社は規模によって地理的に集まる傾向もあるだろう．地理的なリストから抽出した系統的標本は，会社を規模によって暗黙に層別し，よって単純無作為抽出と比べて精度が高まるだろう．

▶ **COMMENT**　　ふたたび図 4.7 を見るとしよう．系統抽出では考えられる標本実現値が 5 つだけであることに注目する．無作為に選んだ出発点 1 では，要素 (1,6,11,16) を選ぶ．同様に出発点 2 では要素 (2,7,12,17) を抽出する．さらに出発点 3 では要素 (3,8,13,18) を選ぶ．次に出発点 4 は要素 (4,9,14,19) を選ぶ．そして，最後に無作為に選んだ出発点 5 で要素 (5,10,15,20) を選ぶ．この標本設計についてはこれら 5 組の実現値だけが可能である．標本平均の抽出分散はこれら 5 つの実現値の変動の関数である（ある調査でこれらのうちのただ 1 つを選ぶことの 1 つの副作用は，これが抽出分散の不偏推定値とはなりえないということである．一般に，単純無作為抽出（SRS）あるいは層別要素標本を仮定する分散推定値が，現実には系統的標本に対して用いられる）．

4.7　実務における複雑さ

4.4 節で集落標本抽出について論じたとき，厳密に同じ大きさの集落とする，というかなり制限された場合だけを考察した．しかし実際には，集落が同数の要素を含むことはほとんどない．大きさが等しくない集落を選ぶ場合に，よく用いる抽出技法がある．それは多段階で標本を選ぶ調査設計を提起する．これは大規模調査ではかなり一般的な調査設計であり，したがって理解しておくことが重要である．2 段階の場合を例としてこの技法を説明しよう．

全体で 315 戸の住居単位からなる 9 つの街区の枠母集団から，21 戸の住居単位の標本を選ぶことを仮定する．また，この 9 つの街区内の住居単位数はそれぞれ 20, 100, 50, 15, 18, 43, 20, 36, 13 であると仮定する．315 戸の住居単位から 21 戸の住居単位の標本を選ぶことは，抽出率を $f=21/315=1/15$ とすることである．

まず，3 つの街区を抽出率 $f_{blocks}=3/9=1/3$ で無作為に選び，次に住居単位の抽出率 $f_{hu}=1/5$ で，各街区から住居単位を無作為に副標本抽出することで標本を選ぶと仮定する．ある住居単位を選出する全確率は，その街区を選ぶ確率とその街区が選ばれたとして，住居単位を選ぶ確率の積である．したがって，この 2 段階の抽出について，住居単位を選ぶ標本抽出確率は以下のような必要とする抽出率になる．

$$f = f_{blocks} \times f_{hu} = (1/3)(1/5) = 1/15 \qquad (4.38)$$

つまりここでは，平均して，大きさ $(1/15) \times 315 = 21$ の標本が得られると予想している．以上が，**2 段標本抽出設計**（two-stage design）である．つまり，第 1 段で街

区を選び，第2段ではその選んだ街区について住居単位を選ぶ．多段設計には，必ずこの入れ子構造という特性がある．まず"第1次"の抽出が行われる．次に，この選ばれた1次抽出単位の中で，"2次"抽出単位が作られる．「全国犯罪被害調査」（NCVS）のようないくつかの現行標本調査では，調査設計の一部で4段かそれ以上の段階を用いる場合がある．

しかし，この手順を9つの街区の住居単位に適用すると，21という標本の大きさが満たされるのはきわめてまれだろう．たとえば，大きさが100, 50, 43の街区が選ばれると仮定する．このとき選ばれた住居単位数は，3つの街区に適用された第2段の抽出率から，

$$x = \left(\frac{1}{5}\right)(100+50+43) = 39 \tag{4.39}$$

となり，期待された21戸の抽出住居単位よりはるかに大きい．一方，街区の標本が4番目，5番目，9番目の街区を選んだとすると，標本は大きさが

$$x = \left(\frac{1}{5}\right)(15+18+13) = 9 \tag{4.40}$$

の住居単位となる．このように選んだ住居単位の数の変動は，調査を進めるうえで業務遂行上の問題を生むだけでなく，統計的にも非効率となるだろう．業務遂行上の問題は，調査票を何部準備する必要があるか，あるいは何人の調査員を雇う必要があるかを予想する際に生じる．調査設計によって，総標本世帯数を制御できない結果として，精度が損なわれることで，統計的な問題が生じる．したがって，標本の大きさに対するこうした管理の不備を減らすための方法がある．

4.7.1 確率比例（PPS）を用いた2段集落設計

不均等な大きさの街区から選んだ2段階標本に必要なことは，住居単位を（または，どんな要素であっても），等しい機会つまり等確率で選び，かつ，考えられる標本の大きさがすべて同等になるように，標本の大きさを調整する方法である．これを行う1つの方法は，まず3つの街区を無作為に選び，次に，それぞれの街区から正確に7戸の住居単位をとることである．これは，かりにどの街区を選択しても，毎回同じ標本の大きさが得られることになる．残念ながら，この選び方ではすべての住居単位に等しい抽出の機会つまり等確率を与えてはいない．そのような標本の中では，小さい街区から得た住居単位は，過大な代表性となる傾向があるだろう．なぜならば，いったんこうした街区が選ばれると，これらの街区はそれよりずっと大きな街区内の住居単位よりも高い抽出確率となるからである．

"**大きさに比例した確率**（確率比例，probability propotionate to size：PPS）"とよぶ方法は，第1段と第2段の抽出の機会を，確率の積がすべての要素に対して等しくなるように変えることにより，この問題を扱うのだが，標本の大きさは標本ごとに同じである．

表 4.3 9街区からなる母集団の街区の住居単位数と累積度数

街区	街区の住居単位数 a	累積	当該街区における抽出番号
1	20	20	001-020
2	100	120	021-120 ← 039
3	50	170	121-170 ← 144
4	15	185	171-185
5	18	203	186-203
6	43	246	204-246
7	20	266	247-266 ← 249
8	36	302	267-302
9	13	315	303-315

たとえば，表4.3を考えよう．この表の中で，街区ごとに住居単位数とその累積数が並んでいる．住居単位を同じ確率1/15で選ぶようにして，また上記の例で用いたように標本街区数を同じ3と仮定する．1〜315までの乱数から，3つの乱数を抜き出す．たとえば，039, 144, 249とする．累積欄上でまず所与の乱数を含む累積数にあたる最初の街区を見つける．これが街区2(つまり039より大きい最初の累積値120となる箇所)，次が街区3(144より大きい累積値となる最初の箇所)，そして街区7(249より大きい累積値となる最初) が選択される．

これらの街区は，すべて同等でない確率で選ばれている．たとえば，最初に選ばれた街区には100戸の住居単位があり，20戸しかない先頭の街区に比べ，この標本について選ばれる確率がはるかに高くなっている．3回の無作為抽出のそれぞれについて，その街区は全315戸のうち100戸について選ばれる機会があった，つまり，3×100/315＝300/315の確率であった．2番目に選んだ街区は，(無作為抽出の回数)×(街区が1回選ばれる確率) ＝3×50/315＝150/315の抽出確率となる．3番目に選択された街区の抽出確率ははるかに小さく，3×20/315＝60/315であった．こうした不等抽出確率を補うために，大きさに比例した確率抽出（確率比例抽出）では街区内の住居単位を，街区抽出率に反比例した確率で選ぶ．たとえば，1番目に選ばれた街区の中で住居単位の抽出率を次のように選ぶ．つまり第1段の比率の積

$$f_{block}=3\times 100/315=300/315 \tag{4.41}$$

が，この街区内の比率によって"均衡が保たれ"，全体で必要とされる抽出率 $f=1/15$ が得られるように選ばれる．この場合，かりに住居単位が，

$$f_{hu}=\frac{(1/15)}{(300/315)}=\frac{21}{300}=\frac{7}{100} \tag{4.42}$$

の割合で，街区内で抽出されたとすると，全体の抽出率は満たされる．なぜならば，1番目の街区については，

$$f=f_{block}\times f_{hu}=\left(\frac{300}{315}\right)\left(\frac{7}{100}\right)=\frac{1}{15} \tag{4.43}$$

となるからである．

つまり，いったん1番目の街区が選ばれたならば，住居単位を7/100の率で副標本抽出とする，つまり，それらの7%を無作為に選ぶ．2番目に選んだ街区についても同様に，その中の住居単位を7/50の比率で，つまり全体の抽出率

$$f = f_{block} \times f_{hu} = \left(\frac{150}{315}\right)\left(\frac{7}{50}\right) = \frac{1}{15} \quad (4.44)$$

となるよう選ぶ．このように，2番目に選んだ街区からは7戸の住宅を正確にとる．同じことを3番目に選ぶ街区についても行う．

この種の確率比例抽出（pps）の手順は，要素に対し等確率の抽出となり，結局は，各集落から選ばれた要素は同じ数となる．したがって，この手順は等確率抽出法（epsem）であって，しかも一定の標本の大きさを実現する．

この方法を実際に適用する際に生じるいくつかの問題がある．まず，第1段の乱数の選択では，同じ街区を2回以上選ぶ場合がある．たとえば，乱数が039，069，110であることもあり，これは2番目の街区を3回選ぶことになる．街区のこの"復元"抽出は容認はできるが，多くの場合は3つの異なる街区からなる標本のほうが望ましい．そのような異なる街区の標本を得るためのいくつかの方法があるが，それらのいずれもが要素にとって等確率抽出法とはならない．1つの方法は確率比例抽出による街区の系統抽出に関係するが，この方法をここで考察することは本書の範囲をこえている（キッシュ：Kish, 1965）．

2番目の問題は，いくつかの街区で，必要とされる副標本の大きさを与えるために十分な要素数とはならないときに生じる．たとえば上の例で，3番目に選んだ街区に住居単位が6戸しかなかったと仮定する．このとき，その街区から7戸の住居単位からなる標本を，少なくとも単純無作為抽出の場合のように，相異なる住居単位として得ることは不可能だろう．抽出に先立って確認された小さい街区があるような場合には，単純な解決法は，十分な大きさとなる単位を作るために街区をつなげることである．つまり，かりにリストの7番目の街区が小さすぎるなら，これを6番目につなげると，街区単位の総数は9から8に減る．これらの8つの単位について大きさを累積し，上記と同じように処理を続け，確率比例抽出（pps）を適用する．

さらに，大きすぎる街区となることもありうる．たとえば，2番目の街区が100ではなく，120の大きさだったと仮定しよう．このとき，第1段の標本抽出確率は1.0をこえるだろう（つまり3×120/315＝360/315）．いいかえると，無作為に選んだ出発点にもかかわらず，2番目の街区は必ず選ばれる．この種の街区に対する一般的な改善措置の1つは，リストからこの2番目の街区を取り除き，その2番目の街区の中から住居単位を直接選ぶことである．したがってこの場合，1つの標本を2番目の街区から確率1/15で抽出する，つまり標本の大きさ

$$x_2 = \left(\frac{1}{15}\right)(120) = 8 \quad (4.45)$$

の住居単位を抜き出すことである．さらに，1つの標本を，残りの8つの街区から確

率比例（pps）で抽出し，2つの街区とそれら街区の中から，全体の比率 $f=1/15$ で住居単位を選ぶ．

4.7.2 多段設計とその他の複雑な設計

確率的方法にもとづいた多くの調査では，これまでの節で論じた手法を組み合わせた標本設計を用いている．こうした調査では，集落の層別，集落の抽出，集落の副標本抽出を使用している．副標本抽出は3段または4段にまで及ぶことがある．不等抽出確率もあり，また，入手可能な情報資源を使って標本を選ぶことを現実のものとするような，抽出法を導入した別の複雑な方法もありうる．

多段抽出における副標本抽出は，母集団要素のリストが完全に欠落している状況で頻用される．それは，4.4節で議論したように，まず，要素の集落の標本を選び，次に，各標本集落に対する要素のリストを取得するかあるいは作成するので，費用効率が高い．しかし，第1段で選ばれた集落が大きくて多数の要素をもつ場合，リストの作成は，これだけではまだ実現可能ではない．選んだ第1段の集落の中で，別の集落の集合を同定しまたは選ぶことで，リスト作成作業の規模をさらに軽減するために多段標本抽出が使われる．第2段の単位が大きすぎて要素のリストが作成できない場合もあるかもしれないし，さらに第3段の抽出を必要とするかもしれない．相応の費用でリストを作成するために十分小さい単位が得られるまで，この多段抽出は続けられる．

この種の多段抽出は，"エリア・サンプリング（地域抽出法，area sampling）"の呼称で，広く用いられている手順と関連してたびたび現れる．地域抽出法では，郡，街区，調査区，または政府機関によって定義された，なんらかの地理的単位を標本抽出単位として選ぶ．

多段集落設計を，さらに効率的に行うために必要となる方法論研究が多数ある．標本抽出理論は，第1段，第2段，第3段と，さまざまな精度目標に合わせて，抽出を何回くらい行うかを決める指針とするいくつかのツールを提供している．しかし，最適化には，さまざまな抽出段階にまたがる主要な統計量の変動と，さまざまな段階における相対的な費用と，これら両者に関する知識を必要とする．複雑なデータ収集における費用モデル（たとえば，第1段とした地域の居住者である調査員を募集する費用，第2段とした地域に移動する費用，接触を試みる費用などを知ること）が真剣に研究され，調査設計段階でさらに役立てられる必要がある．コンピュータ支援の方法は，こうした調査設計の意思決定にとって，管理に役立つデータをさらにサーベイ・リサーチャーに提供してきた．そして，今後の調査において活用されるべきである．

また，調査の目的が，集落の母集団と集落内の要素の母集団の両者を説明することであるときには，集落設計のための研究も必要である．たとえば，「全国学力達成度調査」（NAEP）では，まず学校を選び，次に標本の学校内で生徒を選ぶ．このデータは学校の特性と生徒の特性を研究するために役立てられる．ここ数年，複数の段階

で生じる，いくつかの現象の影響（たとえば，生徒，親，教師，学校それぞれの属性が評価点に及ぼす影響）を測定する統計的モデルについて，新しい重要な進歩があった．このようなモデルの精度を最大限に生かす標本設計は，よりいっそうの発展を必要としている．

4.7.3　複雑な標本設計をどのように記述するか：NCVSの標本設計を例にして

上述の標本設計について学んだことをすべて組み合わせると，調査事例の1つとした「全米犯罪被害調査」（NCVS）について，詳細に検討することができる．「全米犯罪被害調査」の目標母集団は，民間人であって施設に収容されていない，世帯に属する12歳以上の人であることを思い出そう．米国にはこれに該当する個人名リストや住所リストが存在せず，よって標本設計における1つの問題は，標本抽出枠の整備開発であることに注意する．つまり調査設計は，多段のリストとエリア確率的設計に左右される．

以下に，「全米犯罪被害調査」の調査データが求められたときに，その利用者に提供される標本設計の説明書がある (Interuniversity Consortium for Political and Social Research, 2001)．ここでその説明書を示し，続いて各節に関する説明をする．

> 「全米犯罪被害調査」の標本は，層別多段集落設計で選ばれた約50000戸の標本住居単位から構成される．標本の第1段を構成する1次抽出単位（PSU）は郡，郡の集団，または大都市圏であった．1次抽出単位はさらに層にグループ化される．大きな1次抽出単位は自動的に標本に含まれ，それぞれが1つの層として割り当てられる．こうした大きな1次抽出単位は，その全体が選ばれるので，自己代表的（SR：self-representing）であると考えられる．残りの1次抽出単位は，それらの部分集合のみが選ばれるので，非自己代表的（NSR：non-self-representing）というが，標本を設計するために用いた人口センサス（国勢調査）により決められた，地理的，人口統計学的特性が類似した1次抽出単位をグループ化し層として結合されている．

comment：第1段の抽出単位は，郡や郡の集合のような地域にもとづく単位である．そのうちのいくつかの単位は非常に大きいので（4.7.1項で扱った問題のように），調査設計のすべての実現値に入っている．よってこれらを自己代表的単位（SR：self-representing unit）とよぶ（たとえば，ニューヨーク，ロサンゼルス，シカゴや他の大都市の郡）．

> 1995年以前には，標本は10年に1回行われる1980年センサスから抜き出された．1995年2月～1997年12月は，1990年のセンサスから抜き出された標本が段階的に導入された．1998年1月以降は，すべてのNCVS標本は1990年センサスから抜き出されている．

comment：以上のことは，1次抽出単位の抽出確率が，こうしたデータファイル用の1990年センサスからの母集団にもとづいていることを意味している．理想をいえば，

抽出確率は現時点のデータにもとづくものである．かりにその基準が期限切れの古いものならば，得られる結果には，その標本単位全体にわたって実現した標本の大きさについて変動がある．

現時点の調査設計では，84個の自己代表的な1次抽出単位（PSU）と153個の非自己代表的な層（NSR層）からなり，層ごとに1つずつ母集団の大きさに比例した確率で選んだ1次抽出単位がある．

comment：抽出が行われる前に，1次抽出単位は層別されている．地域，1次抽出単位の大きさ，その他の変数にもとづいて，調査設計の中で使用される153層がある．

1次抽出単位内の住居単位の標本は2段階で選ばれていた．選んだ各地域の中で，住居単位とグループ・クォータ施設について自己加重確率標本（self-weighting）を確保するように，これらの段階は設計された（つまり，加重調整を行うよりも前に，各標本住居単位は全体として選出時に等確率であった）．第1段は，指定された1次抽出単位からセンサス区（ED：Enumeration Districts）の標本を選ぶことで成り立っていた（EDは，10年に1度のセンサスのために設定された，大きさが1街区から数百 km^2 までに及び，通常は750〜1500人の人口を含む地理的領域のこと）．センサス区（ED）は1980年または1990年の人口の大きさに比例して系統的に選ばれた．第2段では，選ばれた各センサス区を単位区（これは約4戸ずつの住居単位の集落のこと）に分割し，この単位区からなる1つの標本が選ばれた．

comment：入れ子構造になった抽出段階とは，①1次抽出単位（PSU）（郡または郡の集団），②センサス区（約1000人からなるセンサスの単位），③"**単位区（segment）**"とよぶ隣接した住居単位の集団，（約4戸の住居単位）である．これに続いて，選ばれた単位区の中のすべての住居単位を面接のために指定する．

単位区は，1980年と1990年のセンサスの間に編集された住所リストから作られた．しかし，手順では10年に1度の各センサス実施のあとに建築された住居を算入することができる．新築住宅の建設のために発行された許可証の標本が抽出され，さらに建築許可を発行しない管轄区については，小さな地域区分が抽出される．以上の補助手順は，標本全体の比較的小さな部分で生じるが，これで，10年に1度の各センサスのあとに建築された住居単位に暮らす人々を，調査において正確に代表させることが可能になる．さらに，特殊地域とわかっているグループ・クォータ内の単位も特殊な地域の区分単位として選ばれた．寄宿舎や寮のようなこうした単位は，標本全体のわずかな部分を構成している．この標本設計は，結局は約50000の住居単位と住居以外の居住区域の抽出に帰着する．

comment：最新の10年に1度のセンサスに含まれる住所リストの使用に際して，いくつかの問題がある．最新のセンサス以降に住居単位が新設されたかもしれない．センサスによる標本抽出枠上の住所リストを更新するために，多重抽出枠（multiple frame）が使われる．したがって，「全米犯罪被害調査」（NCVS）は多重抽出枠設計

である（3章を参照）．他の調査機関にとって，最新の10年に1度のセンサスからの住所リストは利用できない．こうした機関では，標本街区内の住所や住居単位のすべてをリストにするために，調査員を標本街区へ派遣するだろう．これらのリストはまず中央施設に集められ，そこで入力を行い，次に適格者を確認する最新の世帯リスト作成作業のために標本を選ぶ．

　「全米犯罪被害調査」（NCVS）には，継続的調査であるという性質があるために，同じ世帯を無制限に面接することがないように，ローテーションを組む，つまり交替方式が考案された．住居単位の標本は6つの交替グループに分割され，各グループは，3年半の調査期間の間に6ヵ月ごとに面接を受ける．6つの交替グループのそれぞれの中で，6パネルを設定する，つまり1グループを6パネルとする．それぞれのパネルは，6ヵ月間の中で別々の月に面接を受ける．

comment：全標本を設定したあと，6つの無作為な部分集団を設定し，標本が月ごとに連続して加わる．こうした"**交替グループ**（rotation group）"は，NCVSの交替パネルの特徴の一部である．ある任意の月において，標本の何人かの構成員が，自分の初回の面接を予定しており，何人かは2回目での面接を，何人かは3回目で，などとなる．最初の面接の人々が，1回目のパネルとして"入れ替わって入る"．7回目の面接の人々は「全米犯罪被害調査」（NCVS）から"入れ替わって出る"ことになる．

　調査員は，選ばれた各住居単位を訪問し，世帯構成員であるすべての人のリストを作成し，また，12歳以上の全員についてNCVSデータを集めるよう努める．

　以上のすべてから得られるものは，個人の標本であり，それは住居単位でまとめられ，また住居単位は単位区にまとめられ，さらに単位区はセンサス区にまとめられ，センサス区は1次抽出単位にまとめられる．抽出に先だって，層別が単位区段階（空間的な集団を通して），調査区段階（ここで再び，空間的な順番に従い），1次抽出単位段階で，行われる．大きさに比例した確率は，すべての段階で導入されるが，各個人の全体的な抽出確率は，標本で用いる各抽出枠の中では等しい．

4.8　米国の電話加入世帯における個人の標本抽出

　米国における大多数の調査では，面接手段として電話を使う．電話調査を用いるとき，もっともよく使われる標本抽出枠は，それぞれが世帯に割り当てられるであろう電話番号を含む抽出枠である．選ばれた電話番号に該当する世帯内の人々は，次にリストに記載され，1人またはそれ以上が選ばれる．電話標本は米国で普及しているので，電話番号の抽出枠に関しては充実した情報がある．

　米国の電話番号は，3つの部分からなる10桁の数字である．

734　-　764　-　8365

4.8 米国の電話加入世帯における個人の標本抽出

市外局番 - 市内局番 - 加入者番号

本書の執筆時点で，米国では約 275 の市外局番が，実際に使われている世帯の番号を含んでいる．市内局番は 2XX から 9XX までの範囲に限られ，この X は 0〜9 の任意の数字となりうる．これは，各市外局番に約 800 通りの市内局番があることを意味する．各市内局番に対して，10000 通りの個別電話番号（つまり，0000-9999）があり，電話加入者は人口の転入，転出があるので，加入者番号のレベルは時間が経つにつれてもっとも大きく変動する．以上のことから，この標本抽出枠には 22 億通りの電話番号があることに注意しよう．2000 年には，およそ 1 億世帯があり，約 9400 万世帯が少なくとも 1 つの固定電話に加入していた．もし各世帯が 1 つだけ電話番号を保有していたとすると，考えられるすべての番号に占める世帯電話番号（household numbers）の割合は，0.4%だろう．つまり，抽出枠の大部分は，世帯調査にとっては不適格な番号を含むことになるだろう．これがもっとも単純な"ランダム・ディジット・ダイアリング（RDD）"による標本設計である．それは実際に利用可能な「市外局番－市内局番」の組み合わせのすべてをとり，それら 6 桁に無作為に 4 桁の乱数（0000〜9999）を付け加える．結果として得られる 10 桁の数字は同じ数値である．その中のかなり少ない割合が世帯電話番号として使用されていると予想される．

このような調査設計はかなり非効率的なので，使われることはない．現在，この抽出枠を稼働している市内局番に限定するならば（米国内で約 80000），考えられる番号の約 16% が世帯電話番号として実際に使われていることになるだろう（http://www.surveysampling.com）．このことは効率性の点で大きな向上をもたらす．しかし，この効率性は，市内局番をさらに小さい番号の集合に分けることで改善される．

番号付与方式を用いることは，世帯電話番号を，ある系列にそって集めることである．1 つの一般的な系列は，「1 つの市外局番－市内局番」の組み合わせの中で 100 個の連続番号を表す（たとえば，734-764-8365 は，734-764-8300 〜 734-764-8399 によって定義される 100 個単位のブロック内にあるような），100 番号ブロックである．その結果，約 250 万ブロックには，1 つ以上のリストに記載された電話番号がある．このようなブロックでは，使用されている世帯電話番号の割合がはるかに高い．したがって，多くの RDD の実用的用途においては，「行動危険因子監視システム」（BRFSS）や「消費者調査」（SOC）で用いているものと同様に，標本をリストに記載された番号についてある最小数をもつ 100 番号ブロックに制限している．このように抽出枠を制限することによって，電話加入世帯のアンダーカバレッジがさらに生じるが，世帯電話番号となる数字の割合はきわめて大きく増加する．

RDD の抽出枠のほかに，これに代わる別の電話番号の抽出枠があるのだが，これらも電話加入世帯母集団のアンダーカバレッジの問題の影響を受ける．もっともわかりやすい代替枠は，地域ごとの個人別電話番号簿のリストに記載された，番号の集合である．これらの番号を電子ファイルにまとめる営利会社がある．電話番号の大部分

はこれらの電話番号簿に掲載されてはいない．つまり，それらは新たに使えるようになったか（したがって，電話番号簿の印刷に間に合わなかったか），加入者が電話番号をリストに記載しないよう求めたためか，である．大都市圏では，一般には電話番号簿に番号を掲載している世帯は半分以下である．したがって，電話番号簿を抽出枠として使うことは，その抽出枠のカバレッジを著しく制限することになる．

使用されている市外局番と市内局番のすべての番号にもとづく抽出枠は，時間が経つにつれて効率的ではなくなってくる．1990年代の初め，米国の電話システムに，さらに多くの市外局番と市内局番が加わるという2つの変更があった．まず第1に，ファックス送信やモデムによるコンピュータ電子通信を容易にするために，電話番号利用の大きな増加があった．これは新しい電話番号の生成につながり，またそれらのうちの一部は家庭に設置され，本来は音声伝達用に使用されないものである．つまり電話をかけたとき，これらはたいがい電子装置として応答するか，あるいはまったく応答しない．

第2には，電話サービスの費用低減のために，地域間競争が導入されたことである．1990年代以前は，1つの会社だけが所定の地域（いわゆる電話交換局）に電話サービスを提供することが認められていた．この方式が，複数の会社が同一地域に対してもサービスを提供できるように変更されたのである．さらに，新規参入会社は，顧客に対し前に使っていた電話番号を保有することを許す，いわゆる番号ポータビリティとして知られるサービスを提供することができた．しかしながら，電話番号システムは料金請求システムでもある．「市外局番－市内局番」の組み合わせは，顧客への請求書作成の目的に合わせて，1つの会社に割り当てられる．もし新規参入会社が，その顧客に，彼らの旧電話番号を保有することを認めれば，請求システムは混乱するだろう．正確な請求を可能にするために，その新規参入会社には，「請求書作成に使用するための"影"の番号（"幽霊"番号ともよぶ）の入った「市外局番－市内局番」の組み合わせが与えられた．顧客が自分の保有する番号から電話をかけるとき，電話の課金はその"影"の番号に移送される．しかし，こうした新しい「市外局番－市内局番」の組み合わせが加わったことが，電話世帯数が増えるよりもはるかに速く，利用可能な電話番号の備蓄を拡大させることになった．その結果，世帯に実際に割り当てられる電話番号の割合が低下することとなった．

こうした電話システムの変化が，米国内での実際に有効な市外局番と市内局番の数の増加をもたらした．図4.8は1986年と2002年とで，電話システムがどのように変わったかを示している．図は，x軸（横軸）に100件の連続した電話番号からなる1つのブロック内に含まれる，電話番号簿に掲載されている電話番号の件数を表している．これは，有効な「市外局番－市内局番」の組み合わせのすべてを，このような100番号ブロック単位の電話番号に分割することにもとづいている（つまり，このような100件単位のブロックが約250万個ある）．1986年には，米国の100件単位のブロックからなる母集団内で，電話番号簿に掲載された電話番号数の最頻値は約55で

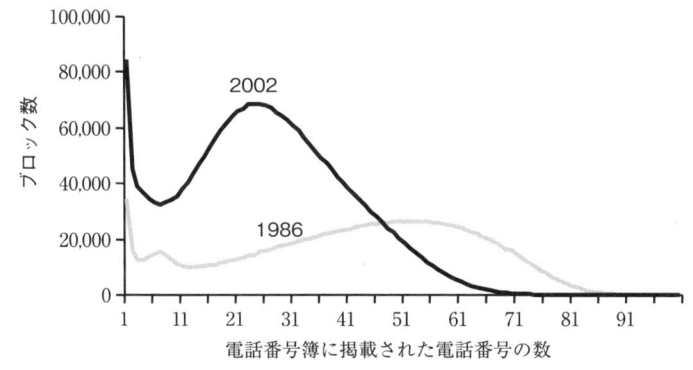

図 4.8 有効な 100 番号ブロック内の電話番号簿に掲載された使用中の電話番号出現頻度
(Survey Sampling, Inc)

あった．これに対して，2002 年にはそれは約 25 となり，掲載の世帯電話番号の密度が劇的に低下したのである．

ようするに，電話調査では，リスト化された電話番号であり，電話加入世帯の広範な部分を網羅しきれないが，かなり高い割合で適格な電話番号を含む抽出枠と，すべての番号を含んではいるが，多くの不適格な電話番号をも含む RDD 抽出枠との間のトレードオフを迫られる．このような状況で，さらに複雑な調査設計の代替案がいろいろと開発されている．たとえば，通常，RDD 抽出枠の一部が過大抽出となることに対してなんらかの層別を適用すること（たとえば，リスト補助抽出；タッカー，レプカウスキー，ピエリカルスキー：Tucker, Lepkowski, and Pierkarski, 2002），世帯電話番号で密に埋められている 100 番号ブロックを過大抽出する集落標本，RDD 抽出枠とリスト化抽出枠とを結合する二重抽出枠設計（たとえば，トローゴット，グローヴス，レプカウスキー：Traugott, Groves, and Lepkowski, 1987）などがある．さらに，RDD 抽出枠の長所を採り入れて，ただし非居住者の番号をふるいにかけるという，費用低減を試みるといった他の方式がある．米国の電話標本設計に必要な多くの方法論的研究がある．携帯電話がさらに普及するにつれて，固定電話と携帯電話の抽出枠を混合する方法，抽出枠間の割り当てを最適化する方法，抽出枠の重複を測定する方法，こうした混合方式による調査設計の無回答誤差を最小限に抑える方法，といったような無数の研究課題があるだろう．

4.9 要 約

標本設計は，調査研究のもっとも高度に発達した部分である．ほとんどの実用的な標本設計は，確率的標本抽出理論の法則から導かれる．単純無作為抽出は，あらゆる複雑な標本設計との比較のために用いられる簡便な基本となる標本設計である．標本設計について標本に違いをもたらす以下の 4 つの特徴がある．

1) 標本統計量の算出にかかわる,選ばれる単位数つまり要素数(他の条件が同一なら,単位数が大きいほど,統計量の抽出分散は小さくなる)
2) 層別の利用,これはまず枠母集団を相異なる集団に分類し,そこから集団が別々に抽出される(他の条件が同一なら,層別を用いることは,推定値の抽出分散を減少させる).
3) 集落化の利用,これは要素の集団を同時に標本内に抽出する(他の条件が同一なら,集落化は,調査統計量の集落内の等質性に応じて抽出分散を増加させる)
4) 抽出枠上の個々の要素に対し可変の抽出確率(variable selection probabilities)の割り当てを行うこと(調査変数にもとづくより大きな変動を示す集団に,より高い抽出確率が割り当てられる場合,これは抽出分散を減少させる.かりにそうではない可変の抽出確率を使うと抽出分散が増加する場合がある)

ほとんどの標本設計は,標本抽出枠の特性に左右される.要素の抽出枠がない場合は,集落化標本がしばしば用いられる.抽出枠に(要素を同定する変数の他に)補助変数がある場合は,これら補助変数は層別変数としてしばしば用いられる.

■さらに理解を深めるための文献
Kish, (1965), *Survey Sampling*, New York：Wiley.
Lohr, S. (1999), *Sampling:Design and Analysis*, Pacific Grove, CA：Duxbury Press.

■演習問題
1) 8人の生徒から構成される小さな枠母集団がある．試験における生徒の得点はそれぞれ,72点,74点,76点,77点,81点,84点,85点,91点である．このとき下の問いに答えよ．
   a) この枠母集団の平均値と分散を計算せよ．
   b) 大きさ2の,考えられるすべての単純無作為標本を確認せよ．その個々の標本について平均値を計算し,標本平均のヒストグラムを作成せよ．
   c) 大きさ6の,考えられるすべての単純無作為標本を確認せよ．その個々の標本について平均を計算し,標本平均のヒストグラムを作成せよ．(ヒント：上のb)の結果を使ってこれを行うことがもっとも簡単である．分布はb)とc)でどのように異なるのか)
   d) 大きさ2の,単純無作為標本の標本平均の抽出分散を計算するために,(4.2)の式を用いよ．それはb)における分布の分散と等しいか．これらの結果を比較し,同じあるいは異なるのはなぜかを説明せよ．
2) 問題1)と同じ8人の母集団を用いることにする．しかしここでは,次の2つのグループに生徒を層別しよう．

   低い得点のグループ： 72, 74, 76, 77
   高い得点のグループ： 81, 84, 85, 91

a) 各層から3人ずつをとり，大きさ6の単純無作為標本とするとき，考えられるすべての標本を確認せよ．これらの標本の平均値を計算し，標本平均のヒストグラムを作成せよ．これら標本平均の分布は上の問題1)の，層別しない場合と，どのように比較すればよいか．

b) 各層から3人の生徒を抽出する，大きさ6の標本の層別標本平均の真の分散を計算せよ．

3) 調査設計効果は，異なる標本設計の統計量の精度を評価するための便利な比である．
   a) 調査設計効果の定義はどのようなものであるか．
   b) 層別にした要素標本の調査設計効果は，1より大きいか，あるいは小さくなるのか．
   c) 層別されていない集落化標本の調査設計効果は，1より大きいのか，あるいは小さくなるのか．
   d) 1段集落化標本について，主要な変数の級内相関が0.016であり，集落の大きさは10であるという．このとき，その主要な変数の平均値の調査設計効果を計算せよ．

4) 1200人の労働者がいるある施設において，急性疾患による労働損失額を調べるために，ある調査が行われることになっている．計画立案の目的で，1年当たりの損失日数（days lost）の平均値は4.6日，標準偏差は2.7日と仮定する．また標本は単純無作為抽出によって選ぶと仮定する．
   a) 損失日数の平均値の推定値の標準誤差0.15とするためには，どれくらいの標本の大きさが必要となるか．
   b) ここでいま，性別と年齢（3区分）のクロス分類から作られる6つの層から，比例割り当てで層別標本を選ぶと仮定する．平均値の標準誤差を0.15とするために必要な標本の大きさを検討せよ．比例割り当ての層別設計の標本の大きさは，a) で計算したものより小さいだろうか，あるいは同じか，大きいか．そしてその答えとなる理由を簡単に説明せよ．

5) 次の街区のリストから，大きさの変数として X_α を用いて確率比例（PPS）により系統的に標本を抜き出せ．なお，無作為に決める出発点としては6を，抽出間隔としては41を，それぞれ用いることとする．

街区	X_α	累積 X_α	抽出
1	32		
2	18		
3	48		
4	15		
5	37		
6	26		
7	12		
8	45		
9	46		
10	21		

6) ある教育調査のための枠母集団は2000の高校を含み，各高校は1000人の生徒からなる．

大きさが $n = 3000$ の，生徒の等確率抽出法（epsem）による標本を2段で選ぶ．まず第1段で100校を抽出し，第2段では標本とした各学校から30人の生徒が選ばれる．標本となった生徒は，30%が自宅でコンピュータを使うと報告し，この比率の標準誤差は1.4%であった．この問題では，有限母集団修正は無視し，また $(n-1)$ を n で近似してよい．このとき，以下を推定せよ．

a) この標本比率に対する調査設計効果
b) 生徒の自宅におけるコンピュータの利用に関する学校内の級内相関
c) 300校で学校あたり10人の生徒を選ぶ標本設計においてこの標本比率に対する標準誤差

7) ある都市の12000人の選挙人名簿から，1000人の個人の比例割り当て層別標本が選ばれ，この標本に含まれる個人が生活している世帯が，集中空調装置（セントラルエアコン）を所有しているかどうかに関する情報が収集された．1つの層内で，単純無作為抽出により10人の登録有権者を選んだ．世帯内の登録有権者数ごとに集計されたこの層の結果は，次のとおりである（ここで1は集中空調装置があることを示し，0はそれがないことを示す）．

対象者番号	登録有権者の数	空調装置保有の有無
1	1	1
2	1	0
3	1	1
4	2	1
5	2	1
6	2	0
7	3	0
8	3	0
9	3	1
10	4	1

この層について，以下を推定せよ．

a) 集中空調装置のある世帯に住む登録有権者の割合
b) 集中空調装置のある世帯の割合
c) これらの割合の全体の標本推定値は，この都市内の集中空調装置を保有する人口の割合や世帯の割合の，偏りのある推定値となるであろうが，なぜか．

8) 1年間の受診回数を推定するために，ある層別標本が選ばれた．その調査の結果は次のとおりである．
　表には，それぞれの層について，層の大きさ（N_h），母集団の割合（W_h），標本の大きさ（n_h），抽出率（f_h），受診の総回数（y_h），受診の平均回数（$\bar{y}_h$），標本要素の分散（s_h^2）がある．ここで，すべての作業を説明し，できる限り多くの計算を行え．

演 習 問 題

層	N_h	W_h	n_h	f_h	y_h	$\bar{y}_h$	s_h^2
若年	3200	0.40	192	0.06	1152	6	5
中年	4000	0.50	240	0.06	1200	5	4
老年	800	0.10	48	0.06	384	8	7
合計	8000	1	480	0.06	2736		

a) 層平均値の重みづけをしない平均値を求めよ．
b) 適切な重みづけを行った層別平均（加重層別平均）を求めよ．
c) 上の b) から，平均値の抽出分散を求め，さらにその平均値の 95％信頼区間を求めよ．

9) ある診療所は 900 人の患者記録を保有している．ここで，300 件の記録からなる単純無作為標本が選ばれた．そこに含まれる 300 人の患者のうち，210 人が任意健康保険に加入していたとする．

   a) 任意健康保険の資格のある患者の比率とこの推定値の標準誤差を推定せよ．また母集団比率の 95％信頼区間を求めよ．
   b) この研究は 1000 人の患者からなる別の診療所でもう一度行われることになっている．任意健康保険に加入している患者の標本比率については，標準誤差 2.5％が必要である．この精度水準を得るためには，単純無作為標本ではどれくらいの標本の大きさを必要とするか．計画立案のため，母集団比率が 50％であると仮定する．

■本章のキーワード

roh（ρ）（等質性の比率：rate of homogeneity）
大きさに比例した確率（確率比例）（probability proportional to size：PPS）
確率抽出（probability selection）
確率標本（probability sample）
系統抽出法（systematic selection）
交替グループ（ローテーショングループ）（rotation group）
集落内等質性（intracluster homogeneity）
集落標本（cluster sample）
信頼限界（confidence limits）
精度（preciosion）
層（stratum）（複数形，strata）
層別（stratification）
単位区（セグメント）（segments）
単純無作為標本（simple random sample）
地域抽出法，エリア・サンプリング（area sampling）
抽出分散（sampling variance）
抽出率（sampling fraction）
調査設計効果（design effect）
等確率抽出法（epsem）
二段標本抽出設計（two-stage design）
ネイマン割り当て（Neyman allocation）
端数の間隔（fractional interval）
非復元抽出（sampling without replacement）
標本実現値（sample realization）
標本抽出による偏り（sampling bias）
標本分散（sample element variance）
平均値の標準誤差（standard error of the mean）
平均値の抽出分散（sampling variance of the mean）
無作為抽出（random selection）
有限母集団修正係数（finite population correction factor）
有効な標本の大きさ（effective sample size）

第5章
データ収集法

Methods of data collection

　ある標本設計がどれほど優れていても，その調査設計の他の部分が目的に適わなければ，その調査は偏った結果をもたらす．これは測定用具，通常それは調査票であるが，それを作成し吟味を行うことである（7，8章を参照）．さらに，調査員を利用する場合には，調査員を採用し，訓練し，管理しなければならない（9章を参照）．この章では，調査項目に影響を及ぼすもう1つの重要な決め手，つまり使用するデータ収集法に焦点を当てる．

　"データ収集（data collection）"という言葉は少し紛らわしい．なぜならばこの言葉は，データはすでに存在していて，ただ集めればよいということを暗に示すからである（プレッサー：Presser, 1990）．通常，調査データは，面接あるいは調査票の記入段階で生じるもの，あるいは作成されるものである．いいかえると，調査データはデータ収集過程の産物であり，この段階の重要性を強調する1つの概念である．にもかかわらず，ここでは通常の用語である"データ収集"を用いることにする．図5.1が示すように，調査設計のすべての局面は，調査推定値を提供するためのデータ収集過程を通じて一貫した流れとなっている．本章では，データ収集法の選択にかかわる決定と，そのような決定が調査経費と調査誤差との関係にもたらす影響とに焦点を当てることにする．

　調査は，伝統的に3つの基本的なデータ収集法に依存してきた．すなわち，調査票（質問紙）を回答者に郵送し，記入した調査票を返送してもらう方法，調査員が回答者に電話をかけて，電話聴取により質問を行う方法，調査員が回答者の自宅や勤め先に出向いて，面接調査（FTF：face to face interviews）により質問を行う方法の3つである．コンピュータ革命がこうした従来の方法のそれぞれに変化をもたらし，さらにこうした混合方式に新たな手法を加えることとなった．本章では，データ収集法の選択にかかわる決定や，そうした決定が調査経費や調査誤差に及ぼす影響に的を絞って議論する．データ収集法の選択に影響を与える基本的な問題としては，以下の2つがある．

1) ある特定の調査質問のために選ぶべき，もっとも適した方法は何か？
2) ある特定のデータ収集法が，調査誤差および調査費用にどのような影響を及ぼ

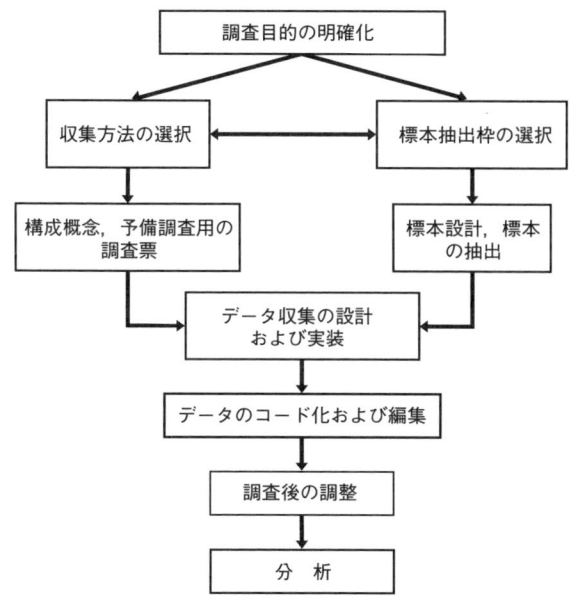

```
        ┌─────────────────┐
        │  調査目的の明確化  │
        └─────────────────┘
         ↓               ↓
┌─────────────┐   ┌─────────────┐
│ 収集方法の選択 │←→│ 標本抽出枠の選択│
└─────────────┘   └─────────────┘
       ↓                 ↓
┌─────────────┐   ┌─────────────┐
│構成概念,予備調査用の│   │標本設計,標本  │
│   調査票      │   │   の抽出    │
└─────────────┘   └─────────────┘
         ↓               ↓
        ┌─────────────────┐
        │  データ収集の設計  │
        │    および実装     │
        └─────────────────┘
                 ↓
        ┌─────────────────┐
        │データのコード化および編集│
        └─────────────────┘
                 ↓
        ┌─────────────────┐
        │   調査後の調整    │
        └─────────────────┘
                 ↓
        ┌─────────────────┐
        │     分  析      │
        └─────────────────┘
```

図 5.1 処理過程からみた調査

すか？

　これらの問題に答えるためには，調査設計者とデータ分析者の両者が，データ収集過程を理解する必要がある．調査設計の観点からは，費用・データの品質・無回答・カバレッジなどを手がかりとして，はじめに下す判断は，多くの場合，どのようにデータを集められるかを決めることである．分析の観点からは，調査結果の推定値の品質評価にとって，データがどのように収集されたかを理解することがきわめて重要である．したがって，調査方式の選択を検討しているのか，すでにどの調査方式にするかを決めてしまったのかにかかわらず，使用する特定の方法を詳しく理解することは，獲得したデータの品質を理解するうえで重要な要素である．

5.1　データ収集のさまざまな手法

　過去 25 年以上にわたり，調査方法論研究者たちは，新たな調査データ収集法をいくつも考案してきた．調査ではときには複数の方法を同時に用いることもあるので，その可能性はおびただしい数になる．たとえば，標本単位と接触するのに用いられる方法が，データ収集に用いられる方法と同じであるとは限らない．面接のある部分で，他の部分とは違った別のデータ収集方式が用いられることもある．あるいは，最初に

ある方法を使い，追跡調査（follow-up，フォローアップ）で別の方法を使用することもあるかもしれない．たとえば，「薬物使用と健康に関する全国調査」（NSDUH）では，過去には，ある質問項目は調査員による聴取を用い，別の質問項目では自記式を使用した．縦断調査（longtitudinal survey，同じ回答者から数回にわたりデータを収集する調査）では，調査の初期段階ではある方式を使い，後ろの段階ではもう別の方式を使用することもある．たとえば「全国犯罪被害調査」（NCVS）では，回答者に7回まで聴取を行うが，初期には面接調査を用い，後半の期間においては電話聴取を実施するようにしている．初回を面接調査で行う理由は，回答率を高めることであり，後半の期間で，回答者に正確な情報を提供する気持ちにさせることがわかってきたからである．また後半の期間では，面接調査よりも経費を節減できる電話聴取を用いている．

調査研究活動の初期の数十年においては，"**調査方式**（mode, survey mode, 調査モード）"とは，通常は面接調査（あるいは個別訪問）か郵送調査を意味していた．1960年代の後半になって，電話調査がより一般的になり，その後の数十年で劇的な普及をみた．初期の調査方式の比較研究では，これら3つの方法を比較していた．調査方式の影響に関する文献の多くは，1970年代の面接調査と電話調査の比較に端を発し，その後，拡大して他の方法まで含めるようになった．たとえば，グローブスとカーン（Groves and Kahn, 1979）の研究によると，（74の郡と主要都市圏で集落化を行った）面接調査によるある全国標本と，2通りの全国電話標本との比較を行った．ここで2通りの電話標本による調査とは，1つは面接調査と同じ第1次調査地域内[*1]で集落化を行った標本による調査であり，もう1つは全米を対象としたRDD方式により選ばれた標本である．この研究では，調査管理方式ごとに，回答率（response rate），調査経費，カバレッジ，測定誤差の比較が行われた．ここでは全体に，電話聴取と面接調査は似通った結果をもたらし，調査データを集めるための電話聴取の使用に弾みをつけることとなった．

近年の新たなデータ収集法の急増にともない，これはまた調査過程へのコンピュータの導入にかなり関連することなのだが，いまや調査方式には，さまざまなアプローチの組合せや混合方式による調査設計があり，より多様な方法とアプローチを含んでいる．現在使用されているデータ収集法の，もっとも一般的な方法としては以下のようなものがある．

1) **コンピュータ支援の個人面接方式**（CAPI）：コンピュータの画面に質問文を表示し，調査員がその質問を読み上げ回答者の回答を入力する．
2) **オーディオ・コンピュータによる自答式**（audio-CASI, ACASI）：回答者がコンピュータを操作し，画面上に表示された質問文が読み上げられるのを聞いて回答者自らが回答を入力する．
3) **コンピュータ支援の電話面接方式**（CATI）：CAPIの電話調査版．

4) **音声自動応答装置**（IVR）：ACASI の電話版（このことから，電話方式の ACASI，または T-ACASI ともいう）．電話を通じてコンピュータが回答者に対して録音済みの質問文を再生し，これに対して回答者は電話器のキーパッド上の番号を用いて回答する，あるいは回答を声で伝える．
5) **ウェブ調査**（Web surveys）：コンピュータがオンライン上で質問文を管理する．

図 5.2 に，現行のデータ収集法のより包括的な一覧を示し，またそれぞれの関係を表した．これらの方法はいずれも，郵送調査・電話調査・面接調査という伝統的な 3 つの方法に起源がある．この図の最善の読み方は，左から右にむかって見ることであり，これにより時間経過とコンピュータ支援の用途の増大との両者を反映した特徴がみえてくる．調査票（質問紙）の郵送によっていた初期の調査が，まず回答者が書き入れたプリコード式回答を，**光学式文字認識**（OCR：optical character recognition）で読みとるように改良され，次に，回答完了した調査票からその手書き部分を，**インテリジェント文字認識**（ICR：intelligent character recognition）により回答コードを自動で読みとる機械へと改良された．これはさらに，自記式の調査票をファックスで送信する方式へと発展した．この発展の支流として，調査の処理段階におけるコンピュータ利用がある．郵送調査から分岐したもう 1 つの進化として，データ取得時のコンピュータ支援の活用があった．パーソナル・コンピュータを保有する母集団について（多くは事業所であるが），サーベイ・リサーチャーは，調査質問を提供しデータを取得するソフトウェアの入ったフロッピー・ディスクを送って調査を行った（デ

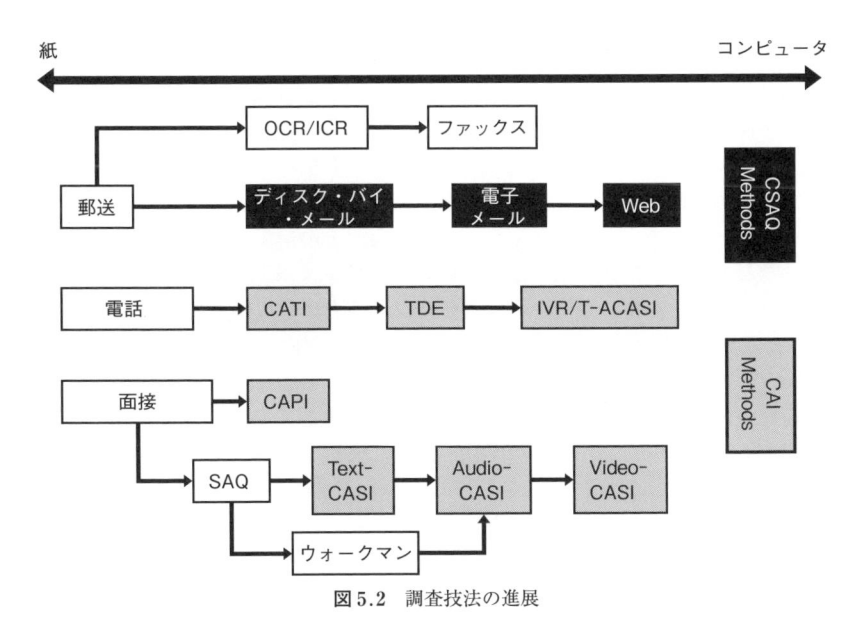

図 5.2 調査技法の進展

ィスク・バイ・メール方式，disk by mail method）．これは，回答者が調査に回答したうえでそのフロッピー・ディスクを返送するという方式である．インターネットが普及しはじめると，電子メールで回答者に調査票が送られるようになり（電子メール方式），その後，ウェブページ経由で送れるようになった（ウェブ方式）．これらの方法は，まとめて**コンピュータ支援の自記式調査票方式**（CSAQ：computerized self-administered questionnaires）として知られている[*2]．

電話回線を用いた方法は，まず初めに電話調査員の使う端末が，大型汎用コンピュータに接続された．次にその端末がミニコンピュータに接続され，さらにその後になって，その端末がネットワーク化された個別のパーソナル・コンピュータへと移っていった．CATI 対応ソフトウェアは，調査時に調査員に対し質問文を画面上に表示し，調査員はその質問文を読み上げ，そして調査員がキーボードで入力した回答を，そのソフトウェアで受理を確認する．限られたデータだけが必要な景気動向調査では，**タッチトーン式データ入力方式**（TDE：touchtone data entry），つまり押しボタン式のデータ入力を利用している．TDE では，回答者からフリーダイヤル番号に電話をかけてもらい，録音済み音声が要求するデータ項目を聞いて，電話のプッシュボタンを使ってデータを入力してもらう．この分野のさらに進んだ方式として，**音声自動応答方式**（IVR：interactive voice response／T-ACASI：**オーディオ・コンピュータによる自答式電話調査**）がある．これは，音声を自動システムに切り替える前に，調査員が回答者に電話で初期対応する方法つまり協力依頼を行う方法である．

面接調査方式の発展は2つの道を開いた．1つは調査員がそれまで使っていた質問紙調査票を電子技術で別の形に代替する方向であった．また，もう1つは面接手順の一部として，調査員が回答者に手渡していた**自記式調査票**（SAQ：self-administered questionnaires）の変化であった[*3]．**コンピュータ支援の個人面接方式**（CAPI：computer-assisted personal interviewing）は，質問紙調査票をラップトップ・コンピュータにおきかえたもので，質問文を画面に表示しデータ入力を受け付ける．調査に回答するために回答者に手渡されたこともあった自記式調査票に合わせて，コンピュータ支援がさまざまな形態をとることとなった．その第1は，技術の短期的な移行である．たとえば，質問紙を用いた調査において，ソニー・ウォークマンのカセットテープ・プレイヤーを使い質問を音声で伝え，回答者は質問紙を使って回答する．第2は，さまざまな**コンピュータ支援の自答式手法**（CASI：computer-assisted self-interviewing）であり，これには，**ラップトップ・コンピュータを使用して質問文を提示し回答を受け取る方式**（text-CASI），質問文を音声形式で伝達する方式（ACASI：audio CASI），測定の一部として**ビデオ自動応答方式**（video-CASI）つまり視覚的に刺激を表示する方式とがある．

図5.2には，かつての（質問紙による）技術から，コンピュータによるより新しい技術への流れを図示してある（こうした多様な技術についての議論は，クーパーとニコルス：Couper and Nicholas, 1998 を参照）．この図がすべてを網羅しているわけではなく，新しい

技術あるいは既存方法の変形もたえず進歩している．調査においては，単に「調査方式の影響」に言及するだけでは不十分であることがはっきりしている．われわれは，どのような方法を比較し，どのような設計特性が観測しうる影響を説明できそうかについて明確にする必要がある．いろいろあるデータ収集法は，さまざまな側面に従って異なるものである．つまり，調査員がどの程度関与するのか，回答者との相互行為の度合い，回答者のプライバシーの度合い，用いる情報伝達の媒体，技術利用の程度といったようにまちまちである．以下の各項でこれらについて議論する．

5.1.1 調査員の関与の程度

　調査設計によっては，一方を調査員とし，他方を回答者あるいは情報提供者とし，これら両者間の直接対面の相互行為を必要とするものがある．たとえば，面接調査では調査員が回答者に質問文を読み上げる．他の調査設計では（たとえば郵送調査では），調査員が介在することはまったくない．これら両極の間に，さまざまな方法がある．つまり，調査員方式の調査の一部として自記式調査票方式（SAQ）を用い，調査員の面前で記入を行うもの，たとえば「薬物使用と健康に関する全国調査」（NSDUH）のように，訪問面接調査において薬物使用を測定する際にオーディオ・コンピュータによる自記式（ACASI）を使用する，といったようにさまざまである．これ以外の変形として，自動システムに切り替える前に，調査員が電話口で勧誘や説得を行う方式もある．この方法を"リクルート・アンド・スイッチ方式"の音声自動応答装置（IVR：interactive voice response）とよぶことがある．これ以外の他の方法は，どのような場合にも調査員を利用することはない．

　調査員の関与を持続することは，調査の品質と調査経費にかなり関係がある．調査員方式による調査では，訓練を受け，知識を身に付けた，やる気のある特別な人たちの一団により行われ，彼らに対する監督・監視・支援を必要とする．調査員への支払いが調査経費の中で大きな割合を占めることは，調査員方式による調査の常である．調査員を用いることは，データ収集に取り組む組織全体に影響を与える．

　しかし調査員は，調査対象者を効率的に探し出せるため，統計量の無回答誤差の特性に影響を及ぼす可能性がある．6.7節では，調査対象者の調査に対する疑問や不安に対処する調査員の能力が，どのように高い協力率に結びつくかを示している．調査員からのコールバック（callback，電話のかけ直し）は，回答するための時間をとれなかった回答者に対する，効果的な調査依頼の督促となるようである．

　回答者から完全でしかも正確な回答を得るために，調査員は，回答者にわかりやすく説明し，プロービングを行い，やる気を起こさせるように手助けもできる．これは調査票で無回答となった質問の割合に直接関係するようである．しかし，それだけでなく，調査員の存在が，とくに微妙な内容の質問（sensitive question）については，回答者の回答に有害な影響を与えることもある（5.3.5項を参照）．調査員方式の調査の場合は，調査員の人種や性別といった特性や，質問の仕方といったような仕事に

関連した行動が，回答に影響する可能性がある（9.2.2項を参照）．確かに，調査員が回答者の回答に与える影響は，その大半が測定の社会的状況をあきらかにする際の調査員の重要な役割とかかわりがあるようにみえる．たとえば，人種問題についての態度を問う質問は，調査員の人種しだいで，それぞれ異なった解釈をされるかもしれない．このように，調査員の存在は，調査統計量の品質を高めることも低めることもありうる．

5.1.2 回答者との相互行為の度合い

面接調査あるいは訪問面接調査は，回答者との相互行為の度合いが強い．面接は回答者の自宅で行われることが多く，回答者はそこで調査員に回答を提供する．電話調査では，「行動危険因子監視システム」（BRFSS）調査にみるように，回答者との接触はそれほど直接的ではない．農作物の生産量を測定する農業調査のような別の調査では，回答者との相互行為はきわめて少ない．ここでは基本的には，作物を計測するために，じかに農家の許可を求めることくらいである．さらに他の調査，とくに行政記録にかかわるような調査では，標本単位そのものとの接触はまったくない．現場スタッフが記録から必要な情報を抜き出すだけである．たとえば，「全国学力達成度調査」（NAEP）の一部では，調査対象となった学校の管理記録システムにもとづいて，高校の授業科目の記録に関する定期的な検査が関与している．

回答者と調査員との相互行為から生じるデータが多ければ多いほど，少なくとも建前上は，リサーチャーは測定過程全体にわたって管理できる．ある調査が，管理記録だけに依拠したものであるなら，その記録の品質と内容は調査をはじめる前に決まってしまう．同様に，管理記録にもとづき目標母集団を網羅することは，リサーチャーの自由にはならないことである．一方，データがヒトという回答者との相互行為から生じるものであればあるほど，そのデータは特定のデータ収集状況における予測できない変動の影響を受けやすくなる．

管理記録を用いるときは，調査票構築過程の特徴については，記録管理システムの性質の情報も盛り込むべきである（エドワードとカンター：Edward and Cantor, 1991）．なぜならそれは回答者が質問を理解し記憶を回答に結びつける能力という情報だけではないからである．さらに，回答者のすべてが，あらゆる質問に答えるために必要な記録にアクセスできるわけではない．したがって，多数の回答者にとって容易に使えないような調査方式では，調査データを完全なものとするには，調査対象者が標本単位（たとえば，世帯，事業所，農場）中の他の人と接触することに左右される．

通常，こうした局面では，リサーチャーが管理できることは少ない．求められている測定の性質と管理記録の利用可能性から，回答者と接触する必要があるのか，あるいはそれほど無理のない方法をとることができるのか，を決められるかもしれない．農業従事者から作物の生産量を聴取するのがよいのか，あるいは現地でさらに客観的に測定するのがよいのかは，聴取する個々の調査質問によって決まるかもしれない．

調査が，客観的な測定（たとえば，管理記録，直接的な観察，取引データなど）と調査回答者への直接的な質問とを結びつける傾向がますます強くなっている．回答者と記録のいずれもが補足的情報を提供し，これらを結びつけることが各情報源の欠点の克服になるという認識が高まりつつある．しかし，さまざまな情報源の誤差特性が異なるということも認めるべきである．

5.1.3 プライバシーの度合い

調査はさまざまな環境で実施される可能性があり，ある程度はデータ収集方式に影響される．しかも調査に回答する間，どれだけのプライバシーを回答者に提供できるかによって，これらの環境は異なる．調査員の存在や他人の存在は，いずれもが回答者の行動に影響を与えることがある．他人が，質問を立ち聞きするとか回答者の提供した回答を覗き見するようであれば，回答者のプライバシーは危険にさらされる．

調査測定におけるプライバシーの影響の根底にある原則は，データの守秘性に関する問題に類似していることが多い．リサーチャーだけでなく，調査員が介在することで，回答者に質問を聴取したということを，少なくともその調査員が知りうることを意味する．回答者の口頭による応答で，調査員は回答を知るのである．もし，面接や調査票に記入している間，その場に他の人たちがいたならば（例：世帯構成員，あるいは事業所環境なら同僚，公共の場で行う面接時の周囲の通行人），他人が調査員と回答者のやりとりを聞いたり，回答者が記入している回答を覗き見たりすることができるわけである．プライバシーの欠如は，彼らが調査回答者であったことを誰が知っているかを，回答者側が何も制御できないことを意味している．場合によっては，調査とは何の関係もない人に，回答者の回答が知られることもあることを示唆している．

求められる情報が微妙な内容であるとか，場合によっては答えに戸惑うような内容のときに，環境のプライバシーの影響が増すようである．たとえば，調査名からもわかるように「薬物使用と健康に関する全国調査」（NSDUH）では，違法な薬物使用という，きわめて答えにくい内容に焦点を当てている．回答者の自宅で行われる面接調査では，極端な場合，家族の誰かがその場にいることをほとんど制御できないことがある．出口調査や集団調査（例：教室という設定下での調査）もプライバシーに対する配慮が少ない．たとえば，「全国学力達成度調査」（NAEP）による評価では，標本となった学級で行われるが，その場合はクラスの生徒全員が同時に調査を受ける．

プライバシーの程度は，回答者相互の間の物理的な近さに依存することもある（ビービ，ハリソン，マクレー，アンダーソン，フルカーソン：Beebe, Harrison, McRae, Anderson and Fulkerson, 1998）．これとは正反対に，診療所や実験室の個室で行われる自記式調査では，回答者にはかなりプライバシーが配慮されている．プライバシーへの脅威は，他の世帯構成員に起因することとか（例：両親の面前で違法薬物を使用したことがあることを認める），調査員がいるだけでも生じる．たとえば，調査員がある団体の会員の場合に，その対象とした団体に対する否定的な意見を認めるのは難しいであろう．

回答のプライバシーを強めることで，調査報告を改善するさまざまな方法が使用されてきた．たとえば，答えにくい微妙な内容の情報を引き出すために，面接調査の一部では質問紙による自記式調査票方式（SAQ）が長い間用いられてきた．このことが薬物使用や飲酒状況を調査するために自記式を用いている「薬物使用と健康に関する全国調査」（NSDUH）のもともとの理由である．この方法は，データ収集技術とともに，さまざまな形式のコンピュータ支援の自答式調査（CASI），つまり面接の一部を回答者自らがラップトップ・コンピュータを使って直接情報をやりとりする調査を発展させた．コンピュータによる音声利用の自答式調査（audio-CASI）の場合は，質問を画面上で視認することもなく，回答者はヘッドホンで質問を聴き取りコンピュータに回答を入力する．同じような技法，これはいろいろな呼び方がある音声自動応答装置（IVR）あるいは電話によるオーディオCASIが，微妙な内容の質問に回答中の回答者のプライバシーを強化するためもあって，電話調査の分野で発展した．

5.1.4 情報伝達の手段

"情報伝達の手段（channels of communication）"とは，人が外部世界から情報を得るために利用する，さまざまの感覚的な様態を意味する言葉である．視覚，聴覚，触覚のさまざまな組み合わせが情報伝達に使われる．それぞれの組み合わせが，理解，記憶の刺激，ものごとの判断に作用する社会的影響，回答の障害といったさまざまな問題をもたらす．調査方式が回答者に質問をどのように伝えるか，また回答者が自らの回答をどのように調査者に伝えるかという点において，調査方式はさまざまに変わる．調査員方式による調査は基本的には聴覚によるものである．調査員が声に出して質問文を読み上げ，回答者も同様の方法で回答する．郵送調査は視覚的な調査である．すなわち，回答者が質問文を読み調査票に回答を記入する．調査によっては，異なった情報伝達手段の混用を勧めることがある．たとえば，面接調査では（質問の回答選択肢を一覧にしたカードを見せるような）視覚補助具を使うことがある．コンピュータによる自答式調査（CASI）では，文章のみ（つまり視覚的）の場合，音声と文章を組み合わせた場合，音声のみの場合とがある．さらに，言葉と画像の組み合わせも別のツールである．これらのことから，データ収集法間のもう1つの区分として，（電話方式のように）言語刺激と回答用の用具だけを用いることと，（画像，ビデオなどのような）視覚的刺激を用いることとに分けることもできる．データ収集過程におけるコンピュータ導入（CAPIやCASI）とワールド・ワイド・ウェブ（WWW）の使用は，調査において，回答者に提示できる用具の幅を飛躍的に拡大した（クーパー：Couper, 2001）．

遠隔通信（telecommunication）に関する社会心理学の初期の研究では，情報伝達の視覚による方法と聴覚による方法との，さまざまな組み合わせの影響を研究した．たとえば，ショート，ウイリアムズ，クリスティ（Short, Williams, and Christie, 1976）は，ビデオという情報伝達手段では"**社会的存在感**（social presence）"がさらに高まる

ことを確かめた．ここで"社会的存在感"とは，心理的な感覚のことをいう．すなわち，一方の対象者が，もう一方の相手を意識し，心の状態を含むその人全体と直接接触することで，（同時並行的ではなく）その相互行為にだけ焦点を絞っていることを示している．したがって社会的存在感とは，ある相互行為において，その対象者に対するもう一方の相手に，はっきりした形で作用することである．ショートらは，一連の実験で，作業に関与する当事者の心の状態を読みとることに左右される共同作業を，音声媒体が複雑にすることを見つけた．調査の観点からすると，以上のことは，回答者がなんらかの非言語的な手がかりを調査員から読みとる可能性のある面接方式よりも，電話方式のほうが，回答者が質問の内容を理解する際に，調査員が回答者に及ぼす影響が少ない傾向にあるのではないか，ということを示唆している．

同じように，面接調査における調査員は，回答者から明確な要求がなくても，回答に気乗りしないでいる，あるいは困惑しているといった，言葉によらない兆候を察知しやすいので，回答者を励ますとか，回答の意味をはっきりさせるような説明を調査員が与えることになる．自記式調査では，このような複数の情報伝達手段がないので，こうした調査員の介入はありえない．

調査方式の影響，とくに面接調査と電話調査の比較に関する従来の研究の多くは，情報伝達手段の問題に集中していた．最近になって，郵送調査とウェブ調査との間の視覚の差あるいは聴覚の差に注目が集まっているが，もう一方では，調査員方式の調査あるいは電話による自答式調査との違いにも関心が集まっている．たとえば，視覚的なデータ収集方式では**初頭効果**（primacy effects）がより一般的だが，聴覚的な方式では**新近性効果**（recency effects）が多くみられる．初頭効果があると，ある選択肢を最初に提示することで（あるいは少なくとも質問リストの初めのほうに近づけておくことで）回答者がその選択肢を選ぶ可能性が高まる．新近性効果はこれとは逆に，質問リストの最後あるいは終わり近くに選択肢を置くことで選ばれやすくなる（7.3.5項，7.3.6項を参照）．

郵送調査とウェブ調査に関する研究調査でもまた，2つの方式のいずれも視覚的な構文構成であることが影響する．たとえば，質問紙上あるいは画面上の質問文や回答項目の割り付け（レイアウト）が，回答に影響するということを示している．このことから，視覚的な設計と視覚的な情報伝達とに関する原則は，自記式調査においては，測定誤差がどのように減少するかを理解することと密接な関係がある．

5.1.5 技術要素の利用

結局は，調査におけるデータ収集法は，利用する技術の程度と種類によって異なる（ファッチ，クーパー，ハンセン：Fuchs, Couper and Hansen, 2000）．たとえば郵送調査では，データ収集に質問紙による方法を用いている．読み書きの能力と筆記具（鉛筆一本）の他には，なんら専門的な技術も道具も必要としない．ウェブ調査の場合は，回答者はインターネットを介して調査用具を使って情報交換を行うので，ハードウェア（コンピ

ュータやモデムなど)やソフトウェア (ISP〔internet service provider〕やブラウザ)を使用する．コンピュータ支援による面接では，調査員は調査機関が用意した技術を用いる．利用する技術要素およびそれがどのように使われるかが，さまざまなことに影響する．誰が調査用具を管理するかを定めること(標準化)，必要な訓練の程度や種類(たとえば，CAPIの調査員は，集中管理方式下にあるCATIの調査員よりも，ラップトップ・コンピュータとデータ送信の管理や操作のために，より多くの訓練を必要とする)，対象とする範囲(たとえば，郵送調査は読み書き能力だけでよいが，ウェブ調査ではインターネットにアクセスする必要がある)，データ収集費用とさまざまなことに影響が及ぶ．複雑な調査票を自動的に定型処理し，編集のチェックを行い，その他のツールにより，測定誤差を減らすために科学技術要素が用いられる．一方，コンピュータ化された調査用具の複雑性が増大することで，別の種類の誤差(たとえばプログラミングのミス)を生み出すこともある．

　技術を利用するうえでの1つの問題は，回答者をどの程度まで管理できるかということである．その一端にある質問紙による自記式調査(SAQ)では，回答者に制約を課すことはほとんどない．その正反対にあるコンピュータ支援の自答式(CASI手法)では，回答選択肢の長さを制限するとか，先の質問に進む前に回答を得る必要があるといった，調査用具の操作指示を限定するといった制約を課すことがある[*4]．あまり欠点のないデータが得られても(これについては10章を参照)，このような制約が調査質問に対する回答者の答え方に影響を与えることもある．たとえば，リッチマン，キースラー，ワイスバンド，ドラスゴウ(Richman, Kiesler, Weisband and Drasgow, 1999)らは，さまざまな方法で試験的に行った社会的望ましさの歪みに関するメタ分析で，回答者が前の回答を見直すあるいは変更するために前に戻れるようにすると，社会的望ましさの影響が少なくなったという結果を得た．

　これに関連して，コンピュータによる調査用具の設計では，たとえばそれがコンピュータ支援の個人面接方式(CAPI)，ウェブ，あるいは他のなんらかの方法であっても，調査員と回答者のいずれの行動にも影響し，よって測定誤差にも影響を及ぼすのだという認識が高まっている．人とコンピュータの相互作用とユーザに配慮した設計という原理原則が，こうした調査用具の設計を改善するためにますます応用されるようになってきた．

5.1.6 以上の特徴がもたらす影響

　サーベイ・リサーチャーの自由になる，こうした幅広い多様なデータ収集ツールには，予想される影響がいくつかある．まず，ある1つのデータ収集法について語る場合，その使用する特定の方法について，しっかりと理解する必要がある．調査方式の種類によっては(例：個別訪問調査あるいは調査員方式の調査)，前述した5つの特徴のそれぞれについて，各調査に固有の実施方法についてあきらかにすることなしに，別の調査方式(例：電話調査あるいは自記式調査)と比べて善し悪しを語ることは，

十分ではない．

　ここで関連する影響とは，調査方式の比較結果について一般的に総括することは難しい，ということである．ある特定の誤差発生源にもとづく，ある特定のデータ収集法の影響は，そこで用いた方法に固有の組み合わせによって異なる．研究文献はまだすべての形式を網羅しているわけではない．新しい方法が開発されるにつれて，それらの方法とそれに代替可能な方法の比較研究がなされねばならない．そのようなことで，ある特定のアプローチがもたらす影響について，われわれが期待することを伝えるための理論が重要である．調査方式の影響に関する過去の文献だけでなく，ある特定の調査設計の特徴や諸要素を理解することが，こうした理論を教えてくれる．

　さらに，調査は混合方式の設計あるいはハイブリッド型設計として，さまざまな方法を組み合わせることもよくある．すでに記したように，「全国犯罪被害調査」（NCVS）では，標本の一部に対して面接調査を行い（たとえば，初めて面接を受ける人），残りの標本には電話で聴取調査を行う．こうした組み合わせによって，調査経費を削減できるが，無回答誤差，カバレッジ誤差，測定誤差に影響を及ぼすこともある．同様に，薬物使用と健康に関する全国調査（NSDUH）のように，調査員方式の調査を補うために，自記式調査の構成部品（それが質問紙であろうとコンピュータであろうと）を用いる多数の調査がある．これをいつ行うか，その自記式による構成部品にどのような質問を含めるかなどの選択は，さまざまな選択肢の調査誤差と調査経費の影響を考慮する必要がある．混合方式による調査設計の問題については本章のあとのほうでもう一度論ずる（5.4節参照）．

　調査方式の選択は，あきらかにトレードオフであり妥協をともなう．調査設計はますます複雑になり，さまざまの異なる要求に応えることもよくあることである．調査の一部にとって最善のことが，つまり誤差の1つの発生源を最小にするために最善のことが，調査のそれ以外の部分や他の誤差の発生源に影響を及ぼすかもしれない．たとえば，ACASI（オーディオによるCASI）のようにコンピュータを使った直接的な相互行為は，ある種の測定誤差を最小限に抑えられるかもしれないが，一方では無回答に影響を及ぼすかもしれない．高齢であるとか教育水準がさほど高くない回答者は，コンピュータにより回答を行うことを嫌がることもある（クーパーとローウェ：Couper and Rowe, 1996）．つまり，あらゆる状況に適した最善のデータ収集法はない．どのような独自の取り組み方を選択するかは，その調査特有の目的と利用可能な情報資源の範囲内で決めねばならない．

5.2　適切な調査方式の選択

　すべての調査用途に適した理想的な調査方式がないというなら，ある特定の調査研究に合った適切な方法の選択にどのように取り組めるのだろうか．ある意思決定に至るには，熟慮を要する数多くの検討事項がある．これらの検討事項には，調査経費の

検討だけでなく，調査誤差のさまざまな発生源が含まれる（大まかにいうと，業務遂行支援，人材，時間，その他の組織的な問題があることが考えられる）．ときにはその選択がきわめて明確な場合もある．たとえば，郵送法で読み書き能力を調査することは意味がない．それは，読み書き能力が低ければ質問を理解することもできないからである．同様に，読み書き能力を電話で判断することは困難であろう．回答者に何か読むものを与えないで，また彼らの読解能力を評価しないで，読み書き能力をどのように測定できるだろうか．以上のような検討事項が，面接調査による相互行為を必要とする方法を示唆している．「全国学力達成度調査」（NAEP）では，学校の学力達成度を評価する方法として，読解力と数学の知識を測っている．学校環境内に測定場所を定めることは，学校は学ぶことに集中する場所であるという理由で，適切である．

またあるときには，選択肢によっては検討事項から容易に除外しておくことができる．たとえば，インターネット利用の普及程度を見積もるとき，ウェブ調査でそれを調べることはほとんど意味をなさない（にもかかわらず，一部のリサーチャーはいまだにそのような調査を行っている）．医療記録調査を利用して（「行動危険因子監視システム」（BRFSS）が行っているように），受診が難しい人たちが何人くらいいるかを推計することも，同様に的外れである．

しかしながら，膨大な数の他の調査設計にとっては，代替手法間に生じる，れっきとしたトレードオフがあり，サーベイ・リサーチャーは，決定に至るまでにさまざまな要因について，相対的な重要度を比較考察せねばならない．カバレッジ誤差の重要性によって，つまり測定誤差や調査経費に比べて，調査方法の選択について異なった決定となることもある．

さまざまな選択可能性があるにもかかわらず，いくつかの調査方法については，はっきりした論理的な分け方がある．たとえば，電話調査は面接調査の代替法と考えられることが多いが，それはどちらも，調査員を必要とし，標本抽出枠のカバレッジ問題も類似しているからである．このことから，電話調査による「行動危険因子監視システム調査」（BRFSS）は，実際には（世帯母集団のカバレッジを改善した）個別訪問によって実施されるが，調査経費がずっと高くなる．そこで「全国犯罪被害調査」（NCVS）では，初めの調査を面接調査で行い，そのあとの大半を電話による聴取に切り替えている．

郵送調査は，住所と電話番号が記載されているリスト抽出枠を標本抽出枠として使う電話調査の有力な代替法である．ウェブ調査が郵送調査，インターセプト法，それに電話調査までの代替技術となるとして提供されているのだが，たとえば，ウェブ調査と面接調査とを比較した研究はほとんどない．「最新雇用統計」（CES）では，調査が長期にわたるという特徴と事業所を目標母集団とするということを考慮すると，その標本単位に対して，いくつもの調査方式を提供することができる．なぜならば，雇用主の名前と住所にもとづいた最初のリスト抽出枠を作成した後に，別の調査方式に合わせた識別情報（たとえば，電話番号，電子メールアドレス）を取得できるからで

ある.
　前にあきらかにした特徴にもとづいて，さまざまな方法をある多次元空間内に配置するとすれば[*5]，互いに近接する方法もあれば，より遠くに配置される方法もあるだろう．一般には，より近い距離に位置する調査方法は，互いに代替となりうる方法と考えられ，これらの比較検討が調査方式を比較した文献資料の中心を占めている．

5.3　さまざまなデータ収集法が調査誤差に及ぼす影響

　さまざまなデータ収集方式の相対的な長所と短所が，調査方式の比較研究によってあきらかにされたものである．通常は，これらの比較研究は無作為抽出による標本単位の部分集合に対して，ある1つの調査方式を割り当て，残りの部分に第2の調査方式を割り当てるという，調査現場での実験である．いくつかのメタ分析も，調査方式に及ぼす影響についての（われわれの）理解を深めてくれた（ゴイダー：Goyder, 1985；デリューとヴァンデルズーウェン：de Leeuw and van der Zouwen, 1988）．このような調査方式の比較研究を実施するのは容易ではなく，それら比較研究が代替する調査設計について提供する情報には制限があることが多い．代替手法の相対的な利点について結論を引き出すときには，こうした問題点を理解することが大切である．
　ここでは考えられるすべての調査方式について，徹底した再吟味を行うことはしない．つまり「面接調査 対 電話調査」，「電話調査 対 郵送調査」，「郵送調査 対 ウェブ調査」を含む，ごく一部の重要な比較に集中した議論を行う．

5.3.1　調査方式の限界効果を測定すること

　さまざまな調査方式から得た調査推定値は，いくつもの理由により異なることがある．たとえば，いろいろな標本抽出枠を使えることがある（例：電話標本にはRDD標本抽出枠を用い，面接標本にはエリア確率標本抽出枠が使える）．また枠母集団が異なる場合がある（例：郵送調査とウェブ調査の比較では，標本抽出枠のすべての要素がウェブにアクセスが可能とはならない）．無回答も調査方式によって異なってくるだろう．これらの理由から，調査方式間の差違の原因を特定することは難しい．いくつかの比較では，この原因特定が可能である．たとえば，面接調査と電話調査との比較では，電話非保有世帯を除外することで，世帯母集団の差違を示すカバレッジのいかなる影響も除くことができる．同様に，郵送調査とウェブ調査の比較では，枠母集団の差による混同を除くために，それぞれの調査方式でウェブにアクセスできる人だけに限定することもある．グローヴスの報告（Groves, 1989；図11.1）からの引用である表5.1には，面接調査と電話調査の2つの調査方式の比較時に生じる調査設計上の問題を示している．他の調査方式の比較においても同様の問題が生じる．
　調査方式の比較に適した1つの戦略は，各調査方式を1つのまとまった特性として扱い，これらの実質的な差を見出すことである．この戦略によると，調査をある方式

表 5.1 面接調査と電話調査の比較研究における設計上の問題点

調査設計の特徴	重要な問題点
標本抽出枠	電話母集団について，同じ抽出枠あるいは同等なカバレッジをもつ標本抽出枠か
調査員	同じ調査員か？　同じように募集し，訓練を行ったか？　同程度の調査経験か？
管理方式	集中化方式の電話面接か？　接触は同じように管理されているか？
回答者の選び方の基準	回答者の選び方の手順は同じか？
調査票	調査票はまったく同じか？　視覚的用具（カードなど）があるか？
電話のかけ直しの基準	用いた基準は同じか？　実施は同じようになされているか？
拒否撤回・拒否への説得	同等の努力・取り組みを行ったか
コンピュータ支援	CATIを用いたか，CAPIを用いたか

で行った場合と他の方式で行った場合では，得られる結果が方式間で異なるか否かという実践的問題を扱う．すべての局面において，厳密に比較可能であるよう努めるのではなく，各調査方式に適した最善の方法を選ぶ（たとえば面接調査と電話調査）．このことは，たとえば，いろいろな面接調査員集団，いろいろな標本抽出枠，あるいは各調査方式にとって最適となるように設計された，やや異なる調査用具が必要になるかもしれない．こうしたアプローチは，調査において，ある調査方式を別の方式に切り替えることを検討する際によく用いられる．ここでの焦点は，どのような相違点であってもその背景にある特定の理由には関係なく，結果として得られる推定値が類似しているのか，あるいは違っているのかということにある．「最新人口動態調査」(CPS：Current Population Survey) が質問紙からコンピュータに移行したとき，調査方式の変更による影響と，改訂版の CPS 調査票で実施したことによる影響の，いずれをも評価するために，この戦略が用いられた（コーハニー，ポリフカ，ロスゲブ：Cohany, Polivka and Rothgeb, 1994）．

　上とは別の調査方式の比較に適した戦略は，2つの調査方式間の差違に内在する原因，あるいはメカニズムを理解することに集中することである．それには，ただ1つの標本抽出枠を使うことが多い．この手法では，初めのスクリーニング段階のあとに，1つの調査方式，あるいはもう1つの調査方式，そのいずれか一方の調査方式に，回答者を無作為に割り当てることによって，1つの特有の要因（たとえば，情報伝達の手段）を分離させようとしている（これによりカバレッジと無回答の差を除くため）．もう1つの例は，調査用具に対する，なんらかの機能強化とか高度なCATIの特性を使わずに，電話調査用の質問紙からCATI方式に切り替えることで技術の影響を評価することである．この方法は，調査設計の段階で妥協を必要とする場合が多い．つまり，それぞれの代替調査方式に特有の長所を活用するために，調査を設計し直すことはない．こうした研究は長期的な縦断調査の中で実施されることもある．通常は，最初の段階では面接を行い，それ以降は他の方式を用いる．したがって，調査方

5.3 さまざまなデータ収集法が調査誤差に及ぼす影響

式を比較することは，調査段階の間で生じる他の違いをわかりにくくする．

文献にある調査方式の比較研究の多くは，（さまざまな特徴を比較した）より実践向きの調査設計から，（特有の調査設計特性の影響を分けて扱おうとしている）より理論志向の手法までを，一体化したものとして整理することができる．さまざまなデータ収集法の個々の特徴を，実務家が最適に混用し比べられる一連の研究成果はまだない．しかし，多くの共通する特徴が（たとえば，調査員の行動，質問形式，扱っている母集団について）研究されてきた．いくつかのこうした研究から得られた結果を組み合わせることで，調査誤差と調査経費のさまざまな発生源という点から，種々の

コラム 8 ●ホッヒシュティムによる個人面接，電話調査，郵送質問紙の比較
(Hochstim, 1967)

ホッヒシュティム (1967) は，調査方式についてもっとも初期の，しかも非常に影響力のある比較研究の1つを報告した．

研究計画 カリフォルニア州アラメダ郡の 350 街区からなる標本，つまり 2148 住居単位の 97% を，調査員が個別訪問した．つづいて，各標本単位に対して面接方式，電話方式，あるいは郵送質問紙方式を無作為に割り当てた．基本的には同じ調査設計で，2つの異なる調査が行われた．かりに初めに割り当てられた調査方式で無回答が生じた場合は，ここの手順では，その対象者を他の調査方式に割り当てた．一般的な医学的特性，家族特性，人口統計学的特性にかかわる初めの調査では，ある住居単位内の全世帯構成員が含まれていた．子宮頸がん検査の利用状況に関する次の調査では，この検査の利用経験のある 20 歳以上の女性の回答者に関するものであった．後者については，医療情報提供者を訪問することにより，その調査報告に関する記録情報を入手した．

研究の成果 調査未完了の対象者（調査不能）は，別の調査方式を再度割り当てる前の，初めの回答率は面接方式がもっとも高かった．調査完了した対象者あたりの単価費用がもっとも高かったのは面接調査で，電話調査と郵送質問紙の調査経費は面接調査の 12% 以内であった．回答者の人口統計学的変数については調査方式による差違はなかった．つまり，実質的な差違はほとんど見られなかった．郵送方式では，項目欠測データがかなり多かった．また，社会的に望ましくない行為（socially undesirable behavior，たとえば飲酒状況）の記入が郵送方式では多かった．調査結果を，子宮頸がん検査と内診との医療記録で比較したところ，一致率に関しては調査方式間に差違はなかった．

研究の限界 今回の実験群は，単一の調査方式ではなく，優先した調査方式と補助的な調査方式の混合になっており，調査方式の差違に関する推論を弱める結果となった．目標母集団として1つの郡だけを選んだことと健康状態と病状に焦点を絞ったことが，ここでの成果を他の調査に適用する際の制約となった．

研究の影響 調査方式間の調査結果が似通っていることから，"好ましい（preferred)" 調査方式の再検討を余儀なくされた．調査方式間の調査経費と社会的望ましさについて回答の反応度は，この調査後の調査研究においても再現された．

調査方式の相対的な長所と短所の見方が得られる．

以下に続くいくつかの項では，調査誤差のさまざまな発生源と調査経費の観点から，調査方式間の差違と類似点についての実験による証拠にもとづいて話を進める．

5.3.2 標本抽出枠と調査方式の選択が標本設計にもたらす影響

利用可能な標本抽出枠が，調査方式の選択に影響を及ぼすことがよくある．たとえば，各要素の郵送先住所の載ったリスト抽出枠があると，郵送調査がもっとも有用である．これとは逆に，希望するデータ収集方式によって，標本抽出枠が決まることもある．調査設計が，一般母集団の標本を用いる電話聴取を必要としている場合，ほぼ間違いなく電話番号抽出枠が使われるだろう．データ収集方式とその基礎となる標本抽出計画の選択は，同時に行われることが多い．

エリア確率抽出枠を用いる大半の調査では，面接調査の実施から着手するが，（回答者に面接を複数回行うことを想定して）それより後の段階ではより経費のかからないデータ収集法に切り替えることもある．電話聴取方式や音声自動応答装置（IVR）では，ほぼ例外なく電話番号抽出枠が使われている．

調査方式の選択が，標本設計に間接的に影響することがよくある．面接調査は費用がかかることで，集落化処理が標本の有効性を削ぐにもかかわらず，面接調査のデータ収集方法ではほとんどの場合，集落化標本設計を用いて行われる．これと対照的に，郵送調査やウェブ調査では，集落化標本設計により経費を節減することはできない（このときに，代替となる標本抽出設計と抽出枠に関する議論については，第3，4章を参照）．

最後の検討事項は，1つの世帯内から誰か1人の回答者を抽出する設計に対して，調査方式が及ぼす影響が関係する．世帯から回答者を選ぶには，回答者にゆだねるのではなく，調査員が行うのが最善である．全世帯員が記載された名簿の中から，標本となる1名を無作為に選択することが必要な調査では，電話で行うよりも面接調査で行うほうがカバレッジの誤差を生じにくい傾向がある．こうした傾向が，このようなアプローチ（上でいう1名を無作為で選ぶという方法）がもつ，ありがたくない性質を最小限に抑える，いくつかの代替手順の発達につながった（第3，4章を参照）．自記式調査においてこれと同等の戦略を試みても，たいした成果にむすびつくことはないだろう．同様に，スクリーニングを必要とする調査は（たとえば年齢の適合性），訓練された調査員が行うことが最善である．したがって，ほとんどの自記式の未解決の弱点の1つが，質問に実際に回答するのは誰なのかについてのリサーチャーの管理能力である．この問題について行うべき研究が数多く残されている．

5.3.3 調査方式の選択におけるカバレッジの影響

調査方式と標本抽出枠の選択とが関係していることがよくあるように，調査方式の選択と目標母集団のカバレッジもまた同じように関連している．たとえば，RDD方

朝倉書店〈統計・情報関連書〉ご案内

ベイズ統計分析ハンドブック

D.K.デイ・C.R.ラオ編／繁桝算男・岸野洋久・大森裕浩監訳
A5判 1080頁 定価29400円（本体28000円）（12181-0）

発展著しいベイズ統計分析の近年の成果を集約したハンドブック。基礎理論，方法論，実証応用および関連する計算手法について，一流執筆陣による全35章で立体的に解説。〔内容〕ベイズ統計の基礎（因果関係の推論，モデル選択，モデル診断ほか）／ノンパラメトリック手法／ベイズ統計における計算／時空間モデル／頑健分析・感度解析／バイオインフォマティクス・生物統計／カテゴリカルデータ解析／生存時間解析／ソフトウェア信頼性／小地域推定／ベイズ的思考法の教育

数理統計学ハンドブック

豊田秀樹監訳
A5判 784頁 定価24150円（本体23000円）（12163-6）

数理統計学の幅広い領域を詳細に解説した「定本」。基礎からブートストラップ法など最新の手法まで。〔内容〕確率と分布／多変量分布（相関係数他）／特別な分布（ポアソン分布／t分布他）／不偏性，一致性，極限分布（確率収束他）／基本的な統計的推測法（標本抽出／χ^2検定／モンテカルロ法他）／最尤法（EMアルゴリズム他）／十分性／仮説の最適な検定／正規モデルに関する推測／ノンパラメトリック統計／ベイズ統計／線形モデル／付録：数学／RとS-PLUS／分布表／問題解

応用計量経済学ハンドブック —CD-ROM付—

蓑谷千凰彦・牧 厚志編
A5判 672頁 定価19950円（本体19000円）（29012-7）

計量経済学の実証分析分野における主要なテーマをまとめたハンドブック。本文中の分析プログラムとサンプルデータが利用可。〔内容〕応用計量経済学とは／消費者需要分析／消費者購買行動の計量分析／消費関数／投資関数／生産関数／労働供給関数／住宅価格変動の計量経済分析／輸出・輸入関数／為替レート関数／貨幣需要関数／労働経済／ファイナンシャル計量分析／他

正規分布ハンドブック

蓑谷千凰彦著
A5判 704頁 定価18900円（本体18000円）（12188-9）

最も重要な確率分布である正規分布について，その特性や関連する数理などあらゆる知見をまとめた研究者・実務者必携のレファレンス。〔内容〕正規分布の特性／正規分布に関連する積分／中心極限定理とエッジワース展開／確率分布の正規近似／正規分布の歴史／2変量正規分布／対数正規分布およびその他の変換／特殊な正規分布／正規母集団からの標本分布／正規母集団からの標本順序統計量／多変量正規分布／他

調査法ハンドブック

大隅 昇監訳
A5判 532頁 定価12600円（本体12000円）（12184-1）

社会調査から各種統計調査までのさまざまな調査の方法論を，豊富な先行研究に言及しつつ，総調査誤差パラダイムに基づき丁寧に解説する。〔内容〕調査方法論入門／調査における推論と誤差／目標母集団，標本抽出枠，カバレッジ誤差／標本設計と標本誤差／データ収集法／標本調査における無回答／調査における質問と回答／質問文の評価／面接調査法／調査データの収集後の処理／調査にかかわる倫理の原則と実践／調査方法論に関するよくある質問と回答／文献

シリーズ〈統計科学のプラクティス〉
"R, ベイズをキーワードとした統計科学の実践シリーズ"

シリーズ〈統計科学のプラクティス〉1 Rによる統計データ分析入門
小暮厚之著
A5判 180頁 定価3045円（本体2900円）（12811-6）

データ科学に必要な確率と統計の基本的な考え方をRを用いながら学ぶ教科書。〔内容〕データ／2変数のデータ／確率／確率変数と確率分布／確率分布モデル／ランダムサンプリング／仮説検定／回帰分析／重回帰分析／ロジット回帰モデル

シリーズ〈統計科学のプラクティス〉2 Rによるベイズ統計分析
照井伸彦著
A5判 180頁 定価3045円（本体2900円）（12812-3）

事前情報を構造化しながら積極的にモデルへ組み入れる階層ベイズモデルまでを平易に解説〔内容〕確率とベイズの定理／尤度関数、事前分布、事後分布／統計モデルとベイズ推測／確率モデルのベイズ推測／事後分布の評価／線形回帰モデル／他

シリーズ〈統計科学のプラクティス〉3 マーケティングの統計分析
照井伸彦・ウィラワン・ドニ・ダハナ・伴 正隆著
A5判 200頁 定価3360円（本体3200円）（12813-0）

実際に使われる統計モデルを個別に紹介し、かつRによる分析例を掲げた教科書。〔内容〕マネジメントと意思決定モデル／市場機会と市場の分析／競争ポジショニング戦略／基本マーケティング戦略／消費者行動モデル／製品の採用と普及／他

シリーズ〈統計科学のプラクティス〉4 Rによるアクチュアリーの統計分析
田中周二著
A5判 200頁 定価3360円（本体3200円）（12814-7）

実務のなかにある課題に対し、統計学と数理を学びつつRを使って実践的に解決できるよう解説。〔内容〕生命保険数理／年金数理／損害保険数理／確率的シナリオ生成モデル／発生率の統計学／リスク継分型保険／第三分野保険／変額年金　等

シリーズ〈統計科学のプラクティス〉5 Rによる空間データの統計分析
古谷知之著
A5判 184頁 定価3045円（本体2900円）（12815-4）

空間データの基本的考え方・可視化手法を紹介したのち、空間統計学の手法を解説し、空間経済計量学の手法まで言及。〔内容〕空間データの構造と操作／地域間の比較／分類と可視化／空間の自己相関／空間集積性／空間点過程／空間補間／他

シリーズ〈統計科学のプラクティス〉6 Rによる計量経済分析
福地純一郎・伊藤有希著
A5判 200頁 定価3045円（本体2900円）（12816-1）

各手法が適用できるために必要な仮定はすべて正確に記述、手法の多くにはRのコードを明記するも、学部学生向けの教科書。〔内容〕回帰分析／重回帰分析／不均一分散／定常時系列分析／ARCHとGARCH／非定常時系列／多変量時系列／パネル

シリーズ〈統計科学のプラクティス〉7 Rによる環境データの統計分析
吉本 敦・加茂憲一・柳原宏和著
A5判 216頁 定価3675円（本体3500円）（12817-8）

地球温暖化問題の森林資源をベースに、収集したデータを用いた統計分析、統計モデルの構築、応用までを詳説〔内容〕成長現象と成長モデル／一般化非線形混合効果モデル／ベイズ統計を用いた成長モデル推定／リスク評価のための統計分析／他

シリーズ〈多変量データの統計科学〉2 多変量データの分類 —判別分析・クラスター分析—
佐藤義治著
A5判 192頁 定価3570円（本体3400円）（12802-4）

代表的なデータ分類手法である判別分析とクラスター分析の数理を詳説、具体例も示す。〔内容〕判別分析（判別規則、多変量正規母集団、質的データ、非線形判別）／クラスター分析（階層的・非階層的、確率モデル、ファジィ、多変量正規混合モデル）

シリーズ〈多変量データの統計科学〉4 多変量モデルの選択
藤越康祝・杉山高一著
A5判 224頁 定価3990円（本体3800円）（12804-8）

各種の多変量解析における変数選択・モデル選択の方法論について適用例を示しながら丁寧に解説。〔内容〕線形回帰モデル／モデル選択規準／多変量回帰モデル／主成分分析／線形判別分析／正準相関分析／グラフィカルモデリング／他

シリーズ〈多変量データの統計科学〉6 経時データ解析の数理
藤越康祝著
A5判 224頁 定価3990円（本体3800円）（12806-2）

臨床試験データや成長データなどの経時データ (repeated measures data) を解析する各種モデルとの推測理論を詳説。〔内容〕概論／線形回帰／混合効果分析分析／多重比較／成長曲線／ランダム係数／線形混合／離散経時／付録／他

シリーズ〈多変量データの統計科学〉8 カーネル法入門 —正定値カーネルによるデータ解析—
福水健次著
A5判 248頁 定価3990円（本体3800円）（12808-6）

急速に発展し、高次のデータ解析に不可欠の方法論となったカーネル法の基本原理から出発し、代表的な方法、最近の展開までを紹介。ヒルベルト空間や凸最適化の基本事項をはじめ、本論の理解に必要な数理的内容も丁寧に補う本格的入門書

シリーズ〈多変量データの統計科学〉10 構造方程式モデルと計量経済学
国友直人著
A5判 232頁 定価4095円（本体3900円）（12810-9）

構造方程式モデルの基礎、適用と最近の展開。統一的視座に立つ計量分析。〔内容〕分析例／基礎／セミパラメトリック推定（GMM他）／検定問題／推定量の小標本特性／多操作変数・弱操作変数の漸近理論／単位根・共和分・構造変化／他

シリーズ〈行動計量の科学〉
日本行動計量学会編集／社会を計量的に解明する

シリーズ〈行動計量の科学〉1 行動計量学への招待
柳井晴夫編
A5判 200頁 定価3675円（本体3500円）（12821-5）

人間行動の計量的な解明を目指す「行動計量学」のエッセンスを数理・応用の両面から紹介。〔内容〕多変量解析／数量化理論／意思決定理論／テスト学／社会調査／計量政治学／QOL測定／医学と行動計量学／実証科学と方法論科学の協働

シリーズ〈行動計量の科学〉2 マーケティングのデータ分析
岡太彬訓・守口 剛著
A5判 168頁 定価2730円（本体2600円）（12822-2）

マーケティングデータの分析において重要な10の分析目的を掲げ、方法論と数理、応用をまとめる。統計の知識をマーケティングに活用するための最初の一冊。〔内容〕ポジショニング分析（因子分析）／選択行動（多項ロジットモデル）／他

シリーズ〈行動計量の科学〉4 学習評価の新潮流
植野真臣・荘島宏二郎著
A5判 200頁 定価3150円（本体3000円）（12824-6）

「学習」とは何か、「評価」とは何か、「テスト」をいかに位置づけるべきか。情報技術の進歩とともに大きな変化の中にある学習評価理論を俯瞰。〔内容〕発展史／項目反応理論／ニューラルテスト理論／認知的学習評価／eテスティングほか

シリーズ〈行動計量の科学〉5 国際比較データの解析 ―意識調査の実践と活用―
吉野諒三・林 文・山岡和枝著
A5判 224頁 定価3675円（本体3500円）（12825-3）

国際比較調査の実践例を通じ、調査データの信頼性や比較可能性を論じる。調査実施者だけでなくデータ利用者にも必須のリテラシー。机上の数理を超えて「データの科学」へ。〔内容〕歴史／方法論／実践（自然観・生命観／健康と心／宗教心）

シリーズ〈行動計量の科学〉7 因子分析
市川雅教著
A5判 184頁 定価3045円（本体2900円）（12827-7）

伝統的方法論を中心としつつ、解析ソフトの利用も意識した最新の知見を集約。数理的な導出過程を詳しく示すことで明快な理解を目指す。〔内容〕因子分析モデル／母数の推定／推定量の標本分布と因子数の選択／因子の回転／因子得点／他

シリーズ〈行動計量の科学〉8 項目反応理論
村木英治著
A5判 160頁 定価2730円（本体2600円）（12828-4）

IRTの理論とモデルを基礎から丁寧に解説。〔内容〕測定尺度と基本統計理論／古典的テスト理論と信頼性／1次元2値IRTモデル／各種パラメータモデル／潜在能力値パラメータ推定法／格調IRTモデル／尺度化と等化／SSIプログラム

シリーズ〈行動計量の科学〉9 非計量多変量解析法 ―主成分分析から多重対応分析へ―
足立浩平・村上 隆著
A5判 184頁 定価3360円（本体3200円）（12829-1）

多変量データ解析手法のうち主成分分析、非計量主成分分析、多重対応分析をとりあげ、その定式化に関する3基準（等質性基準、成分負荷基準、分割表基準）の解説を通してこれら3手法および相互関係について明らかにする。

シリーズ〈予測と発見の科学〉6 データ同化入門 ―次世代のシミュレーション技術―
樋口知之編著
A5判 256頁 定価4410円（本体4200円）（12786-7）

データ解析（帰納的推論）とシミュレーション科学（演繹的推論）を繋ぎ、より有効な予測を実現する数理技術への招待〔内容〕状態ベクトル／状態空間モデル／逐次計算式／各種フィルタ／応用（大気海洋・津波・宇宙科学・遺伝子発現）／他

ランカスター ベイジアン計量経済学
小暮厚之・梶田幸作監訳
A5判 400頁 定価6825円（本体6500円）（12179-7）

基本的概念から、MCMCに関するベイズ計算法、計量経済学へのベイズ応用、コンピューテーションまで解説した世界的名著。〔内容〕ベイズアルゴリズム／予測とモデル評価／線形回帰モデル／ベイズ計算法／非線形回帰モデル／時系列モデル／他

統計学のための 線形代数
J.R.ショット著／豊田秀樹編訳
A5判 576頁 定価9240円（本体8800円）（12187-2）

"Matrix Analysis for Statistics (2nd ed)"の全訳。初歩的な演算から順次高度なテーマへ導く。原著の演習問題（500題余）に略解を与え、学部上級～大学院テキストに最適。〔内容〕基礎／固有値／一般逆行列／特別な行列／行列の微分／他

社会調査の基本
杉山明子編著
A5判 196頁 定価3570円（本体3400円）（12186-5）

サンプリング調査の基本となる考え方を実例に則して具体的かつわかりやすく解説。〔内容〕社会調査の概要／サンプリングの基礎理論と実際／調査方式／調査票の設計／調査実施／調査不能とサンプル精度／集計／推定・検定／分析を報告

医学統計学シリーズ
データ統計解析の実務家向けの「信頼でき，真に役に立つ」シリーズ

1. 統計学のセンス —デザインする視点・データを見る目—
丹後俊郎著
A5判 152頁 定価3360円（本体3200円）（12751-5）

データを見る目を磨き，センスある研究を遂行するために必要不可欠な統計学の素養とは何かを説く。〔内容〕統計学的推測の意味／研究デザイン／統計解析以前のデータを見る目／平均値の比較／頻度の比較／イベント発生までの時間の比較

2. 統計モデル入門
丹後俊郎著
A5判 256頁 定価4200円（本体4000円）（12752-2）

統計モデルの基礎につき，具体的事例を通して解説。〔内容〕トピックスI～IV／Bootstrap／モデルの比較／測定誤差のある線形モデル／一般化線形モデル／ノンパラメトリック回帰モデル／ベイズ推測／Marcov Chain Monte Carlo法／他

3. Cox比例ハザードモデル
中村 剛著
A5判 144頁 定価3570円（本体3400円）（12753-9）

生存予測に適用する本手法を実際の例を用いながら丁寧に解説する。〔内容〕生存時間データ解析とは／KM曲線とログランク検定／Cox比例ハザードモデルの目的／比例ハザード性の検証と拡張／モデル不適合の影響と対策／部分尤度と全尤度

4. メタ・アナリシス入門 —エビデンスの統合をめざす統計手法—
丹後俊郎著
A5判 232頁 定価4200円（本体4000円）（12754-6）

独立して行われた研究を要約・統合する統計解析手法を平易に紹介する初の書。〔内容〕歴史と関連分野／基礎／代表的な方法／Heterogeniety の検討／Publication bias への挑戦／診断検査とROC曲線／外国臨床試験成績の日本への外挿／統計理論

5. 無作為化比較試験 —デザインと統計解析—
丹後俊郎著
A5判 216頁 定価3990円（本体3800円）（12755-3）

〔内容〕RCTの原理／無作為割り付けの方法／目標症例数／経時的繰り返し測定の評価／臨床的同等性／非劣性の評価／グループ逐次デザイン／複数のエンドポイントの評価／ブリッジング試験／群内・群間変動に係わるRCTのデザイン

6. 医薬開発のための 臨床試験の計画と解析
上坂浩之著
A5判 276頁 定価5040円（本体4800円）（12756-0）

医薬品の開発の実際から倫理，法規制，ガイドラインまで包括的に解説。〔内容〕試験計画／無作為化対照試験／解析計画と結果の報告／用量反応関係／臨床薬理試験／臨床用量の試験デザイン／用量反応試験／無作為化並行試験／非劣性試験／他

7. 空間疫学への招待 —疾病地図と疾病集積性を中心として—
丹後俊郎・横山徹爾・高橋邦彦著
A5判 240頁 定価4725円（本体4500円）（12757-7）

「場所」の分類変数によって疾病頻度を明らかにし，当該疾病の原因を追及する手法を詳細にまとめた書。〔内容〕疫学研究の基礎／代表的な保健指標／疾病地図／疾病集積性／疾病集積性の検定／症候サーベイランス／統計ソフトウェア／付録

8. 統計解析の英語表現 —学会発表，論文作成に向けて—
丹後俊郎・Taeko Becque著
A5判 200頁 定価3570円（本体3400円）（12758-4）

発表・投稿に必要な統計解析に関連した英語表現の事例を，専門学術雑誌に掲載された代表的な論文から選び，その表現を真似ることから説き起こす。適切な評価を得られるためには，の視点で簡潔に適宜引用しながら解説を施したものである。

9. ベイジアン統計解析の実際 —WinBUGSを利用して—
丹後俊郎・Taeko Becque著
A5判 276頁 定価5040円（本体4800円）（12759-1）

生物統計学，医学統計学の領域を対象とし，多くの事例とともにベイジアンのアプローチの実際を紹介。豊富な応用例では，→例→コード化→解説→結果という統一した構成。〔内容〕ベイジアン推測／マルコフ連鎖モンテカルロ法／WinBUGS／他

ISBNは978-4-254-を省略

（表示価格は2012年4月現在）

朝倉書店
〒162-8707 東京都新宿区新小川町6-29
電話 直通 (03) 3260-7631 FAX (03) 3260-0180
http://www.asakura.co.jp eigyo@asakura.co.jp

式（ランダム・ディジット・ダイアリング）の抽出枠が電話番号簿を生成するのだが，このRDD方式では世帯母集団を調査するためには，初めての接触を電話で行うことがもっとも妥当な選択である．電話番号簿のカバレッジ特性は，通常のRDD方式に比べてさらに悪いのだが，たいてい住所は掲載されている．RDD方式で生成される電話番号から住所を調べようとすると半分程度しかわからない．他の情報が入手できないなら，電子メール・アドレスの抽出枠がウェブ調査に役に立つ．以上の例が示すように，入手できる抽出枠の情報次第で，いくつかの調査方式はいっそう魅力的なものになる，あるいは実現可能なものになる．それでもなお，さまざまな標本抽出枠と関連があるカバレッジ特性を見落としてはならない．

世帯母集団のカバレッジの観点からいえば，エリア確率抽出枠と面接調査との組み合わせは，優れた基準と考えられており，他のすべての組み合わせはこれと比較される．しかし，そのような訪問面接調査であっても，通常は，関心のある母集団を，調査経費，効率，あるいはカバレッジといった，さまざまな理由によりなんらかの方法で制限している．たとえば，抽出枠は米国（アラスカ，ハワイおよび準州は費用上の理由から除外）における民間人（軍関係者を除く）であり，特定の施設に属さない（つまり，刑務所，病院，その他の施設を除く）世帯母集団（ここにはホームレスや短期滞在者を含まない）に制限されることが多い．つまり，母集団のいくつかの部分集団は，他の部分集団と比べて標本調査に含めることは困難であり，しかもこうした部分集団は，調査経費あるいは効率面の理由により除かれることが多い．つまりここで例とした調査の多くは，民間人の世帯母集団に限られている．

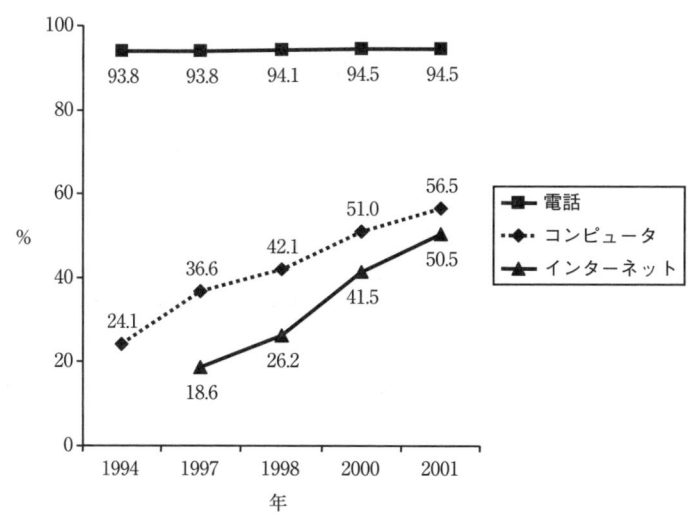

図5.3 年次別にみた米国の電話，コンピュータ，インターネット利用世帯の割合
（労働統計局人口調査：BLS, Current Population Surveys）

米国における（電話所有世帯の比率と定義されている）電話カバレッジ率は，ここ数十年の間90%強であり（1980年には92.9%，1990年には94.8%），現在では約94%である（図5.3）．電話でカバーできない人々つまり応対できない人々は，いくつかの主要な特徴により説明できる人々，とくに社会経済的変数のような特徴により説明できる人々とは異なる．（ソーンベリーとマッセイ：Thornberry and Massey, 1988）．いくつかの調査については，たとえば，犯罪被害，薬物使用，失業，生活保護の受給状況に焦点をあてた調査では，こうしたことが問題になることがある．

米国には郵送調査に適した一般的な母集団リストはない．ただし，これに代わるもの，たとえば，選挙人名簿のようなものはあり，これは特定の話題について州全体で郵送調査を実施する際によく使われる．ある州に居住する成人全員が有権者登録をしているわけではないことはあきらかである．つまり，2000年11月の時点で投票の登録をしている者は，米国の有資格の成人の約70%であった（米国国勢調査局：Bureau of the Census, 2002）．したがって，抽出枠またはリストが存在する特定の母集団を調査するときに郵送調査が使われることのほうが多い．カバレッジ特性は（したがってノンカバレッジ誤差も），その使用する特定のリストにかなり左右される（住民登録簿が整備されている国々では，理論上はすべての住民の郵送先住所が入手可能であるから，全国民の郵送先リストがないことは問題にならない．しかしこのことは，郵送先リストがあるからといって，それが完全でしかも正確であるとはいってはいない）．

次に，ウェブ調査あるいはインターネット調査のことを考えてみると，ここ数年で，米国のインターネット接続世帯の比率が急激に上昇してきた（図5.3）．2001年9月現在で，全世帯の約半分がインターネットに接続している[*6]．しかし，他の接触方式（たとえば郵送や電話）と異なり，その技術を入手できることあるいはそれを使用することが，実際にその技術があれば調査対象者に接触できることを意味してはいない．ほとんどのウェブ調査は，電子メールで調査対象者に接触することからはじまる．インターネット人口を抽出するための，優れた抽出枠は開発されていない．（クーパー：Couper, 2000 ; for a review）．50%近いノンカバレッジ率に加えて，アクセスのある人とない人との間に差があることが，全世帯母集団の推論に関心のある人にとっては十分に心配の種となる．人口統計学的な差違についての証拠が，米国国家通信情報管理局（NTIA：National Telecommunications Information Administration）によるデジタル・ディバイド（digital divide，情報格差）に関する報告書に見られる．たとえば，大学卒以上の学歴の人の84%がインターネットを利用しているが，高校教育以下の人々では利用者はわずか13%にすぎない[*7]．同様に，2001年2月のPew Internet Project Reportの資料によると，18〜25歳の人の75%がネットワークに接続していたのに対して，65歳以上の人ではわずか15%であった．オンライン利用者と非利用者との差，いわゆる"情報格差"は，人口統計学的特性に限ったことではない（ロビンソン，ノイシュタットル，ケスティンバウム：Robinson, Neustadtl and Kestnbaum, 2002）．

事業所調査では，たとえば「最新雇用統計プログラム」（CES）のように，米国政

府の関連機関が管理する抽出枠を使用する．これには事業所名とその住所が載っているが，通常は信頼できる電話番号の記載はない．こうした理由から，多くの事業所調査は，郵送で接触を試みることからはじめる．電話による方法を選択する調査では，通常は電話番号と企業住所の抽出枠との照合を行わなければならない．景気動向調査を手がける連邦政府外のサーベイ・リサーチャーは商用の抽出枠が入手可能である．そうした抽出枠によっては電話番号と郵送先住所との識別確認情報を提供することから，電話と郵送との両調査方式が可能となる[*8]．

このことから，ある特別な目的のために調査方式を選択する場合，あるいは評価する場合には，さまざまな調査方式のカバレッジ特性を考慮する必要がある．電話による接触ができない世帯母集団内の人は，貧しくて失業中の人である可能性が高く，失業に関する調査あるいは生活保護受給者に関する調査のときには，電話調査は不適切な調査方式となる．これに対して，さまざまな政治問題に関する調査では，カバレッジはさほど問題にはならないであろう．後者の場合には，調査方式の選択で，以下にあげるいくつかの要因のほうがカバレッジについての懸念よりも重要となる．

1) 迅速性が最優先とされることが往々にしてあること（政治に関する世論調査で得られる推定値が意味をもつ時間が非常に短い）．
2) 調査の利用者にとって，高い精度であることが，最重要とはなりえないこと．
3) 推論は投票に参加するであろう人々について行われることが多く，変数によっては電話の所有状況と相関がある．

さまざまなデータ収集法による共通の目標母集団のカバレッジは，たえず変化しているので，調査方法論研究者は継続的に評価を行う必要がある．新たな調査方式（たとえばウェブ調査）に適した新たな抽出枠は，長い期間をかけて開発することになるだろう．サーベイ・リサーチャーへ実用的な指針を提供するためにもカバレッジに関する研究は必要である．

5.3.4 無回答が調査方式の選択に及ぼす影響

調査方式の選択もまた，無回答率や無回答の偏りに影響を及ぼし，したがって調査方式の違いに関する研究の多くは回答率に着目してきた．2つの調査方式の比較や3つの調査方式による比較に加えて，各調査方式内での回答率（ヒーバーラインとバウムガートナー：Heberlein and Baumgarther, 1978；ユーとクーパー：Yu and Couper, 1983；エドワーツ，ロバーツ，クラーク，ディジュセッペ，プラタープ，ウェンツ，クァン：Edwards, Roberts, Clarke, DiGuiseppi, Pratap, Wentz, and Kwan, 2002；デリューとデ・ヘーア：de Leeuw and de Heer, 2002），および調査方式間の回答率（ゴイダー：Goyder, 1985；ホックスとデリュー：Hox and de Leeuw, 1994）について，いくつかのメタ分析がある．たとえばゴイダー（1985）は，112件の面接調査と386件の郵送調査について，回答率とその他の情報を集め，メタ分析を行った．そして，接触回数，標本の種類，調査主体といった変数を扱うことで，「（郵送調査にお

ける）調査票への回答と（面接調査における）面接への回答は，基本的にある共通した1つのモデルに縮約できるが，そのモデルへの入力情報は，従来のように面接においてはより大き目であること」に気がついた（ゴイダー：Goyder, 1985, p. 246）．この表現でいいかえると，面接調査は平均して郵送調査よりも回答率が高いということである．しかし，そうした差違によっては，接触を試みた回数やその他の変数を反映している．ホックスとデリュー（Hox and de Leeauw, 1994）は，郵送，電話，面接の各調査による回答率を比較した45件の調査についてのメタ分析を行った．彼らは，面接調査の回答率が平均してもっとも高く，電話調査と郵送調査がそれに続いたという結論を出した．同じく，グローヴスとライバーク（Groves and Lyberg, 1988）も，電話調査は面接調査よりも回答率が低い傾向にあると指摘している．

　これらの相違点はどのような原理に依拠しているのだろうか．6.7節には，調査への協力を依頼し，質問に答え，調査対象者がかかえる不安感に対処するといった障害を克服する調査員の役割が指摘されている．こうした調査員の役割の有効性は，その調査委託者と調査員の経験によって異なるようである．面接調査で高い回答率が得られるいくつかの例では，おそらくは調査員が自分は誰かを名乗った（身分を伝えた）ことによって，かなり高い信用度が生まれるものと思われる．電話調査方式は，音声による通信経路だけに頼るため，物的証拠（たとえば，調査員の身分証明書や署名入りの指示書）を提示するという効力を奪ってしまう．この効力がないと，調査対象者を集める調査員の能力は低下する．個人の勧誘活動への努力を行わない自記式調査では，調査対象者は，調査依頼の正当性や重要性をさらに低く評価するかもしれない．調査対象者がかかえる懸念・不安感に対処するための説得戦略を調整する能力は，面接調査による接触がもっとも高く，自記式調査がもっとも低い．

　調査員方式の調査では，用いた技術（たとえば，CATIやCAPI）が回答率に影響を与えるという証拠はない．コンピュータ支援の方法と質問紙を使う方法との比較を行った研究調査を再吟味することによって，ニコルス，ベーカー，マーティン（Nicholls, Baker and Martin, 1997）は，接触不能率あるいは拒否率のいずれも有意な差はないことを見出した．同じように，コンピュータ支援の自記式（CASI）は無回答率にほとんど影響しないが，このことは別に驚くことではない．それは，CASIは通常は調査員方式の調査の一部だからである．

　しかし，自記式調査では質問紙による方法のほうが，これと同等の電子的な方法（電子メールやウェブ）よりも回答率が高くなる傾向がある．いくつかの実験的な比較によると，郵送調査は電子メール調査よりも回答率の点では，はるかに優れていることがわかった（クーパー，ブレア，トリプレット：Couper, Blair and Triplett, 1999, なお，例外としてシェーファーとディルマン：Schaefer and Dillman, 1998 がある）．同様に，直接比較した場合には，郵送調査はウェブで実施した調査よりも回答率が高くなる傾向がある（レビューはクーパー：Couper, 2001b；例外に，マッケイブ，ボイド，クーパー，クロフォード，ダーチィ：McCabe, Boyd, Couper, Crawford and d=Arcy, 2002）．これが調査方式間の根本的な差違によるものなのか，

単にウェブ調査に回答記入するよう回答者を説得するための十分に吟味した戦略がないだけなのかについては，現時点ではまだわかっていない．

しかし一般には，回答率に直接影響を及ぼす調査方式間に特有の差があるのか，あるいは通常実施されているさまざまな方法が，接触回数，協力を引き出す方法，謝礼の送付，その他の説得力のある，または正当性のある情報によって異なるものか，ということはあまりはっきりしていない．たとえば，クック，ヒース，トンプソン（Cook, Heath, and Thompson, 2000）は，68件のインターネット調査（ウェブ調査または電子メール調査）のメタ分析を行い，接触回数，個別接触回数，事前接触が，高い回答率と関係していることを見つけた．これらと同じ変数が，郵送調査でも回答率に影響を与えることが知られており，しかも電話調査や面接調査においてもこれと類似の変数が回答率に影響を与えることも知られている．

ある調査対象が実は無回答者であるか否か，かりに無回答者であればなぜそうなのかの判断に役立つ情報がどのくらいあるかについても，それぞれのデータ収集法によって一様ではない（ディルマン，エルティンジ，グローヴス，リトル：Dillman, Eltinge, Groves, and Little, 2002）．たとえば，郵送調査においては，（住所の間違いのような）不適格な単位を識別することは難しいであろう．配達不能として戻ってくる調査票もあれば，記入されて戻ってくるものもある．しかしそれ以外は，そもそも目的とする対象に実際に調査票が到達したかどうかを知るのは容易ではない．同様に，電話調査でも電話が通じているのに誰も出ないということは，番号自体が使われていないか，あるいは調査期間内にどこかに出かけていることを示しているのかもしれない．面接調査では，観察により選ばれた住居単位が調査対象として適格かどうかは，通常は調査員が決める．

無回答の過程に関して入手可能な情報が豊富であるかもまた，通常は調査方式によって異なる．電話調査における接触不能は，くり返し電話をかけること以外は，考えられる原因や問題克服の可能性のある戦略についての情報をほとんどもたらしてはくれない．電話調査における回答者との初めての相互行為も，たいていは面接調査に比べてかなり短いし（クーパーとグローヴス：Couper and Groves, 2002），そこでもまた，原因または相互の関係について得られる情報は実に少ない．郵送調査では，通常は無回答の過程に関する情報の提供はほとんどない．しかしウェブ調査では，事前に特定した標本を用いたときには，ある程度詳しい情報を与えてくれる（ボスニャクとタッテン：Bosnjak and Tuten, 2001；ヴェホバール，バタゲリ，ロザール・マンフレダ，ザレテル：Vehovar, Batageli, Lozar Manfreda, and Zcletel, 2002）．たとえばウェブ調査では，調査にまったくアクセスしない人，調査にログオンはしたが何も回答しない人，質問の大半に回答したが途中で止めることにした人を，リサーチャーは識別することができる[*9]．

無回答という1つの領域における，ある方式の長所は，それとは別の領域における弱点で相殺されることがよくある．たとえば，調査員方式と比べて，郵送調査はアクセス上の問題が少なく，個人や世帯あるいは事業所にかなり費用をかけずに接触できる．しかし，個人的な接触がないことで，調査対象者から協力を得る力が低減する．

何度も電話をかける経費は，訪問面接調査でくり返し訪問する費用に比べると非常に少ない．しかし，さまざまなアクセス制御（たとえば留守番電話やナンバーディスプレー）の使用が増加するにともない，電話調査における接触率は減ってきている．また，訪問面接調査における1訪問あたりの費用は非常に高い．しかし，かりに調査員がいて，しかも調査対象者がいだく個々の懸念に合わせた，説得力のある戦略を調整できる能力があるならば，対象者に接触することで協力を得られる可能性もまた，他の方式よりも高くなる（グローヴスとクーパー：Groves and Couper, 1998）．グローヴスとライバーグ（Groves and Lyberg, 1988）は，電話調査で発生する無回答のうち，もっとも大きな割合を占めるのは，拒否に関連することに気づいた．このことから，調査に気乗りしない人を説得する力は，その媒体の多様さに左右され（たとえば郵送調査では，やる気を起こさせるメッセージは文書だけである），しかも，（調査におけるさまざまな段階に合わせた変化を受け入れる）見込みのある回答者が提供する意見に左右される．

ようするに，調査方式によって無回答率が異なるだけでなく，無回答の理由もまた違うのである．後者，つまり無回答の理由については，無回答の偏りによる深刻な影響があるだろう．たとえば，郵送調査では調査員方式の調査よりも無回答誤差が多く生じることがある．なぜなら，調査対象者が調査に参加するかどうかを決めるときになって初めて，調査対象者に対して調査内容が明かされるからである．調査に参加するかどうかの決断は，ある程度は調査内容への調査対象者の態度で決まるものであり，これは関心のある変数に関する調査対象者の価値観にひとえに依存している．調査員方式の調査では，調査主題に左右される回答の決断となることを避けるため，曖昧な婉曲的表現の背後に（たとえば，薬物使用や性に関する調査の主題を「健康と社会生活」とするように），その調査の内容が隠されてしまうことが多い．調査方式全般にわたり無回答の差違を引き起こすメカニズムを探し出すために，継続的な調査方法論研究が必要であることはあきらかである．

5.3.5 調査方式の選択が測定品質に及ぼす影響

調査方式は収集データの品質にも影響するであろう．ここでは，データの品質に関する3つの見方に焦点をあてる．つまり，データの完全性，社会的望ましさの偏りにより回答が歪められる程度，データが他の回答の影響を示す程度の3点である．ここで"**社会的望ましさの偏り**（social desirability bias）"とは，回答者が自分を良く見せようとする傾向をいう．つまり，調査回答者が，社会的に是認された行動（たとえば投票）を過大に報告し，逆に社会的に是認されない行動（たとえば違法な薬物使用）を過小報告するとき，この偏りが表れる．データ収集方式は，社会的望ましさの偏りの程度に影響を及ぼすことがある．"**回答の影響**（response effects）"とは，質問文の正確なワーディング，質問文内の回答選択肢の順序，あるいは質問文の順序といった質問文の特性に起因する調査測定上の問題に関連する．たとえば，質問文の中で若

干異なるワーディングを使用するとか,2つの関連のある質問項目の順番を変えると,回答が違ってくることがある.

データの完全性については,調査員が管理する調査に比べて,自記式郵送調査票のほうが,より多くの質問で無回答となる(トゥランジョー,リップス,ラシンスキ:Tourangeau, Rips and Rasinski, 2000).これについては考えられる理由が3つある.すなわち,①回答者が質問文を理解していない(また,そこに手助けをする調査員がいない),②回答者が調査票の指示・説明に従わない,③回答者に答える意思がない(また,回答者に回答するよう促す調査員もいない)の3点である.例外があるが(たとえば,デリュー:de Leeuw, 1992),調査方式の比較研究の多くの文献が,こうした一般的な傾向を支持している(ブロガー他:Brøgger et al., 2002;ヴァンカンペン,シクスマ,ケルセン,ピータース:Van Campen, Sixma, Kerssens, and Peters, 1998;オトール,バティスツッタ,ロング,クラウチ:O=Toole, Battistutta, Long, and Crouch, 1986).

電話調査と面接調査における欠測データの割合の違いについて,決定的な証拠は少ない.収入についてのいくつかの質問で,グローヴスとカーン(Groves and Kahn, 1979)は,ジョルダン,マーカス,リーダー(Jordan, Marcus, and Reeder, 1980),それに,ケルメンディとノールトフック(Körmendi, and Noordhoek, 1989)と同様に,電話調査では全体に欠測データの割合が高いことに気がついた.他のいくつかの調査研究でも同じような割合を報告している(アキリーノ:Aquilino, 1992;アネスヘンゼル,フレリックス,クラーク,ヨコペニック:Aneshensel, Freichs, Clark and Yokopenic, 1982;ディルマン:Dillman, 1978;ホックスティム:Hochstim, 1967).電話のもつ非人格性(それが回答者に微妙な質問への回答を促すこともあるのだが)は次第に広まっているのだが,調査の正当性と回答者の守秘義務について,面接方式における調査員の能力が,回答者を安心させるため相殺されるかもしれない.前にも述べたが,使用される技術もまた項目欠測データの割合に影響を与えることがある.コンピュータ支援による方法はまた,質問紙による調査に比べて欠測データの割合が低い傾向にある.欠測データは(調査用具が正しくプログラムされている限りは),主としてうっかり読み飛ばして先に進み,質問項目を消してしまうことで生じる.マーティン,オムチャルタイ,カーティス(Martin, O=Muircheartaigh and Curtice, 1993)が見つけたように,たとえばコンピュータ支援の個人面接方式(CAPI)では,それに類似した質問紙調査よりも,項目欠測データの割合はあきらかに低いのだが,「知らない」「答えたくない」という回答の割合は,調査方式による違いがなかった.

回答の完全性のもう1つの測度は,自由回答質問の回答の長さである."**自由回答質問**(open-ended questions)"とは,回答者に自らの言葉で自由に答えてもらうような質問である.たとえば,多くの調査では回答者に自分の職業を述べるよう求めている.そのあとに,それらの回答を訓練されたコーダー(coder,コーディング作業を行う人々)が分類する.これに対して選択肢型質問では,質問文の中に記載された選択肢から,回答者に答えを選んでもらう.面接調査と電話調査の初期の頃の比較調

査の1つで，グローヴスとカーン（Groves and Kahn, 1979）は，訪問面接調査における自由回答質問においては，コード化できる回答が非常に多いことを見出した．彼らは，こうしたことが，電話による聴取（質問）のペースが速いこと，しかもより多くの情報が求められているかもしれない，という非言語的手がかり（nonverbal cues，言葉によらない手がかり）がないことによるのではないかと考えた（グローヴス：Groves, 1979）．また，ケルメンディとノールトフック（Körmendi and Noordhoek, 1989）も似たような調査結果を得た．こうした特徴については，自記式調査と調査員方式の調査との比較はほとんど行われていない．一方では，回答者の時間的制約がかなり少ないことや，回答者が書きたいだけ沢山書けるので（あるいは逆にできるだけ書かないようにすることもできるので），郵送調査ではかなり長い回答が期待できる．これに対して面接では，調査員が回答者に念入りなプロービングを行うことにより，よりいっそうの情報を引き出すことができる．デリュー（De Leeuw, 1992）は4つの自由回答質問に対する回答を比較して，そのうち2つの調査では郵送方式と調査員方式との差が見られなかったこと，残りの2つの調査のうち，片方は回答がより長かったこと，他方は回答がより短かったことを見つけた．ビショップ，ヒップラー，シュワルツ，シュトラック（Bishop, Hippler, Schwarz, and Strack, 1988）は，電話調査よりも自記式調査において，「自分の仕事で何が一番好きか」という自由回答質問で，回答者は複数の回答をする可能性が高いことに気づいた．彼らは，このことは自記式調査では，こうした回答をプローブしたり精査することができないためであるとしている．質問紙による調査とコンピュータ化された調査との比較では，自由回答質問に対する回答については，コンピュータ支援による面接の影響はなかったことを示唆している．コンピュータ支援の個人面接方式（CAPI）（バーナード：Bernard, 1989）とコンピュータ支援の電話面接方式（CATI）（カトリンとイングラム：Catlin and Ingram, 1988）の結果を，これと同等の質問紙方式と比べると，業種と職業に関する質問への回答の長さあるいは品質（コーディングが可能かどうか）については違いが見られなかった．今までのところでは，郵送調査とウェブ調査における自由回答の長さを比較する実験研究は行われていないが，調査方式の違いよりも設計にかかわる変数（たとえば，自由回答の記入欄の長さ）の違いに起因する差違以外に，なんらかの違いがあるとしても，それはわずかではないかと予想している．

　ようするに，調査員方式とコンピュータ支援のデータ収集方式のほうが，自記式調査と質問紙によるデータ収集方式に比べて，欠測データの割合を減らすと思われる．面接調査もまた電話聴取に比べて，自由回答質問に対しては，かなり内容の充実した回答が得られるように思われる．

　調査方式の影響に関する文献で，もっとも明確な差違のいくつかは，社会的望ましさに回答することに関係がある．社会的望ましさとは，回答者が自分を良く見せようとする傾向をいう．たとえば，投票をしていない人が「投票をした」と答え，喫煙者が喫煙を否定し，さらに少数派に理解を示さない人が，少数派に対する態度を評価す

る質問に対し自分の考えに背いた回答をしてしまうなどである．調査では回答者は，ともすると自分自身について答えにくい情報を打ち明けることをためらうことが多い．そして，望ましくない態度や行動を認めようという回答者の気持ちに，データ収集方式が影響するように見える．一般に，調査員の存在が社会的望ましさの影響を強めている．たとえば，投票をすること，教会に礼拝に出向くこと，運動して健康的な食事を摂るなどの社会的に望ましい行動については過大に回答し，薬物や飲酒，性的行動といった社会的に望ましくない行動については過小に回答する．したがって通常は，自記式調査は調査員方式による調査に比べて，社会的望ましさの影響は少なくなる．

図5.4は，直接面接調査票と自記式調査票で得られた，違法な薬物使用についての

コラム9 ● トゥランジョーとスミスによる，微妙な内容の質問に対する回答における調査方式の影響に関する研究 (Tourangeau and Smith, 1996)

1996年に，トレンジョーとスミスは，性行動に関する調査報告について，コンピュータ支援による個人面接方式（CAPI）とコンピューター支援の自記式（CASI），オーディオ・コンピュータによる自答式（ACASI）の比較を行なった．

研究計画 シカゴ地区における32の標本区分単位から選んだ18〜45歳の643名に対して，エリア確率標本調査の無作為化実験計画を組んで，面接調査員を導入することで，56.8％の回答率を得た．それぞれの区分単位内で，面接はすべての標本世帯に対しCAPI，CATI，あるいはACASIの方式で行った．主要な調査結果は，違法薬物使用と性行動についての報告ならびに調査不能率の測定であった．

研究の成果 薬物使用と性行動に関する質問については，ACASIとCASIは概してかなり高水準の回答報告を引き出した．たとえば，「かつてマリファナを使用したことがある」という回答者の割合は，CAPIを用いたときに比べてACASIによる場合は48％も，CASI使用では29％も高かった．アナルセックスの経験についてはACASIでは421％，CASIでは204％をこえた．また，CAPIに比べACASIとCASIでは，「セックスパートナーがいる」という回答は男性が少なく，女性は多かった（このことは，自記式では社会的望ましさの影響が比較的少ないということを示唆している）．また，これら3つの調査方式間では，無回答については目立った差違はなかった．

研究の限界 異なった調査方式による結果を実証する方法があった．しかし，社会的に望ましくない行動に対しては，用いたほとんどの質問で過小に報告することがわかった．標本は比較的若い人たちであり，教養もある都会の居住者であったため，それ以外の人たちに比べて，CASIやACASIはかなり容易に使用できたであろう．

研究の影響 自記式による回答者に一層のプライバシーを用意することが，社会的に望ましくない特性につき，かなり正確な調査結果を導くのだ，という理論に対して，この調査が実証的な支持を高めることとなった．このことから，微妙な内容の特性を測定する多くの調査では，自記式調査を行うことが多い．たとえば，「薬物使用と健康に関する全国調査」（NSDUH）では，薬物使用の測定にACASIを使用している．

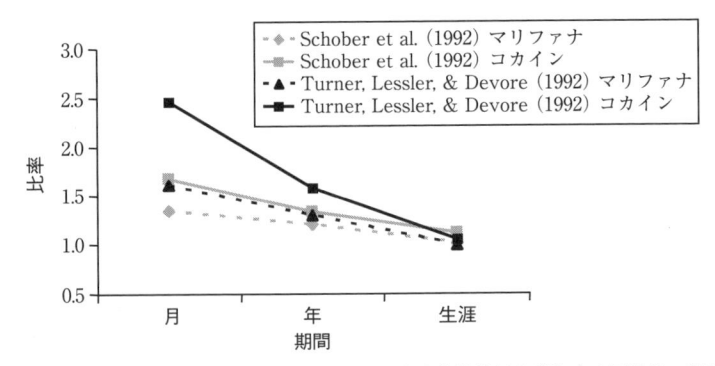

図 5.4 自記式調査票と調査員方式調査票による違法薬物使用を報告する回答者の割合の使用期間別，違法薬物の種類別

データを比較した2つの大規模な調査結果を示している．いずれの研究も，マリファナやコカインを含む複数の薬物使用について，ここ1ヵ月間の使用，ここ1年間での使用，さらに生涯にわたる，つまりこれまで，およびこれから先の使用について，それぞれ質問した．この期間ごとに，薬物使用を認めた回答者の割合が，自記式および調査員方式の質問に従って図に描いてある．たとえば，ターナー，レスラー，デボア(Turner, Lessler and Devore, 1992) は，ここ1ヵ月間にコカインを使用したという回答者が，調査員方式よりも自記式で取得した場合が多く，2.46倍となっていることを確認した*[10]．この結果はショーバー，カセス，ペルガミット，ブランデン (Schober, Cace, Pergamit, and Branden, 1992) による研究に（さほど違いはないが）似たような結果である．

調査員方式の中では，電話調査が個人面接調査よりも，微妙な内容の情報を聞き出す際に，やや有効性に欠けるようであり，そのデータも通常は社会的望ましさの偏りをかなり強く受けることを示している（グローヴスとカーン：Groves and Kahn, 1979；ヘンソン，ロス，カネル：Henson, Roth, and Cannell, 1977；ジョンソン，ホークランド，クレイトン：Johnson, Hoagland and Clayton, 1989；デリューとヴァンデルゾーウェン：de Leeuw and van der Zouwen, 1988；アキリーノ：Aquilino, 1992)．しかし，いくつかの研究で，反対の結果が見られたという報告があるし（サイクスとコリンズ：Sykes and Collins, 1988；ホックスティム：Hochstim, 1967)，あるいは面接調査と電話調査では差が確認できなかったという報告もある（マンジョーネ，ヒングソン，バレット：Mangione, Hingson and Barrett, 1982)．デリューとヴァンデルゾーウェンの研究は，多数の調査方式の比較をメタ分析によって再吟味したことで，とくに意味がある．

数多くの研究が，回答の影響における調査方式の差違を調べてきた．回答の影響とは，調査における数多くの測定上の問題に言及することである．たとえば，質問順の影響（つまり質問文の順番によって回答が変わるような場合）や回答順の影響をさす．"**回答順の影響**（response order effects)" とは，提示された回答選択肢の順番を変え

た結果，回答分布が変わることをいう．場合によっては，回答者は自分に提示された初めの回答選択肢か2つ目の選択肢を選ぶ傾向がある（これを初頭効果という）．これとは別に，回答者が，提示された選択肢のうちの後ろを好むこともある（これを新近性効果という）．ビショップ，ヒップラー，シュワルツ，シュトラック (Bishop, Hippler, Schwarz and Strack, 1988) は，質問順や回答順の影響は，自記式調査より電話調査に起こりやすいこと，一方，質問形式やワーディングの影響は，ある1つのデータ収集方式で起こりうることは，別のデータ収集方式でも同じように起こりうるだろうとの結論を出した．自記式調査では，回答者は回答前にすべての質問群に目を通せることから，こうした差違が生じるように思われる．

しかし，回答順の影響の傾向は，ある程度は，データ収集法に左右されるものと思われる．質問が聴覚的に伝達されるときには，回答者は最後に示される選択肢を選ぶことが多く，質問が視覚的に伝達されるときには，リストの最初に提示される選択肢を選ぶことが多い（シュワルツ，ヒップラー，ドイチュ，シュトラック：Schwarz, Hippler, Deutsch, and Strack, 1985；トゥランジョー，リップス，ラシンスキ：Tourangeau, Rips and Rasinski, 2000）．質問順については，郵送調査は調査員方式の調査のように必ずしも厳密に管理された順番で答えるとは限らないが（そのために質問順の影響は減少する），質問文を同じページにおくか別のページにおくか，あるいは目で見たときに近くにおかれているか，あるいは離れているかによって（シュワルツ，ヒップラー，ドイチュ，シュトラック：Schwarz, Hippler, Deutsh and Strack, 1991），文脈効果が強まったり弱くなったりすることがある．同様に，ソフトウェアの制御により，回答者に質問項目を順に見せるウェブ調査よりも，巻物方式ですべての質問をスクロールして回答者に見せるウェブ調査のほうが，こうした順番による影響が少なくなることが期待できる[*11]．ここでも再び，調査方式が何を意味しているかをあきらかにすることの重要性を，これらの例が指摘している．つまり具体的には，ある特定の調査方式について，調査用具がどのように設計され，また質問がどのように伝達されるかについてあきらかにすることが重要である，ということである．

調査方式に関して研究されてきたこの他の回答の表現形式に，**黙従傾向**（acquiescence，質問の内容をよく理解しないで肯定的に答える傾向，否定より肯定に偏る傾向）と**両極性**（extremeness，回答尺度の両端を選びやすい傾向）がある．これらの影響を社会的望ましさや回答順の影響から解放することは困難であることが多い．たとえ解放できたとしても，結果はほとんどの場合入り交じっている．つまり，電話調査では面接調査よりも黙従傾向や両極性が多く見られたという研究もあるのだが（例：ジョルダン，マーカス，リーダー：Jordan, Marcus and Reeder, 1980；グローヴス：Groves, 1979），郵送調査よりも電話調査のほうが，黙従傾向と両極性がより多いという，いくつかの研究もあるし（例：タルナイとディルマン：Tarnai and Dillman, 1992），しかも，調査方式間の差が確認されていないという他の研究もある（例：デリュー：de Leeuw, 1992）．

この点について，われわれはさまざまな相異なる測定の影響を少しだけ再検討し，

これらの特徴についていくつかのデータ収集方式を比較してみた．しかし，こうした比較によって，さらに新しく生まれてくるデータ収集の形式をどのように一般化するのだろうか．一般に，聴覚による調査方式では（つまり，調査員方式，音声自動応答装置（IVR），オーディオ・コンピュータを用いた自答式（audio-CASI）），回答者に質問文を順番に伝える．ここで回答者は，1つの質問に答えてから次の質問に答えてというように，前もって決められた順に回答する．主として視覚的な調査方式では（つまり，郵送調査や質問紙を使う自記式調査），回答者は調査票に示されている質問文の順序にはしばられずに，任意の順で質問文に回答することができる．したがって，視覚的な調査方式では，文脈効果（たとえば，質問順や回答順の影響）は少ないとみている．そしてこのことは，調査による証拠で実証されている．しかしウェブ調査では，質問紙方式の調査のようにも（例：全体を1つの巻物方式として，つまりスクロールできる HTML 形式を使って），あるいは調査員方式の調査のようにも（つまり，別々に切り離した形で同時に複数の質問を順に示すことで），いずれの場合にも似せたように設計することができる．巻物方式つまりスクロール可能な設計は，文脈効果を少なくするようである[*12]．したがって，文脈効果は，調査方式自体の特性というよりも，むしろその調査方式に合わせて調査用具がどのように設計されているかによるようである．

　ここまでは，調査方式間の測定誤差の差違に焦点を当ててきた．これには調査方式間をこえて比較できるデータを収集することが必要である．一方，調査方式が提供する測定の機会という点から見ると，代替の調査方式を検討することもできる．たとえば，（回答選択肢を記入した）**提示カード**（show cards）あるいは他の視覚的補助用具（たとえば，絵・写真）は，面接調査の便利な補助用具であるが，電話調査で用いるのは難しい．提示カードは回答における諸影響を改めることがあり，さまざまな対象（たとえば，雑誌購読者数，広告テスト，投薬管理カード発行）の想起と認知を高めるために利用される．データ収集法によっては，伝統的な調査測定方法に加えられる別のことがあるかもしれない．たとえば，訪問面接調査では，観察（たとえば，家のこと，近隣のことなど）や身体測定（身長や体重など）を加えることができる[*13]．回答者から得た健康診断試料（毛髪，尿，血液など）あるいは回答者の生活環境（ラドン，水質など）の収集は，他のデータ収集方式でも不可能ではないけれども（たとえば, エッター, ペルネガー, ロンチ：Etter, Perneger and Ronchi, 1998），面接によるデータ収集がこれを容易にする．さらに，回答の待ち時間（つまり，質問の配信から，回答者の回答が伝達されるまでの経過時間）の測定や，質問紙を使った方法では得ることが難しい他のデータの測定が，コンピュータ支援のデータ収集法では可能になる．同様に，コンピュータ支援による面接方式（CAI）では，（質問の影響と回答順序の影響との両者の測定と軽減をはかるために）質問文の順序や回答選択肢の順番を無作為化することができる．

コラム 10 ●デリューとヴァンデルゾーウェンによる面接調査と電話調査のデータの品質に関するメタ分析 (de Leeuw and var der Zouwen, 1988)

1988年に，デリューとヴァンデルゾーウェンは，31件の面接調査と電話調査とを比較したメタ分析（すなわち，調査研究報告の統計的要約と統合）について報告した．

研究計画　既刊の学術誌や未発表の論文で，1952～1986年に行われた28件の面接調査と電話調査の調査研究の比較を行った．品質測定には，データを表している調査回答の比較，社会的望ましさの偏りの欠如，項目欠測データ，（自由回答に対する）回答件数，調査方式間の類似性，調査不能率が含まている．

研究の成果　回答率の平均は，面接調査が75%，電話調査が69%であった．検出可能な社会的望ましさによる偏りの調査方式間の差違と項目欠測データとの割合は低く，一貫した結果は見出せなかった．しかし，検出可能な社会的望ましさの偏りや項目欠測データの割合に，調査方式間の違いがある場合には，電話聴取よりも面接調査で良い結果が出る傾向があった．調査方式の差違自体は時間の経過につれて低下し，最近の調査研究になるほど影響が少なくなっているという証拠が見られた．

研究の限界　あらゆるメタ分析と同じように，ここでの研究成果もその当時に探しだした一連の調査研究に限定される．コンピュータ支援の影響までを含む調査研究は1つもない．ほとんどの調査研究が，無回答誤差と測定誤差の違いを混同している．面接調査では，電話非保有世帯のデータが含まれ，カバレッジの相違と測定結果の相違を混同している．このことから，"データの品質"には観測上の誤差と非観測上の誤差が含まれている．調査研究はすべて1986年以前に行われたものであるが，当時は電話調査があまり普及してはいなかった．

研究の影響　この調査研究は，広範囲にわたる実証分野において，電話調査の普及を後押しした．

5.3.6 調査経費の影響

調査経費は通常は2種類に分けられる．つまり，**固定経費**（fixed costs）と**変動経費**（variable costs）である．固定経費とは標本の大きさにかかわらず負担となる経費である．たとえば，調査票の作成，予備調査，調査票のプログラミングの経費である．つまり，これらは標本の大きさにかかわらず固定的に必要となる経費である．変動経費あるいは1件あたりに必要な経費とは，標本となった対象者に接触し面接を行うとか，無回答者に追跡調査を行うことなどにかかる経費である．これらは処理する標本の大きさによって異なる．代替手法の相対的な費用について検討していなかった場合には，代替のデータ収集方法の再吟味がいいかげんになるだろう．さまざまなデータ収集方法の経費は，多数の業務上の細目事項に左右される．たとえば，調査員の交通費の相対的な影響は，全国調査に比べて地域調査では少なくて済む．これは面接調査と電話調査の経費の比較においても影響してくるであろう．同様に，電話のかけ直しの回数や追跡調査のための郵送数は，郵送調査と電話調査の相対経費に影響する．

郵送調査とウェブ調査の経費の差違は，標本の大きさに左右される．標本の大きさに比例して，ウェブ調査では固定経費が大きくなり，郵送調査では変動経費が大きくなる．

　こうした注意にもかかわらず，また，調査経費に関する詳細な報告を提供する研究がほとんどないという事実にもかかわらず，いくつかの一般論を示すことができる．通常は，訪問面接調査は電話調査に比べてはるかに費用が高い．この両者の調査経費の比は，研究報告のあった時点では，ほとんどが2に近い数字である．つまり訪問面接調査は電話調査の約2倍の経費がかかるということである（ワーナー，ベルマン，ウィヤント，シアルロ：Warner, Berman, Weyant, and Ciarlo, 1983；ウィークス，クルカ，レスラー，ホイットモア：Weeks, Kulka, Lessler, and Whitmore, 1983；ヴァン・カンペン，シクスマ，ケルセン，ピータース：Van Campen, Sixma, Kerssens, and Peters, 1998）．しかし，われわれの経験では，通常は全国調査におけるこの割合はこれよりも高く，5〜10倍の範囲にある．面接調査の経費の重要な要素は，調査員が選出した標本区分まで出向くための所要時間である．つぎつぎと起こる再訪問は，調査経費にかなり上乗せされる．さらに，業務がさほど複雑でなく集中管理が可能な集中電話施設内にいる電話調査員に比べ，面接調査の場合は標本区分が散らばっているので，現地の面接調査員は高度な訓練と豊富な経験が必要とされる．コンピュータ支援の面接を使用した場合は，その追加装置の費用が加わるので，面接調査と電話調査の経費の割合の差は大きくなるであろう．面接の実査に出向く各調査員には，ラップトップ・コンピュータを1台ずつ支給しなければならず，しかも集中管理電話施設で使用するデスクトップ・コンピュータに比べ利用度が低い．一方で，コンピュータ支援による面接用機器（CAI装置用具）を開発するための固定費は，調査方式に影響されないので，調査全体の経費の格差は標本の大きさに左右される．

　電話調査と郵送調査の経費の差は一般には小さく，割合は1.2倍（たとえば，ホックスティム：Hochstim, 1967；ウォーカーとレスツティア：Walker and Restuccia, 1984）から1.7倍あたりの間にある（たとえば，マックホルネイ，コシンスキ，ウェア：McHorney, Kosinski and Ware, 1994；オトール，バティスツッタ，ロング，クラウチ：O=Toole, Battistutta, Long, and Crouch, 1986；ワーナー，ベルマン，ウェイアント，シアルロ：Warner, Berman, Weyant, and Ciarlo, 1983）．この場合も（標本の大きさやコンピュータ利用の有無など）いろいろな他の要因と同様に，郵送数や電話のかけ直し回数に左右される．

　ウェブ調査は，郵送調査に比べてかなり安価であるという意見が多々あるが，この2つの方法の相対的な経費は，何が費用見積に含まれているかとその作業量とによって決まる．ウェブ調査では，一般的な基盤整備費と，ウェブ調査特有の調査票を作成し吟味するための費用とがあり，この両者を反映して，通常は固定経費が郵送調査よりも多くかかる．一方，調査が完全に電子化されている場合（つまり，調査依頼や督促に電子メールが使用されているとき），ウェブ調査の1件あたりの経費はゼロに近づく．これとは対照的に，郵送調査の固定経費は通常は少ないが，変動経費（印刷費，

郵送料，入力費，点検費など）はウェブ調査に比べて大きい．これら2つの方法の相対的な経費は，かなりの部分で，固定費の償却にかかわる標本の大きさに左右される．

　ある特定の調査の経費構造を考慮に入れておく要素は，他にもあきらかに無数にある．たとえば，面接調査に音声機能付きのCASI（コンピュータ支援自答式調査）を含めると，調査員方式に比べ相対的に経費はかかるが，データの品質を高めることができる．同様に，電話調査に対し，一括郵送物を加えると（たとえば，調査の正当性を高めるため，あるいは謝礼の送付のため），経費は増えるが回答率も上がることがある．さまざまな調査方式の相対的な調査経費について，大まかに一般化することは注意深く行うべきことはあきらかだが，その経費関連要因は，調査の品質にかかわる他の要素と同様に，無数にあるさまざまな設計要素間のトレードオフに関係する．

　かりに，予想どおりに，今後の調査設計に複数のデータ収集法がかかわることになれば，さまざまな調査方式に対する経費モデルの研究が必要になる．もしも，サーベイ・リサーチャーが，ある最適な方法で（つまり，所与の限られた予算の中で統計量の品質を最大限に高めるという方法で）自分たちの研究資源を利用したいならば，さまざまな方法の誤差特性とそれらの相対的な経費との両者について研究する必要がある．

5.3.7　データ収集法の選択に関する要約

　新たな横断型調査を行う際には，すべての推定値についてさまざまな誤差発生源の影響を相対的に比較検討し，しかも，経費・適時性・スタッフの利用可能性，その他の要因を考慮してデータ収集法の選択が行われる．面接調査は費用がかかるので，一般には，目標母集団の高いカバレッジ率，高い回答率，高いデータ品質水準を重視する連邦政府資金による大規模な調査だけに利用される．本書で例としてきた3つの事例調査，「全国犯罪被害調査」(NCVS)，「薬物使用と健康に関する全国調査」(NSDUH)，「全国学力達成度調査」(NAEP)では，少なくとも，回答者との最初の面接では，必要とされるカバレッジ，回答率，データの品質を実現するために，主として調査員本人が直接データ収集を行うことに頼っている．残りの2つの調査，「消費者調査」(SOC)と「行動危険因子監視システム」(BRFSS)では，データ収集は電話調査に依存している．また「最新雇用統計プログラム」(CES)は，典型的な混合方式の調査である．

　既存の時系列による現行のデータ収集の取り組みでは，新たな方法への変更に関する判断がさらに複雑になる．新しい調査方式の利点も，時系列的に起こりうる変動を比較考察しなければならない．このような場合，1つの方法から他の方法に変更するときには注意が必要であるし，調査方式の切り替えの影響を評価するため，分割標本による実験を行うことが多い．調査方式の切り替えを考慮した縦断調査あるいはパネル調査では，同様の困難に直面する．ある単一方式によるデータ収集から複合方式に切り替えようと判断するときにも（5.4節参照），同様の注意が必要となる．ここま

でに調べてきた調査方式の比較研究の多くは，特定の調査研究を1つのデータ収集法から別の方法に切り替える場合の判断基準を提供するために設計され，また実施されたものである．

一般に，代替データ収集方式の測定誤差の特性は，かなりよくわかっている．同等の複数の調査方式を比較するとき（たとえば，面接調査と電話調査，郵送調査とウェブ調査），調査結果として得られる推定値が大きく違うことはあまりない[*14]．注目すべき例外として，薬物使用，性行動，それに類似したきわめて微妙な行動に関するものがあるが（図5.4参照），こうした場合は自記式調査が一貫して有利であるようである．しかし，回答者にとってとくに問題がない多数の調査項目については，調査員方式の調査では，それが面接調査あるいは電話調査のいずれであろうと類似した結果を与えるし，また自記式調査法では，それが質問紙調査でもウェブ調査でも，どちらも同じような結果を生む．これらの相違点は，つまり，重要なトレード・オフは，もっぱら非観測誤差（カバレッジ誤差と無回答誤差）と調査効率の検討（時間や経費など）に関することである．

5.4 複数のデータ収集方式の利用

複数のデータ収集方式を用いる調査は多い．調査で1つの方式だけでなく複数の方式を利用する理由はいろいろあるが，とくに共通した理由が3つある．第1の理由は，複数の方法を混用すると経費を削減できることである．通常，混用する場合には，まず初めにもっとも廉価な方式（郵送）で各個人つまり各標本からデータ収集を行い，次に最初の郵送調査における無回答者に，2番目に費用のかかる方式（電話）によってデータ収集を行い，最後に残った回答者には面接調査の助けを借りる．このような調査設計では，費用がかさむ方法のほうを，より少数の標本に対して逐次的に適用する．2000年のセンサスでは，このような設計を採用しており，ここではまず郵送調査票を用いて開始し，つぎに無回答者の追跡調査として面接調査に変更する（コンピュータ支援の電話面接方式：CATI，音声自動応答装置：IVR，ウェブ調査によるデータ収集を，それぞれ状況に応じて用いる）．

複数の調査方式を用いる第2の理由は，回答率を最大化することにある．「最新雇用統計」（CES）プログラムのような事業所調査では，複数のデータ収集法を採用している．そこでは，ウェブ，ファックス，タッチトーン式のデータ入力方式（これはインバウンド[*15]のIVRに相当），電話，郵送が用いられる．無回答についての懸念（ならびに，調査の適時性が重要であること[*16]）が，そこで導入されるどのような調査方式の影響の懸念をも上まわる．調査方式の混用を提案することで，回答者にとってもっとも都合のよい方式を選んでもらうことができる．

混合方式を採用する第3の理由として，縦断調査の経費を節約できることがある．前に述べたように，「最新人口動態調査」（CPS）や「全国犯罪被害調査」（NCVS）

では，データ収集の最初の段階では面接調査を用いる．このことが回答率を最大化することになり（通常は，長期継続調査の最初の段階における無回答による損失は最悪である），しかも，あとで行う調査のために調査員が回答者の電話番号を取得することができる．それ以降のデータの大半は，電話で収集することができるので，データ収集経費を削減することができる．

しかし，上で述べた調査方式の混合は，それが可能な一部の調査方式にすぎない．その調査方式を，回答者に合わせて変える場合（たとえば，ある回答者は面接方式で行い，他の回答者は電話方式で聞く，あるいは一部分を郵送方式で行い，残りの人にはウェブ方式を用いる），調査段階によって変える場合（たとえば，電話方式により調査依頼を行い，音声自動応答装置方式（IVR）で調査を行う，あるいは初めは郵送方式で回答を得て，電話で督促を行う），あるいはさらに質問文によって変える場合（たとえば，いくつかの質問項目はオーディオCASIで回答し，他の項目は調査員の指示に従い回答する）といろいろである．図5.5に，さまざまな種類の混合方式（mix-mode approach）の設計について一覧にした（ディルマンとタルナイ：Dillman and Tarnai, 1988）．

混合方式によるデータ収集の増加は，大部分がここまでに要約した研究成果に依拠している．つまり，代替調査方式は一般に似通った結果をもたらすが，多くの場合，カバレッジ，無回答，経費の各特性に差違が生じる．測定誤差に関して，電話調査が面接調査に似たように機能するのだということがわかった時点で，電話調査が面接調査の代わりに用いられるだけでなく（つまり，調査方式の切り替えがあり），電話調査を補完するためにも利用されるようになってきた（つまり，混合方式による調査設計）．郵送調査によるデータ収集を補完するようにウェブ調査を使うと，同様の傾向

---

1. 回答者に合わせて1つの調査方式を使い分ける場合
    例：電話調査を利用，ただし電話の非保有者には面接方式を利用
    例：ウェブ調査で回答するという選択肢がある郵送調査

2. 回答者の勧誘と調査の実施で別々の調査方式を用いる場合
    例：ウェブ調査だが，郵送による依頼を行う
    例：IVR調査で，まず電話による勧誘を行う

3. データ収集を1つの調査方式で行い，督促や追跡調査を他の調査方式で行う場合
    例：郵送調査やウェブ調査において電話で督促を行う．

4. パネル調査のある段階を1つの調査方式で行い，それ以外は別の方式で行う場合
    例：パネル調査の第1段階を面接方式で行い，その後の調査を電話調査か郵送調査で行う．

5. 面接の主要な部分をある調査方式で行い，それ以外の部分を他の調査方式で行う場合
    例：答えにくい微妙な内容の質問について音声利用のCASIで行う

図5.5 混合方式設計による5つの異なる種類

があることがはっきりとわかる．混合方式による調査設計に関する論法は，ある1つの調査方式の長所を見つけると同時に（たとえば，電話調査による経費の削減），複数の方法を組み合わせることで短所を相殺する（たとえば，カバレッジ）ということである．このように，混合方式による調査設計は，ある調査方式の誤差発生源と（混合とする）別の調査方式の誤差発生源との明確なトレードオフを意味している．

1組の質問文に対するすべてのデータを同一の調査方式で取得する設計と，異なる回答者からさまざまな調査方式を用いて同一質問に対する回答を得る設計では，両者の間には重要な違いがある．さまざまな方法を使ってその標本の相異なる部分集団からデータが得られた場合は，その標本の他の特性から，その調査方式のどんな影響をも確実に取り除けることが決め手となる．回答者が自分の好む調査方式を選択するとき，あるいはアクセス上の問題で調査方式の選択が決まるときには，とくにこのことがあてはまる．このことは，その研究に先行して（電話調査と面接調査の場合のように），慎重に設計された調査方式の比較を実施するかまたは吟味することによってなされる．あるいは，無作為にその調査方式に割り当てた小さな副標本を使って，当該問題としている研究に調査方式の比較を組み込むことでなされる．こうしたやり方は，2組のデータセット間の差違が，収集に用いた調査方式間の差違よりもむしろ，その母集団内の真の差違を裏づけるのに役立っている．

混合方式による調査設計は，単一方式の調査つまり1つの調査方式による調査設計とは異なる考え方を示していることがある．特定の1つの調査方式に合った設計特性を最適化する代わりに，調査方式すべてにわたり調査用具と手順が確実に同等であるように設計する必要がある．たとえばこれは，ウェブ調査では可能である．つまり，複雑な分岐処理，無作為化，エディット・チェック，これらに類することを構築するよりもむしろ，質問紙調査にできる限り似せたウェブ調査の調査用具を設計することを意味している．同様に，面接調査で提示カードを用いることが，電話面接を含む混合方式の設計における測定を変えることになるのかどうかを解決する必要がある．ここでの目標は，調査方式のすべてにわたって，できる限り類似した基本的な調査条件を保持することである．

混合方式による調査設計が，これ以外の操作でデータ収集過程を複雑にすることがある．重複を回避するために，調査対象の管理がさらに重要である．つまり，1人の回答者から2つの調査方式でデータを収集することは避けなければならない．ある調査方式から他の調査方式への切り替えのタイミングも，注意深く検討する必要がある．いろいろな種類の誤差が，異なる調査方式で生じうることを前提に，とくに自記式と調査員方式の調査方式を混合したとき，データ・クリーニング過程とデータ併合過程で，単一の分析用ファイルを作成する際に，以上のことに注意する必要がある．しかし結局は，さまざまな理由で，混合方式の設計がしだいに選ばれるようになっているのだが，とくに注目すべき理由は，経費の削減，データ収集の迅速性の向上，回答率の向上である．今後は，これらの目標を追求して混合方式による調査設計についてさ

らに独創的な利用法を調べることであろう．

5.5 要　　約

　過去何十年ものあいだ，調査研究について，郵送調査・電話調査・面接調査が支配的な調査方式だったが，現在ではたくさんのデータ収集法がある．データ収集法は，調査員を使うのか，またどのように使うのか，調査対象者との直接的な相互行為をどの程度必要とするのか，測定中に回答者のプライバシーをどの程度考慮に入れておくのか，どのような情報伝達手段を採用するのか，コンピュータ支援を用いるのか否か，またそれをどのように用いるのか，こうしたことにより変化する．こうした特徴のいずれもが，調査結果の統計的誤差の特性に影響を与える可能性がある．

　ある調査の方式を選択するには，その方式に適した標本抽出枠のカバレッジや接触情報，調査方式に対する調査主題の適合性，調査の費用面の制約，および時宜を得た調査結果の価値，こうしたことについて考察する必要がある．

　調査方法論は，データ収集法の影響にかかわる多数の無作為化実験の研究を含んでいる．情報伝達手段の影響そのものを測定しようとする試みもあれば，ある方法に共通するそれぞれ異なる典型的な設計特性を一括して比較する試みもある．面接や電話による調査方式では，一般に，郵送や電子メールの抽出枠よりも世帯母集団のカバレッジの点で優れた標本抽出枠を用いている．よくある回答率による調査方式の順位づけでは，最上位が面接調査で，以下，電話調査，郵送調査，ウェブ調査の順となる．これらの結果の多くは，成人を目標母集団とする世帯調査にもとづくものである．つまり，別の母集団では，違った順位を示す可能性がある．回答率を改善するため，調査員が効果的な仲介者の役割を果たすようにみえる．自記式調査方式は，社会的望ましさの影響により，回答誤差がより低くなる．調査員方式は，項目欠測データ率を低く押さえる傾向がある．質問文を聴覚的に説明する方式は，選択肢型質問の回答選択で新近性効果を生じる傾向がある．また，すべての回答選択肢を視覚的に提示する方法では，初頭効果を生じる傾向がある．

　データ収集法は，必要経費により大きく変化する．標準的な調査経費の順位は，高いほうから順に，面接調査，電話調査，郵送調査，ウェブ調査の順となる．調査経費の比較は，（標本の大きさとは無関係な）固定経費と（標本の大きさにともなって増える）変動経費の相対的な規模により変化するという理由から，標本の大きさに影響されやすい．

　混合方式による調査設計は，調査結果における調査経費と誤差との均衡をうまく保つ方法として利用頻度が増加しつつある．縦断調査では，多くの場合，まず面接調査で開始して，その後に続く段階で，さらに廉価な方法に切り替える．

　調査経費を削減し調査データの品質を改善するために，新しい技術が開発されているので，今後も調査方式の急増が続きそうである．したがって，調査方式が互いにど

のように異なるかを理解し，またそのような差違の根底にある特性あるいは特徴を理解することが，しだいに重要になるであろう．ある特定の研究にどの調査方式を用いるのかについて十分な情報にもとづいた判断を行うこと，新しい，またおそらくはまだ試されていない調査方式を評価し適用すること，そして調査経費と調査誤差を最小限に抑える革新的な方法でさまざまな方法を組み合わせるためには，これらの特性を理解することが欠かせない．

■さらに理解を深めるための文献

Couper, M. P., Baker, R. P., Bethlehem, J., Clark, C. Z. F., Martin, J., Nicholls, W. L., O'Reilly, J. M., (1998), *Computer Assited Survey Information Collection*, New York：Wiley.

Groves, R. M., Biemer, P. B., Lyberg, L. E., Massey, J. T., Nicholls II, W. L., and Waksberg, J. (1988), *Telephone Survey Methodology*, New York：Wiley.

Dillman, D. (2000), *Mail and Internet Surveys*：*The Tailored Design Method*, New York：Wiley.

■演習問題

1) ある非営利団体の公共政策「シンクタンク」組織が，全国で低所得世帯の生活状況の調査を計画している．調査項目は世帯収入，州の低所得者向け生活保護制度および健康保険制度の給付状況，子どもの教育および健康状態，親の就業状況など多岐にわたる．農村部およびスラム地区に居住する低所得世帯は，リサーチャーがとくに高い関心を寄せている．リサーチャーは2つの調査方式，つまりCATIの電話調査（コンピュータ支援の電話面接方式）あるいはCAPIの面接調査（コンピュータ支援の個人面接方式）を考えている．この調査にとってそれぞれの調査方式の利点と欠点について論ぜよ．

2) 調査データ収集において調査員を使う利点と欠点について，それぞれについて2つ，簡潔に述べよ．

3) 面接調査において性的行動や性履歴に関する質問を行うとき，その部分だけを自記式調査票を用いることの利点と欠点について述べよ．

4) 面接調査，電話調査，郵送調査のうち，どれがもっとも「質問順の影響」が少ないと思うか．その理由も述べよ．

5) 下記にあげるそれぞれの基準が最優先されると考えたとき，（電話，面接，郵送のうちの）どの調査方式が，世帯調査を行ううえでもっとも望ましい調査方式か．それぞれの場合について答え，またその理由も述べよ．
    a) 調査を早く終了する．
    b) 所与の標本の大きさに対し調査経費が少ない．
    c) 高い回答率となる．
    d) 大多数の人々とは異なる言葉を話す母集団を適切に測定する．

6) 下記の意見について，同意できるか，あるいは同意できないかをそれぞれ理由をつけて答えよ．
    a) 米国の世帯母集団のCAPI調査（コンピュータ支援の個人面接方式）の最大の懸念

事項はカバレッジ誤差である．
b) 米国の世帯母集団のウェブ調査の最大の懸念事項はカバレッジ誤差である．
c) ウェブ調査の回答者が膨大な数であることは，より良い調査統計量（すなわち，母集団を記述する推定値）が得られることを意味している．
d) 集中型のCATI（コンピュータ支援の電話面接方式）は，紙と鉛筆方式（P＆P方式）つまり質問紙方式を使って集中的に行う電話聴取に比べて調査員変動を増大させる．
e) CAPI調査（コンピュータ支援の個人面接方式）は，質問紙調査（P&P方式の調査）よりも経費がかかる．

7) あなたが関係する市場調査機関が，新飲料の購入意向を調べるためのインターネット調査の実施を依頼されたとしよう．依頼者は推定値データと「誤差の許容範囲」データが2週間内に入手可能であるよう求めていたが，このプロジェクトに出資される資金は十分にあるようだ．上司が，この仕事を受けるほうがよいか迷って，ワールド・ワイド・ウェブ上でウェブ調査を実施することの利点と欠点を要約した比較対照の説明を行うようあなたに依頼してきた．このデータ収集方式の利点と欠点をそれぞれ2つずつあげよ．また，上司がこの仕事を受託すべきか否かについて助言せよ．

8) では，かりに問題7)の依頼者が，上記のウェブ調査に代えて，TDE方式（タッチトーン式データ入力）の調査を実施することを求めたらどうであろうか．その場合の調査データ収集についての制約事項を2つあげよ．

9) 州知事が，公共輸送機関に対する州住民の考えを評価し，また代替輸送手段を使用する可能性がどの程度あるかを評価するための調査を，あなたに依頼してきたとしよう．この調査研究のためにどのようなデータ収集方式を勧めるか，その理由と合わせて述べよ．

10) 米国統計学会（ASA）が，米国内の会員を対象に，統計士資格に関する会員の意見について調査したいという．この調査のためにはどのようなデータ収集方式を勧めるか．それを選ぶ理由を3つあげよ．

11) 電話調査で得た統計量と面接調査による同様の統計量とを比較するとき，情報伝達手段に関して，何が混同しうるのか，この2つの設計間で混同させる相違点を3つあげよ．

12) 多くの場合，面接による世帯調査が電話による世帯調査に比べて高い回答率が得られる理由を2つあげよ．

13) 所得水準と健康保険の補償内容が異なる人々について，健康管理に対する取り組み方の違いを調べるため，ある調査研究を企画したが，調査費が突然25％削減された．そこで，この減額予算を考慮して調査をどのように再設計するかを議論するなかで，依頼者は，世帯のエリア確率的標本にもとづいた面接調査を，RDD方式の標本による電話調査に切り替えることを提案した．かりに依頼者の提案に従うならば，面接を行う個体に関しては標本の大きさを維持できる．依頼者の提案する要求を考慮して対処する必要のある誤差発生源を2つあげよ．また，ここで提案した調査設計変更が，それぞれの誤差発生源にどのように影響しうるかの例を1つあげよ．

14) まず郵送調査を行い，その無回答者に対して電話調査を行い，さらに残りの無回答者に対して面接調査を行うという混合方式による調査設計の良い面と悪い面をそれぞれ2つあげよ．

■本章のキーワード

インテリジェント文字認識（ICR）
ウェブ調査（Web surveys）
オーディオ・コンピュータによる自答式（ACASI）
オーディオ・コンピュータによる自答式電話調査（T-ACASI）
音声自動応答装置（IVR）
コンピュータ支援の個人面接方式（CAPI）
コンピュータ支援の自記式（CASI）
コンピュータ支援の自記式調査票（CSAQ）
コンピュータ支援の電話面接方式（CATI）
回答の影響（response effects）
回答順の影響（response order effects）
光学式文字認識（OCR）
固定経費（fixed costs）
自記式調査票（SAQ）
自由回答質問（open-ended question）

社会的存在感（social presence）
社会的望ましさの偏り（social desirability bias）
情報伝達の手段（channels of communication）
初頭効果（primacy effects）
新近性効果（recency effects）
タッチトーン式データ入力方式（TDE）
調査方式，調査モード（mode, survey mode）
提示カード（show cards）
ディスク・バイ・メール方式（disk by mail methods）
ビデオ自答式調査（video-CASI）
変動経費（variable costs）
黙従傾向（acquiescence）
ラップトップ・コンピュータを使用して質問を提示し回答を受け取る方式（text-CASI）
両極性（extremeness）

第6章
標本調査における無回答

Nonresponse in sample surveys

6.1 はじめに

　抽出した単位について測定値が取得できなかったとき，サーベイ・リサーチャーが"無回答"という用語をどのように用いるかについて，第1章と第2章で述べた．ときには，完全に失敗となること，つまり，標本として選ばれた人が，調査協力依頼を完全に拒否することがある（たとえば，調査対象者が，「私は決して調査に協力しない，2度と電話をしないでくれ」）．またあるときには，その失敗が調査測定の1つの質問項目にだけ影響することがある（たとえば，調査員が「去年のあなたの世帯収入はいくらでしたか」と尋ね，それに対して回答者が「妻が記録をつけているので，わかりません」と答えたような場合）．標本単位の測定に完全に失敗した場合，つまり未回収の場合を"**調査不能**（unit nonresponse）"とよび，質問項目の一部で部分的に測定に失敗した場合を"**項目無回答**（item nonresponse）"とよぶ[*1]．

　無回答は，調査統計量の品質に影響を及ぼすことがある．かりに無回答者が統計量の要素である変数についてさまざまな値をとるとすると，その回答者の統計量の値は，全標本の統計量とは違っているかもしれない．この乖離が，調査設計の実施全般にわたって固有であって，系統的なものであるとき，この乖離を"**無回答の偏り**（nonresponse bias, 無回答バイアス）"とよぶ[*2]．いくつかの単純な統計量については（たとえば，標本平均），無回答の偏りとは，調査対象者に占める無回答者の割合と，回答者と無回答者の統計量の差の関数である（2.3.6項参照）．ほとんどの世帯調査における無回答率が（つまり調査対象として適格な調査対象者に対する無回答者の割合が），米国および西ヨーロッパで徐々に増えたことで，無回答の偏りもまた増加しつつあるという懸念が生じている．

　ほとんどの調査方式では，無回答を生じるおもな発生源が3つあり，それぞれに異なる原因があるようにみえる．すなわち，調査依頼を調査対象者に届けられなかったこと，接触した調査対象者の協力を得られなかったこと，そして調査対象者が求められたデータを提供できなかったこと，である．これらの原因は調査が生み出すさまざまな種類の統計量に影響を及ぼす．

本章では，無回答に関連するきわめて重要な概念と実践法を読者に提供する．まず初めに無回答のさまざまな発生源について述べ（6.2節参照），続いて調査研究が教えてくれた無回答の起こりうる原因と影響について述べる．さらに，回答率をどのように算出し，また調査管理者がどのようにデータ収集中に回答率を最大限に上げようと努めているかについて概説する．

6.2 3種類のおもな調査不能

調査方法論の研究により，以下に述べる3種類の調査不能（unit nonresponse）には特有の原因があり，多くの調査にとって調査統計量の品質に顕著な影響を及ぼすことがわかってきた．これらの3種類の調査不能とは，以下にあげるものである．

1) 調査依頼の伝達に失敗すること．例：調査対象者への**接触不能**（noncontact），標本単位の所在を見つけられない，郵送物が届かない．
2) 調査協力の**拒否**（refusal）．例：接触した人が調査依頼に応じない．
3) **調査への回答能力がない**（inability to participate）．例：接触した人が調査票の言葉を理解できない．

6.2.1 調査依頼の伝達の失敗による調査不能

接触不能による，あるいは調査依頼の伝達の失敗による調査不能とは，特定のデータ収集方式においては，その人の行動によっては調査ができなくなる調査対象者を見すごしてしまうことである．ここでの重要な概念は，標本単位の"**接触可能性**（contactability）"である．すなわち，標本単位がサーベイ・リサーチャーにとって接触可能かどうかである．図6.1は標本単位の接触可能性に作用する影響を示した基本的な図である．

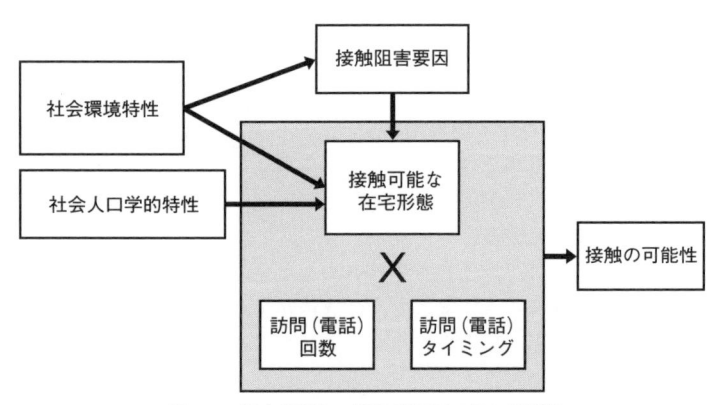

図6.1 標本世帯との接触が原因で起こる影響

世帯調査では，訪問相手が在宅していて，接触できることがわかっていれば，1回の試みで対象者とうまく接触できる．しかし，標本単位と接触できる時間帯は通常はわからない．したがって，調査員はその家を何度か訪問することになる．標本単位によっては，見知らぬ人との接触を妨げる"**接触阻害要因（access impediments）**"のある標本単位もある（たとえば，オートロック式共同住宅，留守番電話）．知らないところから届いた郵便物を捨ててしまうような人は，郵送調査からはずれることが多い．ほとんど家にいない人は，多くの場合，調査員が何度訪ねても結局は会えないままとなる．受信選別機能のある電話をもつ人は，調査員が何度電話をかけても気づかずにいることがよくある．

たとえば，「薬物使用と健康に関する全国調査」（NSDUH）の標本世帯の約2％は，スクリーニングの段階で接触できない．「消費者調査」（SOC）の場合はその割合がもっと高めである．NSDUHでは，こうした接触不能の調査単位は，接触阻害要因のある複合住宅建造物や，それ以外の建造物に偏りが起こる可能性がある．SOCは電話調査なので，こうした建造物がSOCにおいては必ずしも接触上の問題を引き起こすことはない．その代わり，発信者番号通知サービス（ナンバー・ディスプレイ）や受信選別機能を備えた世帯では，過度の接触不能が発生しがちある．

調査対象者が「いつ在宅し，いつ不在か」は，調査員にはわからないので，調査員の管理者は，初回の接触が実現するまで，くり返し標本単位に電話をかけるよう調査員に指示する．実際には，電話をかけるたびに接触に成功する割合は低下する．たとえば，図6.2は，電話調査や面接調査の5つの相異なる世帯調査において，初回の接

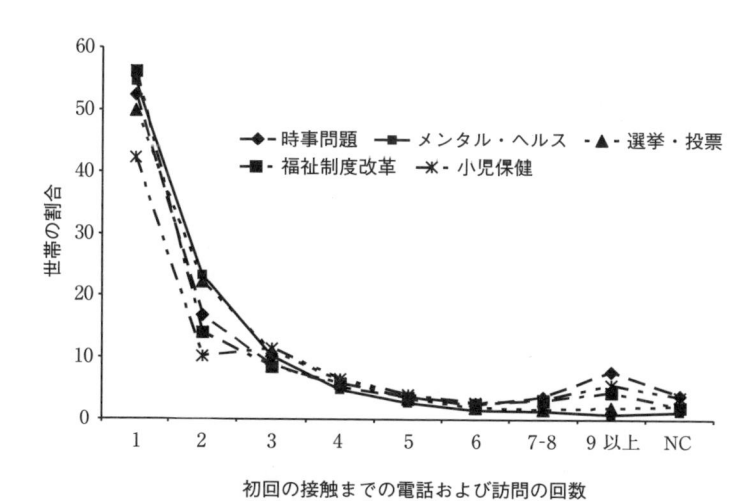

図6.2 5つの調査における初回の接触までの電話および訪問回数別の適格な標本世帯の割合
(Groves, Wissoker, Greene. McNeeley, and Montemarano, 2001.)

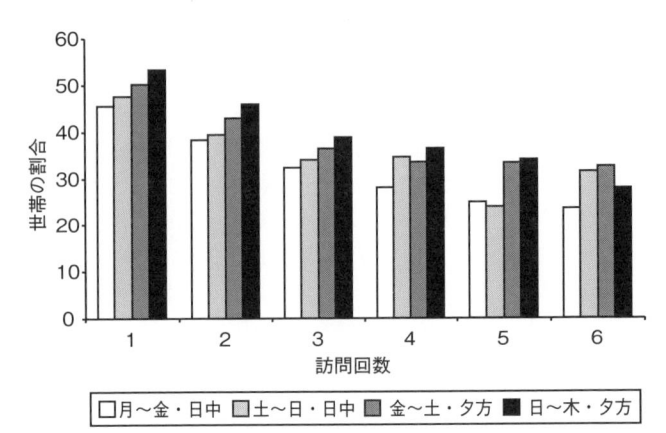

図 6.3 曜日時間帯別にみた，訪問回数別の非接触世帯に対する接触率
（全国家庭動向調査：National Survey of Family Growth），第6期）

触までの電話の回数別に，接触できた米国世帯の割合を示している．接触できた世帯の半数が，初回の電話で連絡がとれている．電話回数が重なるにつれて，接触できる割合は次第に低くなる．図 6.2 における調査全般にわたる変動は，おそらくは標本設計の変化による違反や，2回目以降の電話の呼び出し規則（calling rules）[*3] の違反による影響を反映しているのだろう．

世帯調査において，初回の接触を得るために必要な呼び出し（あるいは訪問回数）は，何回程度かを予測する方法はあるのか？　これのおもな答えとして以下の2つがある．

1) 夜間あるいは週末の訪問は，それ以外の時間帯の訪問と比べて，ずっと効率的である．
2) 母集団によっては，他の母集団とは異なった接触の可能性がある．

調査対象者が在宅している場合は，調査員とかなり接触しやすい傾向がある．では，人々の在宅時間はいつだろうか？　米国のほとんどの世帯は，非常に予測可能な行動スケジュールをとる．自宅外で働いている人たちは，ほとんどが決まった時間に家を出て，しかも不在となる時間帯は毎週ほぼ同じであることが多い．米国のほとんどの勤め人は，月曜日から金曜日までは，午前8時から午後6時まで不在である．もし調査員がこうした時間に訪問すれば，その時間帯に見合ったわずかな人たちにしか接触できない．図 6.3 に示したように，訪問や電話の回数にかかわらず，日曜日から木曜日までの午後6時から9時までがもっともよい時間帯となっている．いずれも次の日に仕事がある日の晩である．金曜日と土曜日の夕方以降は他の日と異なり，一般には人と接触できる割合は低い．週末の日中は平日の日中よりもよい．米国では，夕方以降誰も家にいないという世帯は非常に少ない，ということである．

米国における部分母集団（subpopulation）の場合，接触不能率に系統的な差がある．接触がもっとも容易な世帯は，誰かがほぼいつでも在宅しているという世帯である傾向がある．これらの世帯には，すでに退職したか，まだ学校に通っていない小さな子供の世話をしているか，あるいは他の理由により外で働いていない人たちがいる世帯が含まれる．

さまざまなタイプの人たちに接触する困難さを計る１つの測度は，その世帯内の誰かと初めて接触できるまでに要した回数の平均値である．なんらかの接触阻害要因のある世帯の人は，初めての接触までにかなり多くの接触（訪問あるいは電話）を必要とする．これにはオートロック式玄関のある集合共同住宅，ゲーティッド・コミュニティ（gated community）[4]，あるいは門が閉められている田舎の邸宅などがある．電話調査では，発信者番号通知サービス（ナンバー・ディスプレイ）あるいはその他の選別機能のある電話は，初回の接触までにさらに多くの電話回数を必要とする．都市部に住んでいる人たちは，どちらかというと初回の接触までにより多くの訪問が必要になる（理由の１つとして，都市部では接触阻害要因のある単身者世帯が多いことがあげられる）．

郵送調査，電子メール調査，ウェブ調査（つまり，接触に際して調査員を必要としない調査方式）では，調査依頼を送った後も，引き続き調査対象者がアクセスできるようにする．郵送調査においては，いったん調査票を世帯が受けとると，その家の誰かが調査票に何か行動を起こすまで，その調査票はそのままとどまっている．これは１日のどの時間帯あるいはどの曜日でもありうることである．このように，標本単位への接触に必要となる試行回数にはさまざまな形態がある．こうした自記式調査方式の特性の１つは，標本世帯で見てもらえなかった調査票と，見てはもらえたが回答を拒否された調査票とを，リサーチャーが簡単には区別できないということがあるが，これについては5.3.4項で取り上げている．

ようするに，調査員方式の調査では，さまざまな部分母集団の在宅形態や世帯における在宅者の人数が異なるために生じる接触不能もある．それ以外の接触不能が接触阻害要因から生じる．前者は，すべての調査方式に影響を及ぼす．後者は，個々の調査方式に特有のものである．たとえば，ゲーテッド・コミュニティあるいは立ち入りが制限されている集合住宅は，面接調査員の効率性に影響を及ぼすが，電話調査員の場合は必ずしもそうではない．このように，接触不能の構造は調査方式によって変わりうる．以上から導かれる１つの結論は，混合方式のデータ収集方式を行う調査[5]は接触不能率を減らすということである．

接触不能による無回答に関して，今後解決する必要がある，答えの見つかっていない研究課題がある．接触不能による無回答のほとんどは，調査の目的とは無関係であることが多い．つまり，標本単位は調査課題が原因で接触が難しいのではなく，どのような調査依頼にも存在する多くの影響のために，接触が難しいのである．このことは，こうした影響に関係のある統計量についてだけ，無回答誤差が生じることを示唆

している．なぜ標本単位と接触することが難しいかを研究することが，無回答誤差が接触不能により生じる場合と，そうでない場合について，実用的な指針をリサーチャーに与えてくれるかもしれない．

6.2.2 調査拒否による調査不能

調査にとって，調査対象者の協力を得るために欠かせない社会的要素は，人類の歴史においてまれなものであるということがかなり議論されてきた（グローヴスとカーン；Groves and Kahn, 1979, p. 227）．調査を成功裡に進めるには，自分に電話をかけてくる人，調査票を送ってくる人，あるいは自宅を訪れる人，こうしたまったく見知らぬ人に応答する意欲が必要である．こうした人たちにとって，見知らぬ人から身体的危害や経済的被害を被むる恐れ，相互行為のくり返しで受ける被害の恐れ，あるいは面接により生じる精神的苦痛を受ける恐れ，こういった恐れがほとんどないことが必要である．調査対象者は，調査員が差し出す機密保持誓約を信用するしかない．つまり，調査対象者は，自分が批判されることや危害を加えられることなく，自分の意見を述べ，また個人的な詳細事項を伝えてよいと信じる必要がある．世の中に，こうした要素（つまり社会的要素）がいくらか欠落している社会が現時点で存在するか否かを，少しの間考えてみよう．

調査はどこにでもあるにもかかわらず，ほとんどの国では，人々にとっては日常的な経験ではない（少なくとも頻繁に経験されることではない）．しかし，調査の頻度は徐々に増加してきている．何年かにわたり，過去数年間に他の調査に協力したことがあるかどうかを尋ねる調査が行われた．1980年には，「過去1年間に調査に協力した」という割合は約20％であったが，2001年では約60％であった（これらは過大評価の可能性がある．というのは，これらの調査では，過去の参加協力について尋ねた調査に対する無回答者の回答数を表していないから）（シェパード；Sheppard, 2001）．米国では，もっとも一般的な調査に2つの種類がある．1つは，多くのサービス関連企業が実施する顧客満足度調査であり，これはもっぱらサービスの品質に関する評価を収集する．もう1つは，2年ごとに実施される議会選挙によって生じる無数の調査であり，とくに接戦となる下院選挙区で行われる．こうした状況を除いては，多数の人々に調査依頼を行う頻度は低い．

調査依頼の特徴を，一般人が頻繁に経験する調査とは別の接触・遭遇の特徴と比べて吟味することは有効である．もっとも一般的な種類の，見知らぬ人との接触・遭遇，あるいは見知らぬ人からの依頼とは，訪問販売，仕事上あるいはサービス要請の電話や訪問，資金調達や政治活動，そして調査である．これらの接触・遭遇はさまざまな局面で異なっており，以下に要約して議論する．

経験の頻度 経験の頻度は，接触の方式によっていろいろある．たとえば，戸別訪問販売は，急速に普及したテレ・マーケティングに奪われて，米国内ではほとんど

見られなくなった．サービス・コール（修理依頼電話）は通常，世帯主からの要請であり，よって唐突に行われるということはない．戸別訪問による募金活動あるいは政治運動は，訪問販売ほどまれではないものの，大半の世帯にとって頻繁にあることではない．知らないところからの電話や郵送による勧誘，あるいは電子メールのメッセージは，調査依頼というよりもセールスと受けとられる可能性がはるかに高い．

社会的認知度　　多くの仕事上の取引相手や，昔からあるいくつかの慈善団体や政党では，調査対象となる人々にとって知名度が高いだろう．調査実施者が大学や官公庁などの場合，人々は調査の依頼者に対して，ときには予備的知識を持ち合わせているかもしれない．

謝礼の利用　　慈善事業や調査では，ときには協力への感謝の印として謝礼を提供することがある．慈善事業の場合は，住所ラベル[*6]やカレンダー，あるいはキッチンマグネットといった小物を送ることがよくある．調査では金銭や贈答品を提供することが多い．訪問販売やサービスの売り込みの場合は，そのような謝礼を提供することはあまりない．

接触時の熱意　　訪問販売や募金の依頼では，接触が何回も試みられることはまれである．たとえば，もし電話による販売で，その世帯の人と初めて接触したときに乗り気でない様子が見えれば，その電話をかけた人は，次の番号に誘いの電話をかけるだろう．一般に利益とは，商品やサービスの購入に乗り気でない人を説得する努力によって最大化されるものではない．調査とサービス要請とはかなり異なるのである．確率標本調査では標本世帯の協力を得るために何度も電話をかけることが多い．業務連絡では，用件が片付くまでくり返し連絡をとるだろう．

依頼の本質　　こうした接触間におけるもっとも大きな差違の1つは，世帯員に依頼することの本質である．販売においては通常，この本質とは，商品やサービスの対価としてのお金である．サービス・コール（修理依頼電話）の場合は，依頼された世帯のあるサービスと引き替えの料金を含んでいる．募金や慈善のための依頼では，お金，品物それに時間といった寄付を意味する．調査では通常，世帯員の時間と情報を求めている．

グローヴスとクーパー（Groves and Couper, 1998）は，人々は調査依頼の打診があると，調査員の目的をいち早く見定めようとする，という仮説を立てている．この接触は世帯員が主導するものではないから，世帯員は自分の本来の仕事に戻ることが大切だと思っている．依頼に共通する理由，依頼の目的，依頼を行う機関が存在するという事実が，依頼に対する標準的な反応のきっかけとなる．こうした反応は，そのような依頼について，長年にわたる経験によって形作られた無意識に表れる反応であるかもしれない．

> **コラム 11 ●調査員の面接時の説明の例**
>
> 　調査員は，自己紹介のときに，手際よくあれこれと説明を行うように訓練されている．これには以下のような例がある．
> 　電話調査のときには次のような例がある．
> 　こんにちは．私はメアリー・スミスと申します．この電話はアナーバーにあるミシガン大学からおかけしております．当大学では，現在全国調査を実施しております．まずはじめに，このおかけした電話番号に間違いがないかどうか確認したいのですが，番号は 301-555-2222 でよろしいでしょうか？
> 　あるいは，面接調査ではこうなる．
> 　こんにちは．私はメアリー・スミスと申します．ミシガン大学のサーベイ・リサーチ・センターに所属しております．これは私の身分証明書です，ご覧ください．ミシガン大学では，全国調査を実施しておりまして，日頃お感じになっていることを住民の皆さまからお聞きしたいと思います．おうかがいする内容は，経済に関することや今度の大統領選挙など，わが国が最近かかえている重要な問題についてです．この調査に関してミシガン大学から手紙をお出ししておりますが，お手元に届いておりますでしょうか？

　注文の説明，請求書発送の問題，その他の理由に対するビジネス上の依頼の場合は，要求者がその世帯が重んじている商品やサービスを提供しているという事実で支えられている．慈善事業や宗教的な依頼の解釈は，慈善団体や宗教団体に対する世帯員の意見や態度を通して選別されるだろう．とくに好ましくない販売攻勢にたびたび曝された世帯員の間では，販売目的の依頼に対しては当然拒絶反応を示すかもしれない．

　調査依頼は，他の依頼と比べてめったにないために，たとえば，世帯員がすぐに訪問販売と誤ってしまうことがある．このような混乱が生じたとき，その世帯員は調査依頼につながる理由以外の理由で応対するかもしれない．しばしば調査で，くり返し電話をしたり，再び訪問したりするという事実は，おそらくは訪問販売の営業電話と区別するうえでの有効な手段となっている．販売活動とは関係のない周知の機関が調査を実施するときには，調査員は自らを訪問販売員と区別する手段として，その調査主体をしっかりと指摘することができる．

　調査対象者が調査員の意図を誤認することがある，という仮説を裏づけるいくつかの知見が調査方法論研究から得られた．

1) 調査依頼を断る決断が早いこと（電話調査の場合は 30 秒以内に拒否される）．
2) ある時点で拒否した人が，再度の接触で受け入れてくれることがよくあること（いわゆる，拒否撤回率[*7]は 25〜40％程度であることが多い）．
3) 調査員によっては，身分・所属を誤解されることを避けるよう訓練を受けている（たとえば，訪問や電話の初めに「私は何かのセールスでお伺いしているのではありません」と言うこと）．

コラム 12 ● 「これはセールスではありません」現象とは

調査員が自己紹介のときに,「こんにちは.私は RCDF リサーチ・サービスのメアリー・スミスと申します.これはセールスではありません.電話サービスに関する最近のご経験についてお尋ねするものです」と説明するよう指導されていることがある.これは調査対象者が調査員の意図を誤認するという証拠である.これはあきらかに,調査員が電話をかけている理由について懸念される誤解を正そうとする試みである.

この試みはうまく機能しているのだろうか.この技法を用いた実験の結果はさまざまである(ヴァン・ローウェンとデリュー;van Leeuwen and de Leeuw, 1999).事前の挨拶状の意味から考えれば,調査員自らが「私はセールスを行っているのではありません ("I'm not selling anything")」と言うときに,この発言の効果は,調査依頼時に用意された別の情報が,この調査員の信用度を高めるかどうかにかかっている.

意思決定が早いことは,人々は調査依頼のごく限られた顕著な特徴に注目していることを示唆している.電話調査や面接調査における調査員の自己紹介は,多くの場合きわめて簡単である(コラム 11 を参照).ある人はもっとも重要なこととして,調査主体を選ぶかもしれない.また別の人は調査員の話し方を選び,さらに別の人は調査内容を選ぶかもしれない.自記式調査(たとえば郵送された質問紙調査票)の場合,質問を確かめることが,その測定の目的をより際立たせる.

調査不能が生じる原因

調査不能の原因は,調査方法論の研究者にとってますます重大な関心事となっている.調査への協力の問題に適用されてきた理論的枠組みはたくさんあるが,それらはすべて,さまざまな段階で生じる次の 4 つの影響に関係している.

1) 社会環境の影響(例:大都市圏は,世帯調査で拒否が多く現れる傾向がある;単身者世帯よりも,2 人以上の世帯のほうが拒否は少ない)(グローヴスとクーパー;Groves and Couper, 1998)
2) 個人段階の影響(例:女性より男性のほうに拒否が多い傾向にある)(スミス:Smith, 1983)
3) 調査員段階の影響(例:経験の豊富な調査員は,経験の少ない調査員よりも高い協力率となる)(グローヴスとクーパー;Groves and Couper, 1998)
4) 調査設計段階の影響(例:調査対象者への謝礼は,協力度を高める傾向がある)

ここで初めの 2 つの影響は,リサーチャーが制御できるものではない.たとえば,調査依頼とは無関係に,人々がその依頼にどう反応するかに影響を及ぼす事象がある(たとえば,アフリカ系アメリカ人男性の梅毒に関するタスキギー実験が,その母集団については低回答率に影響を及ぼしたこととしてよく引用される.11 章のコラム 28 を参照).調査員段階の影響と調査設計段階の影響という,後半の 2 つの影響は,

回答率を上げるためにリサーチャーが操作できるという特徴がある（これについては6.7節で議論する）．

調査への協力に，もっとも一般的に適用される理論的な考え方として，"**機会費用**（opportunity cost）"仮説がある．これは，忙しい人は，手元の作業を離れてまで調査に時間を割くことが，他の人たちよりも大きな負担となるので，面接を受けることを過度に拒否する，という考え方にもとづいている．こうした仮説は，社会の主要機関からの調査依頼を拒否する社会経済領域の両極端にいる人たち，つまり富裕層と下流層にいる人たちに影響する"**社会的隔離**（social isolation, 社会的孤立）"という考え方にもとづいている．また，"関心をもって"必要以上に回答することが，重要な統計量の無回答誤差を引き起こす可能性がどのくらいあるかの仮説を強める，"**調査課題に対する関心**（topic interest）"という考え方がある．そして，調査依頼から生じる疲労を示唆する"**過剰な調査**（oversurveying, いきすぎた調査）"という考え方がある．さまざまな研究分野において発生する，さまざまなこうした考え方の無数の変形がある．残念ながら，これらは，このような現象を説明するどれか1つの理論にとって断片的な支えでしかないようである．

このような行動の基礎となるものの説明を試みる理論的な考え方として，"**回答行動の重要度に関する理論**（leverage-salience theory）"[*8]がある（グローヴス，シンガー，コーニング；Groves, Singer, and Corning, 2000）．この理論によると，人それぞれが，調査依頼の特性に応じて，それぞれさまざまな重きをおく（たとえば，調査内容は，調査所要時間は，調査主体は，データを何のために用いるのか）．ある特性を前向きに評価する人もいれば，否定的にみる人もいるだろう．もちろん，こうした相違は通常はサーベイ・リサーチャーにはわからない．調査を行うときには，調査対象者に対して調査への調査参加交渉を行うとき，調査員との相互行為，あるいはその調査対象者に提供される調査素材により，これらの特性のいくつかが重要となる．何が重要となり，

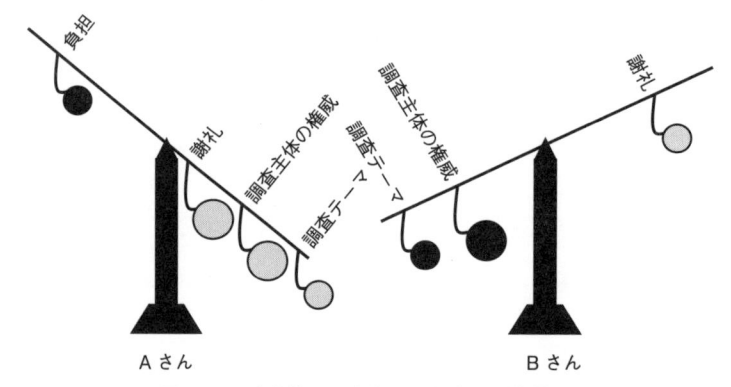

図6.4 調査特性に関連するさまざまな影響力と重要度を示す2人の調査対象者の例

そしてその特性を何人の対象者が消極的に評価し，あるいは積極的に評価するかにより，（回答）結果は拒否つまり調査に協力しないとなり，あるいは承諾つまり調査に協力するとなって現れる．

図6.4では，2人の調査対象者を秤で表現してあるが，この秤が右に傾けば「調査協力」を示し，左に傾けば「調査拒否」を示している．調査依頼を受ける前に，Aさんは調査内容をもっとも積極的に評価しており，Bさんは調査内容にほとんど関心がない．また，Aさんは自由な時間が限られており，Aさんは調査依頼の時間要求に対して非常に神経質である．Bさんは面接の負担を感じていない．Aさんは謝礼提供についてわずかに反応したにすぎない一方で，Bさんはかなり積極的に現金謝礼を受けとりたいと思っている．そこで，調査員が接触するとき，調査員は調査主体と謝礼を強調する（この強調部分は，秤の竿に吊るされたボールの大きさにより表されている）．その結果，AさんはBさんよりも調査の協力を受け入れやすいと思われる．秤の比喩を用いると，調査対象者が協力依頼のうちのある特定の特性を受け入れる重要性・価値を，協力依頼の"テコ（leverage）"つまり"影響力"という．またその特性が協力依頼の説明時にどの程度重要になるかを"重要度（salience）"とよぶ．この理論が意味することは，以下のようにいくつかある．

1) 人は，調査依頼を受けて協力するか，あるいは拒むかにはさまざまな理由があり，そうした理由は最初の時点では依頼者にはわからない．
2) 調査対象者のかかえるさまざまな懸念に対処するために適した，（ただ）1つの説明というものはない．
3) 調査員は，調査対象者の示す回答に前向きになる影響力（テコ）をよく考え合わせて，こうした特性の重要度を際立たせるための気配りを身につける方法をもたねばならない．

これらについては6.7節で，より詳しく述べる．

調査員によらないで依頼を行う調査は，依頼のためのさまざまな特性，通常それらは調査素材の文字であるとか記号であるのだが，それら特性を程度の差はあるものの際立たせる．それらは封筒や便箋によって調査主体名を目立つように表示することであるかもしれないし，あるいは調査主体を目立たぬように表示することかもしれない．さらに人目を引く位置に，挨拶状に現金謝礼を貼り付けるようなこともありうる．調査対象者が回答の決断をする前に，調査票の終わりのほうに微妙な（sensitive）質問をおいて，こうした顕著性を弱めるつまり目立たせないように努めることも必要になってくるかもしれない．

6.2.3 必要とするデータの提供不能に起因する調査不能

調査対象者と首尾よく接触できて回答者になってくれる意志はあるものの，調査ができないということもある．このような調査不能の原因は，無数にある．調査で用い

られるいかなる言語も，調査対象者によって理解できない場合もある．質問を理解できない，あるいは求められた情報の記憶をたどることができない場合もある．ときには身体的な健康上の問題から調査に協力できないこともある．また，読み書き能力に限界があって，郵送調査の資料を読んだり理解することができない場合もある．また，景気動向調査の場合に必要とされる情報が，調査で求められている形式あるいは時間枠では存在しないこともある．

調査依頼に従えない理由がまちまちであるため，無回答の影響を受ける統計量も同様にさまざまである．たとえば，ある母集団の健康上の特性を測定する調査において，健康上の理由で回答不能となることは，無回答の偏りがあることの前触れである．その母集団の健康状態の推定値は，不健康な人を系統的に測定できないことから過大な推定となる．一方，同じ調査で，その母集団の政治意識に関する推定値は，無回答についての上と同じ理由によっては深刻な影響を受けることはない．

この種の調査不能の原因と影響に関する調査方法論の研究はあまり行われてこなかった．多くの世帯調査においては，このような調査不能の量は比較的少ない．しかし，高齢者や移民の母集団を対象とする調査では，かなり高い調査不能率となることがある．そのような設計では，調査員が果たす役割，データ収集法，調査に用いる言語の特徴，調査対象者の特性についての研究における発見はいまだない．

6.3 無回答は調査統計量の品質にどのように影響するか？

無回答は，ときには調査統計量の品質を損なうことがあるが，そうでない場合もある．調査の品質を損なう場合とそうではない場合を確定する原則ははっきりせず，現実には，リサーチャーは自らがどのような状況に直面しているかを知ることはできな

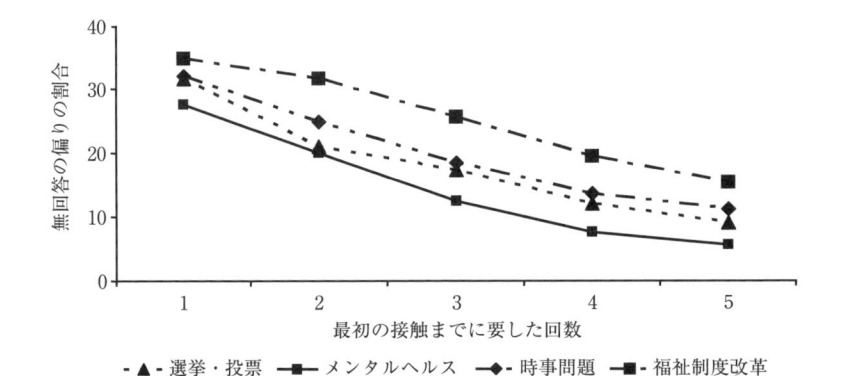

図 6.5 4つの調査における，接触までに要した回数別にみた単身者世帯の推定比率に対する無回答の偏りの割合
（グローヴスほか：Groves, Wissoker, Greene, McNeeley, and Montemarano, 2001）

い．

　無回答の原因が測定された調査統計量と関連があるときに，無回答に起因する偏りが発生する．たとえば，主要な統計量として，自宅外で仕事に従事していて一人暮らしをしている人の割合を調べる調査を行うとき，図6.5に示したように，その統計量の値は接触不能による無回答に大きく影響を受ける．この図には4つの調査における，およその無回答の偏りが示されている．ここで，単身者世帯の割合を推定することに関心があるとしよう．そのような統計量には，非常に精度が高い統計局の推定値という外部情報源がある．もし調査対象となった世帯に1度だけ接触を試みようとすると，単身者は家にいることはそれほどないから，その調査では過度に偏って単身者世帯の捕捉に失敗するであろう．もし「最大で1回の接触とする」調査設計であるとき，調査統計値は27～35%と過小推定となる．これを「2度まで接触」とすると，その統計値20～32%となり過大推定となる．接触不能が調査対象者の在宅時間量により部分的に生じることから，この統計量は接触不能による誤差を生じやすい．これとは対照的に，「政治に対する関心がある」とする人の割合のような別の統計量では，接触不能率による影響はほとんどないようである．

　拒否による無回答誤差がどのように発生するかも，同様の論理が根底にある．かりに拒否の原因が調査の主要な統計量と関係しているのであれば，その拒否率はこうした統計量における無回答誤差の前触れとなる．この証拠が十分にあるわけではないが，回答者に対して謝礼を使う調査と使わない調査の比較に関連した1つの例がある．医師の幇助による自殺に関する調査では（これは調査当時，社会で議論されていた話題だが），謝礼が，これに関心のない人の協力を高めたことがあった．ある1つの統計量は，回答者がなんらかの社会的かかわりをもっていたかどうかというものであった（たとえば，ある市民団体の会員であるとか，政治集会の出席者であるとか）．謝礼を用意したその調査では，回答者の約70%がそのような活動をしているという結果になった．謝礼を用意しなかった調査では約80%という結果になった[*9]（グローヴ

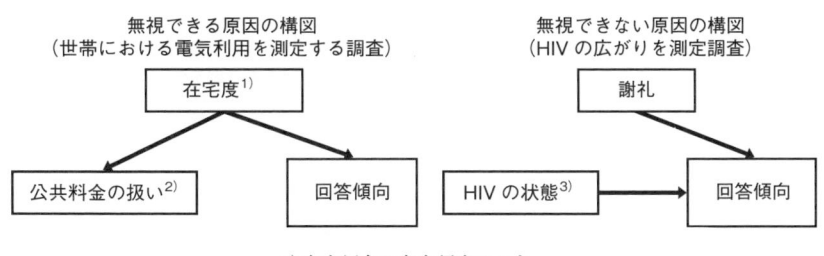

```
無視できる原因の構図                          無視できない原因の構図
(世帯における電気利用を測定する調査)           (HIVの広がりを測定調査)

        在宅度[1)]                                    謝礼
        ／  ＼                                         ↓
 公共料金の扱い[2)]  回答傾向        HIVの状態[3)] → 回答傾向
```

1) 在宅傾向や在宅頻度のこと
2) 電気・ガス・水道の利用状況
3) 陰性か陽性か

図6.6　調査協力を決めるに際しての影響からみた，
　　　　無視できる無回答と無視できない無回答

ス，シンガー，コーニング：Groves, Singer, and Corning, 2000）．

　以上のことを一般化するため，説明に因果推論グラフが利用できる．図 6.6 では，無回答に影響を及ぼす因果メカニズムを大まかに述べている．左の図は"無視できる"の因果メカニズムとして，1 標本の世帯が使用する消費電力として 1 時間あたりの平均キロワット数を調べた調査について記してある．この図は，家の広さが電力の消費（すなわち，電化製品の使用，空調設備の消費）に影響を及ぼしていることを示している．同時にこの図は，面接の可能性，ここでは"**回答傾向（response propensity）**"と名づけたが，これも示している．この図は，接触不能による無回答の場合に関係している．めったに家にいないこれらの世帯は，接触不能率が高く，不在の間は水道光熱費が低いということになる．この図において，新たに"**無視できる無回答（ignorable nonresponse）**"という用語を導入するが，これは次のようなことを意味している．すなわち，人が在宅していると知っており，よって彼らに接触できたのであれば，接触不能による無回答という有害な影響を除去できた，ということである．

　図 6.6 の右側の図は，HIV が流行した初期の頃に，米国の歴史において実際にあった事例に似ている．健康問題を扱う公衆衛生当局者が，HIV の全国有病率調査を議論したとき，いくつかの調査設計の選択肢が研究されたのだが，そのすべてが HIV ウィルスの罹患を試験するためのなんらかの採血を含んでいた．このとき，現金謝礼を用意しなかった調査では回答率が低く，現金謝礼を用意した調査ではきわめて高い回答率であった．しかし，その記録を検査した研究によると，謝礼の総合的な影響が大きかったにもかかわらず，HIV 陽性の人たちの間では謝礼の影響はほとんどなく調査協力度も低いことがわかった（ホルヴィッツ，ウィークス，フィッセル，フォルソン，マッセイ，エザッティ；Horvitz, Weeks, Visscher, Folson, Massey, and Ezzati, 1990）．ようするにこの結果は，HIV 陽性の人は，その病気であることの強烈な恥辱の重さゆえに，調査に協力することが自らの社会的立場を悪くすることを恐れて拒否した，という仮説に一致していた．つまり，この調査の重要な統計量である HIV 陽性者の割合が，回答傾向の原因であったということである．回答者は，こうした因果による影響のために，無回答者よりも HIV 陽性者の割合がかなり低い傾向を示した．この調査結果は，HIV 陽性者の割合を著しく過小に推定したことになる．この事例は"**無視できない無回答（nonignorable nonresponse）**"といえよう．その理由は，かりにこの因果による影響がわかっていたとしても，（無回答者の HIV の状態，つまり陽性か陰性かについての大胆な仮定がない限りは）回答者間の統計量は，無回答の偏りから逃れる術はないからである．

　上述した平均値や割合のような記述的な統計量と，偏回帰係数のような分析的な統計量のどちらにも，無回答は影響する．図 6.7 は，2 つの変数，x と y の観測値に当てはめた直線の勾配である偏回帰係数が，無回答によってどのように影響を受けるかを示している．グラフの中の白丸は無回答者を表し，黒丸は回答者を表している．グラフ内には 2 つの直線があり，1 つは回答者だけにもとづいた回帰直線（実線）であ

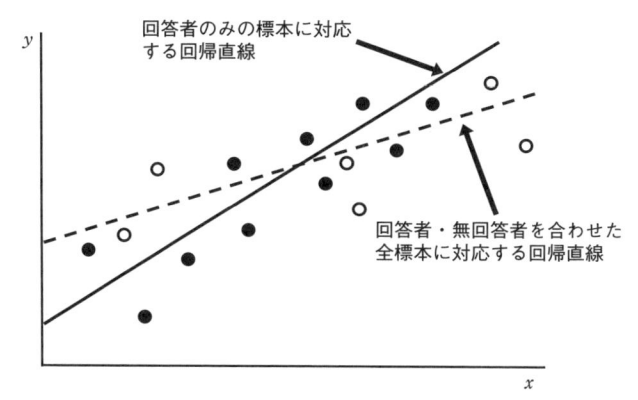

図 6.7 推定回帰式に関して調査不能の影響を示す例

り，もう1つはすべての回答者にもとづく直線（点線）である．直線の正の傾きは（これを変数 x の予測力を示すために用いることが多い），全標本に対する傾きよりも，回答者間のほうが大きい．このことは，標本全体に対して（その回帰直線が）正しいとするよりも，2つの変数，x と y の間により強い関連性のある回答者にもとづく結論をもたらすことになる．こうしたモデル選択による偏りに関するこれ以上の事例については，ヘックマン（Heckman, 1979）およびバーク（Berk, 1983）を参照されたい．

これらの事例とは対照的に，より高いあるいはより低い無回答率は，あきらかに調査統計量に何の影響も与えないようだという事例もいくつかある．このようなことで，それらが調査結果の品質には影響を及ぼさないという前提で，無回答率が調査の利用者に無視されることが，ときどきある．

測定されている特性が原因で生じる無回答は，無視できない種類のものである．残念なことに，ほとんどの例においてリサーチャーは，その調査にとって重要ななんらかの特性に無回答の原因であるかどうかを知る十分な情報をもっていない．したがって，利用可能な調査予算の中で，どの程度の回答率が最適であるかを決める経験的な方法はない．この疑問に対する答えは，その調査において，推定しているのは何かということと，無回答はどのような過程で生まれるのかということとの関係に応じて決まる．こうした知識がないので，調査費用面の制約の範囲内で回答率を最大にすることが一般的な実践法となっている．

6.4 回答率および無回答率の計算

第1章では，無回答は調査統計量の誤差の1つの発生源であるとした．実務にかかわるサーベイ・リサーチャーの大半の関心は，無回答の偏りにかかわるものであり，その統計的な表記は2.3.4項で説明したカバレッジ誤差に類似した式となる．

$\overline{y_s}$ ＝抽出した具体的な全標本 s の平均値（総平均）
$\overline{y_r}$ ＝標本 s 内の回答者の平均値
$\overline{y_m}$ ＝標本 s 内の無回答者の平均値
n_s ＝標本 s 内の標本構成員の総数 (6.1)
r_s ＝標本 s 内の回答者の総数
m_s ＝標本 s 内の無回答者の総数

このとき，**無回答の偏り**（nonresponse bias）は，全標本についての平均値として，次のように表される．

$$\overline{y}_r - \overline{y}_s = \frac{m_s}{n_s}(\overline{y}_r - \overline{y}_m) \qquad (6.2)$$

したがって，無回答率とは，平均値あるいは割合のような単純な統計量の無回答の偏りの1つの要素である．かりに無回答率がゼロでなかったら，回答者は関心のある統計量に関して無回答者とは異なるという点で偏りが発生しうる．やっかいなことは，無回答者に対する数値は，通常は未知であるということである．

上記の公式では，無回答が確定的であると仮定している．すなわち，所与のある固定した調査設計のもとで，目標母集団に含まれるすべての人は，常に回答者であるか，または常に無回答者であるか，そのいずれかであろう．グローヴス，プレッサー，ディプコ（Groves, Presser, and Dipko, 2004）は，無回答は確率的であるというより現実的な仮定にもとづいて，平均値あるいは割合における偏りについて，より一般的な式を与えている．

$$\overline{y}_r \text{の偏り}: bias(\overline{y}_r) = Cov(r_i, Y_i) + E\left[\left(\frac{m_s}{n_s}\right)(\overline{y}_r - \overline{Y})\right] \qquad (6.3)$$

この関係式は，偏りとはたいていは，ある回答者になるという確率（r_i）と，関心のある重要な変数（Y_i）との間の共分散 $Cov(r_i, Y_i)$ を表している．(6.3)式の最後の項は，無回答率 m_s/n_s と平均値のすべての偏り（$\overline{y}_r - \overline{Y}$）との積の期待値である．この偏りの公式は，部分集団の差あるいは偏回帰係数のような分析的な統計量についてはさらに複雑になる．

これらの2つの数式は，以下のようなことを意味している．すなわち，当該関心のある事象（たとえば，政治意識）と，その調査で回答者になるという確率との間に何の関係もなければ，つまり，当該関心のある変数について，回答者と非回答者との間に差がないときは，調査推定値にはどのような偏りもないだろうということである．

無回答率と無回答誤差との間には，単純な関係はないことに言及することは重要なことである．たとえば，無回答率が小さくなるにつれて，無回答者の特徴がよりはっきりしてくれば（すなわち，変数 y に関する特異な部分母集団），無回答率が低いままで無回答誤差が減少することはないだろう．

しかし，m_s/n_s という単純な式は，回答率と無回答率の算出の複雑さを正しく伝えていない．無回答率は無回答誤差の構成要素であるから，倫理に反する手段で小さ目

の無回答の推定値を提示して,高い品質の統計量のようにみせかけるという,かんばしくない過去のいきさつがある.この問題は,いくつかの専門家団体の委員会の,話題の中心とされてきた.(フランケル:Frankel, 1983;米国世論調査学会:American Association for Public Opinion Research, 2000).米国世論調査学会(AAPOR)のサイトでその指針をみることができるが,そこには使用される調査設計に応じた何通りかの回答率の算定法が紹介されている.一般に,回答率の計算についてやっかいな問題が3つある.

1) 標本抽出枠には目標母集団の構成員でない単位が含まれることがあり,やむなく適格性を判断するためのスクリーニング手順を設けることを強いられる(たとえば,抽出枠が事業所の電話番号を含む場合の,世帯を対象とした電話調査).そのような設計を用いると,無回答者の適格性,したがって「何を回答率の分母にすべきか」がはっきりしない)
2) 標本要素の集落により構成される標本抽出枠があり,その標本要素の数が標本抽出の段階で未知であるような場合(たとえば,学校という標本から選ばれる生徒を対象とする調査).ある集落全体(この例でいえば「学校全体」)が無回答者のとき,どれだけの標本要素が無回答者かがはっきりしない.
3) 標本抽出枠の中でそれぞれの要素が不均等な確率で選ばれる,つまり不等抽出確率が指定されるとき(たとえば,少数民族グループを過大に抽出する場合).このような場合は,回答率の計算で抽出加重を用いるべきかどうかははっきりしない(グローヴス:Groves, 1989).

上記の1),2)の問題を解決する1つの方法は,外部情報あるいは他の事例から得た情報を用いて,分母の値を推定することである.したがって,回答率を次式で表す.

$$\frac{I}{I+R+NC+O+e(UH+UO)} \qquad (6.4)$$

ここで,

I =面接/聴取完了
R =拒否および中断
NC=接触不能
O =その他の適格者
UH=世帯か/居住者のいる住居単位か不明
UO=適格性が不明,その他
e =適格ではあるが適格性が不明な個体の推定比率

ここでeの推定比率は,当該調査から得られる.たとえば,

$(I+R+NC+O)/(I+R+NC+O+$標本内に選ばれた不適格者$)$ (6.5)

のように計算できる.もう1つの方法としては,はじめに未知の適格性をもつ調査対象を研究することで,なんらかの特有の方法論研究が,eを突き止めるために導入できるかもしれない.最後に,もし,eの推定比率が得られなければ,2つの回答率,

つまり1つは分母に ($UH+UO$) を含めた数値を，もう1つはその数値を除いた数値を，表示することを勧める．こうすると真の回答率がちょうどその中に収まるような回答率の範囲が作れる．RDD電話調査において，eを推定するさらに高度なモデル化の研究がブリック，モンタキィラ，シューレン (Brick, Montaquila, and Scheuren, 2002) に示されている．

（4.5.1～4.5.2項に記されているように）回答率の推定時の第3の問題が，不等抽出確率が使われたときに生じる．たとえば，行政サービスに関するある地域調査で，

コラム 13 ●マークルとエーデルマンによる無回答誤差に対する無回答率の影響の研究 (Merkle and Edelman, 2002)

マークルとエーデルマン（2002）は，無回答率と無回答誤差との間に関係はみられないという観測研究の結果を報告している．

研究計画　出口調査で，確率標本とした投票所，これは投票所から出てくる有権者を，調査員により系統的に無作為抽出された標本だが，これを用いる．ここで標本とした各投票所において，共和党と民主党の投票率間の差を，回答者と国民による投票全体について比較した．

研究の成果　投票所における調査への回答率は10～90％と変動があるが，大部分は45～75％の間に集中している．下図では，各投票所を1つの点に対応させてあり，横軸はその投票所における回答率を示し，縦軸は民主党と共和党の投票率間の差の誤差を示している．回答率と推定した差の総誤差との間には，あきらかな関係は見られない．調査協力に関する適切な予測変数は，調査員が立っているよう指示された場所が，出口からどれだけ離れていたかという情報であった．

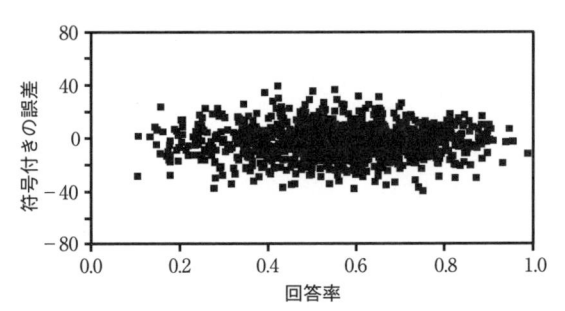

図　各投票所の（回答率）×（符号付きの誤差）の関係
(Merkle and Edelman, 2002)

研究の限界　標本とした場所（つまり投票所）に対する調査員の無作為性が欠けていることから，調査員の影響と調査協力の可能性における真の差とが混同されるだろう．さらに，他の多くの調査と異なり，出口調査は独自の環境設定となっていることがある．

研究の影響　この研究では，無回答の原因が統計量と無関係のときに無回答誤差がないという例を示している．

貧困者の住む地域（層1）を，他の地域（層2）の標本抽出率の2倍にして過大に抽出したとしよう．このとき回答率をどのように算出すべきであろうか？　こうした設計においては，回答率について2つの問題が生じることがよくある．1つは，貧困者の住む地域（層1）の回答率と，それ以外の地域（層2）の回答率との比較の問題である．これらは2つの層の平均値を比較する分析に関連するだろう．この場合，2つの回答率は上述と同じ方法を用いる．しかし標本の総平均に関心があるなら，それは，4.5.1～4.5.2項に示したように，抽出加重 w_i を用いる必要があるが，このとき，全標本の回答率は，各標本要素に与えられた抽出確率に合わせて各標本要素を調整した，同じ重みを用いることができる．

これ以外のいろいろな比率がさまざまな目的で使われている．たとえば，拒否率（例：$R/(I+R)$）や拒否撤回率（つまり，初めは拒否されたが後になって面接できた割合）が調査員の能力を評価するために用いられている．事業所調査においては，カバレッジ率（回答者単位で説明される，測定される全体の割合）が使われ，従業員の生産量または生産数などを推計するときに，ウォルマートをはずすのは，その辺のコンビニエンスストアを外すのとはわけが違うのだということを示している．「全国学力達成度調査」（NAEP）のような調査では，抽出がいくつかの段階にわたって生じるが（たとえば，学校を選びそこから生徒を選ぶ），それぞれの段階における無回答を反映するように合成した比率を算出する．

6.5　時間経過にともなう回答率の傾向

回答率の変動にかかわる概念は，継続調査の時間経過にともなう回答率の傾向を検証することで得られる．たとえば，図6.8は「全国犯罪被害調査」（NCVS）の回答率を示している．この調査では，12歳以上の世帯員全員に調査を試みている．またこの調査では回答率を，世帯の場合と個人の場合の両者について報告している．世帯

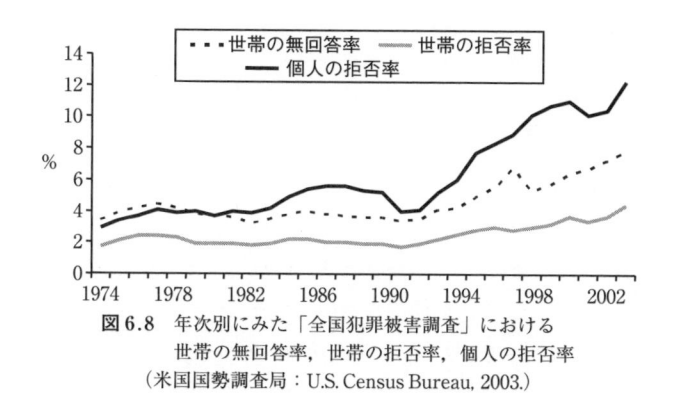

図6.8　年次別にみた「全国犯罪被害調査」における
世帯の無回答率，世帯の拒否率，個人の拒否率
（米国国勢調査局：U.S. Census Bureau, 2003.）

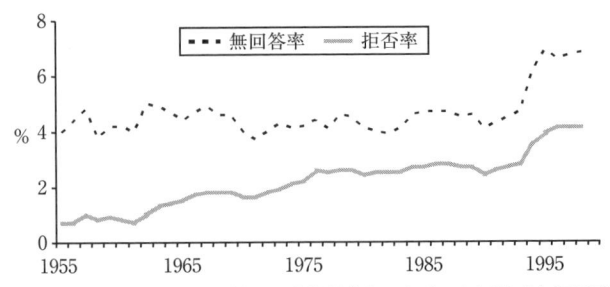

図 6.9 年次別にみた「最新人口動態調査」における無回答率と拒否率
（米国国勢調査局：Census Bureau.）

の無回答率は，その世帯に属する誰にも調査ができなかった世帯の割合である．これは図 6.8 では点線で示されているが，3～4 ポイントの範囲で比較的安定した値を示している（つまり，世帯の回答率は 96～97％ ということ）．一番下の薄い線は世帯の拒否率を示しており，これも同じように長期にわたって比較的一貫した水準を示す．実線は個人でみた拒否率を示している．列挙されたすべての標本世帯員のうち面接の依頼を断った者と列挙されたすべての者の比である．ようするに，世帯への接触が成功して，面接を行うことができなかった個人の占める推定値である．この個人の拒否率は，年を追って上昇しており，図に示した年次については，約 3 倍に増えている．

図 6.9 は，米国国勢調査局が労働統計局のために行った，「最新人口動態調査」（CPS）の回答率を示したものであるが，これによって米国における毎月の失業率がわかる．ここでは，何年にもわたり無回答率が 4～5％ で一貫しているのに対し，拒否率は年々次第に増えているという，特異な傾向が示されている．これは，拒否率が高まっているなかで，長年にわたって接触不能率を減らしてきたことで，全体としては無回答率を低く抑えてきた調査の例である．ではここで，1994 年に何が起こったのか？ 実はこの年，面接実施要領に大きな変更があった．すなわち，コンピュータ支援の個人面接方式（CAPI）の設計への移行と，新たな調査票への変更が行われた．これの影響と考えられる 1 つの解釈は，質問紙調査票を使って玄関先で行われていた 8～12 分程度の短い調査項目が，ラップトップ・コンピュータを使っては同じように行うことができないため，拒否率が増えたのではないかと考えられている（クーパー：Couper, 1996）．

上記の 2 つの無回答率は，いずれもきわめて低いが，次第に増えているという傾向は共通している．2 つの調査研究のいずれも，連邦政府によって行われ十分な資金のある面接調査である．一般に，他の調査の回答率はこれより低く，学術研究機関による調査はこれよりも少し低く，民間調査の場合はさらに低くなっている．

図 6.10 には，「消費者調査」（SOC）の全体的な無回答率と拒否率が示されている．この調査の無回答率は，「全国犯罪被害調査」（NCVS）や「最新人口動態調査」（CPS）

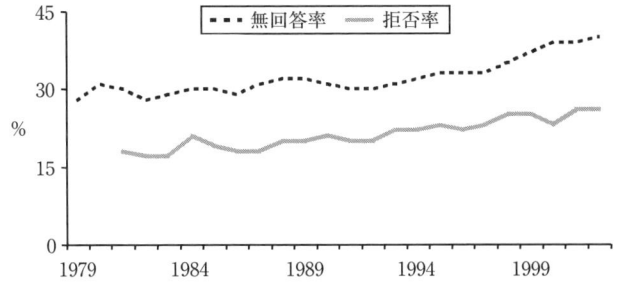

図 6.10 年次別にみた「消費者調査」(SOC) における無回答率と拒否率

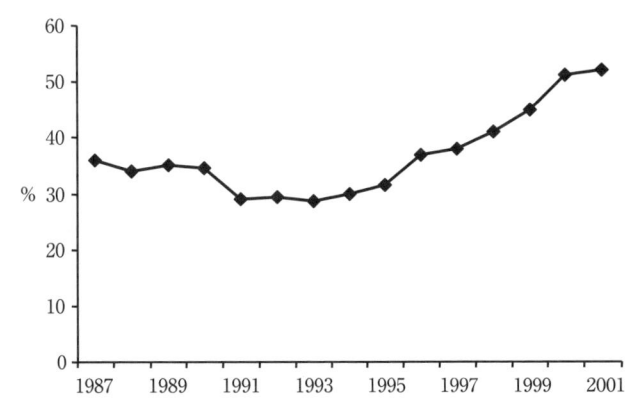

図 6.11 「行動危険因子監視システム」(BRFSS) における無回答率の州ごとの中央値の推移（1987〜2001年）

と比べ，はるかに高い．全体的な無回答率は着実に増加の傾向を示し，1980年代には30%程度だったものが，最近では40%近くとなっている．拒否率も同じように増えている．同時に，初めに拒否されたが，そのあとで調査に成功した割合は，7%から15%へと増えた．ここでの教訓は明快である．つまり，スタッフのさらなる努力がなければ，回答率が徐々に減少したということである．

図 6.11 は，「行動危険因子監視システム」(BRFSS) の無回答率を示したものである．この BRFSS を実施した米国各州における無回答率があるので，グラフには報告のあったすべての州の無回答率の中央値を示した．この図は，「全国犯罪被害調査」(NCVS) よりも，「消費者調査」(SOC) にかなり近い無回答率を示している．これはおそらく（全国犯罪被害調査が面接調査であるのに対して）電話方式であるということと，米国政府はこの調査の間接的な調査実施者（委託者）にすぎないという事実に起因している．この無回答率は全体に30%台から，近年は50%近くにまで増えている．

無回答率の増加は米国に限った現象ではない．1970年代から90年代にかけて，欧州16ヵ国の無回答の傾向にかかわる研究からも，接触不能率が年に平均して0.2%増えており，拒否率は年に平均0.3%増えているということがわかった（デリューとホックス：de Leeuw and Hox, 2002）．

これらは世帯調査の結果である．事業所調査では，ほとんどの場合，郵送調査票や電話を使って（あるいはこれらの併用で）行われている．そのような景気動向調査では，無回答が増えているという証拠はそれほど多くはない（アストロスティックとバート：Astrostic and Burt, 1999）．

6.6 項目無回答

いままでの議論は，調査対象そのものの調査不能（つまり，ある標本単位でなんらかの測定値の取得に失敗したとき）が中心であった．項目無回答は，ある種の調査においては深刻な問題である．項目無回答はある1つの質問に対する回答が得られないときに生じる．たとえば，「消費者調査」（SOC）において回答者が協力的に質問に答えていたのに，調査員が前年の世帯収入について質問したときに，その質問への回答を拒否するような場合である．

ある統計量における項目無回答の影響は調査不能による場合とまったく同じである．しかし，その被害が及ぶのは，影響を受けた質問項目のデータを用いて得られた統計量に限られている．したがって，標本平均に対して用意した(6.2)式は，調査不能と項目無回答との両者を組み合わせた影響の場合にも当てはまる．

項目無回答の原因と調査不能の原因とが異なることはよくある．調査不能は，調査の短い説明に左右された，回答者の判断で生じるのに対して，項目無回答は測定内容が完全にあきらかになってから生じる．方法論研究の中で検証されてきた項目無回答の原因は以下のようなことである．すなわち，(a) 質問の意図が正確に理解されない，(b) 適切な情報を取り出す判断の誤り，(c) 情報を開示することに対する意欲や動機づけの不足，が含まれる（ビーティとハーマン：Beatty and Herrmann, 2002；クロスニック：Krosnick, 2002）しかし，この領域での研究はまだはじまったばかりである．質問のワーディング（7章を参照）に関する方法論研究の多くは，実際の回答を変えてしまうような質問文の特性に関心が集まっている．項目欠測データの原因についての研究計画は実務家にとって非常に有益なものとなろう．

十分に正確な回答ができないと判断している回答者からもたらされる項目欠測データについての証拠がある．いくつかの実験で，人は具体的な収入の額についての回答はしないが，収入の選択肢（たとえば「5万〜7万5千ドル」）としてなら，積極的に答えることが示されている（ジャスターとスミス：Juster and Smith, 1997）．回答者がどれだけ真面目に調査に協力してくれるかのモチベーション（動機づけ）効果についての証拠は，選択肢型質問（あらかじめ設けてある回答一覧から選ぶよう回答者に求める質

6.6 項目無回答

認知状態
1. 利用可能
最小限の労力で情報を想起検索することができる
2. 想起可能
努力あるいは刺激・手がかりがあれば情報を想起検索することができる
3. 情報生成可能
情報は正確にはわからないが推測はできる
4. 推測不可能
情報はわからず、予測の根拠もない

回答経路
正しい
誤り
正しい
誤り
正しい
正しい-潜在的な誤り
誤り
正しい-誤りなし

回答結果
実質的な回答
項目無回答

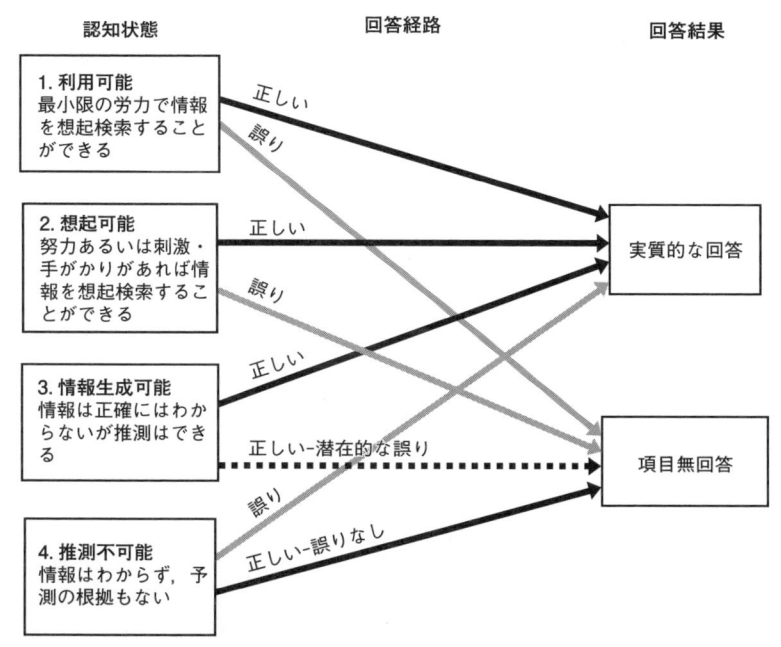

図 6.12 項目無回答の回答過程に関するビーティ-ハーマン・モデル

問）よりも，自由回答質問（回答者が考えたままを回答として書いてくれるよう求める質問）のほうが，はるかに欠測データが多くなることからもわかる．

図 6.12 は，調査質問で求められる情報に関する認知状態を，利用可能，想起可能，情報生成可能，推測不可能の 4 つの段階に区別するという，ビーティとハーマンが仮定した回答過程モデル（model of the response process）を表している．その 4 つの状態とは，ある質問回答に適した知識を検索する程度によって順序づけられている．これら 4 つの状態は，コミッション・エラー（取次ぎの誤り，errors of commission：十分な知識をもたずに回答すること）およびオミッション・エラー，（切り捨て・怠慢の誤り，errors of omission，知識があるにもかかわらず回答しないこと）の両者を仮定している．回答に生じる社会的な影響が，測定誤差をともなうデータを提供することもある．項目欠測データは，（"推測不可能" の認識状態にある人にとっては）当然のものとして，あるいは（知識がある人にとっては）回答誤差として起こりうる．後者の状況は，社会的望ましさにより，社会的に受け入れがたい特性についてあきらかにするかわりに，ある質問への回答を拒否する（あるいは，「わからない」と回答する）ことにともなって生じる可能性がある．

項目無回答を減らすために用いられるツールとして，個々の質問の負荷を減じること，心理的脅威を減らすこと，もしくはプライバシー保護を強化すること（例：自記

式の適用），説明したり，回答のプロービングを行うという調査員の行動がある．項目無回答を補正するためにとられる戦略は，調査不能を補正するための戦略とはかなり異なることが多い．前者（つまり項目無回答を補正するための戦略）では，通常は，調整を行うための別の回答という，豊富な選択肢を分析者が持ち合わせているということである．このようなことで，調査不能の場合には層の調整を重みづけすることが一般的であるが，これに対して項目欠測データの場合には補定が行われることが多い（第10章を参照）．

6.7 調査不能を減らすための調査設計の特徴

本章のここまでで，無回答誤差が調査統計量の品質に悪影響を及ぼすことがあること，その有害さの程度は，調査に非協力であることの影響が調査統計量にどのように関係するかのある関数であること，無回答率が大きくなれば無回答誤差（他の条件が同じであれば）のリスクも大きくなるということ，以上を確認した．一般に，無回答が調査の品質に及ぼす影響の，目に見える唯一の部分は，無回答率である．したがって，サーベイ・リサーチャーの努力の大半が，無回答率を減らすことに向けられてきた．

図6.13では，調査への協力を3つの段階に分けてある．すなわち，まず接触の段階，調査協力を考える最初の判断の段階，調査協力の最終的な判断の段階である．ここで最後の段階は，多くの調査設計では，調査に気乗りしない回答者の懸念に対処するため，何回もの試みを行なうことから生じる．

5.3.4項では，調査方式により平均回答率が異なる傾向がある，ということを学んだ．典型的な知見に，電話調査よりも調査員による面接調査のほうが回答率が高いということがある．また，電話調査は，他の条件が同じであれば，自記式の質問紙による調査やウェブ調査よりも回答率が高い．面接調査や電話調査を調査員が行う場合は回答率が増えることはよく見られることである．その理由は，調査依頼を伝えるときに成功する可能性が高いことと，調査対象者が調査協力に対していだく，いかなる懸念に対処する場合にも調査員が有効であること，この2つがある．

図6.13には調査員の行動を表す特徴がいくつかある．第1に，調査協力に関する「回答行動の重要度に関する理論」が，調査員の行動についていくつかの推論を提供している．調査依頼をどのように判断するかは，調査対象者によってまちまちであるようだということを思い出そう（さまざまな特性に対して，それぞれ異なる重要度を割り振るということ）．そして，それが調査員にはわからないので，調査対象者の協力を得るために，何とかしてこうした特性を見分ける必要がある．

「回答行動の重要度に関する理論」から得られるさらなる推論として，どの調査対象者に対しても同じ前おきの説明を復唱するよう調査員を訓練することは，効果的ではないということがある．これについては，実証的な支持があるようである．モートン-ウィリアムズ (Morton-Williams, 1993) は，調査員に標準的なせりふを復唱させた場合

6.7 調査不能を減らすための調査設計の特徴

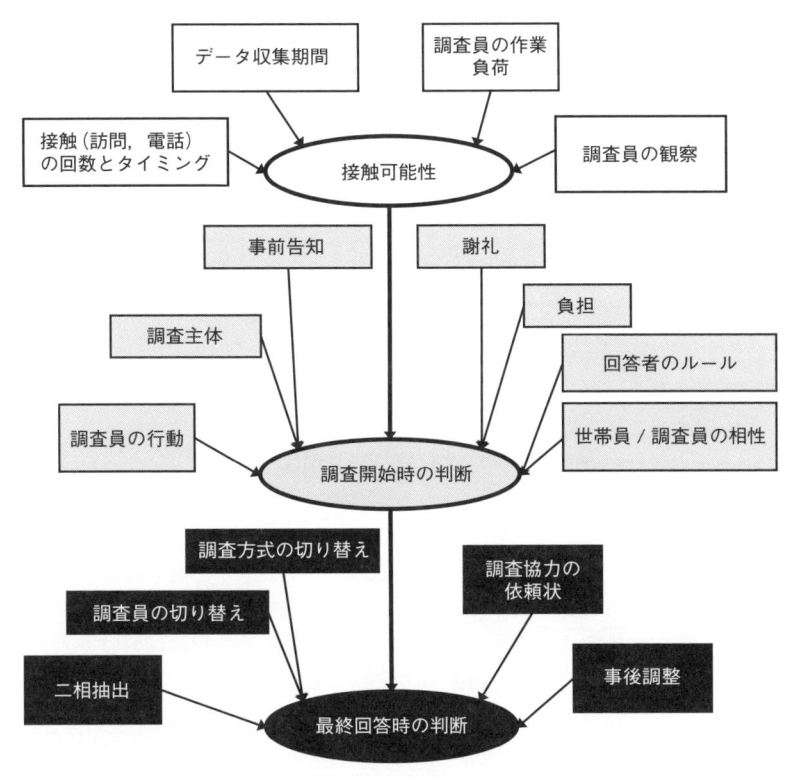

```
            [データ収集期間]      [調査員の作業負荷]
[接触（訪問，電話）
 の回数とタイミング]  →  (接触可能性)  ←  [調査員の観察]

    [事前告知]    [謝礼]
                   [負担]
       [調査主体]
                  [回答者のルール]
  [調査員の行動]
                  [世帯員/調査員の相性]
            ↓
         (調査開始時の判断)

    [調査方式の切り替え]   [調査協力の依頼状]
  [調査員の切り替え]
  [二相抽出]              [事後調整]
            ↓
         (最終回答時の判断)
```

図 6.13 調査不能率を減じるための手段

の回答率と，調査員に暗唱させずに自由に説明させた場合の回答率とを比較したが，自由に説明をさせた場合の回答率が高かった（コラム 16 参照）．グローヴスとクーパー (Groves and Couper, 1998) は，モートン-ウィリアムズの実験による知見の根底にある，調査員行動に関する原則を 2 つ提案している．熟練した調査員は，（会話が調査依頼にかかわるものであるか否かにかかわらず）対話を引き伸ばしながら，調査対象者の協力を得ているようである．このような方法で調査対象者との**"相互行為の保持 (maintaining interaction，かかわりを保つこと)"** は，調査員がその調査対象者がかかえている懸念にかかわる情報を得ようと努めることである．このようなとき，能力のある調査員とは，調査対象者が気づいた懸念に対して自分の発言を"適応させよう (tailor)"とする．この適応化は，経験豊富な調査員が，経験の乏しい調査員に比べて高い調査協力率を得る傾向にあることを説明しているように思われる．調査員は調査対象者の懸念を探ろうとして，その相手の言葉や言葉に表れない態度を，注意深く観察する．そして，こうした懸念について仮説を立てたとき，調査員はその懸念に合わせて態度を"適応させる"のである．つまり，調査員は調査対象者がかかえる懸念

に合わせ，調査の説明をカスタマイズする，つまり必要に応じて変えるのである．

図6.13はまた，より高い回答率を必要とする調査では，調査対象者の初期判断で面接にいたらないとき，その調査対象者に回答に参加させるようさらに力を尽くすことがよくあることを示している．こうした努力には，調査員を交代すること，別の調査方式に変更すること，あるいは調査への協力依頼状（persuasion letter）を送付することがある．結局，最終的に調査拒否という決断であった場合には（あるいは標本単位に対するいかなる働きかけも失敗したときには），利用可能なさまざまな事後調査の局面がある．第1は，別の勧誘手順を用いて，無回答者の標本を追跡調査する二相抽出の調査設計が考えられる．第2は，分析段階で統計的な調整を行うことである（これらについては第10章で議論する）．

本節の残りの部分では，回答率を高める方法に関連する文献を手短かに概観する．しかし，学術雑誌に何百編もの論文があるだけでなく，文献は何冊にも及び，範囲も広い（ゴイダー：Goyder, 1987；ブレーム：Brehm, 1993；グローヴスとクーパー：Groves and Couper, 1998；グローヴス, ディルマン, エルティンジ, リトル：Groves, Dillman, Eltinge and Little, 2002）．こうした方法を提供してくれた研究では，調査手順を設計する2つの方法を比較するために無作為化実験計画を用いることがよくある．つまり1つの標本にはある手順が与えられ，他の標本には別の手順が与えられる．もっとも高い回答率を示した手順が望ましいと評価されたときには，リサーチャーは，調査対象者の特徴について入手可能な外部指標を手に入れ，その結果，回答率を高めることが調査統計量の品質を高めることになるかどうかを推測することができる．しかし通常は，回答率が調査統計量を改善したかどうかにかかわらず，高い回答率を達成する方法を示すことに研究の目的がある．ここでは，図6.13を用いて議論を整理する．

コラム14 ●標本世帯に接することについての調査員の発言

調査員によるフォーカス・グループでは，標本世帯の訪問に先立ってどのような準備をするかを調査員が説明している．たとえば以下のようなことである．

私は，回答者の年齢や，その第一印象，あるいは近隣の状況などによっていろいろな工夫をしています．

私は，住居単位を訪ねるとき，服装に"工夫"をします．明るい色，興味を引くようなブローチ，宝飾品類—これは，地味であったり，あまりにも"プロっぽい"あるいは，冷たく見えるようなものではなく—陶製の宝飾品のような面白い飾り，変わった結び方をしたスカーフなどです．自分が近所を通りかかったときには，窓辺や玄関に犬や猫を見つけたらそれをおぼえておいて，コートなどに猫のピンのようなものをつけるようにしています．

調査対象者への接触の回数とタイミング　自記式調査方式と調査員方式の調査のいずれにおいても，調査依頼の試行回数が多くなるほど，相手に接触する成功の可能性も高くなることはくり返し見てきたとおりである．ゴイダー（Goyder, 1985）とヘバラインとバウムガルトナー（Heberlein and Baumgartner, 1978）は，対象へ接触する努力を重ねると，無回答が減る傾向にあることを示した．米国の電話調査と面接調査によると，世帯標本との接触は日曜日から木曜日の夕方（仕事がある前日の夜）と週末の日中が得やすい．平日の日中だけ接触できるのは，ほんの一握りの世帯にすぎない．

データ収集期間　データ収集期間が長いほど，すべての人に調査依頼に気づいてもらえる可能性が高くなる．それでは，調査期間として短すぎるというのはどれくらいの期間をいうのだろうか．ここで「最新人口動態調査」（CPS）が，約10日間の実施期間で100％近い接触率を記録したことは注目に値する．このように，適切な数の調査員によると，比較的短期間でも大半の人と初回の接触を行うことができる．郵送調査では，郵便業務による時間的な制約から，それより長い期間が必要となる．

調査員の作業負荷　1人の調査員に割り当てられた各調査対象者に接触するための時間が必要となる．世帯調査では，通常の訪問または電話呼び出しの規則に従うと，初回の接触は半数程度しか成功しない．もし1人の調査員に過重な対象数を割り当てると，標本によっては十分な取組みが行われないだろう．ボットマンとソーンベリー（Botman and Thornberry, 1992）は，調査員にあまりに多くの対象をもたせたり，時間が十分でないと無回答が増える可能性があることに気づいた．その際（標本単位に接触する努力が不十分なために）無接触も増えるし，（拒否を撤回させる努力が不十分だったことによる）拒否も増える．

調査員の観察　標本世帯と接触をとる際には，面接方式にはあきらかに利点がある．それは調査員がその標本単位の特徴をよく観察できるからである．それはときには視覚による観察であり（例：庭にオモチャがあれば，子供が住んでいることがわかる），ときには近所の人からもたらされる，その標本単位についての事柄であったりする．接触中に情報提供者が言うことを調査員が書き留めることは，調査管理者にとって役に立つ．情報提供者が調査について何か尋ねる場合は，結局は承諾するという見込みがかなり高いことを示している（グローヴスとクーパー：Groves and Couper, 1998）．

調査主体　世界のほとんどの国々では，中央政府の調査機関は学術機関や民間調査機関に比べて高い協力率を達成している．調査主体が目標母集団となんらかのつながりがある場合（たとえば，会員組織），そのつながりの強さが回答の傾向に関係してくる．たとえば，米国国勢調査局とミシガン大学の調査研究センター（Survey Research Center）の調査員に，面接調査において無作為に二分した標本を割り当てた例がある．米国国勢調査局に割り当てた対象のうち拒否は6％であったが，ミシガン大学に割り当てた分では13％であった（米国学術研究会議：National Research Council, 1979）．民主主義の政府は住民の利益のために，彼らから情報を得る正当な必要性があると広く理解されていることから，政府機関の場合の回答率が高いのだ，と多くの人は推測

している．

事前告知　標本世帯に郵送で事前に通知することで，こうした事前告知がない場合よりも高い協力率が得られる（たとえば，トラウゴット，グローヴス，レプコフスキー：Traugott, Groves, and Lepkowski, 1987. 反対の研究結果については，シンガー，ヴァンホウィック，マーヘル：Singer, Van Hoewyk, and Maher, 2000）．しかし，その効果は，おそらく用いた便箋でわかるように，差出人の所属機関により違ってくる．たとえば，ある無作為化実験では，同じ手紙でも市場調査のレターヘッドでは，大学のレターヘッドよりも回答率が低かった．事実，市場調査会社からの通知では，何も出さなかったときよりも回答率が低かった（ブルンナーとキャロル：Brunner and Carroll, 1969）．調査員はそのような事前通知状は有効だと思っており，この理由だけで，ほとんどの科学的調査では事前通知を用いることが慣例になっている．

謝礼　調査協力に対してなんらかの謝礼を提供することは協力率を高める（コラム15を参照）．どちらかというと，現金の謝礼は同等価値の現物謝礼よりはるかに強力である．また調査依頼の前に謝礼を払うほうが，調査が完了してから払うよりもより効果がある．高価な謝礼ほど強力ではあるが，額が上がるにつれ回収が減るという研究報告もある（シンガー：Singer, 2002）．また，謝礼の効果が十分にあれば，調査員への支払いや追跡調査のための経費が減り，実は調査経費全体が減少することもある．

負担　調査の回答完了までに多くの時間を要する，または認知的にやっかいな面接調査への協力率の影響については，非常に入り組んだ証拠がある．時間がかかるだろうと受け取られた場合や複雑な自記式調査票の場合には，協力率が下がるという証拠がある．たとえば，数多くの調査を調べてみると，自記式調査票では1ページ増えるごとに回答率が0.4ポイント減ることを，ヘバラインとバウムガルトナー（Heberlein and Baumgartner, 1978）とゴイダー（Goyder, 1985）のいずれもが見つけている．

回答者に特有の性質　調査対象としたある世帯内で，調査内容について答えられるなら誰が答えてもよいとすると，その世帯から成人回答者の誰かを無作為に1名選ぶよりも協力率が高くなる傾向がある．同様に，調査対象者本人に回答を求めた場合よりも，代理回答を認めた場合にも回答率が高くなる*[11]．

調査員の開始時の態度　とくに電話調査では，調査員との初めのわずか数秒のやりとりが調査の協力率に影響を及ぼす．これについての実証研究はほとんどないのだが，乏しいながら既存の研究は，応対の言葉の調子を変えたり話をする情報伝達の速さが，高い協力率に関係すると示唆している（オクセンバーグ，コールマン，カネル：Oksenberg, Coleman, and Cannel, 1986）．モートン-ウィリアムズ（Morton-Williams, 1993）は，調査員が堅苦しい台詞口調で面接の前置きを紹介することが調査拒否を増やすことになると指摘している（コラム16参照）．

世帯員／調査員の相性　研究成果はないのだが，調査員を信頼して受け入れることの可能性を改善するように，ある程度調査員を調査対象者に合わせることが，調査協力の改善になるというのが大方の見解である．たとえば，ニーロン（Nealon, 1983）

コラム 15 ● バーリン，モハジェール，ワクスバーグ，コルスタッド，キルシュ，ロック，ヤマモトによる，謝礼とその効果に関する研究
(Berlin, Mohadjer, Waksberg, Kolstad, Kirsch, Rock, and Yamamoto, 1992)

バーリンら（1992）は，謝礼を提供することが調査の総経費を減らすということに気づいた．

研究計画　「成人の識字能力に関する全国調査」の予備調査において，3種の無作為化処理グループに対し，識字能力の評価後に，謝礼なし，20ドルの謝礼，35ドルの謝礼を支払うことを約束し，それぞれのグループに分けて調査を行った．調査員ははじめに経歴についての質問を行い，次に回答者にその評価を自分で記入してもらった．調査は約2800の住居単位からなる300のセンサス区のエリア確率標本を用い，3つの謝礼条件のうちの1つを，調査対象となったそれぞれの地域で実施した．

研究の成果　過去においては無回答者となる傾向があった低学歴層の回答者に対して謝礼を組み込んだ．下の表に示したように，35ドルの謝礼の場合がもっとも高い回答率に達し，謝礼がない場合がもっとも低かった．

	謝礼の額		
	なし	20ドル	35ドル
回収率(％)	64	71	74
調査員経費(ドル)	130	99	94
謝礼経費(ドル)	0	20	35
計(ドル)	130	119	129

調査員が1件あたりに当てる時間が短いので，謝礼なしの場合に比べ，20ドル（約1800円）の謝礼では採算がとれた．35ドル（約3200円）の謝礼の場合は，回答率は高かったが費用効率は良くはなかった[*12]．

研究の限界　以下の事実により，この結果を他の調査に適用することには制約がある．つまり，この調査（すなわち，識字能力の評価を自己記入で行う作業）は例外的であって，調査が政府機関によって行われていること，そして，1次抽出単位とした地域数が16と小さいこと，といった事実がある．この調査自体では，標準誤差自体がかなり不安定な結果となった．

研究の影響　謝礼が経費節約となることを示したこの研究結果は，直感に反し，重要である．

は農場経営者の配偶者を標本対象とする調査において，女性調査員のほうが男性調査員よりも高い協力率を得たとしている．同様に，"その土地の（indigenous）"調査員を使うというやり方は，人類学的な調査研究ではよくあることである．

調査員の切り替え　データ収集の管理者にとっては，初めの段階で拒否された調査員を，もっと調査対象者に受けいれられる特徴をもち合わせている調査員に代えることはよくあることである（たとえば，上の段落で述べたように，調査員と調査対象

> **コラム 16 ●モートン-ウィリアムズによる調査員による面接行動の調整方法の研究**(Morton-Williams, 1993)
> 　モートン-ウィリアムズ（1993）は，英国で行った無作為化実験の結果から，調査員が調査対象者のかかえる懸念に対して，前置きを対象者に合わせることが重要であることが裏づけられると報告した．
> 　**研究計画**　ある面接調査において，30人の調査員のうち14人は決められた台詞どおりの説明をすることとし，残りの調査員に対しては何を言うかは各自の判断に任せた．ただし，いずれの場合にも，自分の名前を名乗り，所属をあきらかにし，身分証明書を提示するとした．そして，調査機関の中立性，調査の概要，さらに対象者の住所がどのように選ばれたかについて説明をすることとした．ここで「台詞どおりの説明」とは，調査員が用いる一字一句を正確に定めたものをいう．
> 　**研究の成果**　台詞どおりの説明を行った場合の回答率は59％であり，そうでない場合の回答率は76％であった．
> 　**研究の限界**　この説明では，調査員や住居単位を，どのように異なった「説明」をする処理グループに割り当てたのかを明確に述べてはいない．したがって，調査に協力することの住居単位間の差と，2つの処理グループの真の差 についての混同がいくらかある．ここでの統計的分析では，調査員変動の要素については説明がなされているとは思えない．所与の調査員数が少ないことを考えると，回答率の差が偶然性をこえたもの（つまり有意）だということが明らかではない．
> 　**研究の影響**　この実験は，調査の協力依頼の段階で，調査員に型どおりの説明をさせることが，協力率に悪影響を及ぼすのではないかという証拠が次第にそろってきたことを裏づける初めての試みである．

者の相性をよくするような試みがよく行われる）．新たに交替した調査員は，拒否にあった経緯をよく再吟味したうえで，再度協力を求める．これは，その調査員のいくつかの特徴を巧みに扱って，調査対象者のかかえる懸念に対してなるべく素直に耳を傾けて，単純な形で調整を図ることだと考えられる．たとえば，ひとり暮らしの年老いた婦人を怖がらせるような男性の面接調査員は，年配の女性調査員に代えられる．

　調査方式の切り替え　はじめに，より安価なデータ収集方式（たとえば，郵送法）を用いて行い，続いてその初めの調査方式で無回答となった人に，より高価な方式（たとえば，電話調査や面接調査）を用いる設計が数多くある．単一の調査方式による調査では，あきらかな傾向として，電話調査や郵送自記式調査よりも面接調査のほうが高い回答率を得られるということがある．調査協力を改善するために，調査方式を混合することで資源を最大限に利用できる．

　調査協力の依頼状　初めの段階で面接を受けることを拒否した人に，その調査の重要性を説明し，調査員が再度訪問して，その人のかかえるなんらかの懸念に対処する旨を知らせる書状を送ることがよくある．一般的な方法では，その標本単位がもつ懸念に合わせて書状の調整を試みる（たとえば，プライバシーに不安をもっている人

に対しては，守秘義務を強調する手紙を出す）．

以上の簡単な概説は，調査における無回答を減らすための方法が数多くあることを示している．これらのいくつかは研究によって裏づけられた結果であり，その他の研究は実際の調査経験にもとづいたものである．すべての技法がすべての状況にうまく機能するわけではない．失敗に終わった反復実験例も見られる．実務家にとっての課題は，特定の設計と目標母集団とを前提として，もっともうまくゆきそうな戦略を決定することである．

図 6.13 の最後の 2 つのボックスは，別の統計的分析技法を必要とするツールである．**二相抽出**（two-phase sampling）[*13] は，無回答者の確率標本を抽出する方法だが，これの該当者に対しては新しい方法で接触および調査への協力を依頼する．抽出され測定された人々は，標本抽出時においてすべての無回答者に存在していた特徴を推定するために用いられる．**事後調整**（postsurvey adjustment）とは（第 10 章参照），回答を取り損ねた無回答者を補う方法に，既存の回答者を用いる技法である（たとえば，都市部の回答率が低い場合，集計時に都市部回答者に対し地方の回答者よりも大きな重みを与える）．

回答率を高める手だてについては，十分に発達した方法論の文献があるにもかかわらず，答えの見つかっていない研究課題も無数にある．以下はその一部である．

1) 気乗りしない回答者に対して首尾よく面接を行うことができたとしても，そうした回答者が提供する回答は，測定誤差によってよりいっそう損なわれていることはないのだろうか？
2) 回答率を高める試みは，どのようなときに無回答誤差に影響し，またどのようなときに影響しないか？
3) 非接触率と拒否率を減らそうとするとき，互いにどのように釣り合いをとって行われるべきなのか？
4) 標本誤差と無回答誤差の両者を考えたとき，所与の限られた予算で，無回答率を減らすために全力で取り組まなくても，そのリサーチャーは正しいとされるのはどのようなときか？

こうした活動領域における研究成果は，この分野の今後の発展にとって大変重要なものとなるだろう．その理由として，調査設計は無回答の削減についての科学的根拠が現在はほとんどないため，研究予算の大部分を無回答の削減に費やしているということがあるからである．

6.8 要　　約

調査は，数字を提供する．そしてその数字は，母集団の一部である標本のみを測定

し推定することで，大きな母集団を説明しようとするものである．かりに，その選ばれた標本が完全に測定できずに，また推定値が調査の回答者だけにもとづいている場合は，調査統計量の品質は危ういものとなろう．無回答には，調査不能と項目無回答の2種類がある．

　もっとも単純な形では，無回答率は，標本内のすべての適格な個体数に対する，測定不能であった適格な標本個体の割合である．現実には，無回答率を計算することが難しいこともある．その理由は，無回答者の適格性が不明であり，標本設計では異なる抽出枠要素に対してさまざまな抽出確率を割り当てることがあるからである．

　すべての無回答が必ずしも調査統計量の品質に支障があるとはいえない．重要な調査統計量に関連する原因で生まれる無回答が，もっとも有害なものである（たとえば，人が自分の時間をどう使うかの生活時間を調べる調査では，ほとんど在宅していない人には接触できない）．このような無回答を"無視できない"無回答という．無回答は，記述的な統計量と分析的な統計量のいずれにも悪影響をもたらす．同じ調査におけるさまざまな統計量が，無回答誤差の大きさによって変わることがある．

　調査不能には3つの種類があるが，それぞれ原因が異なり，したがってそれぞれ違った状況で調査統計量の品質に影響を及ぼしている．その3つとは，標本単位に近づくことができない場合，調査依頼を行っても協力を得られない場合，標本単位が求められているデータを提供する能力がない場合，である．

　無回答がどのような場合に問題になり，あるいは問題にはならないのかについては知らないままであるにもかかわらず，調査の回答率を高めるための職業上のしっかりした規範がある．ほとんどの調査専門機関の指針では，高い回答率を得るための取り組み方を説明している．

　調査の回答率を高めるために，サーベイ・リサーチャーがもっているツールはたくさんある．こうしたツールには，何度も再調査すること，データ収集の期間を長くとること，調査員の負荷を軽くすること，調査員の観察にもとづいて回答者の行動を扱うこと，事前通知を行うこと，社会的に信用のある調査主体名で調査を行うこと，調査票を短くすること，代理回答を認めること，調査対象者のかかえる懸念に合わせて調査員の対応を調整すること，調査員と調査対象者の相性に配慮すること，初期段階の拒否に対して協力依頼状を出すこと，消極的な回答者に対して調査員の交替や調査方式の変更を試みること，無回答のための二相抽出標本を用意すること，がある．これらのほとんどすべての方法は，標本単位との接触ややりとりに，通常の調査よりも時間や努力を要する．以上のことからほとんどの場合，調査経費は増えることになる．

　サーベイ・リサーチャーにとって，無回答に関して残された重要な課題は，どの時点でそれが調査統計量の品質を低下させるのか，どの時点では品質の低下とはならないのか，それを見極めることである．この課題についてはよりいっそうの研究が必要である．こうした研究がなくしては，回答率を高める努力が賢明であるという保証はない．また，こうした研究なしには，低い回答率で納得することを正当化する方法も

見出せない.

■さらに理解を深めるための文献

Groves, R.M., Dillman, D.A., Eltinge, J., and Little, R.J.A. (eds.) (2002), *Survey Nonresponse,* New York：Wiley.

Groves, R.M., and Couper, M.P. (1998), *Nonresponse in Household Interview Surveys,* New York：Wiley.

■演習問題

1) 以下は，（アラスカ州とハワイ州を除く）アメリカ本土48州とワシントンD.C. とを網羅する電話番号から，無作為に抽出した2000件の電話番号を標本として実施したRDD電話調査の調査結果の分布である．目標母集団は，48州およびワシントンD.C. の世帯から構成されている．調査課題は世帯のリサイクル状況，つまり，市や町によるリサイクル回収の利用の可能性および家庭におけるその利用状況である．電話は一週間を通しまた昼夜にわたり最大で20回，以下の最終結果にあるいずれかが得られるまで電話をかけた（AAPORのサイトの"Survey Method"の節で調べること）．

調査完了	614
拒否	224
常に留守番電話による受信	180
応答なし	302
接触できたが拒否以外の理由で調査が不可能	127
事業所もしくは非居住世帯	194
不通	486

このとき，次の3通りの方法で回答率を計算せよ．
   a) 応答のない電話はすべて適格者と仮定した場合
   b) 応答のない電話はすべて不適格者と仮定した場合
   c) 応答のない電話の中から適格者を推定する場合

2) 全国から1500の学校組織を無作為に選んである調査を行ったとする．調査目的は，学校が性教育のプログラムや授業を行っているかどうかに関連する事柄を調べることである．つまりここでは，住民の多数が宗教的に保守のグループ（CRG：conservative religious group）に属している地域にある学校と，CRGが少数派である地域にある学校とを比較する．

		CRGが	
		多数派	少数派
標本の大きさ		500	1000
回答率		50%	60%
調査に協力した学校数		250	600
性教育を実施	回答者	5%	50%
	無回答者	0%	35%

この表のような標本結果を得たが，外部資料からどの学校が性教育のプログラムや授

業を行っているかはすでにわかっているとする．

標本の大きさは人口に比例している（すなわち，等確率抽出標本）．性教育を行っている学校の割合は，下記に示した算出式により計算されるが，全体の割合の推定値は，回答した学校組織の報告にもとづき計算され，以下のように36.8％と算出された．

$$\text{CRG が多数派}: 5\% \times 250 = 12.5$$
$$\text{CRG が少数派}: 50\% \times 600 = 300$$
$$12.5 + 300 = 312.5$$
$$312.5 / 850 = 36.8\%$$

そこで，全標本のうち，「性教育を行っている学校の全体の割合」の推定値の無回答誤差を推定せよ．

3) 調査への協力における謝礼の影響についてはすでに学んだ．
   a) 調査後の謝礼を約束するよりも，前もって謝礼を渡すほうが協力率に関して大きな効果があるという理由について述べよ．
   b) 謝礼が調査経費を削減しうるという理由について述べよ．

4) ある職業団体の会員に，その団体の支持活動の程度に関する電話調査を行っているとする．ここで，現在得られた回答率80％を増やすために，資金を投入するかどうかの判断に直面している．この調査によって推定可能な1つの重要な指標として，地方支部において月例会に参加している人の割合がある．80％の回答率の調査とすると，この月例会に参加する人の最近の推定値は42％であった．
   a) 実際に，月例会に会員の半数以上が参加することは可能か．
   b) 出席回数の測度について無回答者にありがちな特徴に関して，どのような議論が考えられるだろうか．

5) 母集団の平均値（母平均）の推定値を求める際の，無回答率と無回答の偏りとの関係について簡単に説明せよ．

6) 過去の全米マスターズ水泳大会の参加者という母集団を対象に，健康管理に関する調査の実施を計画している．調査の面接では，どのようなダイエットやエクササイズを続けているかを回答者に尋ねている．最近，同じ調査票を用いて一般の母集団の調査を行った．そこでは，ある無作為化実験において，10ドルの謝礼により回答率が20ポイント上がったことがわかっている．そこで，目下計画中の調査でも謝礼によって同じような結果になることが期待できる理由と，別の結果になるかもしれない理由とをそれぞれ1つ示せ．

7) 事前通知が調査の協力率に及ぼす影響について学んだことをもとに，次の3つの調査について，どの組織名の便箋を事前通知用に用いるかの選択を行え．ここでは協力率を最大にすることを仮定せよ．また，通知は調査主体のレターヘッド（その調査の委託元）あるいはデータ収集機関のレターヘッド（データ収集を行う組織）のいずれを使って出すべきかを答え，自分がそれに決めた理由を説明せよ．

演習問題

調査主体	調査機関	目標母集団	事前通知の差出人名をどれにするか？	それを選んだ理由は？
信販会社	学術的な調査センター	全米世帯		
連邦政府	民間の市場調査会社	低所得世帯		
高速道路工事建設の支援団体	非営利調査機関	高速道路建設会社の社長		

8) データ収集の期間を限定した調査において，米国の世帯母集団のうち，接触不能の無回答者になる傾向があるのはどのような部分母集団か？

9) 本章では，調査における回答率向上の選択方法を説明した．以下について答えよ．
   a) 回答率を高める方法を3つ示せ．
   b) a) で示した3つの方法のうちの1つが，他の部分集団に比べて効果的とは思えないような部分集団を特定せよ．

■本章のキーワード

回答傾向（response propensity）
回答行動の重要度に関する理論（leverage-salience theory）
過剰な調査（oversurveying，いきすぎた調査）
機会費用（opportunity cost）
項目無回答（item nonresponse）
事後調整（postsurvey adjustment）
社会的隔離（social isolation，社会的孤立）
接触可能性（contactability）
接触阻害要因（access impediments）
接触不能（noncontact）

相互行為の保持（maintaining interaction）
調査への回答能力がない（inability to participate）
調査拒否，拒否（refusal）
調査課題に対する関心（topic interest）
調査不能（unit nonresponse）
適応させる（tailoring）
二相抽出（two-phase sampling）
無回答の偏り（nonresponse bias）
無視できない無回答（nonignorable nonresponse）
無視できる無回答（ignorable nonresponse）

第7章
調査における質問と回答

Questions and answers in surveys

　第5章で指摘したように，調査では回答者にかかわる情報を収集するために，さまざまな方法を用いている．もっとも一般的な方法は，調査の際に回答者に対して行う標準化した質問群からなる，**調査票**（questionnaire）を用いることであろう．通常，質問はあらかじめ決められた順に行われ，回答もあらかじめ決めた回答選択肢が用意されていることが多い．通常は，調査員が回答者に対して調査を実施するが，多くの調査では，回答者自身に調査票に記入してもらう．本書で取り上げている6つの調査例のうち3つ（NCVS：全国犯罪被害調査，SOC：消費者調査，BRFSS：行動危険因子監視システム）は，ほぼ例外なく調査員による質問の実施に頼っており，他の3つ（NSDUH：薬物使用と健康に関する全国調査，NAEP：全国学力達成度調査，CES：最新雇用統計プログラム）は，調査員による実施と回答者による完全自記式という調査方式を混用している．この20年ほどの間に，調査票はしだいに電子的な形態をとるようになっており，コンピュータ・プログラムを用いて，調査員に対しても回答者に対しても直接に質問を表示できるようになった．しかし，調査員が必要かどうかにかかわりなく，また調査票が紙方式かあるいはコンピュータ・プログラムによるものかによらず，用意された質問文を回答者が理解し，それらの質問文が求めている情報を提供するために，ほとんどの調査は回答者に大きく頼っているのである．

7.1 調査測定における代替法

　調査は，面接の間ずっと，回答者にむりやり回答を強いているとは限らない．たとえば，多くの調査では企業や他の事業所から情報を収集しており，このような調査では社内記録から情報を取り出すことがよくある．このような場合，調査票は面接用の文書というよりもデータの記録用紙のようなものであり，しかも調査員は回答者とやりとりするというよりも，その記録そのものとのやりとりとなる（最新雇用統計プログラムはこの様式に近いかもしれない）．同様に教育調査では，調査票で収集したデータを，生徒の成績証明書から得たデータを用いて補足することもありうる．また健康調査では，治療や診断について回答者の報告に全面的に頼るのではなく，医療記録から知りたい情報を取り出すこともある．そうした医療記録が主要な情報源であったと

しても，記録にアクセスし，データ収集スタッフがその記録から必要情報を取り出す手伝いをするときには，回答者が重要な役割を果たすこととなるだろう．いくつかの調査では，面接中はずっとデータ収集を進めるが，回答者が正確な回答を提供するのに役立つよう，関連記録を前もって集めるよう回答者に依頼する．たとえば，「医療費に関する全国調査（National Medical Expenditure Survey）」とそれを継承した「医療費パネル調査（Medical Expenditure Panel Survey）」では，面接時に医者の往診や医療費に関する質問に答えられるよう，事前に回答者に医療費の請求書やその他の記録を手元に保存するよう勧めてきた．回答者が調査の質問に答えるのに記録が非常に有用なことがあるが，その必要な記録が存在しないこともある．たとえば，毎日の支出の詳しい記録をとっておく世帯はほとんどない．しかしかりに記録をとっておいたならば，世帯支出を追跡する情報が，つまり米国労働統計局が「消費者支出調査」で必要とする情報が，さらに提供しやすくなるだろう．こうした調査やその他の調査では，関連のある出来事を日記につけて，記録とみなせるデータを同時に作成するよう回答者に促すようにしている．既存の記録に依拠する調査と同様に，日記型調査では，こうした負担を回答者の記憶に頼ることをやめて，回答者の記録保存に切り替えている．

調査で用いる別の種類の測定方法として，標準化した心理学的評価法がある．教育にかかわる多くの調査では，学校，教師，あるいは生徒の親の特徴と，試験の成績とを関連づけることを試みている．つまり，このような調査では，標本となった学生間で比較できる測定となるような認知テスト（cognitive test）が用いられている．こうした調査例の1つである「全国学力達成度調査」（NAEP）では，データを得るために標準学力達成度テストにかなり依存している．

本章は，調査票に起因する問題に焦点を当てている．ほとんどすべての調査では調査票を用いている．調査票を用いない調査のときでも，記録を留めるための用紙や日記のような標準化したデータ収集の用具に頼っている．調査票を作成し，それを吟味するときに注意すべき原則の多くは，調査票以外の別の種類の標準化された用具に対しても同様にあてはまる．

7.2 質問への回答における認知過程

たいがいの調査では，調査員を介して行う質問あるいは自記式調査票によって行う質問に，回答者が回答することを必要とする．調査質問によってはじまる心理過程をあきらかにしようと，さまざまなリサーチャーが試みてきた．こうして得た回答過程モデルの多くは，以下の4つの過程が含まれる．つまり，まず初めの段階として"理解"の過程が（回答者が質問を解釈する），次の段階が"想起"の過程（質問の回答に必要な情報を思い出す），次に"判断"の過程（思い出した情報を組み合わせる，あるいは要約する），そして"報告"の過程（自分の回答を必要とする形に系統立て

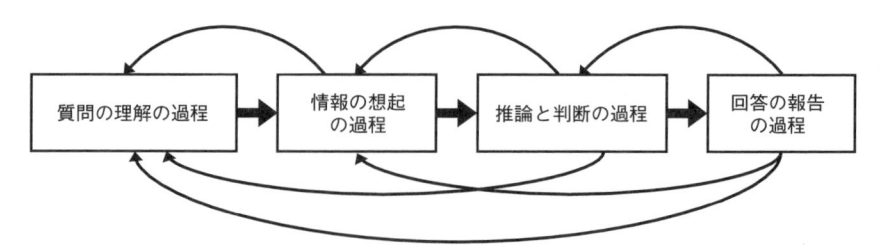

図7.1 調査回答過程の単純化モデル

（質問の理解の過程 → 情報の想起の過程 → 推論と判断の過程 → 回答の報告の過程）

て回答する）と続く（図7.1）．

　ときには，当該問題とする出来事を回答者が初めて経験するような場合に，面接前に起こる認知過程（cognitive process）を考慮することもまた重要である．"符号化（encoding）"とは，経験から記憶を形づくる過程をいう．ふつう，調査設計者はこうした過程にほとんど影響を及ぼさないのだが，質問が引き出したい情報を，回答者がどのように符号化するかを考慮する場合には，調査質問が改善されるという十分な検証結果がある．

　自記式質問を用いると，回答者は次にどの質問項目となるかを判断し，質問に回答するためのすべての指示説明を理解して，調査票への回答を進めなければならない．ここでは，こうした回答を導くうえでの手がかりや指示説明を解釈する過程を，理解の過程の一部として扱っている（調査回答過程に関するモデルの初期の研究として，カネル，ミラー，オクセンベルグ：Cannel, Miller, and Oksenberg, 1981；トゥランジョー：Tourangeau 1984，さらにより最新の研究として，サッドマン，ブラッドバーン，シュワルツ：Sudman, Bradburn, and Schwartz, 1996；トゥランジョー，リップス，ラシンスキー：Tourangeau, Rips, and Rasinski, 2000）．

　調査質問の回答にかかわる認知過程の複雑さと厳密さについては，誤った印象を与えやすい．調査回答過程の詳しい吟味を行ったクロズニック（Krosnick, 1999），トゥランジョー，リップス，ラシンスキー（Tourangeau, Rips, and Rasinski, 2000）などによる多くの検証結果が，回答者は図7.1に示した過程のいくつかを省いてしまい，しかも残りの回答もいい加減に行うことがあることを示している．調査における質問はときには難しく，しかも過度に記憶に頼った判断や複雑な判断を求めることがある．以下は実際に行われたわれわれの調査例から引用した質問であるが，これらを考察してみよう．ここでは調査で用いたとおりの印刷仕様にならっている．たとえば，「全国犯罪被害調査」の質問の空欄には，面接時にその実際の日付けを記入する．

　　"最近6ヵ月間，つまり○月○日以来，あなたご自身はどのくらいの頻度で，買い物に出かけましたか？　たとえばドラックストア，衣料品店，食料品店，ホームセンター，コンビニエンス・ストアといったお店に買い物に出かけたでしょうか？"

　　　　　　　　　　　　　　　　　　　　　　　［NCVS：全国犯罪被害調査の場合］

"次に，国全体の景気動向についてお尋ねします．あなたは，これから12ヵ月の間，景気がよくなると思いますか，悪くなると思いますか，あるいはどう思われますか？"

[SOC：消費者調査]

「全国犯罪被害調査」で提示された買い物についての質問に，的確かつ正確に答えようとすることが，どれほど難しいか考えてみよう．ありがたいことに，この調査では，具体的な数値ではなく「1週間に1度」といった，およその選択肢から回答を探すようになっている．それでもなお，この質問文が与える記憶力への挑戦は手ごわいものであり，しかもおそらくほとんどの回答者は，自分の回答についておおよその推量しか提供できないと思われる．同様に，ほとんどの人は"景気動向"について（どう転んでみても！）用意周到な予測ができる立場にはない．調査において標準的な回答者が，こうした質問に回答する時間がとれる，あるいは努めて回答しようという意欲があると考える理由はなく，回答者は自分の作業を単純にしようとして，数々の手抜きをしようとする証拠は十分にある．

回答者が，質問文の理解にはじまり回答の報告に終わる認知過程を，適切な決められた順序で実施するという印象を与えるつもりはない．こうした諸過程の間をある程度逆戻りするとか，あるいは重複することがあるのは，例外というより，むしろそれが普通であるといってよいだろう．さらに，ほとんどの人は，なんらかの調査体験があり，調査で必要とする特有の約束ごとをわかっているが（たとえば5段階回答尺度のような方法），日々の生活においてもまた，さまざまな範囲の質問を処理する際に，これまでの人生の経験もある．そこでは必然的に，調査における質問の意味を理解し，調査質問が用意する特有の要求に応じようとするときに，他の場面で培われた習慣や方策が役に立つのである．

7.2.1 理解の過程

"理解（comprehension）"とは，質問文とそれに添えられた指示を注意深く読みとり，質問文の見かけの形式に対して1つの意味を割り当て，質問の要点を判断する（つまり，質問が求めている情報を確認する）といった過程をいう．具体的に，「薬物使用と健康に関する全国調査」（NSDUH）で尋ねているある特定の質問項目に対して，人はどのように答えるかに議論の的を絞ってみよう．

"最近12ヵ月のこと，つまり○月○日から今日までのことを考えてください．あなたに処方されたものではない処方精神安定剤，あるいはただ体験のためだけに使った精神安定剤またはそれがもたらす気分を味わうためだけに使った精神安定剤を，あなたが過去12ヵ月の間に何日使用されたか知りたいのですが，いかがでしょう．"

回答者が初めに行うことは，こうした質問の意味を解釈することだと想定することはもっともなことである（上の質問文は疑問形になってはいないが，情報を求めてい

るということを回答者に伝達し，しかも通常は文法にかなった質問文と同じように回答者に受けとられるだろう）．調査における質問のほとんどがそうなのだが，この質問もある特定の話題に関する情報，つまりここの場合には，処方精神安定剤の違法使用についての情報を求めているだけでなく，その情報をある具体的な形式で，つまり理想をいえば，回答者がある種の精神安定剤を，ある方法で使用した日数に相当する（1日から365日までの）数値を，ある形式で提供することを求めている（なお，この1年間に「処方精神安定剤を違法に使用しなかった」と答えた回答者にはこの質問は行われないので，回答は少なくとも1日以上とすべきである）．この質問の次に続く（ここには表示されていない）部分では，1週間に平均して何日か，1ヵ月に平均何日か，あるいは1年を通じて計何日となるか，を報告するための選択肢を回答者に提示し，さらに踏み込んでその回答が意図した形式を特定している．このようにして，ある質問を解釈する1つの重要な構成要素が（この重要な構成要素自体に異議を唱える人もいるのだが），回答として許容できる回答群を見つけることである．つまり，回答者が答えやすくするために，あらかじめ回答選択肢を定めておくとか，回答がとるべき形式について別の明確な指針を用意するといったことが，調査ではよくある．

　ここで解釈（interpretation）とは，質問文を文法的に調べること（つまり質問文の構成要素とそれら相互の関係を確認すること），手がかりとなる重要な要素（つまり「用いた」とか「処方精神安定剤」といった用語）に対して意味を与えること，質問の背後にある目的を推し測ること，許容できる回答の限界や考えられる回答の重複を見出すといった構成要素の諸過程を必要とする可能性が高い．このような解釈作業を行うとき，回答者は，質問自体がもたらす情報にとどまらず，すでに回答を終えた調査票項目や，調査員およびそのときの状況から得られる補足的な手がかりをあてにすることがある．そして，「薬物使用と健康に関する全国調査」の質問文は，混乱を避けるために注意深く組み立てられていることはあきらかなのだが，「処方精神安定剤」に正確にあてはまる薬物は何か，あるいはそのような薬物の不法使用の定義要件を満たすという点で（各処方精神安定剤が）どのように異なるかについて，回答者が依然として苦労するだろうことは容易にわかる．「全国犯罪被害調査」の質問例で使われている「you」という日常用語でさえも問題になることが考えられる．つまり，「you」が回答者としてのあなた個人をさすのか，その「あなた」とあなたの世帯における他の世帯員を含めた「あなた方」をさすのかという点である．（このため，「全国犯罪被害調査」では，調査員に対して「you（あなた）」が調査対象者個人のみをさし，「あなた」の該当者の世帯の他の人は含まないということを伝えるために，すべて大文字の「YOU（あなた）」を使用している）．

7.2.2　想起の過程

　"想起（retrieval）"とは，持続的な記憶つまり長期記憶にもとづき質問に回答することに適した情報を思い出す過程をいう．ここでいう長期記憶とは，一般的な知識だ

けでなく，自伝的記憶をも蓄えた記憶システムである．この記憶システムは膨大な容量をもっていて，情報を一生にわたり記憶することができる．

「薬物使用と健康に関する全国調査」（NSDUH）の質問について，考えられる回答のうちのどれが実際に本当なのかを決めるために，回答者は通常，質問文内にある出来事の種類に合った自分の記憶を利用する．自伝的な出来事の記憶に関する研究は，調査質問に人々がどのように回答するかについての研究に比べてそれほど古いものではなく，また自伝的情報の記憶がどのように体系づけられるかについては，完全な意見の一致があるわけでもない（これに関連する構造を詳しく説明した2つの試みについては，バーサロウ：Barsalou, 1988；コンウェイ：Conway, 1996 を参照）．それにもかかわらず，人々が自分の経験した出来事に関連する情報を想起する方法については，いくつかの一致した見解がある．調査回答者は，質問自体の要約抜粋を含むいくつかの手がかりからはじまる（たとえば，「うーん確かに，この1年で処方箋なしで精神安定剤を何度か使ったことがあったなあ」というように）．**想起の手がかり**（retrieval cue）とは記憶を思い出させる注意喚起のことである．これは長期記憶から情報を思い起こす誘因となるいくつかの手がかりを提供する．この記憶に対して初めて詳しく調べることが，役に立つ情報を長期記憶から思い出させるかもしれない．たとえば，最善の場合は，質問そのものに合った正確な回答である．しかし，多くの場合，記憶は正確な回答をもたらさず，回答を導く手助けとなるさらなる手がかりという形で，関連する情報を提供する（たとえば，「実は必要ではなかったけれども，ランスが飲んでいた薬を1回飲んだような気がする」といったような言い方）．このような，ふと心に浮かんだ手がかりにもとづく推論は（たとえば，「かりにランスが処方箋をもっていたとしたら，おそらく，50錠くらいはあっただろう」というように），回答を絞り込んだり記憶を詳しく調べるためのさらなる手がかりをもたらす助けとなる．手がかりを与えて，情報を取り出すというこうした循環は，回答者が必要とする情報を見つけ出すか，あるいはそれを諦めるまで続く．

想起がうまくいくかどうかに影響を与える事項がいくつかある．想起が成功するかは，ある程度質問の中の出来事の性質に依存している．通常，他の事項に比べて思い出すのが容易ではない事項がある．つまり，思い出そうとする出来事がそれほど大したことではない場合，思い出すべきことがたくさんある場合，さらにそうした出来事がそもそもあまり印象に残らなかった場合などは，思い出すのに苦労する．かりに，処方箋の必要な精神安定剤を，長い間日常的に，頻繁に使用していたら，正確な使用回数も具体的な使用状況も思い出すことが難しいと思われる．一方，回答者の不法使用の経験が数回であり，しかもそれがここ数日内のことであると，正確な使用回数やその使用状況も思い出すことができるであろう．

もちろん，思い出すことがどれほど困難なのか，あるいは容易なのかを見極めるもう1つの重要な要素は，それが「いつのことであったか」ということである．記憶を研究してきた心理学者たちは，思い出す出来事が古くなるほど，記憶は定かでなくな

るということを，100年も前から知っていた．「薬物使用と健康に関する全国調査」の引用例では，比較的長い期間（1年）の時間枠を使用していることから，一部の回答者にとっては，関連する出来事のすべてを思い出すことが難しく，とくに出来事がたくさんある場合には困難になることがある．

想起の結果に影響すると思われるもう1つの要素は，その想起過程を引き起こす"手がかり"の数とその内容の豊富さである．「全国犯罪被害調査」（NCVS）の買い物に関する質問では，回答者が思い出せるように，彼らが買い物に訪れたと思われるさまざまな種類の店をいくつも提示している（例：「ドラッグストア，衣料品店，食料品店，ホームセンターやコンビニエンス・ストアでの買い物」というように提示している）．こうした例が，記憶の別の手がかりになりうる．最善の手がかりとは，もっとも詳しい手がかりを提供するものをいう．ただしここで，その手がかりの中の，特定のものがその出来事を符号化したものに一致するのであれば，のことであるが．たとえば，もし「薬物使用と健康に関する全国調査」の質問において，回答者がバリウム[*1]を「処方箋の必要な精神安定剤」だと思わなければ，その手がかりが正しい記憶を引き出すことはないかもしれない．その質問が提供する手がかりが回答者の実際に記憶の中に蓄えられている情報と一致しないときはいつも，想起は失敗に終わるだろう．

7.2.3 推論と判断の過程

"**推論**（estimation）"と"**判断**（judgment）"とは，回答者が思い出したことを組み合わせる過程，あるいは補足する過程をいう．判断は想起の過程に左右されることがある（たとえば，その想起過程が困難であるのか，または容易であるのか）．さらに判断とは，思い出したことの不足を補い，想起した事柄を組み合わせる，あるいは想起の脱落を調整する．

「薬物使用と健康に関する全国調査」（NSDUH）の質問では，具体的な数字を問うようにみえるのだが，実はフォローアップ時の説明では，回答者が思い出すことのできる情報として，よくある「割合」のような，別の形式を選べることを暗に認めている．人々は，自分が経験したある種の出来事の回数を，継続して計数してはいないので，「薬物使用と健康に関する全国調査」で提示された質問や，「全国犯罪被害調査」（NCVS）の買い物に関する質問のように，経験したことを聞く質問への正確な答えを，たいていはきちんと思い出すことができない．これとは対照的に企業は，「最新雇用統計プログラム」（CES）で必要とされる主要な情報である現従業員数を継続して計数できるだろう．そしてこれは「最新雇用統計プログラム」（CES）調査が必要とする重要な情報である．この調査では，場合によっては，想起が，記憶という内的な探索の仕方にかかわるよりもむしろ，物理的な記録という外的な探索の仕方がかかわることを示している．回答者はその場で個々の出来事を思い出し計数を試みることができるが，出来事の数が多いときは，それらすべてを思い出すことは困難であるか，または不可能だろう．そのかわりに回答者は，よくある，割合による数値で見当をつけ

ようとする．ある特定の回答者がどのような方策をとるのか，つまり，計数結果を思い出すこと，具体的な出来事を思い出して計数を行うこと，割合により見当をつけること，あるいは単に見当をつけることとさまざまだが，これらのどれを選ぶかは，出来事の回数，調査対象期間の長さ，具体的な出来事に関する情報の記憶のしやすさ，その出来事の規則性によって決まり，これらのすべてが，回答者が記憶にとどめていたとみられる情報に影響を及ぼすのである（たとえば，ブレアとバートン：Blair and Burton, 1987；コンラッド，ブラウン，キャッシュマン：Conrad, Brown, and Cashman, 1998）．

景気動向に関する「消費者調査」（SOC）の例のように，態度を問う質問に対する回答は，処方箋の必要な精神安定剤の違法使用についての「薬物使用と健康に関する全国調査」のように，より事実に関する質問項目に答えることを求められている回答とは，まったく異なる回答過程を必要とするだろう．しかし，態度を問う質問に対する回答もまた，一般には回答が事前に形成されているわけではなく，回答者が自分の記憶から回答として思い出されるのを待っているのだ，ということを多くの研究者が議論してきた（たとえば，ウィルソンとホッジス：Wilson and Hodges, 1992）．翌年の景気動向に関する自分の見解を把握し，さらに，状況が変わったときや，新しい情報を入手したときに，こうした見解を更新できる回答者がどれだけいるのだろうか？　回答者は「消費者調査」で生じるような問題に直面するたびに，その質問をされたときに心に浮かんだ考えにもとづいて回答することで対処する可能性が高い（たとえば，失業とインフレーションの傾向，世界市場に関する最近のニュース，最新の株式市況がどうなったかといったこと）．行動にかかわる質問に回答するときに用いるそれと同種の判断戦略は，態度に関連する質問のための判断戦略でもある．たとえば，回答者が翌年の景気動向がどうなるかを判断するときに，経済にかかわる具体的な事実を思い出そうとするように，精神安定剤に関する「薬物使用と健康に関する全国調査」（NSDUH）の質問に答えるときには個々の具体的な出来事を思い出すかもしれない．あるいは，NSDUHの質問項目では，よくある割合のように，または「消費者調査」における質問の場合は長期経済傾向といったように，さらに一般的な情報にもとづいて回答するかもしれない．

7.2.4 報告の過程

"**報告**（reporting）"[*2]とは，回答を選び，そしてそれを伝える過程をいう．この報告には，質問の回答選択肢に回答を結びつけること，前に答えた回答や認知受容性に合わせて，あるいは他の基準との一貫性を保つために，回答を変更することが含まれる．すでに記したように，「薬物使用と健康に関する全国調査」（NSDUH）の質問は，質問の話題を特定していないだけでなく，回答の形式も示していない．許容できる回答とは，正確な日数または割合（週当たりに何日あるいは月当たりに何日）の形をとることもありうる．回答に適した質問文の形式によると，大別して2つの種類の質問文がある．選択肢型質問とは，回答者に許容できる回答群を示したリストを提示

する．自由回答質問では，回答者自らの言葉で回答を提供してもらう．しかし通常は，その答えはかなり制約されている．大まかにいえば，自由回答質問は試験の空欄を埋める問題のようなものであり，選択肢型質問は複数回答質問（multiple choice questions）のようなものである．態度を問う質問は，ほとんどの場合，選択肢型質問であり，これは通常は尺度形式の回答選択肢を用いる．

回答者が自分の回答を報告するためにどのような選択を行うかは，回答者が思い出す（あるいは見当をつける）情報と質問に課せられた制約との間の適合性に，ある程度は依存するだろう．「薬物使用と健康に関する全国調査」の質問のように数値による回答を必要とする質問では，与えられた回答選択肢の範囲と分布に対して，回答者自身の内的な判断に合わせて調整せねばならないこともある．たとえば，用意されたほとんどの回答選択肢が低い出現頻度となるようであれば，回答もその方向に歪むであろう．あるいは，回答選択肢が用意されていない場合，回答者はどの程度正確に回答すべきなのかを判断し，それに従って正確に回答するか，あるいはおおよその数で答えるはずである．回答者はまた，回答選択肢の提示の順序や（つまり許容範囲の回答リストの最初のほうか最後のほうか），提示方式によって（たとえば，目で見る方式か，あるいは耳で聞く方式か），ある回答選択肢をより重要視することもありうる．質問の話題が微妙な内容のもの（たとえば，薬物使用）であれば，回答者は回答をごまかすか，あるいは回答を完全に拒否することがある．こうした回答の自己検閲は，調査員が質問を実施する場合に起こりやすいようである（5.3.5項参照）．

7.2.5 その他の回答過程モデル

図7.1に示した単純な調査回答過程モデルだけが，リサーチャーが提案してきたモデルではないことを，ここで述べておくことは価値がある．カネル，ミラー，オクセンベルグ（Cannell, Miller, and Oksenberg, 1981）は，回答者が回答を練るときにたどるであろう，2つのおもな道筋の違いをあきらかにする初期のモデルを提案している．1つの道筋は，ここで述べたこととほとんど同じ過程，つまり理解，想起，判断，報告を含む過程で，正確な回答にいたる過程，あるいは少なくとも適切な回答につながる過程である．もう1つの道筋は，回答者が面接を早く終えたいために手短に済ませる場合か，もしくは回答者が正確な情報を提供しようとする気持ちをくつがえす動機がある場合である．こうした回答者は，面接場面で得られる比較的表面的な意味のない手がかりに左右されて，たとえば調査員の仕草や質問が暗示する方向に左右されて，答えることがある．このような手がかりにもとづく回答は，"**黙従傾向（acquiescence）**"（何か聞かれればそれを肯定する傾向）[*5] や "**社会的望ましさ（social desirability）**" の偏りを受けやすい（社会的に好ましくない特性は過小報告し，好ましい特性を過大に報告することにより，自分を社会的に好ましい立場にあると見せようとする傾向）．

▶COMMENT：**回答戦略**について　　回答者は，ある調査質問群に対して，多岐にわたる回答戦略をとりうる．こうした戦略のいくつかは（たとえば，「わからない（DK：don't know）」あるいは

7.2 質問への回答における認知過程

「どちらともいえない（no opinion）」の回答選択肢を選ぶとか，すべての質問に対し同じ回答を選択する），これらの質問すべての記入に必要な思考の総量を大幅に減らすことができる．このような戦略は，調査の"最小限の要求を満たす"という例に相当するが，このような場合には，回答者は質問の要求を満たすため，"最小限のこと"だけを行う．

最近の調査回答過程モデルでは，調査回答に対するカネルの二重経路仮説モデルが共存している．すなわち，慎重な回答者が選ぶ上位の道と，むしろうわべだけの受け答えをする回答者が選ぶ下位の道の2つである．これは，クロズニックとアルウィン(Krosnick and Alwin, 1987) が提案した**"最小限界**（satisficing）**モデル"**である（クロズニック：Krosnick, 1991）．このモデルによると，質問に回答する際に，"最適化（optimize）"しようとする（つまり上位の道を選ぼうとする）回答者もいれば，最小限の条件をとろうとする（つまり下位の道を選ぶ）回答者もいる．最小限の条件で済まそう（satisficing）とする回答者は，質問を完全に理解しようとはせず，もっともらしい（reasonable）回答を提供するだけである．すなわち，彼らは質問に関連するあらゆることを思い出そうとしないだけでなく，回答の基となるのに十分な材料を思い出そうともしない．このように，最小限の条件で済まそうとすることは，カネルの二重経路モデルのうちの，うわべだけの受け答えをするほうの分岐を選ぶモデルに似ている．同様に，最適化を行う回答者は，より慎重な分岐をたどるように思われる．クロズニックはのちの研究で，最小限の条件で済まそうとする回答者が早く回答を切り上げようとして用いるであろういくつかの具体的な回答戦略を見つけた．そのような回答者は，たとえば，「賛成か−反対か」の回答を必要とする態度を問うすべての質問群に対して「賛成」と答えることがあるが，このような回答戦略を"黙従傾向"という．

カネルのモデルと同様に，クロズニックの最小限界モデルは，たえず変化するであろう2つの過程間の違いをさらに際立たせる．つまり回答者はさまざまなレベルの注意を払って質問を処理する可能性があり，しかも回答過程におけるそれぞれの構成要素について同じように努力するわけではない．ある回答者が質問を注意深く聞いていなかったからといって，必ずしもその回答者の想起の手際が悪くなるとは限らない．さまざまな理由から，回答者は各認識操作を慎重に行う，あるいは杜撰に行うかもしれない．ここでは，カネルとクロズニックが見つけた2つの道筋とは，回答者が自分の回答を組み立てる際の思考の深さと質の点で異なる，ある連続体の両端に位置するものと考えておくのがよさそうである．

面接に関する適切なモデルについて，さらに研究を行うことがありうる．その中の非常に重要な課題の1つは，調査員と回答者との相互行為の際の媒介手段として，コンピュータの役割を知ることである．CAPIやACASIといった装置は，むしろその相互行為におけるもう1つの主体となるといってよいのか，それともしっかりした質問紙型調査票に近いのだろうか？　面接調査において，調査員と回答者にとってコンピュータの支援にはどのような独自の影響があるのだろうか？　調査データの品質を改善するために，ソフトウェアの設計はどのように回答者行動を変えられるのだろう

か？

7.3 調査質問への回答時の問題

回答過程モデルがあることの大きな利点の1つは，図7.1のような比較的簡単なモデルであっても，質問に対して不正確な回答をもたらし，誤った方向に進む可能性のあるさまざまな事柄について体系的に考えるための助けとなることである．本書の別の箇所で述べたように，調査の目標は誤差を低減することであり，誤差の主要形態の1つは，測定誤差である．つまり，ある質問に対する真の回答と最終的にデータベース内にある回答との間の食い違いを少なくすることである（こうした測定誤差の定義は，態度測定にはそれほどきちんと適用されないが，それでもなお態度に関する質問への回答が，質問が聞こうとしている根底にある態度と体系的に関連していてほしいとわれわれは考える．結果として，われわれはその回答者の態度に強く関連する態度測定のほうを好むのである）．

調査の回答行為についての認知解析の重要な仮説は，ある回答を提供するときに生じる認知操作でみられる不具合が，回答時の誤差の原因であるということである．ここで，調査報告時に誤差を引き起こす回答過程における問題点を，以下の7つに分けて考えよう．

1) 求められている情報の符号化に失敗すること
2) 質問の解釈を誤ること
3) 忘れていること，その他の記憶上の問題
4) 判断または見当をつけることの戦略上の不備
5) 回答を整える際の問題点
6) 程度の差はあるが，故意による誤った報告
7) 指示に従わないこと

回答における問題点について，もっと長くより詳しいリストを提供する回答過程に関する本数冊分にものぼる検証がある（たとえば，サッドマン，ブラッドバーン，シュワルツ：Sudman, Bradburn, and Schwartz, 1996；トゥランジョー，リップス，ラシンスキー：Tourangeau, Rips, and Rasinski, 2000）．これらの研究方法のどれもが，通常は測定誤差は，回答過程における問題によっては，たどることができるのだという仮説を共有している（たとえば，回答者は必要な情報をもっていないか，あるいはもっていたとしても忘れたか，質問を読み違えるか，誤った判断をするか，など）．

7.3.1 符号化の諸問題

ある出来事を誰かが経験したという単なる事実は，必ずしもその人がその経験から

7.3 調査質問への回答時の問題

多くの情報を自分のものとして理解したことを意味するとは限らない．目撃者自らが証言している非日常的な出来事や入り組んだ出来事の大切な部分を見落すことが多いということを，目撃者の証言に関する研究が示唆している（たとえば，ウェルズ：Wells, 1993）．調査を形づくる一般的な特徴から，回答者はその出来事を経験するようには，とても情報を取り入れられない．結果として，回答者による事後的な説明は，ふだん何が起きているかにもとづいているといってよい．スミスの研究がこの問題について説明している．彼は，調査回答者が何を食べたかの調査報告を検証し，その調査報告

コラム 17 ●質問文の不明瞭な言葉に関するファウラーの研究（Fowler, 1992）

1992 年，ファウラーは，予備調査の段階で不明瞭な言葉を除くことが，調査質問への回答に影響することを示す研究結果を報告した．

研究設計　60 項目からなる調査票で，約 100 人分の予備調査の面接がテープに吹き込まれた．行動コーディング（behavior coding）により，調査員と回答者が，それぞれの「質問-回答」の流れの中で発言したことを記録した．ここでは 7 つの質問文で，面接の 15% 以上で説明が必要となったか，あるいは回答が不適切であった．また不明瞭な言葉を取り除くために，質問文の訂正が行われた．2 回目の予備調査では，150 人に対して面接を行った．この 2 つの予備調査間で，回答分布と行動コーディングによるデータとを比較した．たとえば，最初の予備調査では，「一週間のうち，あなたがバターを食べる日は平均して何日ありますか」という質問であったが，2 回目の予備調査では，「バター」という言葉の曖昧さに注目し，「これからお尋ねするのはバターのことだけです．マーガリンは含まれません．では，一週間のうち，あなたがバターを食べる日は平均して何日ありますか」という質問に変えた．

研究の成果　質問文の明確な説明を必要とする回数と不適切な回答数は，1 回目に比べて 2 回目では減少した．回答分布も変化した．たとえば，バターを食べたかに関する質問については以下のとおりである．

バターは食べない (%)	
1 回目	33%
2 回目	55%

マーガリンを除くことにより，「バターは食べない」と回答する人が増えたと報告者は結論づけている．

研究の限界　回答の真値を検証できる外的基準がない．どの段階の行動コーディングの問題が，質問のワーディングの変更を必要とするかを見分ける方法は，この調査結果からはわからない．この研究では，同じ質問ワーディングをすべてに適用すべきであるとしている．

研究の影響　この研究は，行動コーディングによる予備調査を行うことにより，問題のある質問文を特定できることを示した．それは，質問文のワーディングの変更が，行動の符号化に反映されて，しかも面接時の相互行為がどのように改善できるかを示しており，さらに，結果として得られる調査推定値に影響を及ぼすことを示した．

と回答者が記録していた詳しい食事日記とを比較した．調査報告と日記の記録とがほとんど一致していないことから，スミス (Smith, 1991, p. 11) は「飲食に関する調査報告は…，おそらくは何を食べたかに関する個々人の推量が大部分を占めている」と結論づけている．「何を食べているか」を人から聴きとる際の問題は，ほとんどの人がその「何を食べたか」にそれほど注意を払っていないということであり，その結果，それについて十分に正確な回答ができないということである．

この例からある1つの実用上の教訓が得られる．それは，人は自分のもっていない情報は提供できない，ということである．そもそも，人がその情報を符号化できなければ，どのような質問も，どんなに巧妙に作られていたとしても，正確な回答を引き出せない．予備調査の重要な課題は，調査が回答者に求めている情報を，回答者が確かにもっていることを確認することにある．

7.3.2 質問文に対する誤解

かりに回答者が質問に対する回答を知っていたとしても，もし回答者が質問を誤解していれば，その回答を報告することはないであろう．回答者がどれくらいの頻度で質問の意味を誤解するかはわからないが，かなり頻繁に発生するという徴候がいくつもある．

証拠資料の1つとして，よく引用されるベルソン (Belson, 1981；Belson, 1986 も参照) による研究結果がある．彼は，調査質問の中で重要な語句が何を意味するかを回答者に聞いた．そこで彼は，"あなた (you)" という語句（それが，あなた個人か，あなたと配偶者か，あるいはあなたと家族か？）や "週末 (weekend)" という語句（それが，金曜日は週末日なのか，週末の一部になるのかどうか？）のように，一見すると簡単にみえる言葉の意味でさえも，回答者がさまざまな意味を当てていることに気がついた．ベルソンはまた，あとから考えると，問題がずっとあきらかであると思える質問文の研究もしている．たとえば以下のような質問文である．

> "あなたは，ごくふつうの西部劇以外の，暴力シーンもあるテレビ番組を観ることによって，子どもたちがなんらかの悪影響を受けると思いますか？"

ベルソンによる調査の回答者は，「子どもたち (children)」という言葉に対してさまざまな解釈を示した．「子どもたち」には基本的に2つの意味がある．1つは，「あなた」との血縁関係とはかかわりなく，若い人たち一般のことであり，もう1つは，年齢に関係なく「あなた」の子孫という意味である．前者が意味する「子どもたち」を定義する正確な年齢区分は，状況によって変わる（つまり，散髪代の年齢制限，R指定の成人向け映画を見に行くための年齢制限，さらには酒類の注文に合った年齢制限まで，いろいろある）．そしてベルソンは，調査回答者間に似通った変動があることに気がついた．彼はまた，いくつかのちょっと変わった解釈があることも見つけた（たとえば，神経質な子どもたち，自分自身の孫）．かりに「子どもたち」という言葉

7.3 調査質問への回答時の問題

にいくつかの解釈を許すなら,「悪影響 (ill effects)」といったような意図的に曖昧にした言葉は,同じように広くさまざまな意味に解釈されることは間違いない(また,この質問文において,なぜ「通常の西部劇」の中の暴力シーンを除外したのか,あるいはこの「通常の西部劇」を例外とするとしたことを回答者がどのように受け止めたかについてはあまりはっきりしていない).

もし調査回答者が,質問の具体的な言葉の意味を尋ねたり,あるいは「質問の意味がわからない」と素直に認めることをさほど嫌がらなければ,調査質問の解釈時のこうした問題が誤った回答を導くことにはならないだろう.いくつかの研究では,回答者に架空の問題(たとえば,「公共事業法 (Public Affairs Act)」)について尋ねたところ,40%もの回答者がその"架空の問題"についてあえて意見を言おうとしていることがわかった(ビショップ,オルデンディック,タックファーバー:Bishop, Oldendick, and Tuchfarber, 1986). 日常生活において,人が誰かにものを尋ねるときは,聞き手の側は,尋ねられる人が答えを知っているらしい,あるいは少なくとも答えをわかってくれていることを前提としている.結果として,回答者はその公共事業法のような問題を知っているべきである,あるいは調査質問の中で用いた言葉を理解すべきであると考えるであろう.回答者は,自分が理解できない問題にぶつかると,その意味の説明を求めることを気後れして,何とか自力で乗り切ろうとするかもしれない.さらに,調査員は,そのような質問をひたすら阻止したり,回答者に対してあまり役に立たない回答のみを提供するよう訓練されているかもしれない(たとえば,元の質問文を一字一句そのままくりかえす).残念なことに,ベルソンの研究結果が示しているように,日常的な言葉でさえも,回答者が違えばそれぞれに異なった解釈をすることがよくある.つまり,どちらかというとなじみのない言葉や専門用語が質問文に含まれていると,回答者は自由勝手にさまざまな解釈をする傾向が強いのである.

トゥランジョー,リップス,ラシンスキー (Tourangeau, Rips, and Rasinski, 2000) は,調査で予期せず起こる,理解に関する問題を次の7種に分けている.

1) 文法的な曖昧さ
2) 過度の複雑性
3) 誤った前提
4) 不明瞭な概念
5) 曖昧な量的表現
6) なじみのない,あまり普段使わない言葉
7) 誤った推論

初めの3つの事項は,質問文の文法的な形式にかかわる問題である."**文法的な曖昧さ** (grammatical ambiguity)" とは,質問文が複数の意味をもつことを意味している.たとえば,「Are you visiting firemen?」のような単純な質問でさえ,2つの意味がある.1つは「あなた方は巡回中の消防士の皆さんですか?」という意味であり,

もう1つは「あなたは消防士のところを訪ねようとしているのですか？」という意味である*4. 現実的には, 話の前後関係からどのような意味かわかるが, 調査では文法的な曖昧さが回答者間で異なった解釈をもたらすことがある. 調査質問に付随するより一般的な問題として, 過度の複雑性ということがある. 次はファウラー (Fowler, 1992) によって議論された例である.

"1987年1月1日から12ヵ月の間, あなたはご自分の健康のことで医師か看護助手を訪ねたか, あるいは話をしたことが何度ありましたか？ あなたが病院の患者であった間に, ある医師に会った回数は数えずに, しかし何科の医師であっても, あなたが実際に訪ねたり話したりした回数はすべて数えてください."

"過度の複雑性 (excessive complexity)" とは, 質問文の意図する意味を回答者が推測しにくい構造を質問文がもつことである. 上に示した例では, いくつかの可能性を列挙しており (つまり, 医師の診察を受ける, 看護助手に話しかける), 質問文の説明がいっそう複雑さを増幅している. こうした複雑な質問文に付随する問題は, 回答者がこうした可能性や要件を, すべておぼえておくことは不可能であるということである. つまり結果として, 質問が意図する意味の一部が結局は無視される結果に終わることもありうるということである.

"誤った前提 (faulty presupposition)" とは, 事実でないことを想定した質問文であるような場合をいう. 結果として, その質問文は意味をなさないか, あるいは質問文として成り立たない. たとえば, 回答者が「男性は自分の仕事に集中しすぎるので, 家庭生活が損なわれることが多い」という一文について, 「そう思うか, そうは思わないか」を尋ねられたとしよう. この質問では, 男性が自分の仕事に集中しすぎるということを前提としており, この前提に同意できない回答者は (たとえば, ほとんどの男性は怠け者だと思っている人がいると), この質問への目的にかなった回答を用意することはできない. あらゆる質問は物事についてのある概念を前提としており, 回答者にその概念の抜け落ちている断片を埋めてもらうよう求めている. つまり, 質問の聞き手つまり回答者が, 質問の中に描写された状況に拒否反応を示さないことが重要なのである.

次にあげる3つの事項は, 質問文の中の語句や言葉づかいの意味にかかわる問題である. ベルソンが指摘したように, 日常語の多くは**不明瞭** (vague) であって, 回答者により異なった解釈がなされることがありうる. 結論として, 調査質問文はなるべく具体的であるのがよい. たとえば, 子どもについての質問では, 対象とする年齢幅を明記すべきである. しかし, ある曖昧な言葉が何を意味するかを詳しく説明しようとすることが, 結果としてかなり複雑になることがあることにも留意しよう. これが前述の質問文に付随する問題点なのである. すなわち, その質問文では, 外来患者が医師にかかることに関する考え方を, 詳しく説明しようとしていることに問題がある. 調査質問によっては, 回答尺度として比較を示す不明瞭な言葉 (たとえば, 「あまり

そう思わない（disagree somewhat）」とか「非常によく（very often）」を使うことがある）．残念ながら，回答者にとって，どれくらい頻繁にあることを「非常によく」というのかについて，意見が一致しないかもしれず，結果としてさまざまな回答者がさまざまな方法でその尺度を用いることになる．解釈の困難性を生むもう1つの原因として，回答者がある特別な言葉になじみがなく，ふだんあまり使わないこと（unfamiliar）もあるということである．調査票を作る人は，たいていはその調査主題についての専門家であるから，自分たちがいつも使っている用語を回答者がどれくらい理解しているかについて過大評価しがちである．人々の年金計画について調査をしたいと思っている経済学者は，「401k」とか「SRA」[*5]といった言葉を，その意味をあきらかにせずに使いたくなるかもしれない．残念ながら，このような言葉は多くの回答者を混乱させることになりやすい．

回答者は調査質問の意図を拡大解釈し，質問の意図に対して**誤った推論**（false inferences）を引き出す可能性があることを，数々の結果が示している．ここでは，次にあげる「総合社会動向調査」（GSS：General Social Survey）から引用した質問文を検討してみよう．

"警察官が成人男性市民を殴ることを，認めるような状況を想像できますか？"

このような状況が「はい」という答えにつながることは，かなり容易に想像することができる（ちょうど何かの警察劇（cop show）でも見ているように！）．しかし，かなりの回答者が（30％程度），それでもなお「いいえ」と答える．あきらかに，多くの回答者は質問文を文字どおりには解釈していない．その代わり，回答者は読み取った質問文の意図にもとづいて回答する．つまり警察による暴力に対する態度を判断する．質問の意図についてのこうした推論は，解釈の過程においては自然なことであるが，回答者を迷わせることにもなる．たとえば，いくつかの研究が，総合的な幸福感にかかわる質問を回答者は（誤って）推論することを示唆している．つまり「全体的にみて，最近のあなたの状況はいかがですか？　たいへん幸せですか，まあ幸せですか，それともあまり幸せではありませんか？」という質問が，結婚生活の幸福感に関する質問のすぐ後にくる場合は，そこには結婚は含まれていないと思われる，というのである（たとえば，シュワルツ，ストラック，マイ：Schwartz, Strack, and Mai, 1991）．日常会話では，話をするたびに，何か新しいことを言っていると思い込んでいる．つまり，こうした期待が，回答者にとって，通常の質問項目が自分の結婚生活とは別の，まだ取り上げられていない自分の生活の他の部分についても聞かれているのだと信じ込ませることになる．残念ながら，ときにはこうした推論が調査設計者の意図したことと一致しないこともある．

本項では，理解の段階で言語が重要であるという事実を強調してはいる．多くの状況において，（あいまいさを取り除く試みとして）ある質問の言葉を明確に定義することと，回答者が十分にその質問の意図を理解するという負担が増すこととの間には，

ある葛藤がある．すべての回答者にどこまで詳しく説明すればよいのか，回答者が説明力のある助けを必要としている場合をどのように見分けるのか，調査員と回答者のあいだの相互行為が，質問の言葉の意味内容を解釈することにどのように影響するのかについては，さらなる研究が必要である．

7.3.3 忘却およびその他の記憶にかかわる問題

調査回答において，もう1つの考えられる誤差の発生源は，関連情報を思い出せないことである．回答者は関連事象をまったく思い出せないことがあったり，思い出せても大まかでしかも不正確にしか思い出せないことがある．記憶の欠落のいくつかの型を区別することは有益である．なぜなら，こうした記憶の欠落は最終的な回答にさまざまな影響をもたらすからである．

1) 質問の中で使われている言葉と，前もってその出来事を符号化した言葉が一致しないとき
2) 時間の経過にともなう出来事の表象（representation）でみられる歪み
3) 想起の失敗
4) 記憶の再構成における誤り

記憶の欠落の第1の型は，回答者がある出来事の符号化に用いる言葉が，質問文で用いられている言葉と著しく異なるために，その質問文が意図した記憶を，回答者に思い出させることができないときに生じる．たとえば，ある回答者は夕食時の一杯のワインを「アルコール飲料（alcholic beverage）」とは考えないかもしれない．その結果，1週間の間に消費したアルコール飲料について質問されたとき，関連する記憶をうまく引き出せないこともありうる．同様に，ほとんどの人はおそらく金物屋（hardware store）に出かけることを「買い物（shopping）」とは考えないだろう．したがって，「全国犯罪被害調査」（NCVS）の買い物に関する質問では，はっきりと金物屋と断っていることが大事なのである（たとえば，「ここ6ヵ月の間，つまり＿＿から今日までの間で，"あなたご自身"は平均してどのくらい買い物に行きましたか？＿＿＿＿ここで買い物とは，ドラッグストア，衣料品店，食料品店，金物屋，またはコンビニエンス・ストアでの買い物をいいます」）．サーベイ・リサーチャーが調査票を作成するとき，調査課題に関して実際の調査回答者がどのように考え，話すかを知るためにフォーカス・グループを実施することがよくある．調査票で用いる言葉が，回答者が関連する出来事を符号化するときに使う言葉と一致するときに，理解と想起のいずれもが改善される．

記憶が不正確になる第2の発生源は，時間の経過とともに，ある出来事の表象に詳細情報が加えられることである．自伝的記憶のほとんどは，おそらくはじめに得た情報と，つまり，その出来事を経験しているときあるいは経験してまもなくして得た情報と，あとになって加わった情報，これらが入り混じっている．というのは，その場

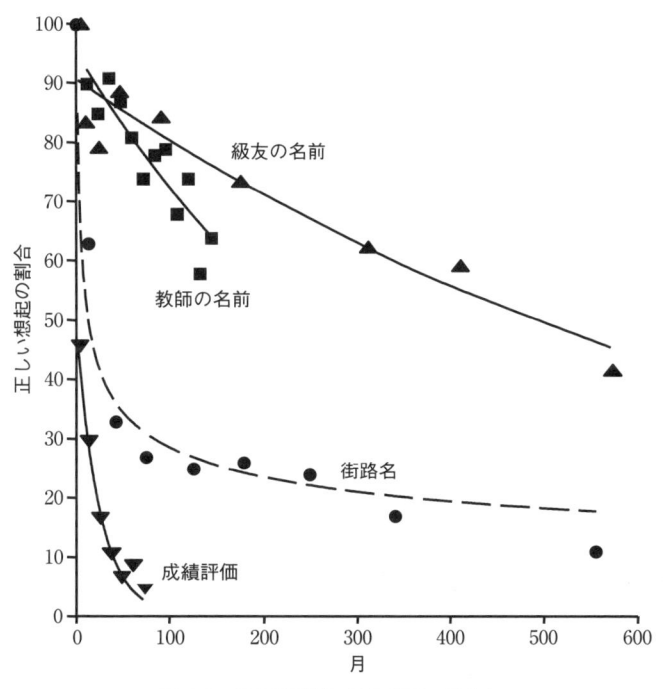

図 7.2 個人情報別に見た想起の正確さ
(Tourangeau, Rips, and Rasinski, 2000)

にはいなかった人々に出来事を詳しく説明したり，またそれを経験したことのある人たちと一緒に思い出したり，あるいは単にその出来事についてあとになって考えたりするからである．たとえば，高校の卒業式を思い出すとき，記憶とは，そのときに実際にあったこと以外に，あとになって卒業アルバムや写真を見て，あるいはその出来事つまり卒業式のビデオなどを見て思い出したことなどを加えて考えるからである．記憶の研究者たちが"**リハーサル（rehearsal）**"とよぶこうした行動は，鮮明な記憶を保っているときにきわめて重要な役割を演じている（ピレマー：Pillemer, 1984；ロビンとコージン：Robin and Kozin, 1984）．残念ながら，われわれは思い出す情報の発生源を見極めることが非常に難しく，直接経験したことと聞いただけのこと，あるいは出来事の後に推測したこととの区別が必ずしも可能とは限らない．したがって，経験したことを詳しく述べたり，思い出を共有しようとするときには，なんらかの歪曲や潤色（つまり「おひれ」のようなこと）を，初めに符号化した情報と切り離すことは不可能かもしれない．この種の"出来事が終わった後の情報（事後情報，postevent information）"は必ずしも不正確ではないものの，不正確となりうることであり，そのような不正確な情報が，ある出来事についての表象に一旦織り込まれると，それを記憶か

表7.1 想起に影響を及ぼす要因の要約

変　数	得られた結果	調査設計への影響
出来事の特徴		
発生時期	ずっと以前に発生した出来事はより思い出しにくい.	該当期間を短くする.
時間の境い目への近接性	特筆すべき時間の境い目の近くで発生した出来事は，より思い出しやすい.	個人の目立った出来事，生活記録カレンダー（life events calendars）を使って想起を促す.
独自性	特徴的な出来事はより思い出しやすい.	目標とする出来事に合わせて，該当期間の長さを調整する．複数の手がかりを使って個々の出来事を選び出す.
重要性，心理面の影響	重要で，感情的に影響を及ぼす出来事はより思い出しやすい.	目標とする出来事の特性に合わせて，該当期間の長さを調整する.
質問の特徴		
想起の順序	逆方向検索がより充実した想起を促す可能性がある.	逆方向の想起が調査においてより良いか否かははっきりしない.
手がかりの数と種類	通常は複数の手がかりがあるほうが，1つの手がかりだけよりもよい．出来事（「何」が）の種類に関する手がかりは，「いつ」についての手がかりよりも優れており，参加者あるいは場所（「誰が」または「どこで」）についての手がかりよりも優れている.	複数の手がかりを用意する；分解を利用する.
作業時間	時間をかけるほど想起が向上する.	質問により長い導入部を用いることで，面接の速度を落とす.

ら消しさることはきわめてむずかしい.

　この種の問題のもう1つの発生源は，"**想起失敗**（retrieval failure）"である．すなわち，長期記憶として保存された情報を思い出すのに失敗することがある．この想起失敗の理由の1つについては，すでに指摘したとおりである．つまり，質問文で使われている言葉が，出来事の符号化の際に用いた言葉と大きく異なるために，質問文がある出来事の想起の誘因となりえないことがある．想起失敗のもう1つの理由は，ある記憶が，類似体験の記憶の中に埋もれてしまう傾向があることである．時間の経過にともない，たとえばある特定の通院といった出来事を，同種の他の出来事と区別する詳細を思い出すのはだんだんと困難になる．むしろ，よくある通院，来店，出張といった"**一般的な記憶**（generic memory）"の中に紛れてしまう（バーサロウ：Barsalou, 1988；リントン：Linton, 1982）．長期にわたり同じような出来事が累積することは，具体的な出来事を思い出すことが，時間経過とともに困難になることを意味している．時間経過の影響は，100年以上もの忘却についての研究から得られた，おそらくもっと

も説得力のある，しかもかなりしっかりとした研究成果である（ルビンとウェッツェル：Rubin and Wetzel, 1996）．研究者たちにとっては，忘却が時の経過とどのように関係するかの正確な機能形態はいまだはっきりしていないが，忘却は初めのうちは急速に起こり，そのあとは横ばい状態になることはあきらかである．ある一定期間内に忘れられる量は，問題となっている出来事の種類に依存する．たとえば，50年経ってもクラスメートの半分以上の名前をおぼえていたという研究結果もある（バーリック，バーリック，ウイットリンガー：Bahrick, Bahrick, and Wittlinger, 1975）．図7.2は，さまざまな種類の現象について，正確に思い出せた割合を示している．クラスメートは比較的容易に思い出すことができるが，成績の想起については，時間経過とともに減衰する割合が非常に高い．調査における想起失敗に対する最善の対抗手段は，想起の手がかりをたくさん用意し，回答者が思い出す時間を十分にとれるようにすることであると思われる．表7.1は，想起に影響する要因とそれが調査設計に及ぼす影響に関するより包括的な一覧を提供している．ようするに，もっとも容易に思い出される出来事は最近のことであって，特徴的で容易に思い出せる別の出来事に似ており，しかも回答者の人生における大切な出来事なのである．うまく機能する質問文とは，豊富で関連のある手がかりがあり，しかも回答者に注意深く考える時間や励みを与えるようなものをいう．

このような想起の長さに応じて想起と報告が減少する傾向は，重要な測定誤差モデルをもたらした．このモデルにおいて，μ_i は調査質問に関係する i 番目の回答者が経験した出来事の回数である．つまり，かりに何も想起上の問題がなければ，その i 番目の人は質問に対して μ_i と答えるということである．このモデルでは，μ_i の代わりに回答者が次のような y_i を報告すると考える．

$$y_i = \mu_i(ae^{-bt}) + \varepsilon_i \tag{7.1}$$

ここで，（出来事の）機微（sensitivity）あるいは社会的望ましさに関する懸念があるにしても，報告される出来事の比率が a である．b は時間に応じた報告時の減衰の比率である．また ε_i は i 番目の回答者のモデルからの偏差 ε_i である．e は自然対数の底でありオイラー数でもある．このように，正確に報告された出来事の比率は，指数的に減少することをこのモデルが示している（つまり，面接直前の時間区分内では急激に減少するが，それよりずっと過去のことについてはしだいに減少する）．この文献では，特徴があって容易に思い出せる別の出来事に近く，回答者の人生において大切な出来事に対しては，a は1に近くなり，b は0に近いことを意味している．簡単に忘れてしまうような感度の低い出来事では a は1に近く，b は大きくなることがある．図7.2に見るように，指数的減衰モデルは，他のデータと比べていくつかの経験データにかなりうまく適合する．

記憶の問題の最後の種類は，不完全な記憶の欠落部分を**再構成**（reconstruction）する，あるいは埋めようとすることで生じる．このような再構成は，たいていは，通常起きていることに，あるいはまさにいま起きていることに依存する．たとえば，食

> **コラム 18 ●回答誤差に関するネッターとワクスバーグの研究**
> (Neter and Waksberg, 1964)
>
> 　1964年，ネッターとワクスバーグは，過去の出来事の報告するための，相異なる調査設計を比較する研究を公表した．
> 　**研究計画**　　系統的に2つの調査設計特性を変えてみた．すなわち，面接の制限を設けるかどうか（つまり，前回の面接で報告した内容を回答者に教えたとき）と想起の対象とする期間（1ヵ月，3ヵ月，6ヵ月の3通り）を限定したときである．調査内容は，家屋の修繕や改築の回数とそれに要した費用を，世帯を代表する報告者を介して聴き取るというものである．
> 　**研究の成果**　　制限を設けなかった面接では，制限のある面接よりも支出に関して高額の回答が多かった（55%も多かった）．この報告の増加は，規模のより大きな修繕や改築で顕著であった．この研究の報告者らは，回答者は該当期間以前に発生した出来事の報告まで回答に含めていたと結論づけた（これを"前向きのテレスコーピング（forward telescoping，前向きの短縮化効果）"と名づけた）．そして，修繕や改築の回数が少ない場合はまれに起こる出来事がよりテレスコーピング（短縮化）しやすいという結論を得た．6ヵ月以前と1ヵ月以前の出来事を記録したときは，月を追うごとに報告件数が減り，該当期間が長いほど，小さな作業が過度に報告から漏れるという結果となった．6ヵ月を該当期間とした場合には，小規模の修繕の数が該当期間を1ヵ月とした場合に比べて1ヵ月当たりで32%の減少となった．報告者らは，これは回答の失敗と前向きのテレスコーピングとの複合効果であると結論づけた．
> 　**研究の限界**　　修繕改築と費用に関して，独自のデータはない．そこで，この報告者たちは，制限を設けた面接がもっともよい推定値を提供するという仮定のもとで結論を導いた．回答者によっては複数回の面接を受けていて，異なる報告行動を示す人がいた可能性がある．
> 　**研究の影響**　　この調査は，報告内容の品質に対する該当期間の長さへの懸念を，調査設計者にはっきりと気づかせてくれた．たとえば，「全国犯罪被害調査」（NCVS）と同じような，制限を設けた面接を用いることを推奨している．

事の記憶に関するスミスの研究は，回答者が実際に食べた物の記憶の欠落を，いつも食べている物による推測で埋めようとしていることを示唆している．ある古典的な研究で，ベムとマコーネル（Bem and McConnell, 1974）は，異なった戦略を示している．その調査の回答者は，自分の昔の意見を，その問題について今考えたことから推論した．このような"遡及による（retrospective）"偏りが何度か検証されてきた（たとえば，スミス：Smith, 1984）．われわれの現在の状態は，痛み，過去の違法薬物の使用，あるいは前年の収入のような他の種類の記憶と同様に，過去の想起に影響する（さらに詳しい事例についてはピアソン，ロス，ドーズ：Pearson, Ross, and Dawes, 1992）．われわれは，現在を考察しそれをさかのぼって投影することで過去を再構成しており，問題になっている特徴や行動が不変であると暗に仮定している．一方，ある変化があったことをおぼえ

ている場合には，その変化量（つまり現在と過去との間の変化量）を誇張して言う可能性がある．

調査質問では，回答者にある一定の時間枠内で，あるいは該当期間内に起こった出来事について答えてもらうことが多い．上で例とした質問項目のうちの初めの3つは，いずれも面接の時点から過去のある特定の日（たとえば，ちょうど6ヵ月前の日）までの，ある該当期間（reference period）を指定している．このような質問では，回答者はやがてかなり正確に出来事を思い出すことができることを前提としている．しかし残念ながら，日付こそがおそらく人が正確に思い出すことがもっとも難しい出来事の特徴である（例：ワーヘナール：Wagenaar, 1986）．誕生日や結婚記念日のようないくつかの出来事については，人ははっきりとその日を符号化することができるが，ほとんどの出来事については，その日付を書き留めたり，おぼえていることはないものである．出来事の日付をつけることは結果として難しいから，回答者は実際に指定された該当期間よりも前に起こった出来事を間違って回答する"テレスコーピング"誤差（短縮化の誤差）を生むことがある．ここで**テレスコーピング**（telescoping, 短縮化）[6]という用語は，過去の出来事を実際よりも現在に近いと思いこむことを意味している．最近の研究では，"後ろ向きのテレスコーピング（backward telescoping）"もまたよくあることが指摘されている．さらに時間の経過につれて，出来事の日付を特定することは（いずれの方向でも，つまり前向き，後ろ向きのいずれの向きでも）大きな誤差を生む（ルビンとバッドリー：Rubin and Baddeley, 1989）．

以上に述べたことがあるにもかかわらず，テレスコーピング誤差は，全体に，過大報告につながる傾向がある．たとえば，あるよく知られた古典的な調査では（コラム18参照），回答者の報告した家の修繕作業の40％近くがテレスコーピング効果により誤って報告されていた（ネターとワクスバーク：Neter and Waksberg, 1964）．"**制限を設けること**（bounding）"が，継続的調査のテレスコーピング誤差を減らすために用いられることがある．制限を設けた面接では，回答者が前に行った面接時に報告した出来事の要約を，調査員が回答者とともに見直しを行う．これは，前に行った面接時に報告された，ある出来事の重複部分を除外する試みとして，「全国犯罪被害調査」（NCVS）で用いられている手法である．「全国犯罪被害調査」の7回の面接のうち，初めの回では，過去6ヵ月間の被害状況について質問するが，この面接により得られたデータは「全国犯罪被害調査」の推定値には用いない．その代わり，第2回目の面接では，初めの面接時に得た出来事の報告を，第2回目の面接報告に制限を設けるために利用する．調査員は，1回目の調査面接で報告された出来事を確認し，第2回目の面接で報告された出来事が，1回目の面接で報告された出来事と重複していないかを質問する．その後に続く各段階で同様の手順がとられ，その"制限"として必ず直前の時点の面接を用いる．こうした手順は，テレスコーピングのおかげで，回答者がいま進行中の面接で，同じ出来事を報告する可能性を間違いなく減らす．

7.3.4 行動に関する質問の推測過程

回答者は，自分が何を想起するかによって，行動の頻度に関する質問に答えるときに見当をつけざるをえないとか，態度にかかわる質問に答えるときに判断をせまられる，とかがあるだろう．本章では，前にあげた次の2つの例を検討しよう．

"次に，国全体の景気動向についてお尋ねします．あなたは，これからの12ヵ月の間，景気がよくなると思いますか，悪くなると思いますか，あるいはどう思われますか？"

[SOC：消費者調査]

"最近12ヵ月のこと，つまり○月○日から今日までのことを考えてください．あなたに処方されたものではない処方精神安定剤，あるいはただ体験のためだけに使った精神安定剤またはそれがもたらす気分を味わうためだけに使った精神安定剤を，あなたが過去12ヵ月の間に何日使用されたか知りたいのですが，いかがでしょう．"

[NSDUH：薬物使用と健康に関する全国調査]

「消費者調査」の回答者は，経済について前もって意見をもっていることがあり，そうした人々は消費者調査の質問に応じて報告する心づもりがすでにできている．しかし，ほとんどの回答者は急いで意見をまとめねばならないだろう．同様に，処方箋による精神安定剤の不正濫用についての記録を，棄てずにとっておくような回答者はわずかしかいない．つまりあとの残りの人々は，なんらかの推測過程を経て，総回数を思い出している．態度と行動に関する質問のいずれも，回答者はその場で意見をまとめる必要があることから，それが回答時の誤差につながることになる．

まず初めに，「薬物使用と健康に関する全国調査」の質問のように，行動頻度を問う質問について検討してみよう．正確な回数を思い出す以外に，回答者はこうした質問に答えるために，おもに以下のような3つの判断の戦略を用いる．

1) 個々の出来事を思い出して合計する．おそらくは忘れてしまった出来事の回数を考慮に入れて回答を上方修正する（"**想起-計数**（recall and count）"**方式**）
2) 一般に出来事が起こる割合を思い出して，該当期間中の回数をその割合から推定する（"**割合にもとづく判断**"，rate-based estimation）
3) まず曖昧な印象からはじめて，つぎにこれを数値に転化する（"**印象にもとづく判断**"，impression-based estimation）

たとえば，ある回答者は処方箋による精神安定剤を不正使用したことが3度あったことを思い出し，「3」と答えるかもしれない．また別の回答者は，過去1年間にわたって処方箋による精神安定剤を，およそ1ヵ月に1度使用したと思い出し，「12」と答えるかもしれない．さらに別の回答者は，薬を数回使用したことを思い出して，「5」と答えるかもしれない．回答を思いつくための戦略が違えば，さまざまな報告となるという問題を生じやすい．

用語解説●過大報告と過小報告

回答者がまったく起こってもいないことを答えたり，実際に起こったことを過大に報告するような場合を"過大報告（overreporting）"という．調査では，ある種の事柄が特徴的に過大報告される．たとえばある選挙があったとして，実際に投票したと答えた人の数が実際の投票数を上回ったというような場合である．これとは反対の誤差を"過小報告（underreporting）"とよび，実際に起こった出来事をより少な目に回答報告することがある．

コラム 19 ●回答尺度の影響に関するシュワルツ，ヒプラー，ドイチュ，シュトラックの研究 (Schwartz, Hippler, Deutsch, and Strack, 1985)

1985年，シュワルツ，ヒプラー，ドイチュ，シュトラックは，報告における回答尺度の影響を測ったいくつかの研究結果を発表した．

研究計画　かなり大規模な調査で，2つの異なる無作為実験が組み込まれた．標本の片方は，1つの質問形式について被験者間設計を実施し，他方は別の形式で実施した．一方の実験では，成人132人の割当標本（クォータ・サンプル）を使用し，もう一方では，ある職場から79名の会社員の1群を調査に勧誘した．一方，標本の片方は，「何時間テレビを見ていたか」という質問で6段階尺度を用い，中間の回答選択肢を「1時間～1時間半」と「1時間半～2時間」とした．これに対して残りの部分は，中間の回答選択肢を「3時間～3時間半」と「3時間半～4時間」とした．

低い回答選択肢の場合		高い回答選択肢の場合	
回答	(%)	回答	(%)
30分未満	7.4	2時間半未満	62.5
30分～1時間	17.7	2時間半～3時間	23.4
1時間～1時間半	26.5	3時間～3時間半	7.8
1時間半～2時間	14.7	3時間半～4時間	4.7
2時間～2時間半	17.7	4時間～4時間半	1.6
2時間半以上	16.2	4時間半以上	0.0
計	100.0	計	100.0

研究の成果　値が低いほうの平均尺度を与えられた回答者は，値が高いほうの平均尺度を与えられた回答者よりも短いテレビ視聴時間を報告する傾向がみられた．たとえば，値が低いほうの平均尺度では，1日2時間半以上テレビを見ると答えたのは16.2%だったが，値が高いほうの平均尺度では37.5%だった．

研究の限界　一方の研究では割当標本（クォータ・サンプル）を用い，もう一方は会社の従業員を用いており，他の調査条件に対して一般化する能力に限界がある．

研究の影響　この研究調査は，回答尺度が行動の報告に影響を与えることを実証した．現状では，リサーチャーは，予想される母集団平均値にもっとも近くなるよう中央の選択肢とするほうを選ぶようになってきている．

想起-計数戦略は，忘却による欠落とテレスコーピングによる虚偽報告とのどちらもおこる傾向がある．この2つの誤差の発生源の間の均衡を保つことにより，回答者は系統的に実際の回数よりも，過小にまたは過大に報告することがある．一般に，報告すべき出来事が増えるにつれて，想起-計数戦略にもとづく回答の正確さは低下する．つまり，出来事が多いと，それらすべてを思い出すことも大変だし，頭の中で合計を出すことも大変である．その結果，該当期間が長くなるほど，そして報告すべき出来事が多くなるほど，回答者は別の戦略に切り替える傾向がある（ブレアとバートン：Blair and Burton, 1987 ; バートンとブレア：Burton and Blair, 1991).

「薬物使用と健康に関する全国調査」の質問のような行動頻度を問う質問に対し，どのように回答に到達するかを回答者に尋ねた研究調査がいくつかある．そこでは想起-計数戦略において報告された注目度は，思い出す出来事の数が多くなるにつれて急減する．その代わり，報告する出来事が7項目以上の場合は，割合にもとづく判断に頼る回答者が多い．この研究文献は，割合にもとづく判断が行動頻度について過大推定となることが多いことを示唆している．あきらかに，その割合が変動する場合や，普段起こることに例外がある場合には，人々は割合を過大推定するのである．

しかし，行動頻度を問う質問について，もっとも誤差が発生しやすい戦略は，「印象にもとづく判断」による方式である．選択肢型形式を用いる場合は，一覧としてあげられた回答選択肢が，印象にもとづく判断に影響を与える．回答選択肢をその範囲の下限のほうで際立たせた場合は，回答もそれに連動して下方に傾き，回答選択肢をその上限のほうで強めた場合には，回答もそれに連動し上方に傾く傾向にある．コラム19は，普段テレビをどれくらい見ているかを回答者に質問した調査結果を示している．回答者がいずれの回答選択肢群を選ぶかによって，1日2時間半以上見ていると答えた回答者は16.2%と37.5%となっている[*7]．質問を自由回答形式で提示した場合は，印象にもとづく判断ではさらに的外れな数値となる傾向がある．

7.3.5 態度に関する質問の判断過程

態度に関する質問に回答することは，行動に関して事実にもとづく項目に回答を行うときに必要となる過程とは異なる認知過程が関係するように思えるが，少なくとも何名かの著者が，これら2種類の質問に対する回答過程には，相違点よりも類似点のほうが多いと論じている（例：トゥランジョー，リップス，ラシンスキー：Tourangeau, Rips, and Rasinski, 2000)．頻度推定値から得られる同じ4種の情報，つまり，正確な集計，印象，一般的な情報，具体的な記憶，こうした情報が態度に関する質問と対をなしている．たとえば，何人かの回答者には（それが株式市況に詳しい経済学者だとして)，「消費者調査」（SOC）の経済に関する質問（「あなたは，これから12ヵ月の間，景気がよくなると思いますか，悪くなると思いますか，あるいはどう思われますか？」））に対する回答のもととなる，はっきりとした確定的な見解があるかもしれない．しかし他の人たちは，曖昧な印象をもつかもしれない（つまり，「いやー，ウォールストリート・

7.3 調査質問への回答時の問題

ジャーナルで読んだけど,かなり不吉なことを言っているようだなあ」程度の印象).われわれは何をどのくらいの頻度で行ったかについて,ぼんやりとした感じしかないように,評価を問われた人や物事についても,おそらくは同じように曖昧な印象をもつだろう.すなわち,どんな既存評価(ready-made evaluation)[*8]であっても(たとえそれが非常にぼんやりしたものであっても),それがないと,われわれはより一般的な価値観や傾向から,トップダウン式に1つの評価を組み立てようとする,あるいは(逆に),その問題についての具体的な信念を用いることでボトムアップ式にそれについての考え方(意見)を組み立てようとするかもしれない.この後者の2つの戦略は,頻度を問う質問に回答するために「一般的な情報」と「想起-計数戦略」を用いることに似ている.

回答者が利用できる既存の評価がない場合,回答者の態度を問う質問に対する回答は,質問文のワーディングの一字一句により,あるいは質問文の前後の文脈により,強く影響を受けることがある.ここで次の2つの質問文について検討してみよう.どちらも朝鮮戦争に対する国民の支持を評価するために1950年代の初頭に行われたものである.

a) あなたは,米国が朝鮮の防衛を決めたのは間違いであったと思いますか,それとも間違いでなかったと思いますか? [ギャラップ社の調査から]
b) あなたは,米国が韓国への共産主義者の侵略を食い止めるために米軍を送ったことは正しかったと思いますか,あるいは間違っていたと思いますか?

[シカゴ大学全国世論調査センターの調査から]

シカゴ大学全国世論調査センター[*9](NORC:National Opinion Research Center)の質問文では,朝鮮戦争に対する支持が,ギャラップ調査の質問文の場合よりも一貫して高い水準を示していた.一連の実験で,「共産主義者の乗っ取り(take over)を食い止めるために」という文言を加えたことで,米国の軍事介入に対する支持が約15%増えたことを,シューマンとプレッサー(Schuman and Presser, 1981)がのちになってあきらかにした.法的処罰に対する支出増加よりも犯罪発生率の上昇を食い止めるための支出増加に,福祉生活保護への支援よりも貧困層への支援に,薬物更正への取組みよりも薬物依存症対策へ,といったことについて,より多くの支持があった(ラシンスキー:Rasinski, 1989;スミス:Smith, 1987).ある質問文のワーディングは,特定の問題に関する見解を,より一般的な価値観から推測する必要のある回答者の助けとなる(そしてまた影響を及ぼす).たとえば,NORC調査のワーディングはあきらかに,一般的な問題とは共産主義の拡大であるということに一部の回答者は気づくし,そのことが朝鮮における米国の役割についての回答者の判断を明確に述べることに役立ったのである.

質問の文脈はまた,回答者がある問題をどのように評価するかを具体化することができる.態度についての判断はそのほとんどが,ある相対的な基準によってなされる.

たとえば，われわれがある政治家を評価するとき，その評価は必然的に比較をともなう．つまり，その比較は対立候補であったり，他の目立った政治家であったり，あるいはわれわれが想像する典型的な政治家像である．この判断のための比較基準は，その政治家のどの特徴を思い浮かべるのか，そしてさらに重要なことは，こうした特徴をどのように評価するかに影響がある．比較基準がレーガン政権のときだとすると，民主党員は，ビル・クリントンの任期について，かなり好意的に評価するであろうが，その基準がフランクリン・デラーノ・ルーズベルトであればあまり好意的には評価はしないであろう．

7.3.6 回答の形式を整えること

回答者は，評価や最初の判断を行った時点で，新たな問題に直面する．つまり，その判断をふさわしい形式に変えようとすることがある．調査質問項目にはさまざまな形式があるが，ここではもっとも一般的な，以下の3つの形式に焦点をあてる．

1) 数値による回答を必要とする自由回答質問
2) 順序尺度型回答の選択肢型質問
3) 分類尺度型回答の選択肢型質問

「行動危険因子監視システム」(BRFSS) の調査から引用した以下の質問例は，上の各形式の具体的な例示となっている．

1) 病気と怪我を含めて，あなたの健康状態についてお聞きします．ここ30日の間に何か具合が悪かったことが何日ありましたか？
2) あなたの健康状態は，おおむねいかがですか？
    1 きわめて良い　　4 ふつう
    2 かなり良い　　　5 悪い
    3 良い
3) あなたは，以下のどれに該当しますか？
    1 既婚　　　　　　4 別居
    2 離婚　　　　　　5 未婚
    3 死別　　　　　　6 未婚だが同棲

2) と 3) では，調査員は回答選択肢を"読み上げる"ように指示されている（しかし，付与の番号は読み上げない）．「行動危険因子監視システム」の質問は，ほとんどこの3つの形式のいずれかであるか，あるいは「はい／いいえ」形式の質問である．「はい／いいえ」形式の質問は，おそらく選択肢型質問にもっとも近いであろう．「行動危険因子監視システム」は，ほぼ例外なくこうした回答形式に依っていることは珍しいことではないし，他のほとんどの調査でも同様である．

この3つの形式はそれぞれ回答者に特別な課題を提起する．1) の形式のような数

値型の**自由回答質問**（open-ended questions）では，回答者は漠然と心の底にある判断（たとえば，「このひと月はかなり調子が悪かったなあ」）を，正確な数値（たとえば，「3日間具合が悪かった」）にいいかえる際にかなり手こずるだろう．リサーチャーにとって自由回答質問が好かれてるもっともな理由がある．原則として，自由回答質問は，**選択肢型質問**（closed questions）と比べてより正確な情報をもたらす．細かく段階に分けた回答選択肢があっても，回答が分類されている場合には，多少の情報損失は避けられない．さらに，回答選択肢の範囲の上端か下端の回答選択肢を打ち切らねばならないこともよくある．たとえば，「行動危険因子監視システム」には，回答者に対し，「この12ヵ月間に交渉のあったセックスパートナーが何人いるか」という自由回答質問がある．選択肢型質問では，母集団の中で性的にもっとも活発な人たちについて不正確な情報をもたらす最上位の選択肢（例：「10人以上」）を用意せねばならない．そのため，自由回答質問に比べて，選択肢型質問では，考えられる回答の併合や切り捨てを行うので，情報を失うことになる．

しかし実際には，回答者が，自由回答質問は本当は正確な数量を求めてはいないようにふるまっているようにみえることがよくある．たとえば，トゥランジョーと彼の共同研究者は，性行動に関する調査で，「セックスパートナーが10人以上」と回答した人たちの大半が，きっかりと5の倍数で答えていることに気づいた（トゥランジョー，ラシンスキー，ジョーブ，スミス，プラット：Tourangeau, Rasinski, Jobe, Smith, and Pratt, 1997）．調査の回答者は，丸めた数値としてその他多数の数量を報告することもある．たとえば，障害をもつ身内の世話でどれくらいストレスを感じているか（シェーファーとブラドバーン：Schaeffer and Bradburn, 1989）といった質問や，前回，調査に協力したのはいつであったか（フッテンロッハー，ヘッジス，ブラドバーン：Huttenlocher, Hedges, and Bradburn, 1990）といった質問である．割合を尋ねる質問では，回答者は，「0，50，100」とまとめる傾向がある．丸めた数値を用いるときに役立ついくつかの事柄があるにもかかわらず（たとえば，基本となる数量が不明瞭な場合や，報告をためらうような数量である場合），重要な問題は，多くの回答者が自らの評価や判断に数値を割り当てる際に，かなりの困難を経験することにあるようだ．回答者は，ある限られた範囲の数値から1つの値を選択することで，この手間を省こうとするだろう．つまり，回答者は自分が選択した範囲を，丸めた数値として報告するのである．

前述の事項2）のような尺度評価にもまた特有の問題がある．評価の種類によっては（例：人事評価），回答者は尺度の否定側の端を選ぶことを敬遠し，"**ポジティビティ・バイアス**（positivity bias；肯定側に偏ること）"を生じているように思われる．その他の種類の尺度評価の場合では，回答者はもっとも極端な回答選択肢を避ける傾向がある．尺度の分点が数値表記の場合は，その表記が回答に影響を与える可能性がある．シュワルツと彼の共同研究者（シュワルツ，クナウパー，ヒプラー，ノエル-ノイマン，クラーク：Schwartz, Knäuper, Hippler, Noelle-Neumann, and Clark, 1991）による研究が，この問題を説明している．彼らは，回答者に，自分の人生における成功を評価するよう依頼した．

1つのグループは，−5〜+5までの尺度を用い，もう1つのグループは，0〜10の尺度を用いた．いずれも，尺度の両端には同じような言葉による標識を付けた．いずれの数値標識を用いても，評価が尺度の高い側の半分に位置する傾向があるが（つまり全体にポジティビティ・バイアスを示しているが），尺度標識が−5〜+5にわたる場合に，尺度のより高い値の側の端で多く評価されていた．シュワルツらによると，負の数値は，0から上に向かって変動する数値とは別の意味を示すということである．0という値は人生において何も成功したものはないことを暗に意味するが，これに対して−5という値は惨めな落伍者（abject failure）を意味している．

少なくとも評価尺度の他の2つの特徴，つまり，提示する選択肢の標識とその数値は，回答に影響を与えることがありうる（たとえば，5段階と9段階）．クロズニックとバレント (Krosnick and Berent, 1993) は2種類の回答尺度を比較した一連の研究を行った．すなわち，1つは選択肢の両端の選択肢だけに標識を付けたとき，もう1つはすべての選択肢に対して言葉による標識を用意したときである．さらに，彼らは典型的な評価尺度質問項目の比較を行った．それは，分岐がなく1段階ですべての回答選択肢を提示するとき，分岐質問で提示するとき，予備の選択肢を提示し（例：「あなたは共和党員ですか？ 民主党員ですか？ それとも無党派ですか？」），続いてさらに詳細な選択肢を用意するとき（例：「あなたの民主党支持は強いですか？ 弱いですか？」），などである．標識を付ける形式と2段階の分岐形式とのいずれも，回答の信頼度が高まる．クロズニックとバレントは，この標識が尺度の分点の意味をはっきりさせることに役立ち，しかも分岐構造とすることが，標識をさらに単純な2つの判断に分解することで，報告作業を容易にしたのだ，と論じている．標識化と分岐化以外にも，回答選択肢数そのものが質問の難しさに影響することもありうる．選択肢があまりにも少なければ，心の中の判断が異なる回答者を見分けることができないことがあり，反対に選択肢が多すぎると，近接した選択肢間の違いを正確に区別できないだろう．クロズニックとファブリガー (Krosnick and Fabrigar, 1997) は，回答者にとっては7段階尺度が最善の妥協案[*10]であるようだ，と主張している．

もう1つのよくある回答形式は，回答者に順序尺度となっていない回答選択肢を提示するものである．（前述の事項3)に示した配偶者の有無・未既婚のような質問）．この形式を用いる1つの問題は，回答者が選択肢すべてを聞き終えるあるいは読み終える前に，回答者にとって，自分がもっともだと思った最初の答えを選ぶことがあることである．たとえば，「行動危険因子監視システム」の未既婚別の質問において，ある回答者は，自分の状況をより的確に表している最後の項目（つまり「未婚だが同棲」）に気づかずに，「未婚」を選ぶかもしれない．回答選択肢の順番を逆にしたときにどうなるかを調べた研究がいくつかある．これらの研究で，2種類の効果があることがわかった，すなわち，**"初頭効果（primacy effect）"** と **"新近性効果（recency effect）"** である．初頭効果では，ある選択肢を最初（あるいは少なくとも質問リストの初めに近いほう）におくと，回答者がその選択肢を選ぶ機会が増える．新近性効果では，そ

れとは反対のことが起こる．つまり，ある選択肢をリストの末尾かそれに近い位置におくと，その選択肢が選ばれることが多くなる．回答者は回答選択肢を1つずつ吟味し適切な回答を見せてくれたと感じた最初の選択肢を選ぶ，とほとんどのリサーチャーは確信しているようである．クロズニック（Krosnick, 1999）の用語によると，回答者は最適化を行うというよりも最小限の要求を満たすものである．つまり，回答者は必ずしも最善の回答を選ぶとは限らず，「まあ，それで十分か」という回答を選ぶのである．このような手っ取り早い手抜きをするという傾向が，初頭効果がよく起こる理由を説明している．新近性効果が起こる理由もまた，回答者が調査票で提示されている順と同じ順序で回答選択肢をみないことに起因する．調査員が回答者に質問を読み上げるとき，調査員が読み上げる最後の回答選択肢が，回答者がよく考えてみようという最初の選択肢になる（反対に，回答者が自分で質問文を読むときは，提示の順番に従って回答選択肢を読んで吟味する可能性が高い）．このような差違があるために，電話調査の回答者はかなり新近性効果となる傾向にあり，反対に，郵送調査の回答者は初頭効果となる傾向にあると思われる．回答順序の効果は，調査に限った現象ではない．たとえば，クロズニックは，投票用紙に掲載の行政官の立候補者の順番が各候補者の得票配分に影響することを示している．

7.3.7 動機のある誤報告

ここまでに，われわれは調査質問がもたらす認知的な困難性に対処する，回答者の取組みに焦点を当ててきた．しかし，多数の調査票にざっと目を通すと，別の種類の問題が数多くあることがわかる．ここで，「薬物使用と健康に関する全国調査」（NSDUH）から引用した次の質問について検討してみよう．

a）ここ30日の間に，あなたは何日コカインを使用しましたか？
b）ここ12ヵ月の間に，あなたは酒を飲んで酔うか，かなり酩酊したことが何度かありますか？
c）あなたがごく最近に，喫煙をしたのはいつですか？

質問a）を理解して，あるいは質問が求めている情報を想起して回答を組み立てることには，ほとんど不自由しない人が，それでもなお誤った回答を行うことは容易に想像できる．サーベイ・リサーチャーは，このような質問を"微妙な（sensitive）"質問とか"威圧的な（threatening）"質問というが，こうした質問は，リサーチャーが違法薬物やHIV／エイズ蔓延につながる行動を測定しようとする全国調査では，かなり当たり前のことになっている．ここで"**微妙な質問**（sensitive question）"とは，一部の回答者にとって煩わしい質問，あるいは戸惑うような質問のことをいう．たとえば，個人の収入や性行動に関する質問がこの範疇に入る．回答者は，こうした質問への回答を拒否したり，故意に誤った回答をしがちである．微妙な質問は回答者にジレンマをもたらす．つまり，リサーチャーに対し情報提供を協力するよう同意したの

に，特定の質問が求めている情報を提供することをためらうことがある．回答者は，その質問を飛ばしたり，虚偽回答を行うことで，こうした葛藤を解決することが多いと思われる．たとえば，ある研究では（ムーア，スティンソン，ヴェルニアック：Moore, Stinson, and Welniak, 1997），収入に関する質問の欠測値に着目した．ムーアらは，「最新人口動態調査」(CPS) の賃金や給料のデータの4分の1以上が，欠測あるいは不完全であったと報告している．これは，通常の人口統計学的項目の質問における欠測値の割合のおよそ10倍である．

ときには，ある質問への回答を拒否することは，何か都合の悪い行動の単なる過小報告となること以上に厄介かもしれない．たとえば，「薬物使用と健康に関する全国調査」(NSDUH) のコカインの使用に関する質問（前述のa）の質問）への回答を拒否することは，コカインの使用を認めたことと同じである．ここでコカインの使用をただ否定するほうが簡単かもしれない．調査で過小報告となりそうな行動，場合によっては答えに困る行動とは，違法薬物の使用，酒類の消費，喫煙（とくに10代と妊婦），中絶である．回答者はまた，「自分がすべきだと思うときに，何もしなかった」と認めることには気がすすまないこともある．結果として，投票や教会に行くといった，ある種の社会的に望ましい行動を，回答者は過大報告することもある．

微妙な情報の報告を向上させるために"寛容な (forgiving)"ワーディングを用いようと試みたリサーチャーもあった．たとえば，投票に関する以下の質問文を考えてみよう．

> "選挙について人に話すとき，選挙人登録をしていなかった，病気であった，あるいは時間がなかったなどの理由で，投票に行けなかった人がたくさんいると気づくことがよくあります．ところで，あなたはこの11月の選挙で投票しましたか？"
>
> [米国国民選挙調査からの引用]

投票に関するこの質問文のワーディングは，回答者に自分は投票に行かなかったと報告するような気にさせる．それにもかかわらず，実験調査結果では，こうしたワーディングが投票の過大報告を解消しないことを示唆している．微妙な話題の報告を改善するために，もっとも重要な唯一の方策は，質問-回答過程から調査員を引き離しておくことだと思われる（5.3.5項を参照）．これはいくつかの方法で実現できる．まず，微妙な質問は自記式調査票で実施するか，あるいはコンピュータにより回答者に直接質問を提示することが考えられる．これら2つの自記式の形式のいずれもが，調査員が質問する場合に比べて，戸惑いそうな情報を報告することが多くなると思われる．もう1つの方法は**ランダム回答法 (randomized response technique)**[*11]という技法である（ワーナー：Warner, 1965）．この方法では，回答者が，微妙な質問に答えるか，それ以外の当たり障りのない質問（例：「9月生まれですか？」のような質問）に答えるかを決めるために，ダイヤルを回すとか，何か他の用具[*19]を使う．回答者がどの質問に答えているのかを調査員が知らなければ，回答者は進んで率直に

答えるように見える．そうした微妙な特徴がどのくらい発生しているかを推定するには，微妙な質問と微妙でない質問を割りふる無作為化装置[*12]による既知の確率を利用する．実際に，この技法の評価によると，微妙な質問の回答時に共通した偏りのすべてとはいわないが，いくらかは減らせることを示唆している．

7.3.8 指示に従わない誤り

質問が自記式のとき（たとえば，郵送調査の場合），回答者は質問自体と調査票に記載されている指示，つまりどの質問に答えるのか，どういう形で答えるべきか（例：「1つだけ印をつけてください」），さらにそれ以外の指示を理解しなければならない．実際，自記式調査票では，ある質問に答えてから，次にどの質問に進むべきかを知ることは，回答者の仕事の重要な部分である．調査票全体を通して，回答者が正しい道筋を知ることを助けるために，調査票にはさまざまな分岐指示を記してあることが多く（例：「いいえの場合はQ8へ進め」），しかもこうした言葉による指示は，太文字や矢印などの視覚的刺激や図的刺激によって補強されることが多い．図7.3は，ジェンキンスとディルマン（Jenkins and Dillman, 1997）が検討したものを作り替えてある．こ

> **A1. Were you working for pay or profit during the week of April 12-18, 1992? This includes being self-employed or temporarily absent from a job (e.g., illness, vacation, or parental leave), even if unpaid.**
> 　　1☐ Yes – *Skip to A8*
> 　　2☐ No
>
> **A2. Did you look for work anytime during the five weeks between March 8 and April 12, 1992?**
> 　　1☐ Yes
> 　　2☐ No

> （日本語訳）
> A1. あなたは，1992年4月12日から18日までの1週間に，賃金をえるため，あるいは利益目的で働きましたか？　これには，無報酬であったとしても，自営あるいは仕事を一時的に休んだ場合（たとえば，病気，休暇，あるいは育児休暇）も含むものとします．
> 　　1☐はい　　（*A8へ進む*）
> 　　2☐いいえ
> A2. 1992年3月8日から4月12日までの5週間について，仕事を探していましたか？
> 　　1☐はい
> 　　2☐いいえ

図7.3　ジェンキンスとディルマンによる質問文の例（Jenkins and Dillman, 1997）

の例は，回答者が調査票を進む方向を探す手助けとなるいくつかの原則を説明している．調査票全体を通して，書体，太字，図式記号が首尾一貫した形で用いられる．たとえば，質問それ自体は太字を用いて，他の文章から引き立たせる．そして，質問番号（例：A1 や A2）は，一番左の隅において，ひときわ目立つように際立たせる．最初の質問と（それに続く質問群）に対する経路指示はイタリック体とする（例：*(Skip to A8)*「*A8 に進め*」）．回答者が回答を記入するはずの空白は，網かけとした背景と対照的な色である白とする．さらに考えられるかぎり，目的とする道順を示すため，言葉による指示ではなく矢印を用いる（たとえば，A1 に「いいえ」と答えた人を，矢印で A2 に進むように指示する）．

それでも回答者は，答えるべき質問を飛ばしてしまったり，飛ばすべき質問に答えてしまう"**指示に従わない誤り**（ナビゲーション・エラー，navigational error）"を犯しやすい．回答者は指示に気がつかないか，あるいは気づいても指示の意味がわからないこともある．その結果，自記式調査票，とくに設計が不適切な指示は調査員方式の質問よりも欠測値の割合が高くなることが多い．

ACASI による調査，ウェブ調査，電子メール調査における自記式調査票の増加につれて，回答者がこうした代替形式に，どのように反応するかを知るために必要とされるたくさんの調査方法論研究がある．調査票形式のどのような特性が回答者の負担を軽減するのか？　読み書き能力の低い回答者は，異なる形式を用いることで読み書き能力が高い回答者よりも多くの利点があるのだろうか？　回答行動を形式化することで，回答者が自分の仕事を遂行するという動機づけを高めることができるだろうか？

7.4　適切な質問を作成するための指針

調査票設計時に起こりうる落とし穴をすべて知っておくことには一理ある．つまり，これを知ることで，質問に関する問題を認識することが容易になる．これはまた，初めの段階で，こうした問題の回避に適した的確な規則を設けるうえでも役に立つ．適切な調査質問を作成するための指針を提供する何冊かのテキストがあるが，ここではサッドマンとブラッドバーン (Sudman and Bradburn, 1982) が開発作成した，もっともわかりやすいリストの1つを要約する（なお，調査質問作成に関する優れた助言のもう1つの情報源としてコンバースとプレッサー (Converse and Presser, 1986) がある）．ここで，サッドマンとブラッドバーンの提案が，時間をかけた検証がされていないと考える場合には，彼らの元の助言を採用しないか，あるいは修正することである．彼らの提案は経験的な成果にもとづいており，ほとんどの場合，こうした提案がかなり通用してきた．回答過程で誤った方向に進みうることを議論する際に，これらの提案の多くは，すでに前兆として現れていたことである．

サッドマンとブラッドバーンは，すべての調査質問に対して共通の指針を提供する

7.4 適切な質問を作成するための指針

だけでなく，次にあげるようないくつかの異なる種類の質問に適した個別の提案を行っている．

1) 行動に関する，微妙ではない内容[*13]の質問
2) 行動に関する，微妙な内容の質問
3) 態度に関する質問

こうした区別は有用である．なぜならば，さまざまな種類の質問は，やや異なった問題を提起するからである．たとえば，微妙な内容の質問は，とくに故意に誤った報告がなされる傾向があり，正確な答えを引き出すための特別な措置が必要かもしれない．態度に関する質問は，回答尺度を必要とするかもしれないが，（前にも記したように）回答尺度は，それ自体が特別な問題を引き起こす．ここでは，上記の各種の質問を順に取り上げよう．

7.4.1 行動に関する微妙ではない内容の質問

行動に関する数多くの質問にとって，主要な問題は，回答者が，質問に関連した情報の一部あるいはすべてを忘れているか，あるいは回答者の回答が不正確な判断を反映してことがある，ということである．そのようなことで，行動にかかわる，微妙ではない内容の質問（nonsensitive questions）に対するサッドマンとブラッドバーンの指針は，記憶力の問題を少しでも減らそうと試みたものである．微妙ではない内容の質問のための指針のほとんどは，微妙な内容の質問に対しても同じように意味のあるものである．これをあげると以下に示したとおりである．

1) 選択肢型質問の場合，すべての合理的な可能性を明示的に回答選択肢として含めること．
2) 質問は，できる限り具体化すること．
3) ほぼすべての回答者が理解できる言葉を使うこと．
4) 想起を高めるために記憶の手がかりを加えて質問文を長めにすること．
5) 忘却される可能性が高い場合には，助成想起を用いること．
6) 関心のある出来事が頻出するのだが，ほとんど関心をもたれない場合は，回答者に日記をつけてもらうこと．
7) 想起期間が長期にわたる場合には，報告作業を改善するため，生活出来事カレンダーのようなものを用いること．
8) テレスコーピングによる誤りを減らすために，回答者に世帯の記録を利用するよう依頼するか，制限を設けた想起を用いるよう依頼すること（もしくはその両者を用いること）．
9) 経費が影響する場合は，代理の人が正確な情報を提供してくれそうかを検討すること．

これらのうち，初めの3つの提案は，いずれも質問文のワーディングに関することである．回答者は，明確に答えられないことには自ら進んで答えようとはしないので，考えられるすべての可能性を回答選択肢に含める必要がある．さらに，その他の選択肢として1つにくくった回答選択肢は（例：「その他すべて」），過小報告される傾向がある．たとえば，以下の2つの質問では，かなり異なった回答分布が得られるだろう．

1）あなたの人種（race）はどれでしょうか？
　　白人　（White）
　　黒人　（Black）
　　アジア系または太平洋諸島系　（Asian or Pacific Islander）
　　アメリカ先住民またはアラスカ先住民　（American Indian or Alaska Native）
　　その他の人種　（Some Other Race）

2）あなたの人種（race）はどれでしょうか？
　　白人　（White）
　　黒人　（Black）
　　インド系　（Asian Indian）
　　中国系　（Chinese）
　　日系　（Japanese）
　　朝鮮系　（Korean）
　　ベトナム系　（Vietnamese）
　　フィリピン系　（Filipino）
　　その他のアジア系人種　（Other Asian）
　　ハワイ先住民　（Native Hawaiian）
　　グアム島人　（Guamanian）
　　サモア系　（Samoan）
　　その他の太平洋諸島系　（Some Other Pacific Islander）
　　アメリカ先住民またはアラスカ先住民　（American Indian or Alaska Native）
　　その他の人種　（Some Other Race）

「アジア系または太平洋諸島系」の選択肢を細かい要素に分けることは，その回答選択肢の意味を明確にすることであり，さらに回答者には自分に適した選択肢はどれかもわかりやすくなる．その結果，2番目の質問項目のほうが，アジア系と太平洋諸島系の回答の割合が多くなると思われる．

できるだけ具体的に質問することは，回答者間の解釈の相違の可能性を少なくする．誰をさすのか（例：you とは回答者本人だけを意味するのか，あるいは回答者の世帯全員を意味するのか？），期間はどのくらいか，どのような行動についてか，などに

について質問文が明確であることが重要である．よくある誤りは，質問が対象とする該当期間が曖昧なことである．たとえば，「通常，1週間で，あなたはどれくらいの頻度でデザートを食べますか？」を考えよう．われわれの食習慣は，一生にわたって，特定な1年間，あるいはここ数週間の間でさえも著しく変化することがある．より良い質問とは，該当期間を特定することである．つまり，「ここ1ヵ月の間，つまり（○月○日）から，通常の1週間において，あなたはどれくらいの頻度でデザートを食べましたか？」とする．調査員は（○月○日）の箇所に，この質問を行ったときに正確な開始日を記入する．

第3の提案は，誰もがわかる言葉を使うということであるが，残念なことにこれを助言するよりも，この助言に従うことのほうがずっと難しい．もう少し具体的な指針としては，日常用語を選び（例：「あなたは今までに心臓発作を起こしたことがありますか？」），専門用語を使わないことであり（例：「あなたは今まで心筋梗塞になったことがありますか？」），明確な頻度区分のほうを選び（例：「毎日」「月に一度」），曖昧な修飾語を使わず（例：「いつも」「めったにない」），より具体的な修飾語を選ぶこと（例：「ほとんどの時間」）である．必要とあれば，曖昧な言葉や専門用語を用いることもできるが，理想的にはその質問の直前で意味をあきらかにすべきである（例：「心筋梗塞とは心臓発作のことです．専門的にいえば，心臓の筋肉の組織の一部が死ぬことです．では，あなたは今までに心筋梗塞にかかったことがありますか？」）．

次の5つの指針はすべて，報告の正確さにかかわることで，忘却の影響を減らすことに関連している．基本的な戦略の1つは，回答者に対してさらに多くの想起の手がかりを提供することである．これは，質問自体にそうした手がかりをつけ足すという戦略か，あるいは関心のある選択肢はすべて，それら選択肢の下位選択肢として個別に質問文を問うという戦略である．手がかりを加えることは，質問文を長くすることになるが，指針の第4の事項が示すように，それでもなお長くすることが想起を促すこともある．下位選択肢について個別に質問をすることを，"**助成想起**（aided recall）"とよんでいるが，これは指針の第5の事項が提案していることである．この1つの例が，「全国犯罪被害調査」（NCVS）の買い物に関する質問である．ここでは人が買い物をする可能性のあるさまざまな場所を例としていくつか列挙している（たとえば，「ドラックストア，衣料品店，食料品店，金物屋，コンビニエンスストアでの買い物」）．それはまた，各種の小売店について個別の質問を行うこともあるだろう．どちらのやり方でも，回答者の記憶を呼び起こすのに役立つ想起の手がかりを提供する．肝腎なことは想起の手がかりは実際に役に立つことである．ただし，意味のない下位選択肢に分解することは，事態をかえって悪くする（たとえば，「あなたは，赤い物の買い物に何度出かけましたか？」「あなたは，雨の火曜日の朝，買い物に行ったことが何度ありますか？」）（ベリ，シュワルツ，シンガー，タラリコ：Belli, Schwartz, Singer, and Talarico, 2000）．回答者が出来事を符号化する方法に適さない想起の手がかりは，何も手がかりがないよりもかえって悪くなることがある．想起を促すもう1つの戦略は，その出

来事を記憶していられる程度に該当期間の長さを調整することである．まれにしか起こらないこと，強く印象に残ること，長時間続くことは，頻繁に起こるどうでもよいことや，つかの間の出来事に比べて，かなりおぼえていられそうである．たとえば，回答者にとって，インフルエンザの予防注射で15分だけ医者を訪ねたことよりも，心臓手術のために入院したことのほうをかなりよくおぼえている．その結果，医者を訪問するという，あまり記憶に残らない出来事よりも（この場合は，2週間か1ヵ月くらいが妥当なところであろう），入院のように記憶に残る出来事の情報を得るには，かなり長い該当期間を用いることに意味がある（この場合は，1年というのが妥当な該当期間であろう）．

しかし，該当期間の長さを調整するという方法には限界がある．調査が，日常的な出来事や自分に無関心な出来事にかかわるときは（たとえば，少しだけ買い物をしたり，食べたりすること），該当期間は現実を考慮して，「昨日の場合」というように，かなり短くとる必要があることもある．このような場合は，出来事を思い出す回答者の能力に頼るよりも，日記を書いてもらうほうがよい場合が多い．これとは正反対に，長期にわたる該当期間とすることが，調査設計に必要な特性であることもありうる．たとえば，パネル調査では，回答者を頻繁に訪問する余裕がない場合がほとんどである．つまり，通常は数ヵ月ごとに，ないしは年に1度だけパネル登録者に面接を行うこともあるので，何回かにわたる面接の全期間を網羅したい場合には，長い該当期間を用いなければならない（たとえば，「全国犯罪被害調査」（NCVS）では，標本とした住居を半年ごとに訪問する）．該当期間が長い場合は，場合によっては生活出来事カレンダーが想起を促すことがある．生活出来事カレンダーとは，結婚歴，子どもの誕生，仕事や住居について，ある人の生活の要所要所で節目になる出来事を記したものである．これらの出来事がカレンダーに記録され，たとえば，当時どれくらいの稼ぎがあったか，病気をしたか，犯罪被害にあったかといったような，ありふれた事柄について回答者の記憶を喚起する手助けとなる．カレンダーに記録された自伝的な節目が，想起に役立つ豊富な年代順の手がかりや主題別の手がかりを提供してくれる（ベリ：Belli, 1998）．これらはまた時間を表す目安となりうるものなので，他の出来事にも日付を付けられるようになる．こうした出来事カレンダーでは，形に縛られない回答者とのやりとりを行うことが調査員に必要となる．こうしたツールが，調査員の影響による調査結果の変動を増加させるかどうかについては，未解決の研究課題がある（9.3節を参照）．これはまた，方法論研究の議論の尽きない分野でもある．

別の種類の記憶の誤りとして，出来事の時期についての記憶違いがあるが（あるいは"テレスコーピングによる誤り"があるが），前述の指針の第8は，こうした誤りを減らす2つの方法を提案している．1つは，回答者に買い物や通院，あるいはそれに関連する他の出来事の記録が残されている出来事を思い出したり，日付を確認するために，世帯の記録（例：カレンダー，小切手帳，請求書，保険申込書，その他の金銭上の記録）にあたってもらうことである．もう1つの方策は"制限を設けること

(bounding, 制限設定)"という．たとえば以前の面接で（つまり，前回のパネル調査で），すでに何を報告したかを回答者に思い出してもらうようにすることである．

最後の提案は，データ収集経費が問題となるときに，情報を提供してくれる代理報告者を利用することである．この**"代理の人（proxy）"**とは，情報を収集しようとしている相手以外の誰かのことである．ほとんどの調査では，子どもたちに面接を行うよりも，子どもたちの情報を親に提供してくれるよう依頼している．他の調査では，世帯の成人成員の1人に，そこに居住するすべての人について報告してもらうようにしている．他の人に報告してもらうことで経費削減が可能となる．なぜならば，調査員はその世帯の全員と話をするために再訪問の予定を立てる必要がなくなり，代理の人からすぐに情報を得ることができるからである．同時に，その代理の人は，自己申告者とは系統的に異なる．たとえば，代理の人は，質問に回答する際に，自己申告者よりもエピソード的情報ではなくて（たとえば，特定の出来事に関する詳しい記憶），一般的な情報（たとえば，日常的に起こる情報）に依存するであろう．さらに，自己申告者と代理の人とでは知っていることに差違があるかもしれない．10代の自分の子どもの喫煙について，親に質問するのはほとんど意味がない．それは，子どもはこうした情報を隠そうとする，とくに親には隠そうとするからである．全体としては，代理の人は，事実に関する信頼できる情報を提供してくれることが多いように思われる（オムチャルタイ：O=Muircheartaigh, 1991）．

7.4.2 行動に関する微妙な内容の質問

7.3.7項で記したように，調査によっては，コカインの使用，飲酒，喫煙などの違法行動，あるいは場合によっては都合の悪い行動についての質問を含むものがある．「薬物使用と健康に関する全国調査」（NSDUH）や「行動危険因子監視システム」（BRFSS）にも，そのような質問がたくさんある．以下は，サッドマンとブラッドバーンによる微妙な質問（sensitive question）に適した指針である（必要に応じて内容を書きかえた）．

1) 微妙な内容の行動の頻度を聞き出すときには，選択肢型質問よりも自由回答質問を用いること．
2) 短い質問よりも長めの質問を用いること．
3) 微妙な内容の行動を説明する場合には，なじみのある言葉を用いること．
4) 誤報告を減らすためにその質問で意図的に誘導すること．
5) 微妙な内容の行動について質問するときは，長い期間について尋ねるか（例：「今までの人生において」のように），あるいは，まずはずっと昔のことについて尋ねること．
6) 微妙な質問は，目立たぬように別の微妙な質問の間に紛れ込ませること．
7) 報告作業を改善するために，自記式や他の類似方式を用いること．

8) 日記によりデータを収集することを検討すること.
9) 質問がどの程度微妙な内容だったかを評価する質問をいくつか,調査票の末尾に入れておくこと.
10) 検証用データを収集すること.

微妙な内容の行動[*14]についての自由回答質問は,選択肢型質問に比べて2つの利点がある.利点の第1は,選択肢型質問には確かに情報の損失がある(たとえば,つながりがかなり頻繁に途切れることについて).さらに,選択肢型の選択肢を,通常の母集団における行動の分布[*15]についての情報を用意したものと,回答者がとらえることもある.よって,回答者の回答に影響を与えることになる(7.3.4項であげたコラム19,シュワルツらによる研究を参照).

サッドマンとブラッドバーンは,質問文を長くすることを勧めているが,それはおもに(思い出すために回答者に多くの時間を与えることで),より完全な想起を促すからである(サッドマンとブラッドバーン:Sudman and Bradburn, 1982).これは,(飲酒のように)回答が過小報告される傾向がある行動の場合にはとくに有効である.たとえば,ワインの消費状況について問うときには,以下のようなワーディングを推奨している.

"ここ数年,わが国ではワインの評判がますます高まっております.ところでここで,ワインとは,テーブルワイン,スパークリング・ワイン,シャンパンだけでなく,リキュール,コーディアル[*16],シェリーおよびその他の類似の飲み物を意味します.あなたは今まで,一度でも,ワインやシャンパンを飲んだことがありますか?"

いろいろな種類のワインを列挙することは,この選択肢の境界を明確にするために役立つのだが,ほとんどは,さらに多くの時間を提供し,想起に時間をかけるよう働きかけるものである.その次の提案,つまり,微妙な内容の行動にはなじみのある言葉を用いること,とは(例:「性交(coitus)」よりも「セックスする(having sex)」とする),回答者に質問に対してあまり違和感を感じさせず,しかもそれが想起を高めるのに役立つ.なぜならば,質問に使われている言葉が,関連する経験を符号化するために用いる言葉に適合する可能性があるからである.つまり,面接の冒頭で,どちらの用語を使うことを回答者が好むかを,調査員は判断することができる.

質問を"**誘導する**(loading)"とは,特別の回答を誘うように質問文のワーディングを行うことであり,ここの場合には,社会的に望ましくない回答のことである.サッドマンとブラッドバーンは,このために以下のようにいくつかの戦略を分類している(サッドマンとブラッドバーン:Sudman and Bradburn, 1982).つまり,"「みんなやっているじゃない」型(everybody-does-it)"手法(例:「おだやかな親も,ときには自分の子どもに対して怒ることがあります」).次は,行動を想定する"行動想定型(assume-the-behavior)"手法(例:「ここ一週間のうちで,お子さんがあなたを怒らせるようなことが何回ありましたか?」).さらに,権威が提案する"権威推奨型

(authorities-recommend-it)"手法（例：「心理学者の多くは，両親が鬱積した不満を言葉で表すことが重要だと信じています．ここ一週間のうちで，お子さんがあなたを怒らせたことがありましたか？」）．そして，そうする理由がある"理由提示型（reason-for-doing-it)"手法（例：「疲れているときや気が散っているとき，あるいは子どもたちがいつになくいたずらをしているとき，親は怒ってしまうでしょう．ここ一週間のうちで，お子さんがあなたを怒らせるようなことをしたことがありましたか？」）．7.3.7項にある投票に関する質問も，この最後の手法の例示である．

次の2つの提案は，質問項目がもつ見かけ上の感度（微妙さ，sesitivity）[17]を減らすことに役に立つ．一般に，つい最近何かをしたと認めるよりも，今までに何かをしたことがある，あるいはだいぶ前に何かをしたことがある，とするほうがまごつかないだろう．たとえば，2000年の大統領選挙のとき，ブッシュ候補が10年以上前に飲酒問題があったことを認めたが，この告白が世間を騒がせることはほとんどなかった．彼が選挙遊説の前日にしたたかに飲みすぎてしまったと告白するのとはまったく別の話であったからである．ほとんどのサーベイ・リサーチャーは，微妙な質問は面接の初めのほうにするべきではなく，いくぶんか微妙さを抑えた質問の後におくべきであると考えている．さらに，1つの微妙な質問は（例：万引きに関する質問），それとは別のもっと微妙な内容の質問（例：武装強盗についての質問）の中に紛れ込ませると，その関心のある微妙な内容の質問が，比較によって当該の微妙な内容の質問がもつ脅威をより少なくすることに役立つかもしれない．多くの判断がそうであるように，微妙さの認知力は文脈に影響されるものである．

すでに記したように，微妙な内容の行動に関する報告を改善するためのもっとも有効な方法の1つは，自記式調査票かコンピュータ処理の調査票を用いることである．もう1つの手法は，調査員が回答者の答えている質問がわからないランダム回答法である．この方法は以下のように説明できる．まず，回答者は箱から赤か青のビーズを取り出し，それによって自分が次のどちらの質問に答えるかを決める．

（赤の場合）あなたはここ12ヵ月の間に飲酒運転で逮捕されたことがありますか？
（青の場合）あなたの誕生日は6月ですか？

調査員は，回答者がどちらの質問に答えているかがわからないのだが，「はい」か「いいえ」かのいずれかの回答だけを記録する．調査を行う側は，赤のビーズと青のビーズが選ばれる確率を（それに，回答者が6月に生まれた確率も）知っているから，飲酒運転の質問に対して「はい」と答えた割合の1つの推定値が得られる．

終わりに，第3の方法として，回答者に日記をつけさせる方法がある．これは，自記式のもつ長所と記憶の負担を軽減することとを組み合わせている．しかし，詳細な記録をつける必要がある日記式調査は，回答率が低くなる傾向がある．

最後の2つの提案によると，（質問に答える際の不快感を回答者に評価させることで）質問の微妙さの程度を評価できるようになる．さらに外部の評価基準とそれらを

(つまり質問の微妙さの程度を評価することを) 比較することで, 回答の全般的な正確さを評価することも可能になる. たとえば, 最近の薬物使用に関する回答者の調査結果を, 尿検査の結果と比較することができるわけである.

7.4.3 態度に関する質問

回答者の態度を尋ねる, あるいは意見を求める調査はたくさんある. 本書で用いている 6 つの調査例の中で,「消費者調査」(SOC) だけが態度を問う多数の質問を含んでいる. それでも, これらは調査質問としては標準的な部類に入るのだが, サッドマンとブラッドバーンは, それらについても具体的にいくつかの指針を示した. 以下はその指針に手を加えたものである.

1) 対象とする態度を明確に示すこと.
2) ダブル・バーレル質問 (二重質問) を避けること.
3) 態度の強さを測ること. 必要に応じて別の質問を用いること.
4) 主要な情報を失う可能性がある場合を除き, 二極型質問を用いること.
5) 質問の中で示される選択肢は, 回答に大きな影響を与える. したがって, どのような選択肢を設けるかを慎重に検討すること.
6) 時間の経過にともなう変化を測定するときには, 毎回同じ質問をすること.
7) ある話題について一般的な質問と具体的な質問をするときには, まず一般的な質問から先に行うこと.
8) 複数の項目について質問するときは, あまりなじみのない質問からはじめること.
9) 態度を測定するには, 選択肢型質問を使用すること.
10) 5〜7 段階の尺度を用いることとし, すべての目盛に標識を付けること.
11) 尺度は, あまりなじみのない選択肢を, 端においてはじめるようにすること.
12) きめ細かい尺度情報を得るには, (温度計のような) アナログ型の道具を用いること[18].
13) 回答者が選択肢のすべてを視認できる場合だけ順位づけを用い, そうでない場合は一対比較を用いること.
14) すべての質問項目について評定方式を用いること. つまり, あてはまるものをすべて選ぶ式の質問項目を用いてはいけないこと.

以上の事項のうち, 初めの 6 つはすべて質問文のワーディングにかかわることである. 1 番目は, 当該関心対象となる態度を明確に示すということである. ここで次の質問を考えてみよう.

　　"あなたは, 政府が反テロリズム対策にあまり予算を使っていないと思いますか, ほぼ妥当だと思いますか, それとも予算のかけすぎだと思いますか?"

7.4 適切な質問を作成するための指針

ここで質問文が念頭においているのは，どのような反テロリズム対策かを（そして政府のどの段階かを），詳しく説明することで，回答者間の質問の理解と解釈の一貫性がより改善されるだろう．**"ダブル・バーレル質問（double-barreled items，二重質問）"** とは，不注意から一度に2つの態度を示す対象について問うことである．たとえば，以下に示した質問文 a) は中絶に対する態度と最高裁判所に対する態度とを一緒にしており，また質問文 b) は中絶に関する態度と女性の権利に関する態度とを一緒にしている．

- a) 米国の最高裁判所は，女性は妊娠後の最初の3ヵ月間では，いかなるときも中絶できると定めました．あなたはこの決定に賛成ですか，それとも反対ですか？
- b) あなたは，女性に選択権を与えるという理由で妊娠中絶の合法化に賛成しますか？

ダブル・バーレル質問に対する回答は，解釈がむずかしい．つまり，得られた回答が，質問内で重なっているどちらの事柄に対する態度を反映したものなのか，ということがある．

ある態度について，一般に関心がある2つの特性とは，態度の方向性（つまり，そう思うかそう思わないか，賛成か反対か，好ましいか好ましくないか）と，態度の強さまたは強度である．第3の提案は，この強度の規模を捕捉するように設計した回答尺度（例：「まったくそうは思わない」「あまりそうは思わない」），それとは別に設けられた質問，あるいは強度の評点を与える1つの尺度に結合できる複数選択肢型の質問，以上を用いて強度を評価することである．第4の提案は，質問文がわずかな差違を見逃す可能性がある場合を除いては，二極型質問を用いるということである．たとえば，対立する政策について，それぞれの政策を個別に尋ねることをしないで，1つの質問の中で相対する政策について問うということである．

> "誰もが適切な医療を受けられるように，政府が責任をもつべきでしょうか，それとも一人一人が自分の医療に責任をもつべきでしょうか？"

"二極型方式（bipolar approach）" の質問[*19]では，回答者にもっともらしい選択肢のどちらか1つを選ばせるので，黙従傾向を抑止する．しかし，この方法では機微にふれる微妙なことを見逃す場合がある．たとえば，肯定的な感情や否定的な感情はいつも強いわけでないので（たとえば，いつも否定的であるわけではないので），何が回答者を「幸せ」にし，何が「惨め」と感じさせるかを尋ねる，別の質問を用意することは理にかなっている．態度についての質問のワーディングに関する第5の提案は，中間的な回答（例：「賛成でも反対でもない」）や「どちらともいえない」の選択肢を含めることで生じる結果に関係するものである．一般に，こうした選択肢は，何かやむをえない理由がない限りは含めるべきである（たとえば，選挙の事前投票では，どちらかの方向へ傾いている人たちに，彼らがどちらをとるかを示させることが重要であり，こうした状況では，中間的な選択肢や「どちらともいえない」という選択肢

は省略されることがある).次に述べる指針は,態度変容を測定する唯一の方法は,「リンゴとリンゴを比較することだ」ということを教えている.つまりそれは,両時点で同じ質問を実施するということである.

次の2つの提案は,質問順の影響を減らすことを意図したものである.同じ領域のことについて,一般的な質問と具体的な質問との両方があるときには,おそらく一般的な質問を先に行うほうが最善だと思われる.さもないと,その一般的な質問に対する回答は,先に尋ねた具体的な質問数と内容とに影響される可能性があるからである(結婚の幸福度について質問したあとに全体的な幸福度を聞いたとき,回答者はどのように質問の解釈を変えてしまうかを,前に議論したことを思い出そう).好まれる程度に差がある,いくつかの同種の質問が調査票に含まれるとき(たとえば,「総合社会動向調査」(GSS)では,さまざまな状況下での中絶に対する支援に関するいくつかの類似質問がある),一般受けのよい通俗的な質問の後ろに,普段あまりなじみのない質問を行うと,いっそう訴求力が弱まる.つまり,あまりなじみのない質問の場合,初めのほうで聞いた質問のほうがより意味ある回答が得られるかもしれない.

上にあげた14項目のうちの最後の6つの提案は,態度を問う質問を用いる,ほぼどんな場面にもある回答尺度の形式にかかわる項目である.このうちの最初の提案(つまり9番目)は,自由回答質問よりも選択肢型質問を用いるべきと勧めている.自由回答形式であると,なによりもコーディングが難しいからである.その次の提案はもう少し具体的で,言葉の標識を付けた5～7段階の尺度を用いることを推奨している.これより少ない尺度区分では情報を失い,7段階よりも多いと認知の観点からは過重負担が生じる[*20].言葉による標識は,すべての回答者が尺度の解釈を同じように行うために役に立つ.回答選択肢の一般受けの程度に差がある場合,あまり知られていない選択肢は,後のほうにあるよりも前のほうにおいたほうが,より多くの回答者がよく考えてくれるであろう.調査員が質問文を声に出して読み上げるときには,おそらく回答者は最後に聞いた回答選択肢をまず考えようとする.したがって,このような場合は,もっとも一般受けのよくない(好まれない)選択肢を後ろのほうにおくべきである.

他の形式も,態度を問う質問にはよくあるものである.最後の3つの提案とは,**アナログ方式**(analogue method)の質問(例:感情温度計のようなもの),**順位のある**(ranking)**質問**,**あてはまるものをすべて選ぶ**(check-all-that-apply)質問にかかわるものである.7段階尺度より多い選択肢が必要なときは,アナログ尺度が認知的な負担を軽減するのに役立つこともある.たとえば,"感情温度計"を想定して著名人の好感度を温度で評価するよう回答者に尋ねるとしよう.その尺度は,0(非常に冷ややかな気持ちを意味する)から100(非常に温かな気持ち)までを示している.回答者がその尺度上で13度あたりとしているようだといった結果が出てくる.回答者にとっては,あらかじめ固定されていない数字による判断は難しく(このことが丸めた数字で答える傾向となる理由の1つである),したがって感情温度計のように,

尺度に上限と下限があれば，それが役に立つのである．回答者はまた，いろいろな対象について順位づけを求められることがある（たとえば，子どもにふさわしい特徴）．13番目の提案が示しているように，回答者が順位づけをしながら項目を見られるように，すべての質問をカードで提示でもしなければ，順位づけ作業が回答者の認知可能な限度をこえてしまうかもしれない．これができない場合は（たとえば電話調査の場合），リサーチャーは2つの対象間の比較，つまり一対比較に頼らざるをえない．最後にある14番目の提案により，あてはまるものをすべて選ぶ方式の質問を用いることをリサーチャーは思いとどまるだろう．なぜならば，おそらく現実には，回答者は自分に実際にあてはまる項目のうち，数個のみを選ぶ可能性があるからである．（ラシンスキー, ミンゲイ, ブラッドバーン：Rasinski, Mingay, and Bradburn, 1994）．リストにある各質問について，「はい」または「いいえ」（あるいは，「そう思う」または「そう思わない」，「賛成」または「反対」など）で答えるように回答者に質問することで，この種の最小限の要求を満たす回答を抑制してくれる．

7.4.4 自記式質問

サッドマンとブラッドバーンは（また他のほとんどの調査票設計のテキストでも），面接調査と電話調査向けの調査票を中心に議論している．こうした設定では，訓練された調査員が回答者と調査票の間の調整を行うのが通例である．これとは対照的に，郵送調査では，調査票を記入するために，どの質問に回答するか，どのように回答を記録するか，他の指示にどのように従うか，こうしたことの理解は回答者に任せられている．ジェンキンズとディルマン（Jenkins and Dillman, 1997）は，回答者が郵送調査や他の自記式調査票に正確に記入する可能性を高めるようにする，いくつかの提案をあげている（この他に，レッドラインとディルマン：Redline and Dillman, 2002）．以下が，それらの提案である．

1) 調査票全体を通して希望どおりの道筋を示すように，首尾一貫した方法で視覚要素を用いること．
2) 調査票で手順を途中で変える必要がある場合は，はっきりと目立つ視覚的な手引きを用意し，切り替え・変更を回答者に注意せねばならない．
3) 使用すべき箇所に，よくわかるように，指示を配置すること．
4) 一緒に用いる必要のある情報は，同じ場所に提示すること．
5) 1度に1つの質問を行うこと．

ここの第1の指針で示している"視覚要素"には，明暗・色使い・形・ページ上の配置がある．7.3.8項で述べたように，調査票では，質問番号を左の端に寄せ，質問番号と質問文を太文字で表記し，説明や指示を質問文とは違う書体で記し，図示記号（矢印など）を使って回答者を正しい質問へと導く手助けをする．調査票で初めから終わりまで同じ手順を用いると，回答者はそれらの手順を学習する．しかし残念なこ

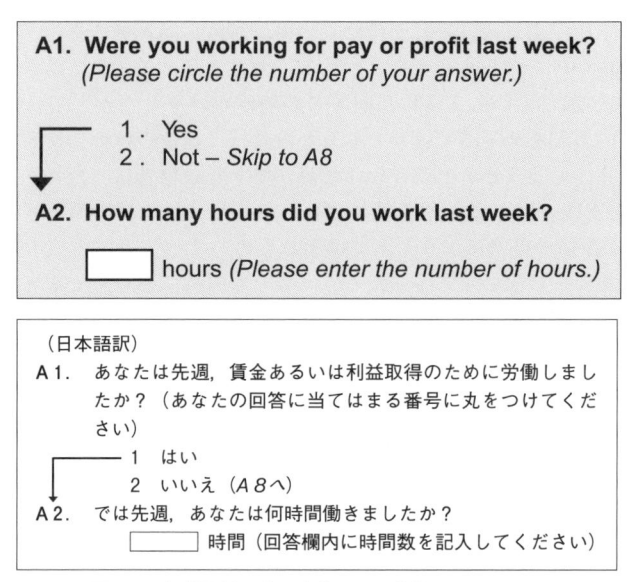

```
A1. Were you working for pay or profit last week?
    (Please circle the number of your answer.)

    ┌── 1．Yes
    │   2．Not – Skip to A8
    ▼
A2. How many hours did you work last week?

    [    ] hours (Please enter the number of hours.)
```

```
（日本語訳）
A1．あなたは先週，賃金あるいは利益取得のために労働しまし
    たか？（あなたの回答に当てはまる番号に丸をつけてくだ
    さい）
    ┌── 1  はい
    │   2  いいえ（A8へ）
    ▼
A2．では先週，あなたは何時間働きましたか？
        [    ] 時間（回答欄内に時間数を記入してください）
```

図7.4　視覚的対照効果を使って回答欄を強調した例

とに，調査票の途中で，最初に決めた手順を変える必要が生じることがときとしてある．たとえば，質問文によっては回答形式を切り替える場合がある．そのような場合には，第2の指針に従って，回答者が何を行なえばよいかを，視覚的な手がかりにより明らかにすべきである．図7.4では，選んだ回答番号に丸を付けたあとに，はっきりと回答を記入するほうに移るようになっている[*21]．この例では，回答を記入するための白い枠と網掛けとした背景とのコントラストが，回答者に今何をすべきか，どこに回答すべきかという注意を促している．

　その次の2つの指針は，指示の配置位置について述べている．自記式調査票の最初のページは，記入の仕方についての長い指示説明があることが多い．ジェンキンスとディルマンは，回答者がこの先頭ページをまったく読み飛ばして質問に答えようとすることがあること，あるいは，その指示説明を読んだとしても，それが必要になるときにはすっかり忘れてしまうことがあると主張している．必要な場所に指示説明が正しく配置してあれば，回答者はその指示説明に気が付いてそれに従うであろう．図7.4では，回答の仕方の説明が，回答選択肢の直前に記されている（「あなたの回答にあてはまる番号に丸を付けてください」とある）．ここでの要点は，概念的に関連のある情報は具体的には一緒に配置するということである．たとえば，回答者はまず質問をみて，次に欄の見出しを見て，どのような回答が求められているかを，いちいち理解する必要はないのである．質問の理解に必要な情報はすべて一箇所にまとめておかなければならないということである．

調査質問では，1つの質問で複数の可能性を扱うことがよくある．たとえば，7.3.2項の通院に関する質問は，医師と医師以外の医療スタッフとの接触や，面接と電話による相談が1つの質問文の中にすべて含まれていることが原因で，いくらか複雑になっている．1つの質問文の中で複数の質問をしたいという衝動は，自記式調査票ではとくに強くなると思われる．その場合，1つか2つの質問が加わることで調査票のページを増やすことになる．しかし，複数の質問を一度に尋ねることで，回答者は論理的に考えるために必要となる要件を，まるまるおぼえておくことができなくなることもあり，回答者側に解釈するうえで重い負担を課すこととなる．

ここで，ジェンキンスとディルマンが考察した例をみよう．

> "貴社のフルタイム勤務の従業員で，健康保険給付金を受け取っている人は何人おりますか？ フルタイム勤務の従業員で健康保険給付金を受け取っていない人は何人ですか？ また，この各タイプ，つまり受け取っている従業員と，そうでない従業員につき，それぞれの勤続期間は平均してどのくらいですか？"

この質問では4つの異なった問いを尋ねている．すなわち，フルタイムの従業員で健康保険給付金を受け取った人は何人か？ 彼らは平均して何年勤務しているか？ フルタイムの従業員で健康保険給付金を受け取っていない人は何人か？ 彼らは平均してどのくらいの期間勤務しているか？ の4つである．紙面の節約はできるにしても，これでは質問の理解の低下によって，こうした質問の目的を実現することが相殺されてしまうだろう．

7.5 要　　約

調査回答者は，調査質問への回答の流れの中で，理解すること，記憶を引き出すこと（つまり想起），判断や評価，報告すること，といった一連の過程にかかわることになる．視覚的に提示される自記式調査票でもまた，質問の流れにそって回答の判断を行うことを回答者に求めている．行動や態度の測定は，判断や評価の段階で，いくらか違った問題を提起するように思われる．

調査方法論に関する文献には，回答過程の各段階で測定誤差がどのように生じるかをあきらかにする多数の無作為化実験が含まれている．ここには，探している情報が利用可能な形で記憶として蓄えられていないという符号化の問題，ワーディングや文法上の問題による質問の誤った解釈，忘却やその他の記憶上の問題，行動の頻度に関する質問における推論の欠陥，質問の文脈や質問の感度つまり内容の微妙さによって生じる判断の影響が含まれる．調査方法論は，こうした問題に取り組むために，長い時間をかけて有効な道具を探してきた．質問文が微妙でない行動についての質問か，微妙な行動についての質問か，あるいは態度に関する質問かによって，そのツールはさまざまである．

勘の鋭い読者は，本章が，質問に影響を及ぼす問題の解決策を詳述することよりも，こうした問題を列挙することにおよそ2倍もの時間を割いていたことに気づいたであろう．これにはいくつかの理由があるが，おもな理由は，こうした指針には限界があるということである．したがって，われわれは指針それ自体よりも，指針を導いた原理原則に意味があると考えている．

　では，こうした指針の限界とは何か？　まず第1に，どのような指針であろうと，いかに完全な指針であろうとも，すべての状況を網羅できるものではないということである．たとえば，サーベイ・リサーチャーの中には，質問によっては，たとえば，因果関係を問う質問や，仮説的な状況に対する態度についての質問は，基本的に難しすぎて信頼できる回答を得られないと論じている人がいる．われわれがここで示した指針は，この大切な助言を意図的に省いている．考えられるすべての偶発性を網羅した規則を確立することは不可能である．指針の第2の問題は，例外のない規則はないということである．サッドマンとブラッドバーンは，当てはまるものをすべて選ぶ方式の質問は勧めないとしている．そして，われわれもおおむねその助言に賛成である．しかし，2000年センサスの簡略式[*22]では，人種のデータ収集でこの方法を用いている．ほとんどのサーベイ・リサーチャーは，白人（「はい」または「いいえ」），黒人（「はい」または「いいえ」）などを，リストを介して人々に質問する場合よりも，この方法のほうがよいと考えている．当てはまるものをすべて選ぶ形式は，多民族的な背景があることを示すには自然で効率的な方法である．また，指針の限界は他にもある．指針が提供する助言がときには矛盾することがあるからである．つまり一方では，態度の対象を明確に特定しなければならないし，もう一方では，ダブル・バーレル質問は避けなければならない．われわれは，ダブル・バーレル質問の多くは，関心のある態度の対象をはっきりさせようと努めることに起因するものだと推測している．同様に，漠然とした日常的概念（例：通院のような）を明確に定義しようとすると，過度に複雑な状況になる（7.3.2項の質問についての議論を参照）．指針が相互に相容れないという問題は重要な問題である．このような対立は，違いはあるものの有効な調査設計の検討事項間のトレードオフつまり妥協があることを示していることが多い．たとえば，態度を問う質問で，中間的な選択肢を設けておくことは，実際に中間の意見をもつ人が自分の意見を正確に示せるという利点がある．しかし一方で，その問題について自分の立場を明らかにしたくない回答者にとっては，安易な逃げ道を提供するという欠点もある．このように相容れない2つの検討事項の，どちらを優先するかを述べることが容易であるとはかぎらない．あるいは別の問題を引用すると，複雑な質問をより単純な要素に分解することが，回答をさらに良いものとすることがあるが，これは調査票を長くすることにもなる．

　結局，指針とは，ある前提とした状況の中で，何がうまく機能するかだけにかかわることである．こうした仮説は，どんなときであっても検証されるべきである．非常に経験豊かな調査票設計者であっても，調査票について決断を下す際に自分の決断に

役に立つデータを得たいものである．ようするに，うまいプリンかどうかは食べてみないとわからない，論より証拠ということである．次章では，調査票の検証方法について取り上げる．

■さらに理解を深めるための文献

Tourangeau, R., Rips, L.J., and Rasinski, K. (2000), *The Psychology of Survey Responses*, Cambridge：Cambridge University Press.

Sudman, S., and Bradburn, N. (1982), *Asking Questions：A Practical Guide to Questionnaire Design*, San Francisco：Jossey-Bass.

Sudman, S., Bradburn, N., and Schwarz, N. (1996), *Thinking about Answers：The Application of Cognitive Processes to Survey Methodology*, San Francisco：Jossey-Bass.

■演習問題

1) イラクの地上侵攻に対する世論の支持を測ろうとして，アンドリュース財団（架空）が最近世論調査を行ったところ，以下の意見に米国国民の72％が賛成したとの結果であった（賛成する／賛成しない形式の質問とした）．

   "サダム・フセインによってもたらされた脅威に対して，米国の国家安全保障の利益を守るために，ブッシュ大統領が米国軍隊を使うと決めたことを支持する．"

   a) この質問が測定する態度の重大な側面とは何か？（1～2行程度で述べよ）
   b) この調査によってそれらの重大な側面は，イラクの地上侵攻に対する世論の支持を測るという調査分析上の目的は達成できるのか？　なぜそう思うか，あるいはなぜそうは思わないか？（3～4行程度で述べよ）

2) 態度に関する質問の作成について知っていることを参考にして，米軍が関与するイラクの地上侵攻に関する世論支持の方向性と強度を，もっともうまくとらえるだろうとあなたが考える調査員方式の標準化調査票を作成せよ．複数の質問でもよいし，質問形式と回答形式はどのようなものでもよい．（もしそれを用いるときは）回答選択肢と，回答者に対して読み上げる情報とを（調査員指示とはまったく別のものとして）具体的に示せ．分岐パターンを示すときは，適当な形式を使うかあるいは注釈をつけて区別せよ．

   この作業に取り組むためにはいろいろな方法がある．開始するにあたって，この課題について実際の調査で使われた質問を検索するのは自由である（たとえば，インターネットでギャラップ社あるいはピュー・リサーチ・センターのウェブサイトを検索することもできる）．かりに，別の調査質問を使用する場合は，(1) それらの質問がどの質問で，どこから得たものか (2) もしワーディングを変えたなら，どのように書き替えたかを示し，(3) その書き替えた質問が，自分の調査票の分析目標をどのように満たしているかを説明せよ．

   ▶注意　質問が実際に使われていて公開されたものだからといって，それが良い質問であるとは限らない．各自の調査票は，この章で学んだ原則と経験則に従って作成されるべきである．

3) 自分の調査票が，提供された指針によりどのように導かれたかについて，1～2段落程度にまとめよ．なるべく具体的に書くように．たとえば，複数の質問を用いる場合，なぜ

その質問からはじめたのか？　かりに 11 段階の回答尺度を使ったならば，なぜそうしたのか？　利用可能なさまざまな選択肢間の折り合いをどう付けたか，以上が自分の調査票の結果にどう影響しうるか？

4) 社会的望ましさは，回答にどのような影響を与えるか？　礼拝への出席についての報告をするよう回答者に依頼する際に，社会的望ましさの影響を減らすことができる方法を2つ述べよ．

5) 回答作業の認知処理モデルについて考え，以下の質問に適したワーディングと回答選択肢について気がついた起こりうる問題点を述べよ．

"車を持っている人の多くは，オイル交換などの定期的なサービスを受けています．あなたは普段，お持ちの車のためにどのようなサービスを受けていますか．次の中から1つか2つお答えください." [回答者は，次にあげた選択すべき回答選択肢を読むこと]

オイル交換	保証関係のサービス
不凍液の交換	タイヤの手入れ
調整	変速機の分解修理
車体の修理	エアコンの点検

6) 以下の各質問について問題点をあきらかにせよ．次に，その原因究明の結果にもとづき，その問題を解決するワーディングの改善案を提案せよ．

a) ここ4週間のうちで，つまり［○月○日］（4週間前のある日にちをここに記入）から今日までに，あなたは何か家事をされましたか？　ここで家事とは，掃除，料理，庭仕事，家屋の修繕などを含み，あなたの職業の一部として行われるものは含みません．

b) ここ1週間で，あなたは何回くらいお酒（アルコール飲料）を飲みましたか？

c) いまお住まいの場所で，あなたが必要だと思う支出に合わせて，毎月やりくりしていくために，あなたとあなたの家族が必要とする最低限の収入は（一切の控除を行う前の額），いくらくらいですか？

d) ここ12ヵ月のうちに，つまり［○月○日］から，病気や怪我で半日以上安静に寝ていなければならなかった日数はおおよそ何日ありましたか？　病院に一泊入院した日も含めてください．

7)「賛成–反対」形式の質問を避けたほうが賢明だと思われる理由を2つ，簡潔に述べよ．

演習問題

■本章のキーワード

曖昧な量的表現（vague quantifier）
あてはまるものをすべて選ぶ（check-all-that-apply）
アナログ方式（analogue method）
誤った推論（false inference）
誤った前提（faulty presupposition）
一般的な記憶（generic memory）
印象にもとづく判断（impression-based estimation）
過度の複雑性（excessive complexity）
該当期間（reference period）
再構成（reconstruction）
最小限界（satisficing）
指示に従わない誤り（navigational error）
社会的望ましさ（social desirability）
自由回答質問（open questions）
順位のある（ranking）
初頭効果（primacy effect）
助成想起（aided recall）
新近性効果（recency effect）
推論（estimation）
制限を設けること（bounding）
選択肢型質問（closed questions）
想起（retrieval）
想起失敗（retrieval failure）
想起-計数（recall-and-count）
想起の手がかり（検索手がかり）（retrieval cue）
ダブル・バーレル質問（二重質問）（double-barreled items）
代理の人（proxy）
調査票（questionnaire）
テレスコーピング（短縮化）（telescoping）
なじみのない言葉（unfamiliar term）
二極型方式（bipolar approach）
判断（judgment）
微妙な質問（sensitive question）
符号化（encoding）
不明瞭な概念（vague concepts）
文法的な曖昧さ（grammatical ambiguity）
報告（すること）（reporting）
ポジティビティ・バイアス（肯定的な偏り）（positivity bias）
黙従傾向（acquiescence）
誘導する（loading）
ランダム回答法（randomized response technique）
理解（comprehension）
リハーサル（rehearsal）
割合にもとづく判断（rate-based estimation）

第8章
調査質問文の評価

Evaluating survey questions

8.1 はじめに

　第2章では，調査統計量における誤差のおもな2つの発生源について説明した．1つは（回答者の特性が母集団の特性と一致しないことから起こる）非観測誤差（errors of nonobservation）であり，もう1つは（質問への回答が関心のある構成概念をうまく測定していないことから起こる）観測誤差（ovservation errors）もしくは測定誤差である．本章では，調査質問文（survey questions）を評価する方法，および調査質問文が調査統計量にどの程度の測定誤差をもたらすかについて検証する．

　質問文の評価には2つの要素がある．第1は，第7章で議論したように，質問の理解のしやすさあるいは回答のしにくさの評価であり，これらは測定の品質に影響を与える要素となる．サーベイ・リサーチャーは，質問文を理解し回答しようとする人々をおもに観察することで，質問文の理解力，記憶想起の難しさ，関連する問題を，評価している．回答者にとって，理解しやすく認知的問題の少ない質問文は，なんらかの理由で理解しにくい，あるいは回答しにくい質問文よりも測定誤差が小さいと想定している．第2は，質問文の評価とは，われわれが測定しようとしているものと回答がどの程度一致するかを判断すること，つまり測定誤差を直接推定することである．この推定を行うために，調査方法論研究者は，調査の回答をなんらかの外部基準と比較するか，または測定をくり返す．外部情報源との比較によって妥当性あるいは回答の偏りといった課題に取り組む．つまり，測定を反復することで，信頼性あるいは回答変動の課題に取り組む．なお，こうした誤差の推定のための実用的な技法については8.9節で述べる．

　すべての調査質問文が満たすべき明確な基準が3つある．

1) **内容面での基準**（content standards）：（例：質問は正しいことを尋ねているか）
2) **認知面での基準**（cognitive standards）：（例：回答者は，質問に対し一貫した理解を示しているか，回答者は，質問の回答に必要な情報をもっているか，質問への回答をきちんと答える気持ちがあるか，あるいは答えられるのか）．

3) **使いやすさの基準**（usability standards）：（例：回答者と調査員が（かりにいるとして），簡単にしかも意図したとおりに調査項目を完答できるか）

これら3つの基準に対して，それぞれ異なる評価手法がある．ここでは，質問文の評価のためのいくつかの主要なツールについて論じたあと，それぞれのツールが，各基準に関連する情報をどのように提供するかの問題に話を戻すことにする．

この20年の調査研究における大きな進歩の1つは，質問文の体系的な評価への注目が高まったことである．現在，リサーチャーが設計段階の調査質問文案を評価するために利用できる手法が，少なくとも5つある．

1) 専門家による吟味：調査が目的とする概念を測定するために，調査主題を扱う専門家が質問文の内容が適切かどうかを評価する．あるいは，質問文が前述の3つの基準を満たしているかを，調査票設計の専門家が再検討する．
2) フォーカス・グループによる討論：調査設計者は，目標母集団に属する人を構成員とするグループに半構造化された（focused，フォーカスされた，焦点を絞った）討論を行ってもらうことによって，調査票が扱っている課題について，彼らが何を知っているか，どのように考えるか，それらの課題について話すときにどんな言葉を用いるかを探る．
3) 認知面接：調査員が，調査質問文の草稿を用いた個人面接を行い，回答者がどのように質問文を理解するかを綿密に調べ，またどのように回答を組み立てるかを理解する．
4) 予備調査[*1]：標本抽出により実際の調査と同様の標本抽出および実査手順で小規模の調査を調査員が行い（通常は100人以下），(a) 調査員からの報告聴取を行ったり，調査員が質問をする際に生じた問題，あるいは回答者が質問に回答するときに生じた問題について調査員の報告を受ける，(b) データを集計し，なんらかのトラブルの予兆があるかを調べる（たとえば，欠測値の割合が多い質問項目があるなど），(c) 面接の記録を行うとか行動のコード化を行ったりする（書かれた字面とおりに読むのが難しい質問文，あるいは回答者が回答しづらい質問文に関する量的データを得る（ファウラーとカネル：Fowler and Cannell, 1996）．
5) ランダマイズ法（無作為化実験）あるいはスプリット-バロット法：同一の事柄を測ろうとする言い回しを変えた質問文を，予備調査用の標本で異なるグループに分けた人たちに渡す（ファウラー：Fowler, 2004；シューマンとプレッサー：Schuman and Presser, 1981；トゥランジョー：Tourangeau, 2004）．

以下の節では，こうした評価行為が実際にどのように行われるかについて述べる．

8.2 専門家による吟味

前に述べたように，調査票の質問文草稿については，調査主題にかかわる専門家と調査票設計にかかわる**専門家による吟味**（expert review）が行われる．ここでは調査票設計の専門家の役割に焦点を当てるが，調査票が調査の分析目的を満たすために必要とする情報を集めることを保証するためには，内容に関する専門家による検討もきわめて重要であるということを強調しておきたい．専門家は，質問文のワーディング，質問文の構造，回答選択肢，質問の順序，調査票管理についての調査員への指示，調査票の質問の進め方，こうしたことについての吟味を行う．

専門家は，ときには質問文の問題点のチェックリストを使用する．長年にわたって，多くの書き手により優れた調査質問文のための原則に関するリストが発表されてきたが，その先駆けは少なくとも，ペイン（Payne, 1951）にまでさかのぼることができる．当初，チェックリストはその著者らの考えと判断にもとづいて作成されていた．その後しだいに，認知検査，予備調査の面接時における行動コーディング，計量心理的評価から得た情報を加えられた．本書では7.4節にわれわれ自身の指針の一覧を示した（サドマンとブラッドバーン：Sudman and Bradburn, 1982）．

そのようなリストにある項目の難点は，解釈や判断に左右されることである．したがって，「調査質問文がすべての回答者に同じように理解されること」，「その理解が，質問文の作成者の意図と一致すること」が質問項目の基本的な基準といえる．この原則に異論を唱える者はいない．しかし，同じ質問文を目にした専門家たちでさえ，ある質問文が曖昧であるかどうかについて意見が合わないこともありうる．こうした理由から，チェックリストのおもな使い方は，質問文の事前審査の指針とすることであり，それは結果として，それらの質問文がなんらか補足的な形での検証を目標としているということである．

質問文のかかえる潜在的な問題を評価するための，さらに詳しい明示的なシステムを開発する試みが，これまでにもいくつか行われてきた．レスラーとフォーサイス（Lessler and Foryth, 1996）は，おもに7.2節で示したものに類似する，回答過程の認知解析から得られた質問文の問題を25種類以上に分類している．グレイサーら（グレイサー，ボンマレディ，スウォーマー，ゴールディング：Graesser, Bommareddy, Swarmer and Golding, 1996）は，質問文については，12のおもな問題に分類しているが，そのほとんどに理解力の問題がかかわっていた．また彼らが開発した，これらの分類区分を質問文の草案策定に適用できるコンピュータ・プログラムは自動化されており，大まかな専門的な評価を与えるものとして役立っている（グレイサー，ケネディー，ウィーマー-ヘイスティング, オッターティ：Graesser, Kennedy Wiemer-Hasting and Ottati, 1999）．グラッセーが分類した12の問題点とは以下のようなものである．

1) 複雑な構文
2) 作業記憶の過大な負荷（「思い出すのが困難」の意味）
3) あいまいな，あるいは多義的な名詞語句
4) なじみのない専門用語
5) 曖昧な，あるいは不正確な述部語句または相対語句
6) 誤解をまねくような不正確な前提条件
7) 不明瞭な質問群
8) 複数の質問群が混在している
9) 質問群と回答選択肢との不一致
10) 情報へのアクセス（つまり，想起）が困難
11) 回答を知っていそうもない回答者
12) 質問の目的が不明瞭

質問の回答過程に関するグレイサーのモデルでは，質問を受けた人はまず質問の種類が何であるか（「はい-いいえ」型質問か，理由を問われる質問か）を判断すると想定している．つまり質問の種類が不明瞭であったり，複数の質問がかかわるような場合，回答者に問題をもたらすというモデルである．

8.3　フォーカス・グループ

リサーチャーは，調査用具[*2]を作成する前に，ボランティア・グループを募り，彼らに調査で取り上げる課題について，計画性のある討論に参加してもらうことがよくある．"**フォーカス・グループ**（focus group）"による討論では，司会者の進行のもとで目標母集団に属する少人数の集団（6～10人程度）が議論を行う（クルーガーとケーシー：Krueger and Casey, 2000 を参照）．このとき，グループの構成員には，他の構成員と意見が異なっていても気兼ねをせず，自分の見解を述べるよう働きかける．もちろんグループの構成員は，自分の意見がお互いに影響されてもかまわない．

リサーチャーは，主題領域の重要な問題を対象とするために，討論用の話題の構築にかなりの労力を注ぐ．調査開発の初期の段階で，リサーチャーが，概念の一般的な呼称，用語の用い方，重要な問題に関して母集団に属する人たちが考える共通の見解は何か，などについて知るのに，フォーカス・グループが役立つ．またこうした集団は，これとは別の標本構成員の勧誘手順に対する反応について話し合うことがある．また彼らは調査の実施委託者に対する印象について討論することもある．

司会者は，開放的でリラックスできる，受容的な雰囲気を作るよう努める．腕の良い司会者は，グループを目的の話題にむかって，それとわからぬよう狙いどおりに進めながら，しかも話題の転換も自然な感じで円滑に行う．また消極的な構成員に上手に発言させ，発言が多すぎる構成員には失礼にならないように発言を控えさせるなど，

すべての構成員をうまく議論に参加させる．腕の良い司会者は，各参加者の発言を注意深く聴いて，新しい意見が出てくれば，その意見に対する他の構成員の反応を探る．司会者は討論する予定である話題領域のリストをもとに議論を進める．司会者の質問やプロービング*3 には台本はない．したがって司会者は，グループの構成員からの質問に答えるためにも，その調査研究の目標について熟知している必要がある．

通常，調査で扱う話題に関連するおもな特徴に関して，グループの構成員が等質となるようにフォーカス・グループを構成する．たとえば，雇用問題に関する調査のために用意されたフォーカス・グループでは，固定給の仕事と時給制の仕事に関心がある人を分けることになる．さまざまな部分母集団について調査が行われるような場合は，部分母集団ごとに別々のフォーカス・グループを構成する．

フォーカス・グループによる議論が，調査研究チームがフォーカス・グループを観察し，映像や音声を密かに記録できるように特別に設計されたマジックミラーのある部屋で行われることがある．グループの討論結果は，重要な情報を要約したメモであることもあれば，グループの記録のすべてを文字に起こしたものとして得られることもある．またビデオ録画済みのグループについては，編集したビデオテープのコマ割により重要な知見を要約できる．

フォーカス・グループは，調査で扱う課題について，回答者が何を知っているかを探るため，調査票作成の初期段階における一般的なツールである．

調査票設計者にとって，フォーカス・グループにはおもに以下のような3つの魅力がある．

1) フォーカス・グループは，回答者となる可能性のある人々が，調査で扱う話題について何を知っていて，何を知らないのか，さらに彼らがその知識をどのように組み立てたのかを明らかにするために有効な手段である．たとえば，健康保険に関する調査の場合，回答者は保険にどのような種類の制度があることを知っているのか，それぞれの種類について何を知っているのか（あるいは知っていると彼らが思っているのか）を見出すのに役立つ．また回答者がどの問題を，あるいはどんな特徴を重要だと考えているか（あるいはどの問題を重要でないと考えているか）を知るのに有用である．さらに回答者となる可能性のある人々がそうした問題についてどのように考えていて，どのような分類あるいはグループ分けをしているかを知るのに役立つ．たとえば，健康保険の調査では，保健維持機構（Health Maintenance Organization：HMOs)*4 を他の健康関連サービスとは非常に異なるものであると考えている可能性もある．こうした情報はリサーチャーにとって，もっとも正確な報告を促すような調査票を設計するのに役立つだろう．

2) フォーカス・グループは，回答者が調査で扱う話題を討論する際に用いる言葉を確認し，回答者がその言葉をどのように理解しているかを探るための，優れ

た手段でもある．調査票作成において肝心なことは，回答者にとってなじみのある言葉を用い，回答者に一貫して理解されることである．フォーカス・グループは，潜在的な回答者となる可能性のある人々がそこで問題になっていることをどのように言い表したり，候補となる言葉や表現がどのように理解されているかを知る貴重な機会となる．

3) 調査質問文は，回答者が知っていることを述べるよう回答者に求めるものである．質問文が（感情，意見あるいは認識のような）主観的状態に関するものであれ，客観的な環境や経験に関するものであれ，回答者が報告しなければならない根底にある事実を，リサーチャーがしっかりと把握できているならば，その質問文はもっともうまく設計されていることになる．したがって，フォーカス・グループの決定的な役割とは，調査で扱う話題について回答者が何を述べなければならないかをリサーチャーに知らせることである．調査で取り扱うさまざまな話題を介して，フォーカス・グループをうまく導き，回答者が回答を組み立てる際に参考にする，経験や認識の限界を感じ取ることで，リサーチャーは回答者の環境に適した質問文を作成することが可能となる．

一群の人たちから意見を得る1つの効率的な方法であることがフォーカス・グループの長所である．しかし以下のように，主として3つの限界もある．

1) フォーカス・グループの参加者は，必ずしも調査母集団[*5]を代表してはいない．したがって，フォーカス・グループのみから得られた回答者の認識または経験の分布をそのまま一般化することはできない．
2) フォーカス・グループは，特定の質問文のワーディングを評価することや，回答者がどのように回答に到達するかを探る場としてはふさわしくない．フォーカス・グループによって調査母集団の構成員の間にみられる差異の範囲や種類についての感触をつかむことはできるが，特定の質問文におけるワーディングを評価することやその質問文に関連する認知的問題を評価することは，一対一によるプロトコル分析による検証のほうがより容易である[*6]．
3) 討論から集めた情報が量的であることはほとんどない．したがってフォーカス・グループで得られる結果や結論は，信頼性が低く，再現性に乏しい，また司会者の判断に左右されるという可能性もある．

以上のような限界もあるが，フォーカス・グループは調査票の構造をはっきりさせる前に，目標母集団の視点から，調査の話題についての質的情報を得るための効率的な手法である．

8.4 認知面接法

1983年,米国学術研究会議(NRC)の主催により,認知心理学者と調査方法論研究者の,お互いに潜在的に関心のあることについて探求するためのワークショップが開催された.回答者がどのように質問を理解し回答するかを知るために,認知心理学者たちが開発した技法の有用性を,サーベイ・リサーチャーが詳しく調べはじめたことは,このワークショップの1つの成果である(ジャビン,ストラフ,タヌール,トゥランジョー:Jabine, Strat, Tanur, and Tourangeau, 1984;シュワルツとサドマン:Schwartz and Sudman, 1992).シューマンとプレッサー(Schuman and Presser, 1981)およびベルソン(Belson, 1981)は,その数年前に,調査質問文について深刻な誤解が生じていることの証拠を示していた.米国学術研究会議のワークショップから生まれたこれらの論文により,調査の回答者がどのように質問を理解し回答するかについての関心が一気に広まった.

そのワークショップで議論された方法の1つは,調査質問文を検証するために認知面接法を用いることであった.認知面接法はサイモンらによって考案された"**プロトコル分析**(protocol analysis)"(たとえば,エリクソンとサイモン(Ericsson and Simon, 1980, 1984)を参照)とよぶ技法にもとづいている."プロトコル分析"では,課題に取り組んでいるとおりに,考えていることをそのまま声に出すよう被験者に求め,その被験者の発言を記録する.サイモンは,簡単な数学の定理やチェスを行うといったさまざまな種類の課題を,人々がどのように解決するのかという過程に関心があった."**認知面接法**(cognitive interviewing)"という用語はもう少し広い意味であって,認知的に動機づけられた手順に対して用いられる.こうした手順は次のようなものを含む.

1) 併存的発話思考法(質問に回答すると同時に自分の思考を言葉に表すこと)
2) 回顧的発話思考法(回答の直後もしくは面接の最後で,どのようにしてその回答に至ったのかを述べる)
3) 確信度の評定(自分の行った回答の確信度を評定する)
4) いいかえること(質問を自分自身の言葉でいいかえる)
5) 定義(質問文の中の重要語句の定義を回答者が提供する)
6) プロービングする(回答者の回答戦略を明らかにするように作られたフォローアップ質問つまり補足質問に回答者が回答する)

以上の一覧は,さらに長く書かれたジョーブとミンゲイ(Jobe and Mingay, 1989)による一覧を書きかえたものである(フォーサイスとレスラー:Forsyth and Lessler, 1992 も参照のこと).

この一覧が示唆するように,認知面接法は一通りの方法で行われるものではない.通常は,回答者は有償ボランティア[*7]であり,面接には複数のたたき台の質問文案

> **コラム 20 ●代替予備調査の方法に関するプレッサーとブレアの研究**
> (Presser and Blair, 1994)
>
> プレッサーとブレアは4つの予備調査の方法（pretesting methods）を比較した．
>
> **研究計画**　別々の異なる予備調査を行うスタッフが，140項目からなる共通した「テスト」調査票を，修正前と修正後で2回評価を行った．まず初めに，8人の電話調査員が調査員の報告聴取の評価を用いて従来方式の予備調査で修正前に35件，修正後に43件の面接を行った．次に，リサーチャーがそれらの面接の行動コーディングを分析した．さらに，認知調査を行う調査員3名が約30人の回答者を対象にフォローアップ・プロービングと発話思考法を用いた認知面接を行った．最後に，2つのパネルからなる調査票の専門家が，調査票の問題点を確認した．
>
> **研究の成果**　専門家のパネルは平均して160個の問題点を指摘したのに対し，従来方式の予備調査，認知面接，行動コーディングでは90個であった．予備調査と認知面接とでは試行間の変動が大きかった．指摘された問題の種類という点では行動コーディングと専門家のパネルによる結果の信頼性がもっとも高かった．予備調査と行動コーディングでは，調査員方式の問題点が指摘される傾向がある．認知面接では質問の理解に関する問題が指摘されたが調査員の問題は指摘されていない．専門家のパネルはもっとも費用効率のよい方法である．
>
> **研究の限界**　手法を評価するために用いられた調査票が1種類だけである．電話方式の予備調査で得られた結果が，面接聴取の予備調査と同様の結果を意味しないことがある．重要な問題と瑣末な問題の区別がなされていない．問題点をリサーチャーが解決する能力についての検証はなされていない．
>
> **研究の影響**　この研究は，調査票の開発のために，もっと専門家のパネルを活用することを薦めるものである．

が含まれており，回答者がどのように質問文を理解し回答に至るのかを知るための，プロービングもしくはなんらかの手続きが用意されている．あるいは回答者がいくつかのあるいはすべての質問文に回答する際に，考えていることを声に出すことを求められる場合もあるかもしれない．面接調査員は，調査を専門とする科学者，認知心理学者，調査質問文の方法論の専門家，質問評価について特別な訓練を受けた調査員，あるいは特別な訓練を受けていない標準的な調査員である．

さまざまな調査機関やさまざまな調査員が，認知的検証で情報を収集するために，いろいろな技法や技法の混合方式を用いている．あらかじめ決められたプロービングに依存することもあれば，発話思考を重視することもある．ある質問を実施した直後に回顧的発話プロトコルを求める場合もあれば，面接の最後にプロトコルをとる場合もある．認知面接から得た情報を記録する方法も，たとえば面接をビデオに撮りテープ起しを行うといった型どおりものから，面接中に調査員にメモをとらせるといった略式のものまでさまざまである．

認知的検証の使用は次第に拡大しつつあり，この技法により有効な洞察が得られる

ように見えるが，認知面接法から得られる結果の信頼性，データの品質向上における有用性，認知面接法を行う方法の無数にある変形の意味についての実証的研究が緊急に必要とされている．ディマイオとランドレス（DeMaio and Landreth, 2004）は，現在のところもっとも総括的な研究を行っており，認知的検証を異なる方法で行ってもその結果は互いに類似していることを報告している．それでもなお，彼らの研究では，同一の質問群について，どの質問に問題があると確認するか，その問題は何であると思うか，さらにそれをどのように解決するのかを提案するか，を評価した3グループ間で，無視できないほど結果が異なっていることを示した．さらに，認知面接法で何が起こっているのかを検証した観察研究では，調査員間のばらつきが無視できない大きさであることが示されている（ビーティー：Beatty, 2004）．一方，認知的検証にもとづいて改訂された質問文では，あきらかに良いデータが得られるようになったという例をファウラー（Fowler, 2004）が提供している．しかし今までのところは，認知的検証が一般にどの程度調査データを改善するかについての証拠は限られている（ウィリス, ディマイオ, ハリス-コイェティーン：Willis, DeMaio, and Harris-Kojetin, 1999；フォーサイス, ロスギブ, ウィリス：Forsyth, Rothgeb, and Willis, 2004）．

8.5 予備調査と行動コーディング

"**予備調査**（pretest）"は本調査の前に行われるデータ収集の小規模な予行演習である．予備調査の目的は，データ収集や回答者の抽出手順と同様に調査用具の評価を行うことである．小さな標本を使った予備調査（これは比較的少人数の調査員によって行われることが多い）を行うことは，長い間，調査研究の標準的技法であった．

歴史的に見て，予備調査は調査と調査票について2種類の主要な情報を提供してきた．第1は，調査員の見解が"**調査員の報告聴取**（interviewer debriefings）"時にしばしば求められることである．これは予備調査の調査員が介在する，ちょっとしたフォーカス・グループのようなものである．つまり，調査員は，その予備調査において表面化した問題の，ある質問文やそれ以外の問題点について，彼らなりの結論を示すという点でフォーカス・グループに少し似ているのである．調査手順の効率化の方法や質問文の改良方法についての示唆を調査員が提供することがよくある．予備調査からあきらかになる2種類の情報のもう1つは，回答にもとづく定量的情報である．予備調査で収集したデータは，まず入力され，次に集計されることが多い．調査設計者は，欠測値や範囲外数値[8]が高い割合で出現する質問や，他の質問と論理矛盾する質問を見つけることができる．さらに，小さい分散となる質問項目（つまり，ほとんどの回答者が同じように回答する質問）も除外するかあるいは書き直す．

予備調査の面接を録音テープに記録し，次に質問文がどのように読まれてどのように回答がなされたかについて系統的な観測を行うことで，質問文についてさらに有用な情報を得ることができる（オクセンベルグ, カネル, カールトン：Oksenberg, Cannell, and Kalton,

表8.1　調査員と回答者の行動に関する行動コードの例

選択肢	説明
面接時の質問行動（どれか1つ）	
	1. 正確に書かれた通りに読む
	2. 少しだけ文言を変えて読む
	3. 意味を変えて読む
回答者行動（あてはまるものすべて）	
	1. 質問文を読むことをさえぎる
	2. 質問の意味を明確にするよう求める
	3. 適切な回答をする
	4. 回答は行うが正確さに難がある
	5. 回答を行うが質問にとってそれが不適切である
	6. 「わからない」と回答する
	7. 回答拒否

1991)．"**行動コーディング**（behavior coding）"とは，調査員と回答者との相互行為を，系統立てて分類し列挙することであり，質問と回答という課題にかかわる2人の人間の観測可能な行動を記述するためのものである．コード化された各面接の調査票内の各質問に用いたコード例を表8.1にいくつかあげた．

表8.1に示されたコードを用い，訓練用の指針に従って質問文を読んだかどうか，そしてどのような回答行動が見られたかを，面接ごとにコード化する．その結果得られるデータセットは，各面接に対する質問-回答の並びについてコード化された行動からなる．次に質問文の設計者は，各質問に対して次のような統計量を算出することでこれらのデータを分析する．

1) 質問が，書かれたとおりに正確に読まれた場合の面接の割合
2) 回答者が，質問のある状況を明確にするために質問した面接の割合
3) 回答者がはじめに質問に対して適切な回答を行わなかったとき，コード化が可能な回答が得られるよう，調査員がプロービングしたり，説明を行ったりしなければならなかった場合の面接の割合

質問-回答過程には，関心の対象となりコード化が可能なさまざまな側面がある．面接を行っている間に確実にコード化ができて，収集されているデータの品質に影響を及ぼすような行動を特定することは，今後の重要な研究領域となるだろう．

通常，行動コーディングを予備調査と統合するためには，当然のことながら，回答者の許可を得たうえで面接をテープに記録することが要件であり，その次に，上述の行動が起こる割合を集計する．行動コーディングが標準的な予備調査にもたらす特有の価値とは，得られた結果に系統的，客観的，再現性があるということである．ファウラーとカネル（Fowler and Cannell, 1996）が報告しているように，同じ質問群について，面接を担当した2名の調査員がそれぞれ別々に試験してみたところ，各質問における

上述の行動の相関係数の値は0.75〜0.90であった．このことは，どの調査員が質問するかにかかわらず，質問は一貫して確実にこれらの行動が高い割合で，あるいは低い割合で発生することを示している．

8.6 無作為化実験あるいはスプリット-バロット法

調査設計者は，さまざまなデータ収集方法や実査手順，質問の別バージョンを比較する調査を実験的に実施することがときどきある．こうした実験は単独の研究として，あるいは調査現場の予備調査の一部として行われる．無作為に分割された標本に対して，異なる調査票や調査手順で調査を行うような実験を，一般には"**無作為化実験**（randomized experiments, ランダマイズ法）"，または"**スプリット-バロット法**（split-ballot experiments）"という．トゥランジョー（Tourangeau, 2004）はこのような研究の調査設計上のいくつかの問題を説明し，多くのスプリット-バロット法による実験例を引用している．われわれが引用してきた標本調査のうち，「薬物使用と健康に関する全国調査」（NSDUH）はとくにスプリット-バロット法の利用に積極的であり，不法薬物使用に関する報告が，さまざまなデータ収集方式や質問文のワーディングによってどのような影響を受けるかについて，多くの重要な研究がスプリット-バロット法を用いて行われている（ターナー，レスラー，デヴォア：Turner, Lessler, and Devore, 1992；ターナー，レスラー，ジョージ，ハバード，ウィット：Turner, Lessler, George, Habbard, and Witt, 1992 を参照．より新しい研究として，レスラー，カスパー，ペンネ，ベーカー：Lessler, Caspar, Penne, and Barker, 2000）．同様に，失業に関する質問の仕方を徹底的に見直す必要のあった「最新人口動態調査」（CPS：Current Population Survey）の調査票について，古いバージョンと新しいバージョンの質問を比較する重要な実験が行われた（コハニー，ポリヴカ，ロスゲブ：Cohany, Polivka, and Rothgeb, 1994）．このことによって，（「最新人口動態調査」（CPSのデータから得られる）月間失業率の変化のうち，どの程度が調査票の変更に起因するかがわかる．

このような実験は，調査方法論上の特徴，すなわち，質問文のワーディングや質問順序，データ収集方式などの違いが回答に影響を与えることをはっきりと示すものである．残念ながら，調査用具や調査手順の違いで回答が異なることを示すことはできるが，多くのスプリット-バロット法の実験では，どのバージョンの質問であればよいデータを得られるのか，という問題を解決することはできない．その研究においてもなんらかの外部検証データが収集されていて，調査回答とつき合わせて確認ができる場合である．また，なんらかの強固な理論的根拠があり，一方のバージョンが他方より良いといえる場合も調査結果は解釈可能である．たとえば，ターナーは同僚たちとともに，薬物使用の報告が増えたことを理由に，不法薬物使用についての自記式による報告が改善されたと結論づけている．多くの先行研究によって，回答者は不法薬物使用について過小報告する傾向があることが知られており，薬物使用の報告が増え

コラム 21 ●プロービングと行動コーディングに関するオクセンベルグ，カネル，カールトンの研究 (Oksenberg, Cannell and Kalton, 1991)

1991 年，オクセンベルグらは行動コーディングによる質問項目の評価に関する研究を発表した．

研究計画　6 人の電話調査員が，健康関連の 60 項目からなる調査票を用いて聴取を行った．質問項目は既存調査で使われたものである．行動コーディングによって，質問がかかえる問題をいくつか確認した．そこで，リサーチャーが調査票を修正し，100 人に対する追加面接を行った．

研究の成果　以下の 3 つの質問における行動コーディングの結果は次のとおりである．

1) （医療従事者や医療機関への）通院の目的は何でしたか？
2) もっとも最近の通院における自己負担額はいくらでしたか，あるいはいくらになる予定ですか？　ここで，保険で支払われる分は含みません．正確な金額がわからない場合は，一番近いと思う金額をお答え下さい．
3) 一般的な身体検査または健康診断を最後に受けたのはいつですか？

表　1 質問あたりの問題生起の割合 (%)

質　問	1	2	3
調査員の行動			
ワーディングのわずかな変更	2	30	3
ワーディングの大きな変更	3	17	2
回答者の行動			
中断	0	23	0
明確化の要求*	2	10	3
不適切な回答	5	17	87
「分らない」	0	8	12

*（回答者から）質問内容について明確な説明を求められること

第 1 の質問は比較的問題がない．第 2 の質問は，調査員と回答者の両者に会話上の問題を引き起こしている．第 3 では「一般的な身体検査」というあいまいな語句が含まれており，また明確な回答形式もない．回答記入が途中で完了したように見えないように質問 2 を変更することで，中断の割合は減少した．

研究の限界　行動コーディングによって見出した問題を，どのように修正するかについて明らかにされていない．

研究の影響　質問 - 回答行動から，質問に付随する構造的な問題をいかに確実に検出することができるかを示す研究である．

たということは改善されたことを表すといえるだろう．ファウラー (Fowler, 2004) は，他のいくつかのスプリット-バロット実験を説明しているが，それによると，検証データがないにもかかわらず，どのバージョンの質問文がよりよいデータを提供したかは明らかであるようにみえる．

ファウラーが示した例には，時間と費用の関係で標本の大きさがかなり小さなのも

のもある（たとえば，100件以下）．実験群間の相対的に小さな違いを検出することが重要であれば，大きな大きさの回答者標本が必要であるかもしれない．予算が少ない多くの調査にとっては，小規模のスプリット-バロット実験の費用でさえも多すぎるように思われる．こうした理由から，本調査前のスプリット-バロット実験は，日常的に行われるものではない．それでもなお，こうした実験は，他の検証方法では提供されない調査結果データについて，提案されたワーディングの変更が及ぼす影響を評価する可能性を提供してくれる．

8.7　質問文の基準を適用すること

これまでに論じてきたさまざまな方法によって，その方法が特定するのにもっとも適した問題の種類により異なっていた．この節では，質問文が調査質問のための3つの基準を満しているかを評価するためには，どの方法が適しているかについて論じる．

質問文のための"**内容面での基準**（content standard）"とは，その質問が正しい情報を尋ねているかどうか，をいう．このことは2つの側面から検証する必要がある．第1の側面は，分析者の観点から，質問文は調査目的に取り組むために必要な情報を集めるものでなければならないということである．このことを確かめるには，専門家，つまり分析者や対象分野の専門家に尋ねるしかない．もう1つの重要な問題は，回答者が実際にこの情報を提供できるか，である．調査とは，回答者がある程度の正確さで回答できるときにのみ有用な情報を提供できる．回答者がどの程度うまく対象質問に回答できるかを検証するおもな方法は，フォーカス・グループか認知面接法である．フォーカス・グループによって，回答者が何を知っている可能性があるかを知ることができる．認知面接法からは，ある特定の質問群に対し一貫性をもって回答できるかどうかを知り，また回答が分析者の求めている情報を実際に提供してくれるるかどうかを知ることができる．

"**認知面での基準**（cognitive standard）"とは，回答者が質問を理解し回答できるかどうかにかかわることであり，認知的検証によりきわめて直接的に評価することができる．認知面接法はそのために設計されているものである．質問文がかかえる認知的問題を見つける一助となる質問評価の取組み方が，他にも以下のように3つある．

1) フォーカス・グループによる討論では，理解が首尾一貫しない言葉や多義的あるいは異質な概念，回答者が答えることができない質問を見つけることができる．
2) 専門家による検討を行うと，認知的検証を行う前段階で，回答困難な質問，多義的な言葉や概念をしばしば知らせてくれる．
3) 予備調査における面接の行動コーディングによって，不明瞭な質問あるいは回答者が回答しにくい質問を見つけることができる．

調査用具が実際にどれだけうまく使えるのか，すなわち**"使いやすさ（usability）"**を評価することは，予備調査の第1の目的でもある．さらに，予備調査を行う前でも，専門家が質問をよく検討すれば，回答者もしくは調査員になんらかの問題が起こりそうな質問を見つけることができる．自記式調査票の使いやすさを検証することは非常に有用である．管理された実験室のような条件下あるいは典型的な調査設定環境では，回答者が調査用具を扱い，課題を理解しようとし，課題を遂行する様子を，調査スタッフは観察することができる．コンピュータ支援用具を用いる調査であれば（クーパー，ハンセン，サドウスキー：Couper, Hansen, and Sadowsky, 1997；ハンセンとクーパー：Hansen, and Couper, 2004；タルナイとムーア：Tarnai and Moore, 2004），コンピュータを使うことでキーボード入力に要した時間や，調査票上で後戻りした程度を測定すること，また不正入力の割合の算出も可能である．実査で生じそうな問題をすべて実験室で見つけることはできないだろうが，そこで見つかった問題は実際のデータ収集状態ではさらにひどい結果をもたらす可能性が高い．

8.8 質問文評価ツールの要約

本章で論じてきた調査質問文を評価する技法は，どれもが役に立つ可能性があるが，同時にいずれも限界がある．こうした長所と限界のいくつかを以下にまとめておく．

1) 専門家が内容の吟味を行うことで，データの利用者が調査の分析目標を満たすためには，どのようなデータを必要とするかということに関して重要な見方が得られる．しかし，回答者が必要情報を提供するために，もっとも正確に回答できる最善の質問がどのようなものであるかについては，情報がない．
2) 調査票設計の専門家による質問文の体系的な吟味は，おそらくはもっとも安価で容易に実施できる手段である（プレッサーとブレア：Presser and Blair, 1994）（コラム20も参照のこと）．そうはいっても，それはその専門家たちにとって適切であるにすぎない．質問が明確かどうか，あるいは回答者が回答するには難しすぎるかどうかというような点で，専門家たちの意見は一致しないこともある．その結果，質問文を経験的に評価するために，実際の回答協力者による認知的検証のような技法が必要となる．一方で，より多くの質問文の特徴が，一貫して問題を引き起こしていることがわかってきた．問題の原因となりそうな質問文の特徴のリストがより詳しくなればそれだけ，専門家による質問項目の吟味は価値を増す．
3) フォーカス・グループの討論は，質問文の設計に関連する問題について，意見，感じ方，提案を，6～10名のグループから一度に得るための効率的な手法である．グループで行うという設定上，特定の質問を個人がどのように理解するか，あるいはどのように回答しようとするかを探る方法としては最適ではない．

4) 認知的検証は，個々の回答者が質問をどのように理解し回答に至るかを知るのに有用な手法である．しかし，この認知的検証では通常，少人数が関与するが，これらの人々は必ずしも調査母集団全体を代表してはいない．したがって，結果が一般化できるかが大きな懸案事項となる．認知面接の回答者群で発見された問題あるいは課題の分布が，その調査母集団に対してどのように一般化されるのかを知ることはできない．また，実験室的な条件下で有償ボランティアが実行できる，あるいは実行することに前向きであっても，現実の調査条件下では回答者はそうはならないないことにも用心することが必要である．最後に，認知面接の調査員によっては結果が異なり，ことによると調査員が問題となる証拠を生み出すような面接を導く危険性がある（ビーティー：Beatty, 2004）．これに関連した問題は，認知面接法では，客観的なデータの問題点というよりもむしろ，質問文の問題点について非体系的な印象が生じているということである（コンラッドとブレア：Conrad and Blair, 1996）．
5) 実験室的な設定下での使いやすさの検証には，認知的検証に類似した長所と限界がある．
6) 予備調査は，実際の条件下で調査用具や実査手順がどのように機能するかを把握するための最適な手段である．行動コーディングを通じて，リサーチャーは，質問-回答過程が実際の条件下でどのように行われるかについて体系的な情報を得ることができる．一般には，データを集計し，予備調査の調査員から報告聴取を行うことが有効である．予備調査の限界として，リサーチャーが現実的な調査手順をまねようとするので，調査員と回答者が直面する問題の性質を綿密に調べて理解するための柔軟性に欠けるということがある．

いろいろな技法からどの程度同じ情報が得られるのか，という批判的な問いかけもある．プレッサーとブレア（Presser and Blair, 1994）は，ある予備調査について，専門家による吟味，認知的検証，行動コーディングのそれぞれから得られる結果を互いに比較した（コラム 20 を参照）．検出された問題には重複するものがあるものの，これらの手法から同じ結果が得られるわけではないことがわかった．予備調査では質問項目の実施時の問題（つまり使いやすさの問題）がより多く見つかり，専門家による吟味や認知的面接では，理解に関する問題が見つかる傾向があった．専門家は多くの問題を指摘するが，それらのすべてが重大な問題であるかどうかまでは明らかでない．

フォーサイス，ロスギブ，ウィリス（Forsyth, Rothgeb, and Willis, 2004）は最近の研究で，種々の方法によって確認された問題の重要性に対し，かなり批判的な見方をしている．彼らの研究結果は，先にあげたプレッサーとブレアの結果に類似していた．すなわち，これらの技法が，質問文の同じような問題を見つけることもあれば，特有の問題を探し出すこともある．専門家は多くの"問題点"を発見するが，中にはおそらくはデータの品質に影響しないものもある．質問の設計や評価に関する研究にとって積年の課

8.8 質問文評価ツールの要約

題である．データの品質に関する十分とはいえない判断基準は，こうした評価研究の結果に決定的な結論を与えるものではなかった．つまり"問題点"が本当に回答の妥当性を低めるものかどうかについては，「何ともいえない」ということである．

さまざまな技法が互いに補完し合うことについては，疑いの余地はほとんどないと思われる．各技法はそれぞれ他の技法と比べてあきらかな長所と短所があり，さまざまな問題にかかわる情報を提供するものである．その結果，調査質問を事前にテストするために複数の手法を組み合わせて利用する調査が多い．また，どの特定の手法が用いられるかは，調査予算やその質問文が過去にどの程度用いられたかに依存することが多い．新規の調査票でしかも予備調査の予算が限られた調査であるなら，若干のフォーカス・グループと，1人の専門家による吟味，認知面接を1,2回，そして小規模の予備調査が行えるかもしれない．専門家による吟味と認知的検証は比較的安上がりで，両手法とも多くの潜在的な問題を見つけ出すことが期待できる（プレッサーとブレア：Presser and Blair, 1994；フォーサイス，ロスギブ，ウィリス：Forsyth, Rothgeb, and Willis, 2004）．フォーカス・グループは，調査票で用いた概念や用語を，回答者のそれと整合させるのに役立つ．実施上の問題は小規模の予備調査で発見できる．既存の調査票を少し修正して利用する場合，フォーカス・グループや予備調査は省略できて，新しい質問項目の認知的検証に重点的に集中することになる．

それとは正反対に，大規模な調査が，相応の規模の予備調査なしに行われることはほとんどない．しっかりした予備調査を行わずに現場で調査を行うには，実施上の失敗のリスクが大きすぎるからである．たとえば，2000年度のセンサスでは，1998年に3つの州（カリフォルニア州のサクラメント；ウィスコンシン州のメノミニー郡；サウスカロライナ州のコロンビアを含む11の郡）と数十万人規模の回答者による，本番さながらのリハーサルとなる一連の予備調査が行われている．最新の「薬物使用と健康に関する全国調査」（NSDUH）の調査票にもつながるこの予備調査プログラムでは，いくつかの大規模なスプリット-バロット実験が関与している（たとえば，レスラー，カスパー，ペンネ，バーラー，ベーカー：Lessler, Casper, Penne, and Barker, 2000）．

しかし，これらの技法の大きな問題は，かりに問題が見つかったとしても，それがデータの品質に与える影響についてはほとんどわからないという点にある．このような検証技法で見つかる問題が，調査推計値に大きな影響を与えうることを示す証拠もある．たとえばファウラー（Fowler, 1991）は，もし質問文中の重要な用語が一貫して理解されなかったとき，結果に系統的な偏りが表れやすいことを示している．回答者にとって質問文が難しいため，適切な回答を得るのに調査員が広範囲にわたって問い質さねばならないような場合，標準誤差が膨らんで調査員効果が現れやすくなる，ということをマンジョーネらも報告している（マンジョーネ，ルイス，ファウラー：Mangione, Louis, and Fowler, 1992）．にもかかわらず，これまで議論してきた技法は，スプリット-バロット法による検証を除いては，特定の質問がどのような種類のどの程度の大きさの誤差をもたらしやすいのかまでは教えてくれない．それだけでなく，調査結果に影

響を与える問題を見つけるために，どの検証技法が最善なのか，それも1つだけあるいは組み合わせるのが最善なのかを評価するための方法もない．こうした課題について推論を行うには，性質を異にする研究と分析が必要になる．このことについては次節の話題とする．

8.9 測定品質の概念と統計的推定値の関連づけ

残念なことに，調査研究で用いる測定の品質についての専門用語は標準化されていない．こうした共通用語を提供する2つの伝統的分野が，計量心理学（psychometrics）と標本抽出統計学（sampling statistics）である．計量心理学では，質問に対する個々の回答者の回答に焦点をあて，"妥当性"と"信頼性"という用語を用いる．また標本抽出統計学では，個々の回答のすべてを要約した統計量に焦点をあて"偏り"と"分散"という用語を用いる．

8.9.1 妥当性

"妥当性（validity）"という用語は，専門分野が異なればいくぶんか意味することも違ってくる．調査研究の範囲内に限っても，研究者によっては異なる意味で用いているようにも見える．"妥当性"の一般的な定義は，調査が意図している構成概念を調査測定が正確に反映する程度のことである．なおこの定義は，質問項目が異なれば違ったやり方で適用される．残念なことに，この定義から妥当性を評価するための特定の方法が示唆されるわけではない．妥当性についての初期の考え方は（ロードとノヴィック：Lord and Novick, 1968），測定過程の単純な概念モデルにもとづくもので，一連の概念的な無限試行のうちの1つの実現値であるとするものである[*9]．つまり，各調査測定は，所与の質問方式に対して所与の回答者から（概念にすぎない）くり返し得られる無限の試行のうちの1つにすぎない，とすることである．これを2.3節で示したように，以下のように表す[*10]．

μ_i：i 番目の回答者の構成概念の真値
Y_{it}：i 番目の回答者の t 回目の試行における測定結果
ε_{it}：回答者の t 回目の試行における測定値と真値との偏差

とすると，回答過程の概念モデルは次のようになる．ある調査において（ここではこれを t 番目の試行と考える）構成概念 μ_i に関する質問が i 番目の回答者に行われたとする．回答者から得られるのは μ_i ではなく以下の Y_{it} であると考える．

$$Y_{it} = \mu_i + \varepsilon_{it} \tag{8.1}$$

"妥当性"は，上の式に含まれる項の（回答者と試行に関する）相関として測定される．通常，この妥当性は Y_i と μ_i の相関係数として定義される．このことは，Y_i の値は平均すると μ_i の値の平均値に近いことを意味し，相関の中に埋め込まれた偏差

平方として測る．すなわち，以下のようになる*11．

$$妥当性：\text{Validity} = \frac{\sum_{i,t}(Y_{it}-\overline{Y})(\mu_i-\overline{\mu})}{\sqrt{\sum_{i,t}(Y_{it}-\overline{Y})^2 \sum_{i}(\mu_i-\overline{\mu})^2}} \quad (8.2)$$

$$= Y_i と \mu_i の相関係数$$

以上を前提として，妥当性は0.0～1.0の間の数値として表される．数値が大きいほど妥当性は高い．実際の妥当性の推定方法を以下に2つ述べる．調査外データを用いる方法と，1つの調査の中で1つの同じ構成概念に対し複数の指標を用いる方法である．

調査外データを用いる妥当性の推定

第7章で取り上げた質問について考えてみる．

"＿＿＿＿＿＿から12ヵ月の間，あなたはご自分の健康のことで医師か看護助手を訪ねたか，あるいは話をしたことが何度ありましたか？　あなたが病院の患者であった間に，ある医師に出会った回数は数えず，しかし何科の医師でも，あなたが実際に訪ねたり話したりした回数はすべて数えて下さい．"

この質問項目は事実にもとづいた項目であり，少なくとも原則的には，回答の品質はかなりあきらかな事実に照らして測定することができる．実際に回答者は，特定の期間内に対象となる医療訪問を一定回数行っており，具体的な出来事（たとえば，回答者が電話で医師に相談すること）を含めるべきかあいまいなことがあるが，これらのあいまいさは解決することができる．この質問の場合，かりに回答者が過去12ヵ月の間に2回医者を訪ねていたとすると，$\mu_i = 2$である．かりに$Y_{it}=2$ならば，この試行については回答の真値からの偏差はない．かりにすべての回答者について，回答が同じように真の訪問回数と一致し，そしてすべての可能な試行でこのようなことが起これば妥当性は1.0となる．

調査項目によっては，記録あるいは他の外部データから調査回答の品質を評価することができる．i番目の回答者の記録にある値のどれもがμ_iであると回答者がはっきりと言ったならば，その回答者に対する真値は算出可能である．かりに，実施する調査が，考えられるすべての試行を代表するのだと主張するならば，妥当性は次のように算出できる．

$$1回の試行から得られる妥当性の推定値 = \frac{\sum_{i=1}^{n}(y_i-\overline{y})(\mu_i-\overline{\mu})}{\sqrt{\sum_{i=1}^{n}(y_i-\overline{y})^2 \sum_{i=1}^{n}(\mu_i-\overline{\mu})^2}} \quad (8.3)$$

ここで，

$\mu_i = $ 構成概念に対する記録変数，これを当該研究の"優れた基準（gold standard）"と

よぶこともある．
$\bar{\mu}$ = 全回答者についての記録値の平均値

つまりこれは，回答者の回答と記録値との単なる相関係数である．もし相関がほぼ 1.0 であれば，この測定の妥当性が高いといえる*12．

同一構成概念の多重指標を用いた妥当性の推定
2例目は態度についての質問項目であり，回答者が正確に回答したかどうかの判断に関連する事実が明らかでない場合である．

> 次に，国全体の景気動向についてお尋ねします．あなたは，これからの12ヵ月の間，景気がよくなると思いますか，あるいは悪くなると思いますか，それともどう思われますか？　　　　　　　　　　　　　　　　　　　　　　　　　　[消費者調査（SOC）]

この質問項目は経済の期待感を測ろうとするものであり，12ヵ月後の実際の経済状態は回答の正確さと直接は関係しない．この質問に対する回答者の回答が適切かどうかの判断に関連する一連の事実がうまく定義されておらず，いずれの場合もこれらの事実は主観的なものである．ほとんどの回答者は，将来の経済状態について事前に何も判断をもっていないので，質問に回答するにあたっては，経済動向のさまざまな意見を参考にするだろう．たとえば回答者は，失業率や株式市場の動向について自分の意見を考えるだろう．どの意見が回答者の回答の正確さの判断に関係するかを答えることは非常に困難であるし，そもそもこうした意見を直接入手することはできない．前の記法によると，どのような回答者にとっても，この質問にとって何が μ_i であるかがあきらかではないのである．したがって，妥当性を測定するという問題はさらに複雑なものとなる．

調査の回答を他の情報源から得た，なんらかの"優れた基準"と相互に関連させることが理想である．しかし調査研究では，回答を評価できる正確な外部情報を入手できることはまれである．さらに，知識や感情，意見のように，主観的な状態を尋ねる調査では，回答者の報告とは無関係の"優れた基準"が存在する可能性はない．なんらかの外部基準もないという状況では，ほとんどの回答の妥当性評価は以下にあげる3つの分析のどれかに頼ることになる．

1) 理論的には高い関連があるはずの，他の調査質問への回答との相関を調べること．
2) 回答が意図した構成概念を測定しているのであれば，回答に差異があるはずの群間比較をすること．
3) 代わりとなる質問文のワーディングあるいはデータ収集の手順について，比較可能な回答者標本から得た回答を比較すること（スプリット-バロット法による研究）．

第1の方法は，妥当性の評価にとっては，おそらくもっとも一般的なやり方である．たとえばある回答が，ある人がどの程度健康かを測定すると仮定した場合，もっとも高い評価段階の「健康である」と回答した人は[*13]，他の質問でも「気分がよい」「仕事をあまり休まない」「いろいろなことをする余裕がある」「体調はよい」などと回答するはずである．このような分析の結果を構成概念妥当性の評価という（クロンバックとメール：Cronbach and Meehl, 1955）．予測した関係をリサーチャーが見出せなければ，健康の測度としてのその質問の妥当性に疑念が生じる．

たとえば，メンタル・ヘルス・インベントリーによる5項目の調査票（MHI-5：the Mental Health Inventory Five Item Questionnaire）は，現在の心理的な健康状態を測定するために作られた質問であり，広く用いられている（スチュワート，ウェア，シェルボーン，ウェルズ：Stewart, Ware, Sherbourne, and Wells, 1992）．

> 以下の質問は，最近の4週間，あなたがどのように感じ，また調子はどうであったかについて尋ねるものです．それぞれの質問について，あなたが感じていたことにもっとも近いものを1つ選んで下さい．最近の4週間をふり返り，あなたはどのくらいの時間以下のように感じましたか？
>
> a) 楽しい気分でしたか？
> b) 落ち込んでゆううつな気分でしたか？
> c) ひどく気になることがありましたか？
> d) 落ち着いた，おだやかな気分でしたか？
> e) どうにもならないくらい気分がおちこんでいましたか？

回答選択肢としては「つねに（all of the time）」「ほとんどいつも（most of the time）」「かなり頻繁に（a good bit of the time）」「ときどき（some of the time）」「たまに（little bit of the time）」「まったくない（none of the time）」が含まれる．これらの質問はすべて，回答者に自分の心理的な健康状態を述べるよう求めるものである．6つの考えられる回答選択肢のそれぞれに，たとえば1～6の数値を与えることで1つの指標が作られ，否定的な言葉で書かれた質問項目では，6が常に肯定的な回答となるように逆順に数値を付与する．そして5つの質問についての回答の数値を合計する(つまり，得点の範囲は5～30点となる)．

メンタル・ヘルス・インベントリーによる5項目の調査票（MHI-5）の妥当性を評価すること，すなわち測定しようとしていたことを質問がどの程度測定しているかは，このMHI-5の総得点と他の測度との相関をみることで評価できる．メンタル・ヘルス（mental health, 心の健康）に関する他の指標は基準として利用される．これは，同時に測定された特性間の関係にもとづくことから"併存的妥当性（concurrent validity）"とよぶこともある．スチュワート，ウェア，シャーボーン，ウェルズ（Stewart, Ware, Sherbourne, and Wells, 1992）は，MHI-5と他の種々の項目との相関が，心理的苦痛

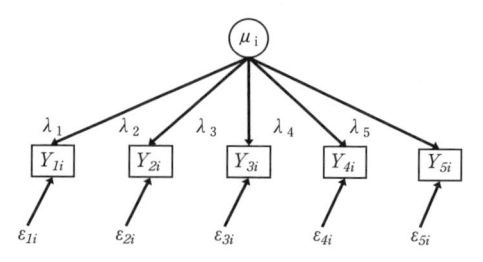

図 8.1 構成概念 μ_i の測定モデル $Y_{\alpha i}=\lambda_\alpha \mu_i+\varepsilon_{\alpha i}$ を表すパス図

(−0.94),抑うつ(−0.92),不安(−0.86),積極性(+0.88),知覚された認知機能(+0.69),帰属感(+0.66)であることを示した.そして彼らは,その方向と大きさの順には,これらの関連性のパターンがあること,つまりメンタル・ヘルスの要約測度を使って見つけることを期待させるものであり,したがってその測度の妥当性を示すよい証拠であると結論づけている.

妥当性の評価は,洗練されたモデル化の方法を用いることにも適用できる.この方法では,多数の測定値間の相関のパターンと強さを観察することにより,妥当性の証拠を同時に評価する(たとえば,アンドリュース:Andrews, 1984;サリスとアンドリュース:Saris and Andrews, 1991).先ほどの MHI-5 の質問項目を例に考えてみよう.構造方程式モデリング手法では,5 つの質問項目のそれぞれに対する回答を表すが,それぞれ異なる水準の妥当性 λ_α のもとで同一の構成概念 μ_i を反映している.

$$Y_{\alpha i}=\lambda_\alpha \mu_i+\varepsilon_{\alpha i} \tag{8.4}$$

これは,基本的な誤差モデルである $Y_i=\mu_i+\varepsilon_i$ を,わずかに変形させたモデルであることに注意しよう.この式は多数の質問項目に対する回答を表現するもので,それぞれに異なる添え字 α をつけてある.各質問項目への回答は係数 λ_α で表される根底になる構成概念 μ_i の関数とみなされる.

たとえば,MHI-5 の測定過程モデルは,図 8.1 に示したパス図で表される.頂点の円は根底になる構成概念 μ_i を表す.この円から出ている矢印は,構成概念が指標(Y_a)の値を"もたらすこと"を意味し,それは矢印に添えられた係数 $\lambda_\alpha (\alpha=1, 2, 3, 4, 5)$ の関数として表される.また,各項目は 5 つの質問それぞれについてそれぞれ 1 つずつ,四角の中に記されている.

したがって,もっと簡単に表せば,この図は次の 5 つの式となる.

$$\begin{aligned} Y_{1i} &= \lambda_1 \mu_i + \varepsilon_{1i} \\ Y_{2i} &= \lambda_2 \mu_i + \varepsilon_{2i} \\ Y_{3i} &= \lambda_3 \mu_i + \varepsilon_{3i} \\ Y_{4i} &= \lambda_4 \mu_i + \varepsilon_{4i} \\ Y_{5i} &= \lambda_5 \mu_i + \varepsilon_{5i} \end{aligned} \tag{8.5}$$

λ_α はこれら 5 つの質問項目のそれぞれの妥当性指標であり,さまざまな技法を用

いて推定できる（アンドリュース：Andrews, 1984；サリスとアンドリュース：Saris and Andrews, 1991）．

妥当性を検証するもう1つの方法は，関心のある根底にある構成概念が異なると予想される回答者集団の回答を比較することである．たとえば，米国では，共和党支持者は民主党支持者よりも保守的であると思われている．したがって，保守性を測定するように作成された質問項目では，共和党員は民主党員よりも平均得点が高くなることが予想される．このような評価はある変数間の関連性に関するわれわれの理論に決定的に依存している．上の例で，もし共和党員が民主党員と違いがなければ，その質問項目は保守的傾向をうまく測定していなかったか，あるいは実は共和党員と民主党員との保守性には差違がないか，のいずれかを意味する．一般に，構成概念妥当性の評価においては，拙劣な測定法と不正確な理論とを区別することは非常に困難か，もしくは不可能である．

以上の結果は，適切な理論であるという状況においてのみ解釈ができる．かりにこれらの違いの起こりうる方向を決めるための基準がない場合には，2群のデータ収集手順が異なる結果を与えても，どちらの結果がより正確あるいは妥当かということについては何も言うことができない．

8.9.2 回答の偏り

"回答の偏り"（response bias）とは，質問文に関連する誤差にかかわる用語で，もっとも多くみられる混同は，"妥当性"が"偏り"とどのように関連するかという点である．妥当性とは，回答と真値との相関の関数であるということを前に述べた．つまり，妥当性とは質問への個々の回答のある特性のことである．かりに回答に真値から離れた系統的な偏差があれば，何が起こるのだろうか？　たとえば，5.3.5項と7.3.7項では，社会的に望ましくない特性については一貫して過小報告が見られた．状況によっては，系統的な過小報告が，回答とその真値の相関を低めないこともありうる．たとえば，すべての回答者が自分の体重を5ポンド（2kg）少なく報告したとする．このとき報告された体重と真の体重との相関は1.0である．しかし，回答者の体重の平均は真の体重の平均よりちょうど5ポンド（2kg）少なくなる．"偏り"という用語は，ほとんどの場合標本平均のような要約統計量についての報告時の系統的な誤差の影響を説明するために用いられる．

スプリット-バロット法は偏りの存在を検証することを目的としている．サッドマンとブラッドバーン（Sudman and Bradburn, 1982）が1つの例を示している．彼らはアルコール飲料消費に関する以下の2つの質問を比較した．

a) お酒（アルコール飲料）を飲む日，あなたはいつも何杯ぐらい飲みますか？　1杯ですか，2杯ですか，3杯ですか，あるいはそれ以上ですか？
b) お酒（アルコール飲料）を飲む日，あなたはいつも何杯ぐらい飲みますか？　1,2杯

ですか，3,4杯ですか，5,6杯ですか，それとも7杯かそれ以上ですか？

　回答者は，この2つの質問のどちらかに回答するよう無作為に割り付けられた．質問b) の回答者のほうが，質問a) の回答者よりも「3杯以上」という回答が多いことをブラッドバーンとサッドマンはあきらかにした．また回答者にはアルコール飲料消費量を過小報告する傾向があることを確信したのである．このことを前提に，2番目の質問への回答のほうが，はじめの質問への回答よりも妥当であると結論づけた．前に議論した妥当性の測定の場合と同様に，この偏りの測定でも，リサーチャーは真値についてなんらかの仮定を設けざるをえないことに注意しよう（調査回答を比較する際になんらかの記録システムが用いられる場合，「記録は誤差なしに測定される」というのがその仮定である）．

　調査統計量における"偏り"を説明するために，これまでと同じ次の測定モデルからはじめることができる．

$$Y_{it} = \mu_i + \varepsilon_{it} \tag{8.6}$$

すなわち，質問への回答は真値から誤差の分だけ離れている．誤差項に系統的な要素が含まれるときは，その期待値はゼロとはならない．調査の観測値（Y）の期待値がその真値とは異なるときに偏りが生じる．すなわち，すべての試行，すべての人において，その回答とその真値との間に，次式のような系統的な偏差が存在する．

$$Y_{it} \text{の偏り} : Bias(Y_{it}) = E_i\left[E(Y_{it}) - \mu_i\right] \tag{8.7}$$

この式は平均値という要約統計量に関連している．すべての人についての個々の回答の平均値あるいは期待値は（上式で E_i とした部分），単なる回答の平均値である．

　つまりこれは，回答の平均値とは真値の平均値の偏った推定値であるということと同じである．

$$\overline{Y} \text{の偏り} : Bias(\overline{Y}) = E_t\left(\frac{\sum_i Y_{it}}{N}\right) - \frac{\sum_i \mu_i}{N} \tag{8.8}$$

　(8.8) 式の第1項は，単に全試行における回答の平均値の期待値を表しているにすぎない[14]．

　この偏りの式は，μ_i の値と Y_i の値に依存しているが，(8.8) 式の妥当性は μ_i の変動性に依存しているだけである．ようするに，偏りという概念は真値の存在に依存しているということである．知識，意見，感情のような主観的な状態に"真値"が存在するのかどうかについては議論のあるところである．計量心理学者は，ときには態度のような主観的な構成概念の真値を定義しようと試みてきたが，すでに述べたように，ある外部情報源からその真値の測定値を得ることは一般には不可能である．つまり，主観的な構成概念を使ってわれわれができることは，回答者から得られる複数の報告を比較することだけである．このため，偏りという概念は，客観的に検証可能な事実や出来事の測定に対して形の上で適用できるだけである．

実際には，回答の偏りを経験的に推定する方法が2つある．すなわち，1つは調査以外の情報源を利用し目標母集団を構成する個々の要素のデータを利用する方法であり，もう1つは調査測定誤差に影響されない母集団情報を利用する方法である．

目標母集団を構成する個々の要素に関するデータを利用する方法

真値が存在すると思われるとき，調査質問への回答の偏りを推定する実用的な方法は，真値に関するある外的指標と回答とを比較することである．たとえば，調査における回答の偏りのいくつかの研究では，真値の指標として医療記録を利用している（カネル，マルキーズ，ローレント：Cannell, Marquis, and Laurent, 1977；エドワード，ウィン，コリンズ：Edwards, Winn, and Collins, 1996）．カネルらは，ある特定の期間に入院したかどうかについての，回答者の報告と同時期の病院記録とを比較している．同様に，エドワードらは，回答者による健康状態の報告の品質を評価するために，それらと医療記録に記載されている健康状態とを比較している（エドワード他：Edwards et al, 1994）．リサーチャーにとって，報告の品質を評価するための最善の状況は，調査回答と比較できるなんらかの記録が存在する場合である．

こうした"**記録検査（記録チェック）**"**研究**（record check study）の1つについてさらに詳しく調べよう．カネルらの研究では（カネル，マルキーズ，ローレント：Cannell, Marquis, and Laurent, 1977)，面接の前年度に入院したことのある人がいる世帯に対して面接が行われた．対象世帯は病院の入院記録にもとづいて抽出され，健康についての面接のときに，その記録されている入院が実際に報告されたかどうかをリサーチャーが確認した．表8.2は，入院日数別（患者が病院にいた日数)，および入院がその面接から何週間前のことであったかにもとづいて報告された，既知の入院の割合を示している．平均すると入院した日数の85％しか回答者は報告していなかった．しかし，回答者が入院を報告する可能性は，入院日数と退院してからの経過日数の影響を強く受けるものであった．入院した時期がより最近のものほど報告が優れており，入院期間が5日以上の場合はそれ以下の場合よりも報告が優れていた．

この表は，時間とともに記憶がいかに低下するか，重要な出来事はそれより重要度が低い出来事よりも，いかに思い出しやすいかを示す典型例である（図7.2を参照)．

表8.2は，要約統計量の推定値の偏り，つまりある回答者群の平均入院日数におけ

表8.2 入院日数および退院後の経過時間別の報告されなかった既知の入院の割合（％）

退院後の経過時間	報告されなかった割合		
	入院日数		
	1日	2-4日	5日
1-20週	21	5	5
21-40週	27	11	7
41-52週	32	34	22

（カネルほか：Cannell et al., 1977）

る偏りを示唆している．この平均値の偏りは，面接時から41~52週間前における平均入院日数のほうが，面接前の1~20週間における平均入院日数に比べて相対的に大きい．

調査測定誤差に影響されない母集団情報を利用する方法

調査データは，個々の報告が正確かどうかわからない場合でも，全体として評価できることがある．たとえば，1975年に行われた賭博行為に関する調査では（カリック-カウフマン：Kallick-Kaufman, 1979），回答者に「競馬にどれくらいの金額を合法的に賭けたか」の質問がある．また，それぞれの競馬場での賭け金の総額は公表されている．結果として，リサーチャーは，賭けた金額について個々の回答者による回答の正確さを評価することはできないが，その年の賭け金の総額に関して，調査で得た総合的な推定値と，各競馬場の既知の総賭け金の集計値とを比較することはできる．このことによって，回答者の報告内容に全体的な偏りがあるかどうかを評価できるのである．調査から得た推計値と競馬場の記録は非常に近いものであるということがわかった（カリック-カウフマン：Kallick-Kaufman, 1979）．結果として，このリサーチャーらは，平均すると，回答者は競馬への賭け金を過小報告も過大報告もしないと結論づけている．同様に，投票者行動も，選挙日当日に公表され，投票者行動を要約した調査統計量をこの公表結果と比較することができる．しかしながら，個々の結果がなければ，公に利用可能な要約統計量の偏りしか推定できない．

8.9.3 信頼性と単純回答変動

"**信頼性**（reliability）"とは，概念的な反復試行を行ったとしたときの回答の変動の測度である．回答者が一貫性のある回答を行う，あるいは安定した回答を行うかどうかを扱う概念が信頼性である．したがって，分散成分を表す項で定義される．つまり簡単にいえば，全回答者と全試行について，ε_{it}の項がどのように変動するかとして定義される．記号で表すと以下のようになる*15．

$$\text{信頼性：Reliability}(Y_{it}) = \frac{\underset{i}{E}(\mu_i - \bar{\mu})^2}{\underset{i}{E}(\mu_i - \bar{\mu})^2 + \underset{i,t}{E}(\varepsilon_{it} - \bar{\varepsilon})^2} = \frac{\text{真値の分散}}{\text{報告値の分散}} \quad (8.9)$$

かりに，次式の回答の偏差の分散

$$\underset{i,t}{E}(\varepsilon_{it} - \bar{\varepsilon})^2 \quad (8.10)$$

が小さければこの信頼性の割合は1.0に近づき，その母集団についての測定は"信頼性が高い"という．かりに試行間で回答の変動が大きければ（つまり回答の偏差の分散が大きくなると），信頼性は0.0に近づく．

調査統計の分野では，"信頼性"という用語はあまり使わずに，これの代わりに"単純回答変動"という語を用いる．"**単純回答変動**（simple response variance）"は"信

頼性"の反対の概念だと思えばよい．ある質問項目が母集団に対して高い信頼性があるとき，その単純回答変動は小さい（"単純回答変動"とは，9.3節で説明する"相関のある回答変動"に対して用いられる用語である）．

"信頼性"とは，同じ構成概念を測定するよう設計された，（測定の）機会または質問項目についての測定の首尾一貫性のことをいう．そのようなことで，報告の信頼性を評価するためにサーベイ・リサーチャーが利用するおもな方法が2つある．1つは，同一回答者に対し反復質問する方法，もう1つは同一の構成概念について多重指標を用いる方法である．

同一回答者への反復面接

これを"**再面接研究**（reinterview studies）"とよぶことがある．以下の仮定のもとに単純回答変動を検証するために，こうした反復測定が利用できる．

1) 2つの面接間で根底になる構成概念には変化がないこと（すなわち，μは変わらないこと）．

コラム 22 ●単純回答変動推定のための再面接に関するオムチャルタイの研究
(O'Muircheartaigh, 1991)

オムチャルタイ（1991）は，単純回答変動の推定ができるように設計した「最新人口動態調査」（CPS）について再面接で得たデータの検証を行った．

研究計画　「最新人口動態調査」（CPS：Current Population Survey）の面接の約1週間後，回答者の18分の1にあたる標本に対し，異なる面接者が再面接を行った．該当するいずれの回答者もそれぞれの（測定の）機会に関するデータを報告した．総差分率（GDR）は1回目と2回目の回答の不一致に関する単なる差である．

研究の成果　回答者が他人のことより自分自身のことを報告するほうが，また年少者に関する報告のほうが，さらには世帯主以外による報告のほうが総差分率（GDR）は高かった．

研究の限界　自己報告者の回答変動がより大きくなるという知見については，報告者の身分（社会的地位）を無作為に割り当てていないという事実から生じる限界がある．報告者は在宅のことが多く，したがって仕事に従事していない傾向がある．この研究は，回答の偏りの測定を試みたものではなく，時間経過にともなう回答の不安定さの検証にあった．再面接は，1回目の面接方式に比べて，かなり年長の調査員が異なる調査方式で行うことがときおりあった．

研究の影響　この研究は，反復試行間の回答の安定性に関して系統的な影響があることを明らかにした．こうした研究を行うことが，ある継続調査における回答変動の関連要因を研究する際に，再面接のデータに価値があることを証明した．自己報告者の回答の不安定さがより高まったという結果はおそらく，これらの回答者は，自らの雇用状況のさらなる変化を経験する傾向にあるということで十分に説明ができる．このことは，急に変化する特性に対する報告の信頼性がより低くなることを示唆している．

表 8.3 「全国犯罪被害調査」(NCVS) のさまざまな犯罪被害事件の特性に対する非一貫性指標

(グラハム:Graham, 1984, 表 59-60.)

質問と選択肢	非一貫性指標	
	点推定値	95% 信頼区間
6c. 犯罪者が建物内に侵入したなんらかの証拠がありますか？（複数回答）		
鍵あるいは窓が壊された	0.146	0.094−0.228
ドアあるいは窓がこじあけられた	0.206	0.143−0.299
スクリーン（網戸）が切られた	0.274	0.164−0.457
その他	0.408	0.287−0.581
13f. 何を盗られましたか？（複数回答）		
現金のみ	0.276	0.194−0.392
ハンドバッグ	0.341	0.216−0.537
財布	0.189	0.115−0.310
車	0.200	0.127−0.315
車の部品	0.145	0.110−0.191
その他	0.117	0.089−0.153
7b. その犯罪者はあなたを殴ったり，殴り倒したり，あるいは実際になんらかの方法であなたを攻撃しましたか？（単一回答）		
はい	0.041	0.016−0.108
いいえ	0.041	0.016−0.108

2) 測定手順の重要な事柄は，すべて同じ状態に保たれていること（すなわち，これを"基本的な調査条件"が同一に保たれている，ということがある）

3) 1回目の測定が2回目の回答に影響を与えないこと（すなわち，記憶の影響がないということ，あるいは，2回目の測定は1回目の測定と無関係であるということ）

実際には，これら3つの仮定のいずれも面倒な問題がある．しかし，調査回答者が2回目の面接で1回目の面接と同一の質問に回答するという再面接研究は，前に述べたような推定値を得るため，一般に用いられる方法である(たとえば，フォースマンとシュライナー:Forsman and Schreiner, 1991；オムチャルタイ:O'Muircheartaigh, 1991)．調査測定がくり返された場合，リサーチャーは原則的に回答者ごとに2つの回答，Y_{i1}, Y_{i2}を手にすることになる．

再面接研究を利用することで，試行間の回答の首尾一貫性を測るために通常用いられる統計量が数種類ある．

1) 信頼性（これはすでに上で定義した）
2) **非一貫性指標**（index of inconsistency），これは（1-信頼性）に同じである．
3) 単純回答変動，これは簡単に以下のように表される．

$$\frac{1}{2N}\sum_{i}(Y_{i1}-Y_{i2})^2 \tag{8.11}$$

ここで，Y_{i1}, Y_{i2}はそれぞれ1回目と2回目の面接で得た回答

4) **総差分率**（gross difference rate），これは2値変数の場合の指標で，単なる単純回答変動の2倍の値．

これらのうちどれか1つが特段に優れているということではない．これらは相互に数学的な関数関係にあるからである．また，調査実施機関が異なれば，報告時の一貫性の測度も異なるという傾向がある．

そのような回答誤差統計量の実際例を示すために，「全国犯罪被害調査」（NCVS）で用いられている非一貫性の指標を表8.3に示してある（グラハム：Graham, 1984）．たとえば，「鍵あるいは窓が壊された」と回答した回答者の割合の非一貫性指標は0.146である．これは信頼性係数が0.854（=1－0.146）であることを意味する．なおこの値は，調査の回答の信頼性の程度として高いと思われる．また，「はっきりした証拠」と「何を盗られたか」とについての非一貫性のほうが，「犯罪者が回答者を襲ったか否か」の非一貫性より平均的に高いこと（つまり信頼性が低いこと）に注意しよう（ここで非一貫性指標 =0.041；よって信頼性 =0.959）．このことは，ある種の特性は他の特性と比べて，より一貫性のある回答をもたらすという事実を示すものである．

同一の構成概念についての多重指標の利用

信頼性を検証するもう1つの方法は，同じ根底になる構成概念を評価するために複数の質問を尋ねることである．この方法は主観的な状態を測定する際に，もっともよく用いられる．この方法では以下を仮定する．

1) すべての質問が同じ構成概念の指標であること（つまり，各構成概念の期待値はみな同じであること）
2) すべての質問の回答偏差の期待値は同じであること（つまり，単純回答変動あるいは信頼性は一定であること）
3) 質問項目は互いに独立していること（つまり，ある質問への回答は，回答者が他の質問にどのように回答するかに影響しないこと）

クロンバックの α 係数（Cronbach's alpha）は，こうした複数質問項目指標を用いる際の信頼性の測度として広く用いられている（クロンバック：Cronbach, 1951）．

8.9.1項で，メンタル・ヘルス・インベントリー MHI-5 という，メンタル・ヘルスの指標となる5つの質問について述べ，またその妥当性の推定方法として他のメンタル・ヘルスの指標との相関を利用することを説明した．質問項目に対する回答を組み合わせて得られる指標の信頼性は，クロンバックの α 係数により測定され，それは質問数 k と各質問項目間の相関係数の平均値 $\bar{r}$ に依存する．

$$\alpha = \frac{k\bar{r}}{1+(k-1)\bar{r}} \tag{8.12}$$

表 8.4 MHI-5 の質問項目間の相関係数の例

質問	幸せ	憂うつ	イライラしている	落ち着いている	落ち込んでいる
幸せ	―				
憂うつ	0.55	―			
イライラしている	0.45	0.59	―		
落ち着いている	0.62	0.51	0.54	―	
落ち込んでいる	0.49	0.63	0.56	0.45	―

たとえば，各質問項目と他のすべての質問項目との相関係数が表 8.4 のようであったとする．このとき 10 個の相関係数の平均値 $\bar{r}$ は 0.539 となり，よって α 係数は 0.85 となる．

$$\begin{aligned}\alpha &= \frac{k\bar{r}}{1+(k-1)\bar{r}} \\ &= \frac{5(0.539)}{1+4(0.539)} = 0.854\end{aligned} \quad (8.13)$$

クロンバックの α 係数が高い値であれば，高い信頼性あるいは小さい回答変動を意味する．残念ながらこれは，ある質問項目への回答が他の質問項目にも影響したために，項目間の高い相関を誘発したことを示しているともいえる．信頼性 α が低ければ信頼性が低いか，あるいは質問項目が同一の構成概念を測定していないことを示している．

ようするに，信頼性あるいは単純回答変動を測定するために，再面接と複数の質問項目を用いることとは，このどちらをも是認することに疑問をなげかけてもよいという前提を必要としている．にもかかわらず，どちらの技法もサーベイ・リサーチャーにとって一般的であり有用である．

8.10 要　　約

調査の質問文を評価するには 2 つの要素がある．第 1 は，正しい質問であるかどうか，回答者は意図したとおりに理解し，過度の困難をともなわずに回答できるのかどうか，実査現場で容易に実施できる質問かどうか，こうしたことについて判断するということである．これらの問題への取り組み方には 5 つの手法があると述べた．つまり，専門家による吟味，フォーカス・グループ，認知的検証，予備調査，スプリット-バロット法である．ほとんどすべての調査で，調査票の作成にこれらの手法の 1 つ以上が利用されている．用いる手法が異なれば，得られる情報も多少は異なる．なにか特定の調査に対して選んだ手法は，調査設計者がどのような事柄にとくに関心を寄せているか，調査に必要な予算，ほとんどの質問あるいはすべての質問が以前に用いたことがあるかどうか，といったことに依存するであろう．残念ながら，こうした技法で明らかになる評価が，調査の回答に影響するもっとも深刻な問題を，実際に的確

に指摘するのかどうかについてのデータは,ほとんどもち合わせていない.

調査の質問文の統計的な評価においては,妥当性あるいは回答の信頼性と回答変動,要約統計量の偏りが測定される.妥当性の推定には,2つの主要な方法がある.すなわち,1つは外部データ(たとえば,なんらかの記録)と調査回答とを比較する方法,もう1つは,調査から得た測度が,理論的に期待に沿うものとなっているかどうかをあきらかにする方法である.

信頼性と単純回答変動は,ある回答者に同一の質問を2度尋ねること,つまり主調査で1回,そして再調査で2回目を尋ねることで評価するのが普通である.しかし,同じ調査において同一の構成概念を複数の質問項目で実施し,それらの質問への回答の一貫性を検証するという別法もある.

回答の偏りの測定は,調査の回答となんらかの外部データを比較するか,あるいは,個々の回答者のデータか目標母集団に関する統計量のどちらかと比較する.

一般に,調査の回答と正確な外部データとの比較を行うことで,調査データにおける誤差のもっとも有用な推定値が得られる.しかし,そのような外部データを利用できることはまれである(そのようなデータが利用できる場合は,たいていは特別な母集団に対してである.つまり,なにか特定の保健維持機構(HMO)[*16]の加入者であるとか,特定の病院への入院経験者であって,質問文が用いられる母集団の代表性がおそらく十分ではない特別な母集団に対してである).

一般に,妥当性を評価するための手法が間接的であるほど,測定誤差の程度を考察する証拠の説得力は小さくなる.質問への回答が他の変数に対して予測可能な関係にあるといえることは心強いことだが,そのことで測定誤差の程度について量的な推定値が得られるわけではない.それでもなお,このような立証をすることが,たいていの場合,調査質問への回答の品質を評価するためにわれわれができる精一杯のことなのである.

■さらに理解を深めるための文献

Presser, S. et al. (eds.) (2004), *Questionnaire Development Evaluation and Testing Methods*, New York: Wiley.

Schwarz, N., and Sudman, S. (eds.) (1996), *Answering Questions: Methodology for Determining Cognitive and Communicative Processes in Survey Research*, San Francisco: Jossey-Bass.

■演習問題

1) 調査票作成に用いる次の3つの手法の利点について,それぞれ比較し相違を検証せよ.ここで3つの手法とは,認知的検証,フォーカス・グループ,予備調査における調査員と回答者の行動コーディング,の3つである.なおここで「利点」とは,本調査のデータ収集に先だって,訂正可能な調査票の設計時における弱点に関する情報を得ることを意味する.各手法の利点がどのように異なるか少なくとも3つあげよ.

2) 2,3人の仲間で,次の質問文について認知的検証を行ってみよう.それらが認知的基準

にどれほど合っているとみなせるかについて考えよ.
- a) あなたの昨年の年収はどうでしたか.
- b) あなたはどのくらいの頻度で運動しますか.
  ほとんど毎日，1週間に数回，1週間に1回，1ヵ月に1回，さらに少ない頻度で.
- c) あなたは米国の国民健康保険制度（universal health insurance）に賛成ですか，反対ですか.
- d) 昨年あなたは，なんらかの取引のためにATMの機械をおよそ何回利用しましたか.
- e) 次の発言についてお考えください.
  「わたしは，このところいつもより幸せだ」
  あなたはこれについて次のどれにあてはまりますか.
  まったくそう思う（strongly agree），ややそう思う（generally agree），どちらともいえない（neither agree nor disagree），あまりそう思わない（somewhat disagree），まったくそう思わない（strongly disagree）

3) ある質問が妥当なデータを提供するかどうかを，どのように調べるか.

4) 以下の各質問項目について，これらの質問文に関して考えられる問題を，見つける手がかりになる認知面接で用いるプロービングを2つ設計せよ.
- a) あなたは過去4週間前の＿＿＿＿＿＿から［ここに4週間前の日付を入れる］今日までの間に，スポーツ，肉体的活動をともなう趣味，エアロビクス体操など，なんらかの運動をしましたか．ただし，仕事の一部として行った活動や日常的な家事労働の一環として行う活動は含みません.
- b) あなたは毎週何回，牛乳やバター，その他の乳製品を摂取しますか.
- c) あなたがいま住んでいるところで，必要と考える費用を支払うとき，あなたとあなたの家族が毎月の収支の帳尻を合わせるのに必要な，最小限の（控除前の）収入はどの程度でしょうか.
- d) たとえ失業がさらに増えることになっても，連邦政府はインフレ率を下げるためのなんらかの行動をとるべきだ，という意見があります．一方で，たとえインフレ率がさらに上がることになっても，連邦政府は失業率を下げるためのなんらかの行動をとるべきだ，という意見もあります．このことに関するあなたのお考えを，下の7段階のものさしの上で示してください.

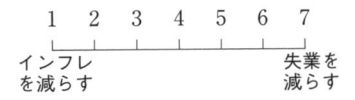

  ```
  1  2  3  4  5  6  7
  インフレ           失業を
  を減らす           減らす
  ```

- e) 過去12ヵ月，＿＿＿＿＿＿以来［ここに日付を入れる：何月何日以来］，あなたが病気あるいは怪我で，半日以上ベッドですごしたことは，およそ何日間ありましたか．病院に入院した日数も含めお答えください.

5) 次の各シナリオについて，それぞれかかえている問題をもっとも直接的に扱う予備調査技法を1つあげて，なぜそれが有用なのかを述べよ.
- a) あなたは調査質問の草稿作成をはじめており，調査で扱う主題について，目標母集

団の人たちがどのように考えまた語ってくれるのか，つまりどのようなワーディングとするか，それらの語句をどのように定義するかなど，を知る必要がある．あなたはどのような技法を用いるべきか．

b) 実査段階に入ろうとしているある調査について，あなたは，第1の関心事として，調査員と回答者の相互行為についてできる限り標準化を図りたいと考えている．あなたは自分自身によるかなり非公式な試み（つまり少数の同僚たちへの調査の実施）から，その相互行為が若干面倒であることがわかっている．すなわち，回答者に対して回答選択肢をすべて読みあげる前に，回答者の回答の割り込みがあったり，質問をくり返すように求められたり，ときには（標準的な定義がないにもかかわらず）ある言葉の意味を問われたりする．予備調査の期間中に，調査員－回答者間の相互行為の標準化という問題に取り組む最善の方法は何か．

c) あなたは，データ収集の仕上げを依頼されていた調査票について，理解と想起の潜在的な問題に関して非常に懸念している．あなたは"本番さながらの"調査現場における大規模な予備調査を，今から数ヵ月間実施するつもりであるが，その前に調査票を改善するためにやらねばならないことがある．ワーディングがあいまいで人によって解釈が異なると思われる質問があるとか，多くの人にとって思い出すことが難しいと思われる情報について尋ねる質問がある．さらに，母集団のいくつかの部分集団では（たとえば，教育水準が低い集団や少数民族出身など），異なる問題が起こるのではないかと，あなたは考えている．こうしたとき，あなたはどうすべきか．

6) 回答者が先週どの程度幸せであったかを測定するため，一連の複数項目からなる質問文を用いたと仮定しよう．4つの質問項目はそれぞれ，「楽しい（joyful）」「ほがらか（cheerful）」「陽気（upbeat）」のような，類似した意味のワーディングを用いて，回答者に自分自身について述べるよう尋ねている．4つの質問項目への回答間の相関係数の平均値は0.60であった．この4質問項目の指標に対するクロンバックのα係数の値はいくつか．またそれは何を意味するか．

■本章のキーワード

回答の偏り（response bias）
記録検査研究（record check study）
クロンバックのα係数（Cronbach's alpha）
行動コーディング（behavior coding）
再面接（reinterview）
信頼性（reliability）
スプリット-バロット法（split-ballot experiment）
専門家による吟味（expert review）
総差分率（gross difference rate）
妥当性（validity）
単純回答変動（simple response variance）

調査員の報告聴取（interviewer debriefing）
使いやすさの基準（usability standards）
内容面での基準（content standards）
認知面での基準（cognitive standards）
認知面接法（cognitive interviewing）
非一貫性指標（index of inconsistency）
フォーカス・グループ（focus group）
プロトコル分析（protocol analysis）
無作為化実験（randomized experiment）
予備調査（pretest）

第9章 面接調査法

Survey interviewing

調査で調査員を利用するとき，調査員は全調査過程で中心的な役割を果たす．したがって，良くも悪くも，調査員が調査経費とデータの品質に影響する可能性はきわめて大きい．本章では，調査員がどのようにデータに影響するのか，また，リサーチャーの調査設計の選び方が，調査員に起因する調査データの誤差量をどのように減らすのか，あるいは増やすのか，こうしたことについて著者らが知るところについて述べる．

9.1 調査員の役割

調査時に調査員は，以下にあげるような事項について，きわめて重要な役割を果たしている．

1) エリア確率標本を用いる世帯調査において，調査員は住所を一覧にして標本抽出枠を作成する．
2) 抽出した単位のうち，該当する適格者を計数し，さらに回答者抽出基準を適用する．
3) 調査員は，標本となった回答者に調査協力を要請する．
4) 調査員は，面接のやりとりにおいて，回答者が自分の役割を果たせるように回答者を補助する．
5) 調査員は，質問-回答過程を管理すること，つまり1組の質問文を尋ね，さらに関連質問文を質問すること，あるいは回答者が質問文に完全に答えられずに窮したときには，追加質問やプロービングを行うこと，こうしたことを適切に管理する．
6) 調査員は，回答者から提供された回答を記録する．多くの場合，それら回答をコンピュータ・データ・ファイルに入力する．
7) 調査員は，正確を期すために回答を編集し，そのエディット済みデータを調査機関の中央管理施設（本部）に転送する．

このように，標本抽出時と調査協力確保の時点における調査員の役割はきわめて重

要である．調査員が，こうした自分の仕事の諸様相をいかにうまく遂行するかが，カバレッジ誤差と無回答誤差に重要な影響を及ぼす．調査協力を得ることは，調査員が通常の母集団調査を行う際にもっとも困難とされる仕事の1つであるので，調査員の訓練と継続的な管理のいずれにも重要な話題である．しかし，これらの課題に関する題材の大半は，実は前の章でみたことである．よって本章では，いったん誰かが調査を受けることに同意したとして，データの品質が調査員の影響をいかに受けるかということに焦点を当てる．

いままでの章では，調査データについて2種類の誤差を区別してきた．すなわち，1つは"偏り（biases）"という目標値からの系統的なずれあるいは一定の誤差であり，もう1つは，概念の再現性の全体にわたり推定値の不安定性を表す推定値の分散である．この調査推定値の2種類の誤差のいずれにも，調査員が影響することを種々の研究が示している．

9.2 調査員による偏り

回答における系統的な調査員の影響の発生源に関して，次のような3種類の研究成果がある．

1) 自記式による報告に対して，調査員の社会的存在（social presense）[*1]に起因する，社会的に望ましくない特徴をもつ報告を低減させること．
2) 観測可能な，つまり目に見える調査員の特徴[*2]が質問文の内容に関連するときに，調査報告の内容が変わってしまうこと．
3) 調査員の経験に応じて，調査報告が変わってしまうこと．

9.2.1 社会的に望ましいとはいえない特性の報告にかかわる，調査員による系統的な影響

5章と7章で議論したように，調査員の存在が少しでもあると，偏った回答を生む可能性があることを多くの研究が示してきた．こうした研究では，通常は調査員の集めたデータと自記式で集めたデータとを比較している（たとえば，ターナー，フォーサイス他：Turner et al., 1998）．微妙な行動（sensitive behaviors）にかかわる質問文（たとえば，薬物使用）は，調査員の存在によりもっとも影響を受けるようにみえる．こうした影響をいちばん適切に説明する説として，回答者が自分の回答の判断を行う段階で，調査員の"社会的存在"が回答者を刺激して，社会規範をよく考えることになるという説がある．その結果，回答者が規範に合わせようとする精神的圧力により，社会的に望ましいとはいえない特性について過小報告することになる，つまり回答が抑制される結果となって現れる．こうした影響は広範囲にわたり，しかも系統的であるように見えるので，誤差構造の偏りの面についてこれらの影響があるものと考えている．

9.2.2 目に見える調査員の特徴にかかわる課題への，調査員による系統的な影響

ある制約された状況下での回答者の行動について，目に見える調査員の特徴の影響に気づいた別の研究集団がある．こうしたことは，目に見える調査員の特徴が質問文の内容に関連すると見られるときに生じるようである．こうした場面では，調査員の特徴が，回答者の適切な回答の判断を助けるだけでなく，回答者が質問文の理解を形づくる際にも同じように助けとなるように思われる．

たとえば，ロビンソンとロードによる1946年の研究（Robinson and Rhode, 1946）では，反ユダヤ的感情について尋ねるような質問文の場合は，ありふれたユダヤ系の姓をもつ調査員や著しくユダヤ風の容貌の調査員であると，回答者が反ユダヤ的感情をみせる，あるいはそれに近い意見を示唆する回答が調査員に伝えられる割合が減ることが示されている．同様に米国では，アフリカ系アメリカ人の調査員であると，アフリカ系アメリカ人に対する敵対心あるいは不安感については，白人の回答者からは少数の回答しか得られないとの研究もある（シューマンとハチェット：Schuman and Hatchet, 1976）．また，シューマンとコンバース（Schuman and Converse, 1971）は，人種との関係を扱う多数の質問項目がある場合には，調査員の人種による影響は受けないが，回答者が白人あるいは黒人についてどう感じるかの質問では，調査員の人種によって異なる傾向になるという点で，かなり密接に関連があったことを報告している（次ページのコラム23を参照）．よく引用されるある1つの研究では，十代の若者の回答は，応対する調査員の年齢次第で違ってくるということを示している（エールリヒとリースマン：Ehrlich and Riesman, 1961）．また，生活保護を受けている母親は，属性が自分たちに類似している調査員に報告するよりも，自分たちの住む地域外からやってきた中流階級の調査員に対するほうが，あきらかに所得水準を正確に報告したという（ワイス：Weiss, 1968）．さらに，男女のいずれもが，ジェンダー関連の意見では，男性の調査員に比べて女性の調査員に対して異なる意見を報告するという研究もある（ケーンとマコーレイ：Kane and Macaulay, 1993）．

どのような社会でも，社会的な意味があり観察可能な特徴をもつ傾向にある（たとえば，声色や外見・風采あるいは行動性向を通じて）．たとえば，米国においては，それは目に見える人種的な特徴である．また，カナダのケベックでは，それは調査員の母語であるという（フェレギ：Fellegi, 1964）．尋ねる調査質問文が，その目に見える特徴に関連するとき，回答者は自分の回答の判断を行うために，こうした特徴を利用する傾向にある．こうして，回答は，調査員の特徴に合っていると判断された報告のほうに偏る傾向にある．質問文の内容が，こうした目に見える特徴に関係しない場合は，回答結果に影響はないのである．

上にあげた各研究では，意見や態度を扱っている．すでに注意したように，偏りの概念は複雑であり，しかも，主観的な事象を扱うような場合には意味がないかもしれない．ここでいえることは，いくつかの事例においては，調査員の特徴に左右され系

> **コラム 23 ●米国における，調査員の人種による影響に関するシューマンとコンバースの研究** (Schuman and Converse, 1971)
>
> 　シューマンとコンバースは，人種関係の緊張状態が高まっていた1968年頃，ミシガン州のデトロイトにおいて調査員の人種が及ぼす影響を研究した．
>
> 　**研究計画**　　25人の黒人の専門調査員と，17人の白人の大学院生の調査員とが，黒人の世帯主あるいはその配偶者につき，それぞれ330人と165人の面接を行った．調査員の人種は，無作為におよそ各5世帯の標本区分単位に割り当てられた．人種にかかわる意見，仕事と生活，そして経歴の変数について，面接で130の質問を尋ね，さらに複数の予備変数[*3]についても尋ねた．
>
> 　**研究の成果**　　大多数の質問文が (74%)，調査員の人種による差異はないことを示していた．しかし，人種にかかわる内容に対する態度を問う質問文は，黒人の回答者の多くが，白人の調査員に対してよりも黒人の調査員に対するほうが，敵意をともなう回答をしたことがあきらかになった．
>
> 　また，社会・経済的地位の低い黒人ほど影響がやや大きいように見えた．
>
> 　**研究の限界**　　調査員の人種の影響は，調査員の年齢と面接の経験とが混同するおそれがある．この研究では，調査員の人種群内の影響という変動を検証してはいない．
>
> 　**研究の影響**　　質問文に人種にかかわる内容が含まれる場合，調査員の人種が質問文の意図を理解する一要因と見なされることを，サーベイ・リサーチャーは学んだ．
>
> **表**　「所与の選択肢」×「調査員の人種」の回答比率
>
> | 質問文 | 選択肢 | 選択肢の回答比率 | |
> |---|---|---|---|
> | | | 白人の調査員 | 黒人の調査員 |
> | 白人を信じることができますか？ | ほとんどの白人は信用できる | 35% | 7% |
> | 黒人の親ともっともうまく協働できるのは黒人の教師であるか？ | はい | 14% | 29% |
> | 好きな芸能人は？ | 黒人の芸能人についてのみ名前を記す | 16% | 43% |

統的に異なる回答となるということである．

　一方，こうした研究のもっとも特筆すべきこととして，質問がどんなに多くても，目に見える調査員の特徴により影響されていないように見えることである．調査員は，たいていは，自分の目に見える特徴には左右されない状況をうまく作り出しているように見える．質問文が，見てすぐにわかる調査員がもつ特徴に，直接的でしかも個人的に関係するときに初めて，その状況は目に見える形でデータに系統的な影響を及ぼすのである．したがって，かりにだれかが，人種，性別あるいは年齢が顕著に現れるような態度あるいは行動を測定しているとき，調査員がどのように割り当てられているかについて，考えたくなるかもしれない．回答者に似ている調査員のほうがよ

り良いデータを提供するのか，あるいは逆に悪いデータを提供するのかどうかは，多くの場合，あきらかではない．主観的な測定の場合には，何のためにデータの品質を構築するかの基準がないかもしれない．曖昧な場面に直面したとき，最善の対応策は，調査員に対して回答者をある種の無作為割当てとすることを考えることだろう．こうした調査設計は，調査員にかかわる誤差の低減とはならないだろうが，誤差の測定は可能になるかもしれない．

9.2.3 調査員の経験にかかわる調査員による系統的な影響

調査員がどのように調査を行うのかについて経験の果たす役割に関するさまざまな証拠がいくつかある．経験ゆたかな調査員は，経験の少ない調査員よりも回答率でまさるという傾向にある．しかし，それが経験の影響であるのか，あるいは調査協力を要請することになじめない調査員は，熟練した調査員になるまでとどまれない，という事実を反映しているだけなのか，これを述べることは事実上ほとんど不可能である．一方では，書かれた言葉どおりに質問文を読み上げ，調査手順に従うことについて，経験のある調査員は，むしろ新米の調査員ほど注意を払わない傾向にあるということを，示唆する証拠がある（ブラッドバーン，サッドマンとその同僚：Bradburn, Sudman, and Associates, 1979；グフレーラー，アイアーマン，クロミー：Gfroerer, Eyerman, and Chromy, 2002）．

たとえば，「薬物使用と健康に関する全国調査」（NSDUH）では，経験のある調査員は，この調査の経験のない調査員よりも，生涯薬物使用について低めの報告をするという証拠がある．表9.1は，すべての生涯薬物使用の報告について初期の「薬物使用と健康に関する全国調査」（NSDUH）で取り入れた自記式質問紙調査票を用いた報告の結果を示している．結局，全体からみれば，「薬物使用と健康に関する全国調査」（NSDUH）の事前経験のない調査員によるデータは，1998年以前に何回かの面接を行った調査員のものに比べて，人々の生活における違法薬物使用の蔓延度が21％も高いという結果になった．表9.1からは，調査員が1998年に行った初めの面接（つまり，1～19番目の面接）と，一番最後の面接（つまり，100番目以上の面接）という2つの調査員グループの比較を確認できる．仕事量に応じて，面接の順序で定めた各グループ内では，経験のある調査員ほど，むしろ薬物使用が少ないと報告している．つまり，調査員は自分の仕事量の範囲内で面接を完了させようとするので，報告が減少するという傾向がある．

熟練した調査員が，なぜこうした結果を生むのであろうか？　ここで，「薬物使用と健康に関する全国調査」（NSDUH）のデータ収集方式が自記式であることをしっかりと心にとどめておこう．つまり，調査員は質問を尋ねてはいないのである！　大規模な多変量解析の結果が，この相違は，割り当てた標本対象者の特性の本当の違いの影響ではないことを示している．1つの可能性は，経験ゆたかな調査員の行動が，調査票を急いで終わらせることが好ましいのだと回答者に伝えているということである．かりに，薬物使用があると報告されると，それに続いて補足の関連質問が尋ねら

表 9.1 （面接順序）×（調査員の経験）による生涯不法薬物利用の報告の割合
（「薬物使用と健康に関する全国調査」(1998)）

調査員が行った順にみた面接グループの大きさ	生涯不法薬物使用の割合		比率(1)/(2)の値
	(1) NSDUH 調査経験のない調査員	(2) 若干の NSDUH 調査経験のある調査員	
1～19	40.9	35.5	1.15
20～39	38.7	32.6	1.19
40～59	38.2	33.7	1.13
60～99	39.0	32.1	1.21
100 以上	43.2	31.7	1.36
合 計	40.1	33.1	1.21
比率 (1～19)/(100 以上)	1.02	1.07	

(ヒューズ, クロミー, ジャコレッティ, オドム：Hughes, Chromy, Giacoletti, and Odom, 2002；table 8.1)

れる．であるから，薬物使用がないと報告することは，この方式つまり自記式質問紙調査票にもれなく記入する所要時間の低減につながる（ただしその後，調査員の再教育訓練とコンピュータ支援による自記式技法とを用いることで，調査員の経験の影響が緩和されたようだ）．

（記録には誤差がないと仮定して）調査回答の偏りを測定する1つの方法として，病院記録を活用した先行研究がある．この調査研究では，調査員が面接を済ませる予定であった世帯数が，調査員によって著しく変動があった．各調査員が完了した面接数を，回答者が報告した既知の入院期間の割合（％）と比較して集計したとき，この2者の間には高い相関があった（0.72）．もっとも多くの面接数を完了した調査員が対応した回答者たちは，それより少ない分担数を引き受けた調査員に回答した場合よりも，はるかに少ない報告を行っていた（カネル, マルキーズ, ローラン：Cannell, Marquis and Laurent, 1977）．

こうした調査員の経験の系統的な影響を引き起こすメカニズムは何だろうか？　ここでみた成果についてさらに研究を行う必要があるが，もっとも一般的な仮説は，調査員への報酬制度という予期せぬ結果と関係がある．面接方式の調査員に対する現状の意見は，ほとんどの場合，回答率と生産性指標を評価することからなりたっている．あまり一般的ではないが，測定誤差に影響する面接方式の品質に関する意見がある．この仮説は以下のことを論証している．すなわち，経験ゆたかな調査員は，回答者協力と費用効率を重視しようとする一方で，高品質の回答を提供してくれる回答者の動機づけへの配慮がおろそかになる．かりにこの仮説が正しいとすると，人によっては，集中管理方式の電話調査データでは，この種の影響はかなり少ないことを期待するだろうし，さらに今後の研究は，それぞれの成果の根底にあるメカニズムを見つけるために，調査方式の比較に重点的に取り組むことかもしれない．

9.3 調査員変動

　上に述べた調査員の系統的な影響は予測可能であり，しかも多くの研究でも再現されているが，調査とはまた，調査員を通して変動する回答の影響を経験することでもある．調査員による変動つまり"**調査員変動**（interviewer variance）"とは，調査統計量のうちの調査員にかかわるあらゆる変動性を説明するために用いる用語である．標本抽出にともなう変動である抽出分散の概念と同様に，調査員変動とは，個々の調査は考えられる無数の反復のうちの1つの実現値にすぎないという概念モデルを具体化したものである．かりに，それぞれの調査員が，回答を引き出すそれぞれの傾向があるならば，調査推定値は調査をくり返すたびに変化するであろう．

　調査員が，どのようにして調査推定値の変動を増やすことになるかの大半の論法は，抽出分散に関する集落化処理の影響についてふれた4.4節の議論に類似している．単純無作為標本から標本誤差を計算する際の仮定には以下を含んでいる．つまり，個々の新たな観察や面接，あるいは調査報告により，全体として母集団について新たな独自の考察がもたらされる．集落の場合，集落内の人びとが，全体としてはその母集団よりも平均して互いによく似ていると，さらにその同じ集落内で追加観測を行ってもそう多くの情報は提供されない．つまりそうした追加観測を行っても，ある集落の一部に含まれない観測値に匹敵するほど，母集団について新たな独自の考察をもたらすことはないのである．同じようにして，かりに調査員が，自分たちが取得した回答に影響を及ぼすのであれば，その同じ調査員が追加面接を行っても，他の調査員が面接を行った場合，あるいは回答に影響を及ぼさない調査員がその面接を行った場合に比べて，それよりも新しくしかも独自の情報が得られることはないのである．

9.3.1 調査員変動の推定のための無作為化の必要性

　調査員変動の測定に関する実用上の1つの問題は，異なる調査員が，自分が面接する回答者群について，得られる群ごとの回答の平均値には違いがある，と考えられる理由が2つあるということである．

1) 調査員は回答者の回答に影響すること
2) 異なる調査員に割り当てられた回答者は，まったく異なる特性をもつこと

　調査員が回答者に及ぼす影響を完全に推定するために，回答者間に実在する差異の影響を取り除く必要がある．"**相互貫入的な標本割り当て**（interpenetrated sample assignment）"とは，各調査員に割り当てられた全標本の確率副標本に相当する．相互貫入的な仕事量は，別々の調査員に割り当てられた回答者すべてにわたり，実際の差異の悪影響を受けることなく，調査員変動の測定を可能にする．このような調査設計では，各調査員に調査対象の無作為副標本を割り当てる．したがって，予想では，

各仕事量がそれぞれ同じ推定調査統計量を提供するはずである．あきらかに，各仕事量は相対的に小さい標本となるから，それらについて算出した統計量全体では大きな標本抽出変動となるだろう．しかし，かりに調査員仕事量の統計量全体にわたる差異が，抽出分散のみから予想される，こうした差異よりも大きいならば，相互貫入が用いられる場合の調査員変動の証拠がある．推定値の分散に調査員がどのくらい影響するかを算出することは，集落化標本の影響を計算するために用いる手法に似ている．

この相互貫入という性質は，推定を必要とする調査員変動の発生源と類似しているはずである．たとえば，小規模の地域内での面接調査では，通常は調査員に，その地域の全域に足を運ばなくてはならないような仕事量を割り当てるかもしれない．そのような調査設計の調査員変動を研究するため，調査員に全標本の単純無作為副標本を割り当てることもある．こうした調査設計では，すべての調査員間の調査員変動を測定する．全国面接世帯調査では，調査員は一般に，1次抽出区域の住民の中から雇用される．したがって，各調査員には通常はただ1つの1次抽出単位（PSU）に含まれる調査対象を割り当てる．このような調査における相互貫入的設計は，同一の1次抽出単位を受けもつ調査員に対し，標本とした区分単位（選出世帯単位の集落）を無作為化することになる．これは多くの場合，ある区分単位を無作為に2つの無作為部分に分割して，それぞれを1人の調査員に無作為に割り当てる．この調査設計によると，同一の1次標本抽出単位内の調査員間の調査員変動を測定することになる．集中管理方式の電話面接施設では，通常は交替制で別々に作業を行うので（たとえば，月曜，火曜，土曜の午後3時～午後9時），すべての有効標本数を，その交替勤務時間に働いている全調査員に割り当てることが可能になる．このような施設における相互貫入的割り当ては，同じ交替勤務時間に働く調査員を，その交替勤務時間中は有効であるような無作為な1組の数（1組の乱数）を割り当てる．このような調査設計では，その施設内の交替制の範囲内で調査員変動を測定する．ようするに，相互貫入的設計では，同じ調査対象集団に割り当て可能な調査員すべてにわたり，（つまり，調査の反復を通じて）変動の測定を可能とすべきである．たとえば，全国面接調査では，ニューヨークに在住の調査員には，ロスアンジェルスにいる調査対象者が割り当てられることは決してないのであって，であるから相互貫入的設計とは，そのような割り当てを容認すべきではない．

かりに標本割り当てが相互貫入的に行われないとすると，調査員変動の推定は，相異なる調査員に割り当てられた調査対象者間の真の差異と混同される．たとえば，調査員によっては，面接を行うことに対して過度に消極的な調査対象者を割り当てられるかもしれない．調査員によっては，ある言語を話すグループあるいは人種のグループの人たちだけの面接となるかもしれない．こうしたずれが，調査員変動の性質に影響するかどうかは，通常は知りえない．無作為化により各調査員に均等な割り当てグループを与える調査設計を用いたときにだけ，説明可能な調査員変動の推定値を提供してくれることがその調査設計に期待できる．

9.3.2 調査員変動の推定

調査員変動の推定には，調査データに対し，ある測定モデルを適用することが必要である．2つの基本的な測定モデルがある．1つは，ハンセン，ハーウィッツ，ベルシャッド(Hansen, Hurwitz, and Bershad, 1961)が提唱した．もう1つは，キッシュ(Kish, 1962)が提案した．比較的単純でしかも広く用いられるモデルはキッシュのモデルであり，ここでもそれを述べる．もっとも簡単な場合は，8章で議論した測定モデル，つまり，$y_i = \mu_i + \varepsilon_i$ からはじめることである．ここで μ は真値であり，ε は回答 y に固有の真値からの回答の偏差である．調査員がある特性 μ についてある質問を行うとき，その回答は，第 j 調査員により質問を受けたすべての回答者に共通した偏差と，第 i 回答者に固有の偏差だけ真値からずれている．そして，第 j 調査員により質問を受ける第 i 回答者に対して，μ_i に関する質問文への回答は，次の式

$$y_{ij} = \mu_i + b_j + \varepsilon_{ij} \tag{9.1}$$

つまり，

$$\text{報告値} = \text{真値} + \text{調査員偏差} + \text{回答者偏差} \tag{9.2}$$

で表される．

ここで，b_j は第 j 調査員に依存する系統誤差であり，第 i 回答者に対する真値 μ_i からの偏差である．さらに，モデルには調査員効果と無相関であって，ε_{ij} と書けるようなランダムな誤差項を含む．つまり，このランダムな誤差は，第 j 調査員が面接した回答者に関するさらなる偏差である．同様に，この同じモデルが，調査員の偏りのために使えるかもしれない．それは b_j の期待値が非ゼロであるような（つまり偏りのある値）を想定する場合である．調査員変動に関する文献におけるもっとも一般的な仮定は，b_j の期待値をゼロとすることである（つまり不偏ということ）．

調査員変動は，b_j が調査員とともに変化するときに生じる．これを測定する1つの方法は，真値からの偏差全体が，同じ調査員が面接を行った回答者間でどのように集まるかを推定することである．級内相関（同じ調査員の回答者間の回答の偏差の相関の測度）が，このために用いられる．

級内相関 ρ_{int} を推定する戦略とその煩雑性については，キッシュ(Kish, 1962)，ビエマーとストークス(Biemer and Stokes, 1991)，グローヴス(Groves, 1989)が，広範囲にわたって議論している．キッシュ(Kish, 1962)の提案した方法は，単純な分散分析から得た推定量を用いるという利点がある．この ρ_{int} を推定する基本的な方法は以下のようなものである．

$$\rho_{int} = \frac{\left(\dfrac{V_a - V_b}{m}\right)}{\left(\dfrac{V_a - V_b}{m}\right) + V_b} \tag{9.3}$$

ここで，各記号の意味は以下のようになる．

V_a：調査員を要因とする一元分散分析における級間平均平方

V_b：分散分析における級内平均平方

m：ある調査員が行った全面接数

ρ_{int} の期待値は $-1/(m-1)$〜1.0 の範囲に分布し，少数の調査員による，あるいは少数の調査対象者による推定は，場合によっては，0 よりわずかに小さい推定値を与えることがある．これは 0.0 に近い値は，ある特定な質問文に対する回答が調査員によって影響されないということを意味している．すなわち，われわれの言葉でいうと，調査員は（標本抽出変動内におけるものと）同じ結果を得ていることになる．より大きい ρ_{int} の値は，回答に関する調査員の影響と調査員がかかわる誤差の量とが，それ相応にかなり高い統計量を示している．ρ_{int} の値は，調査員の割り当ての大きさには無関係であるが，調査員がかかわる統計量の全分散に対する ρ_{int} の有意性は，調査員当たりの実施平均面接数に比例する．これを算出する式は以下のようになる．

$$\text{調査員の調査設計効果：} deff_{int}=1+\rho_{int}(m-1) \tag{9.4}$$

ここで調査設計効果（design effect：$deff_{int}$）は，結果として調査員変動から増える分散の程度を示し，また m は調査員あたりの平均面接数である．調査員の影響が，調査員に割り当てられた標本の特性とは無関係であるようになんらかの方法で，各調査員への割り当てを無作為化するときだけ，こうした計算が妥当なものとなる．

ある単純無作為標本を抽出するとき，調査設計効果（$deff_{int}$）は，調査員変動から生じる y の平均値の単純無作為標本の抽出分散の単なる膨張率（inflation）にすぎない．たとえば，ρ_{int} が 0.02 であるとき，そして調査員当たりの面接数が 101 のとき，$deff_{int}=1+0.02(101-1)$ あるいは 3.00 である．これは，標本平均の分散が 300% に増えること，あるいは標本平均の標準誤差が 73% に増えることを意味する．これは信頼限界の幅が 73% 増加することでもある．

グローヴス (Groves, 1989) は，自ら数値を計算することが確認できた，さまざまの事例研究で用いた質問文すべてについて，約 0.01 刻みで ρ_{int} の平均値を算出した．各調査員当たり 41 人の面接数という仕事量では，ρ_{int} の平均値は 1.4 の調査設計効果（$deff_{int}$）となるが，これは標本平均の分散で 40% の増加に相当する（つまり，$\sqrt{1.4}=1.18$ または，18% の標準誤差の増加となる）．仕事量がさらに大きい調査，たとえば，調査員当たりの面接数として 101 人を実施したときには，調査設計効果（$deff_{int}$）は 2.0 となり，これは標準誤差で 41% もの増加となる（$\sqrt{2.0}=1.41$ であるから）．以上の教訓は，たとえ小さな ρ_{int} の値であっても，それが大きな仕事量と相まって，標本統計量の分散のより大きな増加につながるということである．

どのような調査でも，調査員が回答に影響を及ぼす程度は，質問文によっていろいろ変わる．調査員に，規定のせりふから離れて話すよう求めるような質問は，さらに調査員の影響を受けるようである（たとえば，プロービングの割合，自由回答内で用いられる単語数）．さらに，回答者のタイプによっては，調査員の影響に対して，平均値と比べて敏感であるように見える（たとえば回答者が高齢者）．上で見たように，

> **コラム 24 ●調査員変動に関するキッシュの研究**（Kish, 1962）
>
> キッシュは，2つの面接調査を例にして，調査員変動に対する，ある簡単な推定量を提唱した．
>
> **研究計画**　自動車工場の作業員の調査のために，1週間の訓練を受けた20名の男性調査員がいる．調査票は職長，用度係，組合，経営管理者，その他種々の職業の特徴について質問した．回答者の自宅における面接として，462人の作業員からなる層別無作為標本を，調査員に無作為に割り当てた．（ここで，調査員を要因とする）一元分散分析を適用し ρ_{int} を算出した．
>
> **研究の成果**　ρ_{int} の値は，46の変数について0.00〜0.09の範囲に分布していた．面接数を23名の平均仕事量としたとき，これは，1.0〜3.0にわたる調査員変動による調査設計効果を示唆している．次の表は，変数のうちのいくつかが，大きな調査員変動に支配されていることを示している．
>
> 表　高い ρ_{int} 値を示している統計量
>
> | 質問文＼統計量 | ρ_{int} | $deff_{int}$ |
> | --- | --- | --- |
> | あなたは，どのくらい稼ぐべきか？ | 0.092 | 3.02 |
> | 会社を好きでない理由が2つ以上（>1） | 0.081 | 2.78 |
> | 自分が行っている仕事を好きでない理由が2つ未満（<2） | 0.068 | 2.50 |
> | 仕事／作業に対する批判の総数 | 0.063 | 2.39 |
>
> 全標本にもとづく平均値に対する調査員変動を反映した調査設計効果は，モデル $1+\rho_{int}(m-1)$ に従うと，部分集団の統計量よりも高かった（たとえば，自動車工場の新入作業者）．このことは，m すなわち調査員あたりの面接数が，全標本に対してよりもその部分集団に対して，より小さいということである．
>
> **研究の限界**　この研究ではわずか20人の調査員である．よってかなり不安定な ρ_{int} 値を与える（95%信頼限界では，ρ_{int} 値が0.03以上のときだけ0.00を除外する）．よって，この調査は，多くの世帯調査の代表例とはならなかった．
>
> **研究の影響**　調査推定値の不安定性の大きな増加は，調査員の影響に起因することであるが，一方で，多くの変数は調査員の影響には敏感ではない，ということもこの調査が示している．

このモデルでは，調査推定値の精度に対するいかなる特定の ρ_{int} の値の有意性も，調査員あたりの平均面接数に大きく左右されることである．

9.4　調査員の偏りを減らすための戦略

かりに，調査員の偏りに作用する実用的なツールが，ある調査の全調査員に対してうまく働けば，調査員変動を減らすこともありうる．このことから，こうしたツールが，偏りを重点的に扱うか，変動を中心に扱うかを区別することは，いくらか恣意的

である.本節では,調査推定値全体にわたる偏りを低減することを実証してきた調査員行動に対する,いくつかの介入の仕方について述べる.

9.4.1 回答者行動の動機づけにおける調査員の役割

ある面接がはじまると,多くの回答者は,自分が回答者として何を期待されているのかがほとんどわからない.「回答者に何を期待するか」の意味をあきらかにすることは,ひとえに調査員にかかっている.薬物使用の報告と既知の入院期間についての報告時の減少は,調査員の経験と調査員の割り当ての大きさに関連していることを示していることを9.2.3項で引用した.なぜこうした結果が生じるかについての1つの強力な仮説は,経験豊かな調査員であって,しかもより多くの仕事をこなさなければならない調査員は,回答者の回答達成能力にさほど期待していないことを回答者に伝えてしまうというものである.

別の研究が,この点をよりいっそう明らかにしている.この研究でもまた,この調査に参加した人たちが前年に体験した入院期間に関する入手可能な記録がある.ここでデータの品質の測度は,回答者が報告した既知の入院期間の割合であった.調査員は,2つの方法で入院期間のデータを収集した.調査員に割り当てられた世帯の半分については,入院期間について尋ねる質問文を含め,健康に関する徹底した面接を調査員が実施した.残りの半分の世帯集団については,同じ調査員が,ほぼ同じ健康調査を行った.ただしここでは,回答者が自分自身について回答書き込みを行い,後で郵送返信する記入用紙を預けておくという方法を,調査員はとった.つまり,この用紙には入院期間についての質問文が含まれている.リサーチャーが,回答者が報告した既知の入院期間の割合を算出したところ,報告内容の品質は,回答者が調査員に直接報告したか,あるいは自記式用紙で報告したかには関係なく,誰が面接を行ったかに強く関係していた.回答者が調査員に直接報告した入院期間の割合が高かった調査員の場合は,その調査員が帰ったあとに回答者が自記式用紙に記入した入院期間の割合も高かったのである(カネルとファウラー:Cannell and Fowler, 1964).

これらの研究のいずれもが,以下の結論を裏づけている.すなわち調査員が,なんらかの形で動機づけの役割を果たしていること,しかも調査員によっては,他の調査員よりもずっと効果的に高レベルで調査を行うように回答者を動機づけていることである.そして,ファウラーとマンジョーネ(Fowler and Mangione, 1990)による研究から,こうしたことが生じる過程が,あきらかになった.回答者は,自分の経験した健康調査の面接に参加した翌日にもう一度面接を受けた.尋ねた質問文の1つは,調査員が「正確な回答(exact answers)」を求めたと思うか,あるいは「単なる一般的な意見(general ideas)」を求めたと思うか,であった.これと並行して,調査員は自分の作業の優先順について調査票に記入した.測定された2つの優先順とは,調査員の「正確さに関する関心度」と調査員の「効率に関する関心度」である.データを分析したところ,調査員は「一般的な意見」よりもむしろ「正確な回答」を求めていたと言っ

た回答者のほうが，報告品質の指標について，高い得点となる傾向にあったことが示された．もっとも重要なことは，この得点に関する回答者の理解は，調査員の作業の優先順に有意に関連していることである．つまり，正確さがもっとも高い優先度であった調査員に対しては，回答者はその調査員が「正確な回答」を求めたと報告する傾向にあった．これとは対照的に効率の優先度が高いとした調査員の場合は，その調査員が担当した回答者は，調査員は「一般的な意見」を求めたと述べる傾向にあった．

同時に行われたこれらの研究は，回答者の回答達成能力に期待をこめるという決定的な役割を調査員がはたしていることを示している．いいかえると，回答者が，「自分は期待されているのだ」と思うことが，提供するデータの品質に重要な影響を及ぼしている．したがって，調査員が回答者に伝える基準の高さが，データ内の偏りにつながる調査員の差異をうむ主要な発生源の1つである．

9.4.2 調査員行動を変えること

こうした研究課題をもとにして，チャールズ・カネルは，調査員が回答者のために設定した目標の中で，調査員間の差異を減らそうとする一連の研究を行った．彼は，自分の研究の中で，調査員が回答者に伝えたメッセージを標準化するために5つの方法を試みた（カネル，マーキス，ローラン：Cannell, Marquis and Laurent, 1977）．

彼の初めの実験の1つは，調査員が話す速度を落とすことであった．調査員の話す速度が，面接に臨もうとしている回答者がどのように考えるかに関係することがあることを，事前の研究が示していた．かりに調査員が非常に速く話すと，回答者は，速く調査を進めることが調査員の優先事項であると察する．カネルは，調査員のゆっくりした話し方が重要であることを強調し，また調査員が質問文を読み上げる速度を落とすことを試みる実験を行った．しかしこうした特別な介入が，データの品質に明確な影響があることをはっきりとは証明できなかった．

しかしながら，確かな行動をモデル化するという実験は，かなり有望であるように思われた．ヘンソンは，面接の冒頭で調査員がオーディオ・テープを再生することで，調査員と回答者がゆっくり話し，また質問の回答に細心の注意を払うことを示した（ヘンソン，ロス，カネル：Henson, Roth, and Cannell, 1977）．そして，テープを聞いた回答者は，聞かなかった回答者よりも，いろいろな意味でより良いデータを提供すると思われた．

"計画的な補強（systematic reinforcement）"が，さらに有望な結果を示した．これらの実験では，意味をはっきりと説明するよう求める，質問に回答するときに時間をかける，欠落のない完全な回答を提供する，といった正確な報告に矛盾しない行動を回答者がとった場合には，肯定的な反応が返ってくるように，カネルは調査員の段取りを整えた．これとは反対に，回答者が，速く答えたとか，あるいはあきらかにほとんど考えずに答えた場合には，回答者にもっと注意深く考えるよう調査員が促すことで否定的な反応を手にしたことになる．いくつかの実験では，なんらかの適切な行動を補強することが，データの品質改善となるように思われた．

調査員が回答者の回答達成能力への期待について，回答者に送った伝達内容を標準化するための，容易でしかもより直接的な方法を提供するものが"計画的な指示書（programmed instruction）"であった．これらの実験で，調査員は，時間をかけること，回答をしっかり考えること，正確なデータを提供することの重要性を強調した標準指示書を与えられた．まさにその伝達内容が面接の間，周期的にくり返された．調査員がこうした指示書を読み上げた場合，データの品質が向上したという証拠がある．

おそらくカネルの実験のもっとも画期的な点は，"確約することを回答者に求めること（Asking respondents to make a commitment）"であった．これらの研究の中で，回答者が面接に同意し，いくつかの質問に回答したあと，調査員は面接を中断して，ある確約書（commitment form）に署名を求めた．この確約書の様式は，基本的に，回答者がなしうるもっとも正確な情報を提供することを回答者に義務づけるものである．ここで回答者は，その確約書に署名しない場合には，面接を終えることはできないと告げられていたのである．

この手順が初めて試みられたとき，多くの回答者は応諾署名を拒否するのではないか，そしてこの研究の回答率は急減するのではないかという懸念があった．しかしながら，そうはならないことが証明されたのである．ほとんどすべての回答者が確約書に署名し，しかも得られたデータの品質は，確約書に署名を求められなかった回答者よりも，署名した回答者のほうが一貫してずっとよいことが証明されたのであった．

これらの技法は，おそらく2つの点で回答者に影響する．第1は，回答者が，自分は何を期待されているかについての理解を変えることである．第2は，より正確に回答を報告することで，さらにやる気を起こすことである．回答者の回答達成意欲を高い水準に設定した調査員が，一貫して良いデータを得る．つまり，過小報告となることが押さえられ，したがって，こうした基準を伝えない調査員よりも系統的誤差の少ないデータを得る．この点において調査員がさらに首尾一貫して高い基準を回答者に伝えられるように，調査員を標準化するという試みは，回答報告時に調査員にかかわる偏りを低減するための有効な戦略である．2つの研究がこのことを立証している．カネル，グローヴス，マギラヴィー，マティオベッツ，ミラー（Cannell, Groves, Magilavy, Mathiowetz, and Miller, 1987）は，こうした技法を電話調査と統合して，対面式の国民健康面接調査（National Health Interview Survey）で得た推定値との比較を行い，より多くの出来事や健康状態が報告されるという証拠を見つけた．ミラーとカネル（Miller and Cannell, 1977）は，これらの技法がまた，出来事あるいは行動の過小報告を生み，この少な目の報告となることがおそらくは正しいのだということを示した．たとえば，こうした実験手順の対象となった回答者は，対照群よりも，テレビをより多く見たと報告したが，一方では読書が少ないと報告した．

カネルが開発したこの技法は有用であるという一連の証拠があるにもかかわらず，日常的なデータ収集法としては，ごくまれにしか使われない．一方，非常に多くかかるということではないのだが，この技法はいくらか余分に時間がかかるのである．回

答誤差は，普通の調査で観察することは簡単ではない．それゆえ，データの品質を改善するための取り組みが有用であるかは，多くの研究者あるいはデータ利用者にとってあきらかではない．にもかかわらず，調査員が回答者を調査任務に適応させる方法は，データの品質に影響を及ぼすのである．面接調査について考えるとき，そして調査員にかかわる誤差をどのように最小限に抑えるかを考えるとき，それこそが，さらに注目に値する概念なのである．

9.5 調査員にかかわる変動を減らすための戦略

調査員をできる限り首尾一貫した状態とするために，また，個々の調査員が，自分の取得する回答に与える影響を最小限に抑えるために，リサーチャーが対応できる3つの一般的な領域がある．すなわち，リサーチャーが調査員に与える質問文，調査員に使用させる手順，リサーチャーが調査員を管理する方法である．

調査員変動を減らすもっとも効果的な方法の1つは，調査員が回答者によって自分の行動を変える必要のない質問文を作成することである．ここで重要な変動性とは，質問文を明確にし，また不適切な回答をプロービングすることに重要度の変動性が関係する．

さらに，一般にデータ収集過程の標準化にとって重要と考えられる調査員行動に関して，以下の5つの領域がある．

1) プロ意識をもち，自分の任務をよく心得たやり方で，回答者とやりとりすることで，得られる回答の種類に固執する回答者や好みをほのめかすといった回答者の可能性を最小限に抑える．
2) 文字どおりに正確に質問文を読み上げること．
3) 調査手順と質問－回答過程を回答者に説明すること．
4) 非指示的なプロービングであること，つまり，ある1つの回答の可能性が他の回答よりも高くなることのないように，プロービングすること．
5) 回答者自身が言っていないことを，勝手に解釈したり，いいかえたり，あるいは推測したりせずに，回答者が提供する回答をそのまま記録すること．

9.5.1 標準化されていない調査員行動を必要とする質問文を最小限に抑えること

質問文は，調査員と回答者の間にみられる相互行為に対して，予測力があってしかも確実に影響がある．このことに関するもっともわかりやすい例として，マサチューセッツ州立大学ボストン校とミシガン大学で，同じ調査用具を用いてスタッフに対し同時並行で面接を行った例がある（ファウラーとカネル：Fowler and Cannell, 1996）．回答者の了解のもとに，面接内容はテープに記録され，回答者と調査員の行動が質問文ごと

にコード化された．文字どおりに質問文を調査員が読み上げた割合は，さまざまな質問文のどれもが，この2組のスタッフ間，つまりマサチューセッツ州立大学担当の調査員とミシガン大学担当の調査員との間で，高い相関があった．さらに，彼らスタッフが回答者に対して質問文を読み上げている間に，回答者が質問文を遮る割合と，調査員によるプロービングがさらに必要となる不適切な回答を回答者が行う割合も，高い関連を示した．これらの結果は，次のことを意味している．つまり，調査員が質問文を読みあげ，また回答者がそれに答える過程で，個々の質問文が十分に予測可能な影響をもつことを意味する．いくつかの質問文は誤った読み方をされる可能性が非常に高い一方，他の質問文ではそうはならない．質問文によっては，調査員のそれ以上のプロービングは必要なく，即座に回答が返ってくる．ところが他の質問文では，適切な回答を引き出すための詳しい説明やプロービングが必要となる可能性がある．

こうした研究成果の重要性は，マンジョーネ，ファウラー，ルイス（Mangione, Fowler, and Louis, 1989）による論文で立証された．彼らは，質問文と関係がある行動と，これら質問文に対する調査員にかかわる誤差との関連性を研究した．彼らが得たもっともあきらかな成果は，適切な回答を得るために調査員のプロービングを必要とするほど，調査結果への調査員の影響はますます大きくなるということであった．第2の知見は，語りの形式（narrative form）で回答された質問文は，調査員のプロービングを必要とし，しかも調査員が記録しなければならないという難題をもたらす可能性もあり，平均に比べより調査員の影響を受けやすいということだった．以上の結果は総合すると，調査員に関連する誤差を小さくする1つの方法は，良い質問文を設計することであることを示唆している．こうした状況において，"良い質問文（good question）"に適した基準とは，適切な回答を得るためには調査員のプロービングの必要性を最小限にとどめることである．これを達成する質問文の特性として，以下の各項がある．

1) はじめて質問文を読み上げたときに，回答者が理解できるよう，わかりやすい言葉で表現された質問文であること．
2) 回答作業がよく見える質問文であること．質問文が，プロービングを必要とするもっとも一般的な理由の1つは，質問文自体が，回答者がどのように回答すべきかを回答者に伝えていないということである．

   質問文："あなたが健康管理のために，最後に受診したのはいつですか？"

   コメント：この質問文は回答者が答えるべき事項を具体的に指定していない．
   これに対するいくつかの回答候補は以下である：

   「昨年の6月」　「約4ヵ月前」　「妊娠直後」

これらの回答は，形式上はこの質問文の指定した要件を満たしており，上の質問文に対する適切な回答である．しかし，回答とは，分析を行うためにはすべての回答者

について同じ形式であることが必要である．結果として，条件を満たすと思われるこれら3つの回答のいずれかが，この調査の条件を満たす回答だとするために，調査員は回答者に説明するための介入をなんとかして行おうとする．

この質問文はまた，どの程度正確な回答が必要であるかが特定されていない．調査員のプロービングを必要とする一般的な理由は，回答者とは，リサーチャーがこれこれと回答して欲しいと望む以上に，はるかにおおまかに回答するということである．必要とする精度の水準を指定することで，調査員のプロービングの必要性を省くことができる．たとえば以下のような例がある．

　　質問文："このあたりに住んでいて，もっとも良いことは何ですか？"

　　コメント：ここでは質問文が語りの形式で回答を求めているから，調査員にとって必要とされる追加プロービングのほかに，この質問文の曖昧性は，回答者がこの質問文について，さまざまな項目あるいは問題点をいくつあげればよいのか，ということがある．グローヴスとマギラヴィー（Groves and Magilavy, 1980）は，調査員の影響に関連する調査員間のもっとも大きな差異の1つは，この種の質問文への回答として寄せられた項目の数であることに気づいた．

目下のところ，われわれは，標準的でない調査員行動の場合に必要となる質問文の特性の完全な一覧を手にしてはいない．しかし，質問文のプロービングの割合と調査結果に及ぼす調査員の影響との間には強い関係があるから，調査データを改善する1つの明白な戦略は，(8.5節で議論した)行動コーディングを用いて，調査用具の適切な予備調査を行うことである．予備調査を通じて，とくに調査員のプロービングが必要と思われる質問文を見分けて，質問文の改善に取り組むことができる．調査員のプロービングの必要性を減らすこと，および他の革新的な行為は，調査員変動をできるだけ少なくするための重要な方法の1つである．

9.5.2 専門的，課題志向的な調査員の行動

面接調査の草創期から，調査員が回答者との間で適切な関係を確立することが重要であると，リサーチャーは感じてきた．つまり，回答者が質問文に正確かつ完全に気兼ねなく回答できるような関係を作ってきた．しかしながら，ラポール（rapport, 回答者との親密な信頼関係を保つこと）は[*4]，もしかすると両刃の剣であることもずっと前から気づいていたことであった．一方，調査員と確かな関係を保つことは，回答者を，調査としての面接に対して有効に寄与したいという気持ちにさせる重要な動機づけの力となりうる．他方では，回答者と調査員との間の関係は，かなり個人的であり職業性が薄れるという点では，面接の目標に歪みが生じると思われるであろうし，回答の歪みを同じように引き起こすだろう．ヴァン・デル・ゾーエン，ダイクストラ，スミス（Van der Zouwen, Dijkstra, and Smith, 1991）は，より個人的（personal）になるように，

あるいはより形式的（formal）になるように，調査員を訓練する実験を行ったが，その結果は結論のはっきりしないものだった．

　薬物使用や健康問題のように，個人的な内容あるいは微妙な内容のデータを報告することは，自記式で質問に回答するときに比べて，調査員が関与することで悪化する傾向にある．このことは，電話を介して確立された関係であっても同じで，調査員との関係はこのような情報（個人的，微妙な内容）を報告することの妨げとなっている．

　ファウラーとマンジョーネ（Fowler and Mangione, 1990）により報告された研究から得られたある証拠がある．それは，調査員の学歴が回答者よりも高いとき，あるレベルの緊張関係を破るような相互行為が，報告にとっては有用であるかもしれない．しかし，回答者が社会的地位において調査員と同等かそれより高い場合には，このような証拠は存在しない．ラポールの問題点は，電話で実施する多数の面接との関連で，とくに興味深いものになる．電話での聴取は比較的時間が短くてすみ，回答者と調査員の間の相互行為が少なくなるが，面接が個人的に行われるときに比べ，回答者はあきらかに，調査員の情報を得ることや調査員との個人的な関係を保つことは，ほとんど起こりえない．したがって，電話に関しては，十分なラポールが生まれる可能性はかなり限定されるのである．

　全体的にみて，ラポールとは何か，また，どの程度のラポールが理想的なのか，さらに，ラポールがどのように回答者の回答達成意欲とデータの品質に影響を及ぼすのか，こうした論題に関しては体系的なデータが欠落している．これに対処する1つの試みとしては，回答者に対して，友好的であるよう努めることであり，同時に職業意識をもって努めるよう，調査機関が調査員に教えることである．こうした目標の利用上の手がかりとして，以下がある．

1) 調査員は，その調査用具で扱っている話題について，なんらかの視点あるいは意見を述べることは控えるべきである．
2) 調査員は，面接の内容に関連のある自分の好みや価値観を暗示するような根拠を与える，いかなる個人情報をも示すことは控えるべきである．
3) 天気のことやペットのことといった，あたりさわりのない話題を，気分をほぐす雑談として少し行うことは，意思疎通を確保することに役立つかもしれないが，調査員は面接という仕事に集中すべきである．

　こうした指針はかなり曖昧であって，標準化されたデータの取得時の，上の各事項の重要性はさほど強いものではない．それにもかかわらず，いまのところ，データに及ぼす影響を低減するのに調査員が役立つのだと，ほとんどの調査機関が期待をよせており，こうしたことが依然としてうんざりするほどくり返されている．

9.5.3 質問文を文字どおりに読み上げる調査員

尋ねる質問文の一貫したワーディング（言いまわしや言葉づかい）を均質化することは，おそらくもっとも基本的でしかも例外なく支持されてきた標準化された面接法つまり標準面接法（standardized interviewing）の原則である[*5]．質問文の中のわずかな変化も，回答者が提供する回答に影響しうるという沢山の証拠がある．これを証明するもっとも簡単な方法は，類似していてあきらかに同一の目的なのだが，言いまわしがわずかに異なる，比較可能な見本となる質問を尋ねることである．

　質問文Ａ：共産主義者が，米国の公共の場で話すことは許されるべきか？
　質問文Ｂ：共産主義者が，米国の公共の場で話すことを禁止すべきか？

ここで，"禁止すべき（forbidden）"と"許されるべきでない（not allowed）"との概念が，ほとんど同じであるとしても，似たような標本に対して，これら２つの質問文を尋ねたとき，50%が共産主義者に公共の場で話すことを許すべきでないとし，一方，わずか20%がこれを禁止すべきと答えた．この結果は，かりに"許す（allow）"から"禁止する（forbid）"へと質問文をいいかえることを調査員に任せたとしたら，あきらかに，調査結果に大きな影響を与えることを示している（シューマンとプレッサー：Schuman and Presser, 1989）．またラシンキ（Rasinki, 1989）は，"生活保護（welfare）"に支出するよりは，"貧困の援助（aid to the poor）"に金を使うことのほうに，そして薬物の"リハビリテーション（rehabilitation）"として対応するよりも，薬物"中毒（addiction）"に対処することのほうを，回答者自身がすすんで選ぶ傾向にあることを見つけた．以上のことは，ひとつの見方として，同じ用語であっても，質問文が調査回答者間であきらかに異なるコノテーション（connotation, 言外の意）[*6]を想起させたということである．

質問文のワーディングの中のわずかな変化，あるいは比較的大きな変化でさえもが，必ずしも回答に大きな影響を与える場合とは限らない．たとえば，シューマンとプレッサー（Schuman and Presser, 1981）は，ある類似実験で，"妊娠中絶（abortion）"を"妊娠を終わらせる（end a pregnancy）"におきかえたことは，回答には影響しないことを示した．

別の２つの研究では，質問文を正確に読み上げることの重要性に疑問を投げかけている．グローヴスとマギラヴィー（Groves and Magilavy, 1980）は，調査員がいかにうまく質問文を読み上げるかと，調査員にかかわる誤差との関係を研究したが，一貫した関係は見つからなかった．またファウラーとマンジョーネ（Fowler and Mangione, 1990）は，平均より高い割合で誤った読み方をした質問文が，より高い度合いで調査員にかかわる誤差につながることはないことを示した．

それでもなお，質問文のワーディングを変えることは，調査結果に多大な影響を与えることが，かなり立証されているのである．質問文の言葉づかいを自由に変えることを調査員に許すことは，通常は調査員にかかわる無数の誤差を生む誘因となってい

るとみられる．かりに調査員が，別の言葉を選んで質問文を尋ねたとすると，こうした言葉づかいの違いが，回答と結果に重要な影響を及ぼすことは，ほぼ確かなことなのである．

9.5.4 調査員が回答者に調査過程を説明すること

回答者に対して調査過程を説明できるように調査員を訓練することは，調査員変動を小さくする試みの要(かなめ)となるもう1つの重要なスキルである．しかしこれはまた，理想的な調査員手順はどうあるべきかの点で，まだ理解が及ばないことの1つであり，しかも若干論争の余地のある見方でもある．

リサーチャーにとって，調査における相互行為を研究する際に，標準面接法に起因する，ぎこちない相互行為があることに気づくことがよくある（サックマンとジョーダン：Suchman and Jordan, 1990；ウートクープステンストラ：Houtkoop-Steenstra, 2000；シェーファー：Schaeffer, 1992）．いまここで，次のようなことを考えてみよう．

> 質問文："あなたはご自分の子どもさんの通う学校をどのように評価しますか？「すばらしい（excellent）」「非常によい（very good）」「よい（good）」「まあまあ（fair）」「悪い（poor）」のどれでしょうか？
>
> 回答："うーん，この質問はあなたが何をさすのかによりますね．私の子どもは2年生で，また私は娘の先生を気に入っているし，とても好ましい環境にもあります．ですが実は私は，学校側が数学と読解力の授業を十分に行っているとは考えていません．でも娘は満足しており，休憩時間と遊びが好きです．
>
> コメント：ここで調査員はジレンマに陥るだろう．回答者は，質問文について筋の通ったまともな疑問を提起している．この質問文の中には，その学校について，回答者がどのような側面について評価すべきかを指示するものが何もない．たいがいの人たちにとっては，学校について自分が好きなことも，反対にそうではないことも何かしらある．つまり，回答者が何に主眼をおいたかが，回答者の回答が何かに影響するであろう．これこそが，調査員が回答者に働きかける必要のあることの理由である．つまり，回答者に対して調査過程がどう進行するのかを調査員が説明する必要があることを意味している．この例の場合は，調査員の好ましい回答は，次のようなものかもしれない．
>
> 調査員："ご意見は，まことにもっともなご指摘です．この質問文は，あなたに何か1つのことに焦点を絞るようにとは申してはおりません．ここでは，あなたがこの質問文が意味していると思われることは，どんなことでも考えていただき，またあなたが考えることに，もっとも近いと思う回答をいただけますか．"
>
> 質問文："総合的にみて，あなたのお子さんが通学する学校をどう評価しますか？「すばらしい」「非常によい」「よい」「まあまあ」「悪い」のどれでしょうか？"

回答："私は,「あまり良いといえない（not so good）」とします."
調査員："いま読み上げた回答選択肢 －「すばらしい」「非常によい」,「よい」,「まあまあ」,「悪い」－ の中の1つを選ぶようお願いしております. また, これらの選択肢が不自然に見えるかもしれないこと, またこれらのどれもが, あなたがお考えの方向を正確につかんではいない可能性があることも, 承知しております. しかし, 調査をうまく進めるために, 皆様にはまったく同じ質問文をお尋ねし, 同じ回答からきちんと選ぶことをお願いすることにあります. この方法で調査を行ったとき, 他の方々からいただいた回答を意味あるものとして比較できます. かりに質問文を変えてしまうと, あるいは皆様が自分で自由に言葉を選ぶようにすると, 他の方々が発言することを実際に比較することが大変に難しいことになります."

コメント：以上の説明は, 標準化された面接過程を策定するときに重要である. 面接とは非日常的な相互行為であり, 回答者がめったに経験することでもない. 質問文が回答者の状況に合った正しい方法で正確な言いまわしのようには思えなくても, 調査員は同じ質問文を問わねばならないという事実は, 不自然に見えたり, 不適切ですらありうるのである. 同様に, 回答者にとっては, 自分が答える必要があることをうまく説明しているとはいえない回答選択肢の中から選ばねばならないときは, 好ましい意思疎通が損なわれているかのようにみえる（シェーファー：Scaeffer, 1992；ウートクープーステンストラ：Houtkoop-Steenstra, 2000）. こうした認知行動に直接取り組むことは, 実状に合わせて面接を機能させる1つの方法である.

こうした問題に対処する3つの方法が考えられる. 質問文をわかりやすく記述することは非常に有用である. 質問文を解釈する方法, あるいはそれに答える方法で, 回答者を直接助けるために, 調査員がもっと柔軟に対応することに賛成する人たちもいる. しかし, 最善でしかも標準化された方法の1つは, 回答者に働きかけることを調査員に教えることである.

9.5.5 調査員による間接的なプロービング

回答者がある質問文に完答できない, または的確に回答できなかったときには, 調査員は何かを行わねばならない. 調査員が, 適切な回答を得ようとして用いる言葉のことを"プローブする（probe, 念押しする）"という. 調査員への標準的な指示は, 非指示的な方法で念押しすること, つまりプロービングすることである[7]. 原則として, これが意味することは, どの回答が選ばれるかに影響を及ぼさない方法でプロービングすることである. このように, プロービングは面接過程の重大な部分を占めるから, 放っておけない問題のいくつかの例をここで用意しよう.

必要とする回答の種類が, 調査員が直面するプロービングの課題に影響を及ぼす. ある質問文が, 用意した1組の選択肢から選ぶよう回答者に尋ねる選択肢形式である

として，用意した選択肢をその回答者が選ばないときは，結果として不適切な回答となる．このような場合，適切なプローブとは，質問文を完全に復唱するか，あるいはその回答選択肢を復唱することであろう．

質問文が数値による回答を求めているとき，それが不適切な回答となる場合とは，回答者が数値表現で答えなかったか，あるいは適切と思わせる範囲よりも広い範囲となったか，のいずれかである．このような場合，プロービングの目標は，回答者に適切な言葉で回答するように促すか，あるいは回答者の回答がもっと正確になるように仕向けることである．

自由回答質問の場合，次の3つの違った方法で，回答者が不適切な回答を行うことがある．

1) 尋ねている質問に答えないか，あるいは他の質問に答える．
   質問文："米国が直面する最大の問題は何だと思いますか？"
   回答："政府には，努力して解決するべき問題がたくさんあると思う．"

   コメント：これはあきらかに質問に答えていない．この時点で最善のプロービングは，質問文を単純に復唱することである．もちろん，それは非指示的なプロービングである．なぜなら，ここでは決して刺激を変えたことにはなっていないからである．

2) 回答者は質問文に答えられるが，その回答があまりに曖昧で，その結果がはっきりしない．
   質問文："米国が直面する最大の問題は何だと思いますか？"
   回答："犯罪問題です．"

   コメント：おそらく，これは質問文への回答の1つではあるが，この意見はひどく大まかな回答である．ホワイトカラー犯罪，路上犯罪，高い地位にある者の犯罪，といろいろある．多くのリサーチャーは，回答者が心の中で何を思っていたかについてもっと知りたいはずである．

   考えられるプロービング："もっとそのことについてお話しいただけますか？" あるいは，"あなたにとって犯罪とはどういう意味ですか？" である．

   コメント：これらのいずれのプローブも，回答をより詳しく工夫して提供してくれるような刺激を回答者に与えることである．どちらの場合でも，そのプローブがある回答の可能性を，別の回答の可能性より高めることはない．

3) 場合によっては，語りの形式で回答するべき質問では，考えられるいくつかの回答を提供するよう回答者に，求めることがある．上にあげた例では，報告される無数の問題について，自由回答質問となるだろう．

質問文："いま，米国が直面するもっとも重要な問題は何でしょうか？"

コメント：回答者が「犯罪」という回答を示したあと，調査員はさらに考えられる問題についてプロービングしたいであろう．そのような場合は，一旦，回答者が示した1番目の問題，つまり「犯罪」を説明する，全部そろった理解可能な回答を得たあとで，"ではその他に何かありますか？"と尋ねるのが最善のプローブである．

4) 上に要点を述べた非指示的なプローブと，回答取得時に役立つと思われるが，一般に指示的だと考えられているいくつかのプロービングの代替法とを比べてみよう．

　ある固定型選択肢（fixed-choice question）からなる質問文の例として，以下を考えてみよう．

質問文："あなたは自分の健康をどのようにお考えですか？　―「きわめてよい（excellent）」「大変よい（very good）」「よい（good）」「まあまあ（fair）」「悪い（poor）」から選んでください．"

回答："このところ，あまりよくなかった（It hasn't been very good lately）．"

指示的なプローブ："ところで，あなたの考えにもっとも近い答えは，「まあまあ」ですか，あるいは「悪い」ですか，どちらでしょうか？"

ほとんどの調査方法論研究者が，これをまずいプローブだと考える2つの理由がある．第1は，そしておそらくもっとも重要であろうことは，回答者が実際には選んでいない，あるいは選択肢と指摘していないにもかかわらず，回答は最後の2つの選択肢の1つであると調査員が決めつけていることである．後半の選択肢が，回答者が選んだ回答に合っているように見えるが，これら2つの選択肢に回答を制限しており，このプローブではおそらく不適切であろう．第2の理由は，5つの選択肢すべてを回答者に提示することが，選択肢の意味するものが回答者の意識に影響するという，確かな証拠があることである．たとえば，かりに回答作業が3つの選択肢だけ，つまり「よい」「まあまあ」「悪い」であったとき，選択肢「まあまあ」が，この選択肢を5つの選択肢中の第4番目と設定したときよりも，より肯定的にみえるから，回答者にとってはほぼ間違いなくこれが好まれるのである．以上の情報を前提に，初めの3つの選択肢を除外した場合，そこから1つを選ぶよう回答者に求めることで，その回答者が別の選択肢の解釈を著しく変えることもある．これらの理由のいずれも，最善の方法は，回答者の回答を得るために全質問文を読み上げること，または少なくとも，すべての回答選択肢を読み上げることである．以下の例をみよう．

質問文："過去12ヵ月内に，あなたは，ご自分の診療のために，医院に何回出向きましたか？"

回答："数回です."

指示的なプローブ："約4回でしょうか？"

非指示的なプローブ："4回以下ですか，それとも4回以上でしょうか？"

前にみた米国が直面する重要な問題についての質問文への回答については，次のことを考慮しよう．

回答："犯罪問題です."

指示的なプローブ："それは殺人ですか，あるいは強盗のことを意味していますか？"

コメント：指示的なプローブとは，いくつかの回答の可能性を，考えられるその他の回答を通じて，増大させるというものである．指示的なプローブの1つの確かなしるしは，それが「はい」または「いいえ」の形で回答可能かどうかである．上にあげた最後の2つの例では，回答者が意図する回答を調査員が言い当てるという指示的なプローブを表している．こうした推量を調査員が行い，「はい・いいえ」形式で質問をするときには，次の2つのことを行う．第1は，回答を引き出すための非常に簡単な方法を，回答者に提供していることである．つまり，たとえば回答者が「何回通院したか」を正確に思い出そうとするといった作業を一切しなくても済むような方法を提供するのである．第2として，調査員が，自分が好む回答があるとか，あるいは，調査員自らがある特定の回答が正しい回答だと考えていることを，回答者に不用意に伝えているかもしれない．回答者は，調査員が何を求めているかの手がかりをたえず探しているのである．指示的なプローブは，調査員が知りたいと思っていることを回答者が調査員に知らせる，あきらかな誘い水となりうる．

とくに質問文が語りの形式による回答となるようなとき，適切なプロービングの方法を習得することが，調査員が学ぶべきおそらくもっとも難しい技術であることを，数々の研究が示している（ファウラーとマンジョーネ：Fowler and Mangione, 1990）．それはまた，高い割合でプロービングを必要とする質問文は，調査員の影響を受ける可能性がもっとも高いということを示している．上にあげた例が示すように，プロービングは複雑な処理であり，ある種のプロービングの誤差には，他の誤差よりも確かに悪いこともある．しかしながら，うまくプロービングすること，そして指示的なプローブを避けることは，おそらく推定値の分散にもとづく調査員の影響と関連する，もっとも重要な調査員行動であるという証拠はかなり信頼できる（マンジョーネ，ファウラー，ルイス：Mangione, Fowler, and Louis, 1992）．

9.5.6　定めたとおりに正確に回答を記録する調査員

正確に回答を記録することが，調査員行動の最終局面であり，標準化された面接を

提供することの一部となっている．この点における調査員の作業は，質問文の種類によってさまざまである．ディールマンとクーパー (Dielman and Couper, 1995) は，記録時の誤差を研究したが，誤差が非常に低い割合で起こることに気づき，しかもその誤差は，回答を紙に記録したときよりも，コンピュータを使って入力したときに，より低くなることに気づいた（レプカウスキー，サドスキー，ワイス：Lepkowski, Sadosky and Weiss, 1998）．

質問文が固定型選択肢（fixed alternatives）であるときは，調査員は，回答者自身にある回答を選んでもらうよう指示されている．つまり，回答者がどの回答を選びたいかを調査員があらかじめほのめかしてはいけない．

> 質問文："あなたはご自分の健康をどのようにお考えですか？
> －「きわめてよい（excellent）」「大変よい（very good）」「よい（good）」「まあまあ（fair）」「悪い（poor）」から選んでください."
> 回答："自分の健康は，良好（fine）です."
>
> コメント：この時点で，調査員は回答者の回答が「よい」または「大変よい」を意味するのだと決めつけてはいけない．つまり，調査員はここで質問文と選択肢を復唱すべきであり，そのうえで回答者にある回答を選んでもらう．

かりに回答者が語りの形式で回答するようなときには，調査員は，できるだけ聞いたままの形で回答を記録しなければならない．調査員がわかりやすくいいかえるとか，要約を書きとめるとかすると，結果に影響するようなやり方で，それぞれひどく勝手なことを調査員が行うことを，いくつかの研究が示している（ハイマン，フェルドマン，ステンバー：Hyman, Feldman, and Stember, 1954）．

語りの形式の回答を"調査現場でコード化（field code）"することを調査員に依頼する調査機関がある．つまり，調査員は回答選択肢を用意せずに，回答者に自由回答形式で質問を尋ね，次に，その語りの形式の回答を，分類区分群により分類整理するよう調査員に依頼する（10.2.3項を参照）．こうした分類区分はうまく構造化できることもあるし，そう複雑な作業でもない．たとえば，質問文が，回答者が何かを行った回数を尋ねるものであって，その回答選択肢がいくつかに区分された数値であるとする．用意した選択肢の1つにぴったり該当するように，1つの正確な数字あるいある範囲を回答者に選んでもらえるならば，調査員にとって実際には回答の分類時にそう慎重になることもなく，分類作業は簡単な仕事となる．

一方，質問文が適切に構造化されていない場合，そして調査員が用いねばならない分類区分が複雑であるとき，調査現場でのコード化は，間違いを起こしやすい作業である（ウートクープーステンストラ：Houtkoop-Steenstra, 2000）．調査機関によっては，語りの形式の回答を分類区分にコード化するよう調査員に依頼する程度を，最小限に抑えるよう努めている．すなわち，調査員には正確に聞いたとおりに回答を記録させ，次に，

指導を受けて照合確認ができるコーダーが，記録とは切り離した別の作業段階としてコード化した回答を取得するほうを調査機関は好むのである．また他の調査機関では，こうした分類判定を行うことを調査員に任せることにまあ満足している．通常，調査員はコーディング分類について若干の訓練を受けている．つまり，調査員のコーディング判定は，基本的には無管理状態にある（マーチンとコートニー：Martin and Courtenay, 1985）．こうした質問文は，大半の調査のごく一部にすぎない．しかし，調査員の自由裁量度を最小限にとどめることが，おそらく調査員誤差を減らす適切な一般原則である．これに続いて，調査員が行うコーディング判定を最小限に抑えることもまた，よい考えであろう．

9.5.7 調査員変動を減らす戦略の要約

多くのリサーチャーは，自分が収集するデータに特有の影響を最小限に抑えるように設計した，一連の手順を調査員に提供することで，回答者すべてについて調査員が首尾一貫した状態にあるようにし，しかも他の調査員との一貫性も保とうと努める．つまり，この手順とは，質問文を文字どおりに読み上げること，非指示的にプローブを行うこと，適切な指導と説明を回答者に行うこと，調査員の対人行動を管理すること，調査員の自由裁量度の余地のあるような回答の報告を最小限に抑えることをいう．しかしながら，有効なデータを集めるために，こうした手順が最善かどうかについてはある論争がある．

9.6　標準面接法に関する論争

できるかぎり首尾一貫した条件下で，すべての人にまったく同じ質問をまったく同じ方法で理解してもらうことを目標とすることは，一貫性のある測定を最大限に活かすためには正しいことのように思われる．そしてこれは，**標準面接法（standardized interviewing）**の重要な原則である．こうした目標は，調査成果の再現性に重きをおいている．ここで**再現性（replicability）**[*8]とは，別の科学者が，当該研究を独自に試みるときに，同じ方法を使い，同じ結果が得られるという科学的研究成果に関する特性のことをいう．したがって再現性とは，他の科学者がそのような試行を反復できるよう，そこで用いた方法の詳細な記述を必要とする．どのような質問文を尋ね，どのように質問が行われたかを，高い信頼度をもって言明できることが，調査を再現可能とするには不可欠である．

一方，批判者は，調査員行動の標準化について，以下のようないくつかの懸念事項を指摘してきた．

1) 人々に同じ語句を見せることが，必ずしもかれらが同じ意味内容に接触したということを意味してはいない．実際，すべての人にまったく同じことを意味し

た質問をすることは，達成できない理想的な目標にすぎない．おそらくは，個々人を質問文にうまく合わせるために，ワーディングを回答者に合わせて変える程度の，若干の自由度を調査員に与えることが，この懸念に対処する助けとなりうる．

2) 標準化された面接は，不自然な相互行為となる．つまり，普通の会話とはならない．最悪の場合には，面倒でしかも冗長な相互行為を生む．かりに，質疑応答を，そのときの状況に合わせて変える自由度が調査員にさらにあったならば，より自然なやりとりが可能となり，回答者にとってもさらに安心できるものとなるだろうし，よりよいデータを提供してくれるだろう．

3) 調査員にとって，回答者が質問文の意味を誤解しているとあきらかにわかるときには，標準化という拘束は，とくに不適切であるように思える．より良い質問文を書くための処方箋はよい着想であり，しかも必ず行うべきことだが，質問文はどうしても不完全となり，回答者の理解力も不完全なものとなる．こうした場合，もしも調査員が，自分が気づいた誤解を正すために，臨機応変に介入することができるなら，データはさらに正確かつ妥当なものとなるだろう．

当然，これら3つの懸念事項にはいずれも正当性がある．次の例を考えよう．

質問文："過去12ヵ月内に，あなたは，ご自分の診療のために，医院に何回出向きましたか？"

回答：(調査員に対して)"2つわからないことがあります．まずはじめに，質問文には精神科医の医院を訪れることも入っていると考えてよいのでしょうか？ 次に，かりに通院したとして，実は医師に会えなかったとき，それも数えるのでしょうか？"

コメント：これはいずれももっともな疑問である．回答者が尋ねた質問に対し，正しい回答もあるし，また間違った回答もある．かりにも調査の結果が，とにかく意味あるものであるなら，データの利用者は，人々が自分の回答を報告する際に，どのような判断基準に従ったのかを知る必要がある．

こうした相互行為となる基本的な原因は，質問文の設計にあると指摘することが重要である．よい質問文とは，大半の回答者が質問文に正確に答えられるように，知る必要があることをはっきりと説明している質問文である．

回答者の回答の根源となるものは，その質問文の中にあるのだ，という主張もあるだろう．たとえば，精神科医（psychiatrist）もここでいう医師に含める場合，精神科医の医院も医師のオフィスとして計数すべきある．なぜなら医師に実際に会うことがなくとも，この質問文は医師のオフィスに出かけることを指定しているからである．そのようなことで，質問文を注意深く読み上げることで，具体的な回答群に到達できるかもしれない．それにもかかわらず，ここでの話題は，こうした質問があったとして，調査員が何をすべきか，ということである．結局，ここでの選択肢は以下のよう

になる.

1) "あなたにとって,質問が意味すると思うことはどんなことでもあげてください"と言うこと.
2) かりに調査員がその回答を知っていても,回答者の疑問には答えること,あるいは,質問をどう理解すべきかの最良の判断情報を回答者に提供すること.

"あなたにとって,質問が意味することはどんなことでも"との応答は,主観的な状態についての質問としては,きわめてふさわしいのだが(かりに質問文が曖昧であるとか,はっきりしない概念を含んでいるときには,満足できるものとはいえないだろうが),正しい回答と悪い回答があることがあきらかであるときには,かなり説得力に欠ける応答であるようにみえる.しかし,調査員がデータに及ぼす影響を懸念する人たちは,質問文を説明するとか,それをわかりやすくする自由度が調査員に与えられると,調査員は一貫性のない方法でそれを行う可能性があるので,回答者がその質問文を自分で解釈してよいと調査員が許した場合に比べて,多くの誤差を生じる可能性がある.あるいはまた,上述の諸状況において,多くの調査員は,質問文を正確に理解し解釈できるように回答者を助けるが,それはそれでより良いデータをもたらすのだと主張する人たちもいる.こうした人たちの主張は,そのような自由度を調査員に与えることで得られる総合的な利得は,調査員の非一貫性によるどんな軽微な損失よりも価値がある,ということである.

実際,面接の流れを改善し,データの品質を改善するような質問文を実施するときに,より一層の自由度を調査員に与えるような例がいくつかある.たとえば,ある世帯の人たちの情報を集めて,各世帯構成員の年齢・性別・未既婚別・血縁関係を書き入れると,調査員側の相互行為について書き記すことは基本的に困難である.同様に,事業所調査では,事業所から毎月これに似たような情報を集めることがしばしばある.この種の必要情報は,事実にもとづいた既存記録から得られることが多い.このような調査では,かりに調査員をあてても,調査員と回答者は,たいていは,あたかも必要情報を記入することが2人の共同作業であるかのように行動する.調査員の仕事は,おもに何が期待されているかを述べ,用いるべき用語や回答の判断基準をあきらかにし,さらに必要情報がすべて提供されるかを確かめることである.そして調査員は,標準化したせりふを読み上げないことが多い.

より自由なやり方で面接方式が用いられ,それが適切に思われる別の例として,生活記録カレンダーがある."**生活記録カレンダー** (event history calendar)"とは,ある種の視覚装置である.これは,回答者が,さまざまな生活行動圏の中で,自分にとって重要な事柄の目安となる日付(たとえば,居住場所,学業成績,転職,記念日)を記録するものであり,その後で,その目安を調査にとって興味ある出来事の起きた日付や想起のときの助けとする(ベリ,シャイ,スタッフォード:Belli, Shay, and Stafford, 2001).以上の3つの例は,次の2つの特徴を共有している.

> **コラム 25 ●標準面接法と会話形式の面接法とに関するコンラッドとショーバーの研究** (Conrad and Schober, 2000)
>
> コンラッドとショーバーは，質問文の意味をはっきりと説明するための調査員の行為が，どのように回答に影響するかという問題に取り組んだ．
>
> **研究計画** 経験豊かな調査員 20 名が，それぞれ 227 人の回答者を受けもち，2 つの異なる電話調査を行った．全回答者に適用した第 1 の面接では標準面接技法を用いた（たとえば，各質問文を文書に書かれたとおりに読み上げること，非指示的プロービングを利用すること）．第 2 の面接形式は，回答者の半分に標準面接技法を，残りの半分には普通の会話形式の面接技法を無作為に割りふった．普通の会話形式の面接技法を用いる調査員は，書かれたとおりに質問文を読み上げるのだが，回答者が質問の意図を理解する手助けとなると調査員が判断したことは，何でも自由に言えることとした．20 人の調査員のうち，5 人の調査員が会話形式の面接技法で実施した．第 1 の面接法から第 2 の面接法に変えたときの回答の変化と，回答者の回答について回答者が自分の回答をどう説明するかを検証した．
>
> **研究の成果** 第 2 の実験では，回答率に関して面接技法の影響はなかった．標準面接技法を使ったときよりも（11%），普通の会話形式の面接技法を用いたときに，かなりの回答（22%）が，第 1 の面接法と第 2 の面接法との間で変化した．回答者は，第 1 の方法（標準面接技法）の報告のうちの 57% において，また第 2 の普通の会話形式の面接法の報告のうちの 95% が，さらに第 2 回目の標準面接法の報告によると 57% について，調査の購入品目の定義に従っていた．普通の会話形式の面接法の所要時間は，標準面接法よりも 80% 以上も電話対応が長くなった．
>
> **研究の限界** 普通の会話形式の面接法の調査員はわずか 5 名だが，この技法が何千人もの調査員を用いる研究に対して実用的かどうかについては，この研究ではこの問題を避けている．手法間を比べるだけでは，回答の偏りの測度とはならない．
>
> **研究の影響** 実験が行われたとき，この研究は厳密な標準化に対する代替案を導入するための最善の試みの 1 つであった．こうした接近法のある種の潜在的な利得と損失を証明したものであり，また面接法のさらに柔軟な接近法を研究するよう今後の努力を訴えるものであった．

1) 調査主題が事実にもとづくものであると，回答は，主観的状態にかかわる質問が影響されるほどには，正確な質問文ワーディングによる影響を受けることはない．
2) 人々がどのような情報を報告せねばならないか，そして，その情報を報告するための，もっとふさわしい順序は何かを予測することは難しいこと．

回答者が質問文の意味を誤解したり，誤って解釈することがありうると，調査員が気づく場合がある．このようなとき，事実についての質問文の明確な定義や説明を用意することが，調査員が回答者を助けることになることを評価した原稿の用意された

質問文（scripted questions）を使った実験もなされてきた．この実験結果には，さまざまなことが混ざり合っていた．いくつかの質問文には，こうした調査員の補助が回答の正確さを改善できるという証拠がある．一方，調査員がこうした補助を規定どおりに行うと，面接所要時間がかなり増えて，データの改善につながる可能性は，少数の質問文の場合にしか当てはまらない．そして，質問文が曖昧でいくつもの回答の可能性があるような，長くて複雑な調査では，調査員が適切かつ正しい助言を首尾一貫して提供することは証明できなかった（ショーバーとコンラッド：Schober and Conrad, 1997；コンラッドとショーバー：Conrad and Schober, 2000）．さらに，もっともデータの改善の可能性がある場合には，こうした問題は，質問文の設計を改善するだけで解決できるかもしれない．

この論争には終わりがない．面接調査を1つの相互行為として研究してきた人たちは，標準化された面接の概念に内在する数多くの問題を確認してきた．これらはメイナード，ウートクープ－ステンストラ，シェーファー，ヴァンデルゾーエン（Maynard, Houtkoop-Steenstra, Schaeffer, and van der Zouwen, 2002）に要約されている．調査員誤差を増やすことなく，回答者をさらに助けるような自由度を調査員に与えることが，データの品質改善となるということには，おそらく若干の疑問があるかもしれない．同時に，回答者の質問文の理解に本質的に影響を及ぼすような形で，ワーディングを変えるとか，介入するとかの自由度を調査員に許すときに，注意を喚起することには十分な理由があるように思われる．かなり明確に定められた仕事について，たとえば，調査員が用いるさまざまなプロービングや調査員が上手に質問文を読み上げる方法といった仕事について，調査員が首尾一貫性のない行動をとるのだという十分な証拠から，おおむね，調査員がこの種の革新的な仕事を適切に実行できるとは楽観視できない．まず適切な質問文を作り，次に，標準化された面接の質問－回答過程がうまく機能するように回答者に働きかけることが，うまく標準化された面接に対する異論の少ない方向である．

9.7 調査員の管理

前節では，調査員にかかわる誤差に調査員行動がどのように影響しうるかを述べた．本節では，調査員誤差を減少させるために，リサーチャーがとりうる，その他の行為について述べる．ここではとくに以下の各事項について考察する．
1) 調査員の選考
2) 調査員の訓練
3) 調査員の管理
4) 調査員の仕事量
5) 調査員とコンピュータ利用の関係

9.7.1 調査員の選考

適切な調査員を選ぶことは，調査員の質を最大限にするための自明の方法であるように思える．しかし，現時点でわかっている調査員の選考方法は，この適切な調査員を選ぶという点で，重要な役割を果たすという証拠がほとんどない．

米国における面接は，ほとんどの場合，非常勤雇用の仕事である．賃金相場は通常は低く，小売店の販売員に支給される賃金に同じようなものである．このような理由から，調査員選考基準によっては，非常勤雇用に関連する労働市場の特性により制約を受ける．

確かに，調査員の仕事にとって重要な要件がいくつかある．質問文を読み上げる技術や，はっきりとものを言う能力は，あきらかに長所である．もっとも効率的な世帯面接は，夕方あるいは週末に行うことであり，それゆえ，こうした時間帯に働けることと，週40時間未満でも働こうという意欲があることとが，面接の大部分の仕事にとって必要な特性である．さらに，調査依頼への協力を得る際に説得力があり，しかも調査参加にかかわるさまざまな懸念に気配りができるような調査員を，この仕事は必要とするようになっている．最近は一般に，面接がコンピュータ支援の面接になったため，コンピュータについてなにがしか慣れていることや，多少のキーボード操作技術のあることが役に立つ．

しかしながら，実用上かなり必要となる仕事の他に，調査員の特性がよりよい職務遂行能力に結びつくという証拠はかなり乏しい．調査員の選考基準を変えることがデータの品質改善となるかどうかについては，より一層の研究が必要とされる．必然的に，こうした研究は選考基準の変更が調査経費に及ぼす影響も考慮せねばならない．

9.7.2 調査員の訓練

調査員がどのくらいの訓練を受けるかが，調査員が自分の仕事を行う方法にとって，非常に重要なことはすでに示されている．非常によく似た調査設計を用いた2つの実験研究がある．これらはいずれも，訓練をほとんど受けていない調査員は（1日未満），納得のゆく水準で職務遂行できないという，注目すべき証拠を示している（ビリエットとルーズベルト：Billiet and Loosveldt, 1988；ファウラーとマンジョーネ：Fowler and Mangione, 1990）．

たとえば，ファウラーとマンジョーネの研究から引用した表9.2を考えよう．表9.2は，新規募集の調査員を，半日，2日，5日，10日と続く4通りの訓練手順のどれか1つに無作為に割り当てる．訓練プログラムはすべて，調査目的，質問の尋ね方，不適切な回答へのプロービングの方法，回答の記録方法，一般的な作業管理職務の指示書からなる．2日以上のプログラムではすべて指導付きの面接実習を含む．10日間の訓練では調査員に対して，観察記録用紙[*9]の使い方，コード化の方法，調査員が効率的に自分の作業日を計画する方法を教えた．

訓練後に，調査員が行った面接をテープに録音した．さらに，質問文がどのように適切に読み上げられたか，またプロービングと記録がどのようにうまく行われたかを

表9.2 調査員の訓練期間別の6つの評価基準に対し「すぐれている」あるいは「満足である」と評価された調査員の割合

評価基準	調査員訓練の日数(日)				
	<1	2	5	10	p
記述に従って質問文を読み上げること	30%	83%	72%	84%	<0.01
選択肢型質問文をプロービングすること	48%	67%	72%	80%	<0.01
自由回答質問文をプロービングすること	16%	44%	52%	69%	<0.01
選択肢質問文を記録すること	88%	88%	89%	93%	ns
自由回答質問文を記録すること	55%	80%	67%	83%	<0.01
対人行動を偏りなく行うこと	65%	95%	85%	90%	<0.01

＊ns：有意ではない．(ファウラーとマンジョーネ：Fowler and Mangione, 1990, p. 115)

コード化し，その面接における対人行動の適切性についてコード化する．表9.2からは，2つの効果が顕著である．まず第1は，定型の選択肢型質問文への回答を記録する以外はすべて，半日コースの訓練を受けた調査員は，他の調査員よりもかなり劣った調査員であり，しかも，質問文の読み上げとプロービングの重要な技能についても，大部分の調査員が満足できるものではなかった．第2は，調査員にとってもっとも困難な仕事であるプロービングが，かなり多岐にわたる訓練の効果の恩恵を受けていることもわかってきたことである．

ビリエットとルーズベルトの研究ならびにファウラーとマンジョーネの研究において，調査員がデータに及ぼす影響がどの程度のものかを考察した分析が，より良い品質のデータは，より一層の訓練と結びついていることを示唆していた．

9.7.3 調査員の管理と監督

調査員の管理もまた，データの品質に影響する．コンピュータ支援の面接調査では，調査用具には十分にプログラムされていない不整合性について，コンピュータ・ソフトウェアがデータを検証するのだが，見つかったどのような不整合性についても，調査員がどうかかわったかを見つけ出すことはかなり難しい．一方これとは対照的に，質問紙形式の調査票を用いるときは，管理者が書き込み済みの調査票を吟味すること，つまり調査員が訓練用指針に従ったかどうかを判断することは，よくあることである．コンピュータ支援の調査方式では，一部の調査員が異常なパターンを示しているかどうかを管理者が見つけるため，調査員全体について欠測値の割合（missing data rates, 未記入率）を調べることができる．面接調査では，調査員がいかにうまく調査手順を進めているかという進行中の情報を，管理者が取得することはほとんどない．また電話面接の集中管理施設では調査用の部屋には監督者が常駐している．

管理の重要な要素は，質問－回答過程が体系的に監督されているかどうかである．上にあげた2つの研究の1つの特徴として，面接の様子がテープに無作為に記録され，念入りに調べられる調査員がいる一方で，監督者にテープによる記録も注意も向けら

れない調査員もいるということがある．調査員は自分が質問‐回答過程を実施する様子を監督されていないと，調査員もまた役務を果たそうとはしないことは当然と考えられる．2つの研究のどちらも，調査員がテープ記録をされた場合には，データの品質が良くなるという証拠を示している．どちらの研究も，オーディオ・テープ録音が，面接作業を観察するもっとも現実的な方法である，対面面接調査員（in-person interviewers）により行われた．最近のCAPIソフトウェアの進歩により，面接における相互行為の様子を，部分的に無作為に，ラップトップ・コンピュータを使って電子的に記録することが可能になった．（ビエマー，ハーゲット，モートン，ウィリス：Biemer, Herget, Morton, and Willis, 2003）．かりにこうした機能が標準的な実践法になると，重要な面接区分の行動コーディングは，日常的な管理ツールになりうるだろう．

調査員が集中管理電話施設で作業を行う場合，監督者に調査員が行う作業例を聞かせることは，もっとも容易なことである．多くの集中管理電話施設において，第三者に面接の実例を聞かせることが，つまりそれは通常は面接の一部を聞かせることだが，標準的な業務である．たいていは，こうした監督要員は，面接技術の経験があり，調査主旨もよく理解しており，調査員よりも高水準の給与を得ていることが多い．モニタリング手順には，面接の相互行為という確率副標本を特定するものもあれば，面接区分の選択を監督者の裁量に任せるものもある．調査員と個々の回答者行動の定量的データを提供する，行動コーディングの手順に似たモニタリング手順もある．調査員行動のあらゆる定性的評価を，監督要員の裁量に任せるモニタリング手順もある．今後の面接では，調査員行動を改善する試みとして，監督要員が調査員に意見を述べることを求めるモニタリング手順もある．そして長期にわたり管理レポートを集めて，その蓄積結果を調査員に伝えるというモニタリング手順もある．

調査員がどの程度の訓練と監督管理を受けるかは，調査経費に影響を及ぼす．3日ないし4日の調査員訓練は，あきらかに1日以下の調査員訓練の4倍程度の経費がかかる．さらに重要なことは，調査員作業の例を継続的に監督し評価することが，管理費の増大となる．

調査員が質問‐回答過程をなんとか無難にこなせるようにするためには，少なくとも半日以上の訓練が欠かせないという説得力のある証拠がある．ここで引用した2つの研究では，継続的に調査員の達成能力を監督することが，おそらくは，データの品質に確かな効果があるという証拠も示している．しかし現時点では，次の3つの重要領域で満足できる研究が不足している．第1は，ここで引用したいずれの研究も，対面式面接を扱っている．つまり，電話聴取にとって，調査員の達成能力とデータの品質との比較研究が不足していることである．第2は，調査員モニタリングの研究は，電話施設では比較的容易であるにもかかわらず，調査員の遂行能力の監視がデータの品質に及ぼす影響にかかわるデータが欠落していることがある．第3として，調査機関が調査員に対して行う訓練の量と種類，それに質問‐回答過程を管理しようと努める程度が，調査機関によって大きく異なることを，間接的な証拠が示唆している．わ

われわれの手もとにある限られた証拠は，訓練と管理が，データにとって歓迎すべき効果をもたらすことを示唆している．しかしそれらが，どれくらいの差異を生むのか，訓練や管理の諸事項の変動がどの程度データの品質にとって重要であるのか，さらに多くの研究を必要としている．

9.7.4 調査員の仕事量

変動に関する調査員の影響を最小限にとどめるために，リサーチャーが利用できる最後の選択肢が調査員の仕事量である．本章の前半でみたように，調査員が自分の集めた回答に影響を及ぼすとき，標準誤差の推定値への影響は，調査員あたりの平均面接数に関係する．これは，調査員変動に対する調査設計効果である $1+\rho_{int}(m-1)$ から導かれる．なおここで，m は平均仕事量の大きさ（平均面接数）である．したがって，ある特定の研究でより多くの調査員を使い，個々の調査員の面接数を少なくすることは，標準誤差の推定値への調査員の影響を減らすもう1つの方法である．

9.7.5 調査員とコンピュータ利用

1980年代半ば以降，面接がコンピュータ支援によって行われる割合が，ますます高まってきた．質問文が画面上に現れ，調査員がその質問文を読み上げ，そのあと回答者から回答を得て，それを直接コンピュータに記録する．調査過程へのコンピュータの導入が，さらに注意が必要である，いくつかの新たな難題をもたらした．

第1は，調査員に合わせたコンピュータ支援の調査用具の使い勝手を最大限によくする方法をさらによく理解する必要があることである．当初は，コンピュータ支援機器は，基本的には紙製の用具をコンピュータ画面上に移し替えただけであった．紙の上ではうまく機能していた質問文を組み立てるいくつかの方法が，質問文がコンピュータ上にあることできわめて非効率的となり，しかも問題を引き起こすことを，現実にこうした用具を調査員がどのように使うかの研究が示している．実際にコンピュータ支援プログラムと調査員が，どのようにやりとりを行うかについての研究が必要ということである．その1つの成果は，現段階では調査員は，自分たちに与えられた補助用具の多くがうまく使えていないということである．たとえば，役に立つように設計されてはいるが，調査員がまったく使わない機能キーがある（例：スペリー，エドワード，デュラニー，ポッター：Sperry, Edwards, Dulaney, and Potter, 1988）．調査員にとってコンピュータを簡単に使えるようにすることは，研究過程の利益にかなうことであり，さらにはそのことをやりとげる方法の，より優れた原理原則を確立する必要がある．

第2は，コンピュータの存在が，回答者－調査員間の相互行為にどのように影響するかについて，さらに学習する必要があるということである．調査員がコンピュータ支援を好むこと，そして回答者のコンピュータ支援による面接経験に対する評価に悪影響を与えないこと，こうしたわかりやすい事実をわれわれは知っている．われわれはまた，回答者－調査員間の相互行為の観察を通じて，コンピュータがその相互行為

に対して第三者的立場となることも知っている．つまり調査員は，回答者に注意をはらうよりも，コンピュータのほうをよく見ることに時間を費やすことになる．この第三者的立場にあるコンピュータを調査過程に導入することで，回答者行動あるいはデータの品質になんらかの重大な影響があるか否かの研究が，現時点で欠けているということがある．

　第3としては，コンピュータ支援による面接の誕生が，調査員の訓練に影響を与えることは疑いもないということである．通常の調査員訓練のかなりの部分を，調査員がコンピュータ支援プログラムを確実に使えるようにすることに向けるべきである．いままで，講義・実演・演習に向けていた訓練の一部は，いまやコンピュータの個別指導に費やされる．一方で，コンピュータは，調査員の実務を助ける，とくに，紙と鉛筆方式（paper-and-pencil imstruments，質問紙方式）では処理が難しかった，複雑な分岐指示をうまく処理するのに役立つ．他方，訓練時間が限られている場合，コンピュータを用いることで，調査員訓練に費やす時間が，調査員が必要とする他の本質的な技術訓練，たとえば，回答者の協力を得ることやプロービングすること，回答者との付き合い方といったような，技術訓練を奪うことになるかもしれない．調査員は，コンピュータ技術を習得しない限りは作業ができないが，一方では，プロービングやラポールの確認が優れていなくても，調査員は確かに作業を行えるのである．以上が，われわれがさらに体系的な情報を必要とするもう1つの課題領域である．

9.8　要　　約

　カバレッジ誤差，無回答誤差，測定誤差に影響する，無数の調査設計特性を実現するという重責を調査員は背負っている．測定誤差のあるものは，系統的な発生原因がある．つまり，測定誤差によっては，異なる調査員から得られる結果の変動として，現われるように見える．系統的な影響は，社会的に望ましくない特性の過小報告となり，目に見える調査員の特徴（たとえば，人種，年齢，性別のような特徴）にもとづく予想と矛盾しない回答の過大報告を生み，より実地経験のある調査員との間でさらに大きな測定誤差が生じる．

　調査員にかかわる調査結果内の変動の増加は，ほとんどの場合，回答に影響する調査員行動か偶発によるもので，しかも変動するときに発生する．調査員行動の重要性は質問によって異なり，しかも質問によっては他の質問よりも大きな調査員変動を示すことである．こうした調査データにもとづく調査員変動の影響は，特別な測度がなくしては，測定はできない．

　調査員変動は，調査統計量の標準誤差を増大させて調査統計量の正確さを損なう．標準誤差に及ぼす調査員誤差の影響は注目に値する．それはとくに，調査員の仕事量が大きいような場合である．ごく少人数の調査員だけで，（極端な場合はたった一人の調査員で）すべての面接作業を行ったという研究がある．このような場合，きわめ

て高い確率で，調査員の影響が重要となる．同じような意味で，国単位の大規模な研究では，調査員が，50件，100件，さらには200件もの面接を行うことも珍しくはない．こうした場合にもまた，調査員が標準誤差に大きな影響を及ぼす可能性が高い．

適切な回答者行動を動機づけるのに調査員が効果的であることが，調査員に起因する統計的誤差を減らす．それは相互行為に対して課題志向的で，字句のとおりに質問文を読み上げ，回答者に回答作業について説明し，非指示的なプロービングを行い，得られた回答を正確に記録するような調査員である．こうした誤差を最小限に抑えるために，調査員行動をどの程度標準化する必要があるかについてはかなりの論争があり，しかもその論争は，調査員がどのように回答過程に影響するのかについて，さらなる研究が必要であることを示唆している．

近年になって，質問文設計の問題に再び関心が集まってきた．それにもかかわらず，高品質のデータを収集する際の調査員の役割を軽視する傾向がある．調査員が行ういくつかのことが，次第に重要ではなくなる可能性があると考えるのはもっともなことである．なぜならば，われわれは電話聴取に頼っており，そこでは対人関係的な要素がかなり減少し，しかもデータ収集をますますコンピュータに頼っているからである．それでもなお，回答者の動機づけと彼らが自分の役割を認識することは，データ収集方式が何であれ，調査の達成度に影響を及ぼすだろう．そして回答者にやる気を起こさせ関心を向けさせる調査員の役割が重要であることもわかってきた．

■さらに理解を深めるための文献

Fowler, F. J., and Mangione, T. W. (1990), *Standardized Survey Interviewing : Minimizing Interviewer Related Error*, Newbury Park, CA : Sage.

Maynard, D., Houtkoop, H., Schaeffer, N., and van der Zouwen, J. (2002), *Standardization and Tacit Knowledge : Interaction and Practice in the Survey Interview*, New York : Wiley.

■演習問題

1) 調査員が質問文を字句のとおりに正確に読み上げ，しかも利用可能なプロービングにかなり制約があるようなとき，厳密に標準化された面接は妥当なデータを集めるための最善の方法ではないと主張する人たちがいる．質問-回答過程において，調査員の自由裁量度と積極的な働きかけを制限することへのおもな反論を述べよ．

2) 本章の内容にもとづいて，以下を示せ．
   a) "調査員変動"の意味をあきらかにせよ．
   b) リサーチャーは，どんな場合に測定誤差に関する調査員変動の影響を評価できるか，その1つの方法をあきらかにせよ．
   c) 調査員変動が調査推定値の精度にどのように影響しうるのかを簡単に考察せよ．

3) 2000人の面接を40人の調査員で行うものとする．ある特定の項目に対して，ρ_{int}の値，つまり調査員に関連する級内相関係数が0.015であった．このとき，以下に答えよ．
   a) その項目の平均値に対する調査設計効果（*deff*）を算出せよ．

b) この調査設計効果（deff）が何を意味するかを簡単に述べ，また調査員変動を減らす1つの方法を用意せよ．

4) 標準化を行う目的で，調査員に教える5つの基本的な技法のうちの4つの名称をあげ，さらにそれらを説明せよ．

5) 行動コーディングを通じて発見できるどのような行動が，調査員が回答に有意な影響を及ぼす可能性と結びついているか？

6) 次にあげた質問文への4つの回答のそれぞれについて，かりに何か言うことがあるとすれば，標準化され，非指示的に対応する調査員は，何を言うべきと思うかを記せ．

質問文："米国が今日直面する最大の問題は何でしょうか？"
回答："タリバンです．"
回答："わかりません．"
回答："疑うまでもなく，犯罪とテロリズムです．"
回答："世界で何が起きているのかを考えると，われわれは，自分自身の問題について悩む余裕があるとは思えません．われわれは，テロリズムを打ち負かすことに，徹底的に自分のエネルギーを充てねばならないでしょう．"

7) あなたはいま，米国内における貧困の程度を測定するため，面接調査を用いるある大きな世帯調査のプロジェクト・マネージャーであるとしよう．調査員が作業を行う1次標本抽出単位（PSU）に含まれる標本とした世帯の無作為部分集団に対して，調査員を割り当てる相互貫入的な調査設計を注意深く行った．各調査員は，平均して25名の面接を完了する．この調査設計から，調査員変動を表す ρ_{int} の値を算出した（ここでは，本章で調べたモデルに従うとする）．次の表に，その結果のいくつかを用意した．

統計量	算出した ρ_{int}
貧困世帯の割合	0.09
失業した成人のいる世帯の割合	0.02

プロジェクトチームは，次年度の予算がカットされるかもしれないという，悪い知らせを受けている．調査員数は半分に削減されるが標本の大きさは一定に保たれる場合の，推定値の精度に及ぼす影響を評価するよう，あなたは求められている．

a) かりに，調査員数が半分に削減されることだけが調査設計の変更であった場合，上の2つの推定値のそれぞれの分散は，どのような要因によって変化するか？
b) 調査員数の変更案に対処するとき，あなたは追加要因として何を考慮するか？

8) ある調査を，男女の成人世帯標本の不妊治療経験と性行動を測定するよう設計する．調査員の性別にかかわる測定誤差を，最小限にとどめるときに考慮が必要な問題について，短い文章で記述し考察せよ．つまりこれらの問題では，すべて男性調査員，すべて女性調査員，あるいは男女の調査員を無作為に混合したときの，どれを選ぶかの考慮が必要となる．これを議論せよ．

9) どのようなデータ収集方式が，調査員の不正行為が発生する可能性を最小限に抑えるか．それは面接調査か，それとも電話調査か？　回答に理由をつけて述べよ．

10) あなたはいま，大規模な調査作業の管理者であり，目下，面接調査から電話調査に移行するかどうかの判断を迫られているとしよう．ここでは，2つの方法の比較実験を行うこと，すなわち，標本の半分（約1000標本）を電話調査とし，残りの半分を面接調査として比較しようとしているとしよう．集中管理方式の電話施設では，調査員を休みなく監視しており，必要に応じて再教育を行うためのフィードバック手順（feedback protocol, 仕事ぶりを評価する手順）を使用している．面接調査では，完了済みの面接と，各調査員につき1件の面接を管理点検する．調査員変動を測定するために，あなたは，両方の調査方式に相互貫入的割り当て計画を適用したとする．

　調査の終わりに，主要な調査統計量に対する級内相関係数を計算し，そして，電話調査とした標本の半分が，級内相関で 0.025 となり，残り半分の面接調査についてはそれが 0.040 を示すことがわかった．調査員変動の評価基準のみを用いて，どちらの調査方式が好ましいか，またその理由は何かを論ぜよ．

11) あなたは自分が管理するある調査において，調査員の行動コーディングから得たあるデータを考察しているものとする．ここでいま，次の質問文に注目しているものとする．

　　　「過去12ヵ月以内，つまり，2003年12月から現在までの間に，あなたの健康状態について医療関係者と何回くらい話しましたか？　ここには，医師，看護師，その他の医療従事者を含みます．また，電話での会話と対面での会話を含みます．健康上の問題と健康づくりの経験を含むものとします．」

　ここであなたは，調査員がその質問文を字句のとおりに正確に読み上げていたのは，全対象者の70%に対してであり，この調査の他の質問文と比べて非常に低い割合であることに気づいたとする．このときあなたは，次にあげる項目のどれができるか？
　a）何もしない
　b）標準化した話し方を順守するように改善するための再教育訓練を用意する
　c）質問文を変えることを試みる
上の3つの考えられる処置のそれぞれについてコメントせよ．

12) 今まで読んできたことをふまえて，調査員訓練講習会は，できるだけ長くしかも集中的に行うべきだということを，賛否両論から議論せよ．

13) 調査推定値について，調査員の影響を最小限に抑えられそうだとするリサーチャーができる，4つの事項とは何か？

■本章のキーワード
再現性（replicability）
生活記録カレンダー（event history calendar）
相互貫入的な標本割り当て（interpenetrated assignment）
調査員変動（interviewer variance）
標準面接法（standardized interviewing）
プローブ，プロービング（probe）

第10章 調査データの収集後の処理

Postcollection processing of survey data

10.1 はじめに

本章では，一般にデータ収集後に発生する，いくつかの調査作業工程に焦点を当てる．この段階は，目標母集団の特性に関する推定を容易にするという最終的な目標がある．調査の黎明期には，多数のスタッフが各調査票を調べて回答を集計していたが，時の経過とともに調査現場では，こうした段階の負担を軽減する処理手順を開発してきた．

調査後の加工処理段階を説明する1つの方法は，紙方式の調査票（質問紙）による調査と，さまざまな種類のコンピュータ支援による調査とを対比することである．図10.1に，紙方式調査票の調査に共通した調査の流れを示してある．紙という用具は回答者の回答を記録する．調査の成果は数字であるから，データが数値形式でない場合には（たとえば，自由回答質問に対する文章回答や，回答文の隣にあるチェック欄），それらを数字に変換しなければならない（この作業工程を"コーディング（coding，符号化）"という）．すべてのデータを数値形式にした後，それらをなんらかの方法で電子ファイルに入力する（図10.1で"データ入力（data entry）"に相当）．

すでに数値形式となっているデータの大半は，とりうる数字の集まりに制約があるかもしれない（たとえば，1＝はい，2＝いいえ，8＝わからない，9＝答えたくない）．回答によっては，他の回答との間の論理的な整合性を保たねばならない（たとえば，「男性」と答えた人たちが「帝王切開の経験がある」と答えてはいけない）（この作業工程を図10.1で"エディット・チェック（edit checks）"という）．欠測データの項目があるとき，リサーチャーたちはその項目のデータ・フィールド[*1]に推測した回答の代入を選択する場合がある（この作業工程を"補定（imputation）"という）．一部の調査設計では，目標母集団の統計的推定のために重みの調整を行うことが必要であり，データ収集後にこれらを構築する（この作業工程を"重み（weight）"生成という）．調査統計量の精度に関する初期推定は，調査推定値の品質を評価するために，データ収集のすぐあとに行われることがよくある（この作業工程を"分散推定（variance estimation）"という）．以上の作業のうちのある段階は，一部の調査票の

```
[データの収集] → [テキスト・データのコーディング] → [データ入力] → [エディット・チェック]
                                                                          ↓
[捕定] → [重みの生成] → [分散の推定]
```

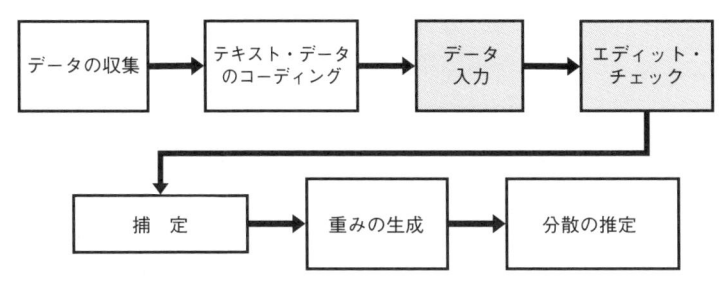

図 10.1　質問紙調査における処理の流れ

記入が終わるとすぐに開始できるが，通常はすべての調査票を受け取り，データ収集作業が終了した後になって初めて完了となる．

データ収集時のコンピュータ支援（CATI, CAPI, ウェブ）の利用は，こうした処理段階をすっかり変えてしまった．すなわち，ほとんどの場合，データ収集段階そのものの中に，それらの機能を組み入れるように変えてしまったのである．図10.2 は，データに関するさまざまな検査を示している．これらの検査は，紙方式の調査票を使う調査では，データが収集された後の作業の一部であるが，コンピュータ支援による調査ではデータ収集と同時に実行される．図 10.1 の中で，データ入力段階とエディティング段階が，"データ収集"のボックスの後ろにあることに注意しよう．従来はデータ収集後に行っていた作業について，データ収集以前に注意を向けさせることによって，コンピュータ支援が調査を変えることになった（たとえコンピュータ支援による調査であっても，データ収集後にある種のエディティングを行うことを，リサーチャーが選ぶ場合もあることに注意することが役に立つ．10.4 節参照）．

作業の再整理の結果，コンピュータ支援による調査では，データ入力手順とエディティングにかかわる設計上のあらゆる決定を，調査票開発の過程で行う必要がある．さらに収集，入力，エディティングの一体化が意味することは，数値型の回答のみ（つまり，テキスト型ではない回答のみ）を収集する調査では，コーディング段階を完全に省くことができるということである．多くの組織では，コーダーは調査現場から離れた部署に所属することが多いので，自由回答質問やテキスト型回答を生み出す，他の測定法の利用を完全に避ける傾向が増えているように見える．それに代わって，多くの調査では，もっぱら数値型回答だけを収集しているように思われる．例外は，選択肢型質問に対して，「その他（具体的に記入）」という回答を用いることかもしれない．これにより，あらかじめ決めてある選択肢に記載されていない回答を回答者が提供してくれる．

本章では，データ収集後に起こりうる次の6つの異なる作業について述べる．

1) コーディング（言葉による回答を数値型回答に変換する過程）

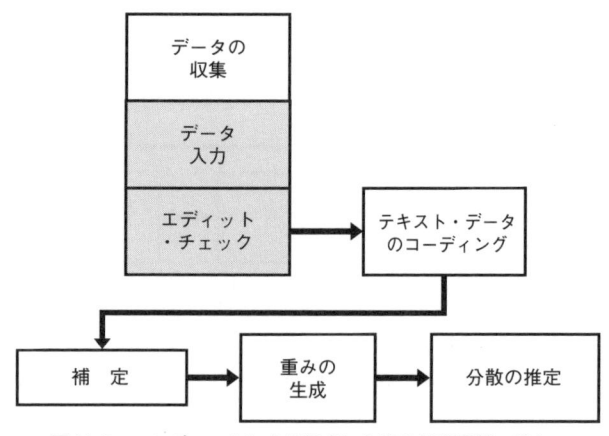

図 10.2 コンピュータによる調査における処理段階の流れ

2) データ入力（数値型データをファイルに入力する過程）
3) エディティング（誤りや不整合を見つけるための記録済み回答の検査）
4) 補定（データ・フィールドに対して，ある回答を代入することによる項目欠測データの修復）
5) 重みづけ（加重法）（ノンカバレッジ，無回答，あるいは不等抽出確率による標本への悪影響を打ち消すための調査統計量算出の調整）
6) 抽出分散の推定（調査統計量の不安定性に関する推定値の算出）

10.2 コーディング

"コーディング（符号化，coding）"とは，非数値型情報を数値型データに変換することである．本節では，選択すべきコーディング方法が，調査データの品質と経費にどのように影響するかについて，調査方法論が1つの分野として，知りうることを概説する．非数値型から数値型への変換は，場合によってはきわめて単純なものである．ここで，自記式調査票の例を示そう．

　　あなたの現在の状況を次の中から選んでください（チェック・ボックスの1つにチェックする）
　　　□全日制の学生
　　　□定時制の学生
　　　□合格通知を受け取った出願者
　　　□合格通知を受け取っていない出願者

ここでは，コーディング段階は4つの可能な選択肢のそれぞれに，異なる数字を割り当てるだけである（たとえば，1 = 全日制，2 = 定時制，3 = 合格通知ありの出願者，4 = 合格通知なしの出願者）．次にこれらの数字は，最終的に作成する電子的データ・ファイルのあるフィールドの数値になる．

またあるときには，この変換操作はやや複雑である．たとえば，「全国犯罪被害調査」(NCVS) では次の質問を尋ねている．

あなたがその事件のときに勤務していた，会社／政府機関／店舗・事業／非営利団体の名称は何ですか？

その事業あるいは産業の種類は何ですか？
　以下，必要に応じて読み上げる
（あなたがその事件のとき勤務していた場所では何を製造していますか，あるいはどんな作業を行っていますか？）

あなたはどのような仕事をしていましたか？ つまり，その事件のときのあなたの職業は何でしたか
　　たとえば：配管工，タイピスト，農業従事者

その仕事であなたの普段の作業あるいは職務は何でしたか？

調査員は，これらの質問に答える時点で回答者の言葉を入力する．たとえば，「事業あるいは産業の種類は何ですか？」への答えとして，回答者が「私たちはいろいろな大きさの容器のプラスチック製のインサートを作っています．このインサートは容器の内側に液体を入れて漏れないようにするために用います．場合によっては，容器は人に害を及ぼす有毒な液体を入れることがあります．」と答えるかもしれない．自記式の設計では，この言葉は回答者自身が記入または入力するだろう．このような質問にもとづいて算出される統計量は，ある回答選択肢に該当する人の割合かも知れない．たとえば，上記の産業の回答では，その産業の特徴を述べるために用いる「プラスチック素材，樹脂製造業」という分類区分がある．「北米産業分類体系」(NAICS)によれば，これはコード 325211 である．その調査において産業 325211 の回答をした人の割合を1つの統計量とすることがあるだろう（さらに可能性が高いのは，コードをより上位の階層に集約して統計量を計算することである）．

テキスト型情報のコーディングは，調査結果を統計的に分析するためには非常に重要であるが，コーディングの行為自体が統計的誤差を生む．これは調査統計量に対する顕著な影響である．たとえば，コリンズ (Collins, 1975) は，継続的に毎月行われる聴取で32%の回答者があきらかに職業コード（3桁のコーディング表を利用）の変更を経験することを見つけた．そして月ごとの転職に関する別の情報が，この変動の多くは各月のコーディングの変動に起因することを示唆している．

調査で収集した非数値型データのすべてが，必ずしも言葉とは限らないことに注意することが重要である．それらは視覚的映像（たとえば写真やビデオテープ），音（たとえば，音声テープ），あるいは数値的に記述する必要のある物理的な情報をもつ試料（たとえば，土壌試料や血液試料）かもしれない．

10.2.1 コーディングの実用上の問題

コーディングとは，変換の行為であり，また要約の行為である．すべての変換がそうであるように，1つの枠組みの中の実体（実在物）を別の枠組みに関連づける．この2つの枠組みに互換性があるときは，その関連づけはたやすい．2つの枠組みが不一致のときは，変換作業は複雑となり，誤差の影響を受けやすい．コーディングは，多くの個別回答を1つのコード分類区分に併合することでデータを要約する．要約化のすべての行為がそうであるように，どの段階の要約化が，コード化されたデータの使用に適合しているかを，だれかが決める必要がある．

つまり，われわれの注意は，テキスト情報の分類に用いる分類区分の枠組みの構築に対して向けられなければならない．残念ながら，この枠組みに適したただ1つの用語はない．**コード構造**（符号構造，code structure）" とよんだり，"分類一覧表" とよんだり，あるいは "コード一覧（符号リスト，code list）" とよぶ．これを役立てるためには，コード（符号）は次の特性を備えている必要がある[*2]．

1) 一意な数字であること（これをあとで統計的な計算のために用いる）．
2) テキスト・ラベル（文字標識）（分類区分に割り当てた回答はすべて説明できるように設計されること）．
3) 回答の全包括的な処理（回答はすべて1つの分類区分に割り当て可能とすべきである）．
4) 相互排反性（1つの回答を複数の分類区分に割り当ててはいけない）．
5) 分析者の目的に合った複数の一意的な分類区分があること．

科学的な目的にそった調査では（因果過程の研究を試みているような場合），各コード分類区分は，主要な仮説のさまざまな要素に関連づけられるべきである．たとえば，管理状態の成果を研究する場合，職業コードは管理職と非管理職を区分しなくてはならない．その一方で，かりに科学的な質問が，職業分類に必要とされる学歴に関係するものであったらならば，コーディングは学歴にもとづいて職業を分けることを容認すべきである．

用いるコード分類区分の総数を決める必要がある．この最大値は明らかに，コード数が回答者数に等しい場合であるが，通常このような構造では複雑なデータをもたらす．なぜならば，これでは要約が一切なされていないからである．よってコード数を，その変数の意図した使い方に従って決めざるをえない．ようするに，コーディング体系を作ることは，現実に当面の問題と関連する行為である．つまり使い方が異なれば，

異なるコーディング構造が必要となる.

いくつかのコーディング構造は,同一の測定に用いられる.たとえばイギリスでは,職業に関する質問に対する回答から2つのコードを作ることが一般的である.その1つは標準職業分類であり,もう1つは社会経済的集団の分類である(つまり,社会的地位に順位をつけることで,これはまた雇用主の規模を測度として用いる).複数回答を聞き出す質問については,各状況に合わせて別々にコーディングされた変数が作られる(たとえば,「今日,この国が直面しているもっとも重要な問題はなにか?」といったような質問).

コーディング構造が使用前にどれほど包括的にできているように見えても,若干の回答が,容易に1つのコードに割り当てられないことがままある.前もって構造化しておいたコードに適さない回答が現れることを減らすために,(おそらくは調査の初期に回収した記入済み調査票から)一連の回答を取得し,さらに"検証する(test)"ために,その回答集合から得た回答を使い,コーディング構造を改良することがよくある.これは,部分的にだが,たいていは成功している.既存の分類区分にうまく適合しない回答に遭遇したときは,その事例が,ときには既存のコーディング構造の再考に発展することがある.コーディング構造がコーディング処理自体の間に変更されると,リサーチャーは,やむなくそれ以前に行ったコーディング決定結果の再検討を強いられることになる.

結局,コーディング構造とは,たとえ情報価値がないと判断された回答であっても,すべての回答を処理できるように設計する必要があることに注意することが重要である.したがって,質問の目的を満たす回答ができない人たちのためのコード(例:「確かめられない(not ascertained)」)を用意することが不可欠である.また,もし調査票の手順が回答者に対し,前の回答内容によって適用されないという理由で,次の回答を飛ばすことを指示するとき(たとえば,住居侵入窃盗の特徴についての質問は,住居侵入窃盗の被害に遭ったことがない回答者には尋ねないだろう),質問に該当せず,よって,データ・ファイルに回答が存在しないこれらの回答者を区別するコードを設けることが不可欠となる(例:「非該当(inapplicable)」).こうした選択肢が多くの変数に適用されるため,一貫性のある数値型コード集合をこれらの選択肢に割り当てることがよくある.たとえば,1桁のコーディング表では,普通は「確かめられない」という回答に「9」を割り当て,また,その質問に条件が該当しないため,質問しなかった人の回答に「0」を割り当てる.2桁コードの場合には,対応するコードとして「99」とか「00」を当てるだろう.さらに,いくつかの変数については,回答者が「拒否」したとか,あるいは回答を「わからない(DK)」といったとかのように,ある特定の理由で質問に答えなかったときに研究者がその事例を選び出したいこともある.そのような場合でも,こうした状況を識別するために,別の固有のコードを用いねばならないだろう.

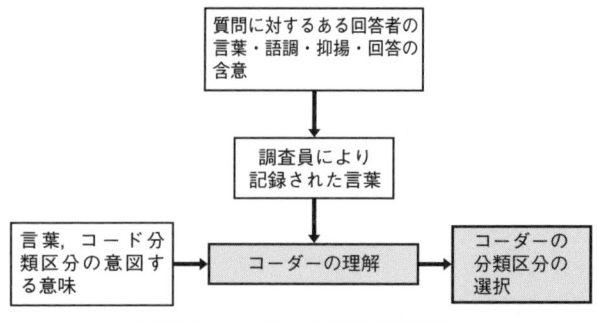

図 10.3 コーダーの理解と判定作業

10.2.2 コーディング作業の理論的問題

コーディングという基本的な行為は，2つの言語表現が同等であるかどうかを決めることを必要とする．たとえば，「私は配水管を修理し，水道管を取り付け，流しを取り替える．」という言葉は，「配管工」という職業標識と矛盾しないのだろうか？ 理想的には，コーディングを行う人（コーダー）が行った分類区分化は，回答者自身が提供したすべての情報にもとづく分類区分化に一致するだろう．図 10.3 が，この問題の本質を示している．回答者の意図と，コーダーの選択したコード分類区分（右下の四角のボックス）が正確に一致することがコーディングの正確さとなる．コーダーが回答者の意図することを知らず，調査員が書き留めた言葉だけがあるという現実から，これに対する1つの難題が生じる（自記式調査では，回答者の言葉をコーダーが検査する）．

コーディング作業を行うために，コーダーは記録された言葉を介して，回答者の意図を理解しようと努める．しかしそれはこの難題のほんの半分にすぎない．なぜならば，コーダーの仕事は，回答者が意図した回答をただ1つのコード分類区分に変換することだからである．これを行うために，理想としては，コーダーは各コード分類区分の定義の際に，リサーチャーの意図を十分に理解することである（図の左下の四角のボックスに相当）．こうした理解はおそらく，コード分類区分を説明する文書の品質，'ならびに'，こうした言葉で記述された概念に関する訓練の品質の両者に作用するものである．

10.2.3 調査現場でのコーディング：中間的な設計

7.2.4 項と 9.5.5 項で学んだように，自由回答質問の有用性の1つは，回答者が自分自身の言葉で回答を伝えられるという気安さにある．これはときとして，質問に対する回答者の理解度や，リサーチャーが研究している内容を理解する時に役立つ回答者の記憶構造を知る手がかりとなる．選択肢型質問は，リサーチャーが工夫した回答群を回答者に提供するが，これは回答者の考え方に適うものかもしれないし，あるい

表 10.1 全国犯罪被害調査（NCVS）における質問「その事件はどこで起きましたか」に対する調査現場のコーディングの例

分類区分番号	分類区分の定義

回答者の自宅や宿泊場所の中
01 自分自身の住居，家屋に隣接した車庫，または外と隔離されたポーチの中（そこへの不法侵入や不法侵入未遂を含む）
02 独立した車庫，物置小屋などのような自分の敷地内にある独立した建物の中（そこへの不法侵入や不法侵入未遂を含む）
03 別荘，別宅の中（そこへの不法侵入や不法侵入未遂を含む）
04 回答者が滞在していたホテルやモーテルの部屋の中（そこへの不法侵入や不法侵入未遂を含む）

自宅近辺
05 自宅の庭，歩道，私道，カーポート，塀で仕切られていないポーチ（アパートの庭を含まない）
06 アパートのホール，倉庫エリア，洗濯室（アパートの駐車場，ガレージを含まない）
07 自宅に直接面した路上

友人，親族，近所の人の家の中，または近辺
08 彼らの地所にある家や他の建物の中
09 庭，歩道，私道，カーポート（アパートの庭を含まない）
10 アパートのホール，倉庫エリア，洗濯室（アパートの駐車場，ガレージを含まない）
11 彼らの家に直接面した路上

商業地域
12 レストラン，バー，ナイトクラブの内部
13 銀行の内部
14 ガソリンスタンドの内部
15 店舗のような他の商業的建物の内部
16 事務所の内部
17 工場，倉庫の内部

駐車場，車庫
18 商業的駐車場／車庫
19 非商業的駐車場／車庫
20 アパートやタウンハウスの駐車場，車庫

学校
21 校舎の内部
22 学校の所有物（学校の駐車エリア，校庭，スクールバスなど）

屋外，路上，公共交通機関
23 アパートの庭，駐車場所，遊び場（学校以外）
24 路上（自宅，友人，親族，近所の人の家に直接面した場所以外）
25 公共交通機関，駅の中（バス，鉄道，飛行機，空港，発着所など）

その他
26 その他
98 残り
99 ユニバース（全母集団）の範囲外

はそうでないかもしれない．

　"**調査現場でのコーディング**（field coding）"とは，回答者が自由回答質問により回答を示すが，調査員はその言葉による回答を数値型カテゴリーにコーディングする

> **コラム 26 ●調査現場のコーディングとオフィスにおけるコーディングに関するコリンズとコートニーの研究** (Collins and Courtenay, 1985)
>
> コリンズとコートニー（1985）は，データ収集中の調査現場におけるコーディング結果を，データ収集後のオフィスにおけるコーディングと比較した．
>
> **研究計画**　以前の調査において用いた7つの質問を，①自由回答質問の調査現場におけるコーディング，②自由回答質問のオフィスにおけるコーディング，あるいは③選択肢型質問，として3組の複製標本内で無作為化した．調査現場とオフィスとの混合比は3つの標本で異なる．6人の面接調査員が，4つの標本エリア内それぞれの回答者に無作為に割り当てられた．大きさが180〜200人の複製を，回答分布と調査員変動について比較した．
>
> **研究の成果**　オフィスのコーダーが調査現場のコーディングと同一のコード分類区分を課されたときは，系統的な違いはなかった．現れた違いは，オフィスでのコーディングでは，少数のコードが大きな割合を示したことである．回答者あたりの使用コードの平均的な数は類似していたが，「その他」回答の発生率が調査現場のコーディングの場合より高かった．調査員変動は，調査現場のコーディングにおける回答の全変動の約3%を占めていたが（25人の作業量について1.5の調査設計効果 $deff_{int}$ となった），オフィスでのコーディングでは0.6%を占めるだけとなった[*3]．
>
> **研究の限界**　オフィスにおけるコーディングの枠組みは，調査票と同一の分類区分に限定されており，このことはおそらくオフィスのコーダーに通常とは異なる制約を課している．オフィスのコーダー変動は，調査設計効果（$deff_{int}$）との比較用としては測定されなかった．また，調査現場のコーディングに用いた調査員訓練についての考察はない．
>
> **研究の影響力**　この研究では，面接の進行中に回答を聴取しながら，1組の決められた分類区分から1つを選択する，という負担に起因する調査現場でのコーディングには限界のあることを指摘した．

ことを求められる過程のことである．したがって，調査現場でのコーディングは，言葉のデータ収集とコーディングとを同時に行う．たとえば，「全国犯罪被害調査」では，ある報告された被害が発生した場所について自由回答質問で尋ね，そのあとただちに，調査員が適切な回答を選ぶことを求める（表10.1）．

回答者は自分に都合がよいと思う任意の記述語を使って自由に答えるから，調査員は，その質問を解釈し，回答に適した分類区分を見直し，分類区分を決める際に直面する，どんなあいまいなこともしっかりと調べ，提示された26の相異なる回答選択肢の中から1つを選択するという責任を負わされている．これは容易な仕事ではない．その一方で，調査員が記録したテキスト型回答のみを知りうる，オフィスにいるコーダーに比べて，プロービングや丁寧な回答聞き取りが，調査現場のコーディングの助けとなる．

回答者が記入した回答，あるいはテープに録音された回答にもとづき，コーダーが行う決定に関連するこうした作業を，調査員がどのように行っているかについて，い

くつかの研究がある．これらの研究では，同じ作業を行う2つの方法を比較し，2つの方法間の一致の程度の推定値を提案している．たとえば，職業コーディングにおいて，オフィスのコーダーは，現場の調査員に比べていくらか高い割合で優れた標準コーダーと一致するが(たとえば，約400分類区分の職業のコード構造についてみると)，差違は全体として小さい(カンパネリ，トムソン，ムーン，ステープルズ：Campanelli, Thomson, Moon and Staples, 1997)．しかし，調査現場のコーディングが，調査員行動に関して否定的な影響力があるという証拠もある(メイナード，ホートクープ・ステーンストラ，シエーファー，ヴァンデル・ゾーウェン：Maynard, Houptkoop-Steenstra, Schaeffer, and vander Zouwen, 2002；ファウラーとマンジョーネ：Fowler and Mangione, 1990)．測定誤差にあてはまる調査員変動に関するすべての教訓(9.3節参照)は，コーディングについてもそのままあてはまる．つまり，調査員とコーダーの両者に対して，複数の調査対象の作業量を割り当てるので，コーディング遂行にかかわる変動が，調査推定値のさらなる不安定性を生む("コーダーによる変動(coder variance)"とは，このために用いる典型的な用語である)．以上の理由から，調査現場におけるコーディングとオフィスでのコーディングとを対比して，このいずれを選ぶかは，通常は経費の違いと分類判定による誤差との間のトレードオフとなる．

10.2.4 標準分類体系

本項では，一般に用いられる2つの分類体系について述べる．1つは職業の測定に用い，他の1つは産業の測定に用いるものである．これら2つの変数は，社会調査や経済調査で普遍的に測定されるものである．これらの分類は国際機関によって標準化され，定期的に改訂される．一般に定義されている母集団の特性について，調査間での比較が可能となることから，この標準化は高く評価されている．

標準職業分類 (SOC：Standard Occupational Classification)

米国では，標準職業分類体系は米国労働省が管理している．これは1980年に改訂され，その後さらに1994～1999年に，職業の経済的構造の変化を反映するために改訂された．それは調査や行政記録システムの目的に合わせて，労働者を職業群に分類するために用いる．このコーディング構造は820をこえる職業を含み，それを組み合わせて23の大分類，96の中分類と449の小分類を構成する．小分類それぞれは，類似の職務，技能，教育，あるいは経験を必要とする細分類職業を含んでいる．表10.2に，この標準職業分類(SOC)の23の大分類の名称を示してある．

標準職業分類(SOC)の最新の改訂では，4つの異なる体系化の原則を検討した．第1に，1980年の標準職業分類(SOC)以降の基本概念は，行われている仕事の種類であった．第2の選択は，仕事のグローバル化を受けて，「女性の仕事の分野」と他の分野を区別した職業国際標準分類を取り入れることであった．第3の選択は，その職務で用いられる技能にもとづき職務を詳細に区別する，「技能にもとづく体系」

表10.2 23グループの標準職業分類

分類区分番号	分類区分の定義
11-0000	管理職
13-0000	ビジネス・金融関連職業従事者
15-0000	コンピュータ関連および数理的業務
17-0000	建築および技術的業務
19-0000	生命科学・物理科学・社会科学関連職業従事者
21-0000	地域および社会福祉業務
23-0000	司法業務
25-0000	教育・研修・図書館関連従事者
27-0000	芸術家，デザイナー，娯楽・スポーツ・メディア関連職業従事者
29-0000	医師，医療技術者
31-0000	健康管理サポート職業従事者
33-0000	保安サービス従事者
35-0000	調理および給仕関連サービス
37-0000	ビルおよび土地管理・清掃
39-0000	介護サービス職業従事者
41-0000	営業関係従事者
43-0000	一般事務・行政事務従事者
45-0000	農林漁業従事者
47-0000	建設・土木作業従事者
49-0000	設置・保守保全従事者
51-0000	製造・製作作業者
53-0000	運輸・物流従事者
55-0000	軍事関連業務従事者

を策定することであった．第4の選択は，マクロ経済理論を使って「経済にもとづく体系」をまとめることであった．この新しい体系は，それを作成するときに，以下にあげる利用者を念頭において検討した．すなわち，教育・研修企画者，求職者・学生・その他の就職指導を求める者，種々の行政プログラム，そして，配置転換や給与設定を考えている民間企業である．技能にもとづく職務評価は，（標準職業分類の改訂における）体系化の原則として用いるには十分に正確ではないと考えられ，この選択は，実際に行われる仕事の種類を念頭に続けられた．1980年以降に生じた新しい職業分類を考慮した分類を更新するための多大な努力があった（たとえば，環境工学技術者，スキンケアの専門家，コンシェルジュ，エアロビクス・インストラクター）．

こうしたコードを構築する意図を反映したコーディング表には，以下にあげるようなさまざまな基本的前提がある（米国労働省の標準職業分類体系のサイトを参照）．

1) この分類は，賃金や報酬を目的に仕事を行う職業をすべて網羅しており，そこには報酬を直接には得ていない家族構成員が営業活動を行う家族経営事業の仕事を含むものとする．また，ボランティアに特有の職業は除外する．それぞれ

の職業は，分類のもっとも下位の水準において，唯一の職業に割り当てられる．
2) 職業は，行われている仕事，技能，教育，訓練，資格にもとづいて分類される．
3) 専門的な技術者の管理者は通常，自分が管理する勤労者と類似の経歴をもつから，その結果，彼らが管理する勤労者と一緒に分類される．同様に，労働時間のうち最低でも20％を，自分が管理する勤労者と同じ仕事に従事するチームリーダー，指導係，営業およびサービスに従事する勤労者も，自らが管理する職員と一緒に分類される．
4) 管理的活動に80％以上の時間を費やす，経営の生産，サービス，販売職員の管理者および監督者は，それに見合った管理者の分類区分に個々に分類される．その理由は，彼らの業務活動は，自らが管理する勤労者のそれとは異なるからである．ここで第一線の管理者，管理職とは，一般には比較的規模の小さな事業所に見られるもので，経理，マーケティング，人事といった監督的な職務と管理的職務を兼務する人をいう．
5) 徒弟（apprentices）や見習い（trainees）は，訓練を受けている職業に分類されるべきであるが，ヘルパーや助手などの補助者（helper, aides）は別々に分類されるべきである．
6) ある職業が，そのコーディング構造の中ではっきりとした細分類として含まれていない場合，その職業は適切な残りのその他職業に分類される．残りのその他の職業とは，個別に分類できない大分類，中分類，あるいは小分類の中にあるすべての職業を含む．
7) 勤労者が複数の職業に分類される可能性があるとき，もっとも高い技能水準を必要とする職業に分類されるべきである．かりに，技能の必要条件に測定可能な差違がないときには，勤労者はもっとも長い時間を費やす職業に含まれる．
8) データ収集と報告を行う機関は，できる限り詳しい水準で勤労者を分類すべきである．機関自体のデータ収集能力と利用者の要求条件にもとづき，異なる機関が異なる水準で情報集約化を用いることができる．

この分類体系の目的が，類似した技能水準の仕事に関して類似の職務を行う勤労者を，別々の分類区分に分けることであることを，これらの注釈が明確に示している．大半の標準職業分類体系（SOC）の使用において，職業の呼称が勤務組織内での役職名とは異なることに気がつく．たとえば「プロダクション・アシスタント（production assistant）」は，テレビスタジオと製鉄所ではまったく異なる職務を行っているかもしれない．実際，職業分類を構築する際に一貫して見受けられる葛藤は，コーディング構造が労働環境（たとえば産業）をどの程度反映すべきか，そしてどの程度の技術が要求されるか，どのように職務が行われるかを判断することである．これは，コーディング構造の利用法がその特性を決めるべきであるという重要な例である．

北米産業分類体系（NAICS：North American Industry Classification System）

標準職業分類体系（SOC）と同様に，産業分類は伝統的に政府統計機関によって標準化されてきた．世界経済がグローバル化しているので，一貫した産業の定義の必要性は，さまざまな独立国家のマクロ経済構造の比較のために重要である．米国の統計に影響を及ぼす直近の改訂版が北米産業分類体系であり，これは1997年に発表された．これはカナダ，メキシコ，米国の共同制作で，これとは別の国連による取り組みの結果である国際標準産業分類（ISIC, Rev. 3）に相当するものである．

コード構造におけるあらゆる変更がそうであるように，測定される最新の概念と，そのときに利用可能なコード構造との間の不整合がこの改訂の動機となった．

1) 既存の分類は，多数の新業態の種類を見落としていたこと．つまり，米国経済を反映していなかったこと．
2) 北米自由貿易協定（NAFTA：North American Free Trade Agreement）を採用したことで，カナダ，メキシコ，米国にまたがって比較できる工業製品統計の必要性を明確に示したこと．

北米産業分類体系（NAICS）は1170種類の産業を含み，そのうち556種類はサービス部門に属する．分類体系は，5桁の水準で3ヵ国間の比較を可能とする6桁体系として設計されている．初めの2桁は最上位の集約水準を表しており，これを"セクター（sector）"とよぶ．表10.4に，この分類体系のグループ分けの正規の名称を示してある．6桁を考慮することにより，各国にとって，それぞれの国では重要な経済活動だが，3ヵ国すべてにおいては注目に値しない活動が分類できるので，結果としてこの体系の柔軟性が増す．

北米産業分類体系（NAICS）は，コード構造をどのように変えたのか？ 標準産業分類（SIC）は10大分類しか含まないが，北米産業分類体系（NAICS）ではそれを24大分類に拡張したことを，表10.3が示している．新しい大分類のいくつかは，標準産業分類（SIC）の大分類で見覚えのあるものを表すが，一方で，標準産業分類（SIC）のいくつかの区分は再分割された．その他の北米産業分類体系（NAICS）の大分類は，標準産業分類（SIC）の大分類のより下位にある集約部分を併合してある．もっとも大きな変更は，国内で徐々に分化の進んだ，経済サービス部門にかかわることである[*4]．

コード構造を変更しうる多数のさまざまな方法がある．この方法を選ぶためにどのような筋立てを選ぶことが必要であったか？ これに関連するあらゆることが，北米産業分類体系（NAICS）が現状の経済構造を考慮すべきであるとした目標に適応している．しかしここで，"経済の構造（structure of economy）"という用語は，いろいろな定義や説明を与えることができる．したがって，産業分類体系は，多少はこうした概念にもとづく可能性がある．ここで，2つの主要な方法を経済理論から導くことができる（経済的分類に関する政策委員会：Economic Classification Policy Committee, 1993）．す

表10.3 標準産業分類（SIC）の大分類と北米産業分類体系（NAICS）の大分類との比較*

SIC 大分類	NAICS コード	NAICS 大分類
農林水産漁業	11	農業・林業・漁業，狩猟業
鉱業	21	鉱業
建設業	23	建設業
製造業	31-33	製造業
公益事業，運輸・通信業	22	公益事業
	48-49	運輸・倉庫業
卸売業	42	卸売業
小売業	44-45	小売業
	72	宿泊・飲食業
金融，保険・不動産業	52	金融・保険業
	53	不動産，賃貸・リース業
サービス業	51	情報
	54	専門・技術サービス業
	56	管理・支援，廃棄物処理・浄化サービス業
	61	教育サービス業
	62	医療・社会支援福祉業

*SICでいう division と NAICS の sector は，どちらも原義は「部門，大分類」となり，訳し分けがむずかしいので，いずれも「大分類」とした．

表10.4 北米産業分類体系（NAICS）の構造と名称

2桁	セクター（大分類）
3桁	サブセクター（中分類）
4桁	産業グループ（小分類）
5桁	NAICS産業区分（細分類）
6桁	国内区分（国独自の設定産業区分）

なわち，需要側と供給側の分類体系である．需要側，あるいは商品指向の分類体系は，組織の生産高の利用にもとづいている．供給側，あるいは生産指向の分類は，同等あるいは非常に類似した生産機能をもつ事業所をひとまとめにする．生産指向のコード構造は，北米の統計機関が，生産性，単位労働賃金，生産の資本集約度を測定すること，投入産出の関係を構築すること，雇用産出の関係や投入と産出の同時利用を必要とするような他の統計量を推定すること，こういったことに役立つ統計量を提供することを意味している．

1930年代に開発された標準産業分類（SIC）は，首尾一貫した概念構造には，もとづいていない．したがって，いくつかの産業コードは需要にもとづき，一方では，それ以外のコードが製造にもとづいている（たとえば，糖類製品は，生産過程に違いがあるという理由で，3つの異なる SIC に分類されていた．一方，楽器のような，そ

の他の製品はさまざまな生産過程で製造するにもかかわらず，それらを1つの産業に併合する）．こうした首尾一貫した分類概念となっていないことが，なぜ他の方法ではなく1つの方法でデータをまとめるのかを説明することも困難にした．そして北米産業分類体系（NAICS）は，生産指向の経済的な概念にもとづいている．商品あるいはサービスを提供する同じ過程を用いる経済単位は一緒に括られる．

10.2.5 その他の一般的なコーディング体系

現実のさまざまな分野で重要とされる別の分類の枠組みが多々ある．いくつかのコーディング表は，医師の診断手引きや健康管理財政システムの管理や疫学統計のために，保健の分野で使われる．「疾病および関連保健問題の国際統計分類」（ICD：International Classification of Diseases）と「国際疾病・医療行為分類」（ICD-9-CM：ICD, Clinical Modification）は，死亡診断書による死因や医療記録（カルテ）に記載の報告をコード化し分類するために用いる．「精神障害の診断と統計の手引き」（DSM：Diagnostic and Statistical Manual for Mental Disorders）[*5]は，精神衛生面の諸症状を収集し，その反応を具体的な障害にコード化するような精神医学の疫学研究において用いられる．いくつかの健康調査では，こうしたコーディング表を健康状態の報告に利用している．

地理的実体に適したさまざまなコーディングや分類の枠組みもある．米国行政管理予算局は，10年ごとに，大都市圏で公的な地域群を特定し，これらの地域に対して人口統計学的データおよび経済データについて特別な集計を行っている．さらに，10年ごとのセンサス用に決められた，街区や明確な境界を設けた類似した単位にもとづく"トラクト（tract）"とよぶ地域単位がある．センサスごとに定めたとき，これらトラクトは2500〜8000人で構成され，しかも母集団特性，経済状況，生活条件に関して等質となるように設計されている．トラクトの中には，街区群と個別街区があり，いずれもトラクト内の分類である．多くの世帯調査では，センサス・データを街区群とトラクトに照合させることで，世帯や個人行動に及ぼす文脈的な影響の分析が可能となる．これはしばしば街区群の段階とトラクトの段階の両者，またはいずれか一方を扱う住居単位住所のコーディングを必要とする．

最後に，いくつかの調査では（たとえば，世帯調査，農業調査），全地球測位システム（GPS：global positioning system）[*6]技術を使って位置の特定と今後のデータ捕捉を容易にすることの両方の目的で，標本要素に印を付ける．この全地球測位システム（GPS）は，標本観測値と空間的に識別された他のデータとを結びつけることができる，1対の地理的座標を提供する（たとえば，リモートセンシング画像，水資源，土地利用データ）．

これらの最後の例は，ある特性を共有している．つまり，ある変数の分類区分は，ある調査記録と他のデータ情報資源との結合を可能にし，その調査の有用性を高めるために，さまざまな方法で併合や分割が行われる．

10.2.6 コーディングにおける品質指標

コーディング段階で処理誤差が生じることがある．その理由として，コーディング構造が十分に概念化されていないことと，その実行手段が均一になされていないこと，この両者あるいはいずれか一方があるからである．ここでは，2種類の品質への影響について議論する．すなわち，(a) コーディング構造の不十分さと，(b) コーダーによる変動である．

コーディング構造の不十分さ

あるコード分類区分が，分析者の目的に対して不等価な2つの回答を結びつけるとき，一貫した系統的な誤差が発生する場合がある．たとえば，大学の学位取得が及ぼす給料への影響は，高等学校卒業資格の取得あるいは一般教育修了検定（G.E.D.）[*7]の取得の影響と，どのくらい異なるかを測定することに関心のある分析者を想定してみよう．一般教育修了検定とは，高校で学ぶさまざまな課題にかかわる知識を測定する試験に合格した個人に与えられる資格である．しかし，一般教育修了検定の資格取得者は，（全履修課程に登録したとしても）高校での成績がよくなかったかもしれないので，こういう人たちは高校卒業生が通常備える知識と同程度の知識がないかもしれず，よって求人市場では同じように扱われないかもしれない．もしただ1つのコード分類区分を，高校卒業証書の保有者の回答と一般教育修了検定の資格保有者の回答とを含めるように用いると，大卒者との給与の違いは，高卒資格と一般教育修了検定資格者とを分けたコーディング構造を用いたときよりも大きくなるであろう．

コーダーによる変動

調査方法論において，コーディングの品質に向けられる関心の大半は，コーダー間のコーディング判定時の変動によって増幅された，調査推定値の変動を吟味することにある．ここで9.3節を再吟味することは価値があるだろう．この節には調査員変動の議論がある．調査員変動を実証する論理と同様に，その多くはコーダーの変動にも当てはまる．"**コーダーによる変動**（coder variance）" とは，コーダーによってコード構造がそれぞれ異なった様式で使われることから生ずる，調査統計量のもつ全分散の1構成要素である．こうした見方は，同一のコード構造の使い方がコーダーによって異なるということである．つまり，ある定められたコード分類区分を利用するコーダーのくせ，ある回答の言葉を所与のコード分類区分の手がかりとするコーダーの解釈，その他のコード（たとえば，「他のどれでもない」，「その他」）を使うといった彼らのくせである．こうした変動成分の大きさはたいていの場合は，全標本の無作為副標本をコーダーに割り当てる設計にもとづいて，調査員変動の研究で用いたものと同種の級間相関により測定される．

表10.5は，イギリスで行われたコーダーによる変動の研究結果を示しており，ここでは平均で約0.001のコーダー効果の測定となる級内相関 ρ 値である．これらは

表10.5 職業コーディングにおけるコーダーの変動の統計量

コード分類区分	級内相関, ρ_c	信頼性推定値	コーダーによる設計効果
管理職	0.0005	0.881	1.02
専門職	−0.0019	0.859	0.91
専門補助・技術職	0.0018	0.836	1.11
事務職	0.0034	0.935	1.09
職人	0.0001	0.929	1.00
個人向けサービス,保安サービス	0.0025	0.950	1.04
営業・顧客サービス	−0.0008	0.888	0.97
工場・機械オペレーション	0.0000	0.904	1.00
その他の職業	0.0031	0.943	1.06

(カンパネリ,トムソン,ステープル:Campanelli, Thomson, Moon and Staples, 1997)
ここで調査設計効果は322ケースの作業量を仮定している.

9.3節で示した調査員効果よりも小さいが,調査統計量の分散に及ぼす影響があることをおぼえておく必要がある.調査員変動のように,こうした小さいρ値が以下の式により統計量の分散に影響する.

$$Deff = 1 + \rho_c(m-1)(1-r) \tag{10.1}$$

ここで,ρ_cはコーダーの級内相関で,mは各コーダーがコーディングした調査対象の平均数,rはある特定のコードの信頼性を表す.

実際には,多くの場合にコーダーの作業量は,調査員の作業量よりはるかに大きい.たとえば,表10.5の研究では,平均して,コーダーはそれぞれ322の調査対象をコーディングした.コード構造を使用したときのコーダーの変動により,調査設計効果の平均が1+0.001(322−1)(1−0.903)=1.03となり,これはまた,分類区分の1つに当てはまる割合に関する分散の膨張率が3%であることを示している.

コーダーの達成能力にみられる変動を減らそうとした研究はほとんどないが,訓練はその削減の1つの鍵となるであろう.カンターとエスポージト(Cantor and Esposito, 1992)は,上記でみた産業および職業コーディングを実施する調査員に関する質的研究において,コーディングの品質を改善するさまざまな提案を進展させた.

1) できるかぎり回答の選別を控えるように調査員を訓練する.
2) 職業名を得ることの重要性について調査員を訓練する.
3) 複数の作業を記載する場合に用いるプロービングを調査員に提供する.
4) 調査員をコーダーとして訓練する.
5) 調査員に,プロービングに役立つように参考資料を用意する.

10.2.7 コーディングに関する要約

コーディングの処理を要約すると,データ収集時のコンピュータ支援の利用が増加したことで生じた予想外の結果として,テキスト情報の数値データへのコーディング

利用が減少したということである．コーディング構造は，調査質問に対する回答の解釈に適した概念的な枠組みを，暗黙的に，あるいは明示的に反映している．分析者にとって有用であるためには，特定の統計的目的にとって特徴的であることが予想されるような回答を，コード構造は分離すべきである．それゆえ，場合によっては，1つの質問について異なるコード構造が用いられ，複数の分析的変数を作ることがある．

ある与えられたコード構造を適用する際の変動のために，コーダーが調査推定値の不安定性を増加させる場合がある．これらの影響は，よく訓練されたコーダーでは，調査員と比べて少なく見える．しかしながら，一般にコーダーの作業量は調査員の作業量よりもはるかに大きいので，標準誤差の大きな増加は，ときにはコーダーに起因することもある．

10.3　数値データのファイルへの入力

"データ取得・入力（data capture）"[*8]という用語は，数値データを電子ファイルに入力する過程を説明するためにしばしば用いられる．実際に，電子データ取得の性質は，データ収集方式に強く依存する．たいていのコンピュータ支援の調査では，調査員あるいは回答者のいずれかがこの段階を行う．タッチトーン式データ入力および音声認識による調査においては，回答者が，電子ファイルに直接データを入力する．質問紙型調査票に関しては，データ入力係が，数字を1つずつ入力するようなデータ入力処理，マーク-文字認識，そして光学式文字認識によって，データ入力を行うことができる．

データ入力オペレーターを用いることは，費用のかかる調査設計特性となる．また，しだいに調査は，こうした人件費を逃れるために，なんらかのかたちでコンピューター支援を利用しようとしている．人手によるデータ入力作業の共通の特徴は，100%の再入力および入力の検証である．この形式を用いると，誤入力率がかなり低いという多くの証拠がある．1990年に実施された10年に一度の米国センサスでは，誤りがフィールド[*9]の0.6%で見つかった（米国国勢調査局：US Bureau of the Census, 1993）．米国国勢調査局による「所得および社会保障受給調査」（SIPP：Survey of Income and Program Participation）では，誤りはフィールドの0.1%で見つかった（ジャビン，キング，ペトローニ：Jabine, King and Petroni, 1990）．したがって，入力作業をきわめてうまく遂行することができるが，これには経費がかさむので，コンピュータによるデータ収集方式を採用し，なるべく調査現場段階の後の，人手によるデータ入力を省くことをサーベイ・リサーチャーに推奨している．

10.4 エディティング

　エディティングとは，統計分析に先立って行う収集データの検査および変更のことである．この検査とは，オフィスにいる調査員，監督者，係員の専門家によって，あるいはコンピュータ・ソフトウェアによって，記入済みの質問紙調査票の吟味を行うことである．このエディティングは，1回あるいは1組の測定によるデータの審査を必要とすることもある．エディティングの目標は，データが本来の測定設計の中で意図したような特性を備えていることを検証することである．

　"エディティング（editing）"という用語は，一般にデータの品質を改善するために，調査員あるいは回答者が記録したデータの変更を考慮することである．エディティングという用語のいくつかの用途として，コーディングおよび補定，つまりデータが欠測となったフィールド（項目欄）の中に，ある数値を置換することも含んでいる．

　エディティングはさまざまな種類の検査を通じて遂行される．もっとも頻繁に行われる検査として以下がある．

1) **範囲のエディット**（range edit）（例：記録された年齢は，1ヵ月と120年の間にあるべきである）
2) **比率のエディット**（ratio edit）（例：農場で生産の牛乳の量（ガロン）と雌牛の頭数の比率は，ある数値 x と y との間にあるべきである）
3) **過去データとの比較**（例：第2期目の聴取において，世帯員の数は第1期目との差が2人以内にあるべきである）
4) **バランスのエディット**（balance edit）（例：自宅，職場，その他の場所ですごす時間の割合は，加えると100.0となるべきである）
5) データセットの中で，最高値と最低値の値の検査，あるいは疑わしい外れ値の検出
6) **整合性のエディット**（consistency edit）（例：記録された年齢が12歳未満であるとき，配偶者関係は「未婚」と記録されるべきである）

　コンピュータによる面接用ソフトウェアでは，こうしたエディットの大半をデータ収集自体の一部に組み入れることを可能にしたことを，図10.2が示している．こうしたことは，回答者に対して問題をはっきりさせるよう求める，そして理想的にはどのような問題でも解決するよう求めるという魅力がある．しかし，ベツレヘム（Bethlehem, 1998）が注意しているように，こうした誤りをはっきりさせるために必要なやりとりは，ときとして複雑である（たとえば，不一致が一度に多数の変数を含んでいるような場合）．さらに，エディットの失敗を解決する必要がある場合には，聴取時間が伸びて，未完了に終わる危険にさらされる．あらゆるエディットが，都合よくコンピュータ支援アプリケーション（CAIアプリケーション）に組み込めるとは限ら

10.4 エディティング

ない（たとえば，そのエディットが調査回答と大規模外部データベースを比較する場合）．結局は，回答者がそのエディット・チェックに反する回答パターンに固執した場合，かりにそのリサーチャーの論法に従い指示されると，聴取全体が回答者の本当の状態を反映できないかもしれない．したがって，従う必要のあるエディットのための"厳しい検査（hard checks，ハード・チェック）"と，ありそうにない回答パターンについて調査員に警告は出すが，警告後も調査員に保留を許す"柔軟な検査（soft checks，ソフト・チェック）"という区別を，コンピュータ支援の利用者たちは生み出した．

ある調査で用いるエディティングの総量は，どれくらいの量の（論理一貫性のある構造をもつ）正確なデータが集められるか，標本はその調査に関する豊富な情報を備えた標本抽出枠を用いて抽出されたのか，そしてまた，その調査事例についての縦断的データ（longtitudinal data）が存在するかどうかに応じて決まる．そのようなことで，企業から経済データを縦断的に集める事業所調査では，通常は膨大なエディティングを活用する．1つの実例として，1990年頃に行われた95の連邦政府調査についての研究では，その大半でそれらの総予算の20%以上をデータのエディティングに費やし，またこれらの大部分が事業所調査であることがわかった．大方の調査では，なんらかの種類の自動エディティングあるいは机上エディティングの後に，専門家がデータを再吟味していた．

エディティングは，整理が十分でないと，結果としてほとんど際限のないデータ変更となることがあり，実際にデータの品質が低下する恐れがある．たとえば，記録にある年齢と教育についての検査が，「14歳」と報告した回答者が「博士号を取得している」と報告したことを見つけたと想定しよう．これはほとんどありそうもないように思えるので，データ記録において，なんらかの変更がありそうに見える．年齢と職業との間の検査では，報告にある14歳が労働力人口の中にはないことを示している．年齢の検査と世帯主との関係では，報告にある14歳が世帯主の「息子」として一覧に記載されていることを示している．こうした多数の証拠が，14歳の男性であり，息子であることが測定されたということであるならば，教育という変数が原因となりうるように見える．ある変更が，教育に対してなされる（つまりそれを欠測データと決めるか，あるいは両親と一緒に住む14歳の男性に適したある値を補定するか，である）．「これまでにあなたが執筆した何かが出版されたことがありますか？」という別の変数を検査するまでは何も問題はないように見える．ここで記録にあった回答は「ある．博士号学位論文である」である．すると教育という変数は正確であったかのように見える．かりにそうであるならば，間違っているのは年齢という変数なのだろうか．非常にまれにしか起こらない14歳の博士号取得者に，その記録を当てはめることは可能なのか．こうした決定を手引きする規則体系がないことには，自分自身を含めた誰もが，数週間後に再現可能な解決法をくり返すことができなくなる可能性が十分にある．

重要な貢献だが，フェレギとホルト (Fellegi and Holt, 1976) は，エディティングと補定を統合し，1組のエディット規則を前提に再現可能な，ある一定の処理段階を有するようなエディティング・システムを考案した．この技法は以下の3つの成立条件からはじまる．

1) エディティングは，データに適用したエディット・チェックをすべて合格するために必要な最小件数のデータ・フィールドを変更するべきである．
2) エディティングによる変更は，可能な場合はいつでも，データの周辺度数と同時度数を保持するよう努めるべきである．
3) 補定規則は，エディティング規則から推論できなくてはならない．

いかなるエディットも，その本来の形式は何であれ"特定のコード値の組み合わせは許容できない"という形式の，一連の記述文に分割することができる．たとえば，次のようなある2変数のデータ記録を想定しよう．

年齢（近時点の誕生日における満年齢）

婚姻区分は以下．
  1) 未　婚（Never married）
  2) 既　婚（Currently married）
  3) 離　別（Divorced）
  4) 死　別（Widowed）
  5) 別　居（Separated）

1つの妥当なエディット規則は，かりに回答者が12歳未満ならば，回答者は「未婚」と報告しなくてはならない，である．しかし，これは同時に，「12歳未満」の回答と他の婚姻区分の組み合わせが，エディットの失敗 (edit failure, エディットにパスしないもの) となったことを意味する．これは以下の式によって表わされる．

$$(年齢 < 12歳 \ かつ \ 婚姻区分 = 既婚) = 失敗 \qquad (10.2)$$

あるいはこれは以下のように分割できる．

$$\begin{aligned}(年齢 < 12歳) \cap (婚姻区分=既婚) &= 失敗 \\ (年齢 < 12歳) \cap (婚姻区分=離別) &= 失敗 \\ (年齢 < 12歳) \cap (婚姻区分=死別) &= 失敗 \\ (年齢 < 12歳) \cap (婚姻区分=別居) &= 失敗\end{aligned} \qquad (10.3)$$

他のエディット規則を必然的に含むエディット規則に関するこの概念は，多数の変数のエディットとして一般化することができる．"暗黙のエディット (implied edits)"は，"明示的エディット (explicit edits)"から導くことができる．"明示的エディット"とは，データが各調査記録内で適合せねばならない規則であり，リサーチャーがエデ

ィティング時点で同定する．"**暗黙のエディット**（implied edits）"とは，ある前提とした従うべき明示的エディット規則から，論理的に推論される類似の規則のことである．たとえば，回答者が有権者として登録されているかどうか，そして，回答者は投票したのかどうかに関する，年齢付きのデータ記録を仮定しよう．ここで次の2つのエディットがある．

$$(年齢 <18歳) \cap (有権者 = はい) = 失敗$$
$$(有権者 = いいえ) \cap (投票した = はい) = 失敗 \tag{10.4}$$

これは，これとは別の次のエディット・チェック

$$(年齢 <18歳) \cap (投票した = はい) = 失敗 \tag{10.5}$$

を意味する．

フェレギ-ホルトの方法は，あるデータ記録について，エディットの失敗の件数がもっとも多いデータ・フィールドを同定することによって機能している．こうしたエディットの失敗は，加えられた変更でエディットに合格するという方法で補正される．この手順は，これらの変更がいったん設定されると，その記録は，すべての明示的エディットと暗黙のエディットに合格するように設計されている．エディットの失敗の頻度によってエディット・チェック過程を順序化することで，こうした特性は実現する．このフェレギ-ホルト方式を実装するために，おもに政府統計機関においてエディティング用のソフトウェア・システムが開発されてきた．

エディティングの要約

エディティング・システムの望ましい特性について，いくつかの合意がある．これには以下のようなことがあげられる．すなわち，測定される概念に関連した明示的規則を用いること，その結果を再現する能力があること，規則にもとづいたコンピュータ支援によるエディットに切り替えて経費を節減すること，調査票に記録されたデータへの歪みを最小限に抑えること，エディティングと補定を組み合わせることが望ましいこと，さらに，すべてが終了したときに，すべての記録があらゆるエディティング・チェックに合格するという基準があること，以上が含まれる．エディティングの将来像は，過去とは似ていないだろう．つまり，コンピュータ支援は調査過程の初期の段階に移行し，調査における他の段階と一体化するにつれて，エディティング・システムは変化するであろう．そしてデータ収集後のエディティングは，おそらくは減少する．またソフトウェア・システムは，その方面の専門家の知識をますます取り入れるようになるだろう．

10.5 重みづけ

データ収集後の処理過程で，コンピュータ支援のデータ収集への大規模な進展に影響されていない別の段階がある．それは，統計的計算の中で用いる記録の重み[*10]を構築することである．

複雑な標本設計を用いる調査はまた，不等抽出確率や重要な部分集団にわたって回答率の変動をともない，さらに，母集団について外部情報源からわかっている主要な変数の分布から逸脱していることが多い．複雑な標本調査内では，こうした特徴のそれぞれを補正するための重みを作ることが一般的である．

重みは，多様な状況にある調査標本抽出の中で生じる．ここでの議論の目的は，複雑な調査で多用する調整の種類を説明することだけにある．ここで紹介する以外の重みづけの手順もある．本節の目的は，詳細な説明ではなく，実例解説である (カルトン：Kalton, 1981；ベツレヘム：Bethlehem, 2003)．

ここでは，複雑な調査で普及している4つの異なる種類の重みづけを説明しよう．

1) 第一段比率調整としての重みづけ
2) 違いのある抽出確率に対する重みづけ
3) 全項目無回答つまり調査不能の調整を行うための重みづけ
4) 抽出分散の低減（さらにアンダーカバレッジと調査不能）のための事後層化による重みづけ

10.5.1 第一段比率調整を使う重みづけ

「全国犯罪被害調査」(NCVS)，「全国学力達成度調査」(NAEP)，「薬物使用と健康に関する全国調査」(NSDUH) の各調査のように，層別多段標本設計では，1次抽出単位 (PSU) はある大きさの基準に比例する確率を用いて標本抽出する．その基準とは，標本抽出枠において利用可能であって，しかも通常は目標母集団の大きさの推定値となる，あるいは目標母集団の大きさのなんらかの代替指標となるものである．

等確率抽出法 (epsem) による設計では，各層内で選ばれた単位の最終総数は，その層内の目標母集団の大きさに比例する．たとえば，「全国犯罪被害調査」の場合は，世帯母集団の0.5%からなる郡の層を仮定する．1次抽出単位（ここでは郡）と2次抽出単位の多段エリア確率標本は，これらの単位にもとづく人口数を用いて行われる．ここで1つの郡がその層内で選ばれる．1つの選出された1次抽出単位にもとづくその層内の母集団の大きさの単純な推定値は，以下のようになる．

$$\text{推定した層の総人口} = \frac{\text{抽出した1次抽出単位 (PSU) 内の総人口}}{\text{1次抽出単位 (PSU) の抽出確率}} \quad (10.6)$$

より小さい抽出分散となる推定値は，次の式にある第一段比率調整を行った総計で

ある.

$$W_{f1} = 第一段比率調整の重み = \frac{抽出枠から得た層内総人口}{\left(\frac{抽出した1次抽出単位(PSU)内の人口}{1次抽出単位(PSU)の抽出確率}\right)} \quad (10.7)$$

これにより,抽出した1次抽出単位(PSU)内のすべての個体に重みづけを行う.

以上が満たされることは,層内でそれぞれ異なる1次抽出単位(PSU)の抽出全体について推定値を安定なものとしている.その結果,重みづけを行った総計は,標本設計の実現値に対して一致している(コクラン:Cochran, 1977).

このように選んだ1次抽出単位(PSU)内にあるすべての回答者の個体に対して,**第一段比率補正加重**(first-stage ratio adjustment weight)に等しい値をもつ新しい変数が作成される.いまこれを W_{f1} と名づける.ここで,添字「1」はこれが1組の係数のうちの1番目の重みづけ係数であることを示す.またこの重みが,標本データではなく,枠母集団にもとづくことを注意するために大文字を用いる.結局,10.5.4項において,通常の重みづけ係数の各々を最終的に表して,これらすべての係数を1つの最終的な重みとして合成するが,それは個々の重みづけ係数の積である.

10.5.2 違いのある抽出確率に対する重みづけ

12歳以上の人の中から,12万5000人の標本が「全国犯罪被害調査」(NCVS)用に選ばれると仮定し,また,米国の人口2億8500万人のうちの1億9950万人,すなわち,70%が12歳以上であると仮定しよう.このとき,調査全体では,$f = 125000/199500000 = 1/1596$ の標本抽出率を必要とする.

ラテンアメリカ系住民が増加しつつあること,そしてラテンアメリカ系住民と非ラテンアメリカ系住民の母集団とでは,犯罪被害に差があることは,「全国犯罪被害調査」(NCVS)において,12万5000人の全標本の下でラテンアメリカ系住民の数が十分であるか否かという問題を提起する.12歳以上の8人に1人がラテンアメリカ系住民,すなわち,総人口にしておよそ2500万であると仮定しよう.ここでもし epsem 標本(等確率抽出法による標本)を抽出したとすると,その標本には15625人のラテンアメリカ系住民と,109375人の非ラテンアメリカ系住民が含まれる.つまり,比例割当では,標本中の8人に1人が同様にラテンアメリカ系住民となる.

標本結果は,1つのグループが過度の代表性となることを補正するための重みを必要とせず,ラテンアメリカ系,非ラテンアメリカ系住民の両母集団にまたがって結合することができる.

標本内のラテンアメリカ系住民の数を大幅に増やす,つまり,標本の2分の1の62500人のラテンアメリカ系住民となるように意図的に設定した場合を,この設計と対比させてみよう.125000人の標本全体の大きさを保持するためには,これに対応させて非ラテンアメリカ系住民の数を減らす必要がある.かりに比例割当よりもはるかに高い精度で,ラテンアメリカ系住民の母集団の犯罪統計量を推定したいという強

い要望があった場合，こうした標本の割当は魅力的であろう．

このような標本の大きさの配分を満たすためには，ラテンアメリカ系住民の標本抽出率を，比例割当設計の場合の「1596 人に 1 人」から，「399 人に 1 人」へと劇的に増やさねばならない．さらに，非ラテンアメリカ系住民の標本抽出率は，2793 人に 1 人までに落とさなければならない．標本はラテンアメリカ系住民および非ラテンアメリカ系住民とで同人数の対象者，すなわち，それぞれについて 62500 人となる．

この調査で行われた研究が，ラテンアメリカ系と非ラテンアメリカ系住民を対比するあるいは比較する，または，この 2 グループについて推定値を別々に算出するかぎりでは，これら 2 グループ間の標本抽出率の差は，統計的には問題がない．しかしながら，グループにまたがって一律にデータを結合する必要がある場合には，問題がある．民族性を無視して全国推定値を求めることから，あるいは，ラテンアメリカ系住民でも，非ラテンアメリカ系住民でも，たとえば女性，といった標本を提供するデータ，いわゆる「交差階級（cross class）」にもとづくデータを必要とすることから，グループをまたがって一律に結合する必要性が生ずるかもしれない．

民族性を無視して全母集団に対する推定値を得るため，これらのグループを全体にわたり結合する場合，標本内のラテンアメリカ系住民がかなり過度の代表性となることを補正するために，何かを行う必要がある．個々の値に適用される重みづけ分析の重みは，こうした調整を実現する 1 つの方法である．個々の段階の重みが適用可能な場合は，次のように加重平均つまり重みづけ調整済みの平均値を求めることができたことを思い出そう．

$$\bar{y}_w = \frac{\sum_{i=1}^{n} w_{i2} y_i}{\sum_{i=1}^{n} w_{i2}} \tag{10.8}$$

4.5 節で層別標本抽出について議論したように，各個体の"**抽出の重み**（selection weight）"として抽出確率の逆数を使用することができる（確かに，4 章の (4.29) 式と同じ式である．しかし，第一段比率調整の後に，抽出の重みが 2 番目の重みづけ要素とみなされることを示すために，単なる w_i ではなく w_{i2} を使用している）．標本中のラテンアメリカ系住民は，それぞれ 399 の重みを割り当てられる．しかし，非ラテンアメリカ系住民については，それぞれ 2793 の重みが使用される．

加重平均 $\bar{y}_w$ の式には，重み（w_{i2}）が分子と分母に現れる．そのとき，代数的な視点からは，重みは一定の割合で拡大あるいは縮小したとしても，推定値の値は変わらないだろう．つまり，その平均値にとって重要なことは，重みの値ではなくて，それらの相対的な値である．したがって，399 と 2793 の重みは，さらにおぼえやすい検査済みの数字の集まりに容易に変換できる．たとえば，2793/399=7 なので，すべてのラテンアメリカ系住民に 1 を，非ラテンアメリカ系住民に 7 の重みを割り当てることができる．

これは 2 グループ間の大きな重みの違いである．データをグループ全体にまたがって結合する場合，この重みづけは，ラテンアメリカ系住民に対する変数の値の寄与が，非ラテンアメリカ系住民の寄与の 7 分の 1 に減少する．こうした調整により，標本個体が母集団全体に対する推定値に正しい割合で寄与することが可能になる．

この調査データセットでは，ラテンアメリカ系住民の対象者には，それぞれ 1 (あるいは 399) の重みが与えられる．しかし，非ラテンアメリカ系住民には，それぞれ 7 (あるいは 2793) の重みが与えられる．推定値を層全体にまたがって結合する場合，これらの重みが適切に補正を行う．結合がなく別々の推定値を各層に対して算出する場合もまた，これらの重みを用いることができる．このとき同一層内のすべての人に対して同一の値であるから，比較時にこれらの重みが影響を及ぼすことはない．

10.5.3 調査不能の調整を行うための重みづけ

「全国犯罪被害調査」(NCVS) のような調査では，無回答が起こりやすい．母集団のすべての層にわたって同じ無回答率ではない．NCVS では，12～44 歳の比較的若い人が 80% の割合で回答し，それより年齢層の高い 45 歳以上の人が 88% の割合で答える，と仮定しよう．結果として得られる標本は，計画標本中の 125000 人のうちの 105000 人の回答者からなり，表 10.6 に示したような分布となる．

表 10.6 に示した分布は，標本内のすべての人の年齢あるいは少なくとも年齢層が，回答者および無回答者も含めて既知である，と仮定する．これは，ここで述べるこの種の無回答調整の重要な制約条件である．実際に，無回答調整の層は，すべての標本対象者に対して，既知である変数から作れるものに制限されるべきである．つまり，無回答調整の層は，調査で収集され回答者についてのみ入手可能な変数を用いることができない．

当初の計画標本では，45 歳以上と同数の 12～44 歳の人がいる．しかしながら，回答者の中には，45 歳以上の人がそれより大きな割合で含まれる．したがって，無回答発生の仕組みは，回答者のうち「45 歳以上」の層が (「12～44 歳」の層に比べ) 過

表 10.6 無回答調整のあるラテンアメリカ系住民に対する仮説的に等比率割当とした例

	母集団の大きさ	標本の大きさ	回答者数	回答比率	無回答補正重み w_{i3}	無回答調整済み重み
ラテン系アメリカ系住民	24,937,500	62,500	52,500	0.84		
12～44 歳		31,250	25,000	0.80	1.25	1.25
45 歳以上		31,250	27,500	0.88	1.14	1.14
非ラテン系アメリカ系住民	174,562,500	62,500	52,500	0.84		
12～44 歳		31,250	25,000	0.80	1.25	8.75
45 歳以上		31,250	27,500	0.88	1.14	7.95*
総　　計	199,500,000	125,000	105,000			

*訳注：原著では 7.98 だが，正確には 7.95 になる．

度な代表性をもつという結果になっている．

　この過度の代表性を補正するために，すでに不等抽出確率について論じたことと同種の重みづけ調整となるような前提が**無回答重み**（nonresponse weight）にある．部分集団内では（この場合，年齢層内では），回答者が標本対象者全体からの無作為標本であると仮定してもかまわない場合，その層内の回答率は標本抽出率に相当する．こうした仮定を"ランダムな欠測（missing at random）"といい，多くの無回答を調整する重みの根拠となっている．このように，回答者分布を本来の標本分布に戻すための重みとして，回答率の逆数を用いることができる．よって表 10.6 では，無回答調整の重みは，比較的若い若年層と，それより高齢の中高年層について，それぞれ 1.25 と 1.14 となる[*11]．

　その次に，これらの調整重みを，不等抽出確率に対して調整した基本の重み（basic weight）とともに用いる[*12]．ラテンアメリカ系住民に対する基本の重みは 1.0 である．また，非ラテンアメリカ系住民については，それは 7.0 である．無回答調整済みの重みは，（$W_{i1} \cdot w_{i2}$ からなる）基本重みと，無回答調整の重み（w_{i3}）との積として得られる．これは表 10.6 の最後の欄に示してある．

　無回答調整済みの重みを 105000 人の回答者すべてについて合計すれば，重みの合計は 2 つの年齢層の間で等しくなる．換言すると，各年齢層内の同人数の標本分布が，重みづけ調整済み分布によって元に戻されたことになる．

10.5.4　事後層化による重みづけ

　多くの調査に適用される最後の重みづけの手順は，"**事後層化による重みづけ**（poststratification weight）"である．たとえば，無回答調整の後，重みを男女別に合計し，また各性別の重みの合計が同じであると仮定しよう．しかしながら，外部情報源から，実際には母集団内では女性が男性よりわずかに多くいることがわかっていて，この割合は，52% 対 48% であるとする．"事後層化"とは，標本の合計が目標母集団にもとづくなんらかの外部合計（外部情報源から得た合計）に等しくなることを保証するために個体の重みを用いる．表向きの理由だけでなく統計的な有効性の点からも，各性別の重みの和が，この外部から得た分布に従うのであれば有用である．このことは無回答調整済みの重みに，さらに調整を行うことで実現できる．

　とくに男性の重みを圧縮する必要があり，そして女性の重みを膨らませる必要がある．（0.48/0.50）＝0.96 により男性の個々の回答者の重みを縮めて，（0.52/0.50）＝1.04 により女性の個々の回答者の重みを膨らませれば，外部情報源から得た母集団の性別分布に合わせて，重みづけ調整を行った標本から復元される．表 10.7 の最後から 2 番目の欄には，それが第 4 の重みづけ係数であるとして，この事後層化による重みを W_{i4} で表すことにする．なおここで，重みが，標本情報ではなく完全に目標母集団の情報にもとづいているということを示すために，大文字を用いている．

10.5 重みづけ

表 10.7 仮説的に作った NCVS 標本に対する重みづけ調整済み標本分布と事後層化の関係

	回答者数 (n_i)	無回答調整済み重みの和 ($n_i \times w_{i3}$)	重みづけ調整済み標本分布	母集団分布	事後層化の重み (W_{i4})	最終的な重み ($W_{i1} \cdot w_{i2} \cdot w_{i3} \cdot W_{i4}$)
男性	52,500	250,000	0.5	0.48		
12〜44 歳	25,000	125,000				
ラテン系アメリカ系住民	12,500	15,625			0.96	1.20
非ラテンアメリカ系住民	12,500	109,375			0.96	8.40
45 歳以上	27,500	125,000				
ラテンアメリカ系住民	13,750	15,625			0.96	1.09
非ラテンアメリカ系住民	13,750	109,375			0.96	7.63*
女性	52,500	250,000	0.5	0.52		
12〜44 歳	25,000	125,000				
ラテンアメリカ系住民	12,500	15,625			1.04	1.3
非ラテンアメリカ系住民	12,500	109,375			1.04	9.1
45 歳以上	27,500	125,000				
ラテンアメリカ系住民	13,750	15,625			1.04	1.18
非ラテンアメリカ系住民	13,750	109,375			1.04	8.27
総　　　計	105,000		105,000			

*訳注：原著では 7.64 とあるが，正確には 7.63 となる．

10.5.5　すべての重みの統合

結局は，第一段比例調整（W_{i1}），不等抽出確率の調整（w_{i2}），無回答調整（w_{i3}）および事後層化（W_{i4}）を一体とした最終的な重みを得るために，4 つの重みすべての最終的な積（$W_{i1} \cdot w_{i2} \cdot w_{i3} \cdot W_{i4}$）を 8 つの階級それぞれに割り当てる．つまり，12〜44 歳の男性でラテン系，45 歳以上の男性でラテン系，などとなる．最終的な重みは，表 10.7 の最後の欄に，8 階級のそれぞれに対して示してある．たとえば，12500 人のラテンアメリカ系住民の 12〜44 歳の男性すべてに対して，1.20 の最終的な重みが与えられる．

この最終的に得た重みは，4 つの異なる重みを組み合わせているが，データの分析時に使用できるように，1 つの変数として各回答者のデータ記録上に記載すべきである．データセットによっては，これら重みの積と同様に，個々の成分の重みを別の変数として提供してくれるだろう．

重みをどのような分析に用いるべきか，あるいは一部の分析にだけに用いるべきかについて，ある 1 つの疑問が調査データ分析の際に生じる．重みを用いた値と重みを用いない値とが，事実上識別不能となる多数の調査推定値がありうるので，この疑問が生じる．もしもそうであれば，とくに重みが分散の増加をもたらす，つまり，より精度の低い結果をもたらすとことがあるようなとき，なぜ重みによって面倒にするのだろうか．

重みを必要としない分析実例がある．たとえば，表 10.7 に示した小さな例では，

> **コラム 27 ●調査不能に対して調整を行う傾向スコア・モデルによる重みづけに関するエークホルムとラークソネンの研究**(Ekholm and Laaksonen, 1991)
>
> 　エークホルムとラークソネン（1991）は，回答者記録に重みづけを行い，調査不能の補正を行うのに回答傾向スコアの期待値を用いている．
>
> 　**研究計画**　　フィンランドの家計調査は，住民登録簿を使用した個人の層別無作為抽出標本である[*13]．この調査では，さまざまな商品・サービスについて，1世帯あたりの総消費と平均消費を推定する．回答率は全体で70％である．この研究者たちは，世帯構成，都市化度，地域および財産所得にもとづいた4要因モデルを用いて，1人の回答者の尤度を予測するロジスティックス回帰で推定し，それと同時に128のクロス分類表のセルを作る．モデルにうまく適合しないセルをまとめた後で，125のセルにつき別々に平均傾向スコアを推定する．この研究者たちは，重みづけのために，これを35の事後層化を用いた場合と比較している．
>
> 　**研究の成果**　　推定で得た回答確率（つまり傾向スコア）は，約0.40～0.90に分布している．ここで最低は首都圏に住む財産所得のない高齢単身世帯であり，最高は中心地域に住み，財産所得のある若年の2人世帯である．国内のすべての個人の推定量に傾向スコアによる重みづけ推定量を用いることは，事後層化による推定量よりも個々のデータにうまく一致する．低い傾向スコアをとる世帯はより貧しく，より消費が少ないので，傾向スコア・モデルを使って重みが加えられたとき，1世帯あたりの平均消費はさらに低くなる．
>
> 　**研究の限界**　　傾向スコアによる重みづけを前提とする推定値の外部検証がなかった．この例の他に実施できたかもしれない別の代替傾向スコア・モデルについての記述はなかった．
>
> 　**研究の影響力**　　この研究は，各回答者に対する回答確率（傾向スコア）を推定する多変量ロジスティック回帰モデルが，調査不能を補正する際に役立つことを実証している．

　最終的に得た8つの重みづけの層の2階級を比較したいとき，ある層内にあるすべての個体に対する重みが同じであれば，重みを必要としない．

　層別標本抽出に関しては，重みづけを行う層にまたがって調査対象を結合して結果を得るときに，この問題が発生する．たとえ特定の変数について，重みづけを用いたときと重みづけを用いないときとの推定値間に違いがないとしても，他の推定値についても同じように違いがないとは保証できない．この"違いはない（no difference）"という条件は，別々の推定値を必要とする標本の下位の層（部分集団）に対して予測することは，とくに難しいのである．

　分析者は，分析によっては重みを使い，他の分析では使わないこともありうる．このようなとき，説明や解釈が難しい分析間の矛盾が生じることもある．

　調査統計学者は，日常的に調査データセットのあらゆる分析の中で重みを使用する．母集団とその部分集団についての記述的な統計量は，不等抽出確率や無回答といった設計上の特徴を考慮して，推定される．分析の結果は，その基礎となった記述的推定値と矛盾しない．

10.6 項目欠測データの補定

　直前の節で述べた無回答調整は，無回答に関する1つの形式を取り扱うことを目的としている．すなわちこれは，調査のために選んだある個体全体の回答取得に失敗すること，つまり調査不能ということである．この無回答調整は項目無回答に対する調整ではない．

　2.2.8項と6.6節で議論したように，項目無回答とは，調査内の他の変数に対するデータが取得できているのに，面接あるいは調査票のある特定の変数（あるいは項目）に対するデータ取得ができない場合をさす．たとえば，「全国犯罪被害調査」(NCVS)では，面接全体を通じて犯罪被害情報を提供した回答者でも，家計所得に関する質問への回答を拒否することがあるかもしれない．

　図10.4は（これは2章から再掲した図），調査におけるこうした2種類の無回答の要約を表している．図は，調査対象を表す行と，各対象について収集した変数を表す列とからなる調査データセットの長方形の形式（rectangular layout）を示している．1番下の個体群は個体単位で全項目が無回答の個体，つまり調査不能であった個体に相当する．つまり，これらは標本抽出枠から単純に移し替えた変数を表す左側のデー

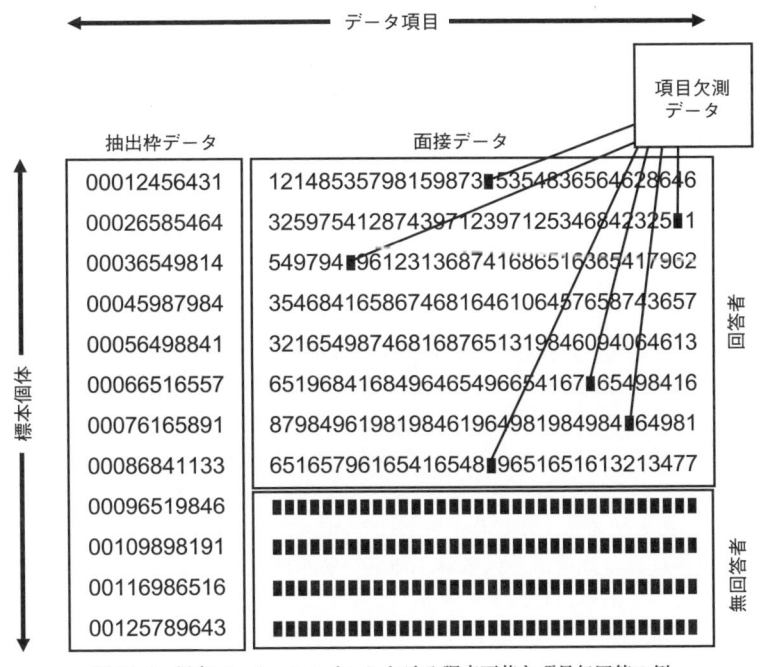

図10.4 調査データ・ファイルにおける調査不能と項目無回答の例

タ（つまり抽出枠の情報）だけがある．データ記録は項目回答の状況に応じて並べ替えられて，下部のほうにある行は，無回答者（調査不能）を示している．個体単位でみた無回答つまり調査不能であっても，調査は，各対象について標本抽出過程から得られる，なんらかの（限定された）情報を提供してくれる．「全国犯罪被害調査」（NCVS）のような調査では，この標本情報は，たとえば，対象世帯がどこに居住するかという情報を含んでいる．

回答者記録の中で（たとえば図の1番上），項目無回答は，データ・フィールド内の，ある数字の欠如によって表される．そして項目欠測データの割合は変数によって異なる．調査では，往々にして収入や資産のような情報について，もっとも高い項目無回答率となることがある[*14]．

図に示したような種類の，欠測データ構造をもつデータセットの分析には，ある重要な問題がある．それは，分析時に欠測値をどのように扱うのが最善かは明らかではないということである．ここで適用できる2つの基本戦略がある．すなわち，その問題を"無視する（ignoring）"ことと，データに対して調整を行うことである．

1つの戦略は，個体単位の欠測値削除であるが，これはときには「完全な個体による分析法（complete case analysis）」ともいう[*15]．つまり，実行中の分析において，欠測値を含むどんな個体も（つまりある行を）削除することで項目欠測値を無視することである．たとえば「全国犯罪被害調査」で，年齢，性別および家計所得といった複数の予測変数について，強盗の被害者となった発生率を回帰推定したと仮定しよう．完全な個体による分析法とは，分析においてこれら4つの変数のうちのどれかが欠測している個体はすべて除外する．すなわち，もし回答者が，自分が強盗にあったかどうかに関して報告しなかったか，年齢あるいは性別を答えなかったか，あるいは，家計所得を提供することを拒絶したかのいずれかであるとき，その個体全体を除外する．これは，1つの項目について欠測値があると，観測されている残りの3つの項目もすべて無視することを意味する．

調査結果が母集団に"投影（projected）"されている場合，推論の観点からは，完全な個体による分析法とは，実はある種の調整を行うことである．つまり除外した個体は，必ずしも無視されているわけではないのである．それよりむしろ，完全な個体だけの分析を介して生じる欠測値の暗黙の補定または置換がある．実際には，完全な個体による分析法では"補定を行う（impute）"，つまり欠測個体の各々にすべての完全な個体から得た平均値あるいは計算結果によって割り当てる．いいかえると，欠測値は無視されたわけでないが，回答者に対して得られた結果を，そのまま無回答者に適用するものとすると，分析者が想定しているのである．

完全な個体による分析法の代案は，補定を明示的に行うことである．"補定（imputation）"とは，あらかじめデータが与えられないか，または正しくはない，あるいは本当とは思えないデータがあったデータ記録のフィールドに，1つまたは複数の推定した回答を配置することである．もちろん，欠測値の補定を行うどの調査機関で

も，分析者がその補定値を採用したいのか，あるいは不採用としたいのかを決められるように，各項目に対する"補定フラグ（imputation flag）"変数によりどの値が置換されたかを示す必要もある．

この明示的な補定方法には，補定の手法が知られていること，分析が毎回同じ個体数（調査対象数）にもとづいて行われること，調査対象が提供するすべてのデータがそれぞれの分析で使われること，という長所がある．しかし同じように，これには不都合もある．多くの分析者にとっては，補定値は"捏造された（made up）"データを用いることに同等であり，補定がどの程度適切に行われたかには関係なく，こうした補定は分析者に違和感を与える．もちろん，分析者が，完全な個体による分析において，欠測値を"無視"したとしても，補定が暗黙に生じるという事実は無視できない．さらに，補定値は，ほとんどの統計ソフトウェア・システムにおいて，実在する値（real value）として扱われている．このとき，推定値の標準誤差は過小評価となり，過度に狭い信頼区間や大きすぎる検定統計量となることにつながる[*16]．

欠測値を補正するために考案された補定手順が多数ある．そのうちの2,3に絞ってここで議論する．

おそらく，もっとも単純な方法は，ある特定の変数に対する欠測値を，項目回答者の値の平均値，つまり$\bar{y}_r$でおきかえることである．したがって，たとえば「全国犯罪被害調査」では，家計所得の欠測値は，収入を報告したすべての個人に関する平均家計所得（あるいは収入が分類区分として記録される場合は，中央値や最頻値）でおきかえられる．この平均値補定は，完全な個体による分析法にほぼ同等である．

"**平均値補定**（mean value imputation）"にはいくつかの欠点がある．1つは，補定を行ったデータセット内に多数の欠測値がある場合，平均値のあたりで変数の分布に"スパイク"状の突起が生じることである[*17]．つまり補定したデータ内の数値の分布が歪められる．

この歪みはいくつかの方法で対処できる．1つは，推定値の既知の変動を反映するために，補定値に対しある"確率的な"，あるいはランダムな要素を加えることである．このとき，補定値は$\bar{y}_r + s_i^2$の形となる．ここでs_i^2は，平均値が0で，分散をその変数の非欠測値内の要素から得た分散とする，正規分布から選んだ値である．

より正確な予測値を提供するために，上と同じようにして部分集団にもとづいて平均値補定を行うことができる．たとえば，「全国犯罪被害調査」では，人種または民族から構成した部分集団について，家計所得補定を行うことができる．平均家計所得をアフリカ系アメリカ人・非アフリカ系アメリカ人という部分集団に対して計算する．そして，アフリカ系アメリカ人に対するすべての項目欠測値を，アフリカ系アメリカ人の平均値でおきかえる．部分集団に対する家計所得分布を歪めないようにするために，確率的な値あるいはランダムな値をこの補定値に加えることもできる．

部分集団内で補定を行い，ランダムに生成した残差を加えるというこの方法は，欠測値の回帰予測という点からも考えることができる．家計所得は，次のモデル内の人

種に対するダミー変数 x_1 に関する回帰推定ができる．

$$y_{i(r)} = \beta_0 + \beta_1 x_{1i(r)} + \varepsilon_{i(r)} \tag{10.9}$$

ここで，（添字 r で示した）項目回答者だけを推定に用いる．このとき予測値は，次式のように各欠測値に対して得られる．

$$y_{i(r)} = \beta'_0 + \beta'_1 x_{1i(r)} + \varepsilon'_{i(r)} \tag{10.10}$$

ここで，β'_0 と β'_1 は推定した係数であり，また"推定した残差"は，予測値に加えるランダムに生成した変動である．

この回帰補定手順は，式の右辺のダミー変数と他の予測変数とを混在させて，複数の予測変数と共に用いることもできる．すなわち，回帰補定は，ある項目について p 個の予測変数 x_j（ここで，$j=1, 2, \cdots, p$）をもち，次式のように回答者データから推定することができる．

$$y_{i(r)} = \beta_0 + \beta_1 x_{1i(r)} + \cdots + \beta_p x_{pi(r)} + \varepsilon_{i(r)} \tag{10.11}$$

ある調査における2,3の変数に対する欠測値を補定するために，回帰補定を用いる場合もある．これは，補定する変数の分布に合わせて変える必要がある．たとえば，家計所得が複数の分類区分として報告される場合，予測確率を得るために多項ロジット・モデルを用いるが，これは，確率的寄与（つまり前述の確率的な要素）を用いても，あるいは用いなくても（複数の分類区分が）ある1つの分類区分に順に変換される．

回帰補定（regression imputation）では，予測変数として用いられる値はすべて，ある所与の従属変数の補定に対して，それら自体が存在することが必要である．回帰補定では，モデル内の予測変数が，補定した値自体をとるように変数が順に補定されることが必要になることもある．

回帰法には，有益な特性がいろいろある．しかし，大規模な補定処理では，多くの場合，数十年前に開発された方法を利用している．その方法とは，逐次的ホットデック手順（sequential hot-deck procedure）である．**ホットデック補定**（hot-deck imputation）は，回帰補定の一形式とみなすこともできる．しかし，ここでの予測残差はそのデータセット内の別の個体から"借用した"ものである．この手順を表10.8に示した．

このデータセット内の18人の個人それぞれについて性別と学歴が既知だとして，この小さなデータセットに対して家計所得を補定すると仮定しよう．家計所得は4人の個人について欠測となっており，したがって残りの14人については報告されている．逐次的ホットデックは，性別と学歴のような変数によってデータをソートすることからはじまる．表10.8の例では，データはまず，性別，つづいて性別内の学歴によりソートされる．以上で，同じ性別あるいは類似した学歴の水準をもつ個人をリスト上で互いに隣接するように配置する．

補定はソートしたリスト内を順に移動することからはじまる．まずデータセット内

10.6 項目欠測データの補定

表 10.8 家計所得のホットデック補定，補定データ，補定フラグ変数の例

回答者番号	性別	学歴	家計所得	ホットな値	補定したデータ	補定フラグ
1	M	9	23	51	23	0
4	M	11		23	23	1
2	M	12		23	23	1
3	M	12	43	23	43	0
7	M	12	35	43	35	0
8	M	12	42	35	42	0
5	M	16	75	42	75	0
6	M	16	88	75	88	0
16	F	10		88	88	1
15	F	12	28	88	28	0
17	F	12	31	28	31	0
18	F	12	35	31	35	0
19	F	12	30	35	30	0
22	F	12		30	30	1
13	F	14	67	30	67	0
14	F	15	56	67	56	0
21	F	15	72	56	72	0
20	F	18	66	72	66	0

の最初の個体について家計所得を検査する．それが欠測である場合，全標本の平均収入，あるいはソート処理に用いる部分集団の平均値でおきかえられる．表 10.8 の図解例では，回答した男性の平均収入（つまりソートしたデータ内の最初の部分集団の平均値）は，51000 ドルであり，そして，最初の個体でかりに家計所得が欠測であれば，その値が補定される．この最初の補定値のことを，"コールドデック（cold-deck）"値とよぶことがある．

最初の家計所得値が欠測ではない場合，報告された値を"ホットデック"値として保存する．そして，次の個体を検査する．それが欠測である場合，直前に保存した"ホットな値"（最近隣の値）でおきかえる．図解例では，2番目の値が欠測であり，また，それは最初の個体が報告した家計所得の値でおきかえる．一方，その値が欠測ではない場合には，その報告された家計所得値を"ホットな値"として保存する．

ソート順序内でそのあとに続く個体に対して，同一の処理をくり返す．家計所得の値が欠測である場合は，それをホットな値でおきかえる．また家計所得の値が報告されている場合は，それをホットな値として保存する．こうして，欠測値はソート順序内でもっとも新しく報告された最近隣の値によって補定される．隣り合わせにある最近隣の個体は，収入と関係のある変数に関して互いに似ているので，この補定は，回帰補定手順における予測変数に大変よく似た，ソート変数内の類似性を利用する．さらに，補定されたある個体が，家計所得の値を報告した直前の個体とソート変数について値が同じである場合，同一の値をもつすべての項目回答者の平均値で補定し，そ

の平均値に残差を加えることであると，このホットデック手順を考えることができる．こうした場合の残差は，ソート変数について同一の値をとる個体集合内にある別の対象から"選ばれる"．

実際に用いられる別の補定方法が多数ある．しかし，それらを考察することは本書の範囲をこえている．前に示したように，補定処理は推定値の分散が過小評価になりがちなデータを与える．こうした過小評価は，特殊な分散推定手順，補定処理自体に適したモデル，あるいは多重補定という手順によって改善できる．"**多重補定**（multiple imputation）"とは，複数の補定データセットを作成すること，それぞれのデータセットは補定する各項目に合った補定モデルの，異なる実現値にもとづくものである（ルービン：Rubin, 1987；リトルとルービン：Little and Rubin, 2002）．こうした複数のデータセットにわたる推定値の変動から，抽出分散と補定による分散との両者を考慮した変動全体の推定が可能になる．

10.7 複雑な標本のための抽出分散の推定

層別，多段標本抽出，重み，補定値は，調査データの特徴であり，分散を正確に推定するための標準的でない手順を必要とする．たとえば，4.5節で示したように，層別では，分散推定時に，まず初めに層内分散の計算を，それに続いて，推定した分散を層にまたがって結合する，という処理を行う必要がある．SASやSPSSのような標準的な統計ソフトウェアは，ほとんどの場合，これを実行する多様な分析に適した抽出分散の推定手順までは備えていない．

この種の設計特性を考慮したい調査分析者は，特殊な抽出分散の推定手順とそれらを実装したパッケージ・ソフトを調べる必要がある．調査データが備える特性を処理する3つの分散推定手順と，それらを実行するパッケージ・ソフトについて，ここで簡単に述べる．

不等抽出確率または無回答を補正するように設計された，重みを用いる層別多段標本にもとづく調査データセットを，"**複合調査データ**（complex survey data）"とよぶことがある．この種のデータから得た統計量のための抽出分散の推定では，3つの手順のうちの1つを用いた広く適用可能な専用のソフトウェア・システムを必要とする．ここで3つの手順とは，テイラー展開による近似，均衡反復型複製，ジャックナイフ方式の反復型複製である．

テイラー展開による推定

テイラー展開（Taylor series）による近似は，標本値の単純な加法で表せない統計量の分散推定処理を扱うために統計で一般に用いられているツールである．たとえばオッズ比の分散は，それ自体が標本推定値である比率の分母の中に，比率あるいは標本の大きさが存在するために求めることが難しい．

テイラー展開による近似は，比率に代わって，比率を標本値の和の関数である近似形に変換することで，この難題に対処している．テイラー展開による近似は，種々の統計量や重みを用いる層別多段方式の標本設計を解析的に計算してきた．たとえば，

$$\bar{y}_w = \frac{\sum_{i=1}^{n} w_i y_i}{\sum_{i=1}^{n} w_i} \quad (10.12)$$

のような単純な比率の形をした平均値の分散（加重平均値の分散）は，テイラー展開による近似を用いると（ここで，簡単のために単純無作為抽出を仮定すると），以下の式になる．

$$\frac{1}{(\sum w_i)^2} [Var(\sum w_i y_i) + \bar{y}_w^2 Var(\sum w_i) - 2\bar{y}_w Cov(\sum w_i y_i, \sum w_i)] \quad (10.13)$$

これは複雑に見えるが，単純無作為分散推定値（たとえば4.3節の(4.1)，(4.2)式の計算を参照）に対してなされる種類の計算を組み合わせただけである．現状，もっとも普及しているパッケージ・ソフトは，たいていはこの方法を利用しているので，おそらくテイラー展開推定が，複雑な標本設計における平均値と割合の抽出分散を推定するための，もっとも一般的な方法である．

均衡反復型複製とジャックナイフ方式による複製

均衡反復型とジャックナイフ方式の反復型とは，これとはまったく異なる方法をとる．ある統計量の抽出分散推定の問題に対する解析的な解を見つけようとするのではなく，むしろこれらの方法では反復型の副標本抽出を行うことに依存している．同一母集団から1つの標本ではなく多数の標本を同時に抽出することに類似したこととして，この反復型複製を考えることができる．各標本について，ある統計量，たとえば，平均値 $\bar{y}_\gamma$ を各標本 γ に対して算出する．

母集団の平均値の推定値は，c 個の異なる標本推定値の平均値として以下のように計算される．

$$\bar{y} = \left(\frac{1}{c}\right) \sum_{\gamma=1}^{c} \bar{y}_\gamma \quad (10.14)$$

この推定値の分散は，個々の標本推定値の平均値のまわりの変動，つまり，

$$v(\bar{y}) = \left(\frac{1}{c(c-1)}\right) \sum_{\gamma=1}^{c} (\bar{y}_\gamma - \bar{y})^2 \quad (10.15)$$

として計算される．

ある統計量の抽出分散を推定するこの方法の長所は，ほぼどのような種類の統計量でも，すなわち，平均値，割合，偏回帰係数，中央値などでも，適用可能なことである．こうした手順を用いることは，高速演算を使って初めて実現可能な何千もの計算を必要とする．

均衡反復型複製とジャックナイフ方式の反復型複製の手順は，わずかに異なる方法

にもとづいている．両者は，全標本内で同定される副標本間の変動を測定する．こうした副標本を"複製"とよび，これは，複製のどれもが全標本の（標本要素数以外の）基本特性を含むように元の標本から抽出される．たとえば，もし集落とこれら集落の層別とを用いて，1組の標本を選出したとすると，その副標本抽出手順は，各層から標本集落を選ぶことになる．よって，多数の異なる副標本の複製が定義される．つまり，それら副標本の推定値の変動が，標本全体の推定値に対する抽出分散の推定値の基準となる．

　ある複製の推定値 $\bar{y}_\tau$ が，1番目の副標本から計算される．それに続いて，もう1つの副標本を標本から抽出し，推定値を再計算する．この副標本抽出または複製手順を何度もくり返す．分散推定値は，上に述べた手順に非常に類似した手順により算出する．しかし，分散推定時に推定値の平均値を使用するのではなく，代わりに全標本から算出した推定値を用いる．

　均衡型とジャックナイフ型との手順の違いは，副標本をどのように選ぶのか，その抽出方法にある．"**均衡反復型複製**（balanced repeated replication）"の手順は，通常は"半分の標本複製"を決め，個体の半分を選ぶ，あるいは集落の半分を選ぶか，あるいは他のいずれかの"半分の標本抽出"方法を行う，とする．一方，"**ジャックナイフ方式の反復型複製**（jackknife repeated replication）"の手順を，"ドロップアウト（drop out, 除外型）"手順とよぶことがある．この手順によると，データセットから1つの個体，あるいは1つの集落を除外しながら，個々の連続する副標本を得る（つまり一定の間隔で1個体あるいは1集落を除外させるということ）．

　これらの方法の各々から得られた分散推定値は，所与の統計量とデータセットに対して非常に類似している．ある方法が他の方法に優先するとする理由はほとんどない．テイラー展開による近似はもっとも一般に用いられている方法である．しかし，このことは，それが他の手順よりも精密な，あるいは正確な分散推定値を提供することを意味してはいない．

　これらの方法は，さまざまな専用の調査推定ソフトウェアに実装されている．そのソフトウェアの名前と特徴を示すことは，ある特定の製品を推奨することを意味してはいない．読者がソフトウェアの特徴を調べることができるように，また自分の特定の目的に合わせてどれを使うべきかをより多くの情報にもとづく決定ができるように，これらのソフトウェアについてここで述べる．

　複雑な標本調査のためには，ここで述べるいずれのパッケージも，各データ記録に関する確実な情報があることが必要である．つまりそれらのパッケージにとって，層，集落または1次抽出単位（PSU），重みを，推定のために明確にする必要がある．かりに抽出が無作為に層別されている場合は，集落または1次抽出単位の番号の代わりに個体段階の識別変数を与えることができる．かりに重みを必要としない場合，ある重みづけ変数を1に等しくなるように作成するが，それは，結果に影響を及ぼすことなく，分析の中で使用される．また，層別を用いない場合，すべての個体に対して1

に等しいある層別変数を用いる．しかしながら，いずれのソフトウェアも，分散が推定できるためには，各層内に少なくとも2つの集落，あるいは要素，あるいは1次抽出単位があることが必要である．

CENVARというソフトウェアは，米国国勢調査局が開発し配布普及させた統計パッケージ[*19]に含まれる1つのモジュールであり，統合化マイクロコンピュータ処理システムである．CENVARは，テイラー展開による近似を利用して，全標本と部分集団（つまり副標本）のための平均値と割合の分散を推定できる．システム自体はメニュー方式である．これは層別要素，層別多段標本設計を扱うことができる．この統合化パッケージは，米国国勢調査局の国際事業センターから無料で入手可能である（詳細は同局サイトを参照）．

VPLXというソフトウェアもまた，米国国勢調査局で開発されたパッケージである．これはCENVARよりも広範囲の統計量を処理し，複製重みが与えられる場合に，別の事後層化処理を組み込んである．VPLXは，均衡型手法やジャックナイフ方式を含む反復型複製手順を使用している．またこれは，分割表分析を処理するように設計された特徴をもつ別のプログラムCPLXと連携している．VPLXとCPLXは，いずれも米国国勢調査局のWebサイトを通して無料で入手可能である．

EpiInfoというソフトウェアは，疫学分析用に米国疾病対策センターにより開発され配布された無料パッケージである．EpiInfoの中には，複雑な標本調査データに適した分散推定値を算出するモジュールがある．それは，全標本と部分集団の平均値と割合にテイラー展開による近似法を用いている．EpiInfoは画面指向型のウィンドウズ対応のシステムを使用する．このプログラムは，米国疾病管理・予防センターのWebサイトからダウンロードできる．

ここで述べたソフトウェア・システム以外のソフトウェアはどれも，ライセンス料の支払いを必要とし，したがって無料でダウンロードすることはできない．

広く利用されている統計ソフトウェア・システムのSASバージョン8では，複雑な標本設計の分散推定用のいくつかのプロシージャ（PROC）を加えた．あるプロシージャは基本的な平均値と割合を処理する．また別のプロシージャでは，線形回帰を用いている．分散推定はテイラー展開の近似により行う．SASシステムに関するこれ以上の情報は同サイトで入手可能である[*20]．

STATAは，プログラム機能のある統計分析システムである（同サイト参照）．それは広範な統計的処理を利用可能にし，しかも，それらの多くは，複雑な標本調査データにも利用できる．後者の標本調査用のプロシージャは，Stataの中では「svy」つまり調査版のさまざまなコマンドとして知られている．ここで利用可能な統計的手順としては，線形回帰，ロジスティック回帰，多項ロジット分析，プロビット分析，コックスの比例ハザード，ポアソン回帰に加えて，平均値と割合のような記述統計も含んでいる．

SUDAANは，リサーチ・トライアングル研究所（RTI）で開発された複雑な標本

調査データの分散推定用システムである（RTI サイト参照）．利用者は，テイラー展開か反復型複製型の手順を選択することができて，記述統計量や比推定量をはじめ，線形回帰，ロジスティック回帰，多項ロジット分析，プロビット分析，コックス比例ハザード回帰まで，幅広い分析方法を選ぶことができる．このシステムは，SAS のようにキーワード方式で操作し，SAS によく似た構文を使用する．さらに，SAS との互換性があって，独立したコマンド集合として SAS システムに取り込むことができる SUDAAN バージョンもある．

最後に WesVar だが，複雑な標本調査データの反復型複製による分散推定のためにウェスタット社（Westat 社）が開発したパッケージである（同社サイト参照）．このプログラムは，総和，平均値，その他の記述統計量から線形回帰まで，さまざまな推定問題を処理する．これはまた，事後層化の効果を推定するための特性も備えている．無料で利用できた旧版プログラムがあったが，最新版はライセンス料の支払いが必要である．

10.8 調査データの文書化とメタデータ

ただ 1 人の分析者のために調査データセットを構築することはめったにない．1 組の調査データセットに関する分析は，データ収集直後に 1 度行われるが，その後に再び分析を行わないようなこともめったにない．それどころか，長年にわたって多くの人々が調査データを頻繁に分析し，また再分析もする．実際は，「政治と社会調査のための大学間コンソーシアム」(ICPSR)（同社サイト参照）あるいは「ローパーセンター」（ローパ社サイト参照）のような大きな調査データ・アーカイブは，分析に利用可能な何千もの調査データセットを含んでおり，これらのいくつかは 20 世紀の初期にまでさかのぼる．

このようなことから，調査設計者は，それがプロジェクトの範囲内であろうと，世界中のどこであろうとも，多くの人々のデータ利用に適した調査計画を立てなければならない．このことは，データの分析に先だって，利用者が理解したいデータセットの基本的特性はすべて文書化することを必要とする．こうしたデータに関する（あるいは"データに関するデータ"）情報のために，しばしば**メタデータ** (metadata)"という用語を用いる．"メタデータ"とは，調査データから知識を効果的に獲得するために，考えられるどのような利用者もが必要とする，情報のすべてを説明する用語である．かりにデータの利用者が誰であるかということに制限を設けないとすると，どのようなメタデータが必要とされるかを明らかにすることには同様に際限がない．コレッジとボイコ（Colledge and Boyko, 2000）は，調査という状況の中で必要とされるよくあるメタデータの種類を次のように列挙している．

1) 定義上のこと：目標母集団，標本抽出枠，質問文のワーディング，コーディング，

10.8 調査データの文書化とメタデータ

```
VAR V2081        VANDALISM AGAINST HOUSEHOLD           NUMERIC
COL 140 WID 1  MISSING 9                               HOUSEHOLD DATA
    Source code 557
    Q.46a Now I'd like to ask about vandalism that may have been
    committed during the last 6 months against your household.
    Vandalism is the deliberate, intentional damage to or destruction
    of property. Examples are breaking windows, slashing tires, and
    painting graffiti on walls. Since _____, 19__, has
    anyone intentionally damaged or destroyed property owned by you or
    someone else in your household? (Exclude any damage done in
    conjunction with incidents already mentioned).
        1.Yes
        2.No
        3.Refused
        8.Residue
        9.Out of universe
```

```
VAR V2082        LI VANDALISM OBJECT DAMAGED          NUMERIC
COL 141 WID 1           MISSING 9                      HOUSEHOLD DATA
    Source code 558
    Q.46b What kind of property was damaged or destroyed in
    this/these act(s) of vandalism? Anything else?
    MARK (X) ALL PROPERTY THAT WAS DAMAGED OR
    DESTROYED BY VANDALISM DURING REFERENCE PERIOD.
      Lead-in code
      (Summary of single response entries for multiple
      response question. Detailed responses are given in
      VARS V2083-V2092)
        1.At least one good entry in one or more of the answer
          category codes 1-9
        8.No good entry (out of range) in any of the answer
          category codes 1-9
        9.Out of universe
      Note: For a "Yes-NA" entry, the lead-in code is equal to 1, the
      category codes are equal to 0 and the residue code is equal to 8.
```

図 10.5(a) 「全国犯罪被害調査」(NCVS) のための印刷対応のコードブック内の
ある段落の引用例 (原文)

VAR V2081　　　　　　　　世帯に対する破壊行為　　　　　　　　　　数値型
桁数 140　幅 1　　　　　欠測 9　　　　　　　　　　　　　　　　　世帯データ
　　ソースコード 557
　　問 46a　それでは，過去 6 ヵ月間にあなたの世帯に対して行われた破壊行為について質問したい
　　と思います．破壊行為とは所有物への故意の，あるいは意図的な損害や破壊のことをいいます．
　　たとえば，窓を割ること，タイヤを切り裂くこと，壁に落書きをすることなどです．19〇〇年〇
　　月〇日以降，現在にいたるまで，あなたやあなたの世帯の他の人が所有するものを，誰かが意図
　　的に損害を与えたり破壊したりしましたか．（すでにふれた事件に関連してなされた損害は除外
　　する．）
　　　　1. はい
　　　　2. いいえ
　　　　3. 拒否
　　　　8. 残り
　　　　9. 対象外

VAR V2082　　　　　　　被害を受けた破壊行為対象物　　　　　　　　　数値型
桁数 141　幅 1　　　　　欠測 9　　　　　　　　　　　　　　　　　世帯データ
　　ソースコード 558
　　問 46b　その破壊行為によってどのような種類の所有物が損害を受けた，または，破壊されまし
　　たか．その他にはありますか．
　　該当期間内に破壊行為によって損害を受けたか破壊されたすべての所有物にマーク（X）をつけ
　　てください．

　　導入部コード
　　（複数回答型質問に対する単一回答入力の要約．詳細な回答は VARS V2083-V2092 で与
　　えられる）
　　　　1. 回答分類区分コードの 1 から 9 のうちの，少なくとも 1 つ以上に 1 つの適切な
　　　　　申告あり
　　　　2. 回答分類区分コードの 1 から 9 のうちの，どれにも申告がない（範囲外）
　　　　3. 対象外
　　注意：「あてはまる－あてはまらない」の申告について，導入部コードは 1，分類区分コードは 0，
　　残りのコードは 8 とする．

　　　　図 10.5(b)　「全国犯罪被害調査」（NCVS）のための印刷対応のコードブック内の
　　　　　　　　　　ある段落の引用例（訳）

　　　　これらの用語を説明すること．
　2) 手順上のこと：調査員の訓練，標本抽出枠の作成，回答者の抽出，データの収集，
　　　これらの手順・実施要領について説明すること．
　3) 操作上のこと：項目欠測データ率，エディティングの失敗つまり不合格となっ
　　　た割合，平均面接所要時間，調査員あたりの調査完了数など，手順の評価を含
　　　むこと．
　4) システム関連事項：データセットの形式，ファイルの保管場所，検索手順，デー

タ記録フィールドの定義，データ項目について質問を行った標本要素の種類，これらに関連すること．

こうしたメタデータの種類に関する提示は，調査の初期の頃からの劇的に発展した．印刷された**コードブック**（codebook）によって，記述された電子データ・ファイルおよび標本設計とフィールド設計（項目欄の設計）を説明するメモが，調査の標準的な文書成果物であった．しかしながら，基礎となるコードブックは，いまでもなお通常の定型文書の一部となっている．

たとえば，図 10.5 に，2001 年データ用の「全国犯罪被害調査」（NCVS）コードブックの一部を再現してある．この図が，データ・ファイル内の各変数に対してそれぞれ異なる入力を与えていることに注意しよう．データ記録を示すこの区分内では，フィールドは世帯回答者に求めた個々の質問に関係する．図には，2 つのフィールドを示してある．すなわち，1 つは「VAR V2081」で，これは破壊行為に関する選別用の質問であり，もう 1 つは「VAR V2082」で，これはどのような損害があったかに関するある報告である．フィールドには，それぞれいくつかの定義情報（例：変数名，質問文のワーディング），若干のシステム情報（例：データ記録位置；たとえば，フィールドの開始桁と記録の幅に関して COL 140 WID 1，つまり桁数 140 でその幅は 1），欠測データ用コード値，データセットの種類（つまり，世帯相当のデータか個人相当のデータか），そして非欠測データ用コード値とその定義）を与えるヘッダーつまり見出し情報がある．「V2082」の大文字は，ある手順上のメタデータであり，「該当期間中に破壊行為によって損害を受けたか，または破壊されたすべての所有物にマーク（X）をつけなさい．」は，回答者の回答を文書化する方法に関する「全国犯罪被害調査」（NCVS）の調査員への指示である．最後に，「V2082」についてだが，ここにはデータ収集後に行われたエディティング段階と再コーディング段階にかかわる，ある追加の手順情報"（複数回答型質問に対する単一回答入力の要約．詳細な回答は VARS V2083-V2092 で与えられる）"がある．以上の記述は，こうしたデータ・フィールドが，個々の回答を組み合わせて分析用の単一の要約量として与えられる，ある調査後の処理段階であったことを，コードブックの利用者に気づかせてくれる．コードブックは，データ分析者にとって，データ収集手順と個別のデータ項目自体との間の仲立ちをする重要なツールである．

紙様式のコードブックから電子的調査文書へ移行ができたことで，メタデータの世界は，過去数年の間に非常に精密なものとなった．ウェブ表示のハイパーリンク機能を使って，複数のメタデータを，さまざまな段階の集約化で得た情報を同時に利用できるように結合することができる．この分野における研究開発の展望については，利用者はいくつかの方法でウェブ上の研究資料サイトを参照できる，ということである．利用者がその研究の初心者であるとしたら，ある特定の実質的な領域で（たとえば社会経済的地位），どのような測定が行われたかを問い合わせ，変数の一覧を検索する

ことができるだろう．その一覧は，個々の変数について，特定のメタデータにハイパーリンクされる．ここでメタデータには，使われているコード，欠測値およびデータ記録位置についての従来のメタデータと同様に，質問文のワーディング，質問文の過去の研究用途，項目についての単純な回答変動の文書化した基準，前にその項目を用いた文献の分析，用いたコードなどがある．こうしたメタデータの構造は，広範な分野の利用者の要求を先取りし，さらには調査データからより迅速な回答を促すために，利用者が必要とする情報間の関連づけを作り出すだろう．

メタデータを精密化する傾向は，調査方法論研究者にとって今までに求められていなかった問題を提起している．つまり負担と機会がたくさんある．調査方法論研究者は，調査品質の測定について聞き手を大いに増やす機会がある．単純な回答変動の推定値をもたらす再聴取の研究は，利用者にとって容易に利用可能になるだろう．行動コーディングからの関連評価，認知的面接，あるいは他の調査票開発を含む多種多様な予備調査質問を，実際に用いる質問文のワーディングにハイパーリンクできる．利用者がある変数を取り入れた分析を検討している場合，その測定品質に関する情報はすべてを提示することができる．この新たな世界で生じる負担とは，いまや調査設計の一部にメタデータの設計を含める必要があるということである．基本的概念，目標母集団，測定，それに標本抽出といった課題を議論する際に，どんな情報が，結果として得たデータセットを，さまざまな利用者の手中でもっとも効果的なものにできるかということを，調査設計者は考える必要がある．

10.9 要約：調査後の処理

調査データは，収集後にただちに分析を行う準備ができているわけではない．とはいえ，回答者の回答を統計分析する準備を整えるために必要となる諸段階は，データ収集方式に依存している．コンピュータ支援は，当初データ収集に続いて行われていたいくつかの段階を，データ収集段階そのものに導入してきた．

エディティングとは，データをきれいにして，明らかな誤りを除去する過程である．コンピュータによるデータ収集により，エディティングはますますデータ収集処理に組み込まれている．エディティングによりデータ内にさらに多くの誤差を取り込まないようにするために，エディティングの構造化されたシステムが構築されてきた．これらのシステムが，リサーチャーが重視するある水準の文書化とエディティング段階の再現性とを可能にした．

コーディング，つまりテキスト・データの数値データへの変換は，意図したような分析的なデータの使い方を反映したコーディング構造を考案するよう研究者に求める．つまり異なる使い方はそれぞれ異なるコーディング構造を必要とする．また統計的誤差がコーディング段階で入り込む．この誤差とは，コード適用時の統計量の系統的な歪みと，コーダーの変動による精度の損失との両者である．調査員変動の測定に

比べると，コーダーによる誤差の量的な推定値をもたらす調査設計を作ることは比較的簡単である．

統計分析におけるデータ記録の違いのある重みづけ法では，以下のことを試みている．つまり，標本内の不等抽出確率を考慮し，標本抽出枠内の脱落を調整し，調査対象者の無回答からの脱落を調整し，目標母集団に関する情報を用いて推定値の精度を改善する．標本データにもとづく重みは，通常は調査統計の標準誤差の値を増やすように作用するが，しかし，非カバレッジと無回答に起因する統計量の偏りがより低くなることに期待して，この重みを利用する．枠母集団特性を用いる重みは，一般に標準誤差を低減するように作用する．

補定とは，あとで統計的推定に用いる値で，欠測値を置換する過程のことである．それは多くの場合，個体単位の無回答（調査不能）ではなくて，項目の欠測値のための手順である．補定は，項目無回答の偏りを減らすために導入される．欠測となっている観測値の特性に関する情報を提供する豊富な補助データを用いて，こうした補定を実現することができる．補定は，回答者である個体から得る情報を再利用するので，完全なデータセットに比べて，補定したデータによる推定値は，標準誤差の犠牲をともなう．

調査データセットから抽出分散の推定を行うことで，測定可能な変動をともなう誤差の情報源をもたらす設計に関する特性すべてを，リサーチャーが考慮できるようになる．抽出分散の推定には多数の代替的な統計的計算法がある．標準的な統計ソフトウェア・パッケージでは，調査で共通に用いられる，層別，集落化，それぞれ異なった重みづけを考慮した統計ルーチンを，これらのパッケージのプログラム集合にしだいに追加するようになっている．

調査文書とメタデータは，調査設計時点で熟慮を必要とし，しかもデータを有用なものにする調査の不可欠な製品である．ウェブがしだいに強力になり関連文書を相互に接続できるハイパーリンク機能により，調査文書の本質が急速に変化しつつある．

■さらに理解を深めるための文献

Kalton, G. (1981), *Compensating for Missing Data*, Ann Arbor：Institute for Social Research.
Lyberg, L., Biemer, P., Collins, M., de Leeuw, E., Dippo, C., Schwarz, N., and Trewin, D. (eds.) (1997), *Survey Measurement and Process Quality*, New York：Wiley.

■演習問題

1) 本章で学んだことを用いて，調査における推定で使用する重みの構築の一般的な手順を述べよ．
   a) 「抽出の重み」とは何かを定義せよ．
   b) 基本の重みを調整する諸段階を確認せよ．
   c) 各調整段階について，それらが重みの大きさに及ぼす影響を示せ（つまり，前段階での調整の結果，重みが増加する傾向にあるのか，それとも減少する傾向にあるの

2) 調査における項目欠測データの補定値として，回答者平均を用いる場合の問題点を2つ明らかにせよ．

3) 次のような不等抽出確率を調整した基本の重みをもつ $n=20$ の確率標本を考える．

基本の重み	性別	年齢	慢性症状の数
4.4	M	24	0
4.2	M	37	1
2.4	M	66	2
3.0	M	57	3
2.0	M	23	2
2.4	M	26	0
2.6	F	28	1
3.0	F	32	1
3.0	F	39	0
1.1	F	40	1
1.3	F	41	0
1.2	F	47	2
1.4	F	43	1
1.5	F	48	1
1.1	F	53	3
1.4	F	38	3
1.8	F	63	4
1.1	F	68	1
1.1	F	73	2
1.0	F	78	3

a) 慢性症状の重みなしの平均人数と不等抽出確率を考慮した慢性症状の重みつき平均数とを算出せよ．次に，2つの平均値を比較して，似ているあるいは異なる理由について意見を述べよ．

b) 推論の母集団に対する最近のセンサス予測から，次の W_g 値が得られる．すなわち，男性の40歳未満は0.22，男性の40歳以上は0.24，女性の40歳未満は0.22，女性の40歳以上は0.32である．これら4つの層それぞれに対して，センサスの分布と一致する重みづけ調整済み分布を得る基本の重みに対する事後層化調整係数を求めよ．

4) 16歳で運転免許が取得可能な州において，次に示す変数（および，それに対応する回答結果）を測定するある調査を完了した（ここで，「運転免許の許可状況」とあるのは，その州での許可であることを表す）．

性別	運転免許の許可状況	年齢	就業状態	仕事で車を運転する
女性	取得	16歳未満	仕事に就いている（就労）	はい
男性	未取得	16歳以上	学生	いいえ
			仕事に就いていない（未就労）	非該当（学生または働いていない）

　これらの5変数に対して考えられるすべてのエディット・チェックを作成せよ．また，それぞれのエディット・チェックについて，チェックの根拠とする考え方を述べよ．

5) 抽出分散の推定のための均衡反復型複製とジャックナイフ方式の反復型複製とによる手法が，テイラー展開による手法とどのように異なるか，考え方を説明せよ．

6) 補定に対する「ホットデック」手法がどのように機能するか簡単に説明せよ．また，回答者の平均値を補定することと比べて，これの利点と欠点を比較せよ．

■本章のキーワード

暗黙のエディット（implied edits）
エディティング（editing）
回帰補定（regression imputation）
開示リスク（disclosure risk）
均衡反復型複製（balanced repeated replication）
コーダーによる変動（coder variance）
コーディング（coding）
コードブック（codebook）
コード構造（code structure）
事後層化による重みづけ（poststratification weight）
ジャックナイフ方式の反復型複製（jackknife repeated replication）
ジャックナイフ方式の複製（jackknife replication）
整合性のエディット（consistency edit）
第一段比率補正加重（first-stage ratio adjustment）
多重補定（multiple imputation）
抽出の重み（selection weight）
調査現場でのコーディング（field coding）
テイラー展開（Taylor series）
バランスのエディット（balance edit）
外れ値（outlier）
範囲のエディット（range edit）
比率のエディット（ratio edit）
複合調査データ（complex survey data）
平均値補定（mean value imputation）
ホットデック補定（hot-deck imputation）
補定（imputation）
無回答重み（nonresponse weight）
明示的エディット（explicit edits）
メタデータ（metadata）

第11章 調査研究における倫理の科学的公正性

Principles and practices related to scientific integrity

11.1 はじめに

　これまでの章とは異なり，本章では調査結果の統計的誤差の特性とは直接はかかわりがない問題を扱っている[*1]．その代わり，本章ではほとんどの学会が是認してきた研究，とくにヒトにかかわる研究について是認してきたある状況について説明する．そして，調査方法論研究者が行う必要のある，さまざまな選択肢の指針となる規範や規則について述べている．最後に，こうした規範によって左右される調査設計上の特徴にかかわる方法論的研究を詳しく検討する．

　調査研究にとくにかかわりのある倫理綱領は，2つの側面に大別して考えることができる．第1の側面は，調査研究の実施基準にかかわるもの，すなわち調査団体が推奨する綱領のことである．第2の側面は，他者に向けたリサーチャーの義務に関連する．ここで他者とは，とくに回答者をさすが，それだけでなく顧客・調査委託者やより幅広い一般市民も含む．

　本章では，研究の実施基準および顧客，さらに広く一般市民に対して負うリサーチャーの義務について手短にふれる．しかし本章の焦点は，リサーチャーと回答者の関係，およびその関係からリサーチャー側に生じる倫理的問題に焦点を合わせる．われわれの研究は，目標母集団とした対象者の善意に依存しているので，回答者の利益を保護することは，実は自己の利益にかかわる事柄でもある．

11.2 研究の実施基準

　たいていのリサーチャーがそうであるように，サーベイ・リサーチャーは学術活動に関する一般基準に拘束される．第1章で述べたように，調査方法論は科学研究の一分野であるだけでなく，サーベイ・リサーチャーという，さらに広範な専門的職業の一部でもある．米国には数多くの調査専門家の団体が存在するが，彼らの就業場所（勤務先）にかかわらず，すべてのサーベイ・リサーチャーを代表するのにもっともふさわしい団体は，米国世論調査学会（AAPOR：American Association for Public Opinion Research)*² であり，その会員には学術研究者，民間研究者，政府研究者が所属している．米国世論調査学会（AAPOR）への加入にあたり，会員は倫理綱領（同学会サイト参照）に従う義務があり，これは違反者を処罰する1つの仕組みを提供する数少ない手段の1つである．ここではそれを一例として用いる．この綱領は，会員は，自分の研究遂行に際して"しかるべき注意を払い（exercise due care）"，研究結果の妥当性と信頼性を保証するために"あらゆる合理的措置を講じる（take all reasonable steps）"ものである，ということをシンプルに示しながら，一般論として表現されている．しかし，1996年5月に，調査研究の分野における現行の"ベスト・プラクティス（最善のやり方，best practices）"を具体化する基準および例外なく非難の対象となる実践・慣行例集が増補された．会員は，前者（つまりベスト・プラクティスを具体化する基準）を遵守し，後者（つまり非難の対象となる一連の実施・慣行例）を慎むよう求められる．

"ベスト・プラクティス"の中には，標本抽出にかかわる科学的方法が含まれる．これは，その母集団において各構成員が選ばれる可能性（つまり抽出確率）が測定可能であること，十分な回答率を達成するため，選んだ人々の追跡を行うこと，質問文のワーディングや質問順序が回答傾向に及ぼすことがわかっている影響（既知の影響）に対して注意を払いながら，調査票を入念に作成し予備調査を実施すること，調査員を適切に訓練かつ監督すること，こうしたことを保証するものである．本書のこれまでの章では，すでにこのような"ベスト・プラクティス"について詳細な指針を提供しており，ここではこうした"ベスト・プラクティス"が，調査研究者に求められる倫理的義務の1つに数えられると指摘するにとどめ，それ以上は論じない．研究の実践が妥当な結論を生み出さないかぎり，回答者（および他の研究対象）に参加協力の負担をかけることは非倫理的であるとみなされる．

米国世論調査学会（AAPOR）により"許容できない（unacceptable）"と定義された実践例には（ベスト・プラクティスの一覧ようなものであって，公式の米国世論調査学会倫理綱領ではない），研究を装って行う資金調達，販売，あるいは勧誘，自発的に参加した回答者（ボランティア回答者，たとえば，たまたま調査票を返送してきたある雑誌の読者，800や900ではじまる電話番号に電話をかけてきた人*³，ある

表11.1 研究における不正行為に関する重要用語

用　語	定　義
捏造	データや結果をごまかして作り，それらを記録したり報告したりすること．
改竄	調査の資料，設備，過程を操作したり，結果を変更あるいは削除することで，調査記録に正確ではない記述を行うこと．
剽窃	知的財産の窃盗と横領，および出所不明の他人の業績を丸写しすることの両方をさす．秘密情報の無断使用を含むが，原作者表示や帰属承認表示のあるものは含まない．

表11.2 米国国勢調査局が実施した3つの調査において調査員による改竄が検出された割合

調査	改竄の割合
最新人口動態調査	0.4%
全国犯罪被害調査	0.4%
ニューヨーク市空き家調査	6.5%

（シュライナー，ペニー，ニューブロー：Schreiner, Pennie and Newbrough 1988）．

いはウェブ調査のいいかげんな回答者）による投票結果を，あたかも正当な調査結果であるかのように示すこと，そして世論調査と見せかけて，有権者に偽りの誤解を招くような情報を与える"プッシュ・ポール（push poll）"がある[*4]．たとえば，プッシュ・ポールでは，候補者Xが児童虐待の罪に問われていること，ペットの犬を粗末に扱っていること等々で責任を問われていると知ることについて，回答者が反対かどうかを尋ねることがある．こうした質問を尋ねる動機は，これらの問題に関する世論を見つけることではなく，むしろ有権者の心に不信と不支持の種を植え付けることにある．

他の科学者たちと同様に，サーベイ・リサーチャーもまた，学術活動に関しての一般基準の制約を受けている．米国における，ヒトを対象とするほとんどの研究（その大部分は生物医学）に資金を提供する連邦政府の行政管理部門は，保健社会福祉省[*5]（DHHS：Department of Health and Human Services）である．保健社会福祉省では，研究公正局（ORI：Office of Research Integrity）が，調査の企画，実行，再検討，あるいは研究結果報告における**剽窃**（plagiarism），**改竄**（falsification），あるいは**捏造**（fabrication）といった科学上の不正行為を監視している．研究公正局が，これらの用語を表11.1にあるように定義している．

学術的環境であっても，あるいは非学術的環境であっても，研究の不正行為の程度に関しては，信頼できる情報がほとんど存在しない．また，時折新聞の見出しとなる不正行為事件に関しては，それが氷山の一角であるのか，あるいはまれな例外であるのかを判断することも困難である（ハンセンとハンセン：Hansen and Hansen, 1995）．さらに一般的には，逸脱行動の研究のように，研究における不正行為の研究は難しく，無回答と測定誤差のいずれにも左右される．

しかしながら，調査員による改竄については，例は少ないものの一貫して注意が払われている．"**調査員による改竄**（interviewer falsification）"とは，調査員から報告されないこと，設計された調査員向けの指針や指示から意図的に逸脱することを意味し，結果的にデータの汚染（contamination of data）となることがある．ここで"意図的に（intentional）"とは，その調査員が，自分の行動が指針や指示から逸脱していることを自覚していることを意味する．

改竄には，以下のことが含まれる．

1) 聴取のすべて，あるいはその一部を捏造すること．すなわち，指定された調査回答者が提供していないデータを記録し，そのデータが当該回答者のものであると報告すること．
2) 調査結果コード（disposition code）[*6]を故意に誤報告し，処理データを改竄する（たとえば，回答拒否であった個体を不適格標本であったと記録することや，架空の接触を試みたと虚偽報告すること）
3) 追加質問を避けるため，ある質問に対する回答について故意に誤ったコーディングを行う．
4) 聴取の完了に必要な手間を削減するために，抽出されていない人に対し意図的に聴取を行う，あるいは調査管理者に対しデータ収集過程について意図的に事実を曲げて報告する．

継続的調査の場合と違って，臨時雇用の調査員を数多く起用している大規模調査においては，どこでもおそらく改竄が発生するだろう．一方，改竄率そのものはかなり低いものと思われる．改竄について公表された研究はほとんどないのだが，表11.2は米国国勢調査局が実施した調査結果を示している（シュライナー，ペニー，ニューブロー：Schreiner, Pennie, and Newbrough, 1988）．この研究では，改竄には標本世帯の不適当な人々に対して面接を行うこと，あるいはその調査では許可していない調査方式で面接を行うことを含んでいた．この表では，データ収集が1回限りのデータ収集である「空き家調査」では，継続調査である「最新人口動態調査（CPS）」や「全国犯罪被害調査」（NCVS）よりも改竄率が高いことを示している．

シュライナーら（1988）も，経験の少ない調査員ほど，経験を積んだ調査員と比べて改竄の可能性が高いこと，また経験を積んだ調査員ほど非常に巧妙な不正行為を行うことを見つけた（たとえば，パネル調査の第1次調査段階を改竄する）．11.9節で，そのような改竄を削減するための方法について論じる．

11.3 顧客対応に関する基準

米国世論調査学会（AAPOR）の倫理綱領によれば，調査依頼者に対する倫理的行動とは，第1は，調査研究の技術そのものの制約，またはリサーチャーあるいは顧客側の資源の制限によく照らしてみて，合理的に達成することが可能な調査課題だけに取り組むことである．第2は，調査依頼者が明示的に承諾した場合，あるいは綱領の他の条項により求められている場合を除いては，その調査研究に関する情報の保持あるいは調査依頼者の機密情報を保持することである．この第二の点の趣旨によると，調査結果に重大な歪みがあることにリサーチャーが気づいた場合，歪んだ知見が示された集団に対して意見をを述べることを含め，これらの歪みを正すために必要なことはすべて開示することも必要とされている．実際に，綱領のこの条項は，そのような

歪んだ結果を公開したことにリサーチャーが気づいた場合，立法機関，監督官庁，報道機関，あるいはその他の適切な団体に対して，是正表明を発することを義務づけるものである．当然のことながら，綱領のこの条項は，ある調査依頼者がリサーチャーの行った調査や世論調査の結果を歪めて発表した場合に，リサーチャーとの間に利害の対立を生み出すことになる．

そのような是正が生じた有名な一例がある．それは，当時ローパー世論調査センター*7 の代表を務めていたバド・ローパー（Bud Roper）が，ナチスによるユダヤ人の虐殺が実際に起こったことなのかを疑問視する回答者の割合が異常に高いことに気づいたことである．米国ユダヤ人委員会（American Jewish Committee）のために，この機関が実施した調査から得た結果は，ほぼ間違いなくその質問文の言い表し方の影響を受けていた（すなわち，「ナチスによるユダヤ人の虐殺が起こらなかったということは，あなたはありうることだと思いますか？　それともありえないことだと思いますか？」（"Does it seem possible or does it seem impossible to you that the Nazi extermination of the Jews never happened?"）という質問に対して，回答者の22％が，ユダヤ人の虐殺は起こらなかったと思うという意味の回答を示していた）．そこでローパーは，その調査質問のワーディングを変更し，自己負担でその調査を再度行って，公の場でその誤りを正した．ある記事の中でローパーは次のように語っている．「私たちは，結局は自費で調査を行いました．これは質問を1つ変えた以外は完全に同じ質問でした．その結果，私たちが何を得たと思いますか？　『ユダヤ人大虐殺が実際には起こらなかった』と考えた人々は全体の何％だったでしょう．それは1％でした．」（同調査センターサイト参照）．このような行動は，個人の名声や資金面で犠牲が大きくなる可能性をはらんでおり，実際のところ倫理綱領が要求する枠をこえている．倫理綱領の要求は，ローパーに対し誤差が生じる可能性について，単に意見を述べるよう求めるにとどまっていただろう．

11.4　一般の人々への対応に関する基準

米国世論調査学会（AAPOR）の倫理綱領では，結果を公表する世論調査（poll）あるいは調査に関して，最小限の情報開示を義務づけることで，職業上の責務を満たすよう努めている．

表11.3には，米国世論調査学会の情報開示要求についての8つの主要要素をあげてある．それらには，調査実施主体と調査地域をあきらかにする義務が含まれている．さらに，その調査結果における，さまざまな誤差発生源に関連した調査設計上の特徴に関する重要な説明がいくつか含まれている．

1) カバレッジ誤差：リサーチャーは目標母集団と標本抽出枠をあきらかにしなければならない．

表11.3 最小限の情報開示要素（AAPORの綱領から）

1. 誰がその調査資金を負担し，誰が調査を実施したのか
2. 回答に影響を及ぼすと十分に予想できる事前の指示や説明を含む，聴取した質問の正確なワーディング
3. 調査対象の母集団についての定義とその標本抽出枠についての説明
4. 標本抽出手順の説明
5. 標本の大きさ，また該当する場合には完了率と，適格性基準およびスクリーニング手順についての情報
6. 調査結果（取得知見）の精度，該当する場合には，標本誤差の推定，重みづけに関する説明や使用した推定手順の評価を含み
7. 該当するものがある場合には，どの結果が標本全体ではなく標本の一部にもとづいているか
8. データ収集法，データ収集場所，データ収集日時

（同学会サイト参照）

2）標本誤差：リサーチャーは標本設計と標本の大きさをあきらかにしなければならない．
3）無回答誤差：リサーチャーは完了率（これは回答率の1要素）をあきらかにしなければならない．
4）測定誤差：リサーチャーはデータ収集法と質問のワーディングや指示説明をあきらかにしなければならない．

　このように，こうした情報の項目は，最小限のレベルで，ある所与の（既存の）調査から得た推定値に関連する誤差についての考え方を，あるいは逆にその調査結果が保証する信頼度を伝達するものである．綱領では，こうした情報が調査結果のなんらかの報告に含まれるか，あるいはまたその報告の公開と同時に利用できることを必要としている．いいかえると，リサーチャーは，倫理綱領にそった専門的な意味でのベスト・プラクティスに従うことを求められてはいないにもかかわらず，本書で詳細に論じているように，倫理綱領によってリサーチャーが用いる実践内容を開示することが求められているのである．このように，長い期間にわたって，綱領は"思想の自由市場（marketplace of ideas）"[*8]に依存することで，悪質な実践内容を駆逐しているのである．

　開示綱領の実施例について，読者は「消費者調査」（SOC）のウェブサイトで，この調査の全体的な説明，標本設計の詳細説明，調査票のひな形，調査の主要統計量の基本的な算出方法の説明を見ることができる．

11.5　回答者に対処するための基準

11.5.1　調査回答者に対する法的義務

米国では，調査回答者を含む研究における被験者[*9]を保護するための法的根拠と

して，1974年の"国家研究法（National Researh Act)"（連邦規則集, P.L. 93-348, July 12, 1974）がある．カナダとオーストラリアには，米国と同様の被験者に関する調査に対する指針（ガイドライン）がある．カナダでは，被験者にかかわるすべての研究は，研究倫理委員会（Research Ethics Boards）による審査を受けることになっている．またオーストラリアでは，そうした審査委員会は，ヒトを対象とする研究倫理綱領倫理委員会（Human Research Ethics Committees）として知られている．しかしヨーロッパでは，生化学の分野以外では，被験者を用いた調査に対するいかなる保護規制も存在しないようである．しかし，欧州連合（EU）には個人情報の機密保持のための規制がある（以上，それぞれにサイトがある）．

米国では，最近1991年になって，1974年の国家研究法が改訂され，ヒトを対象とする研究に対する保護規制へと発展した（連邦規則集, 45 CFR 46 1974年5月30日, 46.3(c)）．これらの規制は単科大学，総合大学，およびその他の連邦政府資金を受け取っている機関が，施設内審査委員会を設立することを求めている．**"施設内審査委員会（Institutional Review Boards：IRBs)"** とは，リサーチャーと地域社会の代表者からなる委員会で，ヒトを対象に行われる調査を審査し，その被験者の権利が適切に保護されているかの判断を下す．

「ヒトを対象とする研究に関する連邦政府の保護規制」によると，被験者が直接的あるいは間接的に特定できたり，回答の開示により回答者の評判や雇用適性，あるいは財政状態をあきらかに損ねたり，あるいは回答者を刑事責任や民事責任の危険にさらすような方法（45CFR 46 101）で情報が記録されていない限り，調査は施設内審査委員会（IRB）による審査を免除される．しかし近年においては，研究を実施するにあたって，法的環境および規制環境が急速に変化している．これは一部には，著名大学における臨床実験で，数名の治験志願者が死亡した事件が広く報道されたことが原因となっている．こうした死亡事件とそれに続く一般市民の激しい怒り，そして政府が大学での研究を停止したことが関係し，施設内審査委員会（IRB）は彼らが実施する研究プロトコルの審査とリサーチャーに要求する文書提示を強化した．その結果として，研究の審査を迅速に処理するとか，あるいは審査自体を免除するといった，規制によって得られる機会をあまり活用していないようである（シトロ，イルゲン，マーレット：Citro, Ilgen, and Marrett, 2003）．

現在は，研究のために連邦政府の補助金を受けて米国の諸機関において実施される研究だけが，「ヒトを対象とする保護規制」による被験者保護を受ける．したがって，ほとんどの民間調査が規制（回答者によく説明をして相手の同意を得る，つまりインフォームド・コンセントを得ることを含む規制）を免れている．しかし，こうした状況は変わる可能性がある．2002年に連邦議会両院で導入された法律では，資金援助の有無にかかわらず，合衆国内のすべての研究を被験者保護局（Office of Human Research Protection）の権限下においている．民間の資金による調査研究の実施にとってこのような変化があることは，大きな影響力があるだろう．

コラム 28 ●梅毒に関するタスキギー研究

「米国公衆衛生局」の財政援助により，タスキギー研究（Tuskegee Study）では，梅毒に罹った南部の貧しい黒人男性たちに，疾患の経過を追跡する継続的調査への参加を募集した．梅毒に有効な治療法がない時代にはじまったこの調査は，ペニシリン発見後も被験者に新しい有効な治療法の存在を伝えることなく，政府の科学者たちによって続けられた．事実上，被験者たちは最初から欺かれていた．そして彼らは，治療されているよう信じ込まされていたが，実は治療されてはいなかったのである．

約600名の男性が選ばれたが，彼らすべてが貧しいアフリカ系アメリカ人であった．このうちの399名が梅毒に罹っていたが，彼らは単に「悪い血（bad blood）がある」と告げられただけだったが，この言葉は現地の方言では貧血症（anemia）を意味していた．そして彼らの治療には偽薬が使われた．多くの人が失明し，発狂した人もいた．

合衆国政府は1993年に至るまで，この研究における学術的違法行為に対する責任を公式に認めず，被害者に謝罪することもなかったため，このタスキギー研究はアフリカ系アメリカ人の一部に，政府と医療機関に対する不信を生む重要な原因となっている．

11.5.2 回答者に対する倫理的義務

回答者の権利を保護するための法的な原理原則とは異なるような倫理的原理原則は，ベルモント・レポート（Belmont Report，生物医学・行動研究における被験者保護のための国家委員会：1979年）に起源がある．その報告では，1974年の国家研究法を受けてつくられ，1979年に公布された「生物医学・行動研究における被験者保護のための国家委員会」（NCPHS）による研究報告である（いわゆる「ヒトを対象とする研究における対象者の保護に関する倫理原則およびガイドライン」）．

米国における被験者保護の動向は，生物医学研究者，とくにナチス時代のドイツ人科学者だけでなく，タスキギー梅毒研究におけるアメリカ人科学者，および患者を巻き込んだ，いくつかの他の実験における被験者の権利に対するはなはだしい侵害行為に端を発している（ファーデンとビーチャム：Faden and Beauchamp, 1986；カッツ：Katz, 1972；タスキギー梅毒研究アドホック諮問委員会, 1973）．

これらの初期の人権侵害は，生物医学研究で生じたのだが，いくつかの社会科学研究（たとえば，ロード・ハンフリーズによる公衆便所での同性愛行為の観察（ハンフリーズ：Humphreys, 1970））と同様に，人を欺くことにかかわる別の社会心理学研究（たとえば，ジンバルドの模擬刑務所研究（ヘイニー, バンクス, ジンバルド：Haney, Banks, and Zimbardo, 1973）；関連サイトも参照）においてもまた，被験者に危害を与える可能性について一般市民の懸念を喚起することとなった．ミルグラム（Milgram, 1963）は，ヒトラー政権下でドイツ市民が犯した残虐行為に対する関心に触発されたこともあり，権威への服従についての非常に重要な調査の中で，被験者に「科学者」への「協力者」としての協力を求めた．この協力者は，即席のボランティアたちに対して，表向きは電気

ショックを用いて回答の正誤を知らしめることになっていた．被験者は「科学者」（実際にはミルグラムの研究助手）によって，ある記憶力テストに対する回答が不正確である場合，ミルグラムの研究助手である，受け手側の苦痛の叫び声が聞こえるにもかかわらず，与える電気ショックを増すよう指示された．実際には，電気ショックは流されていなかったし，誰も電気ショックを受けていなかったのだが，この実験における真の被験者であり，他人に電気ショックを送っていると信じこまされている人々は，仮想の権威によって指示された苦痛を負わせるということに対し，人によってさまざまな意欲を示していた．また実験の終わりにミルグラムと同僚たちから感想を聞かれたときに，彼らの経験した苦痛の量もさまざまであった．

こうしたさまざまな懸念事項が，1974年の被験者保護法の制定と同年の連邦政府規制の成文化と採択につながった．1991年には，17の連邦政府機関のさまざまな規則が45CFR46のA項として調整統合された．この共通規則は別名"コモン・ルール（Common Rule）"として知られている．

ベルモント・レポートでは，被験者が関与するすべての研究の実施に合わせて3つの原則を提唱した．つまり，**善行，正義，人格の尊重**である．"**善行**（beneficence）"の原則とは，考えられる被害を最小限にすることと，被験者にとって考えられる利点を最大限にすることを求めたうえで，危険がともなうにもかかわらず，ある利点を求めることが正当であるとされる場合，あるいはそうした危険のためにその利点を放棄しなくてはならない場合が，いつであるかを決定することを研究者に求めるものである．連邦規則集の中で，危険と損害に対して大きな注意を払っているのは，この善行の原則を反映しているからである．

"**正義**（justice）"の原則とは，研究の負担を負う人と，研究から恩恵を受ける人との間で，ある公正な均衡を図ることを目標としている．19世紀から20世紀初頭にかけて，たとえば，医療研究の負担を担っていたのは主として貧しい患者であり，一方で，医療の向上の恩恵を享受していたのはおもに裕福な個人の患者であった．心理学的実験において，心理学専攻の学生を被験者とすることに過度に依存していることもまた，正義の原則に違反しているとみなされるだろう．これは研究結果の一般化可能性，つまり学生対象の結果を一般化できるかということに関して提起されうる問題とはまったく別のことである（ローゼンタールとロスノウ：Rosenthal and Rosnow, 1975）．

第3の原則である"**人格の尊重**（respect for persons）"では，**インフォームド・コンセント**（informed consent）[*10]に適した倫理的な要件が生じている．すなわち，この要件とは「ある個人，あるいはその人の法的に公認された代理人について，…不当な誘導，あるいはいかなる強制，詐欺，欺瞞，脅迫，またはその他のいかなる制約や威圧の形をとることなく知っているという同意のこと」と定義されるということである．（米国健康・教育・福祉省：US Department of Health, Education, and Welfare, 1974年, p. 18917）．

「社会科学研究における倫理的・政治問題に関する展望」（スミス：Smith, 1979）という論文の中でスミスが指摘しているように，回答者への倫理的義務および法的義務

コラム 29 ● メトロポリタン計画

1966 年，スウェーデンのある研究者グループが，全員が 1953 年に出生した児童からなる標本を特定し，メトロポリタン計画（Project Metropolitan）を開始した．データには，出生証明書，両親からの聴取，参加者による反復型調査票形式の調査，人口登録データ一式が含まれていた．調査目的の 1 つは，社会状況と健康状態との関係を理解することであった．

この研究では，1980 年代中頃までデータを集めることを続けた．しかし多くの研究対象者は研究に参加していることに気づかなかった．それは，初期の聴取は彼らが子どもの頃に行われていたからで，その後の測定がメトロポリタン計画と無関係の調査目的を掲げた調査に組み込まれていたからである．さらに，彼らは自分の人口登録記録に保存されたデータが，調査記録の更新に定期的に追加されていることを知らなかった．1986 年 2 月 10 日，ストックホルムの新聞"ダーゲンス・ニュヘテル（*Dagens Nyheter*）"はこの調査を説明する記事を掲載し，インフォームド・コンセントの欠如があると強く主張した．

国会議員を含めた多くの人々による公開討論がはじまり，被験者データがどのように集められ，使用されたかを知る権利への配慮が欠落していたことに対する激しい憤りが示された．この騒動を受けて，政府委員会はこのプロジェクトを終結させ，データの破棄を命じた（なお公開討論の期間中，スウェーデンでは，メトロポリタン計画とまったく無関係な他の調査の回答率が低下した）．

の 2 本柱である，「善行と人格の尊重」とは，非常に異なる哲学体系に由来するものであり，お互いに"ぎこちない，違和感をもって（awkwardly and uncomfortably）"結びついているにすぎない．スミスはこうした枠組みの 1 つとして，以下のように言及している．

> （前略）自由主義的，主意主義的な"人道主義的"枠組みは，"インフォームド・コンセント（informed consent）"といううたい文句に縛られている．…（中略）…人が重要な決断を自ら下すことは好ましいことであり，人は自分たちに害をもたらす結果となる自己犠牲的な選択を行う権利をも有すべきである．人が強要されたり，騙されたり，あるいは操られることは，それが本人のためであっても悪いことである．参加者の幸福あるいは損害（害悪）についての別の枠組みは，"功利主義的である"とする伝統に合っている．（中略）それは自由意志という前提に依存してはいない．それはより客観的のように思えて，しかもこれまでのところいま注目の費用・便益分析（cost/benefit analysis）[*11] という観点から述べることには役立っている．(p.11)

スミスはさらに続けて，これら両者の枠組みのもとで社会科学研究を実施する場合に提起される問題を指摘している．これらの問題については，本章の後ろの節で，より詳細に，人格の尊重と善行についての倫理原則を論じる際に考えることとする．

11.5.3 インフォームド・コンセント：人格の尊重

多くの人々が，インフォームド・コンセントの目的は，調査回答者を含む研究の被験者を被害から守ることにあると考えている．その結果，被害の危険性がなければ，インフォームド・コンセントを得る必要性はないはずだという議論に発展することがよくある．しかし上述のように，同意を得る真の目的は，被害という問題が生じていなくても，回答者や他の被験者に，自分自身に関する情報に意味のある（重要な）管理をゆだねることである．たとえば，実際の回答者たちに，ある聴取における彼らの参加協力が自発的な性格のものであることを知らせることは，倫理に則る調査実務にとっては不可欠である．同様に，結果として回答者に被害が生じそうもない場合でも，聴取を記録するために回答者の同意をとりつけることも標準的な慣習とすべきである．現在，多くの州では，そのような記録取得を調査員の同意のみをもって許可している．

表11.4は，コモン・ルールで必要とされるインフォームド・コンセントに不可欠な要素を表している．ここには，研究目的，参加によってもたらされる便益や可能性のある被害，データの機密保持事項，参加が自発的であることを明記することが含まれる．

特定の状況下においては，施設内審査委員会（IRB）はこれらの要素のいくつか，あるいはすべての適用を差し控えるか，またはインフォームド・コンセントを得る必要性をすべて断念することもある．

生物医学分野におけるインフォームド・コンセントの伝達手段と文書は，回答者の署名入り書面による同意形式となる．あきらかに，参加者から同意書を得ることを必要とすべき状況がある．こうした状況では以下のような特徴がある．

1) 参加者は，最小リスクをこえる危険にさらされている．ここで"最小リスク

表11.4　インフォームド・コンセントに不可欠な要素

---

1. 調査に研究が関与していること，そしてその研究目的の説明，被験者の参加予定期間，手続きの説明，実験的なあらゆる手続きに関する確認，こういったことについての記述．
2. 予測しうるすべての危険や不快と思われることについての説明．
3. 被験者あるいは他の人にとってかなり期待できるすべての利点・便益についての説明．
4. 適切な代替手続きあるいは治療方針の開示．
5. 被験者を特定する記録の機密性がどの程度維持されるかについての説明．
6. 最小リスクをこえる研究については，被害を受けた場合に補償や治療があるのか，あるいはそれはどのような種類の補償，治療であるのかについての説明．
7. 研究，被験者の権利，研究に関連した被害について疑問がある場合，誰に連絡をしたらよいかの説明．
8. 参加協力は任意であり，被験者が罰金を課せられたり利益を失うことはなく，いかなる時点でも中止することができるという記述．

(minimal risk)"とは,「その研究で予想される被害の確率(可能性)とその大きさは,日常生活や定期的な健康診断や心理検査で直面するような被害の確率(可能性)とその大きさより大きくはならない」ことを意味している.(45 CFR 46, 46.102i).
2) 署名入り同意書を要件としなければ,参加者はこうした危険性について適切な情報を受けとれないこともある.
3) 研究を行うリサーチャーあるいは機関は,またはその両者は,法的に必要とされる情報が,参加者に伝えられたことの証明が必要である.

多くの調査は,そしておそらくはほとんどの調査は,これら3つの特徴を有してはいないが,はっきりと特徴のあるものもいくつかはある.たとえば(NSDUHのように),違法な行動,あるいは非難されるような行動について質問を行う調査では,それが過失にせよ故意にせよ,情報が開示されると参加者を被害の危険にさらす可能性がある.回答者は調査に参加する前にこれらの危険性について知らされる権利があり,本章ですでに述べた利害の対立のため,どのくらいの情報をどのような形式で回答者に開示すべきかを,リサーチャーだけが決めるべきではない.このような状況においては,施設内倫理委員会が,その危険性から回答者を守ることや損害が発生した場合の償還請求とともに,その危険性について説明する文書を回答者に開示するよう求めることは適切である.また,そのような文書が実際に調査参加前の回答者に提供されているよう,施設内倫理委員会が要求することも適切である.こうした文書が'回答者による署名入り'同意書の形式をとるか否かは,また別の問題である.

いくつかの主要な専門家団体(たとえば,米国統計学会や米国社会学会)の倫理規定では,インフォームド・コンセントの要件について言及しているが,米国世論調査学会(AAPOR)の規定では言及しておらず,「調査回答者に悪影響を与えたり,屈辱を与えたり,あるいはひどく事実と異なった説明を行う可能性のある実務や方法の使用を避けるよう努めるべきである」と述べるにとどまっている.こうした不作為を理解することは難しいことではない.多くの生物医学研究とは異なり,調査の品質は調査が達成する回答率に依存する.その結果,回答者の協力を得る必要性から,簡潔で人を引きつけるような調査の紹介が重要視されるので,インフォームド・コンセントで必要とされるすべての要素を回答者全員に伝えることは困難となる.

さらに,ある調査が利用される方法を予測するのは多くの場合不可能であり,ましてや回答者に正確に伝達することはさらに困難である,とプレッサー(Presser, 1994)が説得力のある主張を展開している.また,たとえば,調査主体者と調査目的とを完全に公開することが倫理的観点からは非常に望ましいことであるにもかかわらず,このことがまた,調査に偏見をいだかせることもある(グローヴス, プレッサー, ディプコ: Groves, Presser, and Dipko, 2004).それはある機関が出資する調査,あるいはある特定の調査目的の調査には参加しないことを選択する人々がいるだけではなく,調査参加者

によっては内容を理解したうえで調査目的達成を妨げるため，あるいは先送りするために自分の回答を歪める人もいるからである．さらに別の観点からは，回答者に適切に情報を与えるためにはどの程度詳細に伝えるべきか，ということがある．たとえばこれは，回答者に対して，面接の最後で収入に関する質問を受けることになることを事前に伝えるべきか，それとも答えたくない質問には答える必要がないと伝えるだけで十分なのか，という問題である．

11.5.4 善行：回答者を被害から守ること

おそらく，調査回答者にとってもっとも重大な被害の危険性は，自分の回答が開示されることから生じる．つまり，故意によるあるいは不注意による機密保持の違反である．必要情報が慎重に扱うべき微妙な内容[*12]であるほど，たとえばHIV感染の有無や回答者がなんらかの違法行為にかかわっているか否かといった内容であるほど，機密保持違反が引き起こす被害は大きくなる．これは意外なことではなく，回答者は自分についてのそのようなデータの提供を求められたときには，（データの）機密保持について強い保証を求めるものである（シンガー，フォン・トゥルン，ミラー：Singer, Von Thurn, and Miller, 1995）．

調査データの機密保持に対しては，さまざまな脅威が存在する．もっとも一般的な脅威は，単なる不注意である．すなわち，調査票や電子データ・ファイルから個人識別子を取り除いていないこと，戸棚の鍵をかけ忘れること，個人識別子を含んだファイルを暗号化しないことである．このような不注意の結果で，回答者が被害を被ったという証拠はないのだが，データ収集機関は，こうした問題について適切な行動指針を用意し，従業員意識を高めることで，これらの指針が順守されるよう保証することが重要である．

さほど一般的ではないが，機密保持に対して，より深刻になるであろう脅威は，特定のデータに対する法的請求が，召喚令状の形で，あるいは情報公開法（Freedom of Information Act：FOIA）の請求結果として求められる場合である．たとえば，薬物使用のような違法行動についてのデータを収集する調査は，法執行機関による召喚を受ける可能性が高い．このような脅威から保護するために，精神衛生，アルコールおよび薬物使用，あるいはこれ以外の慎重に扱うべき微妙な主題を研究するリサーチャーや「薬物使用と健康に関する全国調査」（NSDUH）のようなプログラムでは，連邦政府の資金提供を受けているか否かにかかわらず，保健社会福祉省（DHHS）に**"機密保持証明書**（Certificate of Confidentiality）"を申請することができる．このような証明書は，調査期間中は有効であり，大半の状況下では，連邦政府，州政府，あるいは地方自治体の法的手続き（42 CFR 2a.7,「機密保持証明書の効力」）により，調査回答者の名前や身元がわかる特徴を開示せざるをえないリサーチャーを守っている．この証明書は，回答者の身元を保護はするが，そのデータは保護しない．

統計データの"**機密保持**（confidentiality，秘匿性）"に対するさらなる保護が，

2002年に制定された法律で規定されている．1971年，連邦政府統計に関する大統領委員会は，「'機密'という用語を用いるときは常に，回答者の氏名公表を許す形でのデータ開示，あるいは回答者になんらかの被害が及ぶ形でのデータ開示を行うことは禁止されていることを意味しなくてはならない」こと，さらに，「データは法的手続きの影響を受けない」ことも提言している．この委員会はさらに，「統計的な目的でデータ収集を行う機関には，上に定義した機密保持を保証することを認める法律を制定すべきである」と薦めている．このとき以来，統計的情報の機密保持の法的保護を強化するほかに，各機関間で，統計的な目的で若干の制限つきでデータ共有を許可する取組みがなされてきた．2002年12月，そのような立法措置である法律「機密情報の保護と統計的有効性についての法令2002」(Confidential Information Protection and Statistical Efficiency Act of 2002) がようやく制定された．しかし，2001年に制定された「国土安全保障法案（Homeland Security Bill）」の影響が，機密保持の保証に及ぼす懸念はまだ解決されておらず，その後の政策形成や規制に用いられた研究データへの公的アクセスを促進するように立案された，いわゆる「シェルビー修正条項（Shelby Amendment）」（PL 105-277, 1998年10月21日に制定）が及ぼす影響についても同様である．

　（統計的利用ではなく）あきらかに訴訟目的に調査が行われる場合，いずれかの当事者から，データを要求されることは珍しいことではなく，「機密保持証明書」あるいは新たに制定した法律によって保護ができないことがある．プレッサー (Presser, 1994) は，そのようないくつかの事例について再吟味している．このような状況下では，リサーチャーはデータを引き渡す以外に頼る術はほとんどなく，したがって機密保持の誓約に違反するか，刑務所に入ることになる．プレッサー (Presser, 1994) は，そのような場合に機密保持を高めるために，専門調査機関がとりうるいくつかの行動について論じている．たとえば，訴訟業務に従事している調査会社がすでに行っているように，敵対的な訴訟手続きのために設計された調査では，個人識別子の破棄が必要であるとしている．これが調査業界の標準的な手続きであったならば，ひとりひとりのリサーチャーは，そのような手続きを自らがとることを弁護することがより可能となることであろう．

　ここで言及されるべきデータの機密保持に対する最後の脅威は，**"統計的開示 (statistical disclosure)"** という事柄に由来する．"統計的開示" とは，調査データと調査外から得られる情報とを照合することで，ある個人（あるいはある特性）を識別することを意味する．今までのところ，本章では，明示的な回答者の個人識別子について，たとえば，氏名，住所，社会保障番号などについて，論じている．しかし，たとえ明示的な個人識別子がなくても，高速コンピュータや，氏名と住所が入った外部データ・ファイル，調査データの照合が可能なさまざまな個人特性，高機能の照合ソフトウェアが存在すれば，回答者の再同定化は可能かもしれないという認識が高まってきている．継続的な調査研究は，このような再同定化に対しては著しく無防備である．

回答者の特定をさらに容易にする，あるいは回答者の身元の秘匿をより困難にする技術を，調査データと併せて用いることが増えてきている．たとえば，DNA標本，生物測定，地理的空間座標といった技術は，いずれもデータ・ファイルを匿名にするという問題を複雑にし，また機密保持を行う一方で，自分が収集するデータへのアクセスを増やしたいリサーチャーにとってのジレンマを高めている．いまのところは，こうした変数を含むデータ・ファイルの機密を保持する方法について，特別な使用許諾，結合化，あるいはアクセス協定を前提とする制約付きファイルとしてデータを公開する以外には，一般に認められた指針は存在していない．こうした問題については11.10節で論じる．

上に論評したような，機密保持に対するさまざまな脅威を考慮して，回答者に機密保持の完全な保証を与えることはそうないはずだ，という一致した意見がリサーチャー間で高まりつつある（米国学術研究会議：National Research Council, 1993）．たとえば，米国統計学会（American Statistical Association：ASA）の「統計的実務のための倫理指針（Ethical Guidelines for Statistical Practice）」では，統計学者に対して「研究対象から許可を得る際には，データの2次的利用および間接的利用を見越しておく」ように注意を促している．少なくとも，この指針では，統計学者に対し，外部の第三者による分析という後(のち)に行う独立した再検証に備えるよう強く勧めている．この指針ではまた，明確な権限を与えられていない場合には，証拠開示の法的手続きから機密を保持できることをほのめかさないようリサーチャーに警告している．慎重に扱うべきデータ（センシティブデータ，sensitive data）を収集する人たちは，回答者に対してかなりしっかりした保証を提供できるように，機密保持証明書を取得するためにあらゆる努力を払うべきである．この証明書の取得によって，この種のデータの収集者らは回答者に対してより強い保証を与えることが可能となろう．しかし，たとえこのような証明書でも，統計的開示の危険性を防ぐことはできないのである．

11.5.5　説得における努力

ここで手短に議論する必要がある1つの問題が，自宅ですごす時間や，自分の自由になる時間が少なく，調査に非協力的な傾向がある対象者からなる母集団から高い回答率を得る必要性から生じるジレンマである．このジレンマがあるために調査機関は，回答拒否の回避や拒否からの転向（refusal conversion）をより多く試みるようになる．たとえば回答を促す最初の誘因として，また，拒否した回答者を説得する方法として，謝礼を大いに活用する．当初は拒否した回答者に対して，報酬の提供も，金銭の提供もせずに説得を試みようとするフォローアップの電話を，不快なことと回答者はみなす（グローヴス，シンガー，コーニング，バウアーズ：Groves, Singer, Corning, and Bowers, 1999）．回答者はまた，調査拒否の撤回に謝礼支払いをあてることを不当であると考えることもあるが，そのような報酬の支払いがあることを認識していても，今後の調査への回答意欲や新規調査への実際の参加協力が低減することはないようにみえる（シ

ンガー，グローヴス，コーニング：Singer, Groves, and Corning, 1999)．

しかし，倫理的な観点から，この慣習はいくつかの問題を提起する．ここでは以下の例について考えてみよう．

例1： ある調査受託先が，高齢者を対象とする調査のために数百万ドルの資金を得ている．その委託先は回答率80％を約束している．実査期間がもう少しで終わろうとしている時点で，回答率は依然として80％をやや下回っており，リサーチャーは調査員に対して，見込みのある回答者を回答拒否から翻意させるために100ドルを提供する許可を与える．

例2： 遺伝子検査に関する知識とそれに対する態度についての調査研究で，リサーチャーが医師と遺伝子カウンセラーに面接を行っている．回答率を高めるために，彼らは医師に対して30分の面接で25ドルを支払うことに決めた．しかし，予備調査で遺伝子カウンセラーからはかなり高い回答率が得られたので，彼らに対しては謝礼を提供しない．

この2つの例が提起する1つの問題は，公平性の問題である．あまり協力的ではない回答者の協力度の不足に対しては報われるのに，調査依頼に協力的な回答者は報酬を得られない（しかし，経済学者は，この問題を異なる観点から見ており，その調査は，謝礼がなくても回答した人にとっては大いに有用であり，そのため回答者に対して追加的な謝礼を提供する必要はない，と主張している）．

しかし，ここには調査方法論的な問題もありうる．たとえば，上の最初の例にあるように，回答拒否から転向することに対し非常に高額な支払条件を提示されたことで，調査に参加した人々は，拒否からの転向の謝礼支払を受けずに調査協力した人々よりも，より豊かでより多くの資産を所有していることが証明されるので，その標本がより正確なデータをもたらすという研究がある（ジャスターとスズマン：Juster and Suzman, 1995)．別の研究では，金銭による謝礼は，回答者が調査主題に対していだく関心の欠如を補うことがあり，そうした謝礼が，無回答による偏りの低減にとって重要であることを指摘している．

謝礼の規模や種類と見込みのある回答者の状況とによって，対象者が拒否しにくいような場合には，いくらか異なる問題が提起される．たとえば，囚人がある調査に協力する見返りとして減刑されるとした場合，あるいは薬物使用者が金銭による謝礼を提示された場合，あるいはまた，ある特定の病気の罹患者で治療を受ける金銭的余裕のない人が，実験的薬剤の治験に参加する見返りとして，薬剤治験のような治療を提案された場合，こうしたことがあてはまる．ここでは，ある特定の謝礼条件の提示が，自発的な同意（voluntary consent）という仮定に疑問を生じさせ，事実上，謝礼が強制させるものになっているか否かを問う必要がある．施設内倫理委員会（IRB）が，この種の謝礼を用いることを提案している調査研究実施要綱を是認することはほとんどありえないことである．

11.6 新たな倫理的問題

インターネット上で実施する調査がここ数年で爆発的に増加しており，こうした調査はまったく新しい倫理的問題を表面化させている，あるいは昔からある懸案事項に対し新たな局面をもたらしている．たとえば，このような調査でプライバシーや機密性を維持するには，かつてのデータ収集方式で必要とした枠をこえる技術革新（たとえば，"安全な"ウェブサイト，回答の暗号化）が必要である．他の倫理的問題については，旧来の調査実施方式では提起されなかっただけのことである．たとえば，ある回答者が複数の回答を提供し，結果として意図的に偏ることがありうる．米国世論調査学会倫理綱領の下では，調査の知見を誤った方向に導きやすい方法は避けねばならないので，これはリサーチャーにとって倫理的な問題となる．インフォームド・コンセントを得るといったような，他の倫理的問題について，ウェブ上での調査は新たな難問（たとえば，ある調査に未成年者が参加していないことをどのように確認できるのか）および新たな解決策の可能性（たとえば，回答者が調査票内の次の構成単位に進む前に，現時点で取り組んでいる調査票の構成単位を理解していることを示さなくてはならない場合の双方向的な合意形成過程）の両方を提起している．これらの問題についての包括的な議論については，米国心理学会（American Psychological Association, 2003）を参照されたい．

11.7 被験者の諸問題に関する研究管理上の実務

サーベイ・リサーチャーは，前述の倫理指針の実現に前向きでなければならない．これらの手順は，訓練を受けていない者には自然に思い浮かぶようなものではない．調査チームの新人は，被験者の取扱いをめぐる諸問題について，基本原則のいくつかを学ぶオリエンテーションを受けるのが一般的である．米国国立衛生研究所（NIH）は，あきらかに生物医学研究を志向する機関であるが，ウェブによる訓練用履修単位（traning module）が設けられており，それを研究者の訓練に使用している（同研究所サイトを参照）．

さらに，多くの現在活動中の調査機関では，指針に対して約束するというかたちでの文書化された公式誓約書を作成して，従業員に対し雇用にあたって署名を求めてきた．たとえば図11.1は，ミシガン大学社会調査研究所（ISR）で用いている書式を表している．この公式誓約書では，上で説明した倫理指針にかなった方針を遵守することに言及している．その誓約の履行が雇用継続の必要条件であると記している．各従業員は，年に一度，この方針を約束する誓約を更新する必要がある．

米国政府関連機関においては，この誓約書の施行には補足的な法的処罰を含んでいる．たとえば，米国連邦政府統計機関で調査に従事しているスタッフは，機密保持の

11.7 被験者の諸問題に関する研究管理上の実務

ミシガン大学社会調査研究所
回答者のプライバシー保護のための誓約書

　私は，社会調査研究所の回答者のプライバシー保護に関する方針を読み，この方針を厳守することを誓います．とくに，以下を順守します．

　　　私は，いかなる回答者（あるいは別の情報提供者である回答者の家族）の氏名，住所，電話番号，あるいはこれ以外の身元がわかる情報を，回答者が参加協力する調査に直接かかわる研究スタッフ以外のいかなる人にも明かしません．

　　　私は，特定可能ないかなる回答者，あるいはいかなる情報提供者の回答内容および回答要旨を，プロジェクトの総括責任者あるいは公認の指名者の承認がある場合を除き，回答者が参加協力する調査に直接かかわる研究スタッフ以外のいかなる人にも明かしません．

　　　私は，回答者が参加するプロジェクトに直接関与するスタッフの一員に承認された場合を除き，いかなる回答者（あるいは回答者や情報提供者に関係する家族，雇用主，その他）にも接触しないものとします．

　　　私は，社会調査研究所および自分が所属するセンターが制定した方針および手続きに従う場合を除き，データセット（無制限の公的利用または他の制限のない利用目的のものを含む）を公表しないものとします．

　私は，この誓約に従うことならびに次の基本的な方針に同意します．その方針とは，(1) 私の雇用条件（私が社会調査研究所の従業員である場合），および／あるいは，(2) 社会調査研究所との連携および提携条件（私が学生や客員研究員，あるいは外部プロジェクト総括責任者や共同研究員などといった，社会調査研究所の従業員ではない場合）をいう．

　私が，（制約のない一般公開データセット以外の）回答者データにアクセスできる社会調査研究所以外の従業員を監督する場合，私は，これら従業員が，本誓約およびその関連する方針が要求するところの，回答者プライバシー，匿名性，機密保持についての社会調査研究所の同様の基準を確実に守ります．

　署名：＿＿＿＿＿＿＿＿＿＿＿＿

　タイプした氏名または活字体氏名：＿＿＿＿＿＿＿＿　日付：＿＿＿＿＿＿＿＿

図 11.1 (a) 研究チームのメンバーによる回答者のプライバシーに関する誓約書の例（翻訳）

誓約に対する違反の場合，5年以下の実刑と25万ドル以下の罰金という一律の罰則を科している．

　結局は，回答者の権利保護は，関与する調査研究スタッフ次第である．したがって，前述の原則を達成するもっとも効果的な方法は，インフォームド・コンセント，回答者への被害回避，機密保持誓約の遂行について強固な規範のある作業環境をうまく作り上げることである．それに比べて，業務監督や実施上の監視の努力は，これの代用

> **Institute for Social Research**
> **University of Michigan**
>
> **PLEDGE TO SAFEGUARD RESPONDENT PRIVACY**
>
> I have read the Institute for Social Research Policy on Safeguarding Respondent Privacy and pledge that I will strictly comply with that policy. Specifically:
>
> > I will not reveal the name, address, telephone number, or other identifying information of any respondent (or family member of a respondent of other informant) to any person other than a member of the research staff directly connected to the study in which the respondent is participating.
> >
> > I will not reveal the contents or substance of the responses of any identifiable respondent or informant to any person other than a member of the staff directly connected to the study in which the respondent is participating, expect as authorized by the project director or authorized designate.
> >
> > I will not contact any respondent (or family member, employer, other person connected to a respondent or informant) except as authorized by a member of the staff directly connected to the project in which the respondent is participating.
> >
> > I will not release a data set (including for unrestricted public use or for other, unrestricted, uses) except in accordance with policies and procedures established by ISR and the Center with which I am affiliated.
>
> I agree that compliance with this pledge and the underlying policy is: (1) a condition of my employment (if I am an employee of ISR), and/or (2) a condition of continuing collaboration and association with ISR (if I am not an employee of ISR, such as a student, visiting scholar, or outside project director or coprincipal investigator, etc.).
>
> If I supervise non-ISR employees who have access to ISR respondent data (other than unrestricted public release datasets), I will ensure that those employees adhere to the same standards of protection of ISR respondent privacy, anonymity, and confidentiality, as required by this pledge and the associated policy.
>
> Signature: _____
> Typed or printed name: _____ Date: _____

図 11.1（b）　誓約書の例（原図）

とはなりにくい．

11.8　調査におけるインフォームド・コンセント規約に関する研究

　11.5.3 項における議論では，調査におけるインフォームド・コンセントの主要な構成要素について述べている．実際の調査規約でそのような構成要素を実施すること

コラム 30 ●インフォームド・コンセントの理解に関するシンガーの研究 (Singer, 1978)

シンガー（1978）は，さまざまな承認プロトコル（consent protocols，同意規約）が調査誤差にどのように影響を及ぼすかを研究した．

研究計画 ある2×3×3の要因実験計画で，以下のようにした．(1) 調査説明の長さと詳細度（「詳細かつ長いもの」対「あいまいで短いもの」），(2) 機密保持誓約の程度（何もない，制限つき，無制限），(3) 同意書への署名要求内容が異なる（署名なし，面接後に署名を求める，面接前に署名を求める）．約2000人の成人標本が，18の処理グループのいずれか1つに割り当てられ，すべてのグループ内の調査対象を割り当てられた調査員が接触した．面接質問では，余暇活動，精神衛生，飲酒，マリファナの使用状況，性行動について聴取した．

研究の成果 3つの要因のうち，署名を求めるか否かのみが無回答に影響した（署名なしのグループの回答率が71％であったのに対し，他のグループの回答率は65～66％であった）．署名を求められた人の78％がこれを拒否したが，面接への参加には前向きであった．機密保持の扱いだけが無回答に影響を及ぼし，機密保持がもっとも高い場合では慎重に扱うべき，微妙な質問項目に対する項目欠測データが少なかった．しかしその結果は，面接前に署名を求めることが，微妙な内容の行動の程度を過小推定につながることをはっきりと示している．

研究の限界 各調査員がすべての処理を行ったので，調査対象に対する処理の割当にかかわる誤差があった可能性がある．外部検証データが使えないので，回答品質の分析は検証不可能な前提に依存していることになる．

研究の影響 慎重に扱うべき質問項目における欠測データにとって，守秘義務誓約が重要であることは，そのような質問項目を測定する調査にとっては誓約内容が，よりいっそう重要であることを示唆している．面接には前向きだが，同意書に署名をすることには乗り気ではない人がいたという事実は，承認プロトコル（同意規約）と無回答率との間に，関連があることを立証している．

は，さまざまな調査方法論研究が示しているように，そう簡単なことではない．インフォームド・コンセントに関連した実務の情報を伝える調査方法論研究として，次の3つの領域がある．

1) インフォームド・コンセント規約の内容に対する回答者の反応に関する研究
2) 調査方法論的な調査におけるインフォームド・コンセントの研究，とくにある種の詐欺行為にかかわる調査におけるインフォームド・コンセントの研究
3) 書面によるインフォームド・コンセントに対する口頭によるインフォームド・コンセントの研究，とくに回答者に署名を求めることの影響を考察することに関する研究

11.8.1 インフォームド・コンセント規約の内容に対する回答者の反応に関する研究

シンガー（Singer, 1978）は，無作為に2等分した標本に対して，2通りの面接の内容説明を与えた（コラム30参照）．標本の半分には，余暇時間および人々の心情・気持ちについての調査という，簡単であいまいな説明を与えた．残りの半分の標本に対しては，アルコール飲料の飲用状況やセックスについての質問をいくつか取り入れた記述を含めて，面接についてかなり詳細な説明をつけた．この調査の結果，調査内容について回答者に与えられた情報が異なることが，回答率（または拒否率）や回答の品質になんら影響を及ぼさないことがあきらかになった．調査について事前により多くの情報を与えられた回答者は，この調査でさまざまな種類の質問に回答することにどのくらい動揺したのか，あるいは困惑したのかを自記式の報告聴取型調査票で尋ねてみたが，思ったほど戸惑いはなかった．回答者はまた，自分が実際に聴取された種類の質問を自分も予想していたと報告する傾向がかなりみられた．

その後の調査で（シンガーとフランケル：Singer and Frankel, 1982），調査の導入部でこの研究の方法論的目的に関するあいまいな文章を1つ取り入れても，回答率あるいは回答品質に何の影響もないことがあきらかになった．この調査の主要部分のあとに，たとえこうした情報が自分の回答の性質を変えてしまう可能性があろうとも，調査の参加者は調査目的を知らされるべきか否かについて，回答者は尋ねられた．標本の半数には，その調査の目的のみが知らされ，残りの標本には，それに加えて調査の方針や予算的なかかわりまでを知らせた．圧倒的に，調査のあらましを知らせることが研究成果におよぼす影響があるにもかかわらず，事前に調査のあらましを人々に伝えるべきであることを，両グループが主張していた．調査についての知識のみがある場合，回答者の68％がこの選択肢を選び，25％の回答者が，リサーチャーは回答者に事後に伝えるべきであるとし，金銭がかかわる場合も，回答者の65％がこの選択肢を選んだのに対し，29％が「後で伝えるべきである」とした．各グループにおいて，調査協力が見込まれる参加者に対してリサーチャーは，「調査目的をまったく伝えるべきではない」とした回答者はわずか5％であり，各グループで1％から2％の人が調査をすべきではないと答えた．こうした選択傾向は，あきらかに大方のサーベイ・リサーチャーの実地で得た経験とは対立するものであり，むしろ研究目的について通り一遍の説明であるのが通例である．

しかし，1978年と1982年の両調査で聴取された質問のいくつかは，私的な性質の質問であったにもかかわらず，聴取時に，調査機関に「聞かれても答えたくなかった」質問がいくつかあったと答えたのは，標本の約4分の1にすぎなかった．ここでは，実験条件が回答の差違となった．聴取内容について詳細な説明を与えられた人たちは，いくつかの質問について，リサーチャーは質問する権利はない，とする可能性が著しく低かった一方で，方法論的な趣旨を告げられていた人たちは，リサーチャーに「聞かれても答えたくなかった」と答える可能性が非常に高かった．4つの実験条件

に対する回答分布を見ると，こうした否定的な反応の原因は，慎重に扱うべき微妙な内容と方法論的な趣旨についての説明不足との組み合わせにあることを示している．そしてこのことから，回答者はそれらが事前に知らされていない場合，こうした特定の目的が微妙な内容の質問（sensitive questions）を正当化するのには不十分であることを示唆している．リサーチャーに対し，ある特定の質問について「聞かれても答えたくなかった」と言う回答者に，どの質問に気分を害されたかを尋ねたところ，セックスと収入がもっとも多くあげられていた（表11.5）．

この研究の調査設計には数多くの欠点があるにもかかわらず，たとえば，質問を自記式ではなく調査員が提示することで，回答者がさまざまな調査主題をどの程度微妙

コラム31 ●回答傾向における機密情報の影響に関するシンガー，ヒップラー，シュワルツの研究(Singer, Hippler, and Schwartz, 1992)

シンガー，ヒップラー，シュワルツ（1992）は，微妙ではない差し障りのないことを調べる調査への参加協力に，機密保持にかかわる情報量が及ぼす影響について研究を行った．

研究計画　マンハイム大学の食堂で接触した159人の学生からなる便宜的標本[*14]に対して，3つの無作為化した実験処理を割り当てた．女性のリサーチ・アシスタントが，研究機関の便箋に差し障りのない主題として選んだ「学生生活に関する調査（1988年）」と記した書状を手渡した．"機密保持には言及しない"という処理条件に割り当てられた人には，1ページの調査票の記入と，氏名・住所・電話番号・署名を求める同意書を依頼した．"機密性保証の低いグループ"には，機密保持規定についての一文を追加した調査説明を与えた．"機密性保証の高いグループ"には，機密保持と法律についての1ページにわたる説明に加え，「ドイツ連邦データ保護法（German Data Protection Law）」についての数文を追加した調査説明を与えた．

研究の成果　調査参加と同意書署名への意欲のいずれもが，機密保持についての情報量に応じて低下した．

研究の限界　ここで便宜的標本であることが，つまり独自の勧誘設定方法であること

意欲・積極的意思表示	機密性保証		
	なし	低い	高い
参加協力	76%	61%	49%
書面による同意書への署名	52%	37%	26%

と学生母集団であることが，この結果を他の調査設計への適用を難しくしている．また，ここでの結果は，差し障りのない主題の調査にだけ適用できる．

研究の影響　この研究は，機密保持の説明と調査への参加協力の決断との関連性を実証した．インフォームド・コンセント手順のもつ性質に対するサーベイ・リサーチャーの注意を喚起した．

なものとみなすか，そしてこれらの主題を回答者に事前に告げることがどのような影響を及ぼす可能性があるかを，この結果が示している．

　上に指摘したように，内容や目的に関する情報を多かれ少なかれ回答者に向けて提供することが，回答者の調査参加率に影響を及ぼすという証拠は，それがあったとしても調査実験ではほとんど見出せなかったにもかかわらず，室内実験ではこうした変数のいずれもが非常に強い影響があることがわかっている．たとえば，バーシェイドらは（Berscheid, Baron, Dermer and Libman, 1973），被験者に対し，過去に実施された実験，たとえば，アッシュ（Asch, 1956）やミルグラム（Milgram, 1963）が行った実際の心理学実験に関する情報を徐々に増やすようにした．彼らは，被験者が実験についてたくさんの情報を与えられるほど，自発的には回答しにくくなることに気づいた．ガードナー（Gardner, 1978）は被験者に対し，騒音レベルが気になるようであれば，作業を中止してもよいと告げた．この情報は，この情報がなかったときには見られた騒音の作業達成に及ぼす悪影響を一掃してしまった（ホーン（Horn, 1978）の報告による）．キングとコンファー（King and Confer）は，被験者に対して，ある実験の本当の目的についてのさまざまな情報を与えてみた．この実験の本当の目的とは，「I（私）」や「We（私たち）」という人称代名詞の使用が，言葉でほめること（言葉の報酬）によって増加するか否かを知ることであった．正確かつ完全な情報を与えられた人々の間では，仮説とした実験の影響が除去されてしまった[*15]．

　このように回答者に調査参加の意思がある調査研究について，より多くの情報を回答者に与えることが，彼らの参加意欲とその調査結果に影響を及ぼしうることを，こうした室内実験が示唆している．したがって少なくともいくつかの事例においては，サーベイ・リサーチャーにとってのジレンマは現実的なものなのである．それはすなわち調査対象者に対し，情報を十分に与えて彼らの参加を減少させる危険を冒すのか（そして潜在的に結果に影響を及ぼす），それとも回収率を維持し，調査結果の品質を落とすことを避けるために，インフォームド・コンセントを得るという倫理義務に違反するのか，ということである（こうした戦略はいずれも必ず成功するとは限らないことに注意しよう．たとえば，アロンソンとカールスミス（Aronson and Carlsmith, 1969）は，被験者にとってある調査について説得力のある説明を与えられなければ，実験者が探ろうとしていることについて被験者自らが仮説を立て，それに同調する，あるいは反論するような回答行動を被験者はとるかもしれない，と指摘している）．

　調査に関連する情報を回答者に対してどの程度提供するかという質問には，簡単には答えられない．スミス（Smith, 1979, p.15）は，知識向上にたいする研究者の偏った関心が，こうした問題の解決に到達する際に偏りを生みやすく，したがってそこには，"再審理グループによる再審議のような，陪審員にとっての正当な理由"があると論じている．これは非常によくあることだが，参加者の選好が，"地域社会の代表"の形はとらないまでも，施設内倫理委員会（IRB）によって考慮されるべきであると，ここでは主張したい．むしろ，さまざまな種類の調査研究において，参加者の規範や

表 11.5 リサーチャーに微妙な質問には「答えたくない」と答えた回答者が，不快であると考える質問の種類の自己報告

質問	不快と感じた回答の割合(%)
セックスについての質問	19.2
収入についての質問	9.4
飲酒についての質問	5.1
マリファナについての質問	4.2
心や体の健康についての質問	1.2

（シンガー：Singer, 1984）

選好をあきらかにするための系統的な研究を継続することを薦めたい．こうした選択傾向は，研究が容認されるか否かの決め手となる必要はないが，真剣に考慮すべきである．過去に回答者に対して実施された研究は，全体的にみると，この点について不安を払拭するものである．

インフォームド・コンセントの内容に関連する別の研究成果では，回答者に対して提供する機密保持の保証の性質について重点的に取り組んでいる．ここでは，研究で提供された機密保護に関する詳細情報の量を実験的に変えてみたという実地調査があった．ある実験（コラム 31 参照）では，さほど差し障りのない主題についての調査では，回答者が機密規定について詳細な情報を受け取ったときには，調査依頼に対する協力が低下することがわかった．またこの研究では，入念な機密保持の保証を行うことは，測定がいっそう敏感になるか，いっそう危ういものになるという予想を高めるという仮説を支持している．しかし，30 編の研究報告にあった 64 件の機密性保証の異なる実験結果を用いたメタ分析から，シンガー，フォン・トゥルン，ミラー（Singer, Von Thurn, and Miller, 1995）は，主題の敏感性と機密保持の保証との間には相互作用があること，つまり，微妙な主題においては，機密保持の保証が強固であるほど，回答率あるいは回答品質が向上することに，気づいた．

面接に関する情報が調査協力に及ぼす影響に関する文献を要約すると，面接内容にかかわる情報量が，協力度あるいはデータの品質のいずれかに影響を及ぼすという証拠はほとんどない．しかし，質問の微妙な注意を要する内容について事前に注意を受けている回答者は，そうでない回答者よりも動揺や苛立ちの報告が少なかった．調査が慎重に扱うべき主題を重点的に扱っているときに，より入念に機密保持の保証を行うことにはささやかな利点がある．この分野における一般人の好みと寛容性に関する，さらなる優れた研究は大いに価値があるだろう．このような情報，つまり優れた研究が欠落していることから，施設内倫理委員会（IRB）の委員たちは，慎重に扱うべき主題にかかわる回答者自身の好みと照らし合わせて，おそらく回答者が不快と思うことについては，委員自身の主観的判断をあてはめる必要がある．

11.8.2 調査方法論研究におけるインフォームド・コンセントの複雑な諸問題についての研究

スミス（Smith, 1979, p13）は，倫理的義務と一般に認められている研究手続きとの間には，ある特有の対立があると述べている．すなわち，"信頼できる知識を提供することができるよう適切に設計された"ようにみえる多くの慣行は，たとえば心理学的実験における騙し（deception）の行為や，目立たない観察つまり被験者にさとられないように行う観察といった慣行は，インフォームド・コンセントにかかわる，他のいかなる厳密な解釈とも相容れない，ということに注目することである，と言い表している．異なる情報量に対する回答者または調査員の反応に，重要な科学的な疑問が影響しているという数多くの調査方法論研究がある．このことは，たとえば，さまざまな段階の手がかりとかかわる質問文のワーディングの研究（7.2.2項参照），無回答に対する謝礼の効果の研究（6.7節参照），調査員の監督実務の研究（9.7節参照）について当てはまる．これらの研究におけるインフォームド・コンセントについて，適切な実践とは何か．異なる情報量を前提に，どのように自らの行動を変えるかを研究したいという要望が回答者に十分に伝わっているということもありうる．しかし通常は，回答者に測定前の段階で十分に知らせること自体がその調査結果を歪めることを，リサーチャーは恐れている．

> 例：1990年の米国センサスにおいて，郵送の返送率が低かったことを，よりよく理解するために，米国国勢調査局は「センサス参加調査」を依頼した．この調査では，さまざまな人口統計学的な質問と意識についての質問を聴取し，また，回答者世帯がセンサスの調査票を返送したか否かについても聴取した．そのあとで，国勢調査局は調査参加者の回答と国勢調査調査票とを照合させて，この調査データと10年ごとのセンサス・ファイルとの関連づけを行った（クーパー，シンガー，クルカ：Couper, Singer, and Kulka, 1998）．

この場合には，照合することへの同意の取得に失敗した結果が何であるかの情報がない．たとえば，許可が求められた（そして却下された）場合，この参加調査の回答者のうちのかなりの割合の記録が，国勢調査用紙に適合していなかったということもありうる．かりにこうした人たちがたくさんいたならば，そして彼らが，許可を与えた人たちに比べて大幅に異なっていた場合，この調査結果は歪められた可能性がある．同時に，調査回答がセンサスの記録と比較されることを知らされていた場合も，照合に同意した人の回答が彼らの実際の回答とはいくらか異なっていたかもしれず，これもまた調査結果を歪める可能性がある．回答者が調査終了後に許可を求められた場合であっても，自分の回答が国勢調査局の記録と一致しないことを知っている人は，拒否する可能性が高く，したがって，調査と記録との間には，事実を上回る一貫性があったとリサーチャーが結論づけることになる．ここでも，インフォームド・コンセントの説明時の無回答と測定誤差にもとづく変動の影響について，さらに多くのより優れた研究が必要とされる．そのような影響が現に存在するならば，倫理的要件を満た

しつつ科学的価値を最大限に活かす工夫をしなければならない．逆説的にいえば，インフォームド・コンセントを得るために必要な，そのときの要件がいくらかゆるめられた場合に限って，そのような研究の遂行が可能なのかもしれない．

11.8.3 書面によるインフォームド・コンセントと口頭によるインフォームド・コンセントに関する研究

ここまでは，回答者から調査研究参加に対するインフォームド・コンセントを得る倫理義務について論じてきた．こうした義務は，署名入りのインフォームド・コンセントを得ることを必要とすることにまで及ぶのであろうか？

調査参加に対し署名入りの同意書を要求することから起こる有害な結果を，いくつかの調査から得た証拠が実証している．こうしたもっとも初期の研究は，シンガー (Singer, 1978) によって行われており，文書による同意に署名を求めたところ，ある全国面接調査に対する回答率が7%ほど減少した．しかし，同意書への署名を拒否した回答者のほとんどは，実は，調査への参加に意欲的であり，この調査参加を思いとどまらせたものが署名依頼であった．実際には，署名依頼が調査の前にくるか，後にくるかで回答率に違いはなかった．同じような結果がトライス (Trice, 1987) によっても報告されている．彼は，同意書に署名を求められた被験者は，署名が必要でなかった場合に比べて回答率が低かったことを見つけた．さらに最近になって，シンガー (Singer, 2003) によるある実験では，ある調査への参加に意欲的であると答えた回答者の13%が，調査参加の際に求められた同意書への署名には意欲的でなかったことがわかった．

このように，文書による同意に回答者の署名を求めることが回答率に及ぼす悪影響を考えると，こうした署名はほとんど求めるべきではないと主張したい．このような署名入りの同意書は，回答者よりもむしろ調査機関を保護するものである．それよりもむしろ，実用的な代替案を用いるべきである．たとえば，調査員がインフォームド・コンセントの説明書きを回答者に対して読み上げ，回答者にその写しを渡したことを示す用紙に署名を求めることができる．そして，面接が実際に行われたかどうかの監査が必要とされるのと同じように，こうした口述宣誓が事実に即したものであることを監査するよう調査会社に求めるべきである．署名入りの同意書が，コモン・ルールによってはっきりと求められている場合のみ，このような署名は必要とされるべきである．

署名の要求を緩和することは，起こりうるリスクや回答者の調査参加の自発性を回答者に適切に知らせる必要性を緩和することを示唆してはいない．むしろ反対に，調査に**最小リスク** (minimal risk) をこえる危険があったとき，十分な情報が回答者に提供されたのか，回答者は自分に告げられたことを理解したのか，調査に参加するか否かを伝えられて判断するために十分な時間を与えられたのか，こういったことについて，よりいっそうの精査を行うことは当然である．リスクがごくわずかしか存在し

ない，あるいはまったく存在しない場合には，この状況はかなり異なる．こうした状況下では，調査質問への回答が，回答者の"同意（consent）"が実際に自発的であって，また知らされたうえでのものであったとするのに十分な証拠となるであろう．

下記に述べる例は，最小リスクにした調査である，ミシガン大学で行った「消費者調査（SOC）」で用いられた導入部の一例である．

> 私は，アナーバーにあるミシガン大学から電話をおかけしています．大学では現在，全国規模の研究プロジェクトに従事しております．経済がどのような状況あるかについて皆様がどのように考え，感じているかに関心をもっております．私どもの研究のために面接させて頂きたく思います．いまご都合のよろしい時間であればうれしく思います．

面接をはじめる前に，調査員は次のように読み上げる必要がある．すなわち，

> この聴取は秘密が保たれ，しかもまったく自発的に参加していただくものです．あなたがお答えになりたくない質問を私たちが行っているときは，お知らせ下さい．では次の質問に移ります．

という．回答者がこの情報に快く応じ，面接に進むことに同意すれば，インフォームド・コンセントが得られたことになる．

11.8.4 調査におけるインフォームド・コンセントに関する研究の要約

サーベイ・リサーチャーは，ほとんどの場合，インフォームド・コンセントの規定条項を満たすために，調査者が口頭で伝達する，あるいは自記式用紙に書き込む形で導入部の説明を伝達する．こうした説明文の内容が，調査協力とデータ品質の測定に関してはごく限られた効果しかもっていないことを，方法論的研究が示唆している．同時に，質問内容によって動揺している回答者の困惑や感情は，微妙で注意を要する性質の質問文について，調査の導入部できちんとふれることにより改善できる．しかし前述のように，インフォームド・コンセントの説明がもたらす影響については，さらに多くの優れた研究が必要とされる．

かりに回答者が書面による同意書に署名を求められた場合，ある調査への参加に意欲的であった人たちが，署名を求められたことで調査参加を拒否するということはくり返し証明されている．施設内倫理委員会（IRB）は，コモン・ルールが許可するときはいつでも書面の同意書に対する署名請求を適用しないことを推奨している．こうした調査は最小リスク以上のリスクをともなうと判断されるため，署名の請求が調査協力へ及ぼす悪影響を減らす方法に関する研究が必要である．

11.9　調査員による改竄を発見し修正するための手続き

調査員による改竄は，さまざまな調査管理手順により減らせるように思われる．改竄を減らそうとするもっとも一般的な方法は，調査員に対しデータ収集手順を完全なものとすることの重要性について訓練することである．こうした訓練に続いて，デー

タ収集中の検証手順が追加される．おもな検証手順として，次の3つの種類がある．

  1) 観察法　　2) 再接触法　　3) データ分析法

 "**観察法**（observational methods）"とは，（調査員と回答者に加えて）第三者が，面接の行われている様子を確かめることを意味する．もっとも一般的な観察の利用は，集中管理方式の電話調査施設で，標本に対して行われている面接を，監督者が聴取することである．一般に，調査員の5～10%をこの方法で監視する．このような施設においては，この技法はよく行われていることであり，改竄を抑止するのに効果的であると通常は考えられている．個別面接聴取では現在，ラップトップに内蔵されたマイクロホンを使って，無作為に選ばれた面接をデジタル録音する CAPI 調査がある（ビーマー他：Biemer, Herget, Morton, and Willis, 2003）．こうした記録は，改竄行為を示唆する普段とは異なる行動（たとえば，笑い声，友達を回答者にしたことを示唆するようなコメント）を検出するために，本部で精査される．

 "**再接触法**（recontact methods）"とは，もう1人の別のスタッフが（多くの場合，監督者），面接が規定の手順に従って行われたかを検証するために，面接の報告後に回答者と話してみることを意味する．これは分散している面接を行う調査設計にとって，もっとも一般的なツールであるが，この方法は検証済みの個体について，高い回答率を達成するという難題にも直面する．面接再接触法（face-to-face recontact methods）はもっとも費用がかかるが，おそらくもっとも高い回答率をもたらす．そして電話再接触法（telephone recontact methods）は，費用がさほどかからないものの回答率が低い．また，郵送自記式再接触法（mail recontact methods）は，もっともうまくない．場合によっては，このような検証には混合方式による手法を用いることが，費用効率がよいこともある．

 検証に関する"**データ分析法**（data analytic methods）"とは，面接で得た記入完了済みデータ記録を検査することである．場合によっては，処理中のデータを検査する．たとえば，非常に短期間に初回訪問で回答を取得した面接，あるいはきわめて回収達成率の高い調査員により得られた面接は，かなり注意深く調べる必要があるだろう．異常が発見された場合は，再接触による検証が試みられるのもよい．場合によっては，調査票データを検査することもある．異常なパターン（たとえば，調査票の大部分は飛ばして進み，主要な分岐型質問に回答するとか，相関のある変量群に混じった異常な回答パターン[*16]）の報告がある面接もまた，検証の手がかりとなりうる．

 米国統計学会（ASA）と米国世論調査学会（AAPOR）は，調査員の改竄を検出する際の，優れた実務のための指針を支持してきた（関連サイトを参照）．これらの指針には以下のようないくつかの推奨事項を含んでいる．

1) 検証用に，面接からなる確率標本を特定すべきである（たとえば，標本の5～15%をこれにあてる）．

2) 検証用の調査票には，以下のような質問文を含むべきである．たとえば，世帯構成，その他の適格性の要件，データ収集方式，面接の長さ，謝礼の支払，さらに該当する場合には，データ収集時のコンピュータ利用，検討されるおもな話題，とくに面接時の重要な分岐を左右する主要質問項目
3) 検証が失敗に終わった場合，調査員が行ったすべての作業を検査し，その検査中は，データ収集活動からその調査員をはずすべきである．
4) 圧倒的多数の証拠が改竄を示している場合，その機関の規則で対応できる人事措置をただちに開始すべきである．
5) 改竄がみつかったすべての調査対象を，通常は完全な面接を行うことで修復する必要がある．
6) 調査に関する技術報告書では，確率標本内の改竄された調査対象の一部分を報告すべきである．

　改竄の報告を，慣例的に調査文書の一部とすることにより，この問題とその問題解決策とに関する意識を高めようと，専門家の団体は努めているのである．
　調査員の改竄については，答えの見つかっていない問題が多数ある．回答作業完了済みの標本のみを検証するので，実際に見つかった改竄のあった個体の割合は，検証標本抽出率[*17]に依存している．あらゆる調査員が一貫して不正行為を行うのではないが，仕事量の範囲で変動するのだ，という一般的な認識が，標本抽出の問題をかなり困難にしている．最適な検証用の標本抽出率はどのくらいか？　最適な標本抽出手順を導入することは可能か？　何が不正行為を動機づけているのか，つまりより高い割合で不正行為の傾向が生じるような報酬制度はあるのか？（たとえば，完了した面接ごとにある一定額の報償を調査員に支払うこと）

11.10　情報開示制限手続き

　調査回答者に対し，彼らが提供する情報の機密保持を約束することは容易であるが，その約束を果たすことはかなり困難である．リサーチャーは，回答者に対しデータ保護の約束をし，さらに回答者の報告についての意見を分析用のファイルに保存する．これらのファイルは，回答者に対し直接約束をした人とは別の分析者によって用いられる．実際，現在では過去数十年にわたり実施された調査から集めた，数千ものデータ・ファイルからなる大規模データ・アーカイヴ（large data archives，データ記録保管庫）が存在している．しだいに，管理用データベースや他の大きなデータベースの入手可能性が増すにつれて，"データ侵入者（data intruder）"が，ある回答者を特定し，その人の関連個人情報の知識を手に入れるために，これらの管理記録システムと調査データセットとを比較しようとする可能性を，サーベイ・リサーチャーは監視する必要がある．

多くの調査データセットについて，ある調査回答者を特定しようと試みる動機を説明するにはかなりの想像力が必要であるが，データセットによっては，それは単純である．若者に対して自宅で面接を行うことがよくある「薬物使用と健康に関する全国調査」（NSDUH）を例としてみよう．親は面接に対して同意を与える必要があり，したがって自分たちの子どもが調査に参加したことを知っている．また彼らは調査の主題についても知っている．多くの親が，自分の子どもが調査員に薬物使用を報告したか否かを知りたいと思うことは容易に想像できる．これを知りたいという親の願いが非常に強く，しかも親がコンピュータ・ファイルの操作に必要な技術をもっていた場合，彼らは自分の子どもの記録を検出できるかもしれない．これは，回答者について非常に詳しい個人的知識をもつ侵入者の事例である．

"**情報開示制限**（disclosure limitation）"とは，個々の回答者のデータを特定するというリスクがあると見込んで，そのリスクを低減するよう努めることを説明するために用いる専門語である．基本的には，開示の危険性を減らすには次にあげる3つの方法がある．

1) 調査機関内で調査資料の特定可能性を制限するための管理手続き
2) データへのアクセスを機密保持誓約に同意した人のみに制限すること
3) 公表される可能性のある調査データの内容を制限すること

11.10.1 調査資料を特定する可能性を制限するための管理手続き

回答者に対する機密保持誓約を実現するために必要な要素は，真剣にその誓約を取り入れている一連の職場の規則である．たとえば，ミシガン大学社会調査研究所では，「機密保持とデータ保護に関する所内委員会（Institute-wide Committee on Confidentiality and Data Security）」を創設した．1999年4月，この委員会は「慎重に扱うべき内容のデータの保護：研究スタッフのための原則と実践」（Protection of Sensitive Data：Principles and Practices for Research Staff）という文書を発行し，そのなかで紙様式のファイルと電子ファイルのいずれにも対応する14の原則について論じている（表11.6）．

11.10.2 データへのアクセスを，機密保持誓約に同意した人のみに制限すること

ほとんどの研究プロジェクトでは，同時に複数の質問を扱っており，さまざまなものの見方をもつリサーチャーが，さまざまな発見をするために使用することができる．これは各回答者について数百もの特性を測定することがあるような調査データについてとくにその傾向が強い．

データセットに非常に豊富な情報が含まれている場合，氏名や住所が含まれていなくても，そのデータセットを吟味することで個々人の身元がわかることもありうる．

表11.6　慎重に扱うべき内容のデータの保護のための原則と実践

1. リスクを評価する．直接的な識別子を含んだ資料には，多大な注意が必要であり，編集・総合化したデータは，機密として取り扱う必要がある場合とない場合がある．
2. 自分が管理しているすべてのデータについて，その感度（つまり慎重に扱うべき程度）を評価する．
3. 適切な安全対策を採る．氏名，住所，社会保障番号といった直接的な識別子は削除する．調査票および，たとえば薬物使用や病状といった個人的な極秘情報を含むテープは，回答者や他の人々の身元を明らかにする可能性のある自由回答質問に対する回答を含んだ調査票と同様に，鍵のかかった戸棚に保管すべきである．
4. 自記式調査票に個人識別情報を含めてはならない．そのような情報用には別途返信用封筒を提供する．
5. 回答者の個人情報を含んだ表紙は，鍵のかかる戸棚に保管する．
6. 紙形式のファイルを保護するのと同じように，電子的ファイルについても物理的に保護する．
7. 微妙な内容の慎重に扱うべき資料を含む，ハードディスクの保護には特別に注意を払う．
8. ハードディスクから，慎重に扱うべき資料とそうでないものとを分ける．
9. 慎重に扱うべき資料の暗号化を検討する．
10. 安全対策の費用と利得を検討する．
11. すべての電子ファイルの物理的な位置（記憶場所）を知る．
12. 使用しているすべてのストレージ・システム（保管システム）のバックアップ状態を知る．
13. 電子メールは送信中に観察される可能性があることに注意する．
14. ファイルを消去するときには注意する．特別な予防策をとらない限り，そのようなファイルのほとんどが修復可能である．

（ミシガン大学社会調査研究所，調査研究センター調査資料：ISR Survey Research Center, Center Survey, April), 1, 3 ページ（1999 年 4 月）

　たとえば，ある独特な（あるいは非常にまれな）特性群をもっており，その標本内にいることが既知である人は，調査データの多変量クロス表によって容易に特定ができる（たとえば，ある大学生のデータセットの中で，12歳の大学生であり，身体的障害があり，物理学と美術史を二重専攻している人）．こうした変数は，ファイル内の全個体を維持管理するためには重要であるかもしれないが，制限なしにそれらを公表することは，機密保持の誓約を脅かすことになる．

　そのような場合，いくつかの調査機関では，使用許諾協定や代理人協定によって，機密保持の誓約範囲をより幅広い分析者にまで広げている．これらの協定では，新たな分析者は当初の調査者と同じ誓約に従うことを約束する．これらの協定には，研究機関間での法的義務がかかわる可能性があり，その機関のリモート・サイト（遠隔部署）におけるデータ安全保護状況について定期的な点検を必要とすることがあり，さらにリモート・ユーザー（遠隔地ユーザ）が誓約に違反した場合には，罰金やその他の処罰を定めることもある．米国国勢調査局が例としているもう1つのモデルでは，研究データセンター機構を設立し，同局の機密保持法案のもとに，特別に許可された身分にあるリサーチャーが，同局のファイルに保存されているデータに遠隔からアクセスすることができる．その分析から得たすべての出力結果は，同局の現地要員によ

って，開示リスクを最小限に抑えるために綿密に調べられる．

11.10.3 公表される可能性がある調査データの内容を制限すること

不注意による開示（inadvertent disclosure）の可能性を制限するために，サーベイ・リサーチャーがとるべき共通の実践的な措置がある．

1) 氏名，住所，電話番号，あるいはこれ以外の直接特定が可能な情報は，できるだけ早く，回答者データから切り離すこと．
2) 回答者データ記録の少量部分が，狭い空間領域によって特定されないように，ファイル内でコード化された地理的詳細項目の水準を制限すること（こうしたことが，都市名やなんらかの文脈的データつまり前後関係からわかるデータ，あるいは１次抽出単位コードといった分析変数でありうることに注意する）．
3) 特定化に結びつく外れ値があるか，（1変量と多変量の双方の）量的データを調べること（たとえば，収入という変数の報告値が非常に高く，それを他の情報で補うことで開示につながるかもしれないこと）．

データの検査が，不注意による開示を脅かす特性を示唆している場合，調査推定値への影響を制限しながら情報開示リスクを低減するためにとることができる，さまざまな統計的な手続きがある．

現行の開示制限に関する研究では，いくつかの基本概念がくり返し登場する．まず初めに"**母集団一意**（population unique）"[18]という言葉は，目標母集団内の１要素を示しており，いくつかのカテゴリカル変数群のクロス集計においては，あるセル内の唯一の要素のことである（つまり，所与の変数について他の可能性が考えられない特有の値の組み合わせとなっているということ）．"**標本一意**（sample unique）"という言葉は，ある目標母集団内の所与の１標本内で，これと同様のことを考える場合をいう（フィーンバーグとマコヴ：Fienberg and Makov, 1998）．これらはそれぞれ関連性のある概念である．なぜならば，母集団一意は，目標母集団内でかなり一般的な特性の組み合わせをもつ要素よりも，データセット内でよりいっそう検出されやすいからである．標本の大きさが母集団の大きさと比べて小さい場合には，母集団一意ではない標本一意の要素が数多くあるはずである．

次に，"**情報開示リスク**（risk of disclosure）"と"**開示による被害**（harm from disclosure）"とは区別することができる（ランバート：Lambert, 1993）．"情報開示リスク"とは，公表されたデータ記録と結びつく人を特定する可能性に応じて決まる．"情報開示による被害"とは，その人にとって，情報開示とその結果によってどんな情報があきらかにされるかにより決まる．ランバートは，身元が特定できたと侵入者が信じれば，彼らは正確か否かにかかわらず，同じようにふるまうとも指摘している．残念なことに，標的とされた人たちは，自分のことについて誤った情報を暴露されることで被害をこうむることはもちろん，真の情報を暴露されることでも被害をこうむる．

変更不可のデータ記録が，再特定化という見すごせない過度の（intolerable）危険にさらされている場合（リサーチャーが"見すごせない過度の"をどのように定義しようとも），公用データ・ファイルの公開に先立って，回答者から収集したデータを変更するために用いられるさまざまな方法がある．これらの方法として以下がある．

1) データ交換法
2) 再コーディング法
3) 摂動法あるいは雑音付加法（ノイズ付加法）
4) 補定法

"**データ交換法**（データ・スワッピング，data swapping）"とは，データ記録の全体にわたり報告されたデータ値を交換することである（フィーンバーグ，スティール，マコヴ：Fienberg, Steele, and Makov, 1996）．データ交換により，調査機関は，いかなる侵入者も自分が見つけた情報が，本当に標的とした個人に関連するかどうか確信がもてないということを，調査機関として率直に報告することができる．実際の不確実性とは，データ項目の割合とデータ交換にかかわる個体の割合との関数である．しかし，実際に認識される不確実性は，リサーチャーが交換率を明かさない場合ははるかに高くなる．明らかに，データ交換における難題は，交換後のデータセットから算出される統計値が交換前に得られた統計値に近いか否かということにある．

"**再コーディング法**（recoding methods）"とは，外れ値（outliers）となっている個体の値を変えることである．こうした個体は極端な値をとることから，標本一意である可能性がかなり高い．再コーディングでは，他の個体と共有するある分類区分上にこれらの個体を割り当てる．たとえば，"トップ・コーディング（top coding）"では，ある変数についてその変数のとる上限値を選び，上限値をこえる値については，その同じコード値を与えるという技法である（たとえば，年収250000ドル以上の人はすべて1つの分類区分に割りふる）．これは一意になる可能性がある個体数を減らすための直接介入である．推定値が分布の裾に影響されるようなある種の統計量にかかわる情報損失が生じる．他の統計量は（たとえば，収入が100000ドル以下の人々の割合），こうした集約化による影響を受けない．

"**摂動法**（perturbation methods）"あるいは"**雑音付加法**（additive noise methods）"では，個々のデータ値を変えるために統計モデルを用いる．たとえば，無作為に生成した変数のとる値をいくつかの項目の各データ記録値に加える．かりにこの手順が公開されたとしても，データ侵入者は公用ファイル内にある値が，標的とした個人に付随する実現値にどの程度近いかを知ることはできない．かりにその変数の平均値が0.0であるとして（加えた無作為変数の"ノイズ"のため），たとえ平均値の全分散が大きくなるという犠牲があってもなお，その標本平均は保たれる．変数間の共分散が摂動の影響を受けない場合，2変数間の同時的摂動を行って共分散情報を保持する必要がある．目標がさらに多数の変数つまり多変量を必要とすると複雑さが増す．デ

ータの摂動を行う方法は無限に近くある．一般に，変数に加えるノイズ量が多いほど，保護が高まるが，情報損失も大きくなる．

"補定法（imputation methods）"[19]とは，回答者が報告したある変数の報告値を補定処理にもとづき，別の値で置換することである．開示回避に適したかなり思い切った形の補定法を提案したのは，ルビン（Rubin, 1993）が初めてであった．すなわち，これは完全に模造の（synthetic）データセットを作成することであり，それはフィーンバーグ（Fienberg, 1994）によってもまた，類似の着想が進められていた．この完全補定データセットは，回答者からの現実の報告をまったく含んでいない．ある意味で，これは完全な保護を提供するものである．したがって，この補定モデルは，元のデータセットのすべての主要特性を含んだ統計量を提供するデータセットを構築するという負担を全面的に取り除くことになる．また，ルビンは複数の補定データセットを同時に作成することを提案しており，こうすることで補定による分散の影響を経験的に評価することができるとしている．こうした着想はようやく最近になってきわめて重要な実験検証を受けつつある．

変数の分布が極端に歪んでいる場合，開示制限法はミクロデータの域をこえて要約統計量にまで及ぶ．事業所調査の表形式データでは，あるクロス集計のセルが，既知の事業所の特性が漏洩するような少数の個体があるという問題に直面している．フェルソ，ティウス，ワグナー（Felsö, Theeuws, and Wagner, 2001）が指摘しているように，慎重に扱うべき可能性があるようなセルを特定するには2つの一般規則がある[20]．

1) (n, k) 規則：少数の回答者（n）が，セルの総和に大きな割合（k）を占めて寄与している場合，そのセルは慎重に扱うべきであると判定する．
2) p パーセント規則：回答者の値に対してこれを上まわる，あるいは下まわる推定値が，セルの総和の事前に指定した割合（p）に比べ報告値により近い場合，そのセルは慎重に扱うべきであると判定する．

筆者らが確認したもっとも一般的な実践法は，(n, k) 規則である．あるセルが慎重に扱うべきであると特定された後に，さまざまな変更を行うことができる．その1つである"秘匿（suppression）"規則は，いくつかの統計量をその表（クロス表）から除外するために用いることができる．たとえば，ごく少数の会社が（3社としよう），表のセル内の全売上げで大きな割合を代表するような場合（70％以上としよう），そのセル内の報告値は秘匿され報告されないことになる．セル全体が公開された場合，よって，ある会社（およびその収益）を，公開された統計量から特定することができるかもしれない．この秘匿の代替案として，変数のうちの1つの変数の分類区分を記録するか，あるいは開示を避けるためにそれを結合することができる．

将来は，調査データがもたらす恩恵を幅広い利用者集団に拡大するとともに，調査データを不正利用から保護するために用いる新たな方法を目にすることも大いにありうることである．これらの開発にともなって，データ侵入者が入手できる情報資源も

増加する．これから先，この分野では，巻き込まれた被害のリスクや，そうしたリスクを回答者に伝える最善策について，回答者の認知の研究を含む，数多くの研究が必要である．

11.11　要約と結論

　科学的活動の実施をめぐって，社会規範と社会規則が調査方法論研究者に適用される．すなわち，データの捏造や研究報告の改竄，他人の業績の剽窃に対する罰則である．これらの罰則は，調査員をはじめその研究を支援するスタッフにも拡大適用される．調査員による改竄の危険性は少ないが，データ収集，とくに個別面接聴取ではくり返し起こる．しかし改竄率は，科学的倫理の指導，調査員作業の観察，回答者への再接触，収集データの精査によって低減できると思われる．

　米国世論調査学会（AAPOR）のような調査専門家組織は，顧客や一般市民，調査回答者への対応を含む，調査方法論研究者の行動指針となる倫理綱領を作成している．規則のうちもっとも完全に精密化された体系に該当するのが，調査回答者への接し方である．調査回答者への接し方の指針となる3原則とは，善行・正義・人格の尊重である．善行の原則とは，あらゆる調査回答者にとって害となることを回避する努力を促すものである．正義の原則は，調査への参加負担を公平に割りふることにかかわる．つまりこれは多くは確率標本抽出手法に特有のことである．人格の尊重の原則は，調査対象者が調査内容およびその起こりうるリスクと利点とを知らされた後で，調査への参加を拒否する権利を調査対象者に対して与えることに対する関心をもたらす[*21]．多くの学術的研究や政府による研究にとって，被験者を必要とするあらゆる研究調査において，施設内倫理委員会（IRB）がこうした原則の実施遂行を監視している．

　コモン・ルールの下では，インフォームド・コンセント規約の具体的な要件がある（表11.4）．調査におけるインフォームド・コンセント規約には，ほとんどの場合，調査内容の性質とデータの機密を保持するための手続きについて言葉による説明が必要となる．調査内容について与えられる情報量は，協力度とデータの品質についてはごく限られた影響しかないようにみえる．微妙な内容の質問については，回答者が調査内容の特徴についてあらかじめ注意を受けていた場合は，回答者が報告する動揺や不安はより少ない．書面による同意書への署名を調査回答者に求めることは，面接を受けることには意欲的ではあっても，署名の要求には不信感をいだく人たちの拒否をもたらすようである．調査が，コモン・ルールの下で，"最小リスク"の限界を上まわる被害のリスクをもたらさない場合は，書面による署名を要求すること自体が，調査結果の品質に悪影響を及ぼすことがありうる．

　調査回答者を被害から守るという善行の原則は，回答者に対する機密保持の誓約を支持する手続きにつながる．これらの手続きには，スタッフによる指導や正式の手続きを経た公約が含まれ，連邦機関においては，機密保持の誓約違反に対する強力な法

的罰則がふくまれる．これらの手続きには，本来のスタッフだけでなくデータ分析者にまで機密保持誓約を拡大するためのさまざまな方法がある．それらには，回答者の明示的な個体識別子をすべて，分析用のデータセットから切り離す取り組みも含まれる．最後に，こうした手続きには，公表された調査データ・ファイル内にある調査回答者のデータ記録が，不注意に再特定されるリスクを制限するものとして増大している統計的計算法が含まれる．多数の変数全体についてまれな値，またはそれに近い値の組み合わせとなるデータ記録は，情報開示のリスクがきわめて高い．情報開示のリスクを減らすために用いる技法としては，データ交換，再コーディング法，雑音追加法（あるいは摂動法），補定法がある．ある調査（もっとも一般的な調査は事業所調査）から得たクロス集計表は，ある標本単位を再特定化する危険があるという懸念があるが，そのときにはクロス表のセルの秘匿とセルを結合する方法が一般的である．

調査研究において被験者に対する倫理的な接し方を必要とする実践方法が，急速に発展している．これは，乱用についての社会的懸念のためだけではなく，機密保持誓約の遂行，調査員による改竄の削減，調査におけるインフォームド・コンセントの手続きの改善，これらのための新たなツールが，調査方法論研究者による研究開発で，リサーチャーにもたらされたこともまた理由としてあげられる．

■さらに理解を深めるための文献

Ciro, C., Ilgen, D., and Marrett, C. (2003), *Protecting Participants and Facilitationg Social and Behavioral Sciences Research*, Washington, DC：National Academy Press.

Doyle, P., Lane, J., Theeuwes, J., and Zayatz, L. (2001), *Confidentiality, Disclosure, and Data Access：Theory and Practical Applications for Statistical Agencies*, Amsterdam：North-Holland.

■演習問題

1) 多くの大学では，ヒトを対象とする研究における接し方について，リサーチャー向けにウェブによる訓練（web-based traning）を提供している．あなたが所属する大学にそのような訓練用履修単位がある場合はそれを修了すること．ない場合には，国立衛生研究所（NIH）のウェブサイト[*22]で訓練を終えること．

2) あるリサーチャーが，女性に中絶経験があることを，どの程度正確に報告するかについて測定したいとする．医療記録から，リサーチャーはある特定の診療所で中絶を行った女性たちの氏名と住所を入手し，調査参加を要請する手紙をその女性たちに送付する．とくに，その手紙では以下のように，はっきりと述べている．

「この調査研究の目的は，女性の健康とそれに影響を与える要因についてデータを収集すること，女性が医療機関にどの程度満足しているのか，また医療機関を改組する方法についてご意見を集めることです．皆さんから直接データを収集する調査です．あなたご自身を含む回答者は，無作為抽出法により住民登録名簿から選ばれました…」．

　a) この実験が違反している倫理原則があるとすればそれは何か．

b）この手続きは，このリサーチャーが提案する研究成果にとって，どのような意義があると思うか．
　　c）この研究を別の方法で行うことはできるであろうか．またそれが可能だとしたら，どのようにできるだろうか．
　　d）あなたが回答者であったとして，自分の名前が標本の中に加わった方法を知ったとする．このとき，あなたはこれをどのように受け止めると思うか．
　　e）かりにいま，これが，人々が自分の投票行動をどの程度正確に報告するかについての調査であるとしよう．また氏名の標本が選挙人名簿から抽出されているが，実は回答者にはどうやってその人の氏名がどのようにその標本に入れられたのかを知らせていないとする．こうした研究について，あなたは倫理原則になんらかの違反があると考えるか？　かりにあなたが回答者であったとして，標本が実際に抽出された方法を知ったとき，それをどのように感じるか？

3）「社会心理学入門」の授業を受けている学部学生たちが，講座の課題としてニューヨーク市のいろいろな場所に出向き，1520人の通行人に，さまざまな簡単な依頼事項のうちから1つを頼んだ．ここで学生たちは，さまざまな種類の協力をさまざまな方法で依頼した．彼らの依頼に対する回答者のさまざまな反応（受け止め方）から，利他的な行動に従うことの広がりとそれに影響を及ぼす要因についての質問に回答することの大まかな見当が得られた．
　　a）このような研究で，もしあるとすれば，どの倫理原則に違反しているか？
　　b）この種の研究がもつ利点は何か？
　　c）この研究を別な方法で行うことは可能であるか？　それが可能であるとして，どのように行うことができるのか？
　　d）あなたがヒトを対象とする研究の倫理審査委員会の委員であるとして，この研究を承認できるだろうか？　またその承認できる理由とできない理由は何か？

■本章のキーワード

インフォームド・コンセント（informed consent）
改竄（falsification）
開示による被害（harm from disclosure）
観察法（observational methods）
機密保持（confidentiality）
機密保持証明書（certificate of confidentiality）
再コーディング法（recoding methods）
再接触法（recontact methods）
最小リスク（minimal risk）
施設内審査委員会（Institutional Review Boards（IRBs）
情報開示制限（disclosure limitation）
情報開示リスク（risk of disclosure）
人格の尊重（respect for persons）
摂動法（perturbation methods）
正義（justice）
善行（beneficence）
調査員の改竄（interviewer falsification）
データ交換（data swapping）
データ分析法（data analytic methods）
統計的開示（statistical disclosure）
秘匿（suppression）
標本一意（sample unique）
補定法（imputation methods）
母集団一意（population unique）
剽窃（plagiarism）
捏造（fabrication）

第12章
調査方法論に関する，よくある質問と回答

FAQs about survey methodology

12.1 はじめに

　ここまでに本書では，調査方法論についての数多くの基本的な原理原則と実務について述べてきた．このテキストでは，すべての章において，調査品質の意味を明らかにする枠組みを述べるために，これらの原則がどのように互いに補完し作用し合うかを説明してきた．各章にあげたキーワードは，この分野の専門用語の意味を説明している．またこの分野でよく知られている典型的な論文をいくつかとりあげて説明したコラムが，この分野の重要な科学的探求を感じとる「判断材料」を提供してくれる．最後に，調査方法論研究者が自らの研究で取り組んでいるさまざまな疑問を，各章末にある演習問題で模擬体験する．

　しかし，読者にとっては，依然として，頭の中で情報をまとめる妨げとなっている，答えの出ていない疑問があるかもしれない．これは，出版前に本書の草稿を著者以外の人たちが読んだときに生じたことであった．著者らが各章を手直しするときに，彼らのコメントが役に立ったのだが，こうした質問によっては，実際にはかなり広範囲にわたるものであり，本書のどの章にもそぐわないものであった．しかも，調査方法論研究者が日頃耳にしていることであり，この分野の基礎をなす質問もいくつかあった．

　われわれは，本章を他の章とはまったく異なる形式で書いてみた．つまり本章では，「よくある質問とその答え」（FAQs）を一覧にする形とした．質問は四角枠内に示してある．読者は本章にざっと目を通し，関心のある質問を探すことができる．かりに関連があるときには，そこにある回答は，われわれが本書の他の節で示した情報に関係があり，そこでわれわれはこれらの節に言及するであろう．

12.2 質問とその回答

> **Q1** 本書で説明したような誤差があるにもかかわらず，何でもうまく進むのはなぜだろうか？ また，どんな調査の結果でも本当に信じることができるのだろうか？

本書は，統計的誤差をどのように最小限に抑え，調査結果の信頼性をどのように最大限に引き出すかについてのテキストである．そのようなことで，誤差はなぜ生じるのか，この誤差を減らすために何ができるのかという科学的な疑問に，本書は焦点をあてている．基本的に各章では，調査統計量の品質に対する多くの考えられる脅威について述べ，さらにこうした脅威に対して取り組むべき方法について，調査方法論がわれわれに教えてくれることについて述べている．

こうした状況では，調査における誤差の大きさを過大評価することが楽なのかもしれない．確かに，本書で明確に述べている基準に照らすと，非常に多くの調査がいいかげんに行われており，品質の疑わしいデータを提供している．一方，多くの調査は優れた手順が組み込まれており，結果として得られるデータの品質の点からみて，大変にすばらしい調査結果もよくある．確率標本調査では，抽出のもとになった母集団に集団として非常に似ている回答者から，データを収集することが日常的に行われている．調査質問文は，理解しにくいとか，回答しにくい質問文を見分けるために慎重に吟味され，回答者が首尾一貫して適切に回答できるように，質問文はほとんどが改善される．調査員はさまざまな訓練を受けており，しかも行き届いた管理監督下にあり，たいていは指示どおりに調査管理を実施する．

適切に実施された調査は，非常に高品質の結果をもたらすことを，調査方法論研究が証明している．たとえば，「最新雇用統計プログラム」（CES）の雇用数は，1998年と2002年の年間推定値では，（センサスにもとづいたデータが示すように）実際の雇用数の0.5%以内に入っている．言語能力と数理的能力の分野の専門家による調査研究では，「全国学力達成度調査」（NAEP）の評価が高い評価を得た．図1.3では，「消費者調査」（SOC）の失業予想が，そのあとに発生する実際の失業をどの程度効果的に予測するかを示している．「行動危険因子監視システム」（BRFSS）は米国を襲った肥満の蔓延を見抜くことに成功した（図1.4参照）．このように，このテキストの教訓を生かした調査は，非常に有用な情報を提供できるのである．

一方，調査の設計や実施において，このテキストの教訓を無視した場合，調査は非常に紛らわしい結果をもたらす．たとえば，4.1節で検討したナショナル・ジオグラフィック協会によるウェブ調査を思い出して欲しい．

> **Q2** 本書では，エスノグラフィー，深層面接法，あるいは室内実験といった他の情報収集法については語っていない．ヒトについて研究するための最善の方法が調査であると考えているのだろうか？

答えは「否」である．調査方法論は著者らの専門分野であり，本書の焦点でもある．手元にある質問文に応じて，ヒトの思考や行動を研究するためにわれわれが採用できる研究方法は，他にも数多くある．手法の選択は，研究目的から導き出す必要があり，その逆ではない．調査は量的な推定値を提供するが，知識によっては容易に定量化することができない．このため，著者らにとっては，情報を収集するために，あるいは理解に到るために，定量的手法または定性的手法のいずれか一方だけを使うことが必要だとする考え方は受け入れがたい．実際に，7.3.2項と8.3～8.4節で（そしてまたテキスト全体を通して），調査統計量の特性を研究するために，非調査的な方法を用いた方法論的研究の結果について述べている．調査がどのように機能するかを理解するため，調査方法論研究者は，さまざまな方法を用いている．実際，こうした別の方法を用いて補った場合に，調査はもっとも適切に機能すると著者らは信じている．

調査は，情報を収集するにはいくぶんか切れ味の鈍い道具である．調査とは，大きな母集団に対して統計的に一般化を行うときには効果を発揮するが，ヒトの思考や行動に影響を及ぼす，入り組んだ構造について深い理解をもたらすことは不得手である．こうした目的にとっては，他の技法が望ましい．調査はまた，ある基本言語や文化知識を共有する母集団内でもっとも適切に機能する．さらに変化に富んだ多様な母集団については，他の技法が望ましい．

> **Q3** 調査費用はどのくらいかかるか？

この質問は，「家の値段はいくらか？」と問うことにやや似ている．何百万ドル（数千万円）もする豪邸もあれば，何万ドル（数百万）かで買える小さな家もある．購入者が何を必要としているかによるのである．

調査統計量の品質にはさまざまな様相があることから，複雑な取り組みが必要なことを，読者はすでに理解している．（エリア確率標本のように）標本抽出枠が容易に入手できない場合，リサーチャーはかなりの費用をかけて標本抽出枠を作成しなければならない．統計量に高い精度（つまり抽出分散が小さいこと）が求められる場合，通常は大きな標本が必要とされ，標本抽出とデータ収集の費用が増大する．聴取する質問間に複雑な偶発性が存在すれば，コンピュータ支援による面接方式（CAI：computer assisted interviewing）を適用するとか，複雑なデータ収集後のエディティングが必要になることがある．目標母集団となった人たちに回答する意欲がない，あるいは自記式用紙を使用する能力がない場合，調査員グループを公募採用し，訓練し，

監督管理する必要がある．目標母集団が標本抽出枠の部分集合そのものである場合，適格な回答者を特定するためのスクリーニングに，かなりの費用が必要になる可能性がある[*1]．目標母集団が接触の困難な人たちである場合には，費用のかかる何度もの追跡調査が必要となるかもしれない．目標母集団となった人たちが調査に消極的な場合には，謝礼を設定するとか，回答拒否を撤回させようと努めることもある．こうした難題のいずれもが存在しない場合には，調査は比較的廉価で済むだろう．以上のすべてが存在する場合は，観測値や非観測値のさまざまな誤差を減らそうとする調査の費用は高額となる．こうした設計特性をすべて事前に指定しない限り，「最低価格入札者」を使って企画した調査は，あきらかに自分が必要とするものとはなっていないのである．なぜならば，低価格を実現する方法は，すぐれた調査推定値にとって重要な脅威の1つや2つを適当に扱えば済むことではないのである．

> **Q4** 世論調査の結果は，どの程度の信頼を得られるのか？ また，インターネット調査の結果については，どの程度の信頼を得られるのか？

調査結果の信頼度は，調査の目的，調査の設計，調査の実施いかんによるだろう．提示された統計量は，少なくとも分析者にはわかるように，調査の目的を示している．したがって，読者諸氏の調査結果の信頼度は，調査設計と調査実施との両者について問わねばならない．調査設計と調査実施について何の情報もなければ，統計量について判断を下すことは不可能である（このため，11.4節で概説された米国世論調査学会（AAPOR）の開示要件が重要なのである）．

目標母集団，標本抽出枠，標本設計，質問文評価，データ収集法，調査不能と項目無回答の特性，エディティングの手順が文書化されれば，ある見解をまとめることに着手できる．このテキストの各章のあらゆる教訓を駆使して，この見解をまとめることができる．

ある調査の資料が不足することは，ある調査統計量がどの程度信頼できるかを判断する際の，もっともありがちな障壁となるだろう．また，同一の調査から得たさまざまな統計量が，カバレッジ誤差，無回答誤差，測定誤差の特性が非常に異なることもあることを，これまでの章のすべての教訓が実証していることに注意することも重要である．したがって，"良い調査"も"悪い調査"も存在せず，良い調査統計量と悪い調査統計量だけが存在するのである．

> **Q5** 調査においてもっとも重要な誤差発生源は何か？ 誤差を正しく捕捉するように設計した調査でもっとも重要な特性は何か？ 調査がどのように優れているかをただちに判断するにはどうすればよいか？

これらの質問については，いくつかの解釈が考えられる．

1) 調査統計量の品質を損なう可能性がもっとも高い誤差発生源は何か？

この質問に対する回答は1つではない．調査統計量は，カバレッジ誤差，標本誤差，無回答誤差あるいは測定誤差によって損なわれる可能性がある．

2) 一般に，調査統計量の品質にもっとも悪影響を与える誤差発生源は何か？

よくある誤りとして，自己参加型標本，言いまわしの不完全な質問文，不適切なデータ収集方式がある．ある雑誌で回答を求められた人や，フリーダイヤルに電話をかけて回答することを求められた人といった自己参加型標本は，全体として，母集団と著しく異なることがくり返し指摘されている（ここでもまた，ナショナル・ジオグラフィック協会の調査がその例となる）．これよりはやや微妙であるが，返送率の低い郵送調査が行われることがよくある．よくあることだが，ほとんどの人が回答しようとしないときに回答した人たちは，全体として調査に適切な方法で，目標母集団とはまったく異なることがわかっている（例：ファウラー, ギャラガー, ストリングフェロー, ザスラフスキー, トンプソン, クリアリー：Fowler, Gallagher, Stringfellow, Zaslavsky, Thompson, and Cleary, 2002）.

調査者が意図したとおりに解釈されない質問文もまた，調査推定量に大きな歪みをもたらす．態度測定においては，文脈を前もってお膳立てしてある質問文あるいは回答を偏らせるような構造を用いた質問文に出くわすことはそう珍しいことではない．

微妙な内容（sensitve content）となる可能性のある質問への回答を人に依頼するときに，適切な方法を用いることの重要性については，5.3.5項で述べた調査方式の研究のところでしっかりと説明されている．つまり，調査員による面接方式と比べて，オーディオ・コンピュータを用いた自記式（ACASI）では，より高い薬物使用報告率を示すことや性行動非難があることを示している．

本書の重要なテーマは，あらゆる誤差発生源は同時に検討する必要があるということである．どの誤差がもっとも重要な懸案事項であるかは，目標母集団，情報，スタッフといった利用可能な資源と，調査の目的に左右される．

Q6　抽出枠のない目標母集団の標本はどのように抽出するか？

われわれは全米国民という1つの目標母集団から標本抽出を行うという1つの実例を用いた．そこには人の標本抽出枠は存在せず，エリア確率標本抽出を用いるというものであった．

最新の要素リスト，つまり対象者の一覧のない目標母集団は数多くある．第1の解決策は，地域抽出法（エリア・サンプリング技法）のように，目標母集団に関連づけができるようにうまく列挙された抽出枠を見つけることである．学生を抽出したいのだが学生の総合リストをもっていないリサーチャーは，まず学校を抽出し，つぎに学校に赴き，抽出を行う学生のリストを作成する．ある特定の店舗の個々の入口で数えて一覧化することで，小売店の顧客を標本抽出することが可能である．人々が入店可

能な時間を抽出し，さらに異なる入口から異なる時間に入店する人々を系統的に抽出するための仕組みを作成する．同じように，海辺の砂浜の標本を抽出することで海浜利用者を抽出することが可能であり，標本抽出時間の計画を立てることで，ある特定の標本抽出時間内に選ばれた海辺にいた人々を調査することができる．

> **Q7** 標本はどのくらいの大きさであればよいのか？ 用いる最小の標本の大きさはどのくらいか？

調査費用に制約のある中で，重要な調査統計量に耐えうる，ある程度の不確実性をもたらすような結果となることを，標本設計は許容すべきである．この一文はこの質問に対する回答となっているようには思えないが，この文を解剖してみたい．まず第1に，標本の大きさは標本設計の1つの側面にすぎないということである（つまり，これ以外にも，層別，集落化，抽出確率の割り当てがある）．これら4つすべてが統計量の標準誤差に影響を及ぼし，したがって4つすべてを一緒に考える必要がある（第4章参照）．第2に，標準誤差は，調査にもとづく判断と比べて吟味すべきであるということである．かりにある統計量の実際の値が「X」であるとき，その調査が「0.5X」「0.8X」「0.9X」を推定したとして，その調査者は同じ結論を導き出すだろうか？こうした疑問に対する回答は，どのような標準誤差を必要としているかについて，ある考え方を与えてくれる（つまり，0.5XとXを区別する，あるいは0.9XとXとを区別できるものは何かという考え方）．第3には，主要な分析目標を念頭に，標本設計を選ぶ必要があるということである．ほとんどの調査では，ただ1つの推定値ではなく，無数の推定値を求めるように設計されており，必要とされる精度は統計量ごとに異なる可能性が高い．さらに，母集団全体だけでなく，母集団の小さな部分集団にも推定値を必要とすることがしばしばある．相異なる分析目標がさまざまな理想的な標本設計をもたらすような場合，それらの目標間でなんらかの妥協をせざるをえない．第4として，分析目標が必要とする標本設計が，調査の予算範囲内で実施できないということも考えられる．そのような場合は，別の妥協もせねばならない．

「何をなすべきか」の回答を与えたので，「何をしてはならないか」を以下に示そう．他の調査で用いた標本の大きさを，ある手順を正当化するかのように使ってはいけない（例：ギャラップ世論調査で1000名の調査員を雇ったからといって，そのことは自分の調査では意味をなさない）．ある別の母集団で用いた母集団と同比率とした自らの母集団の標本の大きさを用いてはならない（つまり，標本の大きさの要件は，枠母集団の大きさにはほとんど依存しないということ[*2]を4.3節で学んだことを思い出してほしい）．

> **Q8** 非確率標本は実際には悪いのだ，という証拠が何かあるのか？

4.2節を見直すと，確率抽出には次の2つの利点があることに気づく．

1) 重要な種類の標本統計量は不偏であること．
2) 標本設計が1つ実現されることにより，抽出分散（あるいは標準誤差）を推定できること．

不偏性（unbiasedness）という特性は，標本抽出の偏りに適用されるものであり，カバレッジ誤差，無回答誤差，測定誤差による偏りに対して用いるものではない．確率標本抽出の長所の1つは，標本はもっとも入手しやすいボランティア（自発的参加者）にもとづくのではなく，ある統計的規則によって抽出されるということである．すべてではないが，非確率標本抽出では，いくつかのこうした特性に依存しており，このことが偏った標本を生み出す可能性を高めている．しかし実際には，すべての調査が（一般にはある未知のレベルで）こうした偏りを免れないので，最優先の確率抽出という特性にもっとも重要な価値があるというわけではない．したがって，標本の反復のすべての結果で起こりうる変動性を反映している標準誤差を，ある程度確信をもって推定できることに非常に大きな価値がある．

このことは，ある確率標本の個々の標本それぞれの実現値が，これと似通ったある非確率標本の個々の標本それぞれの実現値よりも優れているという意味ではない．枠母集団のどのような特性が主要な調査統計量と相関があるかを，標本設計者が熟知しており，標本をこれらの特性についてうまく均衡がとられている場合，非確率的設計は，母集団のこれらの特性によく似た標本統計量を作ることができる．そのような標本には，さまざまな部分集団（例：年齢，性別，人種）に対して"クォータ法（割当法）"を用いることが一般的である．異なる相関関係があって，割当の特性とは無相関なある統計量が測定されるとき，かなり大きな誤差が生じる可能性がある．したがって，非確率標本が，確率標本よりも優れたものとなるためには，目標母集団内の変数の同時分布についてさらに多くの知識を必要とする．通常，われわれはそのような知識をもち合わせてはいない．いいかえると，非確率標本は確率標本に類似した結果を与えるかもしれないが，ある特定の非確率的アプローチが機能する場合と機能しない場合とがわかる人は誰もいないのである．

> **Q9** 世論調査会社は，「調査結果にはx%の許容誤差がある」と報告する．これは何を意味しているのか，また実際に結果がどのくらい正確かを知ることはどの程度参考になるのか？

有力メディアで報告される調査の"許容誤差（margin of error）"は通常，推定比

率が50%に等しいとして，単純無作為抽出とした場合の95%信頼区間である．たとえば，完答面接数が1000件であるときの許容誤差は以下のようになる．

$$2\sqrt{(0.50)(0.50)/1000} = 0.0316 \tag{12.1}$$

これは約3%である．ここで通常は，抽出分散の式の分子にある "$p(1-p)$" を最大にするように50%という比率を選ぶということである[*3]．したがって，すべての比率は，公表された数値の範囲内で95%の信頼区間となる．

そのような許容誤差は，標本設計が単純無作為抽出でないときには詳しく調べる必要がある（たとえば，不等確率標本抽出が関係する場合，あるいは集落化が導入される場合）．単純無作為抽出から逸脱したこれらの標本抽出法は，標準誤差を増大させる傾向があり，したがって許容誤差が過小評価となる．さらに，全数調査（full survey）の副標本にもとづいて算出した比率は，より大きな許容誤差となる傾向がある．この計算は比率である統計量のみに関連しており，（比率以外の）平均値，平均値の差あるいは総計といった統計量についての情報は何もない．結局は，カバレッジ誤差，無回答誤差，測定誤差といった変動をともなう誤差は，通常は許容誤差には含まれていない．カバレッジ，標本抽出，無回答あるいは測定誤差によるいかなる偏りも許容誤差には含まれない．そのため，報告された "許容誤差" は，もしかすると推定値に影響を及ぼしうる総誤差の一要素にすぎないのだということを，読者は理解することが重要である．

> **Q10** 自分がもっている統計学のテキストでは，集落化設計を反映させた重みづけ，あるいは標本分散の算出法については言及していない．これはなぜだろうか？

本書における統計的定式化は，多くの入門統計学あるいは数理統計学のそれとは異なることを著者らは承知している．こうしたテキストで述べられている分析的な統計学の多くは，標本を作る過程を復元標本抽出の1つであるとみなしている．あるいは，これと同等のことだが，統計量を用いて要約されている観測値は，現行の安定した処理過程によって得られた集合である．したがって，この観測値の集合は，すべてが同等の特性をもっており，また互いに独立である．しかしながら，このテキストでは，観測値の集合を生成するさらに複雑な過程，つまり層別化，集落化，不等抽出確率といった過程を必要とするさらに複雑な過程を扱っている．このテキストで述べている統計量は，標本設計の反復で得た，こうした層別化，集落化，抽出確率の関数である平均値を与えている．

標本の生成方法に関する仮定があるとして，読者が統計学の授業で学んだことと，このテキストで学んだことのいずれもが正しいのである．ほとんどの調査では，なんらかの層別化，集落化，不等抽出確率が関与する標本設計を用いている．したがって，本書にある統計量は，こうした特性を反映したものとなっている．

> **Q11　調査にとって最適のデータ収集方式は何か？**

　ある特定の目的に対して，ある特定の時間と場所においては，すべての調査方式が最善でありうる．標本の大きさを決めることと同じように，推定値と調査費用に影響しうる問題の範囲を，慎重に分析することを必要とする判断の1つが，データ収集方式を1つ選択することである．第5章で詳細に議論したように，調査方式によっては適さないような状況がある．たとえば，目標母集団内の対象の大部分が，インターネット・アクセスが不十分あるいはその技量が不足している場合，少なくともインターネットを単一のデータ収集方式として選択することは不適切であろう．調査が非常に微妙な（very sensitive）あるいは私的なことになりそうな推定値の取得を目的としていた場合，調査員の有無によらず，ある種の自記式調査方式を導入するのがよいように思われる．母集団特性，調査内容，入手可能な接触情報の種類，さらにはスタッフの力量と情報資源の入手可能性といったこと，こうしたことすべてが，どんな特定の調査にとっても最適な調査方式とは何かに影響を及ぼすことがある．第5章で論じたすべての調査方式と，それらを組み合わせて行った優れた調査がある．調査方法論研究者の仕事は，データの品質と費用に影響を与えるさまざまな要因を熟慮のうえで分析し，総調査誤差の観点から，どのデータ収集方式がその調査の目的にもっとも適うかを決めることである．

> **Q12　調査は自記式調査方式へと次第に移行しつつあるのだろうか？　調査員方式の調査はなくなってしまうだろうか？**

　調査員方式の調査はいまにも消滅しそうであるという多くの意見がある．ここでヒトの測定について長期的にみた将来について推測するつもりはない．自記式調査方式に期待できることは，利用可能な方法（たとえば，電子メール，ウェブ）が増えていることである．微妙な聞きにくい特性の測定に適した自記式調査方式の価値は，いまや十分に証明されている（5.3.5項を参照）．

　自記式調査方式には長所があるものの，調査を上手に実施するためには調査員が不可欠であるという状況はしばらく続くであろう．たとえば，接触情報（つまり，氏名，住所，電子メールアドレス）を含む標本抽出枠がない場合には，調査員がその標本の所在を突きとめる必要があるかもしれない．調査対象者が調査依頼に同意するために外部からの動機づけを必要とする場合には，調査員は有効である．結局は，とくに広範囲にわたる記憶をたどることが必要な自由回答質問では，調査員から恩恵を受けるある種の質問がある．このようなことで，自記式調査方式は，微妙な話題の測定誤差を減らし，しかも費用効率がよいが，目的によっては，調査実施時に調査員が重要な役割を果たすのである．

> **Q13** さまざまな測定誤差モデルは，実際に調査で用いられているのか？

　ときには用いられているが，それほど多くはない．読者は，第7, 8, 9章において，さまざまな統計的モデルが回答形成過程を説明し，さらに適切な設計を前提に，モデルのパラメータは推定できるということも学んだ．モデル（たとえば，調査員の相互貫入的割り当て，再面接，多重指標）のパラメータを推定するために必要な設計特性により，リサーチャーの側に余分な作業が必要となる．こうした設計特性を導入すると，調査費用が増加する．これらの2つの理由から，こうしたことは日常的には実施されてはいない．調査方法論研究者は，さまざまな種類の測定誤差の推定値を提供するために，測定過程にかかわる補助データを集める機会を模索している．コンピュータ支援による方法を用いることが，ほとんどゼロに近い限界費用（marginal cost）[*4]でそのような設計特性を調査全般に対して導入することに大きな期待感を与えてくれる．

> **Q14** 納得できる調査結果を示すために必要な最小限の回答率はどの程度か？

　残念なことに，これについての回答は，同一の調査に含まれるさまざまな統計量により異なる．第6章では，無回答率が無回答誤差のリスクを示す唯一の指標であると説明した．無回答誤差とのもう1つの関連が，回答者と無回答者との間の調査統計量の違いである．こうした調査統計量の特性は，一般には測定できるものではない．調査参加の動機がその調査統計量に関連している場合，無回答者はその統計量については回答者とは異なる値をとる傾向がある．そのような場合，無回答誤差を低くするためには，非常に高い回答率を必要とする．調査への参加動機が調査統計量と関連していない場合には，無回答者と回答者は，当然のことながら，その統計量について似たような値をとる．このような場合には，回答率にかかわりなく調査推定量は似通っているであろう．ほとんどの調査では，いずれの例があてはまるかを（調査統計量の測定が不可能であるため）教えてはくれない．

　これらの意味があいまいであるにもかかわらず，回答率は日常的に報告され，通常は品質を示す指標の1つとして用いられている．したがって，調査統計量の信頼性は，多くの場合，回答率と関連している．調査推定値への無回答の関連性に関する情報が欠落している場合，回答率が高くなるほど，ある調査にもとづくすべての推定値に対する無回答が原因の，影響を与える誤差の平均的なリスクは低くなるといっても過言ではないであろう．

> **Q15** 調査に対する回答率が低下傾向にあることは調査の終焉を意味するのだろうか？

まず第1に，6.5節で述べたように，世帯調査の回答率は低下しているように見えるが，事業所調査の回答率は同じようには低下していない．第2に，「全国犯罪被害調査」(NCVS)や「全国学力達成度調査」(NAEP)のように，政府の行う調査は，かなり高い回答率を引き続き実現している．第3に，英国やオランダのような諸外国では，世帯調査の場合には，歴史的にはずっと低い回答率を経験してきた．それにもかかわらずこれらの国々では必要最小限の情報収集ツールとして調査を用いることが盛んである．第4として，データ収集の調査手順は，人口の変化や社会の変化に合わせて，たえず変わる必要があったということがある．単身世帯の数が増加し，子供のいる世帯が減少し，より多くの女性が労働人口に加わったことで，在宅の人たちを見つけることはさらに困難になった．調査機関にとっては，聴取数を確保するために調査機関がかける電話回数を大幅に増やさねばならなかった．電話調査では，接触が困難な人に対しては，ときには20〜30回も電話をかけることがある．

調査利用が低下しているというよりも，むしろ最近10〜15年間の傾向として，全米および世界中で，母集団に関する情報を集めるために調査がますます用いられている．過去の研究ではうまく機能していたデータ収集手順のいくつかは，お互いにうまく協働しにくくなってきてはいるが，新たなデータ収集手順と方法が発達することはほぼ間違いないようである．

> **Q16** 調査方法論研究者が論じているように，調査質問文を作成することは複雑であるのか？ いずれにしても，われわれは日々の生活の一環として質問は利用している．

日常会話における質問と調査質問文とのおもな違いは，調査質問文とは，統計的な要約の準備のために集計される回答を，その同じ質問文に対して提供するように設計されていることである．たとえば，読者諸氏が，こうした質問に回答した具体的な特徴をもつ人の割合を算出したいとする．たとえばその人たちは，民主党員であって，左利きであり，妊娠中絶に賛成であり，昨年通院したことがある人たちとする．ここで行うべきことは以下のことである．

1) すべての人が同じ質問に回答しなければならない．つまり，質問文の文言は回答するすべての人に対して同じことを意味しなければならない（このことは，標準化されたワーディングにつながる）．
2) なんらかの一貫性がある方法で，要約および集計が可能な回答が存在しなけれ

ばならない．つまり，人々は比較が可能な言葉で回答を提供しなければならない（このことは，選択肢型回答質問と，自由回答質問で適切な回答を得るためのプロービングの規則とにつながる）．

質問文のワーディングの，見たところはわずかの変化が回答に大きな違いをもたらす，という調査方法論から得た発見にはもはや異論はないだろう．その研究の教訓のすべてが，一般の人たちに知られているわけではないのだが，おそらくその多くが日常会話にも当てはまる．しかし，日常会話でみられる誤解のような利害関係は，通常は調査の聴取に比べて少ない．実は話し手たちがお互いに誤解していたかどうかを，その後の会話のやりとりから学び，誤解を正すことは，いずれも日常会話のとりとめのない話題から可能になる．話し手たちが共有する共通の場が（それはたくさんの過去のやりとりの積み重ねであることが多いのだが），相互の解明に努めるための大きな自由度を話し手たちには与えている．一方，面接調査では，お互いの相互行為にさらに的を絞っている．つまり，質問文を理解してもらうために，調査員が何度も説明する必要がないよう，回答者がはじめて質問を聞いたときの曖昧さが最小限で，理解度が最大限となるような質問文の言いまわしが必要となる．

自記式調査方式では，質問文のワーディングについて一層の負担を課すことになる．こうした調査方式では，どんな誤解もはっきりさせる可能性は実際にはない．つまり，質問文のワーディングとそれを提示することで，リサーチャーの意図することのすべてを伝達しなければならない．

人々は日常的に質問を交わしているが，だれにでも同じように理解される言葉や表現を使うこと，しかも集計ができるような形で回答されることは，通常はないのである．

Q17 過去の調査で用いてきた質問文を，なぜ認知的に検証する必要があるのか？

質問文の認知的評価を行うことは，調査研究においては比較的新しいことである．その結果，1990年以前に作成され，また使用されていた圧倒的多数の質問文は，認知的観点からは評価されていなかった．さらに，1990年代に作成された質問文であっても，一般には認知的な検証がなされていなかった．その結果，さまざまな分野において，現行の認知面での基準を満たさない多くの質問文が使用されていたという確かな歴史がある．

リサーチャーは，すでに使用したことのある質問文を用いることの重要性を主張することがある．以前に用いた質問項目を複製することが役に立つ場合もある．なぜならば，そのことで経時的変化の測定が可能になるからである．あるいは，行ってみた相関分析にもとづいて，以前に用いた質問文が，ある程度の妥当性があると証明され

ることもある．質問文の複製を正当化する根拠としてはいささか科学的ではないが，第3の理由として，以前に使われていたそして詳細が不明な基準により"行っていること"が質問文になんらかの信頼性を与えるということである．

　ある質問項目が認知的に検証されていない場合は，これらの根拠のどれを利用するかにかかわりなく，ある質問項目の使用を正当化するために，その項目を他の調査で再び用いる前に検証するのは当然のことである．

　すでに使用された質問項目が認知的に検証されると，3つの考えられる効果がある．第1に，質問項目が検証されることで，認知的観点からよい質問文であることがわかるかもしれない．その場合には，誰もが安心感をもてる．第2に，認知的観点から，その質問文に重大な問題があることが判明するかもしれない．その問題が特定されれば，リサーチャーは，傾向の測定あるいはその過去の心理測定的な成果といった項目を用いる理由が，重大な欠陥のある質問文を使うことを正当化しないと判断するかもしれない．ようするに，次に行う調査が，今後の傾向を測定する際の基準となる．調査を行うたびに，可能な限り最善の質問文を用いるという確固たる事実がある．第3に，その質問項目を使用する価値のほうが，認知的検証で検出された欠陥を上まわるとリサーチャーが判断した場合，リサーチャーや他のデータ利用者は，少なくともその質問文のもつ限界に気づくであろうし，その質問項目を用いた結果には適切な調整がなされるであろう．

> **Q18** 調査に先立つ質問文の検証に適した妥当な手順とは何か．

　かりにその調査が，リサーチャーにとって比較的新しい分野を扱うような場合，あるいは研究を行っている特定の目標母集団に対する新説を扱うような場合，目標母集団の構成員による数回のフォーカス・グループを実施することは，ほとんどの場合，調査過程に着手するための費用効率のよい方法である．目標母集団となった人たちがその調査の話題を話し合うときに用いる語彙について知ることは，きわめて有益な初めの一歩である．

　質問文の原案が設計されたところで，調査内容と方法論的観点との両面から，専門家が吟味することもまた非常に費用効率がよい．内容面の専門家は，その質問文が自分たちの分析に必要な情報を与えてくれることを確かめられる．また方法論の専門家は，問題の起こりそうな質問を指摘できる．場合によっては，適切な質問文設計を経験的に一般化することで，調査のすみやかな改善が可能になるであろう．専門家による吟味によってもまた，経験的に評価できる質問文の考えられる問題点を指摘することができる．

　このように，質問文の認知的検証は，新しい調査用具を開発するための，実質上の標準部品となっている．調査対象が10件以下の小規模な認知的面接であっても，質問文の理解により重要な問題を確かめられること，あるいは調査から得られるデータ

の最終的な価値にかなり貢献しうる回答者に，回答の作成がもたらす仕事を確かめられることがある．

さらに，現場の予備調査が依然としてある役目がある．標準的な予備調査に２つのことを追加することで，調査結果の価値をかなり高めることができる．第１は，面接調査の場合，面接をテープ録音し予備面接調査中の調査員や回答者の行動をコーディングすることだが，これは，質問文がどのようにうまく質問できて，どのように回答されているかについて，体系的なデータを得るためにはかなり廉価な方法である．また，問題となっている質問文で，しかも改訂が役に立ちそうな質問文の量的指標も提供してくれる．もうすこし詳しくいうと，予備調査に質問文のワーディングの小規模な無作為化実験を含めることで，質問文のワーディングがほぼまちがいなく取得結果データに及ぼす影響に関する実験的な証拠が得られる．以前に用いた質問文の改訂を検討している場合には，あるいは２通りの質問文を検討している場合には，このような試験がとくに有用である．意味のあるデータを提供するためには，予備調査に含める対象者数は，通常の場合よりも多くする必要があるだろう．つまり，100〜200例程度は必要だろう．しかし，提供された追加情報は，多くの場合にこのような投資をよいものとするだろう．

> **Q19** 認知的検証を行うこと，あるいは質問文に関連した妥当性または回答の偏りの事後調査測定，とあるが，これらのいずれが重要か？

一方で，われわれが何かをうまく測定できたか否かの最終的な検証は，ある外的基準と回答との間の一致にある．したがって，２つの質問文のいずれかを選択する場合，測定されている構成概念の適切な測度とさらにうまく一致するときには（8.9.1項を参照），認知的検証の結果いかんにかかわらず，さらに妥当な測度を選択することに，科学が影響するだろう．かりに回答者レベルでの回答の偏差という指標が，無視できるような誤差を示す場合，適切な測定品質の十分な証拠となりうる．

これとは別に，リサーチャーにとって，自分が測定しようとしている構成概念の"優れた基準（gold standard）"となる測度が不足していることがよくある．妥当性を証明する良い基準がない場合には，回答者がどの程度しっかりと質問文を理解し，回答を的確に表せるかを評価することが，実は測定誤差を減らすためのかなり直接的な手段であるはずである．こうした強固な説を唱えてはみても，質問文を認知的観点から改善することが有効な測定値を提供するという多数の証拠はないのだ，と著者らはいい続ける必要がある．

したがってあきらかに，質問文を評価するとき，認知面での基準と心理測定的な基準とのいずれもが重要であるというのが，ここの質問への回答である．理論上は，両者は密接に関連しているであろう．これらの関連性を実証し理解するのに役立つ，より多くの優れた研究が大いに必要とされているのである．

> **Q20** ある質問文の妥当性を検証するとは、どのようなことを意味するのであろうか？

心理測定から生まれた質問文の多くは、品質基準として構成概念の妥当性を用いている（8.9.1項参照）。質問文の最初の考案者が妥当性研究を実施し（外的な測度あるいは多重指標を用いて）、測定を改善し、再び妥当性研究を行ったあとで、その測定を"妥当性が立証された（validated）"として報告することがある。

第1に、調査研究では、ある質問文への回答と、その質問文が測定するよう設計されている構成概念の、なんらかの外的な測度との間の相関を調べることで妥当性を評価することがよくある。本当に"優れた基準"は、きわめてまれである。そしてまた、優れた基準を用いて1.0の相関を得ることはほとんど起こりえない。したがって、妥当性とは程度の問題である。リサーチャーは、少なくともなんらかの回答の変動が、目標とする構成概念を正確に測定すると思えるような証拠を集めているのである。

第2に、研究結果は（そして、これこそが妥当性の概念そのものだが）、測定する母集団に左右される。妥当性の研究は、後になってその質問文を使用する母集団とは似ていない母集団で実施されることがよくある。

第3として、質問文の測定能力（performance）は、ときにはその質問文の文脈とデータ収集法とに左右されるということを、調査方法論があきらかにしてきたことがある。

それゆえ、リサーチャーが、自分たちは妥当性を検証済みの"測度"を使用しているのだと主張する場合には、ある時点で、ある母集団にとって、回答内の変動のある部分が目標とする構成概念を反映しているという証拠を集めたことを意味する。ただしこの主張は、こうした測度を今後使おうとしている人が、本書で述べてきたいかなる測定誤差をもこうむらない、ということを意味するわけではない。

> **Q21** 調査員は、はたして調査誤差の重要な発生源であるのか？　かりにそうであるなら、リサーチャーがその誤差を報告することがほとんどないのはなぜか？　調査員は本当に調査推定値の品質に大きく影響するのであろうか？

質問をたずねた人が誰かによって、調査質問文への回答が異なってはいけないことは明らかである。一方、回答が調査員にどの程度関連しているかを評価する研究を行ってみると、級内相関の平均（average intraclass correlation）は、約0.01である（グローヴス：Groves, 1989, ファウラーとマンジョーネ：Fowler and Mangione, 1990）。これは小さな数値のように見えるかもしれない。しかし、推定値の標準誤差に及ぼす影響は、以下の式のようになる。

$$\sqrt{1+\rho_{\text{int}}(m-1)} \tag{12.2}$$

ここで，m はある調査員が行った平均面接数である（9.3 節を参照）．これが意味することは，調査員が 1 回の調査においてそれぞれ 50 件の面接を行ったとすると，一般的な質問に対する標本平均の標準誤差は，平均 ρ_{int} が 0.01 であるとき，1.22 の換算係数で膨らませる必要があるということである．ある調査で，平均的な調査員が 100 件の面接を行うとき，大規模な全国調査でよく起こるように，その同じ一般的な質問に対する標準誤差は 1.41 の換算係数で膨らませる必要がある[*5]．

ある回答を得るために，沢山の調査員介入を必要としない質問文設計を行うことと同様に，適切な訓練と管理により，調査員に関連する誤差が低減できることを研究が示してきた．しかし，実際には，調査員を使用するあらゆる調査で，調査員が大きく影響するような質問文がある．残念なことに，調査員に対して相互貫入的な標本割当を用いた研究はほとんどないため，通常は，調査員が統計量に及ぼす影響をリサーチャーは推定することができない．

Q22 計量経済学者である私の友人たちは，回帰モデルによる個体単位の重みづけ（case weights）はまったく意味をなさないといっている．これは本当だろうか？

上述の質問で言及したように，調査統計量は調査設計を反映した統計的推定を用いている．一般に，計量経済学では異なった推論の枠組みを用いており，それは従属変数にもとづく数値を与える制約のない過程を説明するのに適したものである．たとえば，ある計量経済学者が，x が y の原因だとする理論を検証するために，以下の単回帰式を用いる場合を考えてみよう．

$$y_i = \beta_0 + \beta_1 x_i + \varepsilon_i \tag{12.3}$$

このモデルが正しく設定されれば，伝統的な通常の最小二乗法（OLS）により，偏回帰係数 β_i の不偏推定値が得られる．ここで，調査方法論研究者は，抽出加重を用いることを提案するかもしれない．たとえば，高齢者が若年者よりも高い比率で抽出された標本の場合がこれである．計量経済学者は，偏回帰係数の推定値に年齢が影響を及ぼすと考えるから，おそらくモデルは誤った設定になるに違いなく，よって年齢を原因の 1 つとして加えるべきであると主張するかもしれない．

一方，調査方法論研究者は，枠母集団内の関連性を要約するために回帰モデルを使用しており，一般には因果推論を行うためには用いない．このように，2 つの異なる目的が 2 つの異なるアプローチを与えている．1 つの実用的なアプローチとして，ダンカンとデュムシェル（Duncan and Dumouchel, 1983）の方法がある．ここでは，回帰係数を加重とする場合と非加重とする場合の推定値の差について論じており，モデルの設定を再考するための 1 つの手がかりになるかもしれない．モデルの係数を推定する一方で，加重のことまで標本設計に反映させることや，集落化を考慮した標準誤差について論ずることは，ブリューワーとメラー（Brewer and Mellor, 1973）およびグローヴ

ス（Groves, 1989, pp. 279-290）に詳しい．

> **Q23** 抽出確率の差を調整するために，一般母集団（general population）の調査データに重みづけを行うことが重要な場合と重要ではない場合とは，どのような場合か？ これは自分が手にした回答者標本と自分が説明しようとしている既知の母集団特性との差を調整することなのだろうか？

4.5.2項と10.5節では，異なる確率で標本構成員が選ばれる場合のあらゆる設計に対して抽出加重を用いることを推奨している．カバレッジ調整と無回答調整の値は，その手順の前提に左右される．つまり通常は，回答者と無回答者が（そして，調査対象に含まれた者とそうでなかった者が），重みづけを行う層内の調査統計量に関して同等であるかどうかに左右されるのである．こうした前提は，一般には調査データ自体を用いては検証できない．したがって，その前提を評価する方法はない．

多くの人が採用している実用的な措置がある．それは重みづけを行った主要な統計量と重みづけしていない主要な統計量とを処理し，適切な標準誤差を算出することである．それで得られた結果が，双方の実行結果について同じであれば，より小さなほうの推定標準誤差を用いて分析を示す．

結局は，重みの和に敏感である統計量は（たとえば，カイ二乗統計量，標準誤差推定値），何も調整せずになんらかの統計ソフトウェアを用いると，誤った結論となることがあることに注意することが大切である（第4章を参照）．

> **Q24** 本書で引用した大半の実例と研究は米国のそれにもとづいている．同種の課題が世界のあらゆる国々に当てはまるのだろうか？

答えは「否」，つまり当てはまらない．サーベイ・リサーチャーが利用できる情報資源と調査測定に対する文化的な受け止め方は，国によってさまざまである．標本抽出枠として利用可能な住民登録簿のある国では，本書で述べたような複雑な標本設計の多くが不要である．電話あるいはインターネットという社会基盤整備が，わずかな部分しか満たしていない国では，このような社会基盤を用いたデータ収集法は大きな非観測誤差となるおそれがある．識字率が低い国，および郵便制度が信用できない国，あるいはその両方があてはまる国では，自記式調査票は無力である．当該関心のある話題について，見知らぬ人と率直に話し合うことを受け入れられない文化をもつ国では，調査自体が脅かされるかもしれない．

調査方法論の文献は，米国固有の研究ではないので，本書で述べた多く設計の原則が，他の環境においても適用可能であることを願っている．しかし，その原則を適用するには，それぞれの状況がもたらす制約と機会に合わせて慎重に変えることが，おそらくは必要となるだろう．

> **Q25** いま自分で調査を実施してみたいとしよう．良い調査を行うために，調査方法論研究者としての訓練を受けることが必要か？

　第1章で指摘したように，調査方法論とは，既存のものに代わる調査設計を遂行するための基礎となる原理原則を確立することであった．これらの原則は，統計学，心理学，社会学，コンピュータ科学における概念の枠組みを組み合わせることから得られることが多い．調査方法論についての研究文献を幅広い洞察力をもって読み解く力がなくては，複雑に入り組んだ知識を獲得することは難しい．残念なことに，これらの原則は，調査それぞれに対して同じ設計特性を選ぶべきだとは示唆してはいない．この原則を自分の望む形に組み合わせるには，調査のおもな目的に合わせ具体化することが必要である．

　現状の知識を考え合わせると，こうした複雑に入り組んだ知識や原則の組み合わせが，最適であることを確かなものとするために，この分野（調査方法論の分野）の知識が必要となる．したがって，こうしたことに精通するという点で，調査方法論研究者がとても役に立つのである．あらゆる分野でそうであるように，即効的効果を切望する初心者は，調査の設計段階で，重要な判断が過去の方法論研究の成果の恩恵を受けることができるときはとくに，調査専門家に助言を求めることがとても役に立つ．

訳　　注

第 1 章　調査方法論入門

* 1　1987 年に出版された書が，あらたな序文をつけて 2009 年に復刊されている（Converse, 2009）．

* 2　「住居単位」とは，戸建ての家，アパートメント，移動住宅あるいはトレーラー・ハウス，賃貸用の部屋（複数あるいは一部屋）のこと．

* 3　米国国勢調査局では，ここで言及している郵送調査の実施可能性を検証する多数の小規模の予備調査とは別に，センサスの手順がうまく機能するかを検証するために，より大規模な標本を使ってセンサス実験（formal test）を実施することもある，ということ．センサス実験は，たとえば 2005 年時点では数十万規模の世帯からなる標本を対象に，本調査で用いられる調査票と手順に従って実施されている．

* 4　IACP（International Association of Chiefs of Police）は，日本の「警察白書」（警察庁）にならい「国際警察長協会」と訳した．当初は米国内の組織として発足し，のちに国際組織となった．

* 5　「部分母集団」とは，母集団の一部分のことをいう．たとえば，ある都市の全住民を母集団としたとき，その中から成人のみを取り出すと，これは 1 つの部分母集団となる．ここでは，ある警察署の「管轄区全体」を母集団とすると，そこに属する「管轄区」が部分母集団になる．

* 6　以前は"Bureau of the Census"が使われてきたが，数年前に"U. S. Census Bureau"と変わっている．「米国センサス局」「センサス・ビューロー」などと訳されることもある．

* 7　「グループ・クォータ」は，調査の種類によってそれぞれ若干定義が異なるが，通常の世帯形式の住居形態とは異なり，親族・血縁関係にはない人たちが，サービスを提供する団体または組織による管理下で居住する形態のことをいう．たとえば，大学寄宿舎・寮，居住型療養施設，高度看護施設（SNF），高齢者向けグループ・ホーム，軍の兵舎，教化施設（刑務所など），労働者向けの寮など．典型的な定義は，米国国勢調査局が実施しているアメリカン・コミュニティ調査（ACS : American Community Survey）を参照されたい（http://www.census.gov/acs/www/）．

* 8　まず調査員が訪問して面接調査を行い，回答がとられなかった対象者について，改めて電話による聴取を行う，といった時間軸にそった混合方式を適用するということ．混合方式のいくつか考えられる形式の一つ（第 5 章の図 5.5 の混合方式の要約も参照

*9 RTI Internationalとは，Research Triangle Institute社の登録社名である（http://www.rti.org/）．調査主体である「薬物乱用・精神衛生管理局」は，「虐待精神衛生局」と訳されることもある．

*10 ここは具体的な建物としての「住居」をさす．しかし，これを「調査対象と定義する」という点から，あえて「住居単位」とした（本章訳注*2参照）．

*11 ここは次のように解釈される．「世帯を選んで，その選んだ世帯の"誰か（構成員）"にスクリーニング面接を行う．スクリーニングの半ばで，"調査対象者になった人には謝礼として30ドルが支払われる"という説明を行い，同意・応諾がとれた場合は，その世帯構成などについてさらに詳細な聴取を行う．最終的に調査対象者（複数可）を決め，各人に対し本調査を実施する．という手続きを踏む」ということ．

*12 ここで「他の国では珍しい」とあるが，日本国内でも，委託となる諸官庁の統計調査は少なくない．たとえば，内閣府が行う「国民生活に関する世論調査」，「消費動向調査」（新情報センター），「外交に関する世論調査」（日本リサーチセンター）など．ただし，入札により，委託先がかわる．

*13 コンピュータ支援のACASIによる回答者の回答と，調査員に直接回答した回答者の回答とを比べると，前者が後者の約2.3倍になるということ．

*14 ジョージ・カトーナ（Katona, George：1901-1981）．ハンガリー生まれ．経済学と心理学の融和を提唱し，経済心理学や行動経済学の端緒となった多くの研究を行った．第2次世界大戦時に，米国政府は戦争がきっかけとなって生じたインフレ対策に苦慮していた．カトーナは，こうした現象に関連してマクロ経済に心理学の原理を適用することを試みる研究を行った．とくに消費者期待感（consumer expectation）をどう評価するかを研究し，これがミシガン大学消費者信頼感指数（University of Michigan Consumer Sentiment Index）として利用されるようになった．

*15 消費者期待指数（CEI）は消費者信頼感指数（ICS）の部分集合である．本書では，これら2つの指標を，とくに意識して使い分けてはいない．全体を通して"消費者信頼感"を説明する情報と考えておけばよいだろう．

*16 つまり，「買おうと思っていたもの」より安く，代わりとなるものを買ってしのぐことが考えられる，ということ．

*17 全米で行われている学力調査事業のことで，直訳するなら「教育的進歩の全国評価」となる．略称のネイプ（NAEP）とよぶこともある．日本では「米国学力調査」「全米学力調査」などと訳されることが多いが，ここでは"progress"の意を勘案して「全国学力達成度調査」とした．

*18 LEP（limited english proficiency）とは，英語能力が十分でない（話せない，読めない，書けない，理解できない）状態をいう．ここでLEP Surveyとは，こうした英語能力に問題のある学生に対する調査をさしている．

訳　　　注　　　　　　　　　　　　113

*19 教育テスト事業団（ETS：Educational Testing Service）とは，米国ニュージャージー州にある非営利組織．全国学力達成度調査（NAEP）の他，TOEFL テスト，GRE などのテストを企画・開発・運営している．米国で利用されている公的テストの大部分を扱っている．この ETS は，教育専門家，言語学者，統計学者，心理学者などを含む 2500 名以上のスタッフを擁する．

*20 Response Analysis Corporation は，1969 年に設立の市場調査コンサルティング会社．最近，Roper Starch Worldwide Inc. に買収されたので，現在はこの社名はない．

*21 米国教育統計局（NCES：National Center for Education Statistics）は，連邦政府統計機関の1つ．全国教育統計センター，教育統計センター，国際教育統計センターと訳されることもある．連邦政府統計機関（federal government statistical agencies）とは，通称 FEDSTATS（Federal Statistical System）といい，統計にかかわる 10 の連邦政府機関から構成される．
　　農業統計局：National Agricultural Statistics Service（NASS）
　　国勢調査局：Census Bureau
　　経済分析局：Bureau of Economic Analysis（BEA）
　　教育統計局：National Center for Education Statistics（NCES）
　　エネルギー情報管理局：Energy Information Administration（EIA）
　　薬物濫用・精神衛生管理局：Substance Abuse and Mental Health Services Administration（SAMHSA）
　　国立保健統計センター：National Center for Health Statistics（NCHS）
　　司法統計局：Bureau of Justice Statistics（BJS）
　　労働統計局：Bureau of Labor Statistics（BLS）
　　交通統計局：Bureau of Transportation Statistics（BTS）　（*）この機関は運輸省管轄

*22 国立保健統計センター（NCHC）も「連邦政府統計機関」（通称 FEDSTATS）の1つ．「国立健康統計センター」「国立衛生統計センター」などと訳されることもある．

*23 「米国疾病管理・予防センター」（CDC）とは，米国ジョージア州アトランタにある保健社会福祉省所管の，感染症対策の総合研究所．「病気抑制防止局」「疾患予防管理センター」「疾患対策予防センター」「疾病対策センター」などと訳されることもある．

*24 肥満度指数（BMI：body mass index）のこと，体格指数，カウプ指数ともいう．BMI＝［体重（kg）］÷［身長（m）の二乗］．

*25 「オレオ・クッキー」はクラフト社登録商標のクリームサンド・チョコレート・クッキー．白色の甘いクリームを，2つの円形をしたチョコレート・クッキーではさんである．現在はナビスコが製造・販売する．日本ではヤマザキナビスコが販売．

*26 PAPI（paper-and-pencil interviews）とは，"紙と鉛筆" を用いる，つまり，"質問紙を用いた面接方式" のこと．

*27 「雇用主」は第 10 章にある標準分類体系にも関係する．日本国内でも，労働政策・研修機構（各種労働統計）や総務省統計局（国勢調査）などで，いろいろな職業の分類

区分があり，国内で統一されているわけではない．

*28 「タッチトーン・データ入力」とは，読み上げられた質問文と回答選択肢を回答者が電話で聴きとって，自分の選択したい該当する番号などを，電話機のキーを用いて入力，回答すること．これを用いる機械を，音声自動応答装置（IVR：interactive voice responses）ともいう．

*29 EDI（electronic data interchange）とは，各種の事務作業，商取引などの効率化のために，データ授受（取引や商品受注・発注，各種書類などの授受）を，ネットワークを介して電子的に決済，処理すること．最近はウェブを用いるウェブ EDI が普及している．

*30 米国にはいくつかの資格認定制度がある．米国統計学会（ASA）は，最近，統計学者（statisticians）向けの認証制度を開始した（http://amstat.org/accreditation/index.cfm）．審査認定を受けて発行される．また，本書の執筆のきっかけとなった JPSM（本書序文参照）も，若干の試験を含む研修プログラムを修了すると，修業証書（diploma）を授与される．

日本国内では，社会調査協会が認定する社会調査士制度が発足している（同協会の前身社会調査士資格認定機構は 2003 年に発足）．「社会調査士」と「専門社会調査士」の 2 種類がある．また，日本統計学会が新たに設定した「統計検定」を 2011 年にはじめる．「1 級〜4 級」「統計調査士」「専門統計調査士」「国際資格」がある．

第 2 章 調査における推論と誤差

*1 ここでいう deviation とは，difference, gap, discrepancy などに近い意味で，ここでは「ずれ」とした．いわゆる統計的な意味での偏差より広い意味に用いている．本章の終わりの「要約」の節では，このはじめの説明を受けて「ずれ」（gap）としている．

*2 本書では，「単位（unit）」という語句が頻出する．単独に「単位」として用いるだけでなく，この例のように「観測単位（observational units）」とか，「住居単位（housing unit）」「標本単位（sample unit）」「抽出単位（sampling unit）」のように使う．これと関連して，要素（element），個体あるいはケース（case），調査対象者・対象者（sample person, sample case），…といろいろな形で「調査対象」を表す用語として使われているが，いずれもほぼ同じ意味と考えてよい．なお「要素」については 3 章に定義がある．

*3 いろいろな理由で「世帯」の動態は変動的，流動的である．たとえば「死別や離別による世帯の分裂，結婚による新たな世帯の誕生」等々がある．住居そのものの移動もある（トレーラーハウスなど）．それを踏まえたうえで，少なくとも 1ヵ月の調査期間で継続的に世帯に変化がなかった人を「母集団」として用意する．その意を含めて「推定母集団」とする，と解釈した．

*4 日本国内の多くの調査では，こうした標本抽出枠から得たデータまでを含めた形，つまり計画標本時点の全情報を記録するという習慣がないようである．しかし本来は，調査設計時の全情報を記録すべきである．とくに，事後にさまざまな調査誤差の評価を行う際には，こうした形で調査データを記録することが必須である．

訳　注　445

*5　ウェイトづけ，ウェートづけ，重みづけ，加重調整，とさまざまな呼称があてられている．

*6　ここは「補定」とした．「代入法」「決めつけ処理」「インピュテーション」の別称もある．

*7　「総調査誤差」とした．本書全体を通じて重要な語句の1つ．日本国内ではあまり使われない．

*8　妥当性の詳しい説明は第8章にある．ここの (2.3) 式は，第8章の (8.2) 式と同じ意味で用いている．よってここで，(2.3) 式内の μ は (8.2) 式に合わせて $\bar{\mu}$ と読み替える．両者の記法は異なるが，本書では (2.3) 式の期待値記号 $E_{it}(\cdot)$ を $\sum_{i,t}(\cdot)$ の意味で用いている．たとえば，$E_{it}(Y_{it}-\bar{Y})^2$ は $\sum_{i,t}(Y_{it}-\bar{Y})^2$ を意味する．ここでは，試行を意味する添え字 (t) に注意する．本文に書かれてあるように，多くの場合は，試行（つまり調査）は1回しか行えず，ここでいう試行の反復とはある意味で概念的な実験である．このことに注意して，また第8章の説明と合わせ考えること．

　　いいかえると，(2.3) 式は，実際の調査では得られない「概念的な反復複製」という意味で期待値の記法を用い，(8.2) 式は「実際に反復測定できることは何か」を想定して，和の記法を使っている．たとえば，本文で例となっている「通院回数」の質問では，回答者の回答（実現値）と，病院の記録から得た実際の通院回数（これを真値と考え）との関係を考えるような場合は，(8.2) 式を想定している．こうした真値相当の情報がないような，たとえば何かの意見や態度を求める質問では，真値（つまり構成概念）そのものが未知であるから，そのようなことまでを想定して一般的に妥当性を定義しようとすると (2.3) 式のようになる．

　　またここで，Y_i と Y_{it} の違いは，ときには（たとえば，態度についての測定で），「真値」が未知で，妥当性は（概念的に）繰り返し測定すること（反復試行）を想定のうえで評価されるしかないことがある．そのことから Y_{it} としている．しかし，これとは別の測定では（たとえば外部の検証が可能な測定，上の病院記録があるような場合），反復測定の必要がないので，Y_i でそれぞれの回答者を表している．とくに反復が1回の場合は (8.3) 式と考えればよい．

*9　格付け，符号化などの別称がある．自由記述やそれに類したテキスト情報を数値や記号・標識に変換すること．この操作により，集計や作表・製表を容易にする操作のこと．日本でいうアフターコーディングに類似したことを含む．10章も参照のこと．

*10　「調査もれ」「過小カバレッジ」という言い方もある．これに対して「オーバーカバレッジ」を「過大カバレッジ」ということがある．

*11　ここで，平均教育年数 =14.1（年）は，以下のように正確には 14.14（年）となる．
　　　$\bar{Y}_C=14.3$, $\bar{Y}_U=11.2$
　　を (2.5) 式に代入し，これと (2.6) 式から
　　　$\bar{Y}_C-\bar{Y}=0.16$,
　　　よって $\bar{Y}=\bar{Y}_C-0.16=14.3-0.16=14.14$
　　となる．

*12 ここは「抽出分散」とした．これを「サンプリング分散」とした例がある．また「抽出分散とは標本抽出における変動のこと」と補った．第4章に，さらに詳しい説明がある．

*13 添え字の表記について：ここでは，標本抽出（sampling）の反復操作を強調するために，添え字 $s=1, 2, \cdots, S$ をこうしてある．第4章では，s, S を別の意味（標準偏差）でも使っているので，やや混乱するが，ここは執筆者の意図を重んじ，そのままとした．

第3章 目標母集団，標本抽出枠，カバレッジ誤差

*1 米国の「成人」の定義が日本とは異なる，ここでは18才以上は成人となっている．

*2 抽出枠，抽出フレーム，サンプリング・フレームとさまざまな呼称があてられている．枠（frame）ともいう．本書でも，章によって（つまり書き手によって）さまざまで統一されてはいない．

*3 日本語ではさまざまな言い方がある．たとえば，名簿，サンプル台帳，サンプリング台帳など．

*4 第2版では，「約2%の米国成人（＝approximately 2% of U. S. adults）」に変更されている．

*5 ここで，「4つの問題」とは，アンダーカバレッジ，不適格な単位，重複，集落化処理，をさす

*6 「ゲーティッド・コミュニティ」とは，安全を確保し，資産価値を保つために周囲をゲートとフェンスで囲った住宅地のこと．1990年代に入ってから米国の大都市およびその近郊に増えた．（渡辺，2007，2010）

*7 ここで「公共の場」とは，通常の公共地域，いわゆる「おもて」，家や私有地の外側の意だろう．

*8 グループクォータについては，第1章訳注*7を参照のこと．

*9 「住民登録簿」とした．日本の住民基本台帳に相当する情報だが登録方法などで完全に同じものではない（国によって登録の制度が異なる）．

*10 第2版では20%と修正されている．初版ではこの数値にぶれが見られるので注意されたい．

*11 第2版では2%となっている．先の*10と同様，この数値にぶれが見られるので注意されたい．

第4章 標本設計と標本誤差

*1 ここで「調査変数」とは，当該分析の対象としている変数・項目のこと．

訳　　　注　　　　　　　　　　447

*2　$1.96(se(p))=0.02$ から，$se(p)≒0.01$ ということ．ここで限界値とは標本誤差のこと．つまり $se(\bar{y})=se(p)$ のこと．

$$se(p)=\sqrt{(1-f)\frac{p(1-p)}{n-1}}=\sqrt{\frac{p(1-p)}{n}}$$

から，これを n について解くと，

$$n=\frac{p(1-p)}{(se(\bar{y}))^2}$$

となる．これが標本の大きさ n を見積もる"近似"公式に相当する．

*3　d^2 の値は以下のように得られる．
　　　$N=40000, B=25, a=8, n=200$

$$v(\bar{y})=\left(\frac{1-f}{n}\right)s^2=\frac{1-\frac{200}{40000}}{200}\times 500=2.4875≒2.5$$

　　　または，$v(\bar{y})=\left(\frac{1-f}{n}\right)s^2=\frac{s^2}{n}=2.50$

この 2.50 と，(4.11) 式で得た 7.81 を用いて，d^2 の値が得られる．

*4　第 1 章の事例に関連する．NAEP の中に「School Characteristics and Policy Survey」という調査がある，と解釈できる．よってこの訳をあてた．なお，School Characteristics は「校風」のようなことも含まれているのだろうが，「学校の特徴」とした．

　　1990 年以前は NAEP の構成部分として「初等及び中等学生調査」「学校の特徴と方針についての調査」「教師調査」が含まれていた，という記述がある（http://bubl.ac.uk/archive/journals/alawon/v06n1397.htm）．

第 5 章　データ収集法

*1　ここは「1 次調査地域」としたが PSU（1 次抽出単位）のことだろう．

*2　図 5.2 およびこのあたりの説明の背景が，最近の技術革新によって，大きく変わりつつある．たとえば，比較的廉価なタブレット端末，高機能携帯電話（スマートフォン），電子書籍端末などの登場で．これらを使ったインターネット型の調査方式が登場しつつある．

*3　日本では，「訪問留置式」「配付回収法」などといわれてきた方式のこと．

*4　ここについては，本書初版以後に刊行された Couper (2008) を参照のこと．

*5　ここで「多次元空間…」の意味は多次元データ解析手法（MDS など）を用いた空間布置を行うと，ここにあるようなことがわかった，ということ．

*6　本書初版刊行以後，この数値は大きく変わっている．第 2 版では「1995 年に 15% に満たなかったが，2000 年には 50% に，2008 年には 75% となった」とされている．

*7　本書初版刊行以後，*6 同様この数値は大きく変わっている．

*8 米国では，電話番号簿が商品として売買され流通している．このことが，電話調査が普及した理由の1つであるとされる．

*9 回答行動を電子的に追跡捕捉し，「パラデータ」として集め，これを分析することで，こうした情報が得られる．

*10 グラフから判断する限り，2.46倍とは読めない．第2版ではグラフが若干修正されている．

*11 ここについては，本書初版以後に刊行されたCouper (2008) も参照のこと．

*12 この文の後半で言いたいことは，ウェブ調査では調査票の設計（デザイン）次第で，質問紙形式に似せるか，調査員方式に似せるか，どちらにも（模擬的，擬似的に）対応ができる，ということ．ここについても，Couper (2008) が参考になる．

*13 こうした収集データを「パラデータ」という (Couper, 2008)．あるいはトラッキング・データともいう．

*14 ここで調査方式間の比較結果に，微妙な内容の質問を除き，そう大きな差違がないとしている議論には注意が必要だろう．そうとは限らないのではないか．前述の説明，展開とすこしずれているようにも読める．

*15 インバウンドとは，一般に「着信」方式のこと．例：インターネットで，ウェブサイトに興味，関心をもたせ購買意欲向上に結びつけること．

*16 importance of timeliness は「適時性の重要性」とした，時宜をえたタイミングで各調査方式を適用することが重要ということ．CESのように流動的な調査対象（＝事業所数など）を扱う調査では，回答がタイムリー（適時）であることが重要となる．つまり，CESではウェブ／FAX／タッチトーン式／電話／郵送でデータ収集を行うが，ウェブと郵送を比べても得られたデータが戻ってくる時間にラグがある．極端にいえば，調査票を郵送するまで（あるいはデータが戻ってくるまで）の間にその事業所が閉鎖になったり合併したりということもありえる．ウェブではそのラグが少ないので適時性がある．ウェブ／FAX／タッチトーン式／電話／郵送の各調査方式が及ぼしうる影響を上回る．

第6章 標本調査における無回答

*1 日本では，unit nonresponse を「調査不能」，item nonresponse を「無回答」とするのが一般的である．しかし本書では，無回答，調査不能にきめ細かく対応しようとしており，とくに本章では「non response」「unit nonresponse」「item nonreponse」を使い分けることに意味があると主張している．

*2 標本平均の場合の「無回答の偏り」の具体的な定義式は，2.3.6項の (2.8) 式で示されている．

*3 図6.2の説明では，グラフ中の5つの調査例が，「電話調査」「面接調査」のいずれか

訳　　注　　　　　　　　　449

であることがわかる．「電話」とは限らない．よってここは「呼び出しあるいは訪問の規則」と併記した．

*4　ゲーテッド・コミュニティについては，第3章訳注*6を参照のこと．

*5　「複合方式」とした．これは単純な混合方式ではなく，調査の時間経過（時点）を考えた場合の混合方式のことをさしていると考えられる（詳細は5.4節参照）．

*6　たとえばユニセフなどでは，手紙を差し出すときに使えるように，寄付者のアドレスを印刷したラベルシートを謝礼としている．

*7　本書では，この拒否撤回率の定義や算出式は明示されていないが，ここは，「（再回収数）／（最初に非回収であった数）」となる．

*8　leverage-salience theory は，直訳すれば，「重要さの程度とてこ」理論とでもなるが，"Theory of the importance of respondent's (or person's) behavior"，"The leverage accounting for a person's response behavior theory" といった意味の解釈にそって，「回答行動の重要度に関する理論」と訳を当ててみた．原著者による Groves et al. (2001) も参照のこと．

*9　「謝礼を用意した調査」で社会的関心のある者が70％，「謝礼なしの調査」で社会的関心のある者が80％，よって，謝礼がなくても参加した人は，謝礼ありで（謝礼につれられて）参加した人よりも社会的関心が高い，ということ．ただし，第2版では数値が若干修正されている．

*10　第2版では，共分散の式も定義されたほか，式についても修正されている．

*11　無作為に1名選ぶ必要がある場合の「代理」は，結果として回答率が高くはなるが，場合によってはその無作為抽出を崩すことにもなる．ここで代理を認めているのは，意識や態度などではなく，生年月日などといった客観的な事実についての質問についての代理に限定されるもの，と考えられる．

*12　表中の数字をみると「経費が安くすむ」ことになっているが，あくまでもこれは相対的に見ると，ということ．

*13　マスター・サンプルから，ある調査のためのサンプルを抽出するようなことが一般的に二相抽出として理解されている．参考文献として Groves and Heeringa (2006) があげられる．

第7章　調査における質問と回答

*1　バリウム（Valium）とは，精神安定剤ジアゼパムの商標名．睡眠不足障害やさまざまな中毒症状の回復薬，緩和薬として用いられる．1970年代のアメリカで，爆発的に売れたといわれている．

*2　ここでは，報告と回答（answer）とを使い分けているように見える．「報告し，伝える」

という行為の結果が「回答」となって具体化する，と考えていると推察できる．

*3 「はい」と答えやすい傾向（"yes"-tendency）ともよぶ．

*4 ここは1つの文章．質問文が複数の意味に解釈されることを指す．ダブル・バーレルと似ているが異なる．ダブル・バーレルは7.4.3項などを参照のこと．

*5 401 k（確定拠出型年金制度）や SRA（Supplemental Retirement Account）は，個人で運用する年金制度の1つ．

*6 テレスコーピングは，上の定義と「短縮化」の方向が「前向き，後ろ向き」とあることをいう．「テレスコーピングあるいは短縮化」とした．コラム18も参照のこと．

*7 コラム19の表参照．「低い回答選択肢の場合」では「2時間半以上」が16.2（％）に対し，「高い回答選択肢の場合」では「2時間半未満」=62.5（％）であるから，後者の「2時間半以上」は100−62.5＝37.5（％）となるということ

*8 「既存評価」とは，それに対しすでにもっている評価（先入観のようなものを含め）をさしている．逆に，問われている対象に対して，そうした予備知識を一切もち合わせない場合には，答えようがないということ．

*9 シカゴ大学全国世論調査センター（NORC：National Opinion Research Center）は，米国の著名な調査機関の1つ（http://www.norc.uchicago.edu/homepage.htm）．シカゴ大学キャンパス内に本部があり，そのほかシカゴ市内，ワシントンDC，ベセスダ（メリーランド州），バークリー（カリフォルニア州）にオフィスがある．

*10 「妥協案」とあるように，これが本当に最善か，いつも適用可能かは検討の余地があるだろう．

*11 回答（選択肢）にあらかじめ想定した生起確率を割り当てる，これは回答者には当然，わからない（隠されている）．結果の比率の推定が可能ということ．ランダム回答法に関する論文（国内）としていくつかあるが少ない（鈴木・高橋・逆瀬川，1976；逆瀬川・高橋・鈴木，1976；土屋・平井・小野，2007）．

*12 ランダム回答法で使う用具・機器類のこと．ランダム回答法では，選択を決める道具（チャンス・デバイス，抽選機）のような調査用具を用いる．7.4.2項に青と赤のビーズを使う例がある．

*13 ここで「微妙ではない内容（nonsentitive）」とは次の「微妙な内容（sensitive）」に対比するもの．「微妙な内容」とは，率直には答えにくい「デリケートな内容」の質問をいう．よって「微妙でない内容」とは，回答に際して「当たり障りのない」「気にならない」「抵抗のない」内容の質問をいう．

*14 ここでは「質問」のことではなく，「微妙な内容の行動」をどう評価するか，ということをいっている．ここで「利点」とあることは，「自由回答質問」の「選択肢型質問」に対する優位性なので，「選択肢型質問」の否定的側面があげられることは理にかなうということ．

* 15 「行動の分布」としてあるのは，以下のような解釈によると考えられる．両極端の行動，たとえば「教会に通うことや奉仕活動を行うこと＝美徳」と「麻薬を常習すること，犯罪行為に加担すること＝悪徳」の両方がある人のとりうる「行動範囲」内にあげられる（＝矛盾の）ことで，ある人が想定する，自身の行動範囲をむやみに広げて解釈することを促す可能性があるということを示唆しているということ．

* 16 「コーディアル」とは，身体を活気づけ，刺激する作用（要するに強壮作用）のある食品，おもに飲み物のこと．アルコールを含むコーディアルは，通常リキュールという．コーディアル・カンパリ，コーディアル・ハーブ，コーディアル・ライムなどという．つまりここで，リキュール，コーディアル，シェリーの区別はあまり明らかでない．

* 17 sensitivity とは，「sensitive であること」「sensitiveness」の意味．ただしここでは，質問項目が回答者の回答をどの程度うまく拾い出すか，つまり感度がよいのかどうか，という意味で使っており，「感度」と訳した．

* 18 たとえば，モノサシ型，アナログ型のスケールをおくとか，バースケールをおくとかして任意の箇所を選ばせるなど．かならずしもうまく機能するとは限らず，特定の箇所に回答が集まるといったスパイク現象がみられることもある（例：旅行回数を問うと「1回，5回，10回」といった回答が増えるなど）．

* 19 ここは，unipolar 方式に対する bipolar 型をいう．unipolar 型（一極方式）とは，質問文の選択肢の言葉としての意味の方向（尺度）がある一定方向にある場合をいう．たとえば，「満足」に対して「満足でない」となる場合．一方，bipolar 型（二極方式）では，質問文の言葉の意味が対極関係になるような場合，たとえば「満足」に対して「不満」，「賛成」に対して「反対」となるような場合をいう．これを順序尺度（ordinary scale）に合わせると「unipolar ordinary scale, bipolar ordinary scale」となる．

* 20 ここの主張は 5 段階，7 段階が最善のように読める（リッカート尺度の観点からはそういう意見になるだろう）．また選択肢数が増えれば，回答の負担が重くなることは確かである．しかし，これが「最善」かどうかは，検討の余地があろう．

* 21 図 7.4 の例は「まず，回答選択肢が該当する場合は○で選び，次に記入する，非該当の場合は別の質問に飛ぶ」となっている．なお，こうしたデザインの効果的な利用法や調査方法論的な解説は Dillman et al（2007, 2009）に詳しい．

* 22 「簡略式」とは「短文形式」の調査票のこと．"short form questionnaire" のサンプルをみると（http://www.census.gov/dmd/www/pdf/d61a.pdf），"It is quick and easy," とある．よって「簡易式」というより「簡略式」だろう．

第 8 章　調査質問文の評価

* 1 本章に現れる "field pretest"，"pretest" は，「予備調査」の意味で用いている．類似した語句に "pilot survey"（パイロット調査）があるが，本書ではこれらをあまり区別して用いてはいない．

*2 ここも他章に合わせて「調査用具」とした．調査票，提示カード，PC などまでを含む，ひろく調査で用いられる用具類のこと．

*3 「プロービング」とした．注意深く探りを入れながら討論の進行を司会すること．9章も参照．

*4 「保健維持機構」(Health Maintenance Organization：HMO) は，米国の民間保険の一つ．医療費の抑制を目的に設立された．「保健維持機構」「健康維持機構」「健康保険維持機構」と訳されることもある．米国は，先進国の中で唯一国民皆保険制度を備えていない．公的な健康保険制度は2つあり，65歳以上を対象とした「メディケア」と，低所得者層を対象とした「メディケイド」である．これらに含まれない多数を占めるアメリカ合衆国市民は，個別の企業が福利厚生として提供する健康保険などに加入することが多い．たとえば，401 K など．(堤, 2008, 2010)

*5 調査母集団の定義は第3章3.2節を参照．「当初に意図した目標母集団ではなく，現実に調査データを収集する対象とする実際の母集団」のこと．

*6 「一対一による検査プロトコル」とは，「1つの質問」に対して「ひとりひとりの回答」を照らし合わせる方法のこと．

*7 ボランティア活動をする際に，なんらかの対価のある場合のボランティアのこと．有給ボランティアとよぶこともある．

*8 「範囲外数値」とは，選択肢型質問で非該当選択肢となったり，所得の選択肢に選択したい該当選択肢がなかったりといった事象が生じること．外れ値とは少し意味が違う．別の章にレンジアウトの説明がある．

*9 ここは「実現値」とした．ようするに，概念的には無限試行を想定していても，実際には1つの実現値しか手に入らない，ということ．2, 4章も参照．

*10 ここにある各項目の記法は，2章（53ページ）にある記法とやや異なるが，同じことを意味している．

*11 この (8.2) 式は，第2章の (2.3) 式と同じことを意味している．

*12 これを以下のように読み替える．
μ_i = 構成概念に対する真値，これを当該研究の"すぐれた基準"とよぶこともある．
$\bar{\mu}$ = 全回答者についての真値の平均値
つまりこれは，回答者の回答と真値との単なる相関係数である．

*13 ここの表現，前の章他で書かれている質問文の複数ある選択肢のうちの一番端の選択肢の意味．

*14 ここでは，2章と同様に，(8.7) 式，(8.8) 式の中の期待値の記法 $E_t(\cdot)$ は和の記法 $\sum_t(\cdot)$ と読み替える．つまりここは，下のように，左の各式は，右のように読み替える．

Y_{it} の偏り：$Bias(Y_{it}) = E_t\left[E_i(Y_{it}) - \mu_i\right]$ は， Y_{it} の偏り：$Bias(Y_{it}) = \sum_t\left[\sum_i Y_{it} - \mu_i\right]$

$\overline{Y}$ の偏り：$Bias(\overline{Y}) = E_t\left(\dfrac{\sum_i Y_{it}}{N}\right) - \dfrac{\sum_i \mu_i}{N}$ は，$\overline{Y}$ の偏り：$Bias(\overline{Y}) = \sum_t\left(\dfrac{\sum_i Y_{it}}{N}\right) - \dfrac{\sum_i \mu_i}{N}$

この理由については，第2章訳注＊14も参照．

＊15 ここの (8.9) 式，(8.10) 式の期待値の記法 $E(\cdot)$ も，和の記法 $\Sigma(\cdot)$ と読み替える．

＊16 本章訳注＊4参照．

第9章　面接調査法

＊1 「社会的存在」とは，周囲との関係のなかでどのような目的があるか，意識をもつか，また，まわりとのどのようなかかわりをもつかということ．

＊2 ここで「目に見える特徴」とは，後述の例にあるように「調査員の様相，姿，性格など」が，回答者の回答者行動（回答決定）に影響を及ぼすことがある，ということ．

＊3 ここの「予備変数」は，職業，人種，家族，居住地域などの「属性」のことをさすと考えられる．

＊4 「ラポール（あるいはラポート）」とは，相手との共感・信頼関係，心理的つながりを保つことをいう．カウンセリングや参与観察，各種実験などで重視される（東，2010）．

＊5 ここの標準面接法に関連する文献として，Houtkoop-Steenstra (2000) があげられる．

＊6 「コノテーション（共示）」とは言語学などで用いられる用語．言語学では「言外の意（意味）」「含意」で用いる．「背後の意味」のこと．対比語にデノテーション（外示）（denotation）がある．外示的意味，普遍的意味，いわば「表向きの言葉」．（1つの用語句が）利用場面によって意味が変わるということでもある（加賀野井，1995）．

＊7 「プロービング」とは，回答者が質問への回答に窮したときなど，調査員が，回答者に対して回答誘導とならぬ範囲で，念押し，確認をすること．現場では「突っ込み，念を押す，探りを入れる」などということがある．ここはあえてカタカナ語をあてた．

＊8 ここでは「再現性」としてあるが，他章では，「追試」「反復」「繰り返し」などの使い分けがされているので注意されたい．

＊9 「調査対象者の選出方法」を定めた「観察記録用紙（モニタリング用紙）」のようなものをさすと考えられる．

第10章　調査データの収集後の処理

＊1 フィールドとは，収集したデータセットのカラム（項目欄）のこと．（表形式に）電子化されたデータベース・ファイルであれば，その表のある項目に相当の欄をいう．

データ・フィールドとは，そういうデータセットのある記録（レコード）の中の特定の要素を示す．図2.3や図10.4にあるような長方形型のデータセット表を想定した

とき，各列がフィールドであり，データセット表内の各要素がデータ・フィールドに相当する．

*2 日本の総務省統計局では，ここでの用語について OECD のグロサリを参考に以下の訳をあてている．
code structure＝符号構造，code＝符号，code list＝符号リスト，coding＝符号化，格付

*3 （集落化の場合の）調査設計効果（*deff*）の定義は5章に，また調査員の調査設計効果については9章にある．「調査員変動」対「コーダー変動」との対比をみるということ．

*4 ここで米国の分類体系の呼称と，日本国内のそれとの対応は，分類区分，呼称が必ずしも一致しない．
日本標準産業分類（平成19年11月改定）は，大分類，中分類，小分類及び細分類からなる4段階構成で，その構成（第12回改定）は，大分類20，中分類99，小分類529，細分類1455となっている．

*5 「精神障害の診断と統計の手引き」（DSM：Diagnostic and Statistical Manual of Mental Disorders）とは，アメリカ精神医学会の定めた，精神科医が患者の精神医学的問題を診断する際の指針を示したもの．米国だけでなく，日本や他の国においても，しばしば引き合いに出される．

*6 全地球測位システム（GPS：Global Positioning System）とは，地球上のある地点の現在位置を調べるための衛星測位システムの一種．全地球測位システム，汎地球測位システムともいう．

*7 一般教育修了検定（GED：General Education Development）とは，米国の後期中等教育の課程（高等学校など）の修了者と同等以上の学力を有することを証明するための試験制度．日本の高等学校卒業程度認定試験（旧：大学入学資格検定）と類似した制度．試験科目は，英語（ライティング，リーディング），エッセイ（小論文），社会，理科，数学である．

*8 データを収集・取得し，コンピュータが可読な形の電子ファイルとして確保する過程をいう．

*9 「フィールド」とは，データセット・ファイルの項目欄のこと．たとえば，図10.4で各項目のデータ入力欄に相当すると考えればよい．本章訳注＊1参照

*10 weighting にはさまざまな訳があてられている．たとえば，「重みづけ」「加重法」「加重化」「ウェイトづけ」といろいろ使われている．ここでは「重みづけ」とした．同様に weight に対しても「重み」「加重」「ウェイト」とさまざまであるが，ここでは「重み」とした．

*11 $1/0.8=1.25$, $1/0.88=1.136\cdots$. となるということ．

*12 basic weight を「基本の重み」とした．はじめの方の第1段階で定めた「重み」のことをいう．

訳　　注　　　　　　　　　　455

* 13 フィンランドでは，日本の住民基本台帳と同じような住民登録制度がある．ただし，まったく同じ制度ではないので，ここでは「住民登録簿」とした．また，フィンランドには「住民登録センター（Population Register Centre）」がある．市や教会区の住民登録所からフィンランドに住んでいる人の住所を検索することが可能である．

* 14 ここでは回収標本のデータだけでなく，計画標本とした全データをファイルとして編集・利用すること考えている．日本国内の多くの調査では（とくに市場調査分野の分析），欠測あるいは調査不能となったデータまで電子ファイル化して，ここにあるように標本抽出枠情報として利用することはあまりないようである．

* 15 「完全な個体による分析法」とは，項目のどこかに欠測値があると，その欠測値のあった個体単位ですべて削除すること．つまり，欠測値を削除して得た「完全個体」という意味．

* 16 一般に，上の，あるいは次のパラグラフに説明のあるような完全回答の平均値で置換するような場合には，推定値の標準誤差は過小評価となるおそれがある．

* 17 適切な訳語がないようなのでカナ表記にした．「スパイク」とは，ある変数（項目）の置換を行った箇所に置換した平均値が集中し，結果として測定値の分布がなめらかでなく部分的に特定の箇所に突起が生じること．

* 18 たとえば，確率分布，確率変数の和の分布とならないで比の分布となるような場合もあるということ．

* 19 CENVAR は，統計パッケージ IMPS（Integrated Microcomputer Processing System）の中の1つのモジュール．このソフトの対応 OS はかなり旧いようだ．http://www.census.gov/ipc/www/imps/index.html

* 20 SAS では解析手順モジュールを「プロシージャ（PROC）」という．SAS の「SURVEY」ではじまるプロシージャがいくつかある．たとえば，SURVEYMEANS, SURVEYFREQ, SURVEYREG, SURVEYLOGISTIC．とくに「Survey Design Specification」のセクション，Sampling Weights の部分に，各種の機能の記述がある．

第11章　調査研究における倫理の科学的公正性

* 1 Scientific Integrity については，ここでは「科学倫理」とした．「科学の公正性」「科学的健全性」などの訳があてられることがある．

* 2 American Association for Public Opinion Research（AAPOR）は「米国世論調査協会」と訳されることも多いが，日本の「世論調査協会」に比べて研究中心であることを考慮して，学会と訳した．

* 3 800 や 900 ではじまる電話番号の意味．いずれも特殊番号．800－ はフリーダイヤル，900－ は有料サービスダイヤル．これは，発信者が通話料金以外に情報料金を支払う日本のダイヤル Q2 と同じような仕組みである．

*4 原語の push poll をそのままカナとした．たとえば，選挙時の電話勧誘戦略の一つとして，世論調査と見せかけて，さりげなく敵対候補に不利な情報を流す，といったことが含まれる．

*5 保健社会福祉省とも，保健福祉省とも訳される．研究公正局（ORI：Office of Research Integrity），それぞれ他の訳語が当てられることもある．

*6 ここは「処理規定コード」のこと．米国世論調査学会の定める規程の中に"Disposition Code"がある．（AAPOR のホームページから検索，閲覧が可能．2011 年版がある）

*7 ローパー世論調査センター（Roper Center for Public Opinion Research），1949 年設立の世論調査研究機関．

*8 「表現の自由」論の古典的かつ基本的な枠組みのこと．表現の自由を保障する仕組みに関連する考え方の1つ．

*9 調査や実験などで「被験者」という呼び方が一般的であったが，最近では subject（被験者）が従属的な印象を与えるといったことなどから，participant とよぶことも多くなった．日本語でも実験参加者，実験協力者とよぶようになってきている（日本心理学会倫理委員会，2010）．

*10 「インフォームドコンセント」は日本でもカナのままで定着している．「外来語言い換え提案」（国立国語研究所）の訳例「納得治療」に見られるように，医療分野の用語として受け止められている傾向が強い．しかし，その「正しい情報を得た（伝えられた）上での合意」という考え方は医療には限らないものである．

*11 「費用・便益分析」とは，ある事業の経済的な効率を評価する手法．"事業が提供する社会的な便益の価値（benefit）"と，これを提供するために必要な"資材，エネルギー，労力などの価値（cost）"との比（B/C）で経済的効率を示すことをいう．たとえば，公共事業（道路，下水道など）の業績評価の場合，これは代替できる複数の公共事業の費用と便益を比較し，公共事業の間に優先順位を付与する．

*12 本章では，回答者との関係で質問内容にかかわることについて，"sensitive **"という表現がキーワードとして頻出する（他章でも出てくる）．sensitive questions とは，以前から使われている「（回答者が）答えづらい質問」などと，ほぼ同等なものといえる．本書では，前後の文脈によって内容が多少変わってくること考慮し，「微妙な答えにくい～」「慎重に扱うべき～」などと訳し分けた．最近では，個人情報保護法との関係で，個人情報にくわえて，sensitive な情報についても注目が集まっており，「センシティブ・データ」などと，カタカナのままで使われることも少なくない．ただ，その内容そのものは相対的に決まるものでもあり，明確な定義は難しい．対となる言葉は，"nonsensitive **"となるが，こちらも「差し障りのない～」などと，文脈によって訳し分けた．

参考：新美（2003），日本マーケティング・リサーチ協会（編）（2000, 2004）

*13 ここは調査票の構成単位（モジュール）のこと，たとえばページブロック．

訳　　注　　　　　　　　*457*

*14 「便宜的標本」とは便宜的標本抽出（コンビニエンス・サンプリング：convenience sampling）という非確率的標本抽出で得られる標本．確率的アプローチにもとづかない手続きで集めた，代表性のない標本のこと．モール・インターセプト調査（mall intercept surveys, 4章），スノーボール・サンプリング（snowball sampling, 3章）もこの種の標本抽出法である．

*15 キングとコンファーの実験では，被験者に対し，調査の真の目的としてさまざまな情報を与えている．ここでは，「IやWeといった人称代名詞の利用が，言葉による報酬（言葉によってほめること，など）によって，増大させられるかどうかということを見る」という実験で，本当の調査目的を知ったグループでは，実験の仮説（つまりが「I」や「We」の使用回数を増やす）に反して，「I」や「We」の使用回数には増加が認められなかった，ということをいっているものと考えられる．

*16 相関があることを想定し，クロスチェックなどを意図して用意した複数の質問文の回答パターンを調べて矛盾なく回答したかを調べること．

*17 検証用に抽出する個体の割合のこと．通常は5～15%程度を抽出して調べると上の1）に記されている．

*18 「母集団一意」とは，所与のキーに関して母集団内で一意であるようなあるデータセットの中のレコードのこと．「標本一意」とは，所与のキーに関して，そのデータセット内で一意であるようなあるデータセットの中のレコードのこと．OECDグロサリも参照するとよい（OECD, 2008）．

　なおここで，キー（key）とは，一連のキー変数のことをさす．キー変数とは，2組のデータセットに共通する変数のことをいい，これらデータセット間のレコード（記録値）を結びつける目的で利用されることがある．キー変数は，通常は正識別子（formal identifier）あるいは準識別子（quasi-identifier）のいずれかである．識別子とは特定のレコードを母集団の単位と関連づける変数のこと．たとえば，氏名や住所のような変数の組み合わせは，高い確率で正識別子となりうる．

*19 「代入法」「決めつけ処理」あるいはそのまま「インピュテーション」などともいう．第2章*6参照．

*20 (n, k)規則，pパーセント規則については総務省統計局グロサリ「製表関連国際用語集」なども参照のこと．

*21 ここは，初版ではproceduresになっているが，第2版ではconcernに訂正されていることをふまえて，ここでは「関心」と訳した．

*22 米国国立衛生研究所（NIH）でのウェブによる訓練モジュール（訓練制度）は，HPまでは接続可能だが，現在は，NIH外部の人に対してウェブベースのトレーニングは行っていない．

第12章 調査方法論に関する，よくある質問と回答

*1 ここは，第2章の図2.6を見よ．ここで目標母集団が抽出枠（の部分集団）そのものと考えると，「アンダーカバレッジがない状態」「不適格単位がないこと」，よって，適格者（集団）からなるカバーされた集団が目標母集団（そのもの）である，と考えればよい．たとえば，目標母集団がある特定的な部分集団（例：年齢が15〜44歳の集団）であり，その抽出枠が全目標母集団であるようなときを考えてみればよい．このとき，アンダーカバレッジは生じないのだが，その全母集団が適格者からなる目標母集団となっているかを調べるスクリーニングには費用がかかるということになる．

*2 ようするに標本誤差をどの程度に抑えるかということで標本の大きさを議論すべきであり，またこのことは枠母集団の大きさには依存していないということ．これは，母集団修正項がない標本誤差の算出式を考えてみればよい．かりに母集団修正項があったとしても多くの場合，無視できる大きさである．

*3 "$p(1-p)$" を最大にするために50%という比率（割合）を選ぶという理由は以下である．$p(1-p) = p - p^2 = -\left(\frac{1}{2} - p\right)^2 + \frac{1}{4}$．これを最大にする p は $p=0.5$ である．つまりこのときもっとも余裕をみた標本数の見積もりとなるということ．よって信頼区間は（正規分布で近似できるとして）以下となる．

$\hat{p} \pm 1.96 \sqrt{\frac{\hat{p}(1-\hat{p})}{n}}$．ここで，$\hat{p}$ は実現した比率を示し，これを $n=1000$，$\hat{p}=0.5$ としたときに，$\sqrt{\frac{\hat{p}(1-\hat{p})}{n}} = 1.96 \times \sqrt{\frac{0.5(1-0.5)}{n}} \fallingdotseq 0.0316$ となるということ．

*4 ここでいう「限界費用」とは，コンピュータ支援の方法を用いると，得られる回収票に対して投入する調査経費の増加はほとんどなしで済ませることができる，という程度の意味．

*5 ここで，1.22，1.41という数値は，(12.2) 式を用いて，以下のように導くことができる．
  例1：ここで，$p_m=0.01$，$m=50$ とすると，$\sqrt{1+p_m(m-1)} = \sqrt{1+0.01\times(50-1)} \fallingdotseq 1.22$ となる．
  例2：同じく，$p_m=0.01$，$m=100$ とおけば，$\sqrt{1+p_m(m-1)} = \sqrt{1+0.01\times(100-1)} \fallingdotseq 1.41$ となる．

関連 URL 一覧

原著には本文中に関連するサイトの URL が付されていた．あらためて確認したところ，アドレスが変更されているところや，アクセスの仕方がわかりにくいもの，などが見られた．ここに改めて URL を整理して，章別の一覧とした（2011 年 4 月確認）．原著者にも確認しつつできるだけ調べたが，不明なものもいくつかあった．ご容赦されたい．サイトはこれからも変更される可能性があるので，注意されたい．

■第 1 章
全国犯罪被害調査（NCVS：National Crime Victimization Survey）（表 1.1 など）
  ① http://bjs.ojp.usdoj.gov/index.cfm?ty=dcdetail&iid=245
  ② http://bjs.ojp.usdoj.gov/
  ③ http://bjs.ojp.usdoj.gov/index.cfm?ty=dca
    ① が NCVS の公式サイト．ここからの検索が難しいようだったら，②のウェブ・サイトを参照するとよいだろう．これをクリックすると，トップ・メニューバーに "Data Collections" という項があるので（③），これを見るとよい．
  関連文献（章末参照）
  ・Taylor, Bruce M. and Michael R. Rand, (1995)
    この論文は American Statistical Association のサイト（http://www.amstat.org/sections/SRMS/Proceedings/）から，（画面左側にある）「1995 年」を選択して検索すればよい．
  ・Pastore, Ann L. and Kathleen Maguire (eds.) (2003)
    http://www.albany.edu/sourcebook/.

薬物使用と健康に関する全国調査（NSDUH：National Survey on Drug Use and Health）（表 1.2 など）
  ① http://oas.samhsa.gov/nsduhLatest.htm
  ② http://www.samhsa.gov/index.aspx
    ①が公式サイトであるが，読者はまず②の URL を検索し閲覧してから，①に戻るとよいだろう．

消費者調査（SOC：Surveys of Consumers）（表 1.3 など）
  http://www.sca.isr.umich.edu/

全国学力達成度調査（NAEP：National Assessment of Educational Progress）（表 1.4 など）
  http://nces.ed.gov/nationsreportcard/sitemap.asp

行動危険因子監視システム（BRFSS：Behavioral Risk Factor Surveillance System）（表 1.5 など）
  http://www.cdc.gov/brfss/

関連文献（章末参照）
- Centers for Disease Control (2003), BRFSS User's Guide,
  （初版のアドレスでは接続不可）
- BRFSS Questionnaires
  http://www.cdc.gov/brfss/brfsques.htm

最新雇用統計（CES：Current Employment Statistics）（表 1.6 など）
  http://www.bls.gov/ces/
関連文献（章末参照）
- Bureau of Labor Statistics (2003), BLS Handbook of Methods,
  http://www.bls.gov/opub/hom/home.htm.
- Monthly Labor Review,
  http://www.bls.gov/opub/mlr/　（ここから接続可能）

演習問題
1) NVCS　　http://www.ojp.usdoj.gov/
2) BRFSS　　http://www.cdc.gov/brfss
3) NSDUH　　http://oas.samhsa.gov/nsduhLatest.htm
4) CES Program　　http://www.bls.gov/ces/
5) SOC　　http://www.sca.isr.umich.edu/
6) NAEP　　http://nces.ed.gov/nationsreportcard/sitemap.asp

■第 6 章
米国世論調査学会（AAPOR）　　http://www.aapor.org

■第 10 章
米国労働省　標準職業分類　　http://www.bls.gov/soc/socguide.htm
米国国勢調査局（国際事業センター）　　www.census.gov
米国疾病管理・予防センター　　http://www.cdc.gov/epiinfo/
プログラム関連
  CENVAR（米国国勢調査局）　　http://www.census.gov/ipc/www/imps/index.html
  SAS システム　　www.sas.com
  STATA（Stata）　　www.stata.com
  SUDAAN（リサーチ・トライアングル研究所（RTI）　　www.rti.org
  WesVar　ウェスタット社（Westat 社）　　www.westat.com
調査データ・アーカイブ関連
  政治と社会調査のための大学間コンソーシアム（ICPSR）　　www.icpsr.org
  ローパーセンター　　http://www.ropercenter.uconn.edu/

■第 11 章
米国世論調査学会　　http://www.aapor.org
  米国世論調査学会倫理綱領は下記から確認できる.
  Standards and Ethics: AAPOR Code of Professional Ethics & Practices

http://www.aapor.org/Content/aapor/AdvocacyandInitiatives/StandardsandEthics/default.htm

ローパー世論調査センター：同センター実施の「ユダヤ人虐殺」についての調査
http://www.ropercenter.uconn.edu/pubper/pdf/pp13_6d.pdf
同センターの資料検索サイトまではアクセスできるが，本文で言及されている「ユダヤ人虐殺」調査までは，現在たどり着けないようである．

消費者調査（SOC）　　http://www.sca.isr.umich.edu/main.php
開示綱領の実施例について：調査の全体的な説明，標本設計の詳細説明，調査票のひな形，調査の主要統計量の基本的な算出方法の説明がある

カナダ：研究倫理委員会（Research Ethics Boards）
メインサイト http://www.nserc-crsng.gc.ca から"research ethics"（研究倫理）を検索すると該当箇所にアクセスできる．

オーストラリア：ヒトを対象とする研究倫理綱領倫理委員会（Human Research Ethics Committees
http://www.nhmrc.gov.au/health_ethics/health/index.htm

欧州連合（EU）：個人情報の守秘のための規制について
http://www.coe.int/dataprotection

ジンバルドの模擬刑務所研究関連サイト　　http://www.prisonexp.org/

米国国立衛生研究所（NIH）ウェブによる訓練用履修単位
http://www.nihtraining.com/ohsrsite
研究所の HP は接続は可能だが，本文で言及している訓練モジュールは，現在は NIH 外部の人に対しては行われていない．

調査員の改竄を検出する際の指針
以下のページにアクセスすると，ファイルのダウンロードが可能．
http://www.amstat.org/sections/SRMS/links.html
関連文献
Interviewer Falsification in Survey Research: Current Best Methods for Prevention, Detection and Repair of Its Effects, April 2003.

謝　辞

Acknowledgements

著作権のある資料について，その再編集あるいは転載を許可してくれたことへ感謝する．本書における表および図についての著作権者を以下に列挙する．また，本書巻末の文献一覧にすべての引用資料を記載してある．

図 1.5b：Mokdad, Serdula, Dietz, Bowman, Marks, and Koplan（1999）with permission of the American Medical Association. Copyright ©1999.

図 1.5c：Mokdad, Ford, Bowman, Dietz, Vinicor, Bales, and Marks（2003）with permission of the American Medical Association. Copyright ©2003.

表 5.1：Groves（1989）with permission of John Wiley and Sons. Copyright ©1989.

コラム 13 中の図：Merkle and Edelman in Groves, Dillman, Eltinge, and Little（2002）with permission of John Wiley and Sons. Copyright ©2002.

図 7.2：Tourangeau, Rips, and Rasinski（2000）reprinted with permission of Cambridge University Press. Copyright ©2000.

コラム 19 中の表：Schwarz, Hippler, Deutsch, and Strack（1985）reprinted with permission of the American Association for Public Opinion Research. Copyright ©1985.

図 7.3：Jenkins and Dillman in Lyberg, Biemer, Collins, de Leeuw, Dippo, Schwarz, and Trewin（1997）reprinted with permission of John Wiley and Sons. Copyright ©1997.

コラム 21 中の表：Oksenberg, Cannell, and Kalton（1991）reprinted with permission of Statistics Sweden. Copyright ©1991.

コラム 23 中の表：Schuman and Converse（1971）reprinted with permission of the American Association for Public Opinion Research. Copyright ©1971.

コラム 24 中の表：Kish（1962）reprinted with permission of the American Statistical Association. Copyright ©1962.

表 9.2：Fowler and Mangione（1990）reprinted with permission of Sage Publications. Copyright ©1990.

表 10.5：Campanelli, Thomson, Moon, and Staples in Lyberg, Biemer, Collins, de Leeuw, Dippo, Schwarz, and Trewin（1997）reprinted with permission of John Wiley and Sons. Copyright ©1997.

文　　献

References

American Association for Public Opinion Research. (2000), *Standard Definitions: Final Dispositions of Case Codes and Outcome Rates for Surveys*. Ann Arbor, Michigan: AAPOR.

American Psychological Association (2003), Psychological Research Online: Opportunities and Challenges, Working Paper Version 3/31/03, Washington, DC: American Psychological Association.

Anderson, M. (1990), *The American Census: A Social History*, New Haven: Yale University Press.

Andrews, F. (1984), "Construct validity and error components of survey measures: A structural modeling approach," *Public Opinion Quarterly*, 48, pp. 409-422.

Aquilino, W. (1992), "Telephone Versus Face-To-Face Interviewing for Household Drug Use Surveys," *International Journal of the Addictions*, 27, pp. 71-91.

Aronson, E., and Carlsmith, J. (1969), "Experimentation in Social Psychology," in Lindzey, G., and Aronson, E. (eds.), *Handbook of Social Psychology*, 2d ed., vol. 2.

Asch, S. (1956), "Studies of Independence and Conformity," *Psychological Monographs*, 70, Whole No. 416.

Atrostic, B.K., and Burt, G. (1999), "What Have We Learned and a Framework for the Future," in *Seminar on Interagency Coordination and Cooperation, Statistical Policy Working Paper 28*. Washington, DC: Federal Committee on Statistical Methodology.

Babbie, E, (1990), *Survey Research Methods* (2nd edition), Belmont, CA: Wadsworth.

Bahrick, H. P., Bahrick, P. O., and Wittlinger, R. P. (1975), "Fifty Years of Memory for Names and Faces: A Cross Sectional Approach," *Journal of Experimental Psychology: General*, 104, pp. 54-75.

Barsalou, L. W. (1988), "The Content and Organization of Autobiographical Memories," in Neisser, U., and Winograd, E. (eds.), *Remembering Reconsidered: Ecological and Traditional Approaches to the Study of Memory*, pp. 193-243, Cambridge: Cambridge University Press.

Beatty, P. (2004), "The Dynamics of Cognitive Interviewing," in Presser, S. et al. (eds.), *Questionnaire Development Evaluation and Testing Methods*, New York: Wiley.

Beatty, P., and Herrmann, D. (2002), "To Answer or Not to Answer: Decision Processes Related to Survey Item Nonresponse," in Groves, R.M., Dillman, D.A., Eltinge J.L., and Little, R.J.A. (eds.), *Survey Nonresponse*, pp. 71-85, New York: Wiley.

Beebe, T., Harrison, P.A., McRae, J.A., Anderson, R.E., and Fulkerson, J.A. (1998), "An Evaluation of Computer-Assisted Self-Interviews in a School Setting," *Public Opinion Quarterly*, 62, pp. 623-632.

Belli, R. (1998), "The Structure of Autobiographical Memory and the Event History Calendar: Potential Improvements in the Quality of Retrospective Reports in Surveys," *Memory*, 6, pp. 383-406.

Belli, R., Shay, W., and Stafford, F. (2001), "Event History Calendars and Question Lists," *Public Opinion Quarterly*, 65, pp. 45-74.

Belli, R.F., Schwarz, N., Singer, E., and Talarico, J. (2000), "Decomposition Can Harm the Accuracy of Behavioral Frequency Reports," *Applied Cognitive Psychology*, 14, pp. 295-308.

Belson, W. (1981), *The Design and Understanding of Survey Questions*, Aldershot: Gower Publishing.

Belson, W. (1986), *Validity in Survey Research*, Aldershot: Gower Publishing.

Bem, D., and McConnell, H. (1974), "Testing the Self-Perception Explanation of Dissonance Phenomena: On the Salience of Premanipulation Attitudes," *Journal of Personality and Social Psychology*, 14, pp. 23-31.

Berk, R. (1983), "An Introduction to Sample Selection Bias in Sociological Data," *American Sociological Review*, 48, pp. 386-398.

Berlin, M., Mohadjer, L., Waksberg, J., Kolstad, A., Kirsch, I., Rock, D., and Yamamoto, K. (1992), "An Experiment in Monetary Incentives," *Proceedings of the Survey Research Methods Section of the American Statistical Association*, pp. 393-98.

Bernard, C. (1989), *Survey Data Collection Using Laptop Computers*. Paris: Institut National de la Statistique et des Études Economiques (INSEE), Report No. 01/C520.

Berscheid, E., Baron, R., Dermer, M., and Libman, M. (1973), "Anticipating Informed Consent: An Empirical Approach," *American Psychologist*, 28, pp. 913-925.

Bethlehem, J. (1998), "The Future of Data Editing," in Couper, M., Baker, R., Bethlehem, J., Clark, C., Martin, J., Nicholls, II, W., and O'Reilly, J. (eds.), *Computer Assisted Survey Information Collection*, pp. 201-222, New York: Wiley.

Bethlehem, J. (2002), "Weighting Nonresponse Adjustments Based on Auxiliary Information," in Groves, R., Dillman, D., Eltinge, J., and Little, R. (eds.), *Survey Nonresponse*, pp. 275-288, New York: Wiley.

Biemer, P. and Stokes, L. (1991), "Approaches to the Modeling of Measurement Errors," in Biemer, P., Groves, R., Lyberg, L., Mathiowetz, N., and Sudman, S. (eds.), *Measurment Errors in Surveys*, pp. 487-516, New York: Wiley.

Biemer, P., Herget, D, Morton, J., and Willis, G. (2003), "The Feasibility of Monitoring Field Interview Performance Using Computer Audio Recorded Interviewing (CARI)," *Proceedings of the Survey Research Methods Section, American Statistical Association*, pp. 1068-1073, Washington, DC: American Statistical Association.

Billiet, J., and Loosveldt, G. (1988), "Interviewer Training and Quality of Responses," *Public Opinion Quarterly*, 52, pp. 190-211.

Bishop, G., Hippler, H., Schwarz, N., and Strack, F. (1988), "A Comparison Of Response Effects in Self-Administered and Telephone Surveys," in Groves, R., Biemer, P., Lyberg, L., Massey, J., Nicholls, W., and Waksberg, J. (eds.), *Telephone Survey Methodology*, New York: Wiley, pp. 321-340.

Bishop, G., Oldendick, R., and Tuchfarber, A. (1986), "Opinions on Fictitious Issues: The Pressure to Answer Survey Questions," *Public Opinion Quarterly*, 50, pp. 240-250.

Blair, E., and Burton, S. (1987), "Cognitive Processes Used by Survey Respondents to Answer Behavioral Frequency Questions," *Journal of Consumer Research*, 14, pp.

280-288.

Booth, C. (1902-1903), *Life and Labour of the People of London*, London and New York: MacMillan Co.

Bosnjak, M., and Tuten, T. (2001), "Classifying Response Behaviors in Web-Based Surveys," *Journal of Computer-Mediated Communication*, **6** (3) (online).

Botman, S., and Thornberry, O. (1992), "Survey Design Features Correlates of Nonresponse," *Proceedings of the Survey Research Methods Section of the American Statistical Association*, pp. 309-314.

Bradburn, N., Sudman, S., and Associates (1979), *Improving Interview Method and Questionnaire Design*, San Francisco: Jossey-Bass.

Brehm, J. (1993), *The Phantom Respondents: Opinion Surveys and Political Representation*, Ann Arbor: University of Michigan Press.

Brewer, K., and Mellor, R. (1973), "The Effect of Sample Structure on Analytical Surveys," *Australian Journal of Statistics*, **15**, pp. 145-152.

Brick, M., Montaquila, J., and Scheuren, F. (2002), "Estimating Residency Rates," *Public Opinion Quarterly*, **66**, pp. 18-39.

Brøgger, J., Bakke, P., Eide, G., and Guldvik, A. (2002), "Comparison of Telephone and Postal Survey Modes on Respiratory Symptoms and Risk Factors." *American Journal of Epidemiology*, **155**. pp. 572-576.

Brunner, G., and Carroll, S. (1969), "The Effect of Prior Notification on the Refusal Rate in Fixed Address Surveys," *Journal of Marketing Research*, **9**, pp. 42-44.

Bureau of the Census (2002), *Voting and Registration in the Election of November 2000*. P20-542, Washington, DC: US Bureau of the Census.

Burton, S., and Blair, E. (1991), "Task Conditions, Response Formulation Processes, and Response Accuracy for Behavioral Frequency Questions in Surveys," *Public Opinion Quarterly*, **55**, pp. 50-79.

Campanelli, P., Thomson, K., Moon, K., and Staples, T. (1997), "The Quality of Occupational Coding in the UK," in Lyberg L, Biemer, P., Collins, M., de Leeuw, E., Dippo, C., Schwarz, N., and Trewin, D. (eds.), *Survey Measurement and Process Quality*, pp. 437-457, New York: Wiley.

Cannell, C., and Fowler, F. (1964), "A Note on Interviewer Effect in Self-Enumerative Procedures," *American Sociological Review*, **29**, p. 276.

Cannell, C., Groves, R., Magilavy, L., Mathiowetz, N., and Miller, P. (1987), *An Experimental Comparison of Telephone and Personal Health Interview Surveys, Vital and Health Statistics*, Series 2, **106**. Washington, DC: Government Printing Office.

Cannell, C., Marquis, K., and Laurent, A. (1977), "A Summary of Studies," *Vital and Health Statistics*, Series 2, **69**, Washington, DC: Government Printing Office.

Cannell, C., Miller, P., and Oksenberg, L. (1981), "Research on Interviewing Techniques," in Leinhardt, S. (ed.), *Sociological Methodology 1981*, pp. 389-437, San Francisco: Jossey-Bass.

Cantor, D., and Esposito, J. (1992), "Evaluating Interviewer Style for Collecting Industry and Occupation Information," *Proceedings of the Section on Survey Research Methods, American Statistical Association*, pp. 661-666.

Catlin, O., and Ingram, S. (1988), "The Effects Of CATI on Costs and Data Quality: A Comparison Of CATI and Paper Methods in Centralized Interviewing," in Groves, R., Biemer, P., Lyberg, L., Massey, J., Nicholls, II, W., and Waksberg, J. (eds.), *Telephone Survey Methodology*. New York: Wiley, pp. 437-450.
Citro, C., Ilgen, D., and Marrett, C. (2003), *Protecting Participants and Facilitating Social and Behavioral Sciences Research*, Washington, DC: National Academy Press.
Cochran, W. (1961), "Comparison of Methods for Determining Stratum Boundaries," *Bulletin of the International Statistical Institute*, 38, pp. 345-358.
Cochran, W. (1977), *Sampling Techniques*, New York: Wiley.
Cohany, S., Polivka, A., and Rothgeb, J. (1994), "Revisions in the Current Population Survey Effective January 1994," *Employment and Earnings*, February, pp. 13-37.
Colledge, M., and Boyko, E. (2000), *UN/ECE Work Session on Statistical Metadata (METIS)*, Washinton, November 28-30.
Collins, C. (1975), Comparison of Month-to-Month Changes in Industry and Occupation Codes with Respondent's Report of Change: CPS Mobility Study." Response Research Staff Report 75-6, May 15, 1975, US Bureau of the Census.
Collins, M., and Courtenay, G. (1985), A Comparison Study of Field and Office Coding," *Journal of Official Statistics*, 1, pp. 221-227.
Conrad, F., and Blair, J. (1996). "From Impressions to Data: Increasing the Objectivity of Cognitive Interviews," *Proceedings of the Section on Survey Researh Methods, Annual Meetings of the American Statistical Association*. Alexandria, VA: American Statistical Association, pp. 1-10.
Conrad, F., and Schober, M. (2000), "Clarifying Question Meaning in a Household Telephone Survey," *Public Opinion Quarterly*, 64, pp. 1-28.
Conrad, F., Brown, N., and Cashman, E. (1998), "Strategies for Estimating Behavioral Frequency in Survey Interviews," *Memory*, 6, pp. 339-366.
Converse, J. (1987). *Survey Research in the United States*, Berkeley: University of California Press.
Conway, M. (1996), "Autobiographical Knowledge and Autobiographical Memories," in Rubin, D. (ed.), *Remembering Our Past,* pp. 67-93, Cambridge: Cambridge University Press.
Cook, C., Heath, F., and Thompson, R. (2000), "A Meta-Analysis of Response Rates in Web- or Internet-Based Surveys," *Educational and Psychological Measurement*, 60, pp. 821-836.
Couper, M., Hansen, S., and Sadowsky, S. (1997), "Evaluating Interviewer Use of CAPI Technology, in Lyberg, L. E., Biemer, P., Collins, M., Dippo, C., and Schwarz, N. (eds.), *Survey Measurement and Process Quality*, pp. 267-286, New York: Wiley.
Couper, M., Singer, E, and Kulka, R. (1998), "Participation in the 1998 Decennial Census: Politics, Privacy, Pressures," *American Politics Quarterly*, 26, pp. 59-80.
Couper, M. (1996), "Changes in Interview Setting under CAPI," *Journal of Official Statistics*, 12, pp. 301-316.
Couper, M. (2001), "The Promises and Perils of Web Surveys, in Westlake, A. et al. (eds.), *The Challenge of the Internet,* pp. 35-56, London: Association for Survey Computing.

Couper, M., and Groves, R. (2002), "Introductory Interactions in Telephone Surveys and Nonresponse," in Maynard, D., Houtkoop-Steenstra, H., Schaeffer, N., and van der Zouwen, J. (eds.), *Standardization and Tacit Knowledge: Interaction and Practice in the Survey Interview*, pp. 161-177, New York: Wiley.

Couper, M., and Nicholls II, W. (1998). "The History and Development of Computer Assisted Survey Information Collection Methods," in Couper, M., Baker, R., Bethlehem, J., Clark, C., Martin, J., Nicholls II, W., and O'Reilly, J. (eds.), *Computer Assisted Survey Information Collection*, pp. 1-22, New York: Wiley.

Couper, M., and Rowe, B. (1996), "Computer-Assisted Self-Interviews," *Public Opinion Quarterly*, **60**, pp. 89-105.

Couper, M., Blair, J., and Triplett, T. (1999). "A Comparison of Mail and E-Mail For A Survey Of Employees in Federal Statistical Agencies," *Journal of Official Statistics*, **15**, pp. 39-56.

Cronbach, L. (1951), "Coefficient Alpha and the Internal Structure of Tests," *Psychiatrika*, **16**, pp. 297-334.

Cronbach, L., and Meehl, P. (1955), "Construct Validity in Psychological Tests", *Psychological Bulletin*, **52**, pp. 281-302.

Csikszentmihalyi, M., and Csikszentmihalyi, I. (eds.) (1988), *Optimal Experience: Psychological Studies in Flow of Consciousness*, New York: Cambridge University Press.

Curtin, R. (2003), "Unemployment Expectations: The Impact of Private Information on Income Uncertainty," *Review of Income and Wealth*, **49**, pp. 539-554.

de la Puente, M. (1993), "A Multivariate Analysis of the Census Omission of Hispanics and Non-Hispanic Whites, Blacks, Asians and American Indians: Evidence from Small Area Ethnographic Studies," *Proceedings of the Survey Research Methods Section, American Statistical Association*, pp. 641-646.

de Leeuw, E. (1992), *Data Quality in Mail, Telephone and Face-to-Face Surveys*, Amsterdam: TT-Publikaties.

deLeeuw, E., and van der Zouwen, J. (1988), "Data Quality in Telephone and Face-to-Face Surveys: A Comparative Meta-Analysis," in Groves, R., Biemer, P., Lyberg, L., Massey, J., Nicholls, II, W., and Waksberg, J. (eds.), *Telephone Survey Methodology*, pp. 283-299, New York: Wiley.

DeMaio, T., and Landreth, A. (2004), "Do Different Cognitive Interview Methods Produce Different Results?" in Presser, S. et al. (eds.) *Questionnaire Development Evaluation and Testing Methods*, New York: Wiley.

Deming, W. (1950). *Some Theory of Sampling*. New York: Dover.

Dielman, L., and Couper, M. (1995), "Data Quality in CAPI Surveys: Keying Errors," *Journal of Official Statistics*, **11**, pp. 141-146.

Dillman, D. (1978), *Mail and Telephone Surveys: The Total Design Method*, New York: Wiley.

Dillman, D., and Tarnai, J. (1988), "Administrative Issues in Mixed-Mode Surveys,". in Groves, R., Biemer, P., Lyberg, L., Massey, J., Nicholls, W., and Waksberg, J. (eds.), *Telephone Survey Methodology*, pp. 509-528, New York: John Wiley and Sons.

Dillman, D., Eltinge, J., Groves, R., and Little, R. (2002). "Survey Nonresponse in Design, Data Collection and Analysis," in Groves, R., Dillman, D., Eltinge, J., and Little, R. (eds.),

Survey Nonresponse, pp. 3-26, New York: Wiley.

DuMouchel, W., and Duncan, G. (1983), "Using Sample Survey Weights in Multiple Regression Analyses of Stratified Samples," Journal of the American Statistical Association, 78, pp. 535-543.

Economic Classification Policy Committee (1993), Issues Paper No. 1: Conceptual Issues,

Edwards, P., Roberts, I., Clarke, M., DiGuiseppi, C., Pratap, S., Wentz, R., and Kwan, I. (2002), "Increasing Response Rates to Postal Questionnaires: Systematic Review,". British Medical Journal, 324, pp. 1183-1192.

Edwards, W. et al. (1994), "Evaluation of National Health Interview Survey Diagnostic Reporting," Vital and Health Statistics, Series 2, No. 120, Hyattsville, MD: National Center for Health Statistics.

Edwards, W., and Cantor, D. (1991), "Toward a Response Model in Establishment Surveys," in Biemer, P., Groves, R., Lyberg, L., Mathiowetz, N., and Sudman, S. (eds.), Measurment Errors in Surveys, pp. 221-236, New york: Wiley.

Edwards, W., Winn, D., and Collins, J. (1996), "Evaluation of 2-week Doctor Visit Reporting in the National Health Interview Survey," in Vital and Health Statistics, Series 2, No. 122, Hyattsville, MD: National Center for Health Statistics.

Ekholm, A., and Laaksonen, S. (1991), "Weighting via Response Modeling in the Finnish Household Budget Survey," Journal of Official Statistics, 7, pp. 325-377.

Ericsson, K., and Simon, H. (1980), "Verbal Reports as Data," Psychological Review, 87, pp. 215-251.

Ericsson, K., and Simon, H. (1984), Protocol Analysis: Verbal Reports as Data, Cambridge, MA: the MIT Press.

Erlich, J., and Riesman, D. (1961), "Age and Authority in the Interview," Public Opinion Quarterly, 24, pp. 99-114.

Etter, J.-F., Perneger, T., and Ronchi, A. (1998), "Collecting Saliva Samples by Mail," American Journal of Epidemiology, 147, pp. 141-146.

Faden, R., and Beauchamp, T. (1986), A History and Theory of Informed Consent, New York: Oxford University Press.

Federal Committee on Statistical Methodology (1994), Working Paper 22: Report on Statistical Disclosure Limitation Methods, Statistical Policy Office, Office of Information and Regulatory Affairs, Office of Management and Budget, Washington, DC.

Federal Register (1991), "Federal Policy for the Protection of Human Subjects." June 18, pp. 28002-280031.

Fellegi, I., and Holt, T. (1976), "A Systematic Approach to Automatic Edit and Imputation," Journal of the American Statistical Association, 71, pp. 17-35.

Fellegi, I. (1964), "Response Variance and Its Estimation," Journal of the American Statistical. Association, 59, pp. 1016-1041.

Felsö, F., Theeuwes, J., and Wagner, G. (2001), "Disclosure Limitations Methods in Use: Results of a Survey." in Doyle, P., Lane, J., Theeuwes, J., and Zayatz, L. (eds.), Confidentiality, Disclosure, and Data Access: Theory and Practical Applications for Statistical Agencies, Amsterdam: North-Holland/Elsevier.

Fienberg, S. (1994), "A Radical Propoal for the Provision of Micro-Data Samples and the

Presevation of Confidentiality," Carnegie Mellon University, Department of Statistics, Technical Report 611, Pittsburgh, PA: Carnegie Mellon University.

Fienberg, S., and Makov, U. (1998), "Confidentiality, Uniqueness, and Disclosure Limitation for Categorical Data," *Journal of Official Statistics*, **14**, pp. 385-397.

Fienberg, S., Steele, R., and Makov, U. (1996), "Statistical Notions of Data Disclosure Avoidance and Their Relationship to Traditional Statistical Methodology: Data Swapping and Log-Linear Models," *Proceedings of the Bureau of the Census 1996 Annual Research Conference*, pp. 87-105, Washington, DC: US Bureau of the Census.

Forsman, G., and Schreiner, I. (1991), "The Design and Analysis of Reinterview: An Overview," in Biemer, P., Groves, R., Lyberg, L., Mathiowetz, N., and Sudman, S. (eds.), *Measurement Errors in Surveys*, pp. 279-301, New York: Wiley.

Forsyth, B., and Lessler, J. (1992), "Cognitive Laboratory Methods: A Taxonomy," in Biemer, P., Groves, R., Lyberg, L., Mathiowetz, N., and Sudman, S. (eds.), *Measurement Errors in Surveys*, pp. 393-418, New York: Wiley.

Forsyth, B., Rothgeb, J., and Willis, G. (2004), "Does Pretesting Make a Difference?" in Presser, S. et al. (eds.), *Questionnaire Development Evaluation and Testing Methods*, New York: Wiley.

Fowler, F. (1992), "How Unclear Terms Affect Survey Data," *Public Opinion Quarterly*, **56**, pp. 218-231.

Fowler, F. (1995), *Improving Survey Questions*, Thousand Oaks, CA: Sage Publications.

Fowler, F., (2001), *Survey Research Methods*, (3rd Edition), Thousand Oaks, CA: Sage Puvlications.

Fowler, F. (2004), "Getting Beyond Pretesting and Cognitive Interviews: The Case for More Experimental Pilot Studies," in Presser, S. et al. (eds.), *Questionnaire Development Evaluation and Testing Methods*, New York: Wiley.

Fowler, F., and Cannell, C. (1996), "Using Behavioral Coding to Identify Cognitive Problems with Survey Questions," in Schwarz, N. A., and Sudman, S. (eds.), *Answering Questions*, pp. 15-36, San Francisco: Jossey-Bass.

Fowler, F., and Mangione, T. (1990), *Standardized Survey Interviewing: Minimizing Interviewer Related Error*, Newbury Park, CA: Sage.

Fowler, F., Gallagher, P., Stringfellow, V., Zaslavsky, A., Thompson, J., and Cleary, P. (2002), "Using Telephone Interviews to Reduce Nonresponse Bias to Mail Surveys of Health Plan Members," *Medical Care*, **40**, pp. 190-200.

Frankel, L. (1983) "The Report of the CASRO Task Force on Response Rates," in Wiseman, F. (ed.), *Improving-Data Quality in a Sample Survey*, Cambridge, MA: Marketing Science Institute.

Fuchs, M., Couper, M., and Hansen, S. (2000), "Technology Effects: Do CAPI Interviews Take Longer?" *Journal of Official Statistics*, **16**, pp. 273-286.

Gardner, G. (1978), "Effects of Federal Human Subjects Regulations on Data Obtained in Environmental Stress Research," *Journal of Personality and Social Psychology*, **36**, pp. 628-634.

Gfroerer, J., Eyerman, J., and Chromy, J. (eds.) (2002), *Redesigning an Ongoing National Household Survey: Methodological Issues*. DHHS Pub. No. SMA 03-3768. Rockville, MD:

SAMHSA

Gottfredson, M. and Hindelang, M. (1977), "A Consideration of Telescoping and Memory Decay Biases in Victimization Surveys," *Journal of Criminal Justice,* **5**(3), pp. 205-216.

Goyder, J. (1985), "Face-to-Face Interviews and Mail Questionnaires: The Net Difference in Response Rate," *Public Opinion Quarterly,* **49**, pp. 234-252.

Goyder, J. (1987), *The Silent Minority: Nonrespondents on Sample Surveys,* Boulder, CO: Westview Press.

Graesser, A., Bommareddy, S., Swamer, S., and Golding, J. (1996), "Integrating Questionnaire Design with a Cognitive Computational Model of Human Question Answering," in Schwarz, N., and Sudman, S. (eds.), *Answering Questions,* pp. 143-174, San Francisco: Jossey-Bass.

Graesser, A., Kennedy, T., Wiemer-Hastings, P., and Ottati, V. (1999), The Use of Computational Cognitive Models to Improve Questions on Surveys and Questionnaires," in Sirken, M., et al. (eds.), *Cognition in Survey Research,* pp. 199-216, New York: Wiley.

Graham, D. (1984), "Response Errors in the National Crime Survey: July 1974-June 1976", in Lehnen, R., and Skogan, W. (eds.) *The National Crime Survey: Working Papers,* pp. 58-64. Washington, DC: Bureau of Justice Statistics.

Groves, R. (1979), "Actors and Questions in Telephone and Personal Interview Surbeys," *Public Opinion Quarterly,* **43**, pp. 190-205.

Groves, R. (1989), *Survey Errors and Survey Costs,* New York: Wiley.

Groves, R., and Couper, M. (1998), *Nonresponse in Household Interview Surveys,* New York: Wiley.

Groves, R., and Kahn, R. (1979), *Surveys by Telephone: A National Comparison with Personal Interviews,* New York: Academic Press.

Groves, R., and Lyberg, L. (1988), "An Overview Of Non-Response Issues in Telephone Surveys," in Groves, R., Biemer, P., Lyberg, L., Massey, J., Nicholls, II W., and Waksberg, J. (eds.), *Telephone Survey Methodology,* pp. 191-212, New York: Wiley.

Groves, R., and Magilavy, L. (1980), "Estimates of Interviewer Variance in Telephone Surveys," *Proceedings of the American Statistical Association, Survey Research Methods Section,* pp. 622-627.

Groves, R., Presser, S., and Dipko, S. (2004), "The Role of Topic Salience in Survey Participation Decisions," *Public Opinion Quarterly,* **68**, pp. 2-31.

Groves, R., Singer, E., and Corning, A. (2000), "Leverage-Salience Theory of Survey Participation: Description and an Illustration," *Public Opinion Quarterly,* **64**, pp. 299-308.

Groves, R., Singer, E., Corning, A., and Bowers, A. (1999), "A Laboratory Approach to Measuring the Joint Effects of Interview Length, Incentives, Differential Incentives, and Refusal Conversion on Survey Participation," *Journal of Official Statistics,* **1**, pp. 251-268.

Groves, R., Dillman, D., Eltinge, J., and Little, R. (eds.) (2002), *Survey Nonresponse,* New York: Wiley.

Groves, R., Wissoker, D., Greene, L., McNeeley, M., and Montemarano, D. (2000), "Common Influences on Noncontact Nonresponse Across Household Surveys: Theory and Data," paper presented at the annual meetings of the American Association for Public Opinion

Research.

Haney, C., Banks, C., and Zimbardo, P. (1973), "Interpersonal Dynamics in a Simulated Prison," *International Journal of Criminology and Penology*, 1, pp. 69-97.

Hansen, B., and Hansen, K. (1995), "Academic and Scientific Misconduct: Issues for Nurse Educators," *Jounal of Professional Nursing*. 11. pp. 31-39.

Hansen, M., Hurwitz, W., and Bershad, M. (1961), "Measurment Errors in Censuses and Surveys," *Bulletin of the International Statistical Institute*, 38, pp. 359-374.

Hansen, M., Hurwitzw, W., and Madow W., (1953), *Sample Surveys Methods and Theory*, Vols. I and II, New York: Wiley.

Hansen, S., and Couper, M. (2004), "Usability Testing as a Means of Evaluating Computer-Assisted Survey Instruments," in Presser, S. et al. (eds.), *Questionnaire Development Evaluation and Testing Methods*, New York: Wiley.

Hartley, H. (1962), "Multiple Frame Surveys," *Proceedings of the Social Statistics Section, American Statistical Association*, pp. 203-206.

Heberlein, T. and Baumgartner, R. (1978), "Factors Affecting Response Rates to Mailed Questionnaires: A Quantitative Analysis of the Published Literature," *American Sociological Review*, 43, pp. 447-462.

Heckman, J. (1979), "Sample Selection Bias as a Specification Error," *Econometrica*, 47, pp. 153-161.

Henson, R., Roth, A. and Cannell, C. (1977), "Personal Versus Telephone Interviews: The Effects of Telephone Re-Interviews on Reporting of Psychiatric Symptomatology," in Cannell, C., Oksenberg L., and Converse, J. (eds.), *Experiments in Interviewing Techniques: Field Experiments in Health Reporting*, 1971-1977, pp. 205-219, Hyattsville, MD: US Department of Health, Education and Welfare, National Center for Health Services Research.

Hippler, H., Schwarz, N., and Sudman, S. (1987), *Social Information Processing and Survey Methodology*, New York: Springer-Verlag.

Hochstim, J. (1967), "A Critical Comparison of Three Strategies of Collecting Data from Households," *Journal of the American Statistical Association*, 62, pp. 976-989.

Horn, J. (1978), "Is Informed Deceit the Answer to Informed Consent?" *Psychology Today*, May, pp. 36-37.

Horvitz, D., Weeks, M., Visscher, W., Folson, R., Massey, R., and Ezzati, T. (1990), "A Report of the Findings of the National Household Seroprevalence Survey Feasibility Study," *Proceedings of the American Statistical Association, Survey Research Methods Section*, pp. 150-159.

Houtkoop-Steenstra, H. (2000), *Interaction and the Standardized Survey Interview: The Living Questionnaire*, Cambridge: Cambridge University Press.

Hox, J., and de Leeuw, E. (2002), "The Influence of Interviewers' Attitude and Behavior on Household Survey Nonresponse: An International Comparison," in Groves, R., Dillman, D., Eltinge, J., and Little, R. (eds.) *Survey Nonresponse*, pp. 103-120, New York: Wiley.

Hox, J., and de Leeuw, E. (1994), "A Comparison Of Nonresponse in Mail, Telephone, and Face-To-Face Surveys: Applying Multilevel Modeling To Meta-Analysis," *Quality and Quantity*, 28, pp. 329-344.

Hughes, A., Chromy, J., Giacoletti, K., and Odom, D. (2002), "Impact of Interviewer Experience on Respondent Reports of Substance Use," in Gfroerer, J., Eyerman, J., and Chromy, J. (eds.), *Redesigning an Ongoing National Household Survey*, pp. 161-184, Washington, DC: Substance Abuse and Mental Health Services Administration.

Humphreys, L. (1970), *Tearoom Trade: Impersonal Sex in Public Places*. Chicago: Aldine.

Huttenlocher, J., Hedges, L., and Bradburn, N. (1990), "Reports of Elapsed Time: Bounding and Rounding Processes in Estimation," *Journal of Experimental Psychology: Learning, Memory, and Cognition*, 16, pp. 196-213.

Hyman, H., Cobb, J., Feldman, J., and Stember, C. (1954), *Interviewing in Social Research*, Chicago: University of Chicago Press.

Inter-university Consortium for Political and Social Research (2001), *National Crime Victimization Survey, 1992*-1999, ICPSR 6406, Ann Arbor: ICPSR.

ISR Survey Research Center (1999), *Center Survey*, April, pp. 1, 3.

Jabine, T., King, K., and Petroni, R. (1990), *SIPP Quality Profile*, Washington, DC: US Bureau of the Census.

Jabine, T., Straf, M., Tanur, J., and Tourangeau, R. (eds.) (1984), *Cognitive Aspects of Survey Methodology: Building a Bridge between Disciplines*, Washington, DC: National Academy Press.

Jenkins, C., and Dillman, D. (1997), "Towards a Theory of Self-Administered Questionnaire Design," in Lyberg, L., Biemer, P., Collins, M., DeLeeuw, E., Dippo, C., Schwarz, N., and Trewin D. (eds.), *Survey Measurement and Process Quality*, pp. 165-196, New York: Wiley.

Jobe, J., and Mingay, D. (1989), "Cognitive Research Improves Questionnaires," *American Journal of Public Health*, 79, pp. 1053-1055.

Johnson, T., Hougland, J., and Clayton, R. (1989), "Obtaining Reports of Sensitive Behaviors: A Comparison of Substance Use Reports from Telephone and Face-to-Face Interviews," *Social Science Quarterly*, 70, pp. 174-183.

Jordan, L., Marcus, A., and Reeder, L. (1980), "Response Styles in Telephone and Household Interviewing : A Field Experiment," *Public Opinion Quarterly*, 44, pp. 210-212.

Juster, F., and Smith, J. (1997), "Improving the Quality of Economic Data: Lessons from the HRS and AHEAD," *Journal of the American Statistical Association*, 92, pp. 1268-1278.

Juster, F., and Suzman, R. (1995), "An Overview of the Health and Retirement Study," *Journal of Human Resources*, 30, pp. S7-S56.

Kahn, R., and Cannell, C. (1958), *Dynamics of Interviewing*, New York: Wiley.

Kallick-Kaufman, M. (1979), "The Micro and Macro Dimensions of Gambling in the United States," *The Journal of Social Issues*, 35, pp. 7-26.

Kalton, G. (1981), *Compensating for Missing Survey Data*, Ann Arbor: Institute for Social Research.

Kane, E., and Macaulay, L. (1993), "Interviewer Gender and Gender Attitudes," *Public Opinion Quarterly*, 57, pp. 1-28.

Katz, J. (1972), *Experimenting with Human Beings*, New York: Russell Sage Foundation.

Kish, L. (1949), "A Procedure for Objective Respondent Selection Within the Household," *Journal of the American Statistical Association*, 44, pp. 380-387.

Kish, L (1962), "Studies of Interviewer Variance for Attitudinal Variables," *Journal of the American Statistical Association*, 57, pp. 92-115.
Kish, L. (1965), *Survey Sampling*, New York: Wiley.
Kish, L. (1988), "Multipurpose Sample Designs," *Survey Methodology*, 14, pp. 19-32.
Kish, L. and Frankel, M. (1974), "Inference from Complex Samples" (with discussion), *Journal of the Royal Statistical Society, Set. B*, 36, pp. 1-37.
Kish, L., and Hess, I. (1959), "Some Sampling Techniques for Continuing Survey Operations," *Proceedings of the Social Statistics Section, American Statistical Association*, pp. 139-143.
Kish, L., Groves, R., and Krotki, K. (1976), *Sampling Errors for Fertility Surveys*, World Fertility Survey Occasional Paper 17, The Hague, Voorburg: International Statistical Institute.
Kormendi, E., and Noordhoek, J. (1989), *Data Quality and Telephone Surveys*. Copenhagen: Danmark's Statistik.
Krosnick, J. (1991), Response Strategies for Coping with the Cognitive Demands of Attitude Measures in Surveys," *Applied Cognitive Psychology*, 5, pp. 213-236.
Krosnick, J. (1999), "Survey Research," *Annual Review of Psychology*, 50, pp. 537-567.
Krosnick, J. (2002), "The Causes of No-Opinion Responses to Attitude Measures in Surveys: They Are Rarely What They Appear to Be," in Groves, R.M., Dillman, D.A., Eltinge J.L., and Little R.J.A. (eds.), *Survey Nonresponse*, pp. 87-100, New York: Wiley.
Krosnick, J., and Alwin, D. (1987), "An Evaluation of a Cognitive Theory of Response-Order Effects in Survey Measurement," *Public Opinion Quarterly*, 51, pp. 201-219.
Krosnick, J., and Berent, M. (1993), "Comparisons of Party Identification and Policy Preferences: The Impact of Survey Question Format," *American Journal of Political Science*, 37, pp. 941-964.
Krosnick, J., and Fabrigar, L. (1997), "Designing Rating Scales for Effective Measurement in Surveys," in Lyberg, L., Biemer, P., Collins, M., DeLeeuw, E., Dippo, C., Schwarz, N., and Trewin D. (eds.), *Survey Measurement and Process Quality*, pp.141-164, New York: Wiley.
Krueger, R., and Casey, M. (2000), *Focus Groups: A Practical Guide for Applied Research*, Beverly Hills, CA: Sage Publications.
Kuusela, V. (1996), "Telephone Coverage and Accessibility by Telephone in Finland," in Laaksonen, S. (ed.), *International Perspectives on Nonresponse: Proceedings of the Sixth International Workshop on Household Survey Nonresponse*, Helsinki: Statistics Finland.
Lambert, D. (1993), "Measures of Disclosure Risk and Harm," *Journal of Official Statistics*, 9, pp. 313-331.
Larson, R., and Richards, M. (1994), *Divergent Realities. The Emotional Lives of Mothers, Fathers, and Adolescents*, New York: Basic Books.
Lepkowski, J., Sadosky, S., and Weiss, P. (1998), "Mode, Behavior, and Data Recording Error," in Couper, M., Baker, R., Bethlehem, J., Clark, C., Martin, J., Nicholls, II W., and O'Reilly, J. (eds.), *Computer Assisted Survey Information Collection*, New York: Wiley.
Lepkowski, J., and Groves, R. (1986), "A Mean Squared Error Model for Dual Frame, Mixed Mode Survey Design," *Journal of the American Statistical Association*, 81, pp. 930-937.

Lessler, J., Caspar, R., Penne, M., and Barker, P. (2000), "Developing Computer-Assisted Interviewing (CAI) for the National Household Survey on Drug Abuse," *Journal of Drug Issues*, 30, pp. 19-34.

Lessler, J., and Forsyth, B. (1996), "A Coding System for Appraising Questionnaires," in Schwarz, N., and Sudman, S. (eds.), *Answering Questions*, pp. 259-292, San Francisco: Jossey-Bass.

Lessler, J. and Kalsbeek, W. (1992), *Nonsampling Error in Surveys*, New York: Wiley.

Likert, R. (1932), "A Technique for Measurement of Attitudes," *Archives of Psychology*, 140, pp. 5-53.

Linton, M. (1982), "Transformations of Memory in Everyday Life," in Neisser, U. (ed.), *Memory Observed*, pp. 77-91, San Francisco: Freeman.

Little, R., and Rubin, D. (2002), *Statistical Analysis with Missing Data*, 2nd Edition, New York: Wiley.

Lord, F., and Novick, M. (1968), *Statistical Theories of Mental Test Scores*, Reading, MA: Addison-Wesley.

Mangione, T., Fowler, F., and Louis, T. (1992), "Question Characteristics and Interviewer Effects," *Journal of Official Statistics*, 8, pp. 293-307.

Mangione, T., Hingson, R., and Barrett, J. (1982), "Collecting Sensitive Data: A Comparison of Three Survey Strategies," *Sociological Methods and Research*, 10, pp. 337-346.

Martin, E. (1999), "Who Knows Who Lives Here? Within-Household Disagreeements as a Source of Survey Coverage Error," *Public Opinion Quarterly*, 63, pp. 220-236.

Martin, J., O'Muircheartaigh, C., and Curtice, J. (1993), "The Use of CAPI for Attitude Surveys: An Experimental Comparison with Traditional Methods," *Journal of Official Statistics*, 9, pp. 641-662.

Maynard, D., Houtkoop-Steenstra, H., Schaeffer, N., and van der Zouwen, H. (eds.) (2002), *Standardization and Tacit Knowledge: Interaction and Practice in the Survey Interview*, New York: Wiley.

McCabe, S., Boyd, C., Couper, M., Crawford, S., and d'Arcy, H. (2002), "Mode Effects For Collecting Alcohol and Other Drug Use Data: Web and US Mail," *Journal of Studies on Alcohol*, 63, pp. 755-761.

McHorney, C., Kosinski, M., Ware, J. (1994), "Comparison of the Costs and Quality of Norms for the SF-36 Health Survey Collected by Mail Versus Telephone Interview: Results from a National Survey," *Medical Care*, 32, pp. 551-567.

Merkle, D. and Edelman, M. (2002), "Nonresponse in Exit Polls: A Comprehensive Analysis," in Groves, R., Dillman, D., Eltinge J., and Little R. (eds.), *Survey Nonresponse*, pp. 243-258, New York: Wiley.

Milgram, S. (1963), "Behavioral Study of Obedience," *Journal of Abnormal and Social Psychology*, 67, pp. 371-378.

Miller, P., and Cannell, C. (1977), "Communicating Measurement Objectives in the Interview," in Hirsch et al. (eds.), *Strategies for Communication Research*, pp. 127-152, Beverly Hills: Sage Publications.

Mokdad, A., Ford, E., Bowman, B., Dietz, W., Vinicor, F., Bales, V., and Marks, J. (2003), "Prevalence of Obesity, Diabetes, and Obesity-Related Health Risk Factors, 2001,"

Journal of the American Medical Association, **289**, pp. 76-79.
Mokdad, A., Serdula, M., Dietz, W., Bowman, B., Marks, J., Koplan, J. (1999). "The Spread of the Obesity Epidemic in the United States, 1991-1998," *Journal of the American Medical Association*, **282**, pp. 1519-1522.
Moore, J., Stinson, L., and Welniak, E. (1997), "Income Measurement Error in Surveys: A Review," in Sirken, M., Herrmann, D. J., Schechter, S., Schwarz, N., Tanur, J., and Tourangeau, R. (eds.), *Cognition and Survey Research*, pp. 155-174, New York: Wiley.
Morton-Williams, J. (1993), *Interviewer Approaches*. Aldershot: Dartmouth.
National Bioethics Advisory Commission, (2001), *Ethical and Policy Issues in Research Involving Human Participants*, Vol. 1: Report and Recommendations, Bethesda, MD: National Bioethics Advisory Commission.
National Commission for the Protection of Human Subjects of Biomedical and Behavioral Research (1979), *Belmont Report: Ethical Principles and Guidelines for the Protection of Human Subjects of Research*, Washington, DC: US Government Printing Office
National Endowment for the Arts (1998), *1997 Survey of Public Participation in the Arts*, Research Division Report 39, Washington, DC: National Endowment for the Arts.
National Research Council (1979), *Panel on Privacy and Confidentiality as Factors in Survey Response*, Washington, DC: National Academy Press.
National Research Council (1993), *Private Lives and Public Policies: Confidentiality and Accessibility of Government Statistics*, Washington, DC: National Academy Press.
Nealon, J. (1983), "The Effects of Male vs. Female Telephone Interviewers," *Proceedings of the Survey Research Methods Section of the American Statistical Association*, pp. 139-141.
Neter, J., and Waksberg, J. (1964), "A Study of Response Errors in Expenditures Data from Household Interviews," *Journal of the American Statistical Association*, **59**, pp. 17-55.
Neyman, J. (1934), "On the Two Different Aspects of the Representative Method: The Method of Statified Sampling and the Method of Purposive Selection," *Journal of the Royal Statistical Society*, **97**, pp. 558-625.
Nicholls, W. II, Baker, R., and Martin, J. (1997), "The Effect of New Data Collection Technologies on Survey Data Quality," in Lyberg, L., Biemer, P., Collins, M., deLeeuw, E., Dippo, C., Schwarz, N., and Trewin, D. (eds.), *Survey Measurement and Process Quality*, pp.221-248, New York: Wiley.
O'Muircheartaigh, C. (1991), "Simple Response Variance: Estimation and Determinants," in Biemer, P., Groves, R., Lyberg, L., Mathiowetz, N., and Sudman, S. (eds.), *Measurement Errors in Surveys*, pp. 551-574, New York: Wiley.
O'Toole, B., Battistutta, D., Long, A., and Crouch, K. (1986), "A Comparison of Costs and Data Quality of Three Health Survey Methods: Mail, Telephone and Personal Home Interview," *American Journal of Epidemiology*, **124**, pp. 317-328.
Oksenberg, L., Cannell, C., and Kalton, G. (1991), "New Strategies of Pretesting Survey Questions," *Journal of Official Statistics*, **7**, pp. 349-366.
Oksenberg, L., Coleman, L., and Cannell, C. (1986), "Interviewers' Voices and Refusal Rates in Telephone Surveys," *Public Opinion Quarterly*, **50**, pp. 97-111.
Payne, S. (1951), *The Art of Asking Questions*, Princeton, NJ: Princeton University Press.
Pearson, R., Ross, M., and Dawes, R. (1992), "Personal Recall and the Limits of Retrospective

Questions in Surveys," in J. M. Tanur (ed.), *Questions About Questions: Inquiries into the Cognitive Basis of Surveys,* pp. 65-94, New York: Russel Sage.

Pillemer, D. (1984), "Flashbulb Memories of the Assassination Attempt on President Reagan," *Cognition,* **16,** pp. 63-80.

Presser, S. (1990), "Measurement Issues in The Study of Social Change," *Social Forces,* **68,** pp. 856-868.

Presser, S. (1994), "Informed Consent and Confidentiality in Survey Research," *Public Opinion Quarterly,* **58,** pp. 446-459.

Presser, S. and Blair, J. (1994), "Survey Pretesting: Do Different Methods Produce Different Results?" in P. Marsden (ed.), *Sociology Methodology,* **24,** pp. 73-104, Washington DC: American Sociological Association.

Rand, M. and Rennison , C. (2002), "True Crime Stories? Accounting for Differences in our National Crime Indicators," *Chance,* **15,** pp. 47-51.

Rasinski, K., Mingay, D., and Bradburn, N. (1994), "Do Respondents Really 'Mark All That Apply' on Self-Administered Questions? " *Public Opinion Quarterly,* **58,** pp. 400-408.

Rasinski, K. (1989), "The Effect of Question Wording on Support for Government Spending," *Public Opinion Quarterly,* **53,** pp. 388-394.

Redline, C., and Jenkins, D. (2002), "The Influence of Alternative Visual Designs on Respondents'Performance With Branching Instructions in Self-Administered Questionnaires," in Groves, R., Dillman, D., Eltinge, J., and Little, R. (eds.), *Survey Nonresponse,* pp. 179-195, New York: Wiley.

Richman, W., Kiesler, S., Weisband, S., and Drasgow, F. (1999), "A Meta-Analytic Study of Social Desirability Distortion in Computer-Administered Questionnaires, Traditional Questionnaires, and Interviews," *Journal of Applied Psychology,* **84,** pp. -754-775.

Robinson, D., and Rohde, S. (1946), "Two Experiments in an Anti-Semitism Poll," *Journal of Abnormal and Social Psychology,* **41,** pp. 136-144.

Robinson, J., Ahmed, B., das Gupta, P., and Woodrow, K. (1993), "Estimation of Population Coverage in the 1990 United States Census Based on Demographic Analysis," *Journal of the American Statistical Association,* **88,** pp. 1061-1071.

Robinson, J., Neustadtl, A., and Kestnbaum, M. (2002), "Why Public Opinion Polls Are Inherently Biased: Public Opinion Differences Among Internet Users and Non-Users," paper presented at the Annual Meeting of the American Association for Public Opinion Research, St. Petersburg, FL, May.

Rosenthal, R., and Rosnow, R. (1975), *The Volunteer Subject,* New York: Wiley.

Rubin, D. (1987), *Multiple Imputation for Nonresponse in Surveys,* New York: Wiley.

Rubin, D. (1993), "Discussion of Statistical Disclosure Limitation," *Journal of Official Statistics,* **9,** pp. 461-468.

Rubin, D., and Baddeley, A. (1989), "Telescoping is Not Time Compression: A Model of the Dating of Autobiographical Events," *Memory and Cognition,* **17,** pp. 653-661.

Rubin, D., and Kozin, M. (1984), "Vivid Memories," *Cognition,* **16,** pp. 81-95.

Rubin, D., and Wetzel, A. (1996), "One Hundred Years of Forgetting: A Quantitative Description of Retention," *Psychological Review,* **103,** pp. 734-760.

Saris, W., and Andrews, F. (1991), "Evaluation of Measurement Instruments Using a

Structural Modeling Approach," in Biemer, P., Groves, R., Lyberg, L., Mathiowetz, N., and Sudman, S. (eds.), *Measurement Errors in Surveys*, pp. 575-597, New York: Wiley.
Schaefer, D., and Dillman, D. (1998), "Development of a Standard E-Mail Methodology: Results of an Experiment," *Public Opinion Quarterly*, 62, pp. 378-397.
Schaeffer, N. (1991), "Conversation with a Purpose or Conversation? Interaction in the Standardized Interview" in Biemer, P., Groves, R., Lyberg, L., Mathiowetz, N., and Sudman, S. (eds.), *Measurement Errors in Surveys*, pp. 367-393, New York: Wiley.
Schaeffer, N., and Bradburn, N. (1989), "Respondent Behavior in Magnitude Estimation," *Journal of the American Statistical Association*, 84, pp. 402-413.
Schober, M., and Conrad, F. (1997), "Does Conversational Interviewing Reduce Survey Measurement Error," *Public Opinion Quarterly*, 61, pp. 576-602.
Schober, S., Caces, M., Pergamit, M., and Branden, L. (1992), "Effects of Mode of Administration on Reporting of Drug Use in the National Longitudinal Survey," in Turner, C., Lessler, J., and Gfroerer, J. (eds.), *Survey Measurement of Drug Use: Methodological Studies*, pp. 267-276, Rockville, MD: National Institute on Drug Abuse.
Schreiner, I., Pennie, K., and Newbrough, J. (1988), "Interviewer Falsification in Census Bureau Surveys," *Proceedings of the American Statistical Association, Survey Research Methods Section*, pp. 491-496, Washington, DC: American Statistical Association.
Schuman, H. (1997), "Polls, Surveys, and the English Language," *The Public Perspective*, April/May, pp. 6-7.
Schuman, H., and Converse, J. (1971), "The Effects of Black and White Interviewers on Black Responses in 1968," *Public Opinion Quarterly*, 35, pp. 44-68.
Schuman, H., and Hatchett, S. (1976), "White Respondents and Race-of-Interviewer Effects," *Public Opinion Quarterly*, 39, pp. 523-528.
Schuman, H., and Presser, S. (1981), *Questions and Answers in Attitude Surveys: Experiments in Question Form, Wording, and Context*, New York: Academic Press.
Schwarz, N., Hippler, H.-J., Deutsch, B., and Strack, F. (1985), "Response Categories: Effects on Behavioral Reports and Comparative Judgments," *Public Opinion Quarterly*, 49, pp. 388-395.
Schwarz, N., Knauper, B., Hippler, H.-J., Noelle-Neumann, E., and Clark, F. (1991), "Rating Scales: Numeric Values May Change the Meaning of Scale Labels," *Public Opinion Quarterly*, 55, pp. 618-630.
Schwarz, N., Strack, F., and Mai, H. (1991), "Assimilation and Contrast Effects in Part-Whole Question Sequences: A Conversational Logic Analysis," *Public Opinion Quarterly*, 55, pp. 3-23.
Sheppard, J. (2001), *2001 Respondent Cooperation and Industry Image Study: Privacy and Survey Research*, Council of Marketing and Opinion Research, Cincinnati, OH: CMOR.
Short, J., Williams, E., and Christie, B. (1976), *The Social Psychology of Telecommunications*, New York: Wiley.
Singer, E. (1978), "Informed Consent: Consequences for Response Rate and Response Quality in Social Surveys," *American Sociological Review*, 43, pp. 144-162.
Singer, E. (1984), "Public Reactions to Some Ethical Issues of Social Research: Attitudes and Behavior," *Journal of Consumer Research*, 11, pp. 501-509.

Singer, E. (2002), "The Use of Incentives to Reduce Nonresponse in Household Surveys," in Groves, R., Dillman, D., Eltinge J., and Little R. (eds.), *Survey Nonresponse*, pp. 163-177, New York: Wiley.

Singer, E. (2003), "Exploring the Meaning of Consent: Participation in Research and Beliefs about Risks and Benefits," *Journal of Official Statistics*, **19**, pp. 273-285.

Singer, E., and Frankel, M. (1982), "Informed Consent in Telephone Interviews," *American Sociological Review*, **47**, pp. 116-126.

Singer, E., Groves, R., and Corning, A. (1999), "Differential Incentives: Beliefs About Practices, Perceptions of Equity, and Effects on Survey Participation," *Public Opinion Quarterly*, **63**, pp. 251-260.

Singer, E., Hippler, H-J., and Schwarz, N. (1992), "Confidentiality Assurances in Surveys: Reassurance or Threat," *International Journal of Public Opinion Reseach*, **4**, pp. 256-68.

Singer, E., Van Hoewyk, J., and Maher, M. (2000), "Experiments with Incentives in Telephone Surveys," *Public Opinion Quarterly*, **64**, pp. 171-188.

Singer, E., Von Thurn, D., and Miller, R. (1995), "Confidentiality Assurances and Survey Response: A Review of the Experimental Literature," *Public Opinion Quarterly*, **59**, pp. 266-277.

Sirken, M. (1970), "Household Surveys with Multiplicity," *Journal of the American Statistical Association*, **65**, pp. 257-266.

Smith, A. (1991), "Cognitive Processes in Long-Term Dietary Recall," *Vital and Health Statistics*, Series 6, No. 4 (DHHS Publication No. PHS 92-1079), Washington, DC: US Government Printing Office.

Smith, M. (1979), "Some Perspectives on Ethical/Political Issues in Social Science Research," in Wax, M., and Cassell, J., *Federal Regulations: Ethical Issues and Social Research*, pp. 11-22, Boulder, CO: Westview Press.

Smith, T. (1983), "The Hidden 25 Percent: An Analysis of Nonresponse on the 1980 General Social Survey," *Public Opinion Quarterly*, **47**, pp. 386-404.

Smith, T.W. (1984), "Recalling Attitudes: An Analysis of Retrospective Questions on the 1982 General Social Survey," *Public Opinion Quarterly*, **48**, pp. 639-649.

Smith, T.W. (1987), "That Which We Call Welfare By Any Other Name Would Smell Sweeter: An Analysis of the Impact of Question Wording on Response Patterns," *Public Opinion Quarterly*, **51**, pp. 75-83.

Sperry, S., Edwards, B., Dulaney, R., and Potter, D. (1998), "Evaluating Interviewer Use of CAPI Navigation Features," in Couper, M., Baker, R., Bethlehem, J., Clark, C., Martin, J., Nicholls, II W., and O'Reilly, J. (eds.), *Computer-Assisted Survey Information Collection*, pp. 351-366, New York: Wiley.

Stewart, A., Ware, J., Sherbourne, C., and Wells, K. (1992), "Psychological Distress/Well-Being and Cognitive Functioning Measures," in Stewart, A., and Ware, J. (eds.), *Measuring Functioning and Well-Being*: The *Medical Outcomes Study Approach*, pp. 102-142, Durham, NC: Duke University Press.

Suchman, L., and Jordan, B. (1990), "Interactional Troubles in Face-to-Face Survey Interviews," *Journal of the American Statistical Association*, **85**, pp. 232-241.

Sudman, S., and Bradburn, N. (1982), *Asking Questions: A Practical Guide to Questionnaire*

Design, San Francisco: Jossey-Bass
Sudman, S., Bradburn, N., and Schwarz, N. (1996), *Thinking about Answers: The Application of Cognitive Processes to Survey Methodology,* San Francisco: Jossey-Bass.
Sykes, W., and Collins, M. (1988), "Effects of Mode of Interview: Experiments in the UK," in Groves, R., Biemer, P., Lyberg, L., Massey, J., Nicholls II, W., and Waksberg, J. (eds.), *Telephone Survey Methodology* pp. 301-320, New York: Wiley.
Tarnai, J. and Dillman, D. (1992), "Questionnaire Context as a Source of Response Differences in Mail vs. Telephone Surveys," in Schwarz, N., and Sudman, S. (eds.), *Context Effects in Social and Psychological Research* pp. 115-129, New York: Springer-Verlag.
Tarnai, J., and Moore, D. (2004), "Methods for Testing and Evaluating CAI Questionnaires," in Presser, S. et al. (eds.), *Questionnaire Development Evaluation and Testing Methods,* New York: Wiley.
Thornberry, O., and Massey, J. (1988), "Trends in United States Telephone Coverage Across Time and Subgroups," in Groves, R., Biemer, P., Lyberg, L., Massey, J., Nicholls II, W., and Waksberg, J. (eds.), *Telephone Survey Methodology,* pp. 25-50, New York: Wiley.
Thurstone, L., and Chave, E. (1929), *The Measurement of Attitude,* Chicago: University of Chicago.
Tourangeau, R. (1984), "Cognitive Science and Survey Methods," in Jabine, T., Straf, M., Tanur, J., and Tourangeau, R. (eds.), *Cognitive Aspects of Survey Design: Building a Bridge between Disciplines,* pp. 73-100, Washington D. C. : National Academy Press.
Tourangeau, R. (2004), "Design Considerations for Questionnaire Testing and Evaluation," in Presser, S. et al. (eds.), *Questionnaire Development Evaluation and Testing Methods,* New York: Wiley.
Tourangeau, R. , Rasinski, K. , Jobe, J. , Smith, T., and Pratt, W. (1997), "Sources of Error in a Survey of Sexual Behavior," *Journal of Official Statistics,* 13, pp. 341-365.
Tourangeau, R., Rips, L., and Rasinski, K. (2000), *The Psychology of Survey Response,* Cambridge: Cambridge University Press.
Tourangeau, R., Shapiro, G., Kearney A., and Ernst, L. (1997), "Who Lives Here? Survey Undercoverage and Household Roster Questions," *Journal of Official Statistics,* 13, pp. 1-18.
Tourangeau, R., and Smith, T. (1996), "Asking Sensitive Questions: The Impact of Data Collection, Question Format, and Question Context," *Public Opinion Quarterly,* 60, pp. 275-304.
Traugott, M., Groves, R., and Lepkowski, J. (1987), "Using Dual Frame Designs to Reduce Nonresponse in Telephone Surveys," *Public Opinion Quarterly,* 51, pp. 522-539.
Trice, A. (1987), "Informed Consent: Biasing of Sensitive Self-Report Data by Both Consent and Information," *Journal of Social Behavior and Personality,* 2, pp. 369-374.
Tucker, C., Lepkowski, J., and Piekarski, L. (2002), "List-Assisted Telephone Sampling Design Efficiency," *Public Opinion Quarterly,* 66, pp. 321-338
Turner, C., Forsyth, B., O'Reilly, J., Cooley, P., Smith, T., Rogers, S., and Miller, H. (1998), "Automated self-interviewing and the survey Measurement of Sensitive Behaviors," in Couper, M., Baker, R., Bethlehem, J., Clark, C., Martin, J., Nicholls II, W., and O'Reilly, J.

(eds.), *Computer Assisted Survey Information Collection*, pp. 455-473, New York: Wiley.
Turner, C., Lessler, J., and Devore, J. (1992), "Effects of Mode of Administration and Wording on Reporting of Drug Use," in Turner, C. F., Lessler, J.T., and Gfroerer, J.C. (eds.), *Survey Measurement of Drug Use: Methodological Studies*, pp. 177-220, Rockville, MD: National Institute on Drug Abuse.
Turner, C., Lessler, J., George, B., Hubbard, M., and Witt, M. (1992), "Effects of Mode of Administration and Wording on Data Quality," in Turner, C., Lessler, J., and Gfroerer, J. (eds.), *Survey Measurement of Drug Use: Methodological* Studies, pp. 221-244, Rockville, MD: National Institute on Drug Abuse.
Turner, C., Lessler, J., and Gfroerer, J. (1992), *Survey Measurement of Drug Use: Methodological Studies*, Washington, DC: National Institute on Drug Abuse.
Tuskegee Syphilis Study Ad Hoc Advisory Panel, (1973), *Final Report*, Washington DC: US Department of Health, Education, and Welfare.
US Bureau of Justice Statistics (1994), *National Crime Victimization Survey (NCVS) Redesign: Questions and Answers*, NCJ 151171, Washington, DC: Bureau of Justice Statistics.
US Bureau of the Census (1993), "Memorandum for Thomas C. Walsh from John H. Thompson, Subject: 1990 Decennial Census - Long Form (Sample Write-in) Keying Assurance Evaluations," Washington, DC: US Bureau of the Census.
US Census Bureau (2003), "Noninterview Rates for Selected Major Demographic Household Surveys," memorandum from C. Bowie, August 25, Xerox.
Van Campen, C., Sixma, H., Kerssens, J., and Peters L. (1998), "Comparisons of the Costs and Quality of Patient Data Collection by Mail Versus Telephone Versus In-Person Interviews," *European Journal of Public Health*, 8, pp. 66-70.
Van der Zouwen, J., Dijkstra, W., and Smit, J. (1991), "Studying Respondent-Interviewer Interaction: The Relationship between Interviewing Style, Interviewer Behavior, and Response Behavior," in Biemer, P., Groves, R., Lyberg. L., Mathiowetz, N., and Sudman, S. (eds.), *Measurement Errors in Surveys*, pp. 419-438, New York: Wiley.
Van Leeuwen, R., and de Leeuw, E. (1999), "I Am Not Selling Anything: Experiments in Telephone Introductions," paper presented at the International Conference on Survey Nonresponse, Portland, OR.
Vehovar, V., Batagelj, Z., Lozar Manfreda, K., and Zaletel, M. (2002), "Nonresponse in Web Surveys," in Groves, R., Dillman, D., Eltinge, J., and Little, R. (eds.), *Survey Nonresponse*, pp. 229-242, New York: Wiley.
Vinovskis, M. (1998), *Overseeing the Nation's Report Card: The Creation and Evolution of the National Assessment Governing Board* (NAGB), Washington, DC: U.S. Goverment Printing Office.
Wagenaar, W. (1986), "My Memory: A Study of Autobiographical Memory Over Six Years," *Cognitive Psychology*, 18, pp. 225-252.
Walker, A., and Restuccia, J. (1984), "Obtaining Information on Patient Satisfaction with Hospital Care: Mail Versus Telephone," *Health Services Research*, 19, pp. 291-306.
Warner, J., Berman, J., Weyant, J., and Ciarlo, J. (1983), "Assessing Mental Health Program Effectiveness: A Comparison of Three Client Follow-up Methods," *Evaluation Review*, 7,

pp. 635-658.
Warner, S. (1965), "Randomized Response: A Survey Technique for Eliminating Evasive Answer Bias," *Journal of the American Statistical Association*, 60, pp. 63-69.
Weiss, C. (1968), "Validity of Welfare Mothers' Interview Responses," *Public Opinion Quarterly*, 32, pp. 622-633.
Wells, G. (1993), "What do we Know About Eyewitness Identification?" *American Psychologist*, 48, pp. 553-571.
Willis, G., DeMaio, T., and Harris-Kojetin, B. (1999), "Is the Bandwagon Headed to the Methodological Promised Land? Evaluating the Validity of Cognitive Interviewing Techniques," in Sirken, M. G., et al. (eds.), *Cognition in Survey Research*, pp. 133-154, New York: Wiley.
Wilson, T., and Hodges, S. (1992), "Attitudes as Temporary Constructions," in Martin, L., and Tesser, A. (eds.), *The Construction of Social Judgments*, pp. 37-66, New York: Springer-Verlag.
Witte, J., Amoroso, L., and Howard, P. (2000), "Method and Representation in Internet-Based Survey Tools: Mobility, Community, and Cultural Identity in Survey 2000," *Social Science Computer Review*, 18, pp. 179-195.
Yu, J., and Cooper, H. (1983), "A Quantitative Review of Research Design Effects on Response Rates to Questionnaires," *Journal of Marketing Research*, 20, pp. 36-44.

追加参考文献

翻訳作成のために参考とした日本語文献や，原書発行以後に刊行された関連書籍を，追加参考文献として以下に掲げる．

浅井　晃（1987），調査の技術，日科技連出版社．
東　照二（2010），選挙演説の言語学，ミネルヴァ書房．
岩永雅也，大塚雄作，高橋一男（2009），改訂版 社会調査の基礎，放送大学教材（放送大学教育振興会）．
NHK 放送文化研究所（編）（1996），NHK 世論調査事典，大空社．
大隅　昇（2010），ウェブ調査とはなにか？—可能性，限界そして課題—，市場調査，284 号（2010 年 No.1），4-19／285 号（2010 年 No.2），2-27．
大谷信介，木下栄二，後藤範章，小林　洋，永野　武（2005），社会調査へのアプローチ（第 2 版），ミネルヴァ書房．
加賀野井秀一（1995），20 世紀言語学入門，講談社現代新書．
コクラン（著），鈴木達三・高橋宏一・脇本和昌（訳）（1972），サンプリングの理論と方法（1）／（2），東京図書．
逆瀬川浩孝，高橋宏一，鈴木達三（1976），ランダム化器具を用いないランダム回答法の実験的調査結果について，統計数理研究所彙報，24, 74-94．
新美育文（2003），個人情報保護法のもたらす変化，ジュリスト，1253（2003.10.1）
鈴木達三，高橋宏一，逆瀬川浩孝（1976），ランダム回答法における二，三の注意 −クロス集計にもとづく推定の精度，偽答・D.K. の影響，補助質問使用の問題—，統計数理研究所彙報，24, 1-14．
鈴木達三，高橋宏一（1998），標本調査法，朝倉書店．
スネデカー，コクラン（著），畑村又好，奥野忠一，津村善郎（訳）（1972），統計的方法（原書第 6 版），岩波書店．
盛山和夫（2004），社会調査入門，有斐閣ブックス．
竹内　啓（編集委員代表）（1989），統計学辞典，東洋経済新報社．
土屋隆裕，平井洋子，小野　滋（2007），個別面接聴取法における Item Count 法の諸問題と実用化可能性，統計数理，55(1)，159-175．
土屋隆裕（2009），概説 標本調査法，朝倉書店．
統計局製表関連国際用語集（http://www.nstac.go.jp/services/yogosyu.html）
中島義明ほか（編）（1999），心理学辞典，有斐閣．
西平重喜（1985），統計調査法（補訂版），培風館
日本心理学会倫理委員会（2010），日本心理学会倫理規程（第 2 版），日本心理学会．
日本マーケティング・リサーチ協会（編）（2000），個人情報保護ガイドラインとプライバシーマーク制度申請手続きの概要，日本マーケティング・リサーチ協会資料．
　＊JIS 15001（1999）がすべて掲載されている．
堤　未果（2008），ルポ 貧困大国アメリカ，岩波新書．
堤　未果（2010），ルポ 貧困大国アメリカⅡ，岩波新書．
日本マーケティング・リサーチ協会（編）（2004a），マーケティング・リサーチ用語辞典，同友館．
日本マーケティング・リサーチ協会（編）（2004b），Q&A：マーケティング・リサーチにおける個人情報の保護，日本マーケティング・リサーチ協会資料．
　＊JIS 15001（1999）がすべて掲載されている．
林　知己夫（編）（2002），社会調査ハンドブック，朝倉書店．

林　知己夫（2011），調査の科学，ちくま学芸文庫．
林　英夫，上笹　恒，種子田實，加藤五郎（編著）（2000），体系マーケティングリサーチ事典（新版），同友館．
渡辺　靖（2007），アメリカン・コミュニティ―国家と個人が交差する場所―，新潮社．
渡辺　靖（2010），アメリカン・デモクラシーの逆説，岩波書店．

Biemer P. P., and Lyberg, L. E. (2003), *Introduction to Survey Quality*, Wiley.
Bethlehelm, J (2010), Selection Bias in Web Surveys, *International Statistical Review*, 78(2), 161-188.
Converse, J. M. (2009), *Survey Research in the United States : Roots and Emergence 1890-1960*, Transaction Publication.
Couper, M. P. (2008), *Designing Effective Web Surveys*, Cambridge University Press.
Dillman, D. A., (2006), *Mail and Internet Surveys : The Tailored Design Method 2007 Update with New Internet, Visual, and Mixed-Mode Guide*, Wiley.
Dillman, D. A. De Leeuw, E. D., and Hox, J. J. (2007), *International Handbook of Survey Methodology-European Association of Methodology*, Psychology Press.
Dillman, D. A., Smyth, J. D., and Christian, L. M. (2009), *Internet, Mail, and Mixed-Mode Surveys : The Tailored Design Method* (third edition), Wiley.
Firebaugh, G. (1997), *Analyzing Repeated Surveys*, Sage.
Grover, R., and Vriens, M. (2006), *The Handbook of Marketing Research : Uses, Misuses, and Future Advances*, Sage.
Groves, R. M., and Heeringa, S. G. (2006), "Responsive design for household surveys : tools for actively controlling survey errors and costs", *Journal of the Royal Statistical Society Series A*, 169, 439-457.
Groves, R. M. and Cork, D. L. (eds.) (2008), *Surveying Victims : Options for Conducting the National Crime Victimization Survey*, The National Academic Press.
Heeringa, S. G., West, B. T., and Berglund, P. A. (2010), *Applied Survey Data Analysis*, Chapman & Hall.
Houtkoop-Steenstra, H. (2000), *Interaction and the Standardized Survey Interview*, Cambridge University Press.
Lee, E. S., and Forthofer, R. N. (2006), *Analyzing Complex Survey Data* (second edition), Sage.
Lepkowski, J. M., Tucker, C., Brick, J. M., De Leeuw, E. D., Japec, L., Lavrakas, P. J., Link, M. W., and Sangster, R. L. (2007), *Advances in Telephone Survey Methodology*, Wiley-Interscience.
Lohr, S. L. (2010), *Sampling : Design and Analysis* (second edition), Brooks/Cole CENGAGE Learning.
OECD (2008), *OECD Glossary of Statistical Terms 2008*, Organization for Economic.
Poynter, R. (2010), *The Handbook of Online and Social Media Research : Tools and Techniques for Market Researchers*, Wiley.
Särndal, C., Awensson, B., and Wretman, J. (2003), *Model Assisted Survey Sampling*, Springer-Verlag.
Smith, S. M., and Albaum, G. S. (2005), *Fundamentals of Marketing Research*, Sage.
Streiner, D. L., and Sidani, S. (eds.) (2009), *When Research Goes Off the Rails : Why It Happens and What You Can Do About It*, The Guilford Press.
Sudman, S. (1976), *Applied Sampling*, Academic Press.
Sue, V. M., and Ritter, L. A. (2007), *Conducting Online Surveys*, Sage.
Weisberg, H. F. (2005), *The Total Survey Error Approach : A Guide To The New Science of Survey Research*, University of Chicago Press.

索　引

Index

■欧　字

ACASI　150, 251

CAPI　19
CENVAR　377

EpiInfo　377
ETS（Educational Testing Service）　25

fpc　109

NCS ピアーソン社（NCS Pearson）　25
(n, k) 規則　419

p パーセント規則　419

RDD 抽出枠　141
RDD 調査　21, 28, 82, 87, 96, 162, 163
roh　116
RTI インターナショナル社　18

SAS　377
STATA　377
SUDAAN　377

T-ACASI　149, 150

VPLX　377

WesVar　378

■ア

曖昧な言葉　234
アクセス制御　168
あてはまるものをすべて選ぶ（check-all-that-apply）（質問）　262
アナログ方式（analogue method）（質問）　262
誤った推論（false inferences）　235
誤った前提（faulty presupposition）　234
あらかじめ定めた選択肢（fixed alternatives）　326　→固定型の選択肢
あらゆる合理的措置を講じる（take all reasonable steps）　387
アンダーカバレッジ（undercoverage）　60, 75, 76
　──の低減　92
暗黙のエディット（implied edits）　360
暗黙の層別抽出（cimplicity stratified sampling）　130

■イ

威圧的な（threatening）質問　249
いきすぎた調査　194　→過剰な調査
異質の単位（foreign units, foreign elements）　81, 85
異質の要素（foreign elements）　60
1 次抽出単位　136, 137, 309
1 回限りの調査　9
一対一の写像　76
一般的な意見（general ideas）　313
一般的な記憶（generic memory）　238
一般的な情報　245, 257
一般母集団（general population）　439
遺伝子検査　401
移動住宅　96
違法薬物　17
因果推論　198, 438
印象にもとづく判断（impression-based estimation）　242, 244
インターネット調査　158, 164, 167, 402, 426　→ウェブ調査
インテリジェント文字認識（ICR：intelligent character recognition）　149
インフォームド・コンセント（informed consent）　392, 394-398, 402, 405, 409-412
　──の要件　397
　書面による──　411
インフォームド・コンセント規約　404, 406, 420
インフォームド・コンセント手順　407

索　引

■ウ

ウェスタット（Westat）社　24,378
ウェブ，ウェブ調査（web surveys）　88,99,149,163,164,167,170,176,189,208
後ろ向きのテレスコーピング（backward telescoping）　241

■エ

英語能力に問題のある学生の調査（LEP：limited English proficiency）　24
エスノグラフィー　80,425
エディット規則　360
エディット・チェック（edit checks）　180,340
エディティング（editing）　342,358,359,425
　——の要約　361
エディティング段階　59,381
エピソード的情報　257
エリア確率抽出枠　162
エリア確率的標本抽出（area probability sample）　7,427
エリア確率標本（area probability sample）　77,425
エリア確率標本抽出　427
エリア抽出枠　87
エリア抽出枠標本（area frame sample）　77
エリア・サンプリング（area sampling）　74,135
　→地域抽出法

■オ

大きさに比例した確率（probability proportionate to size：PPS）　132
大きな母集団　425
オーディオ・コンピュータによる自答式電話調査　150
オーディオ・テープ　314
オートロック式　189
オーバーカバレッジ（overcoverage）　60
オーバーサンプリング　17
オフィスにおけるコーディング　348
オミッション・エラー（errors of omission）　207
重み，重みづけ（weighting）　51,65,86,123,124,203,342,362-364,366-368,383,430,438
　——による補正　94
　——の統合化　367
重み生成　340
音声機能付きのCASI　150,177
音声自動応答装置（IVR：interactive voice response）　149-151

■カ

回帰係数の調査設計効果　118
回帰補定（regression imputation）　372
回帰モデルによる個体単位の重みづけ　438
街区　7,72,93,132
改竄（falsification）　387-389
開示による被害（harm from disclosure）　417
解釈（interpretation）　224
下位選択肢　255
回答（response）　47
　——における認知過程　221
　——にもとづく定量的情報　278
　——の影響（response effects）　168
　——の偏り（response bias）　56,291,299
　——の形式　246
　——のしにくさ　270
　——の編集（エディット）　47
　——の抑制　303
回答過程（response process）　55,207,266
回答過程モデル（model of the response process）　207,228
該当期間の長さ　256
回答傾向（response propensity）　198,407
回答行動　57,194,279,281,408
　——の不安定性　57
回答行動の重要度に関する理論（leverage-salience theory）　194,208
回答誤差　240
回答誤差統計量　297
回答者（respondents）　49,391
　——との相互行為　152
　——に特有の性質　212
　——による署名入り同意書　397
　——の意識　324
　——の回答達成意欲　319
　——の回答達成能力　313,315
　——の回答行為　34
　——の再同定化　399
　——の守秘義務　169
　——の同意（consent）　411
　——の反応　405
　——のプライバシー　151
回答者-調査員間の相互行為　335
回答者記録　370
回答尺度の影響　243

回答者行動の動機づけ 313
回答者相互の間の物理的な近さ 153
回答者のプライバシー保護のための誓約書（ミシガン大学社会調査研究所） 403
回答順の影響（response order effects） 172
回答選択肢 220, 227, 254
　　──の長さ 156
　　尺度形成の── 228
回答戦略 228
回答分布 231
回答変動（response variance） 58
回答率（response rate） 148, 201, 215, 406, 433
　　──の最大化 178
　　──の変動 203
会話形式の面接法 330
かかわりを保つこと 209
架空の接触 389
各構成概念の期待値 297
学術活動に関する一般基準 386
確約書（commitment form） 315
確率抽出法 105
確率的エリア・サンプリング 7
確率的標本設計 106
確率標本（probability sample） 7, 103
確率標本抽出（probability sampling） 63
確率標本抽出理論 35
確率比例（PPS） 132
確率比例抽出 133, 134
確率論（theory of probability） 7
家計所得補定（family income imputation） 371
影の番号 140
過去の出来事の報告 240
加重平均 364
加重法 →重みづけ
過剰な調査（oversurveying） 194
過小報告（under reporting） 13, 243, 292, 336
仮説 67
家族構成員 350
過大抽出 17, 141
過大な代表性 76, 78
過大報告（over reporting） 57, 243, 336
偏り（bias） 57, 66, 303
　　──の大きさ 92
語り形式（narrative form）（の回答） 317, 318, 326
学校特性・政策調査（School Characteristic and Policies Survey） 24
カトーナ，ジョージ（Katona, George） 20
過度の代表性 96, 364-366 →過大な代表性

過度の複雑性（excessive complexity） 233
カバーされた 75, 92 →網羅された
カバレッジ（coverage） 9, 50, 61, 75, 77, 158
　　──の偏り（coverage bias） 60, 92
カバレッジ誤差（coverage error） 59, 61, 68, 74, 91, 178, 199, 391
　　──の大きさ 92
可変の抽出確率（variable selection probabilities） 142
紙と鉛筆方式（paper-and-pencil imstruments） 336
画面 148, 150, 154, 155
観察法（observational methods） 174, 413
感情温度計 262
間接的な調査実施者 205
完全な個体による分析法（complete case analysis） 370
完全目標母集団 92
観測誤差（errors of observation, observation errors） 43, 66, 270
観測単位（observational units） 45
監督要員 334
寛容な（forgiving）ワーディング 250
管理記録 10, 152

■キ

記憶（memory） 13, 35, 47, 152, 154, 222, 225, 227, 230, 236, 265
　　──に残らない出来事 256
　　──にかかわる問題 236
　　──の欠落 236, 240
　　──の再構成（reconstruction） 236, 239
　　──のしやすさ 227
　　不完全な── 239
記憶力の問題 253
機会費用（opportunity cost）仮説 194
企業（体）（enterprises） 89, 90
　　──の母集団 89
企業調査 89
記述的統計量（descriptive statitics） 3, 198
記述的利用法 67
技術要素 155
技術利用の程度 151
既存評価（ready-made evaluation） 245
キッシュ（Kish, L.） 310
厳しい検査（hard checks） 359
基本の重み（basic weight） 366, 384
機密情報 407

機密情報の保護と統計的有効性についての法令 2002（Confidential Information Protection and Statistical Efficiency Act of 2002） 399
機密保持（confidentiality） 398,402
　——の違反 398
　——の保証 399,409
機密保持証明書（certificate of confidentiality） 398,399
機密保持誓約 190,402,415,416
機密保持とデータ保護に関する所内委員会（Institute-wide Committee on Contidentiality and Data Security） 415
ギャラップ調査 245
級内相関（intraclass correlation） 310
　——の平均 437
教育省（米国）（Department of Education） 24
行政記録 10,80
行政記録システム 349
協力依頼の影響力 195
協力依頼のテコ（leverage） 195
虚偽報告 244
居住規則（residency rule） 78
居住者 78
拒否（refusal） 64,160,168,185,186,189,203,345 →調査拒否
　——による無回答誤差 197
拒否からの転向（refusal conversion） 400
拒否撤回率 192,203
拒否率 166,203,204,215,406
許容誤差（margin of error） 429,430
許容できない（unacceptable） 387
切り捨て・怠慢の誤り（errors of omission） 207 →オミッション・エラー
記録検査研究（record check study） 293
均衡反復型複製（balanced repeated replication） 375,376

■ク

偶然抽出 103 →無作為抽出
クォータ・サンプル 243 →割当標本
クォータ法 429 →割当法
具体的に質問 254
クリントン大統領 16,19
グループ・クォータ 14,18,78,137
クロンバックのα係数（Cronbach's alpha） 297
郡（county） 14,18,24,62,74,87,137,362

■ケ

計画的な指示書（programmed instruction） 315
計画的な補強（systematic reinforcement） 314
経験の少ない調査員 193,306,389
経験豊かな（経験を積んだ）調査員 193,306,313,330,389
傾向スコア・モデル 368
経済の構造（structure of economy） 352
計算機科学 35
芸術への一般参加に関する調査（SPPA：Survey of Public Participation in the Arts） 102
継続調査 33,203,295,389
携帯電話 76,88,149
系統抽出法（systematic selection） 128,129
系統的な過小報告 57,291
系統的な偏差 56,291,292
刑務所 78
計量経済学 68,438
計量心理学（psychometrics） 6,54,286
計量心理的評価 272
欠測値 278,370
欠測データ 169,359
月例失業者調査（Monthly Survey of Unemployment） 7
ゲーティッド・コミュニティ（gated community） 77,189
限界費用（marginal cost） 432
研究公正局（ORI：Office of Research Integrity） 388
研究における不正行為 387,388
研究の実施基準 386
研究倫理委員会（research ethics boards） 392
健康行動 27
検証（test） 345,412

■コ

光学式文字認識（OCR：optical character recognition） 149
交差階級 364
公式誓約書 402
構成概念（constructs） 45,270,286-288,297,437
構成概念妥当性（construct validity） 54,56,436
交替グループ（rotation group） 138
交替パネル調査設計（rotating panel design） 15,21
行動危険因子監視システム（BRFSS） 27,28,30,110,139,158,205,220,246,257

——の無回答率　205
行動コーディング（behavior coding）　231, 272, 278, 279, 281, 318
行動に関する質問　242
行動に関する微妙ではない内容の質問　253
行動に関する微妙な質問　257
口頭によるインフォームド・コンセント　410
行動の頻度　242, 257
——を問う質問　244
行動の報告　243
広範囲に拡がる母集団　112
公平性　401
項目欠測データ（item missing data）　49, 161, 175
——の補定　369
項目無回答（item nonresponse）　185, 206, 216, 369
——の回答過程　207
功利主義　395
効率に関する関心度　313
顧客対応に関する基準　389
顧客満足度調査　5, 70, 190
国際警察長協会（IACP：International Association of Chiefs of Police）　10
国際疾病・医療行為分類（ICD：Clinical Modification）　354
国際調査統計家協会（ISI：International for Survey Statisticians）　35
国際統計協会（ISI：International of Statistical Institute）　35
国勢調査　→センサス
国勢調査局（米国）（Census Bureau）　13, 14
国土安全保障法案（Homeland Security Bill）　399
国内居住者　74
国民経済（national economy）　2, 21
国立保健統計センター（NCHS：National Center for Health Statistics）　27
誤差（error）　3, 42-44, 52-55, 63, 270, 424
——の平均的なリスク　432
誤差成分　53
誤差発生源　3, 44, 68, 157, 177, 180, 426
個人　87
——の拒否率　204
——の被害　15
個人識別子　399
——を含んだファイル　398
個人識別情報　415
コーダー（coder）　59, 327, 346

——による変動（coder variance）　349, 355
——の作業量　356
——の性向（くせ，性癖）　355
——の理解と判定作業　346
国家研究法（National Researh Act）　392
国家通信情報管理局（NTIA：National Telecommunications Information Administration）　164
固定型の選択肢（fixed alternatives）　324, 326
固定経費（fixed costs）　175
固定電話　76, 87, 88, 141
コーディング（coding）　9, 52, 58, 170, 340-342, 344, 378, 382
——における品質指標　355
——の作業　346
——の処理　356
——の体系　344, 354
オフィスにおける——　348
コーディング構造　345, 349, 382
コーディング構造の脆弱性　355
コード一覧　344
コード構造（code structure）　344, 352, 357
言葉の報酬　408
コードブック（codebook）　379-381
コード分類区分　344, 355
好ましい意思疎通　322
好ましい調査方式　161
戸別訪問（販売）　96, 190
コミッション・エラー（errors of commission）　207
コモン・ルール（Common Rule）　394, 396, 420
雇用数　1, 2, 30-32
雇用主調査　2
コールドデック（cold-deck）値　373
「これはセールスではありません」現象　193
混合選択（mix chosen）　440
混合方式（mix-mode approach）　179
——による調査設計　179, 180
——によるデータ収集　179
——の設計　157, 179
根底となる構成概念　54
コンピュータ　9
コンピュータ支援　33, 83, 149, 335, 341
——による調査　333, 341
——による面接用機器　176
——の個人面接方式（CAPI：computer-assisted personal interviewing）　19, 150, 156, 170, 182, 336
——の自記式調査票方式（CSAQ：computerized self-administered questionnaires）

150
　——の自答式手法（CASI：computer-assisted self-interviewing）　150
コンピュータ支援の電話面接方式（CATI）　21, 22, 30, 148, 170, 425
コンピュータによる音声利用の自答式調査　154
コンピュータによる調査における処理段階の流れ　342

■サ

最近隣の値　373
再現性（replicability）　327
再コーディング段階　381
再コーディング法（recoding methods）　418
最小限界（satisficing）モデル　229
最小限の回答率　432
最小限の情報開示要素　390
最小二乗法　438
最小リスク（minimal risk）　396, 411
最新雇用統計（CES）　30-31, 43, 80, 158, 164, 178, 226
最新人口動態調査（CPS：Current Population Survey）　31, 160, 280, 295
　——の回答率　204
　——の拒否率　204
再接触法（recontact methods）　413
最善の回答　249
最善のやり方（best practices）　387
最適化（optimize）　229
再特定化　418
再特定されるリスク　421
再面接研究（reinterview studies）　295
作業の再整理　341
差し障りのない（nonsensitive）主題　407
サーストン（Thurstone, L.）　6
雑音付加法（additive noise methods）　418
サーベイ・リサーチャー　89
参加意欲　408
産業コード　353
産業分類　352
サンプリング・フレーム　49

■シ

シェルビー修正条項（Shelby Amendment）　399
市外局番　22, 139
視覚的対照効果　264
視覚的な構文構成　155

視覚的用具　160
視覚補助具　154
視覚要素　263
シカゴ大学全国世論調査センター（NORC：National Opinion Research Center）　245
しかるべき注意を払う（exercise due care）　387
時間単位の抽出枠　90
自記式（質問）　222, 263
自記式質問紙調査票　307
自記式調査　17, 99, 153, 170, 406, 431
自記式調査票（SAQ：self-administered questionnaires）　150, 172, 221, 251, 266, 342
自記式郵送調査票　169
識別子　78, 415
識別情報　158
事業所（establishments）　90
　——の定義　80
事業所調査　79, 164, 203, 359
事業単位　80
事件　90
シーケンシャル・ホットデック手順　372
試行　55, 286
自己加重確率標本（self-weighting）　137
自己参加型標本　427
自己参加型（調査）　102
事後情報（postevent information）　238
事後層化（poststratification）　366
　——による重みづけ　366
自己代表的（SR：self-representing）　136
事後調査測定　436
事後調整（postsurvey adjustment）　51, 215
自己報告者の回答変動　295
事実上の居住規則（de facto residence rule）　78
指示的なプローブ　324, 325
指示に従わない誤り（navigational error）　251
市場調査　5
事象（event）　90
指数的減衰モデル　239
システム情報　381
施設内審査委員会（IRBs：institutional review boards）　392, 396, 397, 401, 408, 412, 420
事前告知　212
思想の自由市場（marketplace of ideas）　391
失業予想　22, 424
失業率　1, 2, 21, 22, 204, 300
実現した状態（realizations）　63
実現値（realization）　105, 286　→標本実現値
実在する値（real value）　371
疾病および関連保健問題の国際統計分類（ICD：

International Classification of Diseases) 354
疾病管理・予防センター（米国）（Center for Disease Control and Prevention) 27,30
質問（question)
　——の感度 266
　——の種類 273,409
　——の文脈 245,265
　——を誘導する（loading) 258
質問-回答過程 279,284
　——の監督 334
質問項目がもつ見かけ上の感度 259
質問紙 8,149,155,336
質問紙調査における処理の流れ 341
質問順序 387
　——の影響 262
質問内容 412
質問文 6,47
　——に対する誤解 232
　——の基準 282
　——の検証 435
　——の設計 337
　——の測定能力（performance) 437
　——の体系的な評価 271
　——の妥当性 437
　——の認知的検証 435
　——の認知的評価 434
　——の評価 270,298
　——の不明瞭な言葉 231
　——の読み上げ 333
　——のワーディング（wording) 6,231,245,261,381,410,434
　——を正確に読み上げる 320
質問文評価ツール 283
自伝的記憶（autobiographical memory) 225,237
市内局番 139
司法統計局（米国）（Bureau of Justice Statistics) 13,14
社会科学研究における倫理的・政治的問題に関する展望 394
社会学（sociology) 36
社会規則 420
社会規範 303,420
社会経済的集団の分類 345
社会経済的変数 116
社会心理学（social psychology) 34
社会的隔離（social isolation) 194
社会的孤立 194
社会的存在（social presence) 154,303

社会的に是認された行動 168
社会的に是認されない行動 168
社会的に望ましくない行為 161
社会的に望ましくない特性 291,303
社会的認知度 191
社会的望ましさ（social desirability) 168-171,228,239
　——の偏り（social desirability bias) 168,172,175
社会保障番号 399
社会問題 4
尺度形式の回答選択肢 228
尺度評価 248
若年成人読み書き能力調査（Young Adult Literacy Survey) 25
ジャックナイフ方式の反復型複製（jackknife repeated replication) 375,376
謝礼 191,212,400,401
　——の効果 212,410
自由意志 395
自由回答質問（open-ended questions) 169,206,228,246,247,258,323
　——の有用性 346
自由回答の長さ 170
自由記述回答のコーディング 9
従業員調査 88
従業員の給与支払記録 89
住居単位（housing unit) 7,14,18,72,73,77,93,98,132,137,354
集合論 93
州失業保険局（insurance agency) 31
収集データの検査 358
従属変数 372
州職業安定局（the state employment security agencies) 31
集団調査 153
縦断調査（longtitudinal survey) 148,177
　——の経費 178
縦断的データ 359
柔軟な検査（soft checks) 359　→ソフト・チェック
重複 96
　——の機会 95
週末の訪問 188
住民登録簿 78,439
集落化処理（clustering) 76,82,85,94
集落化設計 112,430
集落化抽出枠 112
集落化標本設計 162

集落間分散　114
集落抽出（法）　84, 112
集落内等質性（intracluster homogeneity）　116
集落内の標本の大きさ　119
集落の大きさ　83
集落の抽出確率　82
集落の副標本抽出　82
集落標本（cluster sample）　63, 108, 112, 141
　　　──の統計量　113
熟練した調査員　209, 306
守秘義務　215, 398
順位のある（ranking）質問　262
順序尺度型回答　246
常住居住地の規則　79
少数派　170
承認プロトコル（consent protocols）　405
消費者購買　20
消費者信頼感指数（the Consumer Sentiment Index）　21
消費者調査（SOC：Survey of Consumers）　20, 22, 103, 107, 139, 223, 227, 242, 288
　　　──の拒否率　205
　　　──の無回答率　205
情報開示制限（disclosure limitation）　415
情報開示制限手続き　414
情報開示の義務　391
情報開示リスク（risk of disclosure）　417, 421
情報格差（digital divide）　164, 165　→デジタル・ディバイド
情報公開法（Freedom of Information Act：FOIA）　398
情報伝達の手段（channels of communication）　154, 181
情報の記憶　196, 227
情報の損失　258
職業　350
　　　──の経済的構造　349
職業上の呼称　351
助成想起（aided recall）　255
初頭効果（primacy effect）　155, 181, 249
署名入り同意書　397, 411
書面によるインフォームド・コンセント　410
処理過程からみた調査　147
処理誤差（processing error）　58, 68
ジョンソン大統領　11
人格の尊重（respect for persons）の原則　394, 396
新近性効果（recency effect）　155, 181, 249
人口センサス　→センサス

人口統計学的特性　161
人口統計学的分析　80
人種　254
深層面接法　425
身体測定　174
真値（true value）　54, 57, 286, 292, 294
慎重に扱うべき質問項目（sesitive question）　405
慎重に扱うべき内容のデータの保護のための原則と実践（Protection of Sensitive Data：Principles and Practices for Research Staff）　415, 416
親密な信頼関係　318
人脈情報　95
信頼区間の幅　109
信頼限界（confidence limits）　107
信頼水準　107
信頼性（reliability）　58, 294, 296, 297, 299
心理学実験　408
心理学者　34, 226
心理測定　435
心理測定的な成果　435
人類学　34

■ス

推定回帰式　199
推定した残差　372
推定で得た回答確率　368
推定母集団　48
推論（estimation, inference）　42, 68, 226
　　　誤った──　235
推論段階（interential steps）　42
数値による回答　246
スクリーニング（screening）　99, 162
優れた基準（gold standard）　287, 288, 436
スノーボール・サンプリング　95
スプリット-バロット法（split-ballot experiments）　271, 280, 298
ずれ（gap, deviation）　3, 54, 56, 58, 59, 61, 66

■セ

正確さに関する関心度　313
正確な回答（exact answers）　313
　　　──の記録　325
生活記録カレンダー（event history calendar）　254, 256, 329
生活時間調査（time-use surveys）　90

正義（justice）の原則　394
制限設定（bounding）　241, 257
整合性のエディット（consistency edit）　358
性行動　171
政治と社会調査のための大学間コンソーシアム
　（ICPSR）　378
成人　73
精神障害の診断と統計の手引き（DSM）　354
整数に丸める　130
精度（precision）　104
生物医学・行動研究における被験者保護のための
　国家委員会（NCPHS）　393
政府統計機関　352
世界世論調査協会（WAPOR：World Association
　for Public Opinion Research）　35
世帯（household）　73, 79, 81, 87
　──の拒否率　203
　──の無回答率　203
世帯員／調査員の相性　212
世帯構成員　14, 81
世帯調査　31, 72, 93
　──におけるアンダーカバレッジ　78
世帯電話番号（household numbers）　139
世帯被害　13, 15
世帯名簿　98
接触可能性（contactability）　186
接触阻害要因（access impediments）　187
接触不能（noncontact）　186
　──による無回答　189, 197, 198
接触不能率　166, 204
　──の系統的な差　188
摂動法（perturbation methods）　418
説得（persuasion）　400
選挙人名簿　164
善行（beneficence）の原則　394, 420
全国学力達成度調査（NAEP）　23, 24, 26, 27, 75,
　113, 124, 152, 158
全国教育統計センター（National Center for
　Education Statistics）　24
全国世帯調査　17, 73
全国犯罪被害調査（NCVS）　13, 14, 16, 90, 132,
　157, 203, 223, 343, 347, 348, 371, 379, 380, 381
センサス（Census）　4-8, 78-80, 101, 136, 354,
　357, 410, 424
センサス区（ED：enumeration districts）　137
センシティブデータ（sensitive data）　400
全数調査（census, full survey）　7, 60, 430
選択肢　47
選択肢型質問（closed questions）　170, 206, 228,
　247, 258
全米芸術基金　102
専門家　282, 283
　──による吟味（expert review）　271, 272,
　284, 298
専門家団体　397
専門的な技術者　351
専門用語（jargon）　233, 255

■ソ
想起（retrieval）　221, 224, 253, 266
　──に影響を及ぼす要因　238
　──の失敗（retrieval failure）　236, 238
　──の正確さ　237
　──の手がかり（retrieval cue）　225
　──の長さ　239
想起-計数（recall and count）　242, 244, 245
層（strata, stratum）　120
　──への不均衡な割り当て　127
総合社会動向調査（GSS：General Social Survey）
　235
相互貫入的な標本割り当て（interpenetrated
　sample assignment）　308
相互行為の保持（maintaining interaction）　209
相互排反性　344
総差分率（gross difference rate）　297
総調査誤差（total survey error）　38, 53
層内分散　128
層別　108, 120
層別化　122
層別調査設計　129
層別標本抽出　368
層別平均の抽出分散　128
層別無作為標本抽出の調査設計効果　123
層別無作為標本抽出法　125
層別（stratification）　63, 120
遡及による偏り（retrospective bias）　240
測定過程　54, 55
測定誤差（measurement error）　43, 56, 68, 148,
　179, 230, 266, 270, 391
測定誤差モデル　432
測定用具　51
測定（measurement）　46
測度　437
組織の構成員　88
組織の母集団　89
ソフト・チェック（soft checks）　359

索引　　　493

■タ

第一段比率調整　362
第一段比率補正加重(first-stage ratio adjustment weight)　363
退学学生調査（Excluded Student Survey）　24
大学進学適性検査（SAT：Scholastic Aptitude Test）　25
大規模調査　131
大規模データ・アーカイヴ（large data archives）　414
代替データ収集方式の測定誤差　178
態度（attitude）　6,227
　——に関する質問　244,260
　——の強さ　261
　——の方向性　261
態度測定　6,230,427
態度調査質問　242
態度変容　262
代表性　50,129
　——のある（representative）標本　12
対面面接調査員（in-revson inteviewers）　334
代理回答　81,212
代理の人（proxy）　257
確かめられない（not ascertained）　345
多重サンプリング（multiplicity sampling）　95
多重指標　297
多重写像（multiple mapping）　82
多重抽出枠（multiple frame）　137
多重標本抽出　95
多重標本抽出枠（multiple frame sampling）　96
多重補定（multiple imputation）　374
多重リスト化　85
タスキギー研究（Tuskegee Study）　193,393
多対多の写像　76,86
多段設計　135
多段層別集落化エリア確率標本（multistage, stratified clustered area probability sample）　14
タッチトーン式データ入力方式（TDE：touch-tone data entry）　32,150
妥当性（validity）　55,286,299
　——が立証された（validated）　437
　——の推定　287,288
　——の評価　289,290
ダブル・バーレル質問（double-barreled items）　260,261,266
誰もがわかる言葉　255
単位区（segment）　137

短縮化　241
　——の誤差　241
単純回答変動（simple response variance）　295,296,297,299
単純回答変動推定　295
単純無作為標本（SRS：simple random sample）　108,113,120,123

■チ

地域単位（tract）　354
地域抽出法　74,135　→エリア・サンプリング
逐次的ホットデック手順　372
抽出確率（chance of selection）　14,84,94,103,107,387
抽出の重み（selection weight）　364
抽出分散（sampling variance）　62,64,104,106,109,119,362,430
抽出分散の推定　342,383
抽出率　107
抽出枠　427　→標本抽出枠
　——のない目標母集団　427
抽出枠要素　82,86,112,120
長期記憶　224
調査（survey）　2,5
　——の経費　213
　——の結果　424
　——の循環過程　52
　——の品質　52
　——の目的　4,406
調査依頼　190
　——の伝達の失敗　186
調査依頼者　389
調査員（interviewer）　221,336,437
　——がかかわる統計量　311
　——がデータに及ぼす影響　329
　——が話す速度　314
　——と回答者の相互行為　316
　——とコンピュータ利用　335
　——による改竄（interviewer falsification）　388,412,413
　——による面接行動の調整方法　214
　——の意図　192
　——の影響　317
　——の態度　212
　——の偏り　312
　——の観察　211
　——の監督実務　410
　——の関与　151

索引

――の管理と監督　331,333
――の切り替え　213
――の訓練（要領）　9,332
――の経験　306
――の行動　35,209,314
――の作業負荷（仕事量）　211,335
――の自己紹介　193
――の社会的存在（social presense）　303
――の自由裁量度　327
――の人種　304,305
――の説明　210
――の選考　332
――の存在　151,153,171,303
――の特徴　304,305
――の能力　169
――の標準化　315
――のプロービング　317,318
――の報告聴取（interviewer debriefings）　278
――の役割　302
――への報酬制度　307
調査員間の差異　314
調査員効果　285,356
調査員行動の標準化　327
調査員変動（interviewer variance）　214,308,309,312,316,321,327,336,348
――の推定　310
調査員方式調査票　172
調査員方式の調査　166,170,173,189,431
調査回答過程の単純化モデル　222
調査回答過程モデル　229
調査回答者　→回答者
調査課題に対する関心（topic interest）　194
調査過程　321
調査技法の進展　149
調査協力　193,194,409
――の依頼状　210,214
調査拒否　190,194,212,400　→拒否
――による調査不能　190
調査経費　146,162,175,181,332,334
調査結果コード（disposition code）　389
調査結果の信頼性　424
調査結果の信頼度　426
調査結果の統計的誤差　181
調査研究実施要綱　401
調査研究の歴史　4
調査現場でのコーディング（field coding）　326,346-348
調査効率　178

調査誤差　146,159,162,437
調査参加率　407
調査質問文（survey questions）　270,433　→質問文
調査主題　10,168,235,271,272,401
調査主体　211
調査手段（survey instrument）　84
調査推定値（survey estimates）　34,146,159,285,367
――の品質　437
――の変動　308
調査設計　44,426
調査設計効果（design effect）　115,126,311,335,348
調査設計特性　336,357
調査専門家団体　386
調査専門家組織　420
調査測定　220
――に対する文化的な受け止め方　439
調査測定誤差　293
調査対象者　151,194
――の価値観　168
――の在宅/不在　187
調査データセット　383
調査データの機密保持　398
調査データ・アーカイブ　378
調査統計量　428,438
――における偏り　292
――のカバレッジ誤差　78
――の誤差　199
――の品質　196,424,425
調査票（questionnare）　51,149,220,263,285
――の作成　298
調査費用　425,428
調査標本抽出　362
調査不能（unit nonresponse）　49,161,175,185,186,190,216,362,365,368,369
――が生じる原因　193
――の影響　199
――の原因　206
調査への回答能力がない（inability to participate）　186
調査変数　85,104
調査報告の正確さ　255
調査方式，調査モード（mode, survey mode）　148
――のカバレッジ特性　165
――の切り替え　179,214
――の限界効果　159

――の選択　157, 162, 165
　　――の比較研究　161
調査方法論（survey methodology）　1, 3, 439
調査方法論研究者　276, 386, 420, 438
調査母集団（survey population）　73, 275
調査漏れ　75　→アンダーカバレッジ
調査用具　319, 335, 435
　　――の操作指示　156
調整（compensation）　84
　　――による誤差　65
重複（duplication）　76, 82, 84
直接的な識別子　416
直近誕生日法（"last birthday" method）　84
地理上の区分　130
地理的単位　87, 135

■ツ

追跡調査（follow-up）　148, 175, 179, 210, 212, 426
通常の居住地（usual residence）　79
使いやすさの基準（usability standards）　271
使いやすさ（usability）を評価　283

■テ

提示カード（show cards）　174, 180
ディスク・バイ・メール方式（disk by mail method）　150
定性的調査　37, 425
テイラー展開（Taylor series）による近似　374
出来事（event）　90, 225, 231, 253
　　――が終わった後の情報（postevent information）　237
　　――の規則性　227
　　――の記録　257
　　――の表象（representation）　236
　　――の符号化　236
テキスト型情報のコーディング　341, 343
テキスト・データの数値データへの変換　382
テキスト・ラベル　344　→文字標識
適切な質問　252
出口調査　153, 202
デジタル・ディバイド　164
データ・クリーニング過程　180
データ交換法（data swapping）　418
データ項目欄　361　→データ・フィールド
データ収集（data collection）　146
データ収集過程　146

――の標準化　316
データ収集期間　211
データ収集方式（mode of data collection）　34, 51, 431
　　――の選択　177
　　――の発達　8
データ侵入者（data intruder）　414, 419
データ・スワッピング（data swapping）　418
データセットの種類　381
データ入力（data entry）　340-342
データの汚染（contamination of data）　388
データの守秘性　153
データの品質　175, 177, 303, 315, 319, 333
データ・フィールド　360, 361　→データ項目欄
データ分析法（data analytic methods）　413
データ併合過程　180
データへのアクセス　416
テレスコーピング（短縮化）（telescoping）　240, 241, 244
　　――による誤り　257
　　後ろ向きの――　241
　　前向きの――　240
テレスコーピング誤差　241
テレ・マーケティング　190
電子的調査文書　381
電子データ取得・入力（data capture）　357
電子ポケットベル　90
電子メール　150
電子メール調査　167, 189
電子メール・アドレスの抽出枠　88
電話加入世帯　138
電話カバレッジ率　164
電話世帯調査　83
電話調査（電話聴取）　5, 15, 75, 138, 146, 148, 158, 161, 170, 175, 176, 189, 192
　　――における接触不能　167
電話のもつ非人格性　169
電話番号　81, 138
電話番号簿　85, 140
電話非保有世帯, 電話保有世帯　97

■ト

投影（projected）　370
等確率抽出法（epsem：equal probability selection method）　108, 122, 134, 362
動機のある誤報告　249
統計的開示（statistical disclosure）　399
　　――の危険性　400

統計的誤差（statistical error） 3,343,424
統計的実務のための倫理指針（Ethical Guidelines for Statistical Practice） 400
統計的推定 383,438
統計的推論 104
統計量（statistic） 1,3,8,42,66
等質性の比率（roh：rate of homogenity） 116
特定化に結びつく外れ値 417
特定のコード値の組み合わせは許容できないという形式 360
特定の施設に属さない 163
どちらともいえない（no opinion） 229,261
トップ・コーディング（top coding） 418
トラクト（tract） 354 →地域単位
取次ぎの誤り（errors of commission） 207
ドロップアウト（drop out）手順 376

■ナ

内容面での基準（content standard） 270,282
なじみのある言葉 258
なじみのない言葉 233
ナショナルジオグラフィック協会（NGS：National Geographic Society） 102,427
ナビゲーション・エラー（navigational error） 251 →指示に従わない誤り
ナンバー・ディスプレイ 189

■ニ

二極型質問 260
二極型方式（bipolar approach） 261
二重質問 260,261 →ダブルバーレル質問
二重抽出枠 96-98,141
二重標本抽出枠設計 97
二相抽出（two-phase sampling） 215
2段集落設計 132
2段標本抽出設計 131
日常語，日常用語 233,234,255
日記，日記型調査 221
認知過程 222
認知状態 207
認知心理学 34
認知心理学者 276
認知的検証 277,284,298,436
認知面接（法）（cognitive interview） 271,276,285
認知面での基準（cognitive standard） 270,282

■ネ

ネイマン，ジャージー（Neyman, J.） 125,127
ネイマン割り当て（Neyman allocation） 127,128
捏造（fabrication） 387-389
捏造された（made up）データ 371
ネットワーク・サンプリング（network sampling） 95
念押し 322 →プローブ，プロービング

■ノ

農業調査 99,152

■ハ

配達不能（PMR：post master returns） 167
ハイパーリンク 382
はい／いいえ形式の質問 246
端数の間隔（fractional interval） 130
外れ値（outlier） 418
　　──の検出（outlier detection） 48,358
発信者番号通知サービス 189 →ナンバーディスプレイ
ハード・チェック（hard checks） 359
パネル調査 14,22,177
バランスのエディット（balance edit） 358
範囲外数値 278
範囲のエディット（range edit） 358
半開区間（half-open interval） 93,95
番号ポータビリティ 140
犯罪 10
　　──の被害者 11
犯罪被害 15,90
犯罪率の低下 16
ハンセン，モリス（Hansen, M.） 8
判断 221,226,266
反復横断型調査設計（repeated cross-section design） 18
反復実験 57
反復集落化副標本（repeated clustered subsamples） 118
反復副標本（repeated subsamples） 118

■ヒ

非一貫性指標（index of inconsistency） 296
非確率的方法 95

非確率標本　429
非観測誤差（errors of nonobservation）　43, 66, 178, 270, 439
被験者（subject）　391
　——に対する倫理的な接し方　421
被験者に関する調査に対する指針（ガイドライン）　392
被験者保護局（Office of Human Research Protection）　392
被験者保護法　394
非自己代表的（NSR：non-self-representing）　136
非指示的なプローブ　324
非住居用の電話番号　87
ビーティ-ハーマン・モデル　207
ビデオ自動応答方式（video-CASI）　150
秘匿性　398
秘匿（suppression）規則　419
ヒトとコンピュータの相互作用　35, 156
ヒトにかかわる研究　386
ヒトを対象とする研究に関する連邦政府の保護規制　392
ヒトを対象とする研究倫理綱領倫理委員会（Human Research Ethics Committees）　392
ヒトを対象とする保護規制　392
非復元抽出（sampling without replacement）　109
肥満成人の州別割合　29
肥満度指数（BMI）　28
微妙さ（sesitivity）　259
微妙な行動にかかわる質問文　303
微妙な内容（sensitve content）　427
　——の質問（sensitive question）　17, 151, 171, 249, 409
　——の情報　172
　——のデータ（sensitive data）　319
評価　266
評価尺度　248
標準化　156
　——された面接過程　322
　——されたワーディング　433
　——した質問　220
標準誤差（standard of errors）　111, 335
標準産業分類（SIC）　352
標準職業分類体系（SOC）　345, 349, 351
標準分類体系　349
標準面接法（standardized interviewing）　321, 327, 330
　——の原則　320

剽窃（plagiarism）　387, 388
標本（sample）　2, 49, 108
　——の大きさ　83, 94, 111, 428
標本一意（sample unique）　417
標本誤差（sampling error）　12, 61, 102, 391
標本実現値（sample realization）　105
　——の経験分布　122
標本世帯との接触　186
標本世帯の訪問　210
標本設計（sample design）　102, 162, 428
標本対象者への接触の回数とタイミング　211
標本抽出後のスクリーニング　81
標本抽出統計学（sampling statistics）　286
標本抽出による偏り（sample bias）　104
標本抽出による誤差　108
標本抽出の偏り　62
標本抽出枠（sampling frame）　49, 50, 74, 158, 162, 201
標本調査　42, 68
標本統計量　73
標本分散（sample element variance）　106
標本平均の標本分布　62, 106
費用・便益分析（cost/benefit analysis）　395
費用モデル　135
比率のエディット（ratio edit）　358
比例割り当て　122
品質（quality）　34

■フ

フィンランド　88
フェレギ-ホルトの方法　361
フォーカス・グループ（focus group）　271, 273, 282, 283, 298
　——による議論　274
フォローアップ　148, 400　→追跡調査
不完全な記憶　239
復元抽出（sampling with replacement）　134
複合住宅　77
複合調査データ（complex survey data）　374
複雑な質問文　234
複数回答質問（multiple choice questions）　228
複数のデータ収集方式の利用　178
複製　376
副標本（subsample）　116
副標本抽出（subsampling）　94, 119, 135
符号化（coding, encoding）　222, 230, 340, 342
符号構造（code structure）　344　→コード構造
符号リスト（code list）　344　→コード一覧

ブース，チャールス（Booth, C.） 4
不正確な回答 230
不正利用 419
不注意による開示（inadvertent disclosure） 417
プッシュ・ポール（push poll） 388
物理的な所在地 90
不適格な単位（ineligible units, ineligible elements） 60, 75, 81, 167
不適格な要素 88
不適切な回答 323
不等抽出確率 84, 96, 201, 362, 366
部分集合（subclass） 90, 117
部分集団（subgroup） 50, 92, 103
部分集団内での補定 371
部分母集団（subpopulation） 11, 189
不偏性（unbiasedness） 429
不明瞭（vague）な概念 234
プライバシー 151, 153, 214, 401
ブロック 139
プレッサー（Presser, S.） 399
フロッピー・ディスク 150
プロトコル分析（protocol analysis） 275, 276
プロービング，プローブ（probing） 208, 274, 281, 322, 332, 333, 433　→念押し
　　――の目標 323
分割標本 177
分岐質問 248
分散（variance） 66, 107
　　――の増加 368
分散推定（variance estimation） 340
分析的統計量（analytic statistics） 3, 198
文法的な曖昧さ（grammatical ambiguity） 233
文脈効果 173, 174
分類尺度型回答 246

■ へ

平均値の抽出分散（sampling variance of the mean） 106, 109, 114
平均値の標準誤差（standard error of the mean） 106, 109
平均値補定（mean value imputation） 371
米国学術研究会議（NRC：National Research Council） 276, 400
米国公衆衛生局 393
米国国立衛生研究所（NIH） 402
米国サーベイ・リサーチ機関協議会（CASRO：Council of American Survey Research Organizations） 35

米国心理学会（American Psychological Association） 402
米国世論調査学会（AAPOR：American Association for Public Opinion Research） 35, 386, 420
　　――の倫理綱領 387, 389, 390, 402
米国センサスにおけるカバレッジ 80
米国統計学会（ASA：American Statistical Association） 35, 400
　　――の調査研究法部会（Survey Research Methods Section） 35
米国ユダヤ人委員会（American Jewish Committee） 390
併存的妥当性（concurrent validity） 289
ベスト・プラクティス（best practices） 387, 391
ベルモント・レポート（Belmont Report） 393
便宜的抽出方法（convinience selection methods） 104
編集　→エディット，エディティング
編集チェック　→エディット・チェック
変動 57
変動経費（variable costs） 175
変動誤差 57, 430

■ ホ

忘却 239, 244, 254
報告（reporting） 221, 227, 265
報告聴取型調査票 406
報酬 401
訪問面接（調査） 152, 163, 170, 174
法律強化ならびに処罰に関する大統領委員会（Law Enforcement and Administration of Justice President's Commission） 11
法律上の居住規則（de jure residence rule） 79
北米産業分類体系（NAICS） 343, 352
北米自由貿易協定（NAFTA：North American Free Trade Agreement） 352
保健社会福祉省（DHHS：Department of Health and Human Services） 19, 388, 398
ポジティビティ・バイアス（positivity bias） 247
母集団（population） 72, 107
　　――の値（population values） 122
　　大きな―― 425
　　まれな―― 91
母集団一意（population unique） 417
母集団情報 293, 294
補助者（helper, aides） 351
ホットデック値 373

ホットデック補定（hot-deck imputation） 372
補定（imputation） 51, 340, 342, 371, 383
補定規則 360
補定フラグ（imputation flag） 371
補定法（imputation methods） 418

■マ
前向きの短縮化効果（テレスコーピング）（forward telescoping） 240
まれな母集団（rare populations） 91

■ミ
ミクロデータ 419
ミシガン大学社会調査研究所（ISR） 403, 416
ミシガン大学調査研究センター（SRC：Survey Research Center） 7, 20, 22, 415
ミルグラム（Milgram, S.） 393

■ム
無回答（nonresponse） 82, 165, 185, 196, 197, 216, 365
　　——の偏り（nonresponse bias） 65, 185, 200
　　——の理由 168
無回答重み（nonresponse weight） 366
無回答誤差（nonresponse error） 64, 178, 200, 208, 391
　　——に対する無回答率の影響 202
　　——のリスク 432
無回答者（nonrespondents） 49
　　——の適格性 201
無回答調整 365
無回答率 200, 204, 208, 215, 216, 432
無限試行 286
無作為化実験（randomized experiments） 37, 271, 280
無作為化装置 251
無作為抽出（random selection） 103, 125, 159
無作為な出発点 129
無視する（ignoring） 370
無視できない無回答（nonignorable nonresponse） 198, 216
無視できる無回答（ignorable nonresponse） 197, 198

■メ
明示的エディット（explicit edits） 360
名簿抽出枠 88
メタデータ（metadata） 378, 382, 383
メタ分析 172, 175
メトロポリタン計画（Project Metropolitan） 395
面接調査（FTF：face to face interviews） 6, 15, 146, 148, 152, 161, 170, 175, 176, 193, 214, 302, 318, 331
　　——と電話調査の比較研究 160
メンタル・ヘルス・インベントリー 289, 297

■モ
網羅された 75
模擬刑務所研究 393
黙従傾向（acquiescence） 173, 228, 229
目標母集団（target population） 48, 73, 293
　　——の再定義 74
　　——の要素 86
文字標識 344 →テキスト・ラベル
模造の（synthetic）データセット 419
モール・インターセプト調査（mall intercept survey） 104

■ヤ
夜間の訪問 188
薬剤治験 401
薬物使用 17, 171
　　——の報告 20, 280, 306
薬物使用と健康に関する全国調査（NSDUH） 17, 18, 151, 223, 242, 249, 257, 398
薬物濫用（substance abuse） 19
薬物濫用・精神衛生管理庁（Substance Abuse and Mental Health Services Administration） 18, 19

■ユ
有意抽出 125
有限母集団（finite population） 59, 72
有限母集団修正（finite population correction） 109
有効な標本の大きさ（effective sample size） 118
郵送調査（mail survey） 5, 148, 149, 158, 161,

164, 167, 170, 173, 251
幽霊番号　140
雪だるま式標本抽出（snowball sampling）　95

■ヨ

要素（elements）　72, 90
　　——の集落　90, 112
　　——の重複　88
　　——の標本（element sample）　63, 108, 115
要約統計量　419
よく定義された（well-defined）母集団　72
予備調査（pretest）　231, 271, 277, 278, 284, 285, 298, 318, 435
世論調査（poll）　5, 390, 426

■ラ

ラップトップ・コンピュータ　2, 17, 19, 150, 176
　　——を使用して質問文を提示し回答を受け取る方式（text-CASI）　150
ラポール（rapport）　318, 319
ランダマイズ法　271, 280
ランダム回答法（randomized response technique）　250, 259
ランダムな欠測（missing at random）　366
ランダム・ディジット・ダイヤリング（RDD：random digit dialing）　21, 82, 139, 163

■リ

理解（comprehension）　221, 223, 265
　　——のしやすさ　270
リスクにかかわる行動　27

リッカート，レンシス（Likert, R.）　6
リハーサル（rehearsal）　237
両極性（extremeness）　173
量的な推定値　299, 425
倫理綱領　386, 387, 390, 420

■レ

連邦政府統計機関　25, 402, 492
連邦政府統計に関する大統領委員会　399

■ロ

労働省（Department of Labor）　1, 32, 349
労働統計局（BLS：Bureau of Labor Statistics）　1, 30, 32
ローテーション　138　→交替グループ，交替パネル
ローパー世論調査センター　378, 390
「ロンドン市民の生活と労働」（Life and Labour of People of London）　4

■ワ

わからない（DK：don't know）　228, 345
枠母集団（frame population）　49, 105, 108, 159
ワーディング（wording）　266, 320, 387, 390, 436
割合　110, 198, 200, 203, 226, 227, 242, 375
　　——にもとづく判断（rate-based estimation）　242
　　——の期待値　110
割当標本　243
割当法　429　→クォーター法
ワールド・ワイド・ウェブ（www）　154

キーワード英和対照一覧

各章であげられているキーワードを，アルファベット順に並べ替えた

A

ACASI（audio computer-assisted self-interviewing）　オーディオ・コンピュータによる自答式
access impediments　接触阻害要因
acquiescence　黙従傾向
aided recall　助成想起
analogue method　アナログ方式
analytic statistic　分析的統計量
area frame sample　エリア抽出枠標本
area probability sample　エリア確率標本
area sampling　地域抽出法，エリア・サンプリング

B

balance edit　バランスのエディット
balanced repeated replication　均衡反復型複製
behavior coding　行動コーディング
beneficence　善行
bias　偏り
bipolar approach　二極型方式
bounding　制限を設けること

C

CAPI（computer-assisted personal interviewing）　コンピュータ支援の個人面接方式
CASI（computer-assisted self-interviewing）　コンピュータ支援の自答式
CATI（computer-assisted telephone interviewing）　コンピュータ支援の電話面接方式
Census　センサス（国勢調査）
cencus　全数調査
certificate of confidentiality　機密保持証明書
channels of communication　情報伝達の手段
check-all-that-apply　あてはまるものをすべて選ぶ
closed questions　選択肢型質問
cluster sample　集落標本
clustering　集落化処理
code structure　コード構造
codebook　コードブック
coder variance　コーダーによる変動
coding　コーディング
cognitive interviewing　認知面接法
cognitive standards　認知面での基準
complex survey data　複合調査データ
comprehension　理解
confidence limits　信頼限界
confidentiality　機密保持
consistency edit　整合性のエディット
construct　構成概念
construct validity　構成概念妥当性
contactability　接触可能性
content standards　内容面での基準
coverage　カバレッジ
coverage bias　カバレッジの偏り
coverage error　カバレッジ誤差
Cronbach's alpha　クロンバックのα係数
CSAQ（computerized self-administered questionnaires）　コンピュータ支援の自記式調査票（方式）

D

data analytic methods　データ分析法
data swapping　データ交換
de facto residence rule　事実上の居住規則
de jure resident rule　法律上の居住規則
descriptive statistic　記述的統計量
design effect　調査設計効果
disclosure limitation　情報開示制限
disclosure risk　開示リスク
disk by mail methods　ディスク・バイ・メール方式
double-barreled items　ダブル・バーレル質問，二重質問
duplication　重複

E

editing　エディティング，編集
effective sample size　有効な標本の大きさ
element sample　要素標本
elements　要素
encoding　符号化
epsem（equal probability selection method）　等確率抽出法
error　誤差，誤り
errors of nonobservation　非観測誤差

errors of observation　観測誤差
estimation　推論
event history calendar　生活記録カレンダー
excessive complexity　過度の複雑性
expert review　専門家による吟味
explicit edits　明示的エディット
extremeness　両極性

F

fabrication　捏造
false inference　誤った推論
falsification　改竄
faulty presupposition　誤った前提
field coding　調査現場でのコーディング
finite population　有限母集団
finite population correction factor　有限母集団修正係数
first-stage ratio adjustment　第一段比率調整
fixed costs　固定経費
focus group　フォーカス・グループ
foreign element　異質の単位（要素）
fractional interval　端数の間隔

G

generic memory　一般的な記憶
grammatical ambiguity　文法的な曖昧さ
gross difference rate　総差分率

H

half-open interval　半開区間
harm from disclosure　開示による被害
hot-deck imputation　ホットデック補定
household　世帯
housing unit　住居単位

I

ICR（intelligent character recognition）　インテリジェント文字認識
ignorable nonresponse　無視できる無回答
implied edits　暗黙のエディット
impression-based estimation　印象にもとづく判断
imputation　補定
imputation methods　補定法
inability to participate　調査への回答能力がない
index of inconsistency　非一貫性指標
ineligible element　不適格な要素
ineligible unit　不適格な単位（要素）

inference　推論
informed consent　インフォームド・コンセント
Institutional Review Boards（IRBs）　施設内審査委員会
interpenetrated assignment　相互貫入的な割り当て
interviewer debriefing　調査員の報告聴取
interviewer falsification　調査員の改竄
interviewer variance　調査員変動
intracluster homogeneity　集落内等質性
item missing data　項目欠測データ
item nonresponse　項目無回答
IVR（interactive voice response）　音声自動応答装置

J

jackknife repeated replication　ジャックナイフ方式の反復型複製
jackknife replication　ジャックナイフ方式の複製
judgment　判断
justice　正義

L

leverage−salience theory　回答行動の重要度に関する理論
loading　誘導する

M

maintaining interaction　相互行為の保持
mean value imputation　平均値補定
measurement　測定，測定法
measurement error　測定誤差
metadata　メタデータ
minimal risk　最小リスク
mode of data collection　データ収集方式
mode　調査方式，調査モード
multiple frame sampling　多重標本抽出枠
multiple imputation　多重補定
multiple mappings　多重写像
multiplicity sampling　多重サンプリング

N

navigational error　指示に従わない誤り
Neyman allocation　ネイマン割り当て
noncontact　接触不能
nonignorable nonresponse　無視できない無回答

nonrespondents　無回答者
nonresponse bias　無回答の偏り
nonresponse error　無回答誤差
nonresponse weight　無回答重み

O
observation unit　観測単位
observational methods　観察法
OCR（optical character recognition）　光学式文字認識
open questions　自由回答質問
open-ended question　自由回答質問
opportunity cost　機会費用
outlier　外れ値
outlier detection　外れ値の検出
overcoverage　オーバーカバレッジ，過大カバレッジ
oversurveying　過剰な調査（行き過ぎた調査）

P
perturbation methods　摂動法
plagiarism　剽窃
population unique　母集団一意
positivity bias　ポジティビティ・バイアス，肯定的なバイアス
poststratification weight　事後層化による重み
postsurvey adjustment　事後調整
precision　精度
pretest　予備調査
primacy effects　初頭効果
probability proportional to size（PPS）　大きさに比例した確率，確率比例
probability sample　確率標本
probability sampling　確率標本抽出
probability selection　確率の抽出
probe　プローブ，プロービング
processing error　処理誤差
protocol analysis　プロトコル分析
proxy　代理の人

Q
questionnaire　調査票

R
random digit dialing（RDD）　ランダム・ディジット・ダイアリング，RDD方式
random selection　無作為抽出
randomized experiment　無作為化実験
randomized response technique　ランダム回答法
range edit　範囲のエディット
ranking　順位のある，順位づけ
rare population　まれな母集団
rate-based estimation　割合にもとづく判断
ratio edit　比率のエディット
realization　実現した状態，実現値
recall-and-count　想起計数方式
recency effects　新近性効果
recoding methods　再コーディング法
reconstruction　再構成
recontact methods　再接触法
record check study　記録検査研究
reference period　該当期間
refusal　調査拒否，拒否
regression imputation　回帰補定
rehearsal　リハーサル
reinterview　再面接
reliability　信頼性
repeated cross-section design　反復横断分析型設計
replicability　再現性
reporting　報告
respect for persons　人格の尊重
respondents　回答者
response　回答
response bias　回答の偏り
response effects　回答の影響
response order effects　回答順の影響
response propensity　回答傾向
response variance　回答変動
retrieval　想起
retrieval cue　想起の手がかり
retrieval failure　想起失敗
risk of disclosure　情報開示リスク
roh（rate of homogeneity）：ρ（ロー）
rotating panel design　交替パネル設計
rotation group　交替グループ

S
sample element variance　標本要素の分散
sample realization　標本実現値
sample unique　標本一意
sampling bias　標本抽出の偏り
sampling error　標本誤差
sampling fraction　抽出率
sampling frame　標本抽出枠
sampling variance　抽出分散
sampling variance of the mean　平均値の抽出

分散
sampling without replacement　非復元抽出
SAQ（self-administered questionnaires）　自記式調査票
satisficing　最小限の要求を満たす
segments　単位区
selection weight　抽出の重み
sensitive question　微妙な（内容の）質問
show cards　提示カード
simple random sample　単純無作為標本
simple response variance　単純回答変動
social desirability　社会的望ましさ
social desirability bias　社会的望ましさの偏り
social isolation　社会的隔離（社会的孤立）
social presence　社会的存在感
split-ballot experiment　スプリットーバロット法
standard error of the mean　平均値の標準誤差
standardized interviewing　標準面接法
statistic　統計量
statistical disclosure　統計的開示
statistical error　統計的誤差
strata　層（複数形）
stratification　層別
stratum　層（単数形）
suppression　秘匿
survey　調査
survey methodology　調査方法論，サーベイ・メソドロジー
survey mode　調査方式，調査モード
survey population　調査母集団
systematic selection　系統抽出法

T
T-ACASI　オーディオ・コンピュータによる自答式電話調査
tailoring　調整すること
target population　目標母集団
Taylor series　テイラー展開
TDE（touchtone data entry）　タッチトーン式データ入力方式
telescoping　テレスコーピング，短縮化
text-CASI　ラップトップにより質問を表示し回答を受け取る自答式調査
topic interest　調査課題に対する関心
total survey error　総調査誤差
true value　真値
two-phase sampling　二相抽出
two-stage design　2段標本設計

U
undercoverage　アンダーカバレッジ
unfamiliar term　なじみのない言葉
unit nonresponse　調査不能
usability standards　使いやすさの基準
usual residence　通常の居住地

V
vague concepts　不明瞭な概念
vague quantifier　あいまいな量的表現
validity　妥当性
variable costs　変動経費
video-CASI　ビデオ自動応答方式

W
Web surveys　ウェブ調査
weighting　重みづけ

監訳者略歴

大隅　昇（おおすみ　のぼる）

1940 年　神奈川県に生まれる
1972 年　日本大学大学院理工学研究科修了
1972 年　統計数理研究所入所
1991 年　統計数理研究所教授
　　　　総合研究大学院大学数物科学研究科　教授（併任）などを経て
現　在　統計数理研究所名誉教授
　　　　理学博士，専門社会調査士

おもな著書
『データ解析と管理技法』（単著，朝倉書店，1979 年）
『統計的データ解析とソフトウェア』（単著，日本放送出版協会，1989 年）
『記述的多変量解析法』（共著，日科技連出版社，1994 年）

調査法ハンドブック　　　　　　　　　定価はカバーに表示

2011 年 6 月 30 日　初版第 1 刷
2012 年 5 月 20 日　　第 2 刷

監訳者　大　隅　　　昇
発行者　朝　倉　邦　造
発行所　株式会社　朝　倉　書　店
　　　　東京都新宿区新小川町 6-29
　　　　郵便番号　　162-8707
　　　　電　話　03（3260）0141
　　　　FAX　03（3260）0180
　　　　http://www.asakura.co.jp

〈検印省略〉

ⓒ 2011〈無断複写・転載を禁ず〉　　　　真興社・渡辺製本

ISBN 978-4-254-12184-1　C 3041　　Printed in Japan

JCOPY　〈(社)出版者著作権管理機構　委託出版物〉
本書の無断複写は著作権法上での例外を除き禁じられています．複写される場合は，そのつど事前に，(社)出版者著作権管理機構（電話 03-3513-6969，FAX 03-3513-6979，e-mail: info@jcopy.or.jp）の許諾を得てください．

元統数研 林知己夫著 シリーズ〈データの科学〉1 **データの科学** 12724-9 C3341　　A5判 144頁 本体2600円	21世紀の新しい科学「データの科学」の思想とこころと方法を第一人者が明快に語る。〔内容〕科学方法論としてのデータの科学／データをとること―計画と実施／データを分析すること―質の検討・簡単な統計分析からデータの構造発見へ
東洋英和大 林　文・国立保健医療科学院 山岡和枝著 シリーズ〈データの科学〉2 **調査の実際** ―不完全なデータから何を読みとるか― 12725-6 C3341　　A5判 232頁 本体3500円	良いデータをどう集めるか？不完全なデータから何がわかるか？データの本質を捉える方法を解説〔内容〕〈データの獲得〉どう調査するか／質問票／精度．〈データから情報を読みとる〉データの特性に基づいた解析／データ構造からの情報把握／他
日女 羽生和紀・東大 岸野洋久著 シリーズ〈データの科学〉3 **複雑現象を量る** ―紙リサイクル社会の調査― 12727-0 C3341　　A5判 176頁 本体2800円	複雑なシステムに対し，複数のアプローチを用いて生のデータを収集・分析・解釈する方法を解説。〔内容〕紙リサイクル社会／背景／文献調査／世界のリサイクル／業界紙に見る／関係者／資源回収と消費／消費者と製紙産業／静脈を担う主体／他
統数研 吉野諒三著 シリーズ〈データの科学〉4 **心を測る** ―個と集団の意識の科学― 12728-7 C3341　　A5判 168頁 本体2800円	個と集団とは？意識とは？複雑な現象の様々な構造をデータ分析によって明らかにする方法を解説〔内容〕国際比較調査／標本抽出／調査の実施／調査票の翻訳・再翻訳／分析の実際（方法，社会調査の危機，「計量的文明論」他）／調査票の洗練／他
同志社大 村上征勝著 シリーズ〈データの科学〉5 **文化を計る** ―文化計量学序説― 12729-4 C3341　　A5判 144頁 本体2800円	人々の心の在り様=文化をデータを用いて数量的に分析・解明する。〔内容〕文化を計る／現象解析のためのデータ／現象理解のためのデータ分析法／文を計る／美を計る（美術と文化，形態美を計る―浮世絵の分析／色彩美を計る）／古代を計る他

◆ シリーズ〈行動計量の科学〉◆

日本行動計量学会 編集／社会を計量的に解明する

多摩大 岡太彬訓・早大 守口　剛著 シリーズ〈行動計量の科学〉2 **マーケティングのデータ分析** 12822-2 C3341　　A5判 168頁 本体2600円	マーケティングデータの分析において重要な10の分析目的を掲げ，方法論と数理，応用例をまとめる。統計の知識をマーケティングに活用するための最初の一冊〔内容〕ポジショニング分析（因子分析）／選択行動（多項ロジットモデル）／他
電通大 植野真臣・大学入試センター 荘島宏二郎著 シリーズ〈行動計量の科学〉4 **学習評価の新潮流** 12824-6 C3341　　A5判 200頁 本体3000円	「学習」とは何か，「評価」とは何か，「テスト」をいかに位置づけるべきか．情報技術の進歩とともに大きな変化の中にある学習評価理論を俯瞰。〔内容〕発展史／項目反応理論／ニューラルテスト理論／認知的学習評価／eテスティング／他
統数研 吉野諒三・東洋英和女大 林　文・帝京大 山岡和枝著 シリーズ〈行動計量の科学〉5 **国際比較データの解析** 12825-3 C3341　　A5判 224頁 本体3500円	国際比較調査の実践例を通じ，調査データの信頼性や比較可能性を論じる。調査実施者だけでなくデータ利用者にも必須のリテラシー。机上の数理を超えて「データの科学」へ。〔内容〕歴史／方法論／実践（自然観・生命観／健康と心／宗教心）
東京外国語大 市川雅教著 シリーズ〈行動計量の科学〉7 **因子分析** 12827-7 C3341　　A5判 184頁 本体2900円	伝統的方法論を中心としつつ，解析ソフトの利用も意識した最新の知見を集約。数理的な導出過程を詳しく示すことで明快な理解を目指す。〔内容〕因子分析モデル／母数の推定／推定量の標本分布と因子数の選択／因子の回転／因子得点／他

早大 豊田秀樹著 シリーズ〈調査の科学〉1 **調査法講義** 12731-7 C3341　A5判 228頁 本体3400円	調査法を初めて学ぶ人のために，調査の実践と理論を簡明に解説。〔内容〕調査法を学ぶ意義／仮説・仕様の設定／標本の抽出／調査の実施／集計／要約／クロス集計表／相関と共分散／報告書・研究発表／確率の基礎／推定／信頼性
前帝京平成大 鈴木達三・石巻専大 高橋宏一著 シリーズ〈調査の科学〉2 **標本調査法** 12732-4 C3341　A5判 272頁 本体4500円	理論編では標本調査について基礎となる考え方と標準的な理論を，実際編ではこれらの方法を実際の問題に適用する場合を，豊富な実例に沿って具体的に説明。基礎から実際の適用にわたる両面からの理解ができるようまとめられている
前東女大 杉山明子編著 **社会調査の基本** 12186-5 C3041　A5判 196頁 本体3400円	サンプリング調査の基本となる考え方を実例に則して具体的かつわかりやすく解説。〔内容〕社会調査の概要／サンプリングの基礎理論と実際／調査方式／調査票の設計／調査実施／調査不能とサンプル精度／集計／推定・検定／分析を報告
流通科学大 辻 新六・兵庫県大 有馬昌宏著 **アンケート調査の方法** ―実践ノウハウとパソコン支援― 12049-3 C3041　A5判 272頁 本体4500円	各種のアンケート調査とデータ解析を有効に役立たせる好指針。〔内容〕データの収集／役立つ情報を引き出すために／調査の企画／調査票の作成／標本調査の考え方／標本調査の準備／本調査の準備と実施／調査データの解析／調査報告書の作成
統数研 土屋隆裕著 統計ライブラリー **概説 標本調査法** 12791-1 C3341　A5判 264頁 本体3900円	標本調査理論の最新成果をふまえ体系的に理解。付録にR例。〔内容〕基礎／線形推定量／単純無作為抽出法／確率比例抽出法／比推定量／層化抽出法／回帰推定量／集落抽出法／多段抽出法／二相抽出法／関連の話題／クロス表／回帰分析
早大 永田 靖著 統計ライブラリー **サンプルサイズの決め方** 12665-5 C3341　A5判 244頁 本体4500円	統計的検定の精度を高めるためには，検出力とサンプルサイズ（標本数）の有効な設計が必要である。本書はそれらの理論的背景もていねいに説明し，また読者が具体的理解を得るために多くの例題と演習問題（詳解つき）も掲載した
慶大 安道知寛著 統計ライブラリー **ベイズ統計モデリング** 12793-5 C3341　A5判 200頁 本体3300円	ベイズ的アプローチによる統計的モデリングの手法と様々なモデル評価基準を紹介。〔内容〕ベイズ分析入門／ベイズ推定（漸近的方法；数値計算）／ベイズ情報量規準／数値計算に基づくベイズ情報量規準の構築／ベイズ予測情報量規準／他
成蹊大 岩崎 学著 統計ライブラリー **カウントデータの統計解析** 12794-2 C3341　A5判 224頁 本体3700円	医薬関係をはじめ多くの実際問題で日常的に観測されるカウントデータの統計解析法の基本事項の解説からExcelによる計算例までを明示。〔内容〕確率統計の基礎／二項分布／二項分布の比較／ベータ二項分布／ポアソン分布／負の二項分布
慶大 小暮厚之著 シリーズ〈統計科学のプラクティス〉1 **Rによる統計データ分析入門** 12811-6 C3341　A5判 180頁 本体2900円	データ科学に必要な確率と統計の基本的な考え方をRを用いながら学ぶ教科書。〔内容〕データ／2変数のデータ／確率／確率変数と確率分布／確率分布モデル／ランダムサンプリング／仮説検定／回帰分析／重回帰分析／ロジット回帰モデル
東北大 照井伸彦著 シリーズ〈統計科学のプラクティス〉2 **Rによるベイズ統計分析** 12812-3 C3341　A5判 180頁 本体2900円	事前情報を構造化しながら積極的にモデルへ組み入れる階層ベイズモデルまでを平易に解説〔内容〕確率とベイズの定理／尤度関数，事前分布，事後分布／統計モデルとベイズ推測／確率モデルのベイズ推測／事後分布の評価／線形回帰モデル／他

元統数研 林知己夫編

社会調査ハンドブック

12150-6　C3041　　　　A5判　776頁　本体26000円

マーケティング，選挙，世論，インターネット。社会調査のニーズはますます高まっている。本書は理論・方法から各種の具体例まで，社会調査のすべてを集大成。調査の「現場」に豊富な経験をもつ執筆者陣が，ユーザーに向けて実用的に解説。〔内容〕社会調査の目的／対象の決定／データ獲得法／各種の調査法／調査のデザイン／質問・質問票の作り方／調査の実施／データの質の検討／分析に入る前に／分析／データの共同利用／報告書／実際の調査例／付録：基礎データの獲得法／他

B.S.エヴェリット著　　前統数研　清水良一訳

統計科学辞典（普及版）

12180-3　C3541　　　　A5判　536頁　本体12000円

統計を使うすべてのユーザーに向けた「役に立つ」用語辞典。医学統計から社会調査まで，理論・応用の全領域にわたる約3000項目をわかりやすく解説する。100人を越える統計学者の簡潔な評伝も収載。理解を助ける種々のグラフも充実。〔内容〕赤池の情報量規準／鞍点法／EBM／イェイツ／一様分布／移動平均／因子分析／ウィルコクソンの符号付き順位検定／後ろ向き研究／SPSS／F検定／円グラフ／オフセット／カイ2乗統計量／乖離度／カオス／確率化検定／偏り／他

前中大 杉山高一・前広大 藤越康祝・
前筑波大 杉浦成昭・東大 国友直人編

統計データ科学事典

12165-0　C3541　　　　B5判　788頁　本体27000円

統計学の全領域を33章約300項目に整理，見開き形式で解説する総合的事典。〔内容〕確率分布／推測／検定／回帰分析／多変量解析／時系列解析／実験計画法／漸近展開／モデル選択／多重比較／離散データ解析／極値統計／欠測値／数量化／探索的データ解析／計算機統計学／経時データ解析／高次元データ解析／空間データ解析／ファイナンス統計／経済統計／経済時系列／医学統計／テストの統計／生存時間分析／DNAデータ解析／標本調査法／中学・高校の確率・統計／他

柳井晴夫・岡太彬訓・繁桝算男・
髙木廣文・岩崎　学編

多変量解析実例ハンドブック

12147-6　C3041　　　　A5判　916頁　本体32000円

多変量解析は，現象を分析するツールとして広く用いられている。本書はできるだけ多くの具体的事例を紹介・解説し，多変量解析のユーザーのために「様々な手法をいろいろな分野でどのように使ったらよいか」について具体的な指針を示す。〔内容〕【分野】心理／教育／家政／環境／経済・経営／政治／情報／生物／医学／工学／農学／他【手法】相関・回帰・判別・因子・主成分分析／クラスター・ロジスティック分析／数量化／共分散構造分析／項目反応理論／多次元尺度構成法／他

早大 豊田秀樹監訳

数理統計学ハンドブック

12163-6　C3541　　　　A5判　784頁　本体23000円

数理統計学の幅広い領域を詳細に解説した「定本」。基礎からブートストラップ法など最新の手法まで〔内容〕確率と分布／多変量分布（相関係数他）／特別な分布（ポアソン分布／t分布他）／不偏性，一致性，極限分布（確率収束他）／基本的な統計的推測法（標本抽出／χ^2検定／モンテカルロ法他）／最尤法（EMアルゴリズム他）／十分性／仮説の最適な検定／正規モデルに関する推測／ノンパラメトリック統計／ベイズ統計／線形モデル／付録：数学／RとS-PLUS／分布表／問題解

上記価格（税別）は2012年4月現在